Roland Bieber

Wandel und Bestand

Beiträge zum Europarecht aus 50 Jahren

Nomos

Online Version
Nomos eLibrary

Die Deutsche Nationalbibliothek verzeichnet diese Publikation in der Deutschen Nationalbibliografie; detaillierte bibliografische Daten sind im Internet über http://dnb.d-nb.de abrufbar.

The Deutsche Nationalbibliothek lists this publication in the Deutsche Nationalbibliografie; detailed bibliographic data are available on the Internet at http://dnb.d-nb.de

ISBN 978-3-7560-3401-7 (Print)
ISBN 978-3-7489-6362-2 (ePDF)

1. Auflage 2025

Vorwort

In diesem Werk werden Überlegungen zur Entwicklung der Europäischen Union zusammengefasst, die in einem Zeitraum von 50 Jahren entstanden sind. Sie betreffen Grundfragen der Europäischen Integration, deren Werte, Ziele und Methoden, das institutionelle System sowie ausgewählte Rechtsfragen. Die Beiträge werden jeweils in den Zusammenhang des Jahres 2025 gestellt, aus dieser Perspektive kritisch bewertet und mit Hinweisen auf aktuelle Rechtsprechung, Gesetzgebung und Literatur versehen. Bis auf formale Vereinheitlichungen, u.a. der Zitierweise der Rechtsprechung des EuGH, werden die Texte unverändert abgedruckt.

Einzelne Fragen mögen vor allem für den Historiker der Union von Interesse sein, doch bleiben die meisten der angesprochenen Themen in ihrer praktischen Ausformulierung bis in die Gegenwart bedeutsam und auch umstritten. Dies gilt zum Beispiel für die demokratische Legitimation, die Funktionsfähigkeit der Institutionen, die Finanzierung des gemeinsamen Handelns und die Bedeutung von Verantwortung und Solidarität im Verhältnis der EU-Mitgliedstaaten.

Der Rückblick auf einen so langen Zeitraum der organisierten europäischen Zusammenarbeit lässt Konstanten und Variablen des Integrationsprozesses im Allgemeinen und der skizzierten Probleme im Besonderen hervortreten. Deutlich werden dabei auch Schwächen einzelner Regelungen oder deren Anwendung. Möglicherweise erwachsen aus einer Gesamtschau Ansätze für erfolgversprechende Bemühungen um weitere Entwicklungen und eine Verbesserung der europäischen Integration, des noch immer einzigartigen und allen Bemühens werten Prozesses der friedlichen Zusammenarbeit der europäischen Völker.

Im Jahre 2025 zeigen sich unerwartete Bedrohungen der Werte, auf denen die europäische Integration beruht. Die Erinnerung an ihre Entfaltung soll daher auch ihrer Vergewisserung und Stärkung dienen.

Kommunikation zu Themen der europäischen Union erfolgt in einem mehrsprachigen Raum. Entsprechend enthält diese Sammlung auch Beiträge, die in englischer oder französischer Sprache verfasst wurden.

Das Buch entstand auf Anregung des NOMOS-Verlages, der die meisten meiner deutschsprachigen Veröffentlichungen seit 1974 betreut. Ich danke besonders den Verantwortlichen des rechtswissenschaftlichen Lektorats, Johannes Rux, Gisela Krausnick und Peter Schmidt. Frau Andrea Schneider danke ich für kundige technische Hilfe.

Bonn/Lausanne, Juli 2025

Inhaltsübersicht

Inhaltsverzeichnis

Abkürzungsverzeichnis

A.A.	Anderer Ansicht
ABl.	Amtsblatt der Europäischen Union
Abs.	Absatz
AdR	Ausschuss der Regionen
AEUV	Vertrag über die Arbeitsweise der Europäischen Union
AKP	Afrika/Karibik/Pazifik
Art.	Artikel
Aufl.	Auflage
B.	Beschluss
Bd.	Band
BNE	Bruttonationaleinkommen
BVerfGE	Entscheidungen des Bundesverfassungsgerichts
EAGV	Vertrag über die Europäische Atomgemeinschaft
ECLI	European Case Law Identifier (= Europäischer Urteilsidentifikator)
EFTA	European Free Trade Association
EG	Europäische Gemeinschaft
EIB	Europäische Investitionsbank
EMRK	Europäische Menschenrechtskonvention
EP	Europäisches Parlament
ESZB	Europäisches System der Zentralbanken
EU	Europäische Union
EuG	Europäisches Gericht erster Instanz
EuGH	Europäischer Gerichtshof
Eurojust	Europäische Stelle für justizielle Zusammenarbeit in Strafsachen
Europol	Europäisches Polizeiamt
EUV	Vertrag über die Europäische Union
EUV (L)	Vertrag über die Europäische Union i.d.F. des Vertrags von Lissabon
EWG	Europäische Wirtschaftsgemeinschaft

EWR	Europäischer Wirtschaftsraum
EWSA	Europäischer Wirtschafts- und Sozialausschuss
EZB	Europäische Zentralbank
FAZ	Frankfurter Allgemeine Zeitung
ff.	fortfolgende
GA	Generalanwalt
GASP	Gemeinsame Außen- und Sicherheitspolitik
GG	Grundgesetz
ggf.	gegebenenfalls
GO	Geschäftsordnung
GRCh	Charta der Grundrechte der Europäischen Union
Hg.	Herausgeber
h.M.	herrschende Meinung
i.A..	in der Fassung
i.S.	im Sinne
i.V.m.	in Verbindung mit
JO	Journal Officiel
NATO	North Atlantic Treaty Organisation
Nr.	Nummer
NZZ	Neue Zürcher Zeitung
RF	République francaise
RL	Richtlinie
Rn.	Randnummer
Rs.	Rechtssache
s.	siehe
s.a.	siehe auch
S.	Seite/Satz
u.a.	unter anderem
usw.	und so weiter

v.	vom/von
VerfO	Verfahrensordnung
vgl.	vergleiche
WEU	Westeuropäische Union
WTO	World Trade Organisation (Welthandelsorganisation)
WVÜ	Wiener Vertragsrechtsübereinkommen
z.B.	zum Beispiel

Einleitung

Im Jahre 2025 liegt der 75. Jahrestag der Erklärung des französischen Außenministers *Robert Schuman:*

> „Die französische Regierung schlägt vor, die Gesamtheit der französisch-deutschen Kohle- und Stahlproduktion einer gemeinsamen Hohen Behörde zu unterstellen, in einer Organisation, die den anderen europäischen Ländern zum Beitritt offensteht. Die Zusammenlegung der Kohle- und Stahlproduktion wird sofort die Schaffung gemeinsamer Grundlagen für die wirtschaftliche Entwicklung sichern – die erste Etappe der europäischen Föderation – und die Bestimmung jener Gebiete ändern, die lange Zeit der Herstellung von Waffen gewidmet waren, deren sicherste Opfer sie gewesen sind." (Auszug)[1].

Die Erklärung schuf nicht nur das Fundament der Europäischen Union, sondern bezeichnete auch deren bis in die Gegenwart wirkende[2] Konstruktionsmaxime: die schrittweise Entfaltung – also ihre Bewegung. Noch heute muss man die visionäre Kraft und den Mut bewundern, nur wenige Jahre nach Ende des zweiten Weltkriegs auf diese Weise die europäische Einigung als einen strukturierten Entwicklungsprozess zu konzipieren.

Diese Sammlung von Aufsätzen soll einen dreifachen Zweck erfüllen: Sie soll eine historische Perspektive auf bestimmte Entwicklungsstufen der Europäischen Union eröffnen, diese jeweils in die Gegenwart verlängern und dabei auch die ursprüngliche Einschätzung einordnen und bewerten. Schließlich soll sie den Blick freilegen auf übergreifende und bis in die Gegenwart fortdauernde Besonderheiten der für die Europäische Integration eingesetzten Instrumente des Rechts und dessen Methoden.

Die Darstellung zentraler Problembereiche der europäischen Integration, ihre historische Einordnung und kritische Bewertung lässt ein Gesamtbild der Europäischen Union hervortreten, dessen zentrale Eigenschaft die Bewegung ist. Diese erwächst aus einem Prozess der Annäherung an politische, soziale und ökonomische Ziele in einem durch gemeinsame Werte gebildeten Rahmen. Zu den Merkmalen dieses Prozesses gehören der Wille

1 https://www.consilium.europa.eu/de/schuman-declaration/.

2 Art. 1 EUV: „neue Stufe bei der Verwirklichung einer immer engeren Union der Völker Europas".

zur *Selbsterhaltung* des Gesamtsystems, die Bereitschaft zu *schrittweisem* oder *abgestuftem Vorgehen* bei der Erreichung von Zielen und der Wille, auch in Krisensituationen das System und dessen Organe – nicht zuletzt durch das Eingehen von Kompromissen – *funktionsfähig* zu erhalten (zu beidem *D.I.*) sowie die Fähigkeit zur *Selbstkorrektur* bis hin zum Einsatz *unorthodoxer Mittel* zur Lösung von Blockaden (dazu *E.I.2 a*).

Sowohl der Rahmen als auch die Ziele und die Werte differenzierten sich in dem hier überblickten Zeitraum. Damit einher ging – und geht weiterhin – die fortwährende Austarierung des Wertebündels von Grundrechten, Vielfalt, Autonomie, Solidarität und gemeinsamer Verantwortung. Aus dem Zusammenspiel all dieser Faktoren erwächst ein sich wandelndes politisches System. Allerdings erfolgt der Wandel nicht gleichmäßig, sondern geschieht mitunter ruckweise oder stagniert zeitweilig. Auch erfasst die Bewegung nicht alle Bereiche der Verträge in gleicher Weise. Einzelne Themen erscheinen sogar als „versteinert" in dem Sinne, dass den gemeinsam verantwortlichen Regierungen der Mitgliedstaaten die Fähigkeit zur Beseitigung offensichtlicher Mängel fehlt, wie zum Beispiel die Reduzierung der Fälle notwendiger Einstimmigkeit im Rat und der oft noch zusätzlich geforderten förmlichen Zustimmung aller Mitgliedstaaten. Dadurch können Reformen der Verträge und zur Zielerreichung notwendige Gesetzgebung auf lange Zeit blockiert sein.

Die Beiträge umfassen ein weites Spektrum von Themen. Diese reichen von der Symbolik der Integration über die Rolle der Bürger, der Mitglied – und Drittstaaten bis hin zu Einzelfragen des materiellen Rechts, der Institutionen, der Verfahren und der Finanzen. Die Aufsätze wurden für unterschiedliche Leserkreise innerhalb eines Zeitraums von 50 Jahren verfasst. Um die Konstanten und Variablen in der Entwicklung der Europäischen Union deutlicher hervortreten zu lassen, wurden die Texte nicht in der zeitlichen Reihenfolge ihres Erscheinens abgedruckt, sondern zu 5 Themengruppen zusammengefasst: Balance zwischen Einheit und Vielfalt (A), Die Verflechtung von Union und Mitgliedstaaten (B.), Europawahlen und Referenden (C), Institutionen, Verfahren und Finanzen (D) sowie exemplarische Entwicklungsfelder der Union (E). In Einleitungen zu den einzelnen Abschnitten wird das jeweilige Thema historisch eingeordnet, in einen Zusammenhang mit der Entwicklung der Union gestellt und mit Hinweisen zur jüngsten Gesetzgebung, Rechtsprechung und Literatur versehen. Auch wird zu den früheren Bewertungen Stellung genommen.

A.
Balance zwischen Einheit und Vielfalt – Das Experiment Europäische Union

A. I. Einführung

1. Überblick

Die regelbasierte Ausbalancierung von Einheit und Vielfalt gehört zu den zentralen Aufgaben jedes zusammengesetzten politischen Systems. Die Qualität einer dazu bestimmten Grundordnung erweist sich daran, dass sie hinreichende Orientierung, Methoden und Flexibilität bereithält, um die Balance fortwährend neu zu finden und dadurch das Gesamtsystem stabil zu erhalten.[1] Mit dem Vertrag über die Europäische Gemeinschaft für Kohle und Stahl (1952) wurde ein – zunächst als „Gemeinschaft“ bezeichnetes – sechs Staaten umfassendes neues Gesamtsystem begründet. Dieses sollte „den ersten Grundstein für eine weitere und vertiefte Gemeinschaft" bilden. Zum einen wurde dadurch ein mit den staatlichen Strukturen verflochtener, gleichwohl eigenständiger, Rahmen geschaffen, der sich bis in die Gegenwart als nicht abgeschlossen versteht.[2] Zum zweiten wurde mit der Setzung von Zielen ein Prozess zur Entfaltung, Verflechtung und Strukturierung der Beziehungen zwischen den beteiligten staatlichen und gemeinsamen Akteuren in Gang gesetzt. Die Verbindung beider Elemente schuf bis dahin unbekannte Möglichkeiten des Regierens, ermöglichte sie doch die friedliche Mitgestaltung des Rechts in einem über die jeweilige Staatlichkeit hinausreichenden Raum.[3]

---

1 Dazu näher *Bieber, Florian/Bieber, Roland*, Einheit und Vielfalt in der Europäischen Union, Cham 2023.

2 Vertrag über die Europäische Gemeinschaft für Kohle und Stahl v. 18.4.1951, Präambel, Erwägungsgrund 5. und Vertrag über die Europäische Union i.d.F. des Vertrages von Lissabon v. 13.12.2007, Art 1 („neue Stufe“).

3 Zur Entstehungsgeschichte aus der Sicht eines unmittelbar Beteiligten: *Mosler*, Die Entstehung des Modells supranationaler und gewaltenteilender Staatenverbindungen

Die damit frei gesetzten Kräfte wirken nicht linear, sie werden bisher durch das gemeinsame Interesse an der Erhaltung des Gesamtverbandes im Gleichgewicht gehalten. Im Ergebnis entstand eine einzigartige und für das Gesamtsystem charakteristische, sich ständig neu justierende Balance.[4] Die in diesem Abschnitt abgedruckten Texte betreffen verschiedene Facetten der Suche nach einer Balance zwischen den auf die Absicht zu gemeinsamem Handeln im Rahmen der Union einwirkenden Kräfte, von der sich entwickelnden Symbolik der Integration bis zu dem noch immer ungelösten Problem einer Verfassungsentwicklung ohne Nutzung der dazu bestimmten Verfahren. Dabei sind interessante Ausweichbewegungen zu beobachten, die selten aus strategischen Überlegungen resultieren, sondern oft nur kurzfristige Probleme lösen sollen, zum Beispiel zur Gewährleistung der Funktionsfähigkeit des Gesamtsystems Lücken zu füllen, die aus den starren und damit untauglichen Regeln für Vertragsänderungen erwachsen oder um Kompromisse über unterschiedliche politische Erwartungen zu schließen: Aus dieser Konstellation erklären sich Gesetzgebungsmaßnahmen, wie z.B. die Einführung der „allgemeinen Konditionalitätsregelung zum Schutz des Haushalts der Union“[5] und zahlreiche Urteile des EuGH.[6] Ähnliches gilt für die Art und Weise, wie der Europäische Rat seine Rolle (über-) erfüllt.

Die freiwillige Schaffung von grenzüberschreitendem Recht hat auch charakteristische inhaltliche Konsequenzen. Sie verdeutlicht den Kompromisscharakter von Normen und damit den Verzicht auf die Behauptung einer perfekten, alternativlosen Regelung. Durch die Anerkennung des prinzipiell provisorischen Charakters, also die Möglichkeit zur Weiterentwicklung und zur Anpassung der Normen wird die Flexibilität des Gesamtsystems verstärkt.

Weiterhin strahlt die Begründung einer neuen und neuartigen Rechtsordnung über den betroffenen geografischen Raum hinaus auf nicht un-

---

in den Verhandlungen über den Schuman – Plan, in: von Caemmerer/Schlochauer/Steindorff (Hg.), Probleme des Europäischen Rechts, FS Hallstein, Frankfurt/M. 1966, 355 – 386.

4 *Ulrich Haltern* zeigte jüngst anschaulich die Ausprägungen dieser Kräftebalance im System der Union, allerdings verwendet er dabei mitunter Bilder, die der Dynamik einer aus Bewegung entstehenden Balance nicht gerecht werden („*Mechanik* der Integration“, „*Verschraubung* des Unionsrechts mit dem nationalen Recht“), *Haltern*, Verschlungene Staaten – die paradoxe Mechanik der europäischen Integration, München 2025.

5 VO 2020/2092, ABl. 2020 LI 433/1.

6 Zur Lückenfüllung durch Rechtsprechung jüngst *Haltern*, (Anm. 4), 180 ff.

mittelbar beteiligte Drittstaaten. Über die auch von der Union genutzten traditionellen Instrumente bi - und multilateraler Beziehungen entfaltet die Rechtsordnung der Union eine Magnetwirkung, die sich in verschiedenen Formen der Annäherung zeigt. Diese reichen von Beitritts - und Assoziierungsbegehren bis zur freiwilligen Übernahme von Regeln der Union.[7]

Neben den zur Erhaltung der Dynamik frei gelegten Kräften lassen sich auch gegensätzliche, auf Versteinerung drängende Faktoren beobachten. Dazu gehören jene Kräfte, die aus Fahrlässigkeit der Beteiligten resultieren, wenn zum Beispiel aus Gründen der Kompromissfindung von den Regierungen zugelassen wird, dass Änderungen bestimmter Rechtsakte in der Zukunft nur erschwert – d.h. zumindest einstimmig – möglich sind. Beispiele dafür bilden die Verschiebung der Entscheidung über den Sitz der Organe auf die Ebene des Vertrages (dazu der Beitrag *D.II.*), die Übernahme von Aufgaben der ordentlichen Gesetzgebung in den nur erschwert zu ändernden Beschluss über die eigenen Mittel der Union (dazu Beitrag *D.X.*) und nach Verfahren der Einstimmigkeit gewährte finanzielle Leistungen an einzelne Mitgliedstaaten.[8]

In den jüngsten Krisensituationen zeigte sich die Flexibilität des Systems und erwies sich als Stärke. Sie ermöglichte Beschlüsse (z.B. zur Beschaffung finanzieller Mittel), die zuvor als nicht erreichbar schienen. Ob diese Stärke allerdings auch in Krisen mobilisiert werden kann, die von einzelnen Staaten mit der Absicht der Obstruktion ausgelöst werden, bleibt ungewiss. Möglicherweise wird es sich noch als Konstruktionsfehler erweisen, dass im EU – Vertrag auf die Schaffung der Möglichkeit des Ausschlusses aus der Union verzichtet wurde.[9]

2. Rückblick auf die Beiträge in diesem Abschnitt

Der einleitende Beitrag „*Auf dem Stier zu den Sternen – zur politischen Symbolik der Europäischen Union*“ (*A.II.*) erinnert an den geistesgeschichtlichen Hintergrund des Integrationsprojekts, symbolisiert durch den Mythos eines abenteuerlichen Aufbruchs der Europa in eine unbekannte Zukunft – allerdings mit der für das Projekt der Europäischen Integration entscheidenden

7 Dazu unten Abschnitt *D. VIII*, zum Verhältnis zwischen der Schweiz und der Union Abschnitt *E.IV*.

8 Dazu *Bieber*, Erläuterungen zu Art. 311 AEUV, Rn. 32, 38, 43, in: Schwarze/Hatje/Terhechte (Hg.), Europäisches Unionsrecht, Kommentar, 8. Aufl. 2025.

9 Anders und als Modell für die EU geeignet: Art. 7 und 8 der Satzung des Europarats.

Besonderheit eines durch Freiwilligkeit zu erreichenden Ziels. Überdies symbolisiert der durch das Meer schwimmende Stier die existenzielle Bedeutung der Bewegung für die Erreichung des Ziels: Hielte er inne, so versänke er im Meer. Nichts anderes gilt für die Integration. Gleichzeitig erinnern die Sterne auf der europäischen Flagge an die Ferne, vielleicht sogar an das Utopische des Projekts der europäischen Einigung. Hinweise darauf bilden auch die Widerstände gegen die Aufnahme von Hinweisen auf die Symbole der Union in den Verhandlungen zum Vertrag von Lissabon.[10]

Der Beitrag „*In Vielfalt geeint – Das Experiment der Europäischen Einigung*" (*A. III.*) zeigt, wie der Mythos Europa nach dem zweiten Weltkrieg in einer historisch einzigartigen Konstellation konkrete Ausformung zu einer politischen Struktur erfuhr. Die entscheidende Besonderheit bestand in der Bereitschaft zum Wagnis, zur Erprobung neuer Formen des Regierens, noch dazu zwischen ehemaligen Kriegsgegnern. Die Erhaltung des Vorläufigen und Experimentellen als Grundkonzeption der neuen Struktur unterscheidet die daraus gewachsene Europäische Union bis heute von Staaten. Sie mag als Schwäche erscheinen, da ihr das robuste Fundament gewachsener Staatlichkeit fehlt. Doch verfügt sie dafür über ein höheres Maß an Anpassungsfähigkeit und zur Fehlerkorrektur. Die erwähnten Schwierigkeiten der förmlichen Anpassung der EU – Strukturen („Verflechtungsfalle") werden weitgehend durch die Entwicklung neuer Verfahren und Methoden kompensiert.[11] Auch erfahren die Bürger allmählich die Vorteile eines mehrere Ebenen umfassenden Regierungssystems, das Schutz gegen EU – Rechts widriges Verhalten der Staaten bietet.

Der Beitrag „*Wandel und Unveränderlichkeit als Strukturmerkmale des Europarechts*" (*A.IV.*) geht ausführlicher auf die Flexibilität ein, die das System des EU – Rechts charakterisiert. Dort wird argumentiert, dass die weitgehend unfertige Vertragsstruktur mit der Festlegung von Zielen und Aufgaben (jetzt insbesondere Art. 3 EUV) der Union den Auftrag zu fortwährender Entwicklung erteilt. Änderungen und Flexibilität bilden damit Merkmale der EU – Rechtsordnung. Wegen der – im Gegensatz zu Merkmalen der Staatlichkeit – in der Union nur schwach entwickelten außerrechtlichen Faktoren (z.B. kollektive Erinnerung) vermittelt Veränderungsfähigkeit eine identitätsstiftende und legitimierende Wirkung eigener Art. Besonders in den Krisen der jüngsten Zeit erweist sich die Überlegenheit einer politischen Ordnung, die geübt darin ist, Lösungen für neuartige Probleme zu finden. Der Beitrag argumentiert weiterhin, dass bestimmte

10 Nachweise bei *Fischer*, Der Vertrag von Lissabon, Baden – Baden 2008, 46.
11 Dazu *Haltern*, Verschlungene Staaten, München 2025, 31 ff.

Teile der vertraglichen Grundstruktur einer Änderung im Sinne einer Verminderung entzogen sind. Konkret gilt dies insbesondere für die nunmehr in Art. 2 bezeichneten Werte.

Der in jüngster Zeit aus aktuellem Anlass verfasste Beitrag " ‚*Back from the Future*' – *Zu Zulässigkeit und Grenzen qualitativer Absenkungen des Rechts der Europäischen Union*" (*A.V.*) gilt einem Teilaspekt der zuvor angesprochenen Veränderung. Darin wird gefragt, ob die Zielgerichtetheit der Union (Art. 3 und 13 Abs. 1 EUV) dem vertragsgestaltenden Handeln der Mitgliedstaaten und der vertragsausführenden Tätigkeit der EU – Organe inhaltliche Grenzen setzt, ob insbesondere Maßnahmen zulässig sind, die eine einmal erreichte Annäherung an die Ziele rückgängig machen oder die Erreichung der Ziele erschweren. Anlass für diese Betrachtung sind jüngste Tendenzen zur Rücknahme von Standards, insbesondere in den Bereichen Umwelt und Klimaschutz. Der Beitrag unternimmt eine Definition des Begriffs „Rückschritt" in Bezug auf das Europarecht und zeigt, dass Rückschritte zwar zum zulässigen Instrumentarium der Gesetzgebung gehören, dass bestimmte Vertragsregelungen jedoch sowohl für die Mitgliedstaaten als auch für die Union selbst Rückschritte ausschließen. Dies gilt nicht nur für Art. 2 EUV sondern z.B. auch für die Verbote zur Sicherung des Binnenmarktes.

Die Beiträge „*Verfassungsgebung und Verfassungsänderung in der Europäischen Union*" (*A.VI.*) und „*Krisenmanagement einer europäischen Verfassungsgebung*" (*A.VII.*) wurden im Vorfeld der Entscheidung über den „Vertrag über eine Verfassung für Europa" (vom 29. Oktober 2004) veröffentlicht. Darin wird im Anschluss an *Konrad Hesse* der Begriff „Verfassung" losgelöst von einem Staatsbezug im Sinne einer rechtlichen Grundordnung des Gemeinwesens verstanden.[12] Der Vorstellung, er tauge nicht als Beschreibung der EU – Grundlagentexte, wurde bereits in der Frühphase der EG widersprochen.[13] Inzwischen wird die Verfassungsqualität der EU – Verträge allgemein anerkannt.[14]

---

12 *Hesse*, Grundzüge des Verfassungsrechts der Bundesrepublik Deutschland, 20. Aufl., Neudruck Heidelberg 1999, 10; ausführlich dazu in jüngerer Zeit *Hestermeyer*, Eigenständigkeit und Homogenität in föderalen Systemen, Tübingen 2019, 20 ff.

13 *Ophüls*, Zur ideengeschichtlichen Herkunft der Gemeinschaftsverfassung, in: von Caemmerer/Schlochauer/Steindorff (Hg.), Probleme des Europäischen Rechts, FS. Hallstein, Frankfurt/M. 1966, 387 – 413.

14 Dazu jüngst *von Bogdandy/Bast*, Die Systematik des Verfassungsrechts der europäischen Gesellschaft, in: *dies.* (Hg.), Unionsverfassungsrecht, Baden – Baden 2025, 39 ff.

Beide Beiträge befassen sich mit einem bis in die Gegenwart nicht behobenen Mangel der Unionsverfassung, dem Erfordernis, zur Beschlussfassung von Änderungen der Verfassung bis auf (kaum genutzte) Ausnahmen, ein völkerrechtliches Verfahren zu durchlaufen, das jeweils einen Vertragsschluss zwischen allen Mitgliedstaaten erfordert und bis in die Gegenwart keine Möglichkeit vorsieht, Änderungen in Kraft zu setzen, die nicht von jedem Mitgliedstaat gebilligt wurden. Parallel zum Wachstum der Mitgliederzahl der Union erhöhen sich damit die Hürden für Anpassungen der Verfassung. Diese Entwicklung beschädigt den eingangs hervorgehobenen Wert der Union als eines lern – und anpassungsfähigen Gemeinwesens.

Die Beiträge zeigen verschiedene Lösungswege auf, um der Gefahr einer Versteinerung der Verträge zu begegnen. Keiner dieser Wege wurde im Vorfeld des Verfassungsvertrages von 2004 beschritten mit der Folge, dass nach der Ablehnung einer Ratifikation in zwei Staaten die Zustimmung der großen Mehrheit von Staaten wertlos wurde und ein neuer Vertrag verhandelt werden musste. Ohne geeignete Vorkehrungen wird sich dieses Problem bei der nächsten Vertragsänderung erneut – und bei wachsender Mitgliederzahl verschärft – stellen. Auf die Dauer wird es unumgänglich, eines der in dem Beitrag über das „Krisenmanagement“ vorgeschlagenen Wege zu beschreiten und zum Beispiel das Inkrafttreten von Vertragsänderungen auch dann zu ermöglichen, wenn nicht alle Mitgliedstaaten einen entsprechenden Änderungsvertrag ratifiziert haben. Die vom Europäischen Parlament 2023 eingeleitete Vertragsreform wagt keine entsprechende substantielle Änderung an Art. 48 EUV.[15] Eine kreative Lösung (Abschluss eines gesonderten Vertrages über das Inkrafttreten) empfahlen die Autoren des „Projekts Pénélope“ aus dem Kreis der Kommission im Jahre 2003.[16]

15 Entschließung v. 23. 11. 2023, ABl. C/2024/4216 v. 24.7.2024.

16 Projekt »Penelope«, abgedruckt in: Alfonso Mattera (Hrsg.) »Penelope«, Projet de Constitutionde l'Union européenne, Paris 2003, 171–339 (337).

A. II. Auf dem Stier zu den Sternen – Zur politischen Symbolik der Europäischen Union*

1. Einleitung

In der Europäischen Union erlangt der Mythos von Europa Gestalt. Doch versteht sich dieses Europa der Gegenwart nicht als der Hafen, in dem der seltsame Stier seine Bürde abgeworfen hat. Viel eher will das moderne Europa selbst Vehikel von Ideen und Interessen sein. Dazu bilden sich – freiwillig oder unfreiwillig – eigene Mythen. Diese weisen mitunter eine eher unbeabsichtigte Nähe zu dem Stiermythos auf. So ist die Europäische Union zur Förderung von Sicherheit und Wohlstand sowie als eine Verheißung für ihre Bürger konzipiert. Durch die unerhörte Konstruktion eines »immer engeren Zusammenschlusses«[1] der europäischen Volker sollen Frieden, Freiheit, Solidarität, Demokratie sowie wirtschaftlicher und sozialer Fortschritt auf dem Halbkontinent Europa erreicht und dauerhaft gesichert werden.[2] Auch sollen diese in der Union verkörperten Werte über die Grenzen Europas hinweg ausstrahlen.

Die Europäische Union ging aus 1951 geschlossenen vertraglichen Vereinbarungen zwischen sechs europäischen Staaten hervor. Inzwischen umfasst sie 27 Staaten mit fast 500 Millionen Einwohnern. Sie übt Hoheitsbefugnisse aus, die ursprünglich den Staaten vorbehalten waren. Sie ist kein Staat, denn sie beansprucht nicht das traditionelle Charakteristikum von Staaten, die Exklusivität der Bindung zu ihren Bürgern. Vielmehr eröffnet sie ein eigenes Schutz- und Wertsystem, dessen Besonderheit darin

* Zuerst veröffentlicht in: *Renger/Ißler* (Hg.), Europa – Stier und Sternenkranz, Von der Union mit Zeus zum Staatenverbund, Göttingen 2009, 415 – 427. Hinweise in den Fußnoten des Beitrags auf „diesen Band" beziehen sich auf dieses Werk.

1 Englisch: »an ever closer union«. Damit wird auf die amerikanische Verfassung von 1787 angespielt (»to form a more perfect Union«).

2 Vertrag zur Gründung der Europäischen Gemeinschaft v. 25. März 1957, Präambel. Gemäß dem Vertrag über die Europäische Union v. 7. Februar 1992 (Art. I) bildet die Europäische Gemeinschaft (EG) einen Bestandteil der Europäischen Union (EU). Der Vertrag von Lissabon vom 13. Dezember 2007 ändert beide Verträge. Dabei wird unter anderem die Bezeichnung »Europäische Gemeinschaft« aufgegeben. Der ursprüngliche EG – Vertrag heißt in Zukunft „Vertrag über die Arbeitsweise der Europäischen Union".

besteht, für alle europäischen Bürger in gleicher Weise zu gelten und neben das traditionelle, von den einzelnen Staaten gebotene Schutz- und Wertsystem zu treten. Im Einzelfall kann die EU dabei sogar Unzulänglichkeiten staatlicher Schutzsysteme ausgleichen. Von der Europäischen Union wird damit in ganz neuartiger Weise Hoheitsgewalt ausgeübt. Diese ist weder umfassend noch exklusiv. Dadurch ist eine besondere Form europäischen Regierens entstanden, die den Bürgern ein Höchstmaß an Freiheit und Flexibilität ermöglicht.[3] In einer für einen politischen Verband ganz ungewöhnlichen Weise legen die Gründungsverträge der EU ein Bündel von konkreten Zielen fest, die durch das Handeln der Union erreicht werden sollen.[4] Diese reichen von der Schaffung eines Raumes ohne Binnengrenzen bis zur Entwicklung eines »Raumes der Freiheit, der Sicherheit und des Rechts«.

Es erscheint nicht ausgeschlossen, dass diese neuartige Herrschaftsordnung die als Vertragsziele definierten Verheißungen einlöst. Doch bleibt der Erfolg ungewiss. Denn die Europäische Union besitzt keine originären, als natürliche Realität empfundenen Existenzgrundlagen. Ihre Identität beruht in erster Linie auf Verträgen und sie verfügt als Mittel zur Erreichung der Ziele allein über Instrumente des Rechts und über finanzielle Mittel. Sie ist in erster Linie eine »Rechtsgemeinschaft«.[5] Das ist Stärke und Schwäche zugleich. Verträge können aufgelöst, verändert und auch gebrochen werden. Zwar erscheint es schwer vorstellbar, dass diese Europäische Union ohne Weiteres wieder beseitigt werden könnte, doch noch immer ist sie weit von einem Zustand der Verfestigung entfernt, der ihre Existenz – ähnlich einem Staat – auch dann nicht in Frage gestellt sähe, wenn die jeweils geltenden verfassungsrechtlichen Grundlagen beseitigt würden. Darüber hinaus hat sich die Union seit ihrer Errichtung eindrucksvollen Wandlungen unterzogen. Diese sehr spezielle Dynamik mag sich auf den ersten Blick als ein zusätzliches Hindernis für eine Verfestigung und eine deutliche Wahrnehmung durch die Bürger erweisen. Doch deutet diese ganz ungewöhnliche Entwicklung eines politischen Systems auf große Anpassungs- und Lernfähigkeit. Gerade wegen dieser Qualitäten könnte sich die Dynamik der Europäischen Union noch zu dem eigentlich identitätsstiftenden Faktor entwickeln.

---

3 Dazu ausführlich *Bieber/Epiney/Haag*, Die Europäische Union, Baden-Baden 2008, 611 ff.

4 Art. 2, Vertrag über die Europäische Union.

5 Hierzu *Bieber/Epiney/Haag* 2008, 94.

Die Europäische Union ist damit auf eine einzigartige Weise gleichzeitig Realität und Verheißung, gleichzeitig Symbol und Inhalt des Symbolisierten. Der auf dem Stier transportierte antike Mythos von Europa hielt dennoch nicht einfach in den Brüsseler Verwaltungsgebäuden Einzug. Zwar wird an der rue de la Loi in Brüssel der Besucher des Rates der Europäischen Union von einem (mageren) Stier mit einer (begeistert dahinfliegend scheinenden) Europa begrüßt, und auch vor einem Nebeneingang des Europäischen Parlaments in Strasbourg erinnert eine (ähnlich inspirationslose) Skulptur an den antiken Mythos, doch handelt es sich in beiden Fällen lediglich um Zitate aus dem Mythenschatz der europäischen Völker, nicht jedoch um Belege einer historischen und konzeptionellen Kontinuität: Griechenland wird von Archäologen und Touristen, nicht aber von den Gestaltern Europas gesucht. Nicht zufällig findet man Europa auf dem Stier nur auf den 2-Euro-Münzen Griechenlands.[6] Alle anderen Mitglieder der Währungsunion geben auf den von ihnen geprägten Münzen der gemeinsamen Währung anderen Symbolen den Vorrang.

Dennoch lässt sich in der Tiefe ein eigentümlicher Zusammenhang zwischen dem Mythos der Europa auf dem Stier und dem Konzept eines vereinten Europas der Moderne erkennen: Der antike Mythos verkörpert Neugier, Aufbruch und Wagnis, Kraft und Ungewissheit, für manche Interpreten sogar eine gewisse Portion Leichtsinn. Dies aber sind genau diejenigen Antriebskräfte, welche in der Gründungsphase der Europäischen Gemeinschaft für Kohle und Stahl – aus der später die EU hervorging – die verantwortlichen Politiker veranlassten, sich auf das unerhörte Projekt grenzüberschreitenden Regierens einzulassen.

Die ursprüngliche Weigerung Großbritanniens daran mitzuwirken, mag in der Vorsicht einer seefahrenden Nation angelegt gewesen sein, sich nicht mit Transportmitteln auf das Meer zu wagen, deren Seetüchtigkeit nicht erprobt und bewiesen war.[7] Noch heute sehen viele Bürger Europas mit Bangen und Skepsis auf das ihnen so ferne Treiben in Brüssel. Als Besucher einer der drei Hauptstädte Europas (neben Brüssel sind dies Luxemburg und Straßburg) sind sie schon dankbar, die reale Existenz der EU anhand von Bauwerken wahrnehmen zu können, die auf diese Weise eher zufällig auch den Status von Symbolen erlangen.

Die Europäische Union versteht sich nicht als eine dem antiken Mythos gleichende Abenteuerreise. Trotz aller Neuartigkeit verheißt sie Sicherheit

---

6 Hierzu *Renger*, A. – B., Stichwort „Europa“ in: Moog – Grünewald (Hg.), Mythenrezeption, Stuttgart 2008, 276 – 285.

7 Vgl. in diesem Band den Beitrag von *A. Musolff*.

und Gewissheit als notwendige Ergänzung und auch als Alternative zu den abnehmenden Möglichkeiten der Staaten, ihren Bürgern Entsprechendes zu gewährleisten. So erklärt sich, dass die größte friedliche Veränderung der politischen Strukturen in Europa nicht durch den historischen Mythos, sondern durch Symbole von maximaler Stabilität verkörpert wird: Zentrales und offizielles Symbol der Europäischen Union ist ein Kreis von zwölf Sternen, die nur nach statisch ästhetischen Kriterien angeordnet sind. Ausdrücklich soll dieser Sternenkranz

»Vollkommenheit und Ganzheit« symbolisieren. Stier und Sterne illustrieren die jedem menschlichen Projekt eigene Ambivalenz aus Unveränderlichkeit und Wandel. Erst im Symbol der Sterne findet das Symbol der entführten Europa auf dem Stier seine produktive Ergänzung und gewinnt daraus seine Aktualität.

2. Die Europäische Union als Produkt der europäischen Geistesgeschichte

Der Gedanke des Aufbruchs aus territorialer Gebundenheit durchzieht die europäische Geistesgeschichte. In den meisten Fällen fand der Aufbruch einen gewalttätigen, beherrschenden Ausdruck. Die konzeptionelle Alternative einer auf Freiwilligkeit beruhenden Reise in eine neue Welt liefern zahlreiche Transformationen des frühen griechischen Mythos vom Raub der Phönizierin, die das Moment der Gewalt beschönigen. Lange vor ihrer Verwirklichung hat diese Alternative das politische Denken in Europa beflügelt. Mit umfassenderem Anspruch aber unter Einbeziehung auch dieses Gedankenguts stellt der jüngste Grundlagenvertrag zur Europäischen Union erstmals ausdrücklich einen Bezug zwischen der europäischen Einigung und dem »kulturellen, religiösen und humanistischen Erbe Europas« her.[8] Symbole der Einheit spielen in diesem Erbe eine zentrale Rolle.

Der Gedanke eines Zusammenschlusses – der Schaffung von Einheit – bildet den festen Bestandteil der europäischen Ideengeschichte.[9]

Noch während der Auflösung des mittelalterlichen Weltbildes und der darin begründeten Vorstellung von der Einheit des Abendlandes und später mit Aufkommen der Nationalstaaten wurden Pläne für eine Föderation der europäischen Staaten entworfen. Dabei standen zunächst die Bestrebungen zur Sicherung des Friedens durch Vermeidung und Beilegung von Konflik-

---

8 Vertrag von Lissabon vom 13. Dezember 2003, Präambel.

9 Dazu *Bieber/ Epiney/ Haag*, Die Europäische Union, Baden-Baden 2008, 36ff.; *Bitsch, M. – Th.*, Histoire de la construction européenne, 2. Aufl., Brüssel 2001.

ten zwischen den europäischen Fürsten und Staaten und durch gemeinsame Abwehr der von außen drohenden Gefahren im Vordergrund. Zunächst wurden die Konzepte von Einzelnen erdacht, die keine politischen Ämter ausübten.

Bereits im 18. Jahrhundert wurde diese Idee der europäischen Einheit durch erste weitreichende Verfassungsmodelle symbolisiert. Der während der Utrechter Friedensverhandlungen 1713 veröffentlichte Plan des *Abbé de Saint Pierre*, („Mémoire pour rendre la paix perpetuelle en Europe"), sah zur Bewahrung des europäischen Machtgleichgewichts ein ständiges Bündnis der Fürsten vor. Auch *Immanuel Kant* hat in seiner Schrift "Zum ewigen Frieden" die Föderation der europäischen Staaten als Mittel der Friedenssicherung vorgeschlagen. Die europäischen Staaten sollten danach als Endziel in einer republikanisch verfassten, gemeinsamem Recht unterworfenen Gemeinschaft verbunden sein. Als Etappe hierzu schlug *Kant* ein freiwilliges und widerrufliches Staatenbündnis vor.

Nach dem Ersten Weltkrieg und der mit ihm einhergehenden Erschütterung der europäischen Staatenwelt gewann die Idee einer politischen Einigung Europas erneut an Boden. Sie verließ erstmals die Ebene der symbolischen Projekte und drang dabei bis zu den politischen Akteuren vor. Erstrebt wurde zunächst vor allem eine engere Zusammenarbeit der europäischen Staaten im Rahmen der weltweiten Organisation des Völkerbundes.

Unter der Herrschaft der nationalsozialistischen Partei wurden in Deutschland zwischen 1933 und 1945 im Gewand ähnlicher Begriffe (»Das neue Europa«) Konzepte zur Beherrschung der europäischen Völker durch Deutschland propagiert.

Gegner der Nationalsozialisten und der Faschisten entwarfen zur gleichen Zeit Pläne für eine europäische Einigung, die auf Demokratie, Rechtsstaatlichkeit und Freiheit aufbauten. *Winston Churchill* rief in seiner Züricher Rede vom September 1946 zu einer » Neugründung der europäischen Familie« auf, der durch die Partnerschaft zwischen Deutschland und Frankreich der Weg bereitet werden müsse. Unter diesen Umständen entbehren vereinzelte Versuche, einen Zusammenhang zwischen der nationalsozialistischen Propaganda und dem in der Nachkriegszeit einsetzenden Integrationsprozess zu konstruieren,[10] jeder Grundlage. Genau das Gegenteil ist richtig: Der Zweite Weltkrieg prägte die Völker und ihre Politiker

10 So etwa *Laughland, J.*, The Tainted Source, the Undemocratic Origins of the European Idea, London 1997.

so nachhaltig, dass sie nach Möglichkeiten suchten, die Freiheit mit Hilfe neuartiger enger Formen der Zusammenarbeit zu gewährleisten.

Die Europäische Union und der Europarat sind die herausragenden praktischen Ergebnisse der Suche nach neuen Formen politischen Handelns. Sie entstanden als Ausprägungen zweier unterschiedlicher Modelle. Während Ersteres vor allem um die französisch-deutsche Zusammenarbeit strukturiert wurde und punktuelle Souveränitätsübertragungen von den Staaten auf die überstaatliche Organisation erprobte, setzte Letzteres auf die Einbeziehung einer möglichst großen Anzahl von Staaten in einen lockerer konzipierten Verband, der die Souveränität nicht antastete.

In der Folgezeit erwies sich, dass beide Konzepte zweckmäßige Funktionen erfüllen. Allerdings verliefen die Entwicklung der Europäischen Union zu einem Verband mit ausgedehnten und intensiven Eingriffsbefugnissen in die innere Ordnung der Staaten und ihre geographische Ausdehnung spektakulärer, als dies in der Anfangsphase erwartet worden war.

3. Politische Symbolik

Symbole verkörpern Ideen und Werte, die außerhalb ihrer selbst liegen. Dem Psychologen gelten kulturelle Symbole allgemein als »Bestandteile unserer geistigen Struktur und lebenswichtige Kräfte im Aufbau der menschlichen Gesellschaft«.[11] Der Nutzen der Symbole besteht darin, auch solche Werte verkörpern und sogar aggregieren zu können, die keine konkrete Gestalt besitzen. Darin liegt jedoch zugleich ihre Schwäche. Symbole sind nicht notwendigerweise die Idee oder die Sache selbst.

Vielfach besitzen Symbole einen so hohen Abstraktionsgrad, dass sie breit verwendbar, aber auch anfällig für Missbrauch werden. Gerade Symbole politischer Herrschaft befinden sich in steter Gefahr zum »Hut auf der Stange« oder zum Ersatz der fehlenden echten Bekleidungsstücke eines Herrschers zu verkommen.[12] Das Verbot mancher Religionen, sich ein Abbild Gottes zu schaffen, versucht den Zauber der Authentizität und Einmaligkeit zu bewahren, der durch Symbolisierung verloren geht. Symbolen ohne Eigenwert haftet somit eine eigentümliche Dialektik an: Ohne die Existenz des verkörperten Objekts bedeuten sie nur eine leere Hülse.

---

11 *C.G. Jung*, Der Mensch und seine Symbole, Olten 1968.

12 Vgl. *F. Schiller*, Wilhelm Tell, III.3; *H.-Ch. Andersen*, Des Kaisers neue Kleider, in: Märchen und Geschichten, Ausgabe 1996, Bd. 1, 95 – 101.

Andererseits gewinnen abstrakte Werte durch Symbole vielfach überhaupt ihre Autorität.

Politisches Handeln ist ohne Symbole nicht möglich. Denn Symbole verschaffen Identität und Gewissheit. Erst mit Hilfe eines gemeinsamen Symbols kann sich eine Gruppe als solche identifizieren und Institutionen legitimieren. Symbole bilden die Brücke zwischen Institutionen (dem Herrscher) und den Bürgern. Die spezifische gemeinschaftsbildende Wirkung politischer Symbole können sowohl Symbole mit allenfalls ästhetischem Inhalt (wie z.B. Flaggen) als auch Inhalte entfalten, die über ihren unmittelbaren Nutzen hinaus gemeinschaftsstiftend und identitätsbildend wirken (z.B. Grundrechtsverbürgungen, Bürgerrechte).

Die Europäische Union ist einerseits selbst Symbol des Wunsches der europäischen Völker nach einem friedlichen, sicheren Zusammenleben mit wirtschaftlichem Fortschritt und sozialer Sicherheit. Zum anderen bedarf die Europäische Union der Symbole, um überhaupt wahrnehmbar zu sein und Identifikation der Betroffenen zu aggregieren – Legitimation zu erlangen. Doch vermögen Symbole diese Wirkung überhaupt nur auszulösen, wenn der durch sie verkörperte Wert eine hinreichende Verdichtung erfahren hat.

Die politische Symbolik der Europäischen Union muss nicht nur wachsen und sich bewähren. Sie muss auch den ihr gemäßen Platz im Verhältnis zu traditionellen staatlichen Symbolen finden. Dahinter steht die gesamte Problematik der Verdopplung ursprünglich allein staatlich ausgeübter Hoheitsgewalt und der damit verbundenen Differenzierung der Loyalität der Bürger. Die gemeinsame Verwendung von Flaggen bildet dabei noch das geringste Problem. Doch muss schon bei dem Abspielen mehrerer Hymnen eine Auswahl, zumindest eine Festlegung der Reihenfolge getroffen werden.

4. Zur Symbolbildung in der Europäischen Union

Die Problematik ihrer Symbolfunktion und ihrer Symbolisierung wurde der Europäischen Union erst in jüngerer Zeit bewusst. Die nicht ratifizierte Verfassung der Europäischen Union[13] vermittelte erstmals Klarheit über die formale und inhaltliche Dimension der EU-Symbolik. Die drei legitimati-

13 »Vertrag über eine Verfassung für Europa“ vom 29. Oktober 2004, in: Amtsblatt der Europäischen Union (C 310) vom 16.12.2004, 1. Dieser Vertrag trat nicht in Kraft, da in Frankreich und in den Niederlanden Volksabstimmungen über die Ratifizierung negativ verliefen.

onsstiftenden Elemente einer demokratischen Gesellschaft – Verfassung, Grundrechte, Bürgerrechte – wurden ausdrücklich als solche begründet und mit Inhalt gefüllt. Die äußeren Symbole der Union fanden ausdrückliche Anerkennung.

Artikel 8 dieser Verfassung bestimmte:

> „Die Symbole der Union
> Die Flagge der Union stellt einen Kreis von zwölf goldenen Sternen auf blauem Hintergrund dar. Die Hymne der Union entstammt der „Ode an die Freude“ aus der Neunten Symphonie von Ludwig van Beethoven. Der Leitspruch der Union lautet: „In Vielfalt geeint“. Die Währung der Union ist der Euro. Der Europatag wird in der gesamten Union am 9. Mai gefeiert."

Mit dem Scheitern der Ratifizierung der Verfassung wurde auch dieser Text hinfällig. Die Problematik dieses scheinbar harmlosen Textes – der ja im Übrigen nichts weiter als die derzeit geübte Praxis festschreibt – zeigt sich daran, dass der Text, durch den der Inhalt der Verfassung „gerettet“ werden soll (d.h. der Vertrag von Lissabon), genau auf diese Bestimmung – sowie einige andere von ähnlich symbolischer Bedeutung – verzichtet. Den Regierungen einiger Mitgliedstaaten ist die Kraft der europäischen Symbolik unheimlich geworden. Sie versuchen sie auf abenteuerliche Weise zu bannen: Während mehr und häufiger als je zuvor die EU-Flagge neben oder hinter den Regierenden in Europa prangt, wird ihr gleichzeitig die offizielle Bestätigung verweigert.[14]

Am Beginn der Konkretisierung des europäischen Einigungsprozesses nach dem Zweiten Weltkrieg im Rahmen der Europäischen Gemeinschaft für Kohle und Stahl (EGKS), der späteren EU, fehlte jede Diskussion um Symbole. Das überrascht nicht, denn der Vertrag zur Errichtung der EGKS von 1951 galt selbst als ein Symbol, als Symbol des Friedens in Europa, des friedlichen Zusammenlebens von Deutschland und Frankreich, der Beseitigung von Schlagbäumen zwischen Staaten. Doch mit wachsendem Wohlstand und der parallelen Stabilisierung der politischen Verhältnisse in Westeuropa verlor diese Primärsymbolik an Strahlkraft. Sie wurde zudem überlagert von negativen Symbolen wie »Brüsseler Bürokratie“, „Butterbergen“ und „Milchseen“.

---

14 Zur Flagge der EG vgl. *Bieber*, Die Flagge der EG in: Fiedler/Ress (Hg.), Verfassungsrecht und Völkerrecht, Gedächtnisschrift Geck, Köln 1989, 59 – 77.

Erst als Reaktion auf diese Entwicklung setzte in der EU ein gezieltes Bemühen um die Anerkennung und Findung EU – spezifischer Symbole ein.

Erstmals erscheint in den europäischen Verlautbarungen im Jahre 1984 der Begriff »Symbole«. Die Konferenz der EU-Staats- und Regierungschefs (Europäischer Rat) erklärte am 26. Juni 1984 in Fontainebleau, es sei »unerlässlich, dass die Europäische Gemeinschaft die Erwartungen der Völker Europas erfüllt, indem sie Maßnahmen trifft, durch die ihre Identität gegenüber den europäischen Bürgern und der Welt gestärkt und gefördert wird und durch die sie an Prestige gewinnt.« Zu diesem Zweck sollte ein Ausschuss aus Vertretern der Staats- und Regierungschefs unter anderem die Anregung prüfen, »Symbole für die Existenz der Gemeinschaft, insbesondere eine Fahne und eine Hymne«, einzuführen.[15]

Der entsprechende Bericht wurde im Juni 1985 vorgelegt. Zur politischen Symbolik der EU führt der Bericht aus:

„Es besteht aus praktischen wie auch symbolischen Gründen ein eindeutiges Bedürfnis nach einer Fahne und einem Emblem, die bei nationalen und internationalen Veranstaltungen, Ausstellungen und anderen Anlässen benutzt werden können, bei denen es gilt, die Existenz der Gemeinschaft öffentlich deutlich zu machen. Damit es nicht zu Missverständnissen und Unklarheiten kommt, muss hierüber ein Beschluss gefasst werden. Der Ausschuss stimmt mit dem Europäischen Parlament darin überein, dass die Gestaltung sowohl des Gemeinschaftsemblems als auch der Gemeinschaftsfahne im großen und ganzen dem vom Europarat gewählten Zeichen entsprechen sollte. [...] Der Europäische Rat sollte der Hoffnung Ausdruck geben, dass Emblem und Fahne an geeigneten Orten und bei passenden Anlässen benutzt werden, ohne selbstverständlich der Benutzung der Nationalflaggen entgegenzustehen, und die Organe aufzufordern, zuzustimmen, dass sie Regelungen für die Verwendung von Fahne und Emblem treffen werden.

Die Musik zur „Ode an die Freude" aus dem vierten Satz der Neunten Symphonie von Beethoven wird bereits bei europäischen Anlässen benutzt.

---

15 Europäischer Rat von Fontainebleau, 25. – 26. Juni 1984, Schlussfolgerungen des Vorsitzes, abgedruckt in: Bulletin der Europäischen Gemeinschaften (Beilage 7) 1985, („Europa der Bürger"), 5.

Auch der Europarat hat festgestellt, dass diese Hymne den Europagedanken gut repräsentiert."[16]

Daraufhin beschloss der Rat der EG am 22. April 1986, dass die Flagge und das Emblem der EG so, wie von dem Ausschuss vorgeschlagen, zu benutzen seien. Die übrigen Institutionen der EG, Parlament, Kommission und Gerichtshof, schlossen sich dieser Haltung an.[17]

Nie stand bei der Entscheidung über Symbole der EU die Alternative einer Verwendung des mythischen Stiers zur Diskussion. Das mag damit zusammenhängen, dass bei der Gestaltung des Symbols vor allem Erwägungen der Heraldik und Vergleiche mit herkömmlichen Staatssymbolen maßgeblich waren.

Dass gleichwohl der Stier mit der Europäischen Union assoziativ in Verbindung gebracht wird, belegt die Verwendung in zahlreichen Karikaturen.[18]

Der Sternenkranz wurde nicht erst im Jahre 1986 mit dem Beschluss des EU-Rates zu einem offiziellen europäischen Symbol. Gefunden hat ihn eine andere europäische Organisation, der Europarat. Dieser im Jahre 1949 errichtete Verband westeuropäischer Demokratien entstand aus den zahlreichen privaten und halboffiziellen Initiativen zur Neuordnung Europas der Nachkriegszeit. Auch er sollte vor allem das friedliche Miteinander der europäischen Völker fordern und dabei besonders Rechtsstaatlichkeit, Demokratie und Menschenrechtsschutz stärken.[19]

Herausragendes Ergebnis der Arbeiten des Europarats ist die Europäische Menschenrechtskonvention vom 4. November 1950. Anders als die später gegründete EGKS war der Europarat dem traditionellen Modell internationaler Organisationen nachgebildet, das keine direkten Eingriffe in die Rechtsordnung der jeweiligen Mitgliedstaaten zulässt.

Dieser Unterschied erklärt den unbefangenen Umgang des Europarats mit klassischen Symbolen der Staatlichkeit: Es stand außer Frage, dass ein entsprechendes Symbol der Organisation nicht in Konkurrenz zu Grundelementen der Selbstdarstellung seiner Mitgliedstaaten treten könnte.

---

16 »Bericht des Ad-hoc-Ausschusses für das Europa der Bürger vom 29.-30 Juni 1985«, in: Bulletin der Europäischen Gemeinschaften (Beilage 7) 1985, 19–33, Ziff. 9. Vgl. auch den Beitrag von *E. Krippendorff* in diesem Band.

17 „Erklärung des Ratspräsidenten vom 22. April 1986" in: Bulletin der Europäischen Gemeinschaften (4) 1986, 54.

18 Vgl. die Beiträge von *E. Lichtenberger, A. Pelz, S. Poeschel, A.-B. Renger* und *Wattel-de Croizant* in diesem Band.

19 »Satzung des Europarates vom 5. Mai 1949 in der Fassung der Bekanntmachung vom 18. Juni 2003«, in: Bundesgesetzblatt (II) 2003, 703.

Bei der EU lag und liegt noch in der Gegenwart die Übernahme ursprünglich staatlich ausgeübter Funktionen offen zu Tage. Es bereitet den Staaten ersichtliche Mühe, den damit verbundenen Wandel ihrer Identität einzugestehen. Entsprechend sensibel reagieren sie auf äußere Darstellungen dieses Wandels.

Im Rahmen der parlamentarischen Versammlung des Europarats wurden seit 1950 Überlegungen zur Schaffung einer europäischen Fahne angestellt.[20] Diese sollte als Symbol die Idee der verbundenen europäischen Staaten ausdrücken. Als Kriterien für die Gestaltung der Flagge wurden genannt: Ausreichender symbolischer Gehalt; Einfachheit; Verständlichkeit; Harmonie; gefällige Erscheinung; anerkannt heraldisches Aussehen.

Nach aufwändigen Vorarbeiten beschloss das Ministerkomitee des Europarats am 8. Dezember 1955, das nachstehend beschriebene Emblem einzuführen:

> „auf blauem Grund ein Kranz aus zwölf goldenen fünfzackigen Sternen, deren Spitzen sich nicht berühren. [...]
> Symbolische Beschreibung
> Vor dem blauen Himmel der westlichen Welt symbolisieren die Sterne die Völker Europas in Form eines Kreises, dem Zeichen der Einheit. Die Anzahl der Sterne beträgt zwölf und ist unveränderlich; die Zahl zwölf ist das Symbol der Vollkommenheit und Ganzheit“.[21]

Dass die Verwendung dieses Symbols nicht auf den Europarat beschränkt bleiben sollte, wird aus der auf die Flagge bezogenen Entschließung der parlamentarischen Versammlung vom 25. Oktober 1955 deutlich. Darin wird empfohlen,

> „Verhandlungen mit den übrigen europäischen Institutionen aufzunehmen, um zu erwirken, dass die von diesen gewählten Embleme dem des vom Europarat angenommenen ähneln.“[22]

Der Sternenkranz sollte also nicht in erster Linie eine bestimmte Organisation, sondern vielmehr die Idee des friedlichen Zusammenlebens der europäischen Völker symbolisieren.

---

20 Dazu und zum Folgenden ausführlich *Göldner*, Politische Symbole der Europäischen Union, Frankfurt/M. 1988 und *Lager*, C., L'Europe en quête de ses symboles, Bern u.a. 1995.

21 Abgedruckt bei *Göldner* 1988, 82.

22 Abgedruckt bei *Göldner* 1988, 81.

Es dauerte fast 30 Jahre, bis die EU sich diesem Vorschlag öffnete. Allerdings geschah dies nicht in dem vom Europarat erwarteten Sinne. Die EU verfolgte die deutliche Absicht, in erster Linie die eigene Identität zu stärken. Zum Zeitpunkt der EU-Beschlüsse stand der Europarat ganz im Schatten der EU. Dies änderte sich jedoch nach der Auflösung des Ostblocks. Der Europarat gewann unerwartet eine neue Daseinsberechtigung als Brücke zu den Nicht-EU-Mitgliedern. Aus diesem Grund und wegen seiner weiteren Verbreitung bleibt die EU-spezifische identitätsstiftende Wirkung des Symbols jedoch beschränkt.

Parallel zu der Einführung formaler Symbole erfuhr daher in der EU die aus konkreten Inhalten ableitbare Symbolik Beachtung und Verstärkung. Dazu gehören vor allem die von der EU allen Unionsbürgern gewährleisteten Rechte der Nichtdiskriminierung, der Freizügigkeit, der politischen Bürgerrechte und des Schutzes der Grundrechte. Folgerichtig entfalten im öffentlichen Bewusstsein einheitliche Erscheinungsformen von Pässen, Führerscheinen, Währung, sogar von Kontrollen an den EU-Außengrenzen (Durchgang »nur für EU-Bürger«) eine Symbolwirkung, die über die Wirkung von Fahne und Hymne hinausreicht.

Das macht allerdings diese formalen Symbole nicht entbehrlich. Solange die EU über keine gefestigte Identität verfügt, kann sich an traditionellen Symbolen wie Flaggen, aber auch an symbolischen Begriffen wie z.B. Verfassung die Identitätsbildung kristallisieren. Schon die Bezeichnung der Union besitzt symbolische Bedeutung. Noch bis in die Gegenwart sorgt die parallele Verwendung der Begriffe »Europäische Gemeinschaft« und »Europäische Union« für Verwirrung, die bis in die juristische Fachwelt hineinreicht.[23]

Erst der Vertrag von Lissabon (2007) beseitigt die Bezeichnung »Gemeinschaft« zugunsten des nunmehr einzigen und damit potenziell symbolhaltigeren Begriffs »Europäische Union«. In der richtigen Erkenntnis der grundsätzlichen Bedeutung von Symbolen für die Identität der EU wurde im Rahmen der Vorbereitungsarbeiten für eine Verfassung der Europäischen Union in den Jahren 2003/2004 eine verfassungsrechtliche Verankerung der äußeren EU-Symbole bei den Einleitungsbestimmungen der Verfassung vorgeschlagen. In dem nach der gescheiterten Ratifizierung der Verfassung abgeschlossenen Vertrag von Lissabon wurde der entsprechende Artikel aus der Verfassung nicht übernommen. Auch andere Bestimmungen mit symbolischer Bedeutung wie die Verwendung des Begriffs

23 Zur Klärung vgl. *Constantinesco,V.* „Les Noms de l'Europe" in: Flauss, J.F./ Wachsmann, P. (Hg.), Études à la mémoire de Jacques Schwob, Brüssel 1997, 309 – 330.

»Verfassung« für den Grundlagentext und der Hinweis auf den Vorrang des EU-Rechts vor staatlichem Recht entfielen. An dem in der Praxis häufigen Gebrauch der Symbole ändert sich dadurch jedoch ebenso wenig wie an der Tatsache, dass der durch den Vertrag von Lissabon geänderte EU-Vertrag alle Merkmale einer Verfassung aufweist und auch der Vorrang des EU-Rechts nicht angezweifelt wird.

In einer dem Vertrag von Lissabon beigefügten Erklärung äußern 16 Mitgliedstaaten (darunter Deutschland), dass die in Art. 8 der Verfassung von 2004 genannten Symbole für sie weiterhin Symbole der gemeinsamen Zugehörigkeit der Bürger zur Europäischen Union und ihrer Verbindung mit dieser darstellen. Das Europäische Parlament änderte demonstrativ seine Geschäftsordnung. Es fügte im Jahre 2008 einen neuen Artikel 202a ein, in dem es ausdrücklich Fahne, Hymne und Wahlspruch als Symbole der EU anerkennt und den 9. Mai als Europatag feiert.

5. Schlussbemerkung

Zwei Akteure, eine junge Frau und ein Stier, brechen auf zu einer Reise mit ungewissem Ziel auf einem unmöglichen Weg. Nur als Mythos kann eine derart absurde Situation ihre Rechtfertigung finden und überdauern. Gerät der Mythos in allzu große Nähe zu einer Realität, dann erscheint die Wirklichkeit banal oder der Mythos schrumpft auf lächerliches Maß. Beides trifft zusammen in Gestalt der Stiere mit Jungfrauen vor den EU-Gebäuden in Brüssel und Straßburg.

Die Vieldeutigkeit des Mythos ist jedoch geblieben. Steht er für ein politisches Projekt, für Wagnis, Abenteuer, radikal Neues, für den Aufbruch zum Traumziel des europäischen Halbkontinents? Oder steht er für lediglich individuelle Sehnsüchte, die man in der Gegenwart „mit dem Flieger" bedient?

Gemeinsam ist jeder Deutung der Ausgangspunkt, eine eigentümliche Dualität zweier gegensätzlicher Akteure, die sich zu einem Mythos zusammenfinden. Für sich genommen inspirieren weder die junge Dame noch der Stier. Ob sie freiwillig zusammengekommen sind, ist umstritten.

Die Europäische Union bildet scheinbar ein Gegenmodell zu dieser Dualität. Wie die offizielle Interpretation ihres Symbols, des Sternenkranzes, belegt, hat sich die Union der Einheit verschrieben, die aus einem freiwilligen Zusammenschluss entsteht. Auch will sie keine Unterschiede, gar Gegensätze, zwischen ihren Teilen anerkennen (jedenfalls will sie diese nicht symbolisch darstellen). Ihr Prinzip ist die Nichtdiskriminierung, die Gleichheit im Recht. Und sie will mit einer Stimme in der Welt sprechen, nach innen einen Raum ohne Grenzen schaffen.

Man könnte aus der Differenz zwischen antikem Mythos und moderner EU Symbolik eine Erklärung für die geringe Ausstrahlung des Stier-Mythos auf das Selbstverständnis der EU ableiten. Doch der äußerliche Unterschied verdeckt innere Zusammenhänge: Auch die Union beruht im Kern auf einem dualen Spannungsverhältnis. Wie ihr Wahlspruch belegt, sucht sie Einheit in der Vielfalt.[24] Darin sind zwei tragende Prinzipien der europäischen Integration angesprochen. Zum einen will die Union bei aller Suche nach Einheit ihre Quellen, die Vielheit (der Staaten, der Völker, der Kulturen) bewahren und nutzen. Zum anderen erfordert die Aufrechterhaltung dieses Spannungsverhältnisses die fortwährende Suche nach dem der jeweiligen historischen Situation angemessenen Gleichgewicht.

Dies kann nur in der Bewegung, in der Dynamik gelingen. Damit gleicht die Union einem Radfahrer, der seine Bewegung erhalten muss, um im Gleichgewicht zu bleiben. Ähnlich übrigens der Stier. Hielte er in seinem Ritt inne, versänke er im Meer.

Doch verfügt die Europäische Union als solche – anders als der Stier – nur über ein geringes materielles Substrat. Um im Bilde zu bleiben: Sie ist zu leicht, um im Meer zu versinken. Sie besteht aus Staaten, die über ihre Identität und die darauf bezogene Symbolik wachen. Wie stark ihre Identität auf einem fruchtbaren Spannungsverhältnis gegründet ist, vermag die Union deswegen noch nicht darzustellen. Sie kann noch nicht auf eine eigenständige und feste Loyalität ihrer Bürger bauen. Daher benötigt sie zur Selbstdarstellung einfache Wahrheiten, einfache Symbole. Für die subtile und anspruchsvolle Symbolik, die dem Projekt der europäischen Integration einer »journey to an unknown destination«[25] gerecht würde, ist es noch zu früh. Daher symbolisieren Sterne und Stier einander ergänzende Utopien, die zu Antriebskräften politischen Handelns in der Europäischen Union geworden sind.

---

24 Vgl. die Beiträge von *A. Demandt*, *A.-B. Renger* und *R. Ißler* in diesem Band.
25 *Shonfield* A., Europe: Journey to an Unknown Destination, London 1973.

A. III. „In Vielfalt geeint“ – Das Experiment „Europäische Union“*

1. Das Experiment

Selten kann man ein bestimmtes Ziel nur auf einem einzigen Weg erreichen. Zumeist bestehen alternative Möglichkeiten, andere Instrumente, abweichende Methoden. Selbst wenn die Vielzahl der Wege erkannt wird, fällt es schwer, die Vor- und Nachteile einer Entscheidung im voraus zu erkennen. Auch verschliessen Gewohnheit, die Angst vor Unbekanntem oder ein Mangel an Selbstvertrauen häufig den freien Blick. Hinzu kommt, dass Entscheidungen gewählter Gremien in Wahlen verantwortet werden müssen. Dabei werden nur selten Beschlüsse «belohnt», deren Folgen unabsehbar sind.

Als im Jahre 1950 der Versuch unternommen wurde, den Frieden in (West -) Europa durch einen engeren Zusammenschluss der Staaten zu sichern, bestand für kurze Zeit die einzigartige Chance, völlig neuartige Wege politischen Handelns zu beschreiten und dafür die Zustimmung unter den Völkern mehrerer Staaten Europas zu erlangen. Ein gänzlich neues politisches Handeln schien gleichzeitig vielversprechend und nötig - und es gab Akteure, die diese Möglichkeiten sahen und bereit waren, sie zu erproben. Die wichtigste und folgenreichste Erkenntnis jener Zeit war die Bereitschaft, die überkommenen starren Formen des Umgangs zwischen Staaten nicht einfach durch neue Dogmen zu ersetzen – also zum Beispiel «einfach» das traditionelle Staatsverständnis als einer in sich abgeschlossenen Einheit auf eine höhere Ebene zu übertragen und einen europäischen Staat zu errichten – sondern methodisch einen ganz neuen – rationalen – Ansatz zu verfolgen. Dieser besteht in der Erkenntnis, dass juristische Dogmen der Vielfalt und der unvorhersehbaren Entwicklung menschlicher Gesellschaften Schranken auferlegen, und dadurch das stets notwendige Lernen und Anpassungen verhindern.

* Zuerst veröffentlicht in: *Bieber*, Das Recht der europäischen Integration, 2. Aufl., Bern 2018 (Auszüge: 11 – 35, 39 – 53).

2. Methoden der Integration

a) Grundsätze

Seit dem 17. Jahrhundert hatten sich zur Gestaltung der Beziehungen zwischen Staaten im Wesentlichen *drei Methoden* entwickelt: Die Nichteinmischung in «innere Angelegenheiten» (vielfach als «Souveränität» bezeichnet), der Abschluss von Verträgen zwischen Regierungen, in denen gegenseitige Rechte und Pflichten festgelegt wurden und die Führung von Kriegen. Erst nach dem 2. Weltkrieg war offensichtlich geworden, dass dieses Instrumentarium den Bedürfnissen der Völker nicht entsprach. Kriege schadeten allen Beteiligten, Verträge zwischen Staaten allein genügten nicht, um stabile Bedingungen für friedliche Beziehungen zwischen den Völkern zu schaffen. Auch war in Europa deutlich geworden, dass eine Verständigung auf gemeinsame Werte, insbesondere eine gemeinsame Verantwortung für den Schutz der Menschenrechte, erforderlich ist, um stabile Beziehungen zwischen den Staaten und Völkern zu begründen.

Die europäische Integration beruht auf einem Konzept zwischenstaatlicher Beziehungen in Europa, das die gegenseitige Verständigung über gemeinsame Werte und gemeinsame Interessen sowie das Lernen, Ausprobieren und allmähliche Entwickeln in den Mittelpunkt stellt und das – ganz wie die antike Europa – zu einem gewissen Wagnis bereit ist. Es verzichtet auf Ausschliesslichkeit bestimmter Handlungs- und Denkmodelle. Stattdessen ist es durch die Bereitschaft gekennzeichnet, Irrtümer, sogar Fehler zuzulassen, um diese, wenn sie in Form von «Krisen» zu Tage treten, anhand der Erfahrung oder durch neue Versuche zu korrigieren. Die spezifische Methode der europäischen Integration geht soweit, bewusst keine Antworten auf Fragen nach einem «Letztentscheidungsrecht» zu geben. Stattdessen werden die *erforderlichen* Antworten dem Lernprozess und dem institutionellen System überlassen. Nicht zu Unrecht wird die Europäische Union daher als «Laboratorium» bezeichnet. So konnte zum Beispiel die Rechtsprechung des Europäischen Gerichtshofs eine Bedeutung erlangen, die ursprünglich wahrscheinlich niemand vorausgesehen hatte, die aber noch immer von allen Mitgliedstaaten befolgt wurde. Diese Methode verleiht der Union eine erheblich grössere Anpassungsfähigkeit als sie Staaten eigen ist. Sie bildet die Grundlage des Erfolgs und der Anziehungskraft der europäischen Integration im Rahmen der Union. Sie erklärt auch, weshalb die Europäische Union durch keine Krise je in ihrer Existenz gefährdet wurde.

Mit der Errichtung der Europäischen Union wurde nicht einfach eine zusätzliche Regelungsebene in Europa eingeführt, sondern es entstanden Prozesse der fortwährenden Überprüfung und Relativierung von zuvor autonomen Rechtssystemen. Diese Prozesse verlaufen «interaktiv» zwischen allen beteiligten Systemen. Sie werden von der Politikwissenschaft als «Regieren im Mehr-Ebenensystem» («multilevel governance») charakterisiert. Recht und Politik sind in diesem Prozess aufs Engste verflochten.

b) Gemeinsames Regieren durch Bindung ohne Zwang

Die Europäische Union erwächst aus dem Versuch, im politischen Denken und Handeln das Schema «Schwarz/Weiss», «Freund oder Feind», das in der Geschichte der europäischen Völker so viel Schaden angerichtet hatte, zu überwinden. Zu diesem Zweck stützt sich die Union auf das Mittel des Rechts, das im Kern auf freiwilliger Befolgung beruht, auch wenn die von ihr beschlossenen Regeln für die Mitgliedstaaten, ihre Bürger und die Institutionen der Union verbindlich sind. Dieses «Recht der Integration» zeichnet sich durch vier Besonderheiten aus:

- Die Regeln sind der Verfügungsgewalt der einzeln handelnden Staaten entzogen,
- ihre Einhaltung beruht auf freiwilliger Befolgung durch die Staaten, ohne deswegen in deren Ermessen zu liegen,
- sie umfassen eine Vielzahl unterschiedlicher Handlungsformen mit gestaffelter Reichweite und Rechtswirkung,
- ihre Wirkung kann grundsätzlich auch natürliche und juristische Personen berechtigen und verpflichten.

Die Mitgliedstaaten verpflichten sich unter anderem «Streitigkeiten über die Auslegung oder Anwendung der Verträge nicht anders als hierin vorgesehen zu regeln» (Art. 344 AEUV). Auch schreiben sie den Rechtsakten der Union eine für sie selbst verbindliche Wirkung zu (Art. 288 AEUV) und bestimmen, dass nach einer Feststellung des Gerichtshofs der Union, ein Mitgliedstaat habe gegen eine Verpflichtung aus den Verträgen verstossen, dieser Staat «die Massnahmen zu ergreifen (hat), die sich aus dem Urteil des Gerichtshofs ergeben».

Die Methode der «Integration durch Recht» umfasst eine weitere Besonderheit: Recht dient in diesem Zusammenhang nicht zur Sicherung von Herrschaft. Vielmehr zielt es auf eine soziale Ordnung der Freiheit und der Solidarität. Die Integration erwächst methodisch nicht aus Hierarchie und Sanktion. Entsprechend entsteht das Recht durch Ausgleich. Seine Einhaltung kann nicht erzwungen werden. Stattdessen werden die vertraglichen Ziele und die Mittel zu ihrer Erreichung *freiwillig befolgt*. Der Beitritt zur Union war und ist freiwillig und er kann freiwillig wieder beendet werden. Auch verfügt die Union nicht über die Möglichkeit, die Einhaltung der Normen zu erzwingen. Sie kann allenfalls finanzielle Sanktionen auferlegen (Art. 126 (11) und Art. 260 (3) AEUV) oder Stimmrechte entziehen (Art. 7(3) EUV).

Diese einzigartige Qualität nimmt dem Recht nichts von seiner Wirksamkeit. Dafür sorgen mehrere subtile Vorkehrungen. Zunächst obliegt die Ausführung des Rechts der Integration in aller Regel den Mitgliedstaaten, also den staatlichen Behörden und Gerichten (Art. 291(1) AEUV). Diese sind geprägt von den innerstaatlichen Vorstellungen der Recht- und Gesetzmässigkeit ihres Handelns und sie übertragen diese Prägung ohne weiteres auf die Ausführung des Rechts der Union. Dies gilt auch deswegen, weil vielfach die jeweiligen Regeln eng mit dem staatlichen Recht verflochten sind, so dass bei der Rechtsanwendung die Quelle der jeweiligen Norm nicht ohne weiteres sichtbar wird. Des Weiteren besteht in allen Staaten ein Interesse daran, dass die gemeinsamen Normen überall respektiert werden und sich kein Staat dadurch einseitige Vorteile verschafft, dass er die Verpflichtung zur Einhaltung missachtet. Insofern vermeidet jeder Staat, anderen Staaten Vorwände für Rechtsverletzungen zu schaffen.

Schliesslich besteht eine Pflicht der Staaten zum Ersatz von Schäden, die ein Einzelner durch die Verletzung von EU-Recht durch staatliche Organe erleidet[1]. Das Gleiche gilt natürlich für Verletzungen, die von Institutionen der EU ausgehen (Art. 340 AEUV).

c) Die Errichtung eigenständiger Institutionen

Zu den grossen schöpferischen – und mutigen – Leistungen am Beginn der europäischen Integration gehört die Errichtung eines Systems unabhängiger Institutionen, denen die Sicherung des gemeinsamen Interesses, die Kontrolle der Einhaltung der vertraglichen Regeln und die Verabschiedung der zur Erreichung der Ziele erforderlichen Rechtsakte übertragen wurde.

1 EuGH verb. Rs. C – 46/93 und C – 48/93 (Brasserie du pêcheur und Factortame), ECLI:EU:C:1996:79.

Zuvor wurden die zwischenstaatlichen Beziehungen im Rahmen von adhoc einberufenen Regierungskonferenzen gestaltet.

Der Gedanke überstaatlicher Organe war nicht neu. *Saint Simon* und *Thierry* betonten in ihrer Veröffentlichung «De la Réorganisation de la Société Européenne» die Bedeutung von gemeinsamen Institutionen, u.a. eines europäischen Parlaments für die Gestaltung einer europäischen Ordnung. In seiner Schrift «Zum ewigen Frieden» (1795) hatte *Kant* noch vor derartigen Vorschlägen gezögert[2]. Im Gefolge der offenbar gewordenen Schwäche traditioneller Formen der internationalen Ordnung und der isoliert handelnden staatlichen Regierungen nahm die Idee überstaatlicher Institutionen konkrete Gestalt an. Deren grössere Fähigkeit zur Definition eines gemeinsamen Interesses, zur Streitschlichtung, zur Kontrolle der Einhaltung der gemeinsamen Regeln sowie zur demokratischen Legitimation fand Anerkennung.

Durch die Schaffung eigenständiger und auf Dauer eingerichteter Institutionen und deren Verpflichtung auf die vertraglich vereinbarten Ziele wurden die Voraussetzungen dafür geschaffen, dass die Integration als ein Prozess in Gang kam und als solcher verlief. Denn die Institutionen unterbreiteten gemäss ihrem Auftrag Vorschläge zur Gesetzgebung, sie formulierten Vorschläge für Vertragsreformen, erhoben Klagen wegen Verletzung des gemeinsamen Rechts und präsentierten der Öffentlichkeit Optionen europäischer Politik, die unabhängig von den Bedingungen innerstaatlicher Meinungsbildung erarbeitet worden waren. Gleichzeitig sorgte die enge personelle Verflechtung zwischen den Institutionen der Union und den Mitgliedstaaten für enge Wechselbeziehungen. Dadurch wurde verhindert, dass die Institutionen der EU in einem «Elfenbeinturm» verharren (auch wenn dies aus Gründen der Selbstdarstellung staatlicher Regierungen gelegentlich behauptet wird).

d) Die Vielfalt der Instrumente

Das «Recht der Integration» ist nicht auf eine bestimmte Handlungsform beschränkt, etwa den Vertrag, der nach den Regeln des Völkerrechts zwischen Regierungen abgeschlossen wurde. Das Recht der Integration umfasst *auch* derartige Verträge, insbesondere die beiden Grundlagenverträge

---

2 Was ihm schon damals Kritik eintrug, vgl. *Jean- Paul Jacqué,* IMMANUEL KANT, in: Rat der Europäischen Union (Hg.), Europa – eine Idee nimmt Gestalt an, Brüssel und Baden-Baden 2009, 115 ff.

über die Europäische Union (EUV) und über die Arbeitsweise der Union (AEUV). Doch die methodische Besonderheit der Integration im Bezug auf die einsetzbaren Instrumente beginnt jenseits dieser beiden Grundlagentexte: Integration erfolgt mit einer *Vielzahl von Instrumenten.* Das zeigt sich bereits auf der Ebene der Verträge. Denn nicht allein diese beiden Texte mit 55 bzw. 358 Artikeln bilden die rechtliche Grundlage der Europäischen Union. Sie werden durch eine eindrucksvolle Zahl von Texten ergänzt, die im gleichen Rang stehen und als Protokolle oder in sonstiger Form von den Mitgliedstaaten angenommen wurden (z.B. die Grundrechte-Charta und die Protokolle über die Satzung des Gerichtshofs und der Europäischen Zentralbank). Doch damit nicht genug: Das im Verlauf der Existenz der Europäischen Union entstandene Recht umfasst (soweit es im Jahre 2011 noch gültig ist) mehrere zehntausend Seiten. Es besteht aus *Verordnungen, Richtlinien, Entscheidungen, Beschlüssen, Empfehlungen, Programmen, Geschäftsordnungen*, aus *Abkommen* mit dritten Staaten, aus *Leitlinien, interinstitutionellen Vereinbarungen* und aus sonstigen Handlungen.

Diese Vielfalt der Instrumente bildet die Entsprechung zur Vielfalt der von der Union zu erfüllenden Aufgaben. Sie erlaubt es der Union, entsprechend dem Bedarf eine Regelung von allgemeiner Tragweite, also einen Akt der Gesetzgebung oder Akte von begrenzter Tragweite zu beschliessen, die nur für einzelne Staaten oder Einzelpersonen bestimmt sind. Insoweit gleicht das Instrumentarium der Integration den Handlungsformen des staatlichen Rechts. Doch auch hier besteht eine Besonderheit: Das Recht der Integration ist gekennzeichnet durch eine vielfach *gestufte Bindungswirkung.* Sie ist aus der Absicht zu erklären, die Handlungsfreiheit der Mitgliedstaaten nur soweit einzuschränken, als dies unbedingt erforderlich ist, um das jeweilige Ziel einer unionsweiten Regelung zu erreichen. (Art. 5(4) EUV: «Nach dem Grundsatz der Verhältnismässigkeit gehen die Massnahmen der Union inhaltlich wie formal nicht über das zur Erreichung der Ziele der Verträge erforderliche Mass hinaus»). So ist z.B. das Instrument der Richtlinie nach seiner Definition in Art. 288 AEUV nur «hinsichtlich des zu erreichenden Ziels verbindlich, überlässt jedoch den innerstaatlichen Stellen die Wahl der Form und der Mittel». Eine andere, nicht unproblematische Methode der «schonenden» Rechtsetzung besteht in der Kombination unverbindlicher Massnahmen mit Sanktionsmöglichkeiten. Auf diese Weise ist die gemeinsame Wirtschaftspolitik der EU ausgestaltet. Nach Art. 121 AEUV kann die EU zur Koordinierung der staatlichen Wirtschaftspolitik nur «Empfehlungen» verabschieden. Zu deren Befolgung sind die Mitgliedstaaten nicht verpflichtet. Zeigen sich Folgen der staatlichen Politik, die mit dem Vertrag nicht vereinbar sind (insbesondere übermässige Haushaltsdefizite, vgl. Art. 126 AEUV), so kann die Union diesem Staat Sanktionen auferlegen (Art. 126 (11) AEUV). In der Finanzkrise des Jahres 2010 zeigte sich, dass es wirkungsvoller gewesen wäre, frühzeitig und nicht erst nachträglich den Staaten bestimmte wirtschaftspolitische Verpflichtungen aufzuerlegen. Diese Beobachtung wird bestätigt durch die Erfahrungen mit der sog. «offenen Methode der Koordinierung», bei der die Staaten sich allein zum Informationsaustausch verpflichten, um eine Angleichung ihres Rechts in bestimmten Bereichen zu erzielen. Dieses Vorgehen bildet keine effiziente Alternative zum Einsatz rechtlich verbindlicher Instrumente.

e) Zeitlich und räumlich abgestuftes Vorgehen

Ein von Anfang an gezielt eingesetztes Mittel der Integration ist das *schrittweise Vorgehen.* Die Integration wird auch in rechtlichem Sinne als *Entwicklungsprozess* verstanden. Bereits die Präambel des EUV hebt diese Eigenart hervor: «Entschlossen, den Prozess einer immer engeren Union der Völker Europas (...) weiterzuführen». Der besondere Vertragsaufbau mit seiner Ankündigung von Zielen, die durch ein Handeln der Institutionen zu erreichen sind, bewirkt ein Vorgehen in Etappen, in dem jederzeit die Möglichkeit der Neuorientierung und Korrektur besteht. Diese Konzeption bildet bis in die Gegenwart eine der Grundlagen für die Mitgliedstaaten, um sich an dem Einigungswerk zu beteiligen.

In zahlreichen Vertragsbestimmungen wurden darüber hinaus Termine festgelegt, die eine Selbstverpflichtung für die Regierungen und damit einerseits einen gewissen Druck zur Einigung bewirkten. Andererseits erbrachte diese Methode einen Zeitgewinn, denn sie erlaubte die Verschiebung strittiger Probleme in die Zukunft. Ein markantes Beispiel bildet der Termin des 31. Dezember 1992 als Zieldatum für die Verwirklichung des EU-Binnenmarktes (Art. 7 und 7a EWGV). Auch für die Erreichung der Wirtschafts- und Währungsunion wurden Zieldaten gesetzt, die einen allmählichen Übergang zur gemeinsamen Währung erlauben sollten (Art. 109 e und 109 j EWGV in der Fassung des Vertrags von Maastricht). Einem ähnlichen Ansatz folgt die vertraglich vorgesehene Möglichkeit des Übergangs von der – noch in Einzelbereichen bestehenden – einstimmigen Beschlussfassung zu Mehrheitsentscheidungen (Art. 48 (7) EUV).

Auch in institutionellen Fragen wurde dieses Verfahren genutzt, um die Entscheidung über die Direktwahl des Europäischen Parlaments erst dann treffen zu können, nachdem Erfahrungen mit seiner Existenz gesammelt werden konnten. Für die entsprechende Entscheidung war kein Termin vorgegeben. Sie erging erst 1976.

Die *räumliche Differenzierung* des Rechts der Integration dient dem gleichen Zweck wie die zeitlich abgestufte Vorgehensweise. Allerdings hat sie sich erst im Verlauf des Integrationsprozesses als ein zusätzliches Handlungsinstrument entwickelt. Sie erlaubt die Einführung gemeinsamer Regeln in einem Teil der Union und ermöglicht es einzelnen Mitgliedstaaten, diese Regeln zu einem späteren Zeitpunkt zu übernehmen. Die Wirtschafts- und Währungsunion bildet ein Beispiel für eine gleichzeitig zeitliche *und* räumliche Abstufung (Art. 139, 140 AEUV). Diese Art des abgestuften Vorgehens ist insofern problematisch, als sie das Konzept der einheitlichen Geltung des Rechts – und damit dessen integrationsstiftende Wirkung – vorübergehend oder auch in längeren Zeiträumen ausser Kraft setzt. Dadurch kann eine Dynamik in Gang gesetzt werden, die den Abstand zwischen den ausserhalb verbliebenen Staaten und dem «Kern» noch vergrössert. In eine derartige Richtung weisen die Pläne zur Verstärkung der wirtschaftspolitischen Zusammenarbeit unter den Staaten des Euro-Raumes.

Um eine geordnete Weiterentwicklung der Integration zu ermöglichen, wurden Bestimmungen über eine «verstärkte Zusammenarbeit» in die Verträge eingeführt (Art. 20 EUV, 326–334 AEUV). Danach kann eine Gruppe von mindestens neun Mitgliedstaaten die Organe der Union in Anspruch nehmen, um die Ziele der Union mit den vertraglich vorgesehenen Instrumenten zu erreichen.

f) Vorkehrungen zur Selbstkorrektur

Jede Rechtsordnung enthält Vorkehrungen, die eine Änderung der Regeln über ihr Funktionieren ermöglichen. Besonders ausgeprägt sorgen die Grundlagen des Rechts der Integration für Korrekturen innerhalb des Systems. Insoweit besteht ein interessantes Spannungsverhältnis zwischen den Bestimmungen, die eine Anpassung und Weiterentwicklung der EU-Rechtsordnung ermöglichen und jenen Bestimmungen, mit denen das Handeln der EU-Organe kontrolliert und begrenzt werden soll. So betont Art. 5(2) EUV, dass die Union nur innerhalb der Grenzen der Zuständigkeiten tätig werden darf, die ihr in den Verträgen von den Mitgliedstaaten übertragen wurden. Auf der anderen Seite schafft Art. 352 (1) AEUV die

Möglichkeit eines Handelns der Union auch dann, wenn dies erforderlich ist, «um eines der Ziele der Verträge zu verwirklichen und (....) in den Verträgen die hierfür erforderlichen Befugnisse nicht vorgesehen (sind)». In diesem Fall sorgen besondere Verfahren dafür, dass Massnahmen der EU nicht gegen den Willen der Mitgliedstaaten getroffen werden können.

Entsprechend seiner zentralen Rolle für die Integration enthält das Recht der EU ein umfassendes System gerichtlicher Kontrollen, das den Regierungen der Mitgliedstaaten, EU-Institutionen und staatlichen Gerichten die Möglichkeit bietet, die Rechtmässigkeit des Handelns der EU-Organe überprüfen zu lassen. Massstab der Kontrolle ist das jeweils höherrangige Recht. Das sind vor allem die EU-Gründungsverträge. Doch zieht der EuGH auch allgemeine Grundsätze des Völkerrechts, des staatlichen Rechts sowie die EMRK heran. Im Rahmen dieser Prüfung kann der EuGH Handlungen der EU-Organe aufheben. Im Bereich des auswärtigen Handelns der Union ist die Befugnis des EuGH allerdings beschränkt (Art. 275 AEUV).

Die ausgeprägte Stellung des Gerichtshofs im Rahmen der systeminternen Selbstkorrektur klingt bereits in Art. 19 (1) EUV an. Danach sichert er «die Wahrung des Rechts bei der Auslegung und Anwendung der Verträge». Entsprechend hat der Gerichtshof unter Berufung auf die Funktionsfähigkeit der Organisation vielfach Lücken in den Verträgen geschlossen. Bedeutende Beispiele dieser – eher als Korrektur denn als «Entwicklung» der Verträge zu bezeichnenden – Rechtsprechung bilden die Urteile zum Vorrang des Rechts der Integration vor entgegenstehendem staatlichen Recht[3], zur unmittelbaren Wirkung des europäischen Rechts[4], zum Grundrechtsschutz[5] und zur Haftung der Mitgliedstaaten für Schäden aus Verletzungen des EU-Rechts[6].

Schliesslich sieht der EUV in Art. 48 und 49 verschiedene Verfahren zur Vertragsänderung vor, die, dem Gewicht der Änderung entsprechend, abgestuft umfangreichen Anforderungen genügen müssen. Die förmlichen Vertragsänderungen können z.T. dafür genutzt werden, weitere Zuständigkeiten von den Mitgliedstaaten auf die Union (und auch zurück) zu verlagern. Auch können nur punktuelle, bereits vorgezeichnete Änderungen der Verträge vorgenommen werden. Zu dieser Kategorie gehören unter anderen die Änderungen, die im Zusammenhang mit dem Beitritt neuer

3 EuGH Rs. C-6/64 (Costa/ENEL), ECLI:EU:C:1964:66.
4 EuGH Rs. C-26/62 (van Gend en Loos), ECLI:EU:C:1963:1.
5 EuGH Rs. C-11/70 (Internationale Handelsgesellschaft), ECLI:EU:C:1970:114.
6 EuGH verb. Rs. C – 46/93 und C – 48/93 (Brasserie du Pêcheur und Factortame), ECLI:EU:C:1996:79.

Staaten erforderlich werden (Art. 49 EUV). Allerdings zeigt sich an diesem Instrument die Grenze der Selbstkorrektur des Rechts der Integration. Vertragsänderungen können nur in Kraft treten, wenn sie von allen Mitgliedstaaten gebilligt werden. Eine wachsende Mitgliederzahl kann daher zu einer Erstarrung des Systems und dadurch zum Verlust einer seiner wesentlichen Eigenschaften, der Anpassungsfähigkeit, führen. Eine derartige Situation bestand bereits zwischen 1960 und 1972, parallel zur Präsidentschaft von General de Gaulle in Frankreich. Ein unerwarteter Ausgleich dafür erwuchs in Gestalt systemimmanenter Korrekturen bezw. Ergänzungen durch den EuGH. Es war dies die Zeit der «grands arrêts», die dem Gericht mitunter den Vorwurf des «politischen Aktivismus» eintrugen.[7]

Ausgelöst werden können Selbstkorrekturen zum einen von allen politischen Organen der EU im Rahmen ihrer allgemeinen Beratungs- und Kontrollbefugnisse. Insoweit ist das Europäische Parlament der bedeutendste Akteur. Ausserdem können Korrekturen von den vor dem EuGH Klagebefugten und von den für Vertragsänderungen zur förmlichen Initiative Berechtigten ausgehen.

g) Offenheit der Rechtsordnung

Eine ganz aussergewöhnliche Möglichkeit zur Umgestaltung der Union schafft die Bestimmung des Art. 49 EUV, wonach jeder europäische Staat der Union beitreten kann, sofern er die Werte der Union «achtet und sich für ihre Förderung einsetzt».

Auch wenn die Aufnahme eines neuen Mitglieds die Billigung des Europäischen Parlaments und der Parlamente aller Mitgliedstaaten erfordert, bekundet die Union damit eine bemerkenswerte und ganz einzigartige Offenheit für ihre Veränderung. Alle Akteure der Union sind prinzipiell bereit, ihre Entscheidungsrechte mit neuen Akteuren zu teilen. Erweiterungen erfolgen nie ohne Rückwirkungen auf die geltende Rechtsordnung. Das gilt schon deswegen, weil sich der Kreis der Berechtigten und Verpflichteten – der Bürger der Union – damit markant verändern kann. Auch bringt jeder neue Staat sein Rechtsverständnis, seine Verwaltungstradition, seine Geschichte und Kultur in den gemeinsamen Verband ein.

Die Fülle der Beitritte in den Jahren 2004 und 2007 (insgesamt 12 Staaten) weckte Sorgen um den Bestand der Identität und der Handlungsfähigkeit der Union.

---

7 Grundlegend dazu *J.Weiler*, The Constitution of Europe, Cambridge 1999, 10–101.

Da aber auch diese Offenheit – und damit die Bereitschaft zum Wandel ein zentrales Merkmal der Identität der Union bildet, blieben entsprechende Sorgen ohne Wirkung auf die Verhandlungen über weitere Beitritte. Umstritten ist allerdings – auch aus geographischen Gründen – der seit 1963 in Aussicht gestellte Beitritt der Türkei.

3. *Zur Bedeutung der Verbindung von Integration und Recht*

Das «Recht der europäischen Integration» gehört zu den bedeutendsten politischen Schöpfungen unserer Zeit. Anders als das vor allem staatlich gebundene Recht der Verwaltung, des Strafens oder des Handels bildet es kein Instrumentarium zur Gestaltung einer vorgegebenen gesellschaftlichen Realität, keiner sozialen oder wirtschaftlichen Praxis. Die europäische Integration soll keinen vorgefundenen Zustand verwalten, sondern Ziele erreichen. Die von den Gründerstaaten beschlossenen Regeln dienen der Annäherung an eine «immer engere Union der Völker Europas» (= Präambel EUV), der «jeder europäische Staat» beitreten kann, sofern er die Grundwerte der Union beachtet (Art. 49 EUV). Die Besonderheit der Integrationsziele besteht nun darin, dass ihr Gegenstand und ihr Wirkungsbereich weder inhaltlich noch territorial abschliessend definiert sind und dass sie *mit Hilfe des Rechts* und unter Wahrung des *Rechtsstaatsprinzips* (Art. 2 EUV) erreicht werden sollen.[8]

Das bedeutet zum einen, dass sich die Mitgliedstaaten den gemeinsam gesetzten Regeln unterwerfen und im Rahmen des EUV darauf verzichten, sich auf «Souveränität» als völkerrechtlich begründete Möglichkeit einseitigen Handelns zu berufen. Weiterhin erfordert eine Rechtsgemeinschaft die Respektierung des Rechtsstaatsprinzips im Verhältnis zwischen der Union und ihren Bürgern, also insbesondere die Gewährleistung von Grundrechtsschutz, die Einhaltung rechtsstaatlicher Verfahren und ein transparentes, gewaltenteilig organisiertes institutionelles System.

Das Rechtsstaatsprinzip gebietet weiterhin die Bereitstellung von effektivem Rechtsschutz durch institutionelle und verfahrensmässige Vorkehrungen.[9] Art. 19(1) EUV weist dem Europäischen Gerichtshof wie schon bisher die Aufgabe der «Wahrung des Rechts bei der Auslegung und Anwendung

8 Dazu *G. Nicolaysen*, Die Europäische Union als Rechtsgemeinschaft, in: *Weidenfeld* (Hg.), Die Europäische Union, Bonn 2008, 105 – 121.

9 Dazu *D. Scheuing*, Rechtsstaatlichkeit, in: *Schulze/Zuleeg/Kadelbach*, Handbuch Europarecht, 2. Aufl. Baden-Baden 2010, § 6.

der Verträge» zu. Doch ist der EuGH dabei an die in Art. 19(3) EUV sowie 256 ff. AEUV bezeichneten Zugangsvoraussetzungen und Verfahren gebunden. Durch den Vertrag von Lissabon wird nunmehr klargestellt, dass es im Übrigen zu den Aufgaben der Mitgliedstaaten gehört, wirksamen Rechtsschutz in den vom Unionsrecht erfassten Bereichen zu gewährleisten.

Das führt unter anderem zu der interessanten Aufgabe, das Zusammenspiel zwischen dem Recht der Integration mit dem staatlichen Recht zu ordnen. Diese Ordnungsaufgabe wird von den Gründungsverträgen der EU nur unvollkommen gelöst. Doch hat sie erhebliche praktische Bedeutung, da die Bürger der Mitgliedstaaten unmittelbare Adressaten des Rechts der Union sind und sie sich auf Grundrechte und sonstige Einzelrechte, die ihnen im Recht der Union erwachsen, gegenüber den staatlichen Behörden und vor staatlichen Gerichten berufen können.

Das Recht wird also selbst zu einer Quelle der Integration, da es die im staatlichen Recht angelegten und im traditionellen Völkerrecht bekräftigte Bedeutung von Grenzen, die «Souveränität», relativiert.

Der Begriff des Rechts der europäischen Integration umfasst damit *zwei Bedeutungen.* Zum einen beschreibt er den grundsätzlich nicht abgeschlossenen, «offenen» *Prozess des Zusammenschlusses* europäischer Staaten im Rahmen der EU. Zum anderen ist damit *eine konkrete Rechtsordnung,* die Gesamtheit der Regeln gemeint, die im Rahmen der Europäischen Union und ihrer Vorgängerorganisationen beschlossen wurde.

4. Eine neue Wertordnung

Der Prozess der europäischen Integration konnte nur deswegen erfolgreich verlaufen, weil die Erfahrungen der Staaten und Völker nicht ignoriert und Grundüberzeugungen und Ideale als gemeinsam erkannt wurden. Bereits die Präambel der EMRK (1950) bezeichnete die Achtung einer demokratischen Ordnung, die Wahrung der Grundfreiheiten und Menschenrechte sowie Freiheit und Rechtsstaatlichkeit als gemeinsames Erbe. Der EGKS-Vertrag und später der EGV setzten diese Gemeinsamkeiten voraus, ohne sie jedoch mit der Ausdrücklichkeit zu betonen, wie sie nunmehr in Art. 2 EUV an die Spitze der Unionsverfassung gestellt werden. Daneben verpflichten sich die Union und ihre Mitgliedstaaten erstmals auf die Förderung von Frieden, die gemeinsamen Werte und das Wohlergehen ihrer Völker (Art. 3(1) EUV).

Der ausdrücklichen vertraglichen Bestätigung ging ein Prozess der politischen Identitätsfindung und der justiziellen Bekräftigung der Bindung der Union an die den Mitgliedstaaten gemeinsamen Grundwerte voraus. Auf politischer Ebene verabschiedeten die EU-Staats- und Regierungschefs erstmals im Jahre 1973 eine «Erklärung über die Europäische Identität». Darin wurden die Grundsätze der repräsentativen Demokratie, der Rechtsstaatlichkeit, der sozialen Gerechtigkeit sowie die Achtung der Menschenrechte als «Grundelemente der europäischen Identität» bezeichnet.[10]

In justizieller Hinsicht bahnbrechend war die Rechtsprechung des EuGH zum Schutz der Grund- und Menschenrechte. Dabei knüpfte der EuGH deutlich an die gemeinsamen Überlieferungen der Mitgliedstaaten an. Tatsächlich erwuchs die spezifisch europäische Identität aus einer Bewusstwerdung und einer Verständigung über die Gemeinsamkeiten ursprünglich staatlicher Werte. Diese Verständigung erfolgt in einem Prozess der «Ausdehnung», bei dem zuvor staatlich definierte Werte eine allgemeinere Anerkennung und damit eine zusätzliche Sicherung erfahren.

Die Mitgliedstaaten sind nunmehr ausdrücklich an die auf der Ebene der Union bezeichneten Werte gebunden.[11] Das ist konsequent, denn in einer Rechtsgemeinschaft,[12] d. h. in der Grundlegung der Beziehungen im Recht, gehört die Einhaltung der selbst gesetzten Regeln zu den Fundamenten der Union und zu den Grundpflichten der Mitgliedstaaten gegenüber der Union. Folgerichtig begründet Art. 7 EUV einen Sanktionsmechanismus gegenüber Staaten, die schwerwiegende Verletzungen der Grundwerte des Art. 2 EUV begehen, oder in denen eine entsprechende Gefahr besteht. Einen Sonderfall des Schutzes der gemeinsamen Werte bildet die Sanktionsmöglichkeit gemäss Art. 260 AEUV, wenn ein Staat sich beharrlich weigert, das gemeinschaftliche Recht und insbesondere die Rechtsprechung des EuGH zu beachten.

Das unionsspezifische Wertsystem entfaltet im Übrigen Wirkungen als Kriterium für die Fähigkeit zur Mitgliedschaft von Beitrittskandidaten (Art. 49 EUV), als Postulat der Gemeinsamen Aussen- und Sicherheitspolitik (Art. 3(5); 23 EUV), sowie der Entwicklungs- (Art. 208 AEUV) und Aussenwirtschaftspolitik.

10 7. Gesamtbericht EG (1973), Anlage I zu Kap. II.

11 Vgl. Art. 2 EUV: («... diese Werte sind allen Mitgliedstaaten gemeinsam») und Art. 7 EUV.

12 Siehe oben Abschnitt 3.

5. Die Festlegung von Zielen

Der EUV bezeichnet in Art. 3 *Ziele*, die von der Union und den Mitgliedstaaten durch Beachtung der Verträge, sowie durch späteres Handeln (insbesondere mit Hilfe von Gesetzgebung) erreicht und gewährleistet werden sollen. Zu diesem Zweck begründen die Verträge ein differenziertes institutionelles System (Artikel 13 EUV). Insoweit unterscheidet sich die Unionsverfassung nicht grundlegend von staatlichen Verfassungen. Während jedoch die staatliche Verfassung als rechtliche Grundordnung des Gemeinwesens, also einer von vornherein existierenden, wenngleich fortwährend neu zu konstituierenden Gesellschaft bezeichnet werden kann, verfolgt die Unionsverfassung das weiterreichende Ziel, aus sich selbst heraus das Gemeinwesen schrittweise zu errichten. In diesem Prozess versteht sich der EUV als eine Etappe, nicht aber als abschliessende Normierung: «Dieser Vertrag stellt eine neue Stufe bei der Verwirklichung einer immer engeren Union der Völker Europas dar ...» (Artikel 1(2) EUV).

Unter den Zielen der Union stehen die Förderung des Friedens, der Werte der Union und das Wohlergehen ihrer Völker an der Spitze. Eine ausführliche Aufzählung der zu verfolgenden Ziele enthalten Artikel 3–6 AEUV. Schwerpunkte bilden die Errichtung und Gewährleistung des Binnenmarktes, des Raums der Freiheit der Sicherheit und des Rechts, der Wirtschafts- und Währungsunion sowie die Durchführung von Massnahmen auf Gebieten, die die ganze Fülle bisher staatlichen Handelns erfassen, sie reichen von Umwelt- und Verbraucherschutz bis zu Straf- und Zivilrecht, Landwirtschaft, Verkehr, Forschung, Gesundheit, Bildung und Kultur. Zuständigkeiten im Inneren umfassen regelmässig auch die Befugnis zum Handeln nach aussen u.a. in der Form internationaler Abkommen.

Die Charta der Grundrechte bezeichnet in der Präambel ebenfalls Ziele der Union, doch kommt diesen – auch in ihrer Konkretisierung in den Einzelbestimmungen der Charta – keine selbständige Funktion neben den vertraglichen Zielen zu (Art. 51(2) Charta). Jedoch können sie zur Auslegung der Vertragsbestimmungen herangezogen werden.

Die vertraglich bezeichneten Ziele sind für die Institutionen der EU insoweit verbindlich, als sie Aufträge zum Handeln sowie Orientierung und Grenzen des dafür eingeräumten Ermessens bestimmen.[13] Die Zielbestimmungen bilden allerdings für sich allein genommen keine hinreichende Ermächtigung zum Handeln. Stets müssen sie durch eine spezielle Norm

13 EuGH, Rs. C-299/86 (Drexl), ECLI:EU:C:1988:103, Rn. 24.

im Rang des Vertrags hinsichtlich des Umfangs der Ermächtigung und des einzuhaltenden Entscheidungsverfahrens konkretisiert werden. Für die Aussen- und Sicherheitspolitik enthält der EUV in Titel V (Art. 21–46) entsprechende Konkretisierungen. Die übrigen Tätigkeitsbereiche werden im AEUV präzisiert. Das Ausmass der einzelnen Handlungsermächtigung variiert je nach Gegenstand. Es bestimmt sich anhand des Wortlauts und Zwecks der einzelnen Ermächtigung sowie nach der Abgrenzung, die der AEUV gegenüber den entsprechenden Zuständigkeiten der Mitgliedstaaten vornimmt. Art. 4(1) und 5 EUV sowie Art. 2–6 AEUV enthalten hierzu allgemeine Grundsätze.

Die Zielbestimmungen des EUV verpflichten auch die Mitgliedstaaten zu positivem Handeln sowie zum Unterlassen von Massnahmen, welche die Verwirklichung der Ziele der Union gefährden könnten (vgl. Art. 4(3) EUV).

6. Demokratie, Grund- und Bürgerrechte

Das Recht der Integration begründet «eine Rechtsordnung, deren Rechtssubjekte nicht nur die Mitgliedstaaten sondern *auch die Einzelnen sind.* Das von der Gesetzgebung der Mitgliedstaaten unabhängige Gemeinschaftsrecht soll daher den Einzelnen, ebenso wie es ihnen Pflichten auferlegt, auch Rechte verleihen».[14]

Diese grundlegende Aussage zur Natur des Rechts der EU markiert den Ausgangspunkt einer Entwicklung zu seiner demokratischen Fundierung (*dazu nachfolgend a.*) sowie zur Gewährleistung eigenständiger Grund- und Bürgerrechte, die auch gegenüber dem jeweiligen Herkunftsstaat geltend gemacht werden können (*dazu nachfolgend b. und c.*).

a) Demokratie

In einer Demokratie erfordert hoheitliches Handeln eine Legitimation durch die Betroffenen. Dieser Grundsatz ist unteilbar, kann also auch nicht durch die Verlagerung von Zuständigkeiten auf eine überstaatliche Ebene eingeschränkt werden.

---

14 EuGH Rs. C-26/62 (van Gend en Loos), ECLI:EU:C:1963:1, Hervorhebung vom Verfasser.

Gemäss Art. 10(3) EUV haben «alle Bürgerinnen und Bürger das Recht, am demokratischen Leben der Union teilzunehmen.» Verbunden damit bestimmt Art. 9 EUV, dass den Bürgerinnen und Bürgern «ein gleiches Mass an Aufmerksamkeit seitens der Organe, Einrichtungen und sonstigen Stellen der Union zuteil wird». Gleichzeitig betont Art. 10(1) EUV, dass «die Arbeitsweise der Union (...) auf der repräsentativen Demokratie» (beruht). Diese Formulierungen verdeutlichen den neuen konzeptionellen Ansatz zur demokratischen Fundierung der Union. Er besteht aus einer Verbindung von partizipativer und repräsentativer Demokratie.[15] Entscheidungen werden also grundsätzlich durch Vertreter getroffen. Dies sind zum einen von den Bürgern gewählte Abgeordnete und zum anderen Mitglieder der staatlichen Exekutiven. Die Zusammensetzung der Organe berücksichtigt die Identität der Mitgliedstaaten. Verschiedene Neuerungen des Entscheidungssystems stärken die parlamentarische Dimension der Demokratie. Die markanteste Stärkung der demokratischen Struktur der Union zeigt sich an einem übereinstimmenden, in Art. 14 und 16 EUV enthaltenen Satz:

> «Das (Europäische Parlament)/(Der Rat) wird *gemeinsam* mit dem (Rat)/(Europäischen Parlament) als Gesetzgeber tätig und übt *gemeinsam* mit ihm die Haushaltsbefugnisse aus».[16]

Zuvor war das Europäische Parlament gemäss Art. 192 EGV lediglich «an dem Prozess, der zur Annahme der Gemeinschaftsakte führt (...) beteiligt».

Der demokratischen Fundierung dienen weiterhin die Pflichten zur Erleichterung der horizontalen und vertikalen Kommunikation zwischen den Bürgern sowie zwischen den Bürgern und den Institutionen der EU. Art. 11 EUV bezeichnet dazu vier Instrumente zur Förderung der Transparenz des Handelns der Organe, zur Anhörung der Betroffenen und zur Förderung der Organisation einer europäischen Öffentlichkeit.

Ausserdem schafft Art. 11(4) EUV Rechtsgrundlagen für eine europäische «Bürgerinitiative». Danach können mindestens 1 Million Bürger der EU aus einer «erheblichen Zahl von Mitgliedstaaten» die Kommission auffordern, im Rahmen ihrer Befugnisse «geeignete Vorschläge» für den Erlass «eines Rechtsakts der Union» zu unterbreiten. Die Einzelheiten sind von der Union im Wege der Gesetzgebung festzulegen. Dabei war vor allem zu klären, aus wie viel Mitgliedstaaten die Initiative mindestens unterstützt

---

15 Dazu ausführlich *R. Bieber/ F. Maiani*, Bringing the Union Closer to ist Citizens? «Participatory Democracy» and the Potential Contributions of the Lisbon Treaty, Schweizerisches Jahrbuch für Europarecht, Bern/Zürich 2010, 229–247.

16 Hervorhebung vom Verfasser.

werden muss und wie viele Unterschriften in den einzelnen Staaten erforderlich sind. Auch war zu regeln, welche inhaltlichen Kriterien gelten und welche logistische Unterstützung von der Kommission zu erteilen ist. Eine entsprechende Verordnung wurde 2011 verabschiedet.[17] Sie findet ab 1. April 2012 Anwendung.[18]

Die Verordnung sieht als Mindestzahl von Staaten, aus denen die Unterschriften kommen müssen ein Viertel der Mitgliedstaaten, d.h. zurzeit 7 vor. Weiterhin legt die VO für jeden Staat eine Mindestzahl von Unterschriften fest, die sich nach der Zahl der Mitglieder dieses Staats im EP richtet (multipliziert mit 750). So sind in Malta mindestens 3750 Unterschriften erforderlich. In Deutschland beträgt die Mindestzahl 74250 Unterschriften.[19]

Eine Initiative ist nur zulässig, wenn sie nicht offenkundig

- ausserhalb des Rahmens der Verträge liegt, in dem die Kommission Vorschläge unterbreiten darf,
- missbräuchlich, leichtfertig oder schikanös ist,
- gegen die in Art. 2 EUV bezeichneten Werte der Union verstösst (Art. 4 (2) der VO).

Wird die erforderliche Zahl von Unterschriften erreicht, ist die Kommission gemäss Art. 10 der VO verpflichtet, binnen drei Monaten ihre rechtlichen und politischen Schlussfolgerungen sowie ihr weiteres Vorgehen (oder ihre Inaktivität) bekannt zu geben.

Aus schweizerischer Perspektive mögen diese Neuerungen wenig bedeutsam erscheinen. Im Rahmen des Entwicklungsprozesses der EU und der bisher bestehenden Dominanz der repräsentativen Demokratie entfaltet sich jedoch ein beachtliches Potential zur Verringerung des Abstands zwischen Bürgern und Institutionen. Auch ohne unmittelbare Wirkung im Entscheidungssystem kann es die öffentliche Diskussion europäischer Themen befördern.

Insgesamt gesehen bewirken die jüngsten Neuerungen vor allem deswegen eine erhebliche Verstärkung des demokratischen Fundaments der Union, weil sie verdeutlichen, dass eine demokratische Legitimation europäi-

17 VO Nr. 211/2011 «über die Bürgerinitiative», ABl. L 65/2011, 1.

18 Dazu im *Einzelnen R. Bieber/F. Maiani*, oben, Anm. 15. Die VO wurde inzwischen durch die VO 2019/788 ersetzt, ABl. L 130/2019, 55. Dazu *Braun Binder/Vegh*, Revidierte Verordnung zur Europäischen Bürgerinitiative: Lehren aus Erfahrungen?, EuR 2019, 302 – 323.

19 Einzelheiten in Anhang I zur VO Nr. 211/2011, ABl. L 65/2011, 1.

scher Hoheitsgewalt nur aus der Verbindung von sich ergänzenden Quellen hervorgehen kann.

Doch vermittelt das Konzept allein noch keine Legitimation. Weitere Elemente müssen hinzutreten. Auf nationaler Ebene müssen z.B. die Regierungen tatsächlich eine Verantwortung für ihr Handeln im Rahmen der europäischen Institutionen übernehmen (Das deutsche Bundesverfassungsgericht spricht – insoweit zutreffend – von «Integrationsverantwortung» der staatlichen Organe).

Damit bleibt – wenngleich auf einer höheren Ebene – die demokratische Fundierung des Prozesses der europäischen Integration weiterhin eine politische und verfassungsrechtliche Herausforderung. Denn ein abgeschlossenes Modell ist bisher nicht entstanden. Vielmehr enthält der neue Vertrag nur die Bausteine, die noch der Ergänzung, der stimmigen Verbindung und vor allem der Erprobung bedürfen.

b) Grundrechte

Jeder vom Handeln der Europäischen Union unmittelbar Betroffene kann verlangen – und auch durchsetzen – dass dabei seine Grundrechte beachtet werden (Art. 6 EUV).

Diese Rechtslage entstand nur schrittweise. Die Autoren der Gründungsverträge von EGKS und EWG hatten offenbar nicht daran gedacht, dass gesetzgeberische oder sonstige Massnahmen der EU in Grundrechtspositionen eingreifen könnten, die im Rahmen des staatlichen Rechts geschützt sind. Die Verträge enthielten zunächst weder Hinweise auf einen eigenständigen Grundrechtsschutz noch regelten sie das Verhältnis zwischen dem entsprechenden staatlichen Schutz und der europäischen Gesetzgebung. In dieser Situation bestand das Risiko, dass EU-Gesetzgebungsakte anhand staatlich definierter Grundrechte geprüft und möglicherweise für das Gebiet einzelner Staaten für rechtswidrig erklärt würden. Den Ausgangspunkt für die Lösung dieses Problems setzte der EuGH im Jahre 1962 mit dem eingangs zitierten Urteil in dem Verfahren des Transporteurs *van Gend en Loos* gegen den niederländischen Staat. Umstritten war damals, ob sich ein Einzelner auf die in dem EWG-Vertrag an die Mitgliedstaaten gerichteten Verbote berufen kann. Der EuGH bejahte dies. Damit war im Rahmen der damaligen EWG der Weg für die Anerkennung einer eigenständigen Rechtsstellung der Einzelnen geebnet – die auch des Schutzes bedurfte. Als zum Beispiel eine deutsche Weinbäuerin geltend machte, ein von der EU beschlossenes Verbot der Pflanzung von Weinreben verletze ihr Grundrecht auf Eigentum, erklärte der EuGH, die Pflicht zum Schutz der Grundrechte sei ein allgemeiner Rechtsgrundsatz, der den Rechtsordnungen der Mitgliedstaaten gemeinsam sei. Er müsse daher auch bei der Gesetzgebung durch die EU beachtet werden.[20] Im konkreten Fall hielt der EuGH das Pflanzungsverbot freilich für rechtmässig. Der Gesetzgeber habe die beteiligten Individualinteressen zutreffend mit den Allgemeininteressen abgewogen.

Die Definition der auf EU-Ebene zu schützenden Grundrechte blieb zunächst der Rechtsprechung vorbehalten. Diese orientierte sich an der EMRK und an staatlichem Recht. Seit 1984 setzten Forderungen nach der Ausarbeitung eines eigenständigen Katalogs der EU-Grundrechte ein. Dieser wurde im Jahre 2000 von EP, Rat und Kommission feierlich proklamiert und schliesslich durch den Vertrag von Lissabon in den Rang des Vertrages erhoben (Art. 6 EUV).[21] Der Katalog ist lang. Er umfasst 54 Artikel. Darunter finden sich nicht nur die klassischen Grundrechte sondern auch soziale und politische Rechte. Er legt fest, dass nicht nur die Organe der Union sondern auch die Mitgliedstaaten «bei der Durchführung des Rechts der Union» daran gebunden sind (Art. 51(1) Charta).

Allerdings bedingt der Gewinn an Grundrechtsschutz auf der Ebene der EU mitunter auch Verluste auf staatlicher Ebene. So können z.B. Bürger der EU nicht länger Ansprüche auf Asyl in anderen Mitgliedstaaten geltend machen.[22]

Die Einzelheiten der Koexistenz von EMRK und dem Grundrechtsschutz im Rahmen der Charta bedürfen noch der Klärung. Der in Art. 6(2) EUV vorgesehene Beitritt der EU zur EMRK wird dazu beitragen und insbesondere das Verhältnis zwischen dem Europäischen Menschenrechtsgerichtshof und dem EuGH regeln.[23]

c) Bürgerrechte

Auch die an die Staatsbürgerschaft anknüpfenden Rechte gingen aus vertraglichen Regeln hervor, denen ursprünglich eine solche Wirkung nicht

---

20 EuGH Rs. C-44/79 (Hauer), ECLI:EU:C:1979:290, Rn. 14–30.

21 ABl. C 83/2010, 389.

22 Art. 1 des Protokolls Nr. 24 zum EUV, ABl. C 83/2010, S. 305 (dort auch Ausnahmefälle).

23 Vgl. Art. 52(3) Charta, s. a. GHEMRK, Rs. 45036/98 (Bosphorus/Irland), Urteil v. 30. Juni 2005.

zugedacht war. Erst allmählich wurden das Verbot der Diskriminierung aus Gründen der Staatsangehörigkeit und die Begründung des Wahlrechts zum Europäischen Parlament als Ausdruck eines eigenständigen Rechtsstatus, der *Unionsbürgerschaft*, wahrgenommen. Seit dem Vertrag von Maastricht tritt dieser besondere Rechtsstatus zur nationalen Staatsbürgerschaft hinzu, ersetzt sie aber nicht (Art. 20(1) AEUV) und kann auch nicht ohne deren Bestehen erworben werden. Neben dem Wahlrecht zum EP und dem Kommunalwahlrecht am jeweiligen Wohnort umfasst sie das Recht auf Freizügigkeit innerhalb der EU, ein Recht auf diplomatischen Schutz und das Petitionsrecht zum EP. Weitere Rechte können hinzukommen. Die Unionsbürgerschaft wird äusserlich durch die gemeinsame Gestaltung von Pässen dokumentiert.

Den wichtigsten Bestandteil des Bürgerrechts der Union bildet das Recht, sich im Hoheitsgebiet der Mitgliedstaaten frei zu bewegen und aufzuhalten. Auf dieses umfassende Recht kann sich ein Unionsbürger unmittelbar gegenüber den Behörden der Mitgliedstaaten berufen. Das darin enthaltene Recht auf Gleichbehandlung im Verhältnis zu den Bürgern des Aufenthaltsstaates ist ein Grundrecht.[24] Es verbietet alle staatlichen Massnahmen, die bewirken, «dass den Unionsbürgern der tatsächliche Genuss des Kernbestands der Rechte, die ihnen der Unionsbürgerstatus verleiht, verwehrt wird». Dies gilt auch im Verhältnis zwischen Unionsbürgern und ihrem Herkunftsstaat und setzt daher nach der jüngsten Rechtsprechung nicht (mehr) voraus, dass ein Unionsbürger von seinem Recht auf Freizügigkeit Gebrauch gemacht hat.[25]

24 Art. 21(2) Charta, s. a. EuGH Rs. C – 413/99 (Baumbast), ECLI:EU:C:2002:493.
25 EuGH Rs. C – 34/09 (Zambrano), ECLI:EU:C:2011:124.

A. IV. Wandel und Unveränderlichkeit als Strukturmerkmale des Europarechts*

1. Einleitung

Zu den Eigenarten jeder Rechtsordnung gehört die Fähigkeit, durch Wandel auf soziale, ökonomische und politische Impulse zu reagieren. Der Alltag staatlicher Rechtssysteme, sowohl bei Normsetzung als auch bei Normanwendung, besteht in einem Prozess wechselseitiger Beeinflussung, um zwischen Normen und „externen" Anforderungen Übereinstimmung herzustellen.

Doch findet dieser Prozess unter Bedingungen statt, die den Wandel erschweren, jedenfalls seine Notwendigkeit zu begrenzen suchen: In Staaten setzt die Entstehung, Geltung und Einhaltung des Rechts außerrechtliche Substrate voraus: Territorium, Volk und den kollektiven Willen, eine Identität zu wahren. Unter diesen Umständen erfüllt Recht über seine allgemeine ordnende und stabilisierende Funktion hinaus den Zweck, die Grundlagen des jeweiligen Gemeinwesens zu festigen. Wie weit die Bemühungen gehen können, mit Hilfe des Rechts einen bestimmten Staatszustand zu bewahren, zeigen Klauseln in manchen Verfassungen, die einzelne Veränderungen auszuschließen versuchen.[1]

Das Recht der Europäischen Union[2] bildet ein – wenngleich nicht in sich abgeschlossenes – Rechtssystem. Auch hier gilt die gleiche Anforderung der Anpassungsfähigkeit. Ein Blick in das Amtsblatt der EG bestätigt, dass die Mehrzahl der dort verkündeten Rechtsnormen dazu bestimmt ist, geltendes Recht abzuändern. Und doch unterscheidet sich das Europarecht gerade hinsichtlich der Wandlungsfähigkeit in charakteristischer Weise von staatlichen Rechtsordnungen:

Im staatlichen Recht steht die ordnende und stabilisierende Funktion von Normen für das Gemeinwesen im Vordergrund. Wandlungsfähigkeit bleibt diesem Zweck nachgeordnet. Im EG-Recht bildet der Wandel dagegen eine der Voraussetzungen des Systems selbst.

---

* Zuerst veröffentlicht in: Zeitschrift für Schweizerisches Recht n.F. Bd. 112, Heft 4/5 (1993), 327 – 335.

1 Dazu unten, Ziff. 3.

2 „Europarecht" im engeren Sinne.

2. Die Eigenheit der EG-Rechtsordnung

Die Europäische Gemeinschaft verfügt noch nicht über „vor-rechtliche" Fundamente. Nur soweit wie die Gründungsverträge gelten, so scheint es, existiert die Gemeinschaft. Verkürzt: Ohne Recht keine Europäische Gemeinschaft. Doch auch darin besteht die Besonderheit des EG-Rechts: Die Verträge errichten keine in sich abgeschlossene, von Anfang an „fertige" Rechtsordnung, kein Gebilde, dessen Statik entweder deswegen gewährleistet würde, weil es auf Fundamenten außerrechtlicher Art aufbaute oder deswegen, weil nach Art eines bilateralen Abkommens mit beschränkter Zielsetzung nur eine genau umrissene und definierte Zahl von Problemen zu regeln bestimmt ist.

Die Stabilität der gemeinschaftlichen Rechtsordnung resultiert aus ganz anderen Kräften. Diese entspringen allerdings Anforderungen, die in wachsendem Maß auch an vermeintlich stabile staatliche Rechtsordnungen gerichtet werden: Sie beruhen auf der Dynamik, gleich einem Radfahrer, der sich nur durch Bewegung in der Balance halten kann.

Die EG-Verträge bilden in weiten Teilen eine „Planverfassung", eine normative Festlegung von Zielen, die schrittweise von den Gesetzgebungsorganen zu verwirklichen sind.[3] Veränderung in einem derartigen Rechtssystem, sei es durch Setzung neuer Normen, sei es durch Änderung geltenden Rechts, legitimiert erst die gemeinschaftliche Hoheitsgewalt. Änderungen der gemeinschaftlichen Rechtsordnung durch Entwicklung erfolgt zum einen auf der Ebene des einfachen Gesetzes,[4] zum anderen durch Änderungen an den Verträgen selbst. Denn auch die EG-Gründungsverträge, die Verfassung der Gemeinschaft, sind von vornherein auf Änderung durch Entwicklung angelegt. Erinnert sei an Art. 138 EGV (Wahl des Parlaments nach einem einheitlichen Verfahren), Art. 201 (eigene Einnahmen), Art. 237 (Beitritt), Art. 238 (Assoziierung), Art. 236 (allgemeine Änderungsklausel).

Der Vertrag zur Gründung der Europäischen Union bildet ein besonders instruktives Beispiel für die Veränderung der Grundlagen der Gemeinschaft. Auch mit diesem Vertrag erreicht die Gemeinschaft keineswegs ihren Endzustand. Im Gegenteil, er fügt den bereits genannten Ermächtigungen/Verpflichtungen zur Vertragsänderung noch weitere hinzu. Erwähnt sei das in Art. 8 E geschaffene besondere Verfahren zur Weiterent-

---

3 Beispiele: Die Definition in der Präambel des EGV eines „immer engeren Zusammenschlusses"; Die Herstellung des „Binnenmarktes", vgl. Art.5a EGV (zukünftig Art. 7a).

4 In der Regel „Verordnung" oder „Richtlinie", vgl. Art. 189 EGV. Dazu näher *Beutler/Bieber/Pipkorn/Streil*, Die Europäische Union, 4. Aufl., Baden-Baden 1993, Kap. 6.

wicklung des Europäischen Bürgerrechts. Außerdem sieht der Unionsvertrag in Art. N eine Regierungskonferenz für das Jahr 1996 zur Vereinbarung weiterer Reformen vor.

Das Ergebnis dieses einleitenden Überblicks scheint also für das Recht der Europäischen Gemeinschaft die – Heraklit zugeschriebene – Feststellung zu bestätigen: „Alles fließt". Das EG-Recht ist allerdings keineswegs beliebig abänderbar. Im Gegenteil, zur Änderung mancher, von den Gründungsstaaten beschlossenen Regelung, ist nach den verschiedenen Beitritten die Zustimmung von wesentlich mehr als nur den 6 Staaten erforderlich. Damit „erstarrt" der *„acquis communautaire"* umso stärker, je mehr neue Staaten in die Union aufgenommen werden. Darüber hinaus jedoch erfüllt Recht auch in der Europäischen Union eine stabilisierende und ordnende Funktion durch seinen Bestand. Da die für Staaten stabilisierend wirkenden außerrechtlichen Faktoren fehlen, wird dem EG-Recht sogar ein wesentlich höheres Maß an stabilisierender Leistung abgefordert, wenn die Organisation Dauer haben soll.

Aus diesem Paradox der wesentlich stärkeren Spannung zwischen Veränderungserwartung und Stabilisierungsdruck, resultiert die Eigenart des Gemeinschaftsrechts.

Logisch gesprochen scheint eine Unvereinbarkeit der Aussagen zu bestehen – zumindest dann, wenn man nicht den Zustand, dass alles fließt, alles sich verändern kann, seinerseits als unabänderlich ansieht. – Und das genau scheint zuzutreffen, wenn man die Bedeutung des Satzes der Präambel zum EG-Vertrag und von Artikel A des Vertrages von Maastricht zu verstehen sucht, wonach mit den Verträgen ein „immer engerer Zusammenschluss der Europäischen Völker" geschaffen werden soll. Damit kann ja nur ein Prozess, ein Weg, aber nicht ein Endzustand beschrieben sein.[5]

Doch darüber hinaus gleichen die EG-Verträge einem Lavastrom, in den Verdichtungen eingelagert sind. Diese „Klumpen" markieren einen anderen Aggregatzustand des Rechts und bilden damit den Ausgangspunkt für eine Differenzierung zwischen dem Recht einer Organisation und ihren außerrechtlichen Grundlagen. Meine These hierzu lautet: Die EG-Verträge enthalten Bestandteile, die einer Änderung – auch im Wege des *vertraglich* bezeichneten „Änderungsverfahrens" – nicht mehr zugänglich sind. Diese Behauptung steht unabhängig von der modischen Fragestellung, ob die Mitgliedstaaten noch „Herren der Verträge" sind. Eine undifferenzierte

5 Zur dynamischen Natur des EG – Rechts vgl. *Jacqué,* Cours Général de droit communautaire, in: Recueil des Cours de l'Académie de Droit Européen, Vol. I, 1 (1990), Dordrecht/Boston 1991, 247 ff.

Bejahung, wie man sie neuerdings in der deutschen Doktrin lesen kann, schließt die hier vertretene Meinung allerdings aus.

3. Unveränderlichkeiten in den geltenden EG-Verträgen

Bei Anwendung der klassischen Auslegungsregeln von Rechtsnormen auf die EG-Verträge können Beschränkungen der Änderung von Rechtsnormen grundsätzlich in drei Formen auftreten:

- als ausdrückliche Änderungsverbote,
- als Änderungsverbote, die sich durch Auslegung aus vertraglichen Normen ableiten lassen,
- als Änderungsverbote, die sich implizit aus dem Gesamtzusammenhang der Verträge ergeben.

Ausdrückliche Änderungsverbote, die sich der Verfassungsgeber selbst auferlegt, sind im staatlichen Verfassungsrecht nicht ungebräuchlich, wenngleich die juristische Tragweite Zweifeln begegnet.

Erwähnt seien Art. 79, III des deutschen Grundgesetzes; Art. 139 der italienischen Verfassung (republikanische Staatsform); Art. 189 der französischen Verfassung (republikanische Staatsform). Die schweizerische Bundesverfassung enthält derartige ausdrückliche Schranken nicht (vgl. Art. 118: „Die Bundesverfassung kann jederzeit ganz oder teilweise revidiert werden").

Die geltenden EG-Verträge scheinen dem schweizerischen Modell zu entsprechen. Artikel 236 EGV[6] sieht zum Thema Änderung vor: „Die Regierung jedes Mitgliedstaats oder die Kommission kann dem Rat Entwürfe zur Änderung dieses Vertrages vorlegen". Doch im Vertrag von Maastricht entdeckt man gleich mehrfach Revolutionäres (oder sollte man eher sagen: „Konservierendes"?). Im Zusammenhang mit der Schaffung der Wirtschafts- und Währungsunion wird der Begriff *„unwiderruflich"* eingeführt.

So kündigt Art. 3 a EGV die „unwiderrufliche Festlegung der Wechselkurse im Hinblick auf die Einführung einer einheitlichen Währung" an.

Art. 109 L verwendet zur Kennzeichnung der Einzelheiten der WWU gleich zweifach den Begriff „unwiderruflich". Danach beschließt der Rat am ersten Tag der dritten Stufe der Währungsunion „die Umrechnungskurse, auf die die Währungen *unwiderruflich* festgelegt werden sowie die *unwi-*

6 In Zukunft: Art. N des Unionsvertrages.

derruflich festen Kurse, zu denen die Währungen durch die ECU ersetzt werden."

Den Juristen erscheint der Begriff „unwiderruflich" als ein starkes Wort. Er legt die Vermutung nahe, dass hier tatsächlich ein Änderungsverbot ausgesprochen werden sollte. Doch sind Zweifel an einer so weitgehenden Deutung angebracht. Diese ergeben sich aus dem Kontext, in dem der Begriff erstmals auftaucht: Es handelt sich um die zukünftige Währungsunion. Das entsprechende Vertragskapitel wurde in erster Linie von Wirtschaftswissenschaftlern formuliert. In währungspolitischem Kontext wird der Begriff „unwiderruflich" jedoch in einem spezifisch technischen Sinne zur Kennzeichnung einer Währungsunion, die aus dem Zusammenschluss von Staaten mit vorher unterschiedlichen Währungen zu einem einheitlichen Währungsgebiet entsteht, gebraucht. Nach wirtschaftswissenschaftlicher Definition ist ein einheitliches Währungsgebiet entweder dadurch gekennzeichnet, dass

- mehrere Währungen nebeneinander bestehen, für die unwiderrufliche(!) feste Paritäten ohne Bandbreiten gewährleistet sind oder
- eine einzige Währung existiert.

Gemäß Art. 3 a des Vertrages von Maastricht bildet die parallele Existenz der fest aneinandergebundenen staatlichen Währungen die Vorstufe zur Schaffung einer einheitlichen Währung. Der Begriff „unwiderruflich" besitzt in diesem Zusammenhang also eine „technische" Bedeutung, die sich nicht auf Änderungsmöglichkeiten am Vertrag selbst bezieht, sondern lediglich die Einschränkung der Handlungsfreiheit *der einzelnen Regierungen* kennzeichnet. Er steht damit in einer Reihe mit den vertraglich festgelegten Verboten, wie zum Beispiel dem Verbot der Einführung von Beschränkungen des Waren- und Personenverkehrs. Genau genommen müsste der *terminus* „unwiderruflich" durch einen Hinweis auf die damit bezweckte Einschränkung des *autonomen* staatlichen Handelns präzisiert werden. Es wäre gewiss klug gewesen, die Formulierung „unwiderruflich" ausdrücklich unter einen Vorbehalt zu den vertraglich vorgesehenen Änderungsmöglichkeiten zu stellen. Doch bedeutet dieser redaktionelle Mangel noch nicht die Schaffung eines änderungsfesten Kernbereichs der EG-Verträge.

Es wäre daher durchaus mit dem Unionsvertrag vereinbar, im Wege des in Art. N vorgezeichneten Verfahrens das Währungssystem umzugestalten, also z.B. einzelnen Staaten ein Widerrufsrecht einzuräumen. Da sonstige *ausdrückliche* Schranken von Änderungen den Verträgen insgesamt nicht zu entnehmen sind, könnten änderungsfeste Elemente nur durch Auslegung vertraglicher Bestimmungen gewonnen werden. Hierzu wäre die bereits genannte Bestimmung des Art. 236 EWGV (bzw. Art. N EGV) näher zu prüfen, in der das Verfahren zur „Änderung des Vertrages" umrissen wird. Diese Verfahrensvorschrift erfordert zunächst eine Unterscheidung zwischen *materiellen* und *formellen* Schranken von Änderungen einer Verfassung. Diese Unterscheidung ist aus dem Staatsrecht bekannt: Materielle Schranken resultieren aus der Eigenart materieller Normen, also inhaltlicher Festlegungen. Formelle Schranken betreffen das Änderungsverfahren.

In der Literatur ist umstritten, ob die Vorschriften des EG-Vertrags über das Verfahren zur Änderung, insbesondere also Art. 236, exklusiv sind oder ob sie neben sich auch andere Verfahren dulden. Die Diskussion wird vielfach auf die vereinfachende Fragestellung zurückgeführt, ob die Mitgliedstaaten noch „Herren der Verträge" geblieben sind, ob sie z.B. auch ohne Einhaltung der entsprechenden Verfahrensregeln die Verträge ändern können. Ich möchte diesen Aspekt hier nicht vertiefen, denn das Problem der materiellen Schranken verdient größere Aufmerksamkeit, weil bisher seltener diskutiert. Zwar dürften jene, die eine Existenz formeller Schranken verneinen, ihre Auffassung in aller Regel auch auf materielle Schranken anwenden. Zwingend ist dies jedoch nicht.

Denn auch im allgemeinen Völkerrecht, in dem keine formellen Schranken der Änderung von Verträgen gelten, wird doch die Existenz imperativer materieller Normen anerkannt (ius cogens), jedenfalls, soweit es sich um grundlegende Menschenrechte handelt. Nur am Rande sei erwähnt, dass der Europäische Gerichtshof im Jahre 1976 in der Rechtssache „Defrenne II" ausdrücklich erklärte, dass Änderungen des Vertrages nur nach dem dafür vorgesehenen Verfahren zulässig sind.[7]

Bei näherer Analyse des Begriffs „Änderung" in Art. 236 deutet tatsächlich einiges auf die Existenz änderungsresistenter Elemente der Verträge. „Änderung" ist abzugrenzen gegenüber „Aufhebung", „Beseitigung". Erstere setzt das Fortdauern der Identität des zu Ändernden -jedenfalls in seinem Kernbereich – voraus. Nur vor der Aufhebung hat nichts Bestand. Mit den im Begriff „Änderung" implizierten Grenzen einer Änderungsbefugnis hat sich die französische *Cour Constitutionnelle* in den Jahren 1987 und 1989 befasst. In zwei Entscheidungen zu dem von der Verfassung garantierten Änderungsrecht der Regierung an Gesetzesprojekten führte der Verfassungsrat aus, dass der Begriff „Änderungen" stets eine Unterscheidung

7 EuGH, Rs. C-43/75 (Defrenne), ECLI:EU:C:1976:56.

zwischen „hartem Kern“ und einer änderungsfähigen Schale voraussetze und dass Änderungen nicht das Wesen einer Norm antasten dürften.[8]

Diese Argumentation lässt sich auch auf Art. 236 anwenden und verallgemeinern: Abgesehen von den Sonderfällen einer nur relativen, das heißt zeitlich determinierten Identität, ist innerhalb eines gegebenen juristischen Systems die Selbstzerstörung einer Organisation im Wege der Verfassungsänderung unzulässig.[9] Die grundlegenden Strukturen des Rechtssystems können damit nicht Gegenstand von Änderungen sein. Die Frage nach Existenz und Umfang derartiger änderungsresistenter Grundlagen einer gegebenen Rechtsordnung führt zu der letzten der drei genannten Schranken von Verfassungsänderungen, den aus der Eigenart der gemeinschaftlichen Rechtsordnung implizit abzuleitenden Schranken.

Schon sehr früh hat der EuGH die Endgültigkeit und Unwiderruflichkeit der gemeinschaftlichen Rechtsordnung unterstrichen. In der Rechtssache Costa/ENEL führte er aus:

> „Die Staaten haben somit dadurch, dass sie nach Maßgabe der Bestimmungen des Vertrages Rechte und Pflichten, die bis dahin ihrer inneren Rechtsordnung unterworfen waren, der Regelung durch die Gemeinschaftsrechtsordnung vorbehalten haben, eine endgültige Beschränkung ihrer Hoheitsgewalt bewirkt, die durch spätere, einseitige mit dem Gemeinschaftsrecht unvereinbare Maßnahmen nicht rückgängig gemacht werden kann“.[10]

In Simmenthal II (1978) betonte er:

Das Vertragsrecht umfasst:

> „Verpflichtungen, die die Mitgliedstaaten nach dem Vertrag vorbehaltlos und unwiderruflich übernommen haben.“[11]

Welches könnten derartige unwiderruflich gewordene Elemente des Gemeinschaftsrechts sein? Hier sind in erster Linie jene Prinzipien zu nennen, die als „gemeinsame Rechtsgrundsätze“ aus dem staatlichen Recht,

8 Entscheidungen 86–225 DC v. 23. Januar 1987 und Entscheidung Nr. 88–251 DC v. 12. Januar 1989.

9 Diese Einschränkung der Vertragsrevision übersehen *Cruz Vilaca/Picarra*, wenn sie ausführen, dass Art. 236 keine materiellen Schranken von Revisionen enthalte, in: *dies.*, Y at-il des limites matérielles à la révision des traités instituant des Communautés européennes?, Cahiers de Droit Européen 1993, 3 – 47.

10 EuGH Rs. C-6/64 (Costa ./. ENEL), ECLI:EU:C:1964:66, Rn. 13.

11 EuGH Rs. C-106/77 (Simmenthal II), ECLI:EU:C:1978:49, Rn. 17/18.

aber auch aus dem Völkerrecht in das Gemeinschaftsrecht hineinwirken. Aus ihnen entsteht eine Wertordnung, die, den Fortbestand des Rechtssystems vorausgesetzt, nicht beseitigt werden darf. Dazu gehören insbesondere Grund- und Menschenrechte, das Demokratieprinzip, das Rechtsstaatsprinzip sowie das die Gemeinschaft charakterisierende Prinzip der Nichtdiskriminierung.[12] Nicht zufällig besteht damit der unveränderliche Kern weder aus Organisationsnormen noch aus den vertraglichen Ermächtigungen zur Ausgestaltung einzelner Politiken. Dort, wo die Existenz der Gemeinschaft zur Schaffung individueller Rechtspositionen geführt hat, stehen diese Rechtspositionen so wenig zur Disposition der Mitgliedstaaten wie die Garantien von Freiheit und Menschenwürde in den staatlichen Verfassungen.

Es wäre demnach aus der Perspektive der geltenden EG-Verträge zum Beispiel unzulässig, den Gerichtsschutz gegen belastende Verwaltungsakte der EG-Organe zu beseitigen oder das als Vertretung der Völker geschaffene Europäische Parlament durch Vertragsänderung – etwa im Zusammenhang mit einer Erweiterung – zu beseitigen.

4. Die praktische Dimension

Sind aber Änderungen der Vertragssubstanz wirklich zu befürchten?

Es nützt immer, über den Verlauf von Grenzen schon dann nachzudenken, wenn man weit vom konkreten Streit darüber entfernt ist. Die EG-Mitgliedstaaten und EG-Organe geraten schneller in Konflikt mit den Grundsätzen der Gemeinschaftsverfassung, als man nach der reinen Lehre erwarten dürfte. Ich erwähne nur die erste Fassung des EWR-Vertrages, die nach dem Gutachten des EuGH gegen die grundlegenden Prinzipien der EG-Verfassung verstieß. Im Einklang mit der hier vertretenen Hypothese eines unantastbaren Kerns der Verträge gelangte der EuGH zu dem Schluss, dass ein derartiger Verstoß auch nicht durch eine Änderung der EG-Verträge behoben werden könne.[13]

Das führt allgemein zur Frage einer gerichtlichen Kontrolle möglicher Missachtungen der den EG-Verträgen inhärenten Änderungsschranken. Auf den ersten Blick erscheint eine derartige Kontrolle durch den EuGH

---

12 Enger: *Cruz Vilaca/Picarra*, s.o. Anm. 9, 26. Diese sehen als unveränderlich nur das System des Rechtsschutzes an.

13 EuGH, Gutachten 1/1991 (EWR), ECLI:EU:C:1991:490.

nicht möglich. Beruht dieses Gericht doch selbst auf den Verträgen und bildet damit ein potentielles Objekt der Gestaltung des Verfassungsgebers. Doch ist dieses Argument nicht ausschlaggebend. Nach dem Wortlaut der Verträge ist der Gerichtshof als Verfassungsgericht zuständig, um mögliche Vertragsverletzungen der einzelnen Mitgliedstaaten festzustellen. Derartige Feststellungen können auch hinsichtlich des Verhaltens der Gesamtheit der Mitgliedstaaten getroffen werden. Es erscheint nicht ausgeschlossen, dass der Gerichtshof als Ergebnis eines Vertragsverletzungsverfahrens eine Änderung des Vertrages durch die Mitgliedstaaten für vertragswidrig und daher für unanwendbar erklärt.[14]

Eine derartige Konstellation ist auch denkbar, wenn durch eine Vertragsverletzung ein Organ zu Handlungen und Verfahren ermächtigt wird, zu denen es nach dem Vertrag nicht befugt wäre. Klagen gegen das Organ gemäß Art. 173 EGV könnten dann zur Feststellung der Vertragsverletzung und der Unbeachtlichkeit entsprechender Beschlüsse der Staaten führen.[15]

Darüber hinaus ist daran zu erinnern, dass der Gerichtshof in letzter Instanz den Vertrag auslegt. Die Einzelheiten dafür bestimmt Art. 177 EGV. Diese Befugnis gibt dem Gerichtshof die Möglichkeit, Widersprüche, die aus vertragswidrigen Änderungen entstehen, mit Hilfe einer teleologischen Auslegung innerhalb des Vertrages abzumildern.

5. Schlussbemerkung

Die bisherigen Ausführungen haben stärker zu Vergleichen zwischen EG-Verträgen und staatlichem Verfassungsrecht als zu Vergleichen mit dem Völkerrecht angeregt. – Das ist kein Zufall.

Die Europäische Gemeinschaft beruht zwar auf völkerrechtlichen Verträgen, doch bilden diese Verträge gleichzeitig die Verfassung der Organisation.

Das gilt ohne weiteres in einem formell verstandenen Sinne (Verfassung als Inbegriff der grundlegenden Normen für die Organisation eines Gemeinwesens). Doch auch in einem materiellen Sinne bilden die EG-Verträge eine Verfassung. Sie postulieren eine spezifische Wertordnung, die unmittelbar für die Bürger ihrer Mitgliedstaaten gilt. Der Gerichtshof

14 Übereinstimmend *Cruz Vilaca/Picarra*, s.o. Anm. 9, 16.

15 Diese Konstellation besteht in der Rs. C-316/91(EP/RAT) im Hinblick auf die Finanzregelung zum Europäischen Entwicklungsfonds (ABl. L 266/1991, 1); ECLI:EU:C:1994:76.

hat diesen Verfassungscharakter mehrfach, zuletzt im EWR (1) – Gutachten, betont. Die Verfassungsqualität besteht nicht losgelöst von dem Verfassungsrecht der Mitgliedstaaten. Sie ist vielmehr Anstoss und Ergebnis immer engerer Wechselbeziehungen zwischen den Verfassungen, die zur Entwicklung eines „*ius commune*" in Europa führen.

Die Elemente dieses „*ius commune*", Menschenrechtsschutz, Demokratie, Rechtsstaat, Gewaltenteilung, bilden hinsichtlich ihres Mindeststandards die inzwischen unveränderlichen Grundlagen der EG-Verfassung. Diese Grundsätze, die wir übrigens in wesentlichen Elementen bereits in der Europäischen Menschenrechtskonvention und ihren Zusatzprotokollen formuliert finden, gehören zum gemeinsamen Standard europäischen Verfassungsrechts und Europäischer Verfassungskultur, der die Staaten unabhängig von einer Mitgliedschaft der Europäischen Gemeinschaft verbindet.

Die Dialektik von Bewahrung und Wandel kennzeichnet die Europäische Union als ein differenziertes Rechtssystem. Doch hat die Dialektik in der Union eine spezifische Ausprägung erfahren, die die *Offenheit* der Verfassung hervortreten lässt. „Offenheit" kennzeichnet nicht etwa Frühformen der Verfassungsbildung sondern bildet unter den Existenzbedingungen des Staates der Gegenwart die angemessene Qualität jeder Organisation. Insofern besitzt die Unionsverfassung exemplarische Merkmale.

A. V. „Back from the future"?*

Zu Zulässigkeit und Grenzen qualitativer Absenkungen des Rechts der Europäischen Union*

1. *Einleitung*

In dem Film „Back to the future" aus dem Jahre 1985 reist der Held mithilfe einer Zeitmaschine zurück in seine eigene Vergangenheit und hat alle Mühe, einen Weg zurück in seine Gegenwart zu finden.[1] Erfindergeist und Phantasie – und die Ratschläge eines alten, aber nicht immer weisen Tüftlers helfen dabei, die Zukunft zu erreichen – die in Wahrheit seine ursprüngliche Gegenwart war.

Der Film entsprach dem Zeitgeist: Nach Jahren der Stagnation prägten die Stichworte *Bewegung, Veränderung, Zukunft* damals die politische Diskussion in Europa. Das bereits 1957 im EWG Vertrag vereinbarte Ziel der Errichtung eines *Gemeinsamen Marktes* sollte endlich erreicht werden.[2] 1985 hatte der Europäische Gerichtshof den Gesetzgeber der Union an die Verpflichtung erinnert, bestimmte Regelungen zur Herstellung des Binnenmarktes innerhalb der vertraglich festgelegten Fristen zu erfüllen.[3] Gleichzeitig beauftragte Art. 1 der *Einheitlichen Europäische Akte* von 1986 die Europäischen Gemeinschaften und die Europäische Politische Zusammenarbeit „gemeinsam zu konkreten *Fortschritten auf dem Weg zur Europäischen Union beizutragen*".[4] Ein „Back **to** the future" wollte damals an die Aufbruchstimmung und Projekte der Nachkriegszeit anknüpfen und sie verwirklichen.

Die hier benutzte Variation „back **from** the future" gilt einer Rückwärtsbewegung auf der Zeitachse, der Problematik einer zeitweiligen oder dauer-

---

* Erscheint gleichzeitig in: Epiney u.a. (Hg.), Schweizerisches Jahrbuch für Europarecht 2024/2025, Zürich 2025, 301 - 317.

1 https://en.wikipedia.org/wiki/Back_to_the_Future.

2 Dazu *Bieber/Dehousse/Pinder/Weiler*, Back to the Future: Policy, Strategy and Tactics of the White Paper on the Creation of a Single European Market in: dies. (Hg.), 1992: One European Market?, Baden-Baden 1988, 13 – 31.

3 EuGH Rs. C-13/83 (Europäisches Parlament/Rat), ECLI:EU:C:1985:220, Rn 67.

4 ABl. L 169/1987, 1.

haften Änderung vorhandener Zustände in Richtung auf zuvor bestehende Situationen. Als Rückschritt werden darüber hinaus auch solche Handlungen verstanden, die das Erreichen eines genau vorgegebenen Ziels erschweren oder dauerhaft verhindern. Konkret geht es um die Einordnung der Kategorie „Rückschritt" in das Rechtssystem der Europäischen Union. Auf den ersten Blick überraschend, gehört dieser Begriff zur Terminologie des Europarechts. Wir finden ihn explizit in Art. 64 Abs. 3 AEUV sowie in Gesetzgebung und Rechtsprechung. Weitere Bestimmungen des EUV (Art. 48, Abs. 2 und Art. 50, Abs. 1 EUV) bezeichnen denselben Vorgang mit anderen Begriffen. Seine Bedeutung wird jedoch kaum präzisiert.

Eine nähere Kennzeichnung dieser Kategorie ist insofern von Interesse, als die Verträge die Institutionen der Union und die Mitgliedstaaten zur Annäherung oder gar Erreichung bestimmter Ziele verpflichten, dem Handeln der EU – Institutionen also eine Richtung vorgeben, die man als *„Fortschritt"*, bezeichnen kann, eine Bewegungsrichtung, die einen Rückschritt auszuschließen, jedenfalls ihm zu widersprechen scheint.

Ausgangspunkt der Beschäftigung mit dem Thema sind zwei Vorgänge vom Frühjahr 2024: Nahezu zeitgleich verabschiedete der EU – Gesetzgeber eine Änderungsverordnung im Bereich der Landwirtschaft, während die EU – Kommission einen Verordnungsvorschlag im Bereich der Umweltpolitik zurückzog. Im Ergebnis wurden dadurch geltende Umwelt – und klimabezogene Anforderungen an die landwirtschaftliche Tätigkeit herabgesetzt und auf die Einführung einer effizienteren Kontrolle des Einsatzes von Pestiziden in der Landwirtschaft verzichtet.

Die angenommene ÄnderungsVO sollte

> „den Landwirten unter Berücksichtigung der wachsenden Herausforderungen, der unvorhersehbaren Wetterereignisse und der wirtschaftlichen Unsicherheiten *mehr Flexibilität bei der Ausübung ihrer landwirtschaftlichen Tätigkeiten* ein(zu)räumen".[5]

Diese „Flexibilität" besteht in der Beseitigung oder Reduzierung von Kontrollen und Sanktionen, die ursprünglich die Einhaltung der umwelt- und

5 VO 2024/1468, ABl. L 2024/1468 v. 24.5.2024, Erwägungsgründe, Ziff. 4. (Hervorhebung vom Verfasser). Insoweit geändert wurden Art. 83 und 84 der VO 2021/2116 „über die Finanzierung, Verwaltung und Überwachung der Gemeinsamen Agrarpolitik". Zum politischen Kontext der VO s. den vorangehenden Vorschlag der Kommission COM(2024)139 v. 15. 3. 2024, Ziff. 1.

klimaschutzbezogenen Ziele der Agrarpolitik gewährleisten sollten.[6] Diesen Zielen war in den zweieinhalb Jahre zuvor verabschiedeten Rechtsakten zur Agrarpolitik „sehr hohe Priorität" zugewiesen worden waren.[7] Im Ergebnis vermindert die neue VO die Wahrscheinlichkeit eines zielkonformen Verhaltens der betroffenen Landwirte.

Das zweite Beispiel, der zurückgenommene Verordnungsvorschlag, hätte eine nachhaltige Verwendung von Pflanzenschutzmitteln gewährleisten und „Schwachstellen bei der Umsetzung, Anwendung und Durchsetzung" der bisher geltenden Regelung beseitigen sollen.[8] Wegen der Rücknahme des Vorschlags bleiben die Mängel der Pestizid-Regelung bestehen.

Diese Fälle illustrieren eine allgemeine politische Tendenz in jüngerer Zeit zur Absenkung von Standards des geltenden Rechts. So forderten zum Beispiel Spitzenvertreter der Europäischen Volkspartei – der stärksten Fraktion im Europäischen Parlament – in einer förmlichen Schlusserklärung (vom 17./18. Januar 2025) „Bürokratierückbau und gezielte Deregulierung".[9] In einem ähnlichen Sinn lässt sich die Ankündigung der EU-Kommission vom Februar 2025 verstehen, wonach unter anderem „weitreichende Vereinfachungen im Bereich der Meldepflichten zur nachhaltigen Finanzierung, der Sorgfaltspflichten im Hinblick auf Nachhaltigkeit und der Taxonomie" geplant sind.[10]

Vordergründig soll damit auf eine sinkende Akzeptanz für Kontrollen und Berichtspflichten über die Einhaltung des EU-Rechts reagiert werden. Doch geht es bei der Gewährleistung der Einhaltung des geltenden Rechts nur scheinbar lediglich um Fragen der Methoden. Denn nicht nur, wenn zum Zweck des „Bürokratieabbaus" geltende Standards aufgehoben werden,

---

6 VO 2024/1468, ABl. L 2024/1468 v. 24.5.2024, Art. 2. Insoweit geändert wurden Art. 83 und 84 der VO 2021/2116 „über die Finanzierung, Verwaltung und Überwachung der Gemeinsamen Agrarpolitik". Zum politischen Kontext der VO s. den vorangehenden Vorschlag der Kommission COM(2024)139 v. 15. 3. 2024, Ziff. 1.

7 VO 2021/2115, ABl. L 435/2021, 1, Erwägungsgründe Ziff. 30: „Die Förderung und Verbesserung von Umwelt- und Klimaschutz und der Beitrag zur Erreichung der umwelt- und klimabezogenen Ziele der Union *stellen eine sehr hohe Priorität für die künftige Land- und Forstwirtschaft der Union dar* (Hervorhebung vom Verfasser).

8 Vorschlag für eine Verordnung über die nachhaltige Verwendung von Pflanzenschutzmitteln, COM(2022)305 v. 22.6.2022, zurückgezogen durch Beschluss der Kommission v. 27.3.2024, ABl. C 2024/3117 v. 6.5.2024, erläutert in Bericht der Kommission COM(2024)229 v. 3.6.2024.

9 EPP Leaders' Retreat, Berlin 17./18. Januar 2025, https://www.cdu.de/aktuelles/europa/epp-leaders-retreat-unsere-prioritaeten-fuer-2025/.

10 Kommission der EU „Ein einfacheres und schnelleres Europa: Mitteilung über die Umsetzung und Vereinfachung", COM(2025)47 v. 11.2.2025, Abschnitt III b.

sondern auch, wenn durch Verzicht auf Kontrollen die Durchsetzung von Normen in das Belieben der Betroffenen gestellt wird, verliert eine Norm ihre inhaltliche Bindungswirkung.

Die Möglichkeit der Änderung oder Aufhebung geltenden Rechts gehört zu den Selbstverständlichkeiten einer Rechtsordnung. Allerdings bezeichnen viele Rechtsordnungen hierfür Bedingungen und Grenzen. Die geschilderten Fälle werfen die Frage der Einhaltung derartiger Grenzen in Bezug auf das Recht der Union auf. Denn mit ihnen werden Regelungen beseitigt, die vom Gesetzgeber noch vor kurzer Zeit als notwendig angesehen wurden, um bestimmte, in den EU-Gründungsverträgen vorgegebene Ziele zu erreichen oder Aufgaben zu erfüllen. Soweit geltendes Recht aufgehoben oder geändert werden soll, kann der Abstand zu einem dieser Ziele wachsen und dadurch ein **qualitativer Rückschritt** entstehen.

Die nachfolgenden Überlegungen gelten der Frage, ob – und wenn ja unter welchen Voraussetzungen und Grenzen – das Recht der Europäischen Union derartige Rückschritte bei der Anwendung EU – Gründungsverträge zulässt. Eine Bewertung von Rückschritten unter dem Aspekt ihrer Zweckmäßigkeit ist damit nicht verbunden.

2. Zur Kategorie des „Rückschritts“

Die Existenzbedingungen von Gemeinwesen ändern sich unter dem Einfluss externer und interner Faktoren fortwährend. Entsprechend ändern sich auch die zur Gestaltung der Lebensbedingungen bestimmten Regeln – also die jeweilige Rechtsordnung – gezielt oder durch die Praxis. Diese Veränderungen verlaufen nicht linear, folgen keiner vorgegebenen Richtung, keinem Muster. Als Konstante lässt sich allerdings die *Selbsterhaltung* der jeweiligen Gruppierung ausmachen.

Darüber hinaus setzen sich Gemeinwesen vielfach *Ziele* und definieren *Werte.*

Im Hinblick auf Selbsterhaltung, Werte und Ziele lassen sich Veränderungen der jeweiligen Rechtsordnung als Verminderung oder Stärkung, als Annäherung oder Entfernung, als Rück- oder Fortschritt qualifizieren. Mitunter erfüllen Veränderungen gleichzeitig mehrere, scheinbar gegensätzliche dieser Kriterien.

Die Feststellung eines „Rückschritts“ erfordert die Feststellung einer Veränderung zwischen **zwei qualitativ unterscheidbaren Situationen.** Betreffen diese die Verwirklichung von Zielen, so lässt sich ein qualitativer Unterschied anhand der jeweiligen Nähe zu dem vorgegebenen Ziel ermessen.

In bereits normativ ausgefüllten Bereichen können Rechtsetzung, Rechtsprechung und Rechtsanwendung Veränderungen des *status quo* bewirken, die gewollt oder faktisch negativ konnotiert sind, als „Rückschritt“ gelten. Rückschritt kann generell auf eine allgemeine Regelung bezogen sein oder individuell auftreten (z.B. die Rücknahme eines begünstigenden Verwaltungsakts). Bei einer generellen Norm kann der Rückschritt umfassend sein oder eingeschränkt wirken.

Von *Ausnahmen* bei der Anwendung einer Norm unterscheidet sich Rückschritt durch die allgemeine Geltung und Dauerhaftigkeit. Allerdings kann eine Ausnahme dann zum Rückschritt werden, wenn ihre zeitliche Begrenzung durch die Praxis entfällt.[11]

In der deutschsprachigen Literatur wird statt „Rückschritt“ vielfach der Begriff „Verschlechterung“ oder „Regression“ verwandt und im Zusammenhang mit einem möglichen Verbot von Rückschritten in der Gleichstellung von Männern und Frauen (Art. 8 AEUV) als „Verschlechterungsverbot“ thematisiert.[12]

Rückschritt kann in unterschiedlichen Situationen auftreten und kann daher auch unterschiedlich zu bewerten sein. So kann in individuellen oder kollektiven Situationen „Rückschritt“ oder „Umkehr“ gerechtfertigt, ja notwendig sein. Man denke nur an den Bergsteiger, der klug handelt, wenn er eine unerwartet gefährliche Tour abbricht. Andererseits kann ein Rückschritt, der aus dem Entzug einer individuellen Rechtsposition erwächst, erheblichen Schaden verursachen.

Darf man jedoch diese ambivalente soziale Erfahrung ohne weiteres auf eine Rechtsordnung übertragen, die zur Erreichung von Zielen, zum Schutz von Werten, geschaffen wurde? Lässt sich Rückschritt auch insoweit als ein im Interesse von Selbsterhaltung, Werten und Zielen mitunter notwendiges Vorgehen rechtfertigen? Oder schließt die Eigenart der Europäischen Union Rückschritte bei ihrer Tätigkeit aus?

---

11 S. dazu das Beispiel der Ausnahme von der Einführung des Euro in Schweden, dazu unten, C.III.

12 *Becker* in: Schwarze (Hg)., EU-Kommentar, 4. Aufl. 2019, Art. 3 EUV, Rn. 10; *Rossi* in: Calliess/Ruffert (Hg.), EUV/AEUV-Kommentar, 6. Aufl. Art. 8 AEUV, Anm. 5. Zum besonderen Fall von Verschlechterungsverboten bei der Ausführung von EU-Richtlinien (z.B. Art. 1 Abs. 2, RL 2024/1760) *Dürr/Stark*, Unionsrechtliche Regressionsverbote: Transparenzgebote oder Pflicht zur überschießenden Umsetzung?, EuZW 2025, 156.

Bei einer Tagung zur Zeit des eingangs erwähnten Films, im Jahre 1986, trug ein Referent dazu folgende These vor:

> „Wenn aber der EWG -Vertrag die Mitgliedstaaten und die politischen Organe der EG *verpflichtet*, auf dem Wege der Integration in einer wenn auch noch weiterhin unbestimmt bleibenden Richtung immer weiter voran zu schreiten, wird ihnen umgekehrt *der Rückschritt auf diesem Wege durch den* Vertrag *verboten*".[13]

Angesichts der seither erfolgten Änderungen der EU – Verträge lässt sich die These eines geradewegs verbotenen Rückschritts der Union und der in ihr verbundenen Mitgliedstaaten nicht halten. Es ist vielmehr erforderlich, die Formen potentieller Rückschritte zu unterscheiden (dazu C) und getrennt auf ihre Vereinbarkeit mit den EU Verträgen zu bewerten (dazu D).

3. Erscheinungsformen von Rückschritten im Recht der Europäischen Union

a) Überblick

Rückschritt kann auf verschiedenen Stufen des Europarechts erfolgen. Er kann insbesondere durch Anwendung spezieller Bestimmungen der Verträge *(b)*, Änderungen der Gesetzgebung *(c)*, im Rahmen der Rechtsprechung *(d)* oder durch Einzelakte *(e)* geschehen. Er kann die gesamte Union oder auch nur einzelne Mitgliedstaaten betreffen *(f)*.

b) Rückschritt in Anwendung spezieller Bestimmungen der EU – Verträge

aa) Vertragliche Bestimmungen

Schon in der Periode des Aufbruchs zur Verwirklichung der ursprünglichen Ziele war deutlich, dass die in den Gründungsverträgen angelegten Kräfte keineswegs linear in Richtung auf die ursprünglich fixierten Ziele wirkten.

---

13 *Bleckmann*, Die Bindungswirkung der Praxis der Organe und der Mitgliedstaaten der EG bei der Auslegung und Lückenfüllung des Europäischen Gemeinschaftsrechts: Die Rolle des Art. 5 EWG – Vertrag, in: Bieber/Ress (Hg.), Die Dynamik des Europäischen Gemeinschaftsrechts, Baden-Baden 1987, 161 – 227 (187). (Hervorhebung vom Verfasser).

Zur Schaffung größerer Flexibilität bei der Verwirklichung der Integration prägte die Einheitliche Europäische Akte[14] im Jahre 1987 den bis dahin im Europarecht unbekannten Begriff *„Rückschritt"*.[15] Der Ausdruck bezeichnet dort die Befugnis des EU – Gesetzgebers, unter besonderen Bedingungen von dem vertraglich festgelegten freien Kapitalverkehr mit Drittstaaten abzuweichen. Diese, nunmehr in Art. 64 Abs. 3 AEUV verankert, Maßnahme sollte nur ausnahmsweise und unter besonderen Verfahrensbedingungen zulässig sein.

Im EU – Vertrag werden zwei weitere Situationen bezeichnet, die sich als „Rückschritt" qualifizieren lassen.

So können Änderungen der Verträge nach Art. 48 Abs. 2 EUV „unter anderem eine ... *Verringerung* der der Union in den Verträgen übertragenen Zuständigkeiten" – also einen Rückschritt im Bezug auf deren Tätigkeitsbereich – „zum Ziel haben".

Das in Art. 50 EUV begründete *Austrittsrecht* eines Staates kann ebenfalls als eine Form von Rückschritt – im Bezug auf das Ziel einer „immer engeren Union der Völker Europas" (Art. 1 EUV) – gedeutet werden.

Daneben lassen sich Fälle aus der Praxis der Vertrags*anwendung* beschreiben, die im Ergebnis als Rückschritt zu werten sind:

bb) Praxis der Vertragsanwendung

Als Rückschritt lässt sich die Unterlassung der Anwendung von Art. 17 Abs. 5 EUV kennzeichnen. Diese Bestimmung sieht vor, dass die Kommission seit 2014 aus einer Anzahl von Mitgliedern bestehen soll, die *zwei Dritteln* der Zahl der Mitgliedstaaten entspricht (= 18). Diese Zahl wurde festgelegt, um den Funktionsbedürfnissen der Kommission zu entsprechen und ihre Unabhängigkeit zu stärken. Bis heute wurde diese vertragliche Festlegung nicht eingehalten, denn der Europäische Rat hat von einer Ermächtigung zur „Änderung" dieser Zahl Gebrauch gemacht und damit den *status quo*, also eine Zahl von 27 Mitgliedern der Kommission weiterhin für anwendbar erklärt. Gegenüber dem bereits vertraglich festgelegten Zustand bildet dieser Beschluss des Europäischen Rates einen Rückschritt

14 Art. 70, Abs. 1 EWGV i.d.F. von Art. 16 Abs. 4 Einheitliche Europäische Akte, ABl L 169/1987, 4.; nach dem Vertrag von Maastricht Art. 73 c, Abs. 2 EGV, nunmehr Art. 64 Abs. 3 AEUV.

15 Englisch:„step backwards"; Französisch: „recul"; Italienisch: „regresso".

(mit beachtlicher Bedeutung für das Verhältnis zwischen Mitgliedstaaten und EU – Kommission).

Den *Versuch* eines Rückschritts durch verbindliche Auslegung des Primärrechts bildet der „Beschluss der im Europäischen Rat vereinigten Staats – und Regierungschefs über eine neue Regelung für das Vereinigte Königreich innerhalb der Europäischen Union" vom 19. Februar 2016.[16] Darin wird behauptet, „dass die Bezugnahmen auf eine immer engere Union nicht für das Vereinigte Königreich gelten". Mit dieser Aussage wird der Inhalt einer Passage aus Art. 1 EUV[17] verändert, obwohl dieser Einleitungsartikel des Vertrages keinerlei Relativierungen oder Ausnahmen vorsieht. Dieser seltsame Beschluss ist aus dem Bemühen der Regierungen in der vor – Brexit Zeit erklärbar, als mit allen Mitteln versucht wurde, entsprechende britische Wünsche zu erfüllen und dadurch den Brexit abzuwenden. Das Vorhaben scheiterte bekanntlich. Insofern bewirkt der Beschluss im Recht der Union keinen Schaden – im Ergebnis keinen Rückschritt, schafft aber einen problematischen Präzedenzfall.

c) Rückschritt durch Gestaltung oder Unterlassung von Gesetzgebung

Der ganz überwiegende Schwerpunkt des Handelns der EU – Institutionen besteht in der Verabschiedung von Maßnahmen, die zur Verwirklichung der in den Verträgen vorgegebenen Ziele und zur Erfüllung der aufgegebenen Pflichten bestimmt sind. Zu diesem Zweck umfasst die EU – Gesetzgebung die Einführung neuer Bestimmungen aber auch die Änderung und Aufhebung geltenden Rechts. Im Allgemeinen soll Gesetzgebung zur Verbesserung einer bestimmten Rechtslage dienen. Je nach Bewertungsmaßstab bewirkt sie – mitunter absichtlich, mitunter als ungeplante Nebenfolge – auch Rückschritte im Vergleich zur vorher bestehenden Rechtslage. Die eingangs geschilderten Änderungen der jüngeren Gesetzgebung bilden dafür Beispiele (A).

Ein Beispiel für Rückschritt durch unterlassene Gesetzgebung bildet die *Perpetuierung* einer vertraglich vorgesehenen *temporären Ausnahme.* Sie

---

16 Anlage I zu den Schlussfolgerungen des Europäischen Rates v. 18./19. 2. 2016, ABl CI 69/2016, 1.

17 Art. 1 EUV: „…Dieser Vertrag stellt eine neue Stufe bei der Verwirklichung einer immer engeren Union der Völker Europas dar …". Zur verbindlichen Wirkung dieser Formulierung *Bast/von Bogdandy*, Grundlagenteil und Verfassungskern der EU – Verträge, JZ 4/2024, 115 – 125 (120).

betrifft die Einführung der gemeinsamen Währung in Schweden: Seit langem erfüllt dieses Land nicht mehr die Gründe, die die Beibehaltung der nationalen Währung rechtfertigen (Art. 140 AEUV). Gleichwohl hat der Gesetzgeber der Union bisher keinen Beschluss zur Aufhebung der übergangsweisen Ausnahme gefasst (Art. 140 Abs. 2 AEUV). Diese – politisch gewollte – Untätigkeit verursacht durch ihre Dauer einen Rückschritt im Bezug auf das Ziel der Einführung der *gemeinsamen* Währung.[18]

d) Rückschritt in der Rechtsprechung

EuGH und EuG sind in ihrer rechtsprechenden Tätigkeit „zur Wahrung des Rechts bei der Auslegung und Anwendung der Verträge" verpflichtet (Art. 19 Abs. 1 EUV). Das schließt auch die Befugnis ein, eine etablierte Rechtsprechung zu ändern.[19] Es ist nicht prinzipiell ausgeschlossen, dass dadurch eine zu einem früheren Zeitpunkt eingenommene Position des EuGH wieder auflebt. In diesem Sinn können Rückschritte theoretisch auch bei der Rechtsprechung auftreten. Soweit ersichtlich ist Derartiges allerdings bisher nicht vorgekommen.

Dagegen verwendet der EuGH mitunter das Kriterium des „Rückschritts" als Maßstab, um eine von einer Partei vorgeschlagene Auslegung von Rechtsakten der Union zu verwerfen. So würde eine bestimmte – vom EuGH abgelehnte – Auslegung der Richtlinie 2015/2302 (Pauschalreisen) einen *„Rückschritt gegenüber der zuvor bestehenden Rechtslage"* darstellen.[20] Diesen Maßstab zieht er auch heran, um die aus Art. 2 EUV folgenden Pflichten der Mitgliedstaaten zum Schutz der unionsspezifischen Werte auszulegen. Danach verpflichtet Art. 2 EUV die Mitgliedstaaten, einen „Rückschritt in staatlichen Rechtsvorschriften über die Organisation der Justiz" zu vermeiden.[21]

---

18 Dazu *Palm* in: G/H/N, Art. 140 AEUV, Rn. 48. Dieser Autor beschreibt allerdings nur ein vertragswidriges Verhalten Schwedens.

19 Beispiel: EuGH Rs. C-302/87, ECLI:EU:C:1988:461 (EP/Rat) einerseits und Rs. C-70/88, ECLI:EU:C:1990:217, (EP/Rat) andererseits (Klagebefugnis des EP).

20 EuGH, Rs. C-771/22 und C-45/23 (Bundesarbeitskammer), ECLI:EU:C:2024:644, Rn. 79. Ebenso Rs. C-281/22 (G. K. u.a.), ECLI:EU:C:2023:1018, Rn. 34 (zur Auslegung der VO 2017/1939, über die Zuständigkeit der Europäischen Staatsanwaltschaft). Hervorhebung vom Verfasser.

21 EuGH, Rs. C-791/19 (Kommission/Polen), ECLI:EU:C:2021:596, Rn. 51: „Die Mitgliedstaaten müssen somit dafür Sorge tragen, dass sie jeden nach Maßgabe dieses Wertes eintretenden Rückschritt in ihren Rechtsvorschriften über die Organisation

Im einen Fall erwächst der mögliche Rückschritt aus dem Vergleich eines jüngeren mit einem älteren Gesetzgebungsakt der Union, im anderen Fall aus der Veränderung staatlicher Regelungen im Lichte der aus den EU – Verträgen erwachsenen Verpflichtungen. In beiden Fällen dient die Verwendung des Begriffs „Rückschritt" als Hilfsargument, um eine bestimmte Rechtsauslegung oder ein bestimmtes Verhalten als rechtswidrig zu qualifizieren.

e) Rückschritt bei der Zuerkennung von Individualrechten

Das Handeln der EU – Institutionen im Rahmen der Verträge kann auch unmittelbar die Rechtsbeziehungen zu Einzelnen betreffen, zum Beispiel durch Widerruf und Rücknahme individual bezogener Rechtsakte. Auch derartige Situationen können sich als Rückschritt darstellen und nur unter besonderen Voraussetzungen zulässig sein (D.II.d).

f) Rückschritt im Recht der EU durch das Verhalten einzelner Mitgliedstaaten

Die Mitgliedstaaten sind zur Befolgung und zur Ausführung des EU – Rechts verpflichtet (Art. 4 Abs. 3 EUV). Unter dem Gesichtspunkt der Gleichheit der Anwendung des EU – Rechts können sich Verstöße einzelner Staaten gegen diese Verpflichtungen als (partieller) Rückschritt darstellen.[22] In Einzelfällen gestattet der Vertrag derartige Rückschritte, sofern dafür besondere Verfahren eingehalten werden (z.B. Art. 64 Abs. 3, Art. 92 AEUV). Auch bedient sich der Gesetzgeber mitunter des Instruments eines Verschlechterungsverbots, um die Erreichung bestimmter Vertragsziele abzusichern. So enthält zum Beispiel die Richtlinie 2008/94 (über den Schutz der Arbeitnehmer bei Zahlungsunfähigkeit des Arbeitgebers) ein ausdrückliches Rückschrittsverbot.[23]

---

der Justiz vermeiden", ebenso GA Pikamäe, Schlussanträge Rs. C-554/21 (Hann – Invest), ECLI:EU:C:2023:816, Rn. 56.

22 So bereits EuGH, Rs. C- 39/72 (Kommission/Italien), ECLI:EU:C:1973:13, Rn. 24, 25.

23 RL 2008/94, ABl. L 283/2008, 36, Art. 11: „Die Durchführung dieser Richtlinie darf unter keinen Umständen als Begründung für einen *Rückschritt* gegenüber der bestehenden Situation in jedem einzelnen Mitgliedstaat und gegenüber dem allgemeinen Niveau des Arbeitnehmerschutzes (...) herangezogen werden". Hervorhebung vom

Nuanciertere Verschlechterungsverbote enthält die kürzlich verabschiedete Verordnung der Europäischen Union *„über die Wiederherstellung der Natur"*.[24]

4. Zulässigkeit und Grenzen von „Rückschritt"

Zunächst ist zu fragen, ob Rückschritte im Vergleich zu der durch die Verträge geschaffenen Situation – also auf der Ebene des Primärrechts – zulässig sind (I).

Davon zu unterscheiden ist die Zulässigkeit von Rückschritten bei der Anwendung und Durchführung der Verträge – im Wesentlichen also durch Gesetzgebung (II).

a) Rückschritt im Bezug auf den Bestand des Primärrechts der Union

Die Verträge können nach den dafür vorgesehenen Verfahren, insbesondere gemäß Art. 48 EUV, geändert werden. Zwar bestimmt Art. 48 Abs. 2 zum materiellen Gehalt möglicher Änderungen, dass diese „unter anderem eine Ausdehnung oder *Verringerung* der der Union in den Verträgen übertragenen Zuständigkeiten zum Ziel haben" (können).[25] Insoweit sind also Rückschritte ausdrücklich zugelassen. Doch bildet diese Passage keinen Beleg dafür, dass neben Einschränkungen der Zuständigkeiten *sämtliche* Vertragsinhalte einer Änderung zugänglich sind. Näher liegt hier ein *argumentum e contrario.*

Die Frage nach der Zulässigkeit von Rückschritten durch Vertragsänderungen ist eingebettet in die allgemeine Problematik der Existenz eines änderungsfesten Kerns der Verträge im Hinblick auf die Identitätswahrung der Union. Diese Grundsatzfrage kann hier nicht vertieft werden. Nach der hier vertretenen Ansicht existiert ein derartiger Kern.[26] Er besteht insbe-

---

Verfasser. S.a. Art. 1 Abs. 2, RL 2024/1760 (Sorgfaltspflichten von Unternehmen im Hinblick auf Nachhaltigkeit), dazu *Dürr/Stark*, Unionsrechtliche Regressionsverbote: Transparenzgebote oder Pflicht zur überschießenden Umsetzung?, EuZW 2025, 156.

24 VO 2024/1991, ABl. L 2024/1991 v. 29. 7. 2024, z.B. Art. 4, Abs. 11, 12 sowie Erwägungsgründe Ziff. 37.

25 Hervorhebung vom Verfasser.

26 Wie hier *Petit*, in Constantinesco/Kovar/Simon (Hg.), Traité sur l'Union Européenne, Commentaire article par article, Paris 1995, Art. N, Anm. 18 – 24 (882 ff.); *Herdegen*, Vertragliche Eingriffe in das „Verfassungssystem" der Europäischen Union,

sondere in den vertraglichen Ausprägungen der in Art. 2 EUV bezeichneten Werte.[27] Insoweit wären Rückschritte unvereinbar mit der in Art. 1 EUV fixierten Absicht der Vertragsautoren, „eine neue Stufe bei der Verwirklichung einer immer engeren Union" zu erreichen, also voranzuschreiten. Es wäre daher mit dem Vertrag nicht vereinbar, wenn zum Beispiel im Wege der Vertragsänderung Änderungen des Rechtsschutzsystems eingeführt würden, die faktisch zu einer Verminderung der Grundrechte oder des bestehenden Rechtsschutzniveaus führen würden.

An der Grenze des zulässigen Rückschritts liegt die Nutzung eines vertraglich vorhandenen unbestimmten Änderungsrechts, um einen vom Vertrag geschaffenen neuen Zustand wieder zu beseitigen und den alten Zustand aufrecht zu erhalten – dies ist der bereits erwähnte Fall der vom Europäischen Rat beschlossenen Beibehaltung der Anzahl der Mitglieder der Kommission entgegen dem Vertragswortlaut (C.II.b).

Insgesamt ist auf der Ebene der Verträge ein Rückschritt in Bezug auf die vertraglich zugewiesenen Zuständigkeiten zulässig. Dagegen dürfen die in Art. 2 EUV postulierten Werte (z.B. der Schutz der Rechtsstaatlichkeit) weder durch einen einzelnen Staat noch durch die gemeinsam handelnden Mitgliedstaaten noch durch die Institutionen vermindert werden.[28]

b) Rückschritt im Rahmen des von den Verträgen abgeleiteten Rechts

Das Handeln des Gesetzgebers der Union ist durch Verpflichtungen und Schranken geprägt, die in den Grundlagenverträgen, also EUV und AEUV einschließlich der Grundrechtecharta, bezeichnet werden. In dem vertraglich vorgegebenen Rahmen sind die Institutionen befugt, nach ihrem Er-

---

in: Due/Lutter/Schwarze (Hg.), Fs. Everling, Bd. I, Baden – Baden 1995, 447 – 461. A.A. die jüngere deutschsprachige Literatur, z.B. *Ohler* in: G/H/N (2017), Art. 48, Rn. 24; *Franzius* in: Pechstein/Nowak/Häde (Hg.), Frankfurter Kommentar EUV – GRC – AEUV, Art. 48 EUV, Rn. 72. Speziell das Verbot eines Rückschritts ablehnend: *Herrnfeld* in: Schwarze, EU – Kommentar, 4. Aufl., 2019, Art. 48, Rn. 15.

27 In diesem Sinne („rechtlich verbindlich") EuGH, Rs. C-156/21, ECLI:EU:C:2021:974, Rn. 127, 232 (Ungarn/EP,Rat); Rs. C-204/21, ECLI:EU:C:223:442, Rn. 67, Kommission/Polen; dazu u.a. *Kainer*, Die Konstitutionalisierung der Werte des Art. 2 EUV – zwischen Funktion und Axiom, integration 3/2024, 207 – 223; so bereits *Bieber*, Wandel und Unveränderlichkeit als Strukturmerkmale des Europarechts, Zeitschrift für Schweizerisches Recht, Bd. 112/1993, Heft 4/5, 327 – 335, abgedruckt oben, 67 ff.

28 EuGH, Rs. C-896/19 (Repubblika), ECLI:EU:C:2021:311, Rn. 63, sowie die in Anm. 27 zitierten Urteile.

messen über die Form und die inhaltliche Ausgestaltung einer Gesetzgebungsmaßnahme zu entscheiden.[29]

Zu diesem Rahmen gehören jene Vertragsbestimmungen, die die Institutionen zu einem Handeln in Richtung auf ein konkretes Ergebnis verpflichten oder die bestimmte Maßnahmen untersagen und die daher einen Rückschritt auszuschließen scheinen. Soweit jedoch keine entsprechenden vertraglichen Vorgaben entgegenstehen, darf das Handeln des Gesetzgebers grundsätzlich auch Rückschritte umfassen.

Die Frage der Zulässigkeit von Rückschritten durch das Handeln der Institutionen stellt sich zum einen im Hinblick auf die Verwirklichung der in Art. 3 EUV und in sonstigen Vertragsbestimmungen bezeichneten *Ziele* ihres Handelns (*a*) und zum anderen hinsichtlich der sonstigen qualitativen Vorgaben der Verträge für das Handeln der Institutionen (*b*).

aa) Die Pflicht zur Zielverwirklichung

Der Vertrag über die Europäische Union verpflichtet in Art. 13 Abs. 1 die Institutionen der Union, „ihre (*d.h. der Union*) Ziele zu verfolgen“. Die Ziele werden in Art. 3 EUV benannt und in einzelnen Fällen im Vertrag näher präzisiert. Grundsätzlich muss das Handeln der Institutionen – in der Praxis in erster Linie Gesetzgebung, Rechtsprechung und Ausführungstätigkeit – in der Erreichung der Ziele, jedenfalls in einer Annäherung bestehen.[30] Die Zielgerichtetheit gibt den Institutionen „Marschgeschwindigkeit“ und „Marschrichtung“ vor.[31] Danach besitzen die Veränderung, die Dynamik, der „Fortschritt“ im Europarecht einen Eigenwert. Wenn argumentiert wird, den Zielbestimmungen des Vertrages könne kein Rückschrittsverbot entnommen werden, weil dadurch „die Ziele inhaltlich aufgeladen und zu Veränderungssperren erhoben (würden), die über die Funktion der Zielbestimmungen, Handeln zu leiten, hinausgingen,“[32] so handelt es sich bei dieser Argumentation um einen nicht durchgreifenden Zirkelschluss.

Eine *Vergrößerung des Abstands zu den Zielen* – also ein Rückschritt – durch ein Handeln der Institutionen, insbesondere des Gesetzgebers,

29 Vgl. EuGH, verb. Rs. 643/15 und C- 647/15 (Slowakei, Ungarn/Rat), ECLI:EU:C:2017, Rn. 146; verb. Rs. C-541/20 – C-555/20 (Litauen, Bulgarien u.a./EP, Rat), ECLI:EU:C:2024:818, Rn. 266.

30 EuGH, Rs. C-13/83 (Europäisches Parlament/Rat), ECLI:EU:C:1985:220, Rn. 53.

31 *Terhechte* in G/H/N (2024), Art. 3 EUV Rn. 19.

32 So aber *Becker* in: Schwarze (Hg.) EU – Kommentar, 4. Aufl. 2019, Art. 3 Rn. 10.

läuft der vertraglich gewollten Bewegungsrichtung prinzipiell zuwider, sie ist vertragswidrig, sofern der Vertrag keine speziellen oder allgemeinen Ausnahmen erlaubt.[33] Eine wesentliche Ausnahme folgt aus der Verpflichtung zur Erreichung einer Mehrzahl von Zielen ohne Etablierung einer Hierarchie zwischen ihnen. Daraus erwachsen zwangsläufig Zielkonflikte, die nur durch eine Abwägung, damit möglicherweise auch durch zeitweilige Zurückstellung eines Ziels gelöst werden können[34] und die damit auch einen Rückschritt zu rechtfertigen vermögen. Die Abwägung darf allerdings nicht willkürlich erfolgen. Sie erfordert eine plausible und transparente Begründung. Bei hinreichender Begründung einer zeitweiligen Abweichung vom Zielpfad wäre daher nur ein dauerhafter Verzicht auf die Erreichung eines Ziels als vertragswidrig anzusehen. In dieser Perspektive erscheinen die eingangs (A) geschilderten Vorgänge unter den Gesichtspunkten der Ziele Klima- und Gesundheitsschutz als Rückschritt, der jedoch wegen des im konkreten Fall als vorrangig angesehenen Ziels der Gemeinsamen Agrarpolitik (Art. 39 AEUV) gerechtfertigt werden kann.[35] Sollte sich allerdings herausstellen, dass die betreffenden Maßnahmen dauerhaft die Erreichung der Ziele Umwelt- und Klimaschutz erschweren, dann wären sie als vertragswidriger Rückschritt zu qualifizieren.

bb) Die Bindung der Institutionen an die sonstigen qualitativen Vorgaben der Verträge

Das Handeln des EU-Gesetzgebers unterliegt überdies zahlreichen, von den EU-Verträgen und der Charta der Grundrechte bestimmten Verpflichtungen und Grenzen. So sind unter anderem Gesetzgebungsaufträge,[36] Querschnittsklauseln (Art. 7 – 17 AEUV) und Berücksichtigungsgebote (z.B.

33 Anderer Ansicht *Becker* in: Schwarze (Hg., EU – Kommentar, 4. Aufl. 2019, Art. 3 Rn. 10: „(Es) stellt sich die Frage, ob Zielbestimmungen ein Rückschrittsverbot immanent ist. Damit würden aber die Ziele inhaltlich aufgeladen und zu Veränderungssperren erhoben, die über die Funktion der Zielbestimmungen, Handeln zu leiten, hinausgingen."

34 EuGH, Rs. C – 29/77 (Roquette), ECLI:EU:C:1977:164, Rn. 29/31. Beispiel: Herabstufung der zum Klimaschutz geplanten Maßnahmen in der „Strategischen Agenda 2024 – 2029" des Europäischen Rates v. 27.6.2024, EUCO 15/24, Anhang S. 14. Dazu *Frenz*, „Wettbewerbsfähigkeit first – mit Klimaschutz", EWS 2024, Nr. 4, 181.

35 In ähnlichem Sinn auch Europäischer Rechnungshof, Sonderbericht 2024/20 „Pläne der Gemeinsamen Agrarpolitik", Luxemburg 2024.

36 Beispiel: Art. 91 Abs. 1 AEUV (Verkehrspolitik).

Art. 91 Abs. 2 AEUV) zu beachten. Weiterhin sind die Institutionen zur Wahrung des „Gemeinsamen Besitzstandes" verpflichtet.[37] Diese Verpflichtungen lassen sich zum Teil auch als Verbot von Rückschritten verstehen. Dies gilt insbesondere für die Verbote, die zur Schaffung und Sicherung des Binnenmarktes im Vertrag enthalten sind (Art. 30, 34, 49, 56 AEUV). Diese betreffen zwar in erster Linie die Mitgliedstaaten, gelten aber auch für das Handeln der Institutionen. Auch die Verletzung von Grundrechten und die Hinnahme von Ungleichheiten als Rückschritt gegenüber dem vom Vertrag geforderten oder bereits geschaffenen Rechtszustand zu werten sein.

Beispiele bilden das Diskriminierungsverbot in Art. 18 AEUV sowie Art. 8 und 10 AEUV, die eine Beseitigung von Ungleichheiten zum Ziel haben.[38] Die Verletzung der vertraglichen Verbote und die Hinnahme von Ungleichheiten können als Rückschritt gegenüber dem vom Vertrag geforderten oder bereits geschaffenen Rechtszustand angesehen werden. Folgerichtig werden derartige Vertragsbestimmungen in der Literatur als **Verschlechterungsverbote** bezeichnet.[39]

Als ein vertragliches Verschlechterungsverbot ist auch das in Art. 63 AEUV enthaltene Verbot einer Beschränkung des Kapital- und Zahlungsverkehrs zwischen den Mitgliedstaaten und Drittstaaten anzusehen. Allerdings gestattet Art. 64 Abs. 3 AEUV ausdrücklich den Erlass von Maßnahmen „die für die Liberalisierung des Kapitalverkehrs mit Drittländern einen Rückschritt darstellen". Rückschritte gelten insoweit nicht von vornherein als vertragswidrig. Sie erfordern jedoch die Einhaltung eines besonderen, gegenüber der ordentlichen Gesetzgebung strengeren Verfahrens (einstimmige Beschlussfassung im Rat).

Das Konzept einer möglichen „Verschlechterung" bzw. eines „Rückschritts" im Vergleich zu einer vertraglich definierten Rechtslage ist also im Recht der Union in Bezug auf das Handeln der Institutionen enthalten. Doch bildet Rückschritt eine Ausnahme, die jedenfalls dann besondere Voraussetzungen erfüllen muss, um vertragskonform zu sein, wenn sich der Rückschritt auf einen bereits vom Vertrag geschaffenen Rechtszustand,

---

37 EuGH, verb. Rs. C-80/77 und C-81/77 (Société Les Commissionnaires Réunis), ECLI:EU:C:1978:87, Rn. 36.

38 Art. 8 AEUV: „Bei allen ihren Tätigkeiten wirkt die Union darauf hin, Ungleichheiten zu beseitigen und die Gleichstellung von Männern und Frauen zu fördern". Art. 10 AEUV: „Bei der Festlegung und Durchführung ihrer Politik und ihrer Maßnahmen zielt die Union darauf ab, Diskriminierungen (…) zu bekämpfen".

39 *Rossi* in: Calliess/Ruffert, EUV/AEUV, Kommentar, 6. Aufl. 2022, Art. 8 AEUV, Rn. 5; Art. 10 AEUV, Rn. 5; *Lorenzmeier* in: Vedder/Heintschel von Heinegg, Europäisches Unionsrecht, 2. Aufl. 2018, AEUV Art. 10, Rn. 4.

z.B. die Freiheit des Kapitalverkehrs, bezieht. Als Ausnahmevorschrift ist sie nicht analogiefähig. Allenfalls kann man ihr entnehmen, dass Rückschritte dem Gesamtkonzept des Integrationsprozesses nicht völlig zuwiderlaufen, dass sie jedoch die Beachtung besonderer Verfahrensregeln erfordern.

cc) Rückschrittsverbote im abgeleiteten Recht

Die in einzelnen Rechtsakten vom Gesetzgeber eingesetzten und an die Mitgliedstaaten gerichteten Verschlechterungsverbote (s. oben C.VI) sollen die Erreichung der mit dem betreffenden Rechtsakt angestrebten Ziele sichern. Soweit ihre Verwendung nicht die allgemeinen Grenzen der jeweiligen vertraglichen Ermächtigung überschreitet, sind derartige Maßnahmen zur Verhinderung von Rückschritten zulässig.

dd) Rückschritt im EU – Verwaltungsrecht

Auch in den *Rechtsbeziehungen zwischen den EU – Institutionen* und *Einzelnen* sind Rückschritte grundsätzlich zulässig, zum Beispiel durch Widerruf und Rücknahme von Verwaltungsakten. Doch gelten dafür besondere Voraussetzungen, insbesondere der Wahrung des Schutzes der in der Grundrechtecharta garantierte Rechte. Dazu hat sich eine detaillierte Rechtsprechung entwickelt hat, auf die hier nur hingewiesen werden kann.[40]

5. Zusammenfassung

In der auf die Verwirklichung „einer immer engeren Union“ (Art. 1 EUV) angelegten Rechtsordnung sind Rückschritte nicht ausgeschlossen, bilden jedoch *Ausnahmen*, deren Zulässigkeit und Grenzen sich aus den Verträgen ergeben. Das Konzept einer möglichen „Verschlechterung“ bzw. eines „Rückschritts“ im Vergleich zu einer vertraglich definierten Rechtslage ist im Recht der Union sowohl in Bezug auf Vertragsänderungen als auch bezüglich des Handelns der Institutionen und auch in Bezug auf das Verhalten einzelner Mitgliedstaaten enthalten. Abhängig von dem jeweiligen Kontext

---

40 Z.B. EuGH Rs. C-349/17 (Eesti Pagar) ECLI:EU:C:2019:172, Rn. 97. Allgemein dazu *Epiney* in: Bieber/Epiney/Haag/Kotzur, Die Europäische Union, 16. Aufl. 2024, § 8 Rn. 11 m.w.N. S. a. Art. 52 GrCH.

erscheint es sowohl in der Form von *Ermächtigungen* zu Rückschritten als auch in der Form von entsprechenden *Verboten.*

Die *Mitgliedstaaten* sind an die in den Verträgen vereinbarten Ziele gebunden. Das gilt nicht nur für deren individuelles Handeln bei der Ausführung der Verträge, sondern auch hinsichtlich ihres gemeinsamen Handelns. Zwar sind sie für Einzelbereiche ausdrücklich zu Rückschritten ermächtigt, doch ist ihnen nach hier vertretener Ansicht verwehrt, die zur Gewährleistung der gemeinsamen Werte eingeführten Mechanismen in der Weise zu ändern, dass Rückschritte, zum Beispiel am Bestand von Grundrechten oder Rechtsstaatlichkeit auftreten.

Die *Institutionen* der Europäischen Union sind zur Verfolgung der vertraglich bezeichneten Ziele verpflichtet. Sie sind überdies an die in den Verträgen festgelegten Handlungsaufträge und Verbote gebunden. *Soweit die Verträge dazu keine detaillierten Vorgaben* enthalten, sind die Institutionen befugt, über Inhalt, Reichweite und Zeitpunkt von Maßnahmen im Rahmen ihres Ermessens zu entscheiden. Das erfordert grundsätzlich ein stetiges Bemühen um eine *Annäherung* an die Ziele und die Erfüllung der Aufträge. Der Prozesscharakter der Union und die Vielzahl der zu erreichenden Ziele bringen es allerdings mit sich, dass trotz ihrer Pfadbindung die Ziele der Verträge nicht linear und auch nicht gleichzeitig erreicht werden können. Überdies können veränderte Umstände Änderungen geltenden Rechts erfordern, die im Vergleich zur zuvor bestehenden Rechtslage als Rückschritt erscheinen. Für derartige Rückschritte sind gute Gründe denkbar, zum Beispiel, wenn sich nachträglich herausstellt, dass Maßnahmen ungeeignet sind, um ein angestrebtes Ziel zu erreichen, dass sich unerwünschte Nebeneffekte einstellen oder die Kosten unverhältnismäßig hoch sind. Auch die immer wieder neu erforderliche Abwägung mit anderen Zielen mag die Aufgabe bestimmter Regelungen – und einen damit verbundenen Rückschritt – erfordern und rechtfertigen. Dies gilt allerdings nur, soweit die Verträge keine ausdrücklichen Verbote eines Rücktritts enthalten.

Schlussbemerkung

Wie jedes Gemeinwesen unterliegt die Europäische Union fortwährenden Veränderungen ihrer inneren und äußeren Existenzbedingungen. Dieser Wandel spiegelt sich auch in ihrer Rechtsordnung wider. Er kann Umgestaltung und Aufhebung geltenden Rechts und die Einführung neuer Normen erfordern, kann sich insoweit als ein „back **from** the future“ darstellen.

Gleichzeitig bildet die Erreichung, jedenfalls die Annäherung an die vertraglichen Ziele der Schaffung einer „immer engeren Union" ein Merkmal der Identität der Union. Sie wurde errichtet, um auf der Grundlage gemeinsamer Werte zwischen den beteiligten Staaten und Völkern inhaltlich bestimmte, rechtlich geordnete Beziehungen herzustellen und um darüber hinaus bestimmte Ziele zu erreichen.

Gemessen an dieser Eigenart ihrer Identität wäre die vollständige oder auch teilweise Aufgabe des zur Erreichung der Ziele geschaffenen „Gemeinsamen Besitzstandes" und der Zielsetzungen selbst als ein systemwidriger Rückschritt zu werten.

A. VI. Verfassungsgebung und Verfassungsänderung in der Europäischen Union*

1. Einleitung – zum Begriff der „Verfassung" im europäischen Kontext

In Verbindung mit der Europäischen Union wird der Begriff „Verfassung" verwandt, um die durch die Gründungsverträge errichtete Wert und Institutionenordnung zu kennzeichnen.[1] Die verschiedenen Verträge zur Errichtung der Europäischen Gemeinschaften und zuletzt der diese Gemeinschaften überwölbende Vertrag von Maastricht über die Europäische Union begründen eine eigene *Wertordnung* (Friedenssicherung),[2] Grundrechtsschutz,[3] Nichtdiskriminierung,[4] Sicherung der Umwelt u.a.,[5] bestimmen Institutionen und Verfahren für die Erzeugung, Anwendung und Gewährleistung von Rechtsnormen, und sie stehen an der Spitze der unionsspezifischen Rechtsordnung. Dass diese Texte aus völkerrechtlichen Verträgen hervorgegangen sind, beeinträchtigt die materielle und formelle Verfassungsqualität der Unionsverträge nicht.[6] Auch die Legitimation dieser Texte kann sich durchaus mit staatlichen Verfassungen messen. Immerhin erfordert jede Änderung oder Ergänzung der EU-Verträge und jede Erweiterung die Zustimmung aller betroffenen Staaten. Dabei gebietet das staatliche Verfassungsrecht vielfach Referenden oder besondere parlamentarische Mehrheiten. Deshalb erscheint es künstlich, die Unionsverfassung wegen ihrer vertraglichen Grundlage von einer „echten" Verfassung zu unterscheiden,

* Zuerst veröffentlicht in: Bieber/Widmer (Hg.), L'espace constitutionnel européen//Der europäische Verfassungsraum, Zürich 1995, 313 – 327.

1 So insbesondere EuGH Rs. C-294/83 (Les Verts/EP), ECLI:EU:1986:166. Weitere Nachweise bei *Zuleeg*, Die Verfassung der Europäischen Gemeinschaft in der Rechtsprechung des Europäischen Gerichtshofs, BB 1994, 581 -587 und bei Schwarze/Bieber (Hg.), Eine Verfassung für Europa, Baden-Baden, 1984.

2 Am deutlichsten in der Präambel des EGKSV, doch auch in den Präambeln von EGV (Abs. 8) und EUV (Abs.9) betont.

3 Art. F, Abs. II EUV.

4 Art. 6 EGV.

5 Art. 2; 3, lit. K; 130 R, EGV.

6 Strittig, A.A. z.B. *Bleckmann*, Europarecht, 5. Aufl. Köln 1990, 122 ff.

wobei letztere dadurch gekennzeichnet sein soll, dass sie von (einem) Parlament beschlossen wurde[7] oder dass sie auf „das Staatsvolk" zurückgeht.[8]

Andererseits darf ein auf die Europäische Union bezogener Text nicht allein deswegen als „Verfassung" bezeichnet werden, weil er in einem der Gründungsverträge enthalten ist und nach dem genannten Verfahren beschlossen wurde. In der Diskussion um die Frage, ob die verschiedenen Verträge, die in ihrer Gesamtheit die Union bilden, gleichzeitig als Verfassung angesehen werden dürfen, unterbleibt vielfach diese Unterscheidung, obwohl sie für die Zukunft der Unionsverfassung von zentraler Bedeutung sein wird. Tatsächlich wäre es ein leerer Formalismus, die *Gesamtheit* der auf mehr als fünfzehn Gründungs-, Änderungs-, Ergänzungs- und Beitrittsverträge verteilten Normen nur deswegen als „die" Verfassung der Union zu bezeichnen, weil sie an der Spitze der Normenhierarchie der Union steht und nur erschwert geändert werden kann. Abgesehen vom Umfang dieses „Primärrechts"[9] beschränken sich die Verträge nicht auf die Regelung der wesentlichen Werte, Organisationsvorschriften und Grundrechte. Sie enthalten darüber hinaus ins Einzelne gehende Vorschriften von nur sektorieller Bedeutung, die materiell zum Verwaltungs-, Geschäftsordnungs- und Wirtschaftsrecht gehören. Diese Beobachtung trifft zwar auch für einzelne staatliche Verfassungen zu,[10] doch schafft die Menge der materiell nicht zur Verfassung gehörenden Regeln eine eigene, den Verfassungscharakter der EU-Verträge relativierende Problematik. Sie kann als die bisher nur unzureichend verwirklichte hierarchische Differenzierung der EU-Rechtsordnung bezeichnet werden. Europäische Verfassungsgebung als bedeutsamer Teil der Hierarchisierung würde die Leistungsfähigkeit des Rechtssystem erheblich steigern. Das Ziel der Differenzierung erklärt auch die Gleichzeitigkeit der Anerkennung der prinzipiellen Verfassungsqualität der

---

7 So aber *Bleckmann*, s.o. Anm 6, 1.

8 So *Grimm*, Braucht Europa eine Verfassung?, München 19995 11, ff., 31 Grimm's Kritik der hier vertretenen Position („reduzierter Verfassungsbegriff') trifft zu. Jedoch verstellt die Alternative, eine schematische Übertragung (umstrittener) Kategorien *deutscher* Staatslehre, den Blick auf ein so neu und andersartiges Phänomen wie die Europäische Integration. Vgl. dazu *Weiler*, The State „über alles" in FS Everling, Baden-Baden 1995, Bd. II, 1651 – 1688. Dass der Verfassungsbegriff durchaus vom „Staat" ablösbar ist, hat im übrigen bereits Alf Ross nachgewiesen: *Alf Ross*, Theorie der Rechtsquellen, Leipzig/Wien 1929, 359 ff. (angewandt in *ders.*: Constitution (sic) of the United Nations, Kopenhagen 1950, 30–40.

9 Diese Texte umfassen mehr als 1000 Einzelvorschriften.

10 Beispiele: Die Verfassungen Portugals (1976) und der Schweiz (1874).

Verträge und der Forderung nach der Verabschiedung *einer* Europäischen Verfassung.[11]

Andererseits erfährt auch und gerade auf europäischer Ebene der geschriebene und formell herausgehobene Teil der Verfassung wesentliche *Ergänzungen* und *Konkretisierungen* durch allgemeine Rechtsgrundsätze, ungeschriebene Verfassungsprinzipien, das *Europaverfassungsrecht* der Mitgliedstaaten[12] sowie *inter-Organvereinbarungen*[13] und die *Rechtsprechung des EuGH.*

Angesichts der Vielfalt der die Europäische Verfassung konstituierenden Elemente dürfen Verfassungsgebung und Verfassungsänderung nicht als isolierte und isolierbare Vorgänge verstanden werden. Es handelt sich dabei lediglich um Verdichtungen und Formalisierungen innerhalb eines breiten Stromes der *Verfassungsentwicklung* wie er auch aus dem staatlichen Verfassungsrecht vertraut ist.[14]

2. Verfassungsgebung/ Verfassungsänderung/ Kodifizierung

Solange die Unionsverfassung in einem Sammelsurium von Verträgen mit solch buntscheckigem Gehalt „versteckt" ist, wird ihre Wahrnehmung als Verfassung erheblich erschwert. Niemand kann die Unionsverfassung - wie etwa das deutsche Grundgesetz, oder die Verfassung der USA - in seiner Brieftasche herumtragen. Kaum jemand kann ihre Eigenständigkeit erfassen. Ähnliche Komplexität kann zwar auch eine staatliche Verfassungsordnung aufweisen (z.B. die Gesamtheit der Verfassungsnormen Österreichs),[15] doch besteht dort regelmäßig - im Gegensatz zur Union - ein zentraler Text (z.B. in Österreich das Bundesverfassungsgesetz von 1920).

Europäische Verfassungsgebung fände daher eine erste Rechtfertigung darin, den Kern des geltenden Unionsrechts herauszuschälen und um einige bisher ungeschriebene Prinzipien zu ergänzen. Schon diese „Kodifizierung" und Verselbständigung der Verfassung gegenüber dem übrigen

---

11 Das verkennt *Grimm*, Braucht Europa eine Verfassung?, München 1995, 11,15.

12 Siehe dazu den nachfolgenden Beitrag von *Häberle.*

13 Dazu *Bieber*, Das Verfahrensrecht von Verfassungsorganen, Baden-Baden 1992, 187 ff., 286 ff.

14 Vgl. *Bryde*, Verfassungsentwicklung, Baden-Baden 1982 und *Schulze - Fielitz*, Der informale Verfassungsstaat, 1984.

15 Näher dazu *Petersmann*, La révision constitutionnelle en Autriche et en Allemagne fédérale, in : Association Française des Constitutionnalistes (éd.), La révision de la Constitution, Paris, 1993, 7–65.

Vertragsrecht verstärkte ganz erheblich die Transparenz und die einer Verfassung eigene symbolische und integrierende Wirkung. Auch wenn die Verfassungsgebung im Ergebnis nur aus einer „Bereinigung“ und „Neuordnung“ des geltenden Rechts bestünde, bildete ein so gewonnener Text schon eine weitere Entwicklungsstufe der Union.[16] Das bei einer derartigen Kodifikation einzuhaltende Verfahren entspricht dem nachfolgend diskutierten Verfahren zur *inhaltlichen* Änderung. Hier wird schon deutlich, dass in der Europäischen Union Verfassungstexte aus geltendem Recht abgeleitet werden. Dies gilt noch mehr für die in der politischen Praxis bisher vorrangigen klassischen Methoden zur Gestaltung der normativen Grundlagen der Organisation durch partielle *Abänderung, Ergänzung* oder *Aufhebung*. Eine Verfassungsneugebung wurde zwar wiederholt vom Europäischen Parlament vorgeschlagen,[17] doch verstanden sich beide Texte ausdrücklich als Fortführung der geltenden Verträge.[18] Bisherige *Vertragsänderungen* beruhten stets auf den ausdrücklich dafür vorgesehenen Klauseln.[19] Auch die für 1996 vorgesehenen Konferenz zur Revision der EU-Verträge ist als *Änderung* des geltenden Rechts konzipiert. Allerdings zeigt die Fülle der bereits zu Protokoll gegebenen Vorschläge für die Tagesordnung dieser Konferenz, dass die Grenzen zwischen *Verfassungsneugebung* und *Verfassungsänderung* im Rahmen der Union in formeller und materieller Hinsicht wenig ausgeprägt sind.

3. Besonderheiten europäischer Verfassungsgebung und -änderung

Die Europäische Integration kann nur als *Aufgabe,* nicht als *Zustand* verstanden werden. Der in der Präambel des Unionsvertrages verwandte Begriff „immer engere Union“ (der EWGV sprach von einem „immer engeren

---

16 Die Eigenart der Verfassungsgebung und -entwicklung in der Union als Prozess verkennt *Grimm*, a.a.O., 48 f.

17 Vgl. EP Entschließung v. 10. Februar 1994, ABI. C 61/1994, 155, dazu Bericht des Institutionellen Ausschusses, Dok. A 3-0031/94, Berichterstatter *Fernand Herman* und Entwurf v. 14. Februar 1984 („Entwurf Spinelli“), ABI. C 77/1984, 33. Dazu ausführlich *Capotorti/Hilf* u.a., Der Vertrag zur Gründung der Europäischen Union, Baden-Baden 1986; Schwarze/Bieber (Hg.), Eine Verfassung für Europa, Baden-Baden 1984; Bieber/Jacqué/Weiler (Hg.), An ever closer Union, Brüssel/Luxemburg, 1985.

18 Art. 7 des Entwurfs v. 1984; Art. 8, Abs. 3 des Entwurfs von 1994.

19 Art. N, 0, Abs. II, VEU (früher Art. 236, 237 EGV).

Zusammenschluss")[20] spiegelt etwas Fundamentales wieder. Das Er reichen des Ziels ist nicht eine Frage der Geschwindigkeit des Zuges, den man benutzt, um dann schließlich in einen Sackbahnhof einzufahren, sondern in der Bewegung selbst liegt das Ziel. Es besteht in dem Bemühen um Einigung. Dieses Bemühen kann nie enden, wenn man ernsthaft vom Fortbestand kleinerer Einheiten - der Staaten - ausgeht. Es wäre verfehlt, mit der Union die Vorstellung eines früher oder später erreichbaren „Idealzustandes" zu verbinden und diesen Zustand anhand traditioneller Kriterien eines Staates zu definieren. Die Besonderheit der Gemeinschaftsbildung besteht in der dauernden Auseinandersetzung um den zu einem bestimmten Zeitpunkt, in einer bestimmten Situation möglichen Kompromiss – und dies immer unter Beachtung der in den anderen Staaten von anderen Völkern möglicherweise anders gesehenen Prioritäten. Entsprechend begründen die Unionsverträge weder territorial noch inhaltlich eine in sich abgeschlossene Rechtsordnung, die etwa nur gelegentlich an veränderte Bedürfnisse oder Umstände angepasst werden müsste. Sie sind vielmehr auf Entwicklung hin konzipiert.[21] Alles in den Verträgen ist auf Annäherung an Ziele durch ständige Anpassung an die konkreten Erfordernisse und Möglichkeiten angelegt. Darin liegt ein eigenständiges Qualitätsmerkmal der Union, das sie von Staaten unterscheidet.[22]

Die vertraglich gebotene Entwicklung ihrer selbst durch Vertragsänderung und Vertragsverwirklichung bildet eine Sonderform der auch im staatlichen Verfassungsrecht erforderlichen *Konkretisierung* durch die Verfassungsorgane.[23] Als institutionelle Besonderheit kommt in der EU die Beteiligung der Mitgliedstaaten an Konkretisierung und Änderung hinzu.

Die Eigenart einer Verfassung der Union zeigt sich darin, dass die Offenheit gewährleistet wird, ohne dass dabei die Stabilität der Organisation leidet und ohne dass die grundlegenden Werte verlorengehen. In dieser Verlagerung in die Zukunft liegt eine enorme Antriebskraft. Sie zeugt von stärkerer Anpassungsfähigkeit an veränderte Weltbedingungen, als dies

---

20 EGV, Präambel, Abs. I. Dazu Bieber/Jacqué/Weiler (oben, Anm. 17), Einleitung, 7 ff.; *Zuleeg*, Anmerkung zur Präambel in: Groeben/Thiesing/Ehlermann, Kommentar zum EWG Vertrag, 4. Aufl. Baden-Baden, 1991.

21 Vgl. Art. N und O sowie Präambel des VEU. Siehe auch Art. 138, Abs. III EGV.

22 Dazu näher *Bieber*, Verfassungsentwicklung und Verfassungsgebung in der Europäischen Gemeinschaft, in: Wildenmann (Hg.), Staatswerdung Europas, Baden-Baden 1991, 393–414; *Schuppert*, Zur Staatswerdung Europas, Staatswissenschaft und Staatspraxis, Nr. 1/1994, 35- 76.

23 Vgl. *Hesse*, Grundzüge des Verfassungsrechts der Bundesrepublik Deutschland, 19. Aufl. 1994.

staatliche Verfassungen auch von der formalen Seite her zu leisten im Stande sind.

Die Prozessqualität der Unionsverfassung lässt ein erleichtertes Änderungsverfahren erwarten. Doch trifft man insoweit auf ein *Paradox* der Verträge: Soweit vorgezeichnete Vertragsziele durch Vertragsänderungen zu erreichen sind (z.B. Schaffung neuer Bürgerrechte;[24] einheitliches Wahlverfahren zum EP),[25] sieht der Vertrag Verfahren vor, die komplizierter sind als die Verfahren, die die Staaten bei der Vereinbarung neuer völkerrechtlicher Verträge untereinander beachten müssten. Nur ganz ausnahmsweise[26] bestehen Änderungsmöglichkeiten ohne innerstaatlich abgesicherte Zustimmungserfordernisse. Lediglich die *besonderen* Verfahren zur *Einleitung* von Vertragsänderungen deuten auf eine gesteigerte Flexibilität.[27]

4. *Verfahrensprobleme*

a) Verfassungsgebung

Bisher enthalten die EU-Verträge keine getrennten Regeln über Verfas*sungsgebung* einerseits und *Verfassungsänderung* andererseits. Auch Verfassungsgebung wird bisher in den Formen und nach dem Verfahren der Verfassungsänderung durchgeführt.

Art. N und O des Vertrages über die Europäische Union lauten:

> „Art. N (1) Die Regierung jedes Mitgliedstaats oder die Kommission kann dem Rat Entwürfe zur Änderung der Verträge, auf denen die Union beruht, vorlegen.
> Gibt der Rat nach Anhörung des Europäischen Parlaments und gegebenenfalls der Kommission eine Stellungnahme zugunsten des Zusammentritts einer Konferenz von Vertretern der Regierungen der Mitgliedstaaten ab, so wird diese vom Präsidenten des Rates einberufen, um die an den genannten Verträgen vorzunehmenden Änderungen zu vereinbaren. Bei institutionellen Änderungen im Währungsbereich wird auch die Europäische Zentralbank gehört.

24 Art. 8 e EGV.
25 Art. 138, Abs. II EGV.
26 Vgl. allerdings z.B. Art. 109 j EGV (Eintritt in die dritte Stufe der WuW); Art. 165 und 188 EGV (Änderungen einzelner Bestimmungen über den EuGH durch den Rat).
27 Z.B. Antrag auf Mitgliedschaft durch einen Drittstaat (Art. 0, VEU), Vorschlagsrecht der Kommission (Art. N).

Die Änderungen treten in Kraft, nachdem sie von allen Mitgliedstaaten gemäss ihren verfassungsrechtlichen Vorschriften ratifiziert worden sind.
(2) Im Jahr 1996 wird eine Konferenz der Vertreter der Regierungen der Mitgliedstaaten einberufen, um die Bestimmungen dieses Vertrags, für die eine Revision vorgesehen ist, in Übereinstimmung mit den Zielen der Artikel A und B zu prüfen."
Art. O „Jeder europäische Staat kann beantragen, Mitglied der Union zu werden. Er richtet seinen Antrag an den Rat; dieser beschliesst einstimmig nach Anhörung der Kommission und nach Zustimmung des Europäischen Parlaments, das mit der absoluten Mehrheit seiner Mitglieder beschliesst.
Die Aufnahmebedingungen und die durch eine Aufnahme erforderlich werdenden Anpassungen der Verträge auf denen die Union beruht, werden durch ein Abkommen zwischen den Mitgliedstaaten und dem antragstellenden Staat geregelt. Das Abkommen bedarf der Ratifikation durch alle Vertragsstaaten gemäss ihren verfassungsrechtlichen Vorschriften".

Die in beiden Artikeln bezeichneten Verfahren führen zu Problemen, die aus dem Umstand resultieren, dass sie für völkerrechtliche Verträge konzipiert wurden:

- Die besondere Qualität der Verfassungsgebung als Beschlussfassung über die Grundordnung eines Gemeinwesens wird durch das Verfahren bisher verdeckt.
- Für alle Stufen der Verfassungsgebung (Initiative, Ausarbeitung etc.) liegt das eindeutige Schwergewicht bei der Exekutive. Die Beteiligung des Europäischen Parlaments ist marginal. Auch die staatlichen Parlamente verfügen nur über ein Zustimmungsrecht.
- Jede Vertragsänderung bedarf der Zustimmung aller Mitgliedstaaten der EU, unabhängig von ihrer Einwohnerzahl. Es gilt also das Einstimmigkeitsprinzip auf der Ebene der Regierungen. Damit wird Minderheiten das Recht zugestanden, über die Verfassungsgebung und -änderung zu entscheiden.

Gegen diese Konstruktion bestehen aus Gründen der Demokratietheorie und aus Gründen der Funktionsfähigkeit der Organisation Bedenken.

Erstere leiten sich aus dem Umstand her, dass die unmittelbare Mitwirkungsmöglichkeit der Betroffenen zu gering ausfällt und dass Mehrheiten an Entscheidungen selbst dann gehindert werden können, wenn sie objektiv die Rechte von Minderheiten beachten.

Letztere zeigen sich dann, wenn die Organisation durch Selbstblockade an notwendigen Anpassungen gehindert wird und sie sich dadurch selbst zerstört.

Außerdem führen die mehrfachen Erweiterungen zu dem Paradox, dass die *Annahme* der Gründungsverträge durch die 6 ursprünglichen Mitgliedstaaten geringere Anforderungen stellte als jede gegenwärtig vorgeschlagene Änderung. Denn diese Änderungen bedürfen der Zustimmung von inzwischen 15 Staaten.

Auf die Dauer scheint es erforderlich, den Widerspruch zwischen anspruchsvollen Zielen und konventionellen Verfahren aufzulösen. Das könnte durch eine *Differenzierung* der verschiedenen Verfahren des förmlichen Verfassungswandels geschehen, wobei den Erfordernissen von Legitimation und Effizienz jeweils gesondert Rechnung zu tragen wäre. Insbesondere erscheint es nötig, bei der zukünftigen Europäischen Verfassungsgebung von dem in Art N vorgesehenen Verfahren ab zugehen, um die Unmittelbarkeit der Legitimation zu verstärken.

Neue Verfahren der Verfassungsgebung hatte das Europäische Parlament in seinen Verfassungsentwürfen von 1984 und 1994 entwickelt.[28]

1984 schlug es dazu vor:

> „Art. 82 – Inkrafttreten: Dieser Vertrag steht allen Mitgliedstaaten der Europäischen Gemeinschaften zur Ratifizierung offen.
> Sobald dieser Vertrag von einer Mehrheit der Mitgliedstaaten der Europäischen Gemeinschaften, deren Bevölkerung zwei Drittel der Gesamtbevölkerung der Gemeinschaften ausmacht, ratifiziert ist, treten die Regierungen der Mitgliedstaaten, die ihn ratifiziert haben, unverzüglich zusammen, um einvernehmlich die Verfahren für die Inkraftsetzung dieses Vertrages und das Datum seines Inkrafttretens sowie über die Beziehungen zu den Mitgliedstaaten, die ihn noch nicht ratifiziert haben, zu beschliessen".

Wie man sieht, bleibt dabei das Problem des Verfahrens zur Inkraftsetzung und der Beziehungen zu ablehnenden Staaten offen. Darin aber besteht die eigentliche Schwierigkeit des Übergangs vom Einstimmigkeits zum Mehrheitsprinzip.[29]

In seinem Vorschlag von 1994 hat das Europäische Parlament versucht, diese Problematik zu lösen. Art. 47 des neuen Entwurfs sieht vor:

---

28 S. oben, Anm. 17.

29 Vgl. hierzu insbesondere *Weiler/Modrall*, in Bieber/Jacqué/Weiler (Hg.), An ever closer Union, Brussels 1985, 161–175.

> „Die Verfassung ist angenommen und tritt in Kraft, wenn sie von der Mehrheit der Mitgliedstaaten, die vier Fünfteln der Bevölkerung entspricht, ratifiziert worden ist. Die Mitgliedstaaten, die die Ratifizierungsurkunden nicht innerhalb der festgesetzten Fristen hinterlegen konnten, haben sich zwischen dem Austritt aus der Union und dem weiteren Verbleib in der so umgestalteten Union zu entscheiden.
> Entscheidet sich einer dieser Staaten für den Austritt aus der Union, so werden besondere Abkommen geschlossen, um ihm einen vorrangigen Status in seinen Beziehungen zur Union einzuräumen".

Bei Einverständnis aller Staaten würde ein neues Verfahren der Verfassungsgebung praktisch auf eine partielle oder vollständige Änderung der derzeit gültigen Verträge hinauslaufen. Sofern auch die gemäß Art. N VEU beteiligten EU-Organe diesem Vorgehen zustimmen, ließe sich dieses Verfahren rechtfertigen.[30]

Eine Abweichung von dem in Art. N, VEU vorgesehenen Verfahren kann allerdings dann zu erheblichen Problemen führen, wenn nicht alle bisher an der Verfassungsgebung in der EU Beteiligten, in erster Linie also die Regierungen aller Mitgliedstaaten, mit diesem Vorgehen einverstanden sind. In diesem Fall lässt sich das Verhältnis zwischen der bisher bestehenden Verfassung zu der zukünftigen Verfassung nicht ohne weiteres als Ersetzung begreifen.

Andererseits gehen aber sämtliche Konzepte für eine zukünftige Europäische Verfassung von einer Kontinuität zwischen EU und der zu künftigen Organisation aus. Es lässt sich nicht ausschließen, dass versucht werden wird, dieses Dilemma mit Hilfe einer extrem komplexen Struktur (partielle Organleihe) zu lösen. Der Symbolwirkung einer einfachen Verfassung wäre dies nicht förderlich. Es wäre artifiziell, zwei parallele Organisationen nebeneinander bestehen zu lassen, von denen eine die bisherige Organisation fortsetzt und die andere auf der neuen Verfassung beruht (und nur die Staaten erfasst, die zugestimmt haben).

Eine Lösung aus diesem Dilemma könnte darin bestehen, dass eine Mehrheit der Staaten, die auch eine Mehrheit der Völker repräsentiert, untereinander eine Verfassung in Kraft setzt, die Minderheit diese Lösung akzeptiert und mit ihr Sonderbeziehungen ausgehandelt werden, die eine Aufrechterhaltung der ursprünglichen EU-Verträge überflüssig machen. Ohne die Zustimmung der Minderheit ist der Weg der Beschlussfassung durch eine Mehrheit nicht gangbar, weil Vereinbarungen der einzeln han-

30 Vgl. Art. 59 der Wiener Vertragsrechtskonvention.

delnden Mitgliedstaaten über Gegenstände aus dem Bereich der Gemeinschaft nicht in deren Zuständigkeitsbereich liegen.

Will man diese Probleme vermeiden und gleichzeitig eine Mehrheitsentscheidung über die zukünftige Verfassung ermöglichen, so führt das geeignete Verfahren über eine *vorab beschlossene* Änderung des Art. N, VEU zum Zwecke der Einführung besonderer verfassungsgebender Institutionen. So erscheint es denkbar, die Aufgabe der formellen Verfassungsgebung einem besonderen, nur zu diesem Zweck (bzw. zur späteren Änderung) zusammentretenden Organ zu übertragen. Das Organ könnte auf Initiative der Mehrheit der Regierungen oder Parlamente der Mitgliedstaaten oder auf Initiative des Europäischen Parlaments zusammentreten.

Dieser „Europäische Kongress" könnte je zu Hälfte aus Mitgliedern des Europäischen Parlaments und der staatlichen Parlamente zusammengesetzt sein. Einen Präzedenzfall für diese Form der Verfassungsgebung bildete Art. 38 des Vertrages über die Europäische Verteidigungsgemeinschaft (1952).

Das Modell eines vorab zu beschließenden Sonderverfahrens für die Annahme der Europäischen Verfassung würde im Übrigen ermöglichen, die betroffenen Völker unmittelbarer an der Beschlussfassung zu beteiligen, z.B. durch eine Verbindung der Zustimmung zu dem Verfassungstext mit einer Wahl zum Europäischen Parlament.

b) Verfassungsänderung

Das in den zur Zeit geltenden Verträgen vorgesehene Verfahren zur Vertragsänderung sieht eine obligatorische Beteiligung von Rat, Parlament und Kommission der EU vor. Es unterscheidet sich insoweit von dem Verfahren, nach dem die drei ersten Gründungsverträge abgeschlossen wurden.[31] Doch auch spätere Verträge mit eigenständigem normativen Gehalt wurden als *Änderungen* nach dem dafür in den Grundverträgen vorgesehenen Verfahren konzipiert.[32]

Trotz der Beteiligung der Institutionen der Union unterscheidet sich das allgemeine Änderungsverfahren nicht grundlegend von dem Verfahren der Verfassungsgebung durch völkerrechtlichen Vertrag.

31 Für EGKSV, EAG und EWGV wurde das traditionelle Verfahren zum Abschluss multilateraler völkerrechtlicher Verträge eingehalten.

32 Vgl. Fusionsvertrag v. 8. April 1965; Einheitliche Europäische Akte v. 28. Februar 1986; Vertrag über die Europäische Union v. 7. Februar 1992.

Anderes gilt lediglich für einzelne, im Vertrag ausdrücklich vorgesehene vereinfachte Änderungsverfahren.[33] Zwischen den nur punktuell einsetzbaren formell erleichterten Änderungsmöglichkeiten und dem schwerfälligen Verfahren allgemeiner Vertragsänderung des Art. N VEU (Art. 236 EGV) öffnete sich im Laufe der Entwicklung der Gemeinschaften eine immer größere Lücke, die zunächst zu einer besonders ausgeprägten „Verfassungsentwicklung" durch die Institutionen der Gemeinschaften führte.[34] Die Grenze zwischen *Vertragsausfüllung*, Vertrags*ergänzung* und *Vertragsänderung* wurde dabei immer undeutlicher. Als Kulminationspunkt dieser Praxis lässt sich die „Feierliche Erklärung" über die Europäische Union vom 20. Juni 1983 begreifen.[35] Seit Mitte des letzten Jahrzehnts wuchsen jedoch die Notwendigkeiten, die Änderungen der Unionsverfassung formellen Regeln zu unterwerfen. Ergebnisse dieser neuen Tendenz sind die seither geschlossenen Beitrittsverträge sowie die Einheitliche Europäische Akte und der Vertrag über die Europäische Union. Die qualitativen und quantitativen Grenzen formeller Vertragsänderungen nach den Verfahren der Art. N und 0, VEU zeigen sich allerdings immer deutlicher: Der Unionsvertrag weist erhebliche qualitative Mängel auf, viele Regelungen wurden nur versuchsweise eingeführt, andere korrekturbedürftige Bestimmungen wurden aus Zeitmangel nicht bearbeitet. So erklärt sich die ungewöhnliche Vorschrift des Art. N, II, VEU, worin eine weitere Änderungskonferenz für das Jahr 1996 bereits fest beschlossen wurde. Die Vorbereitung lässt Änderungsvorschläge für die gesamte Breite der Unionsverträge erwarten. Die Union gerät damit immer schneller in die Situation eines *permanenten Verfassungswandels*. Auch insoweit gleicht sie sich den Entwicklungen des staatlichen Verfassungsrechts an.

Jedoch erweist sich das als völkerrechtlicher Vertrag mit gemeinschaftsrechtlicher Anreicherung konzipierte Änderungsverfahren immer mehr als Fessel, ohne dass diese beschränkende Wirkung durch eine Steigerung der Legitimation und der Qualität der Verfassungsgebung kompensiert würde. Denn die für eine Regierungskonferenz gebräuchliche Methode des *„package deals"* ist denkbar ungeeignet für die Lösung von Verfassungsfragen.

---

33 Siehe oben, Anm. 26.

34 Dazu näher *Bieber*, Verfassungsentwicklung in der Europäischen Gemeinschaft, Formen und Verfahren, in: Schwarze/Bieber (Hg.) Eine Verfassung für Europa (s.o. Anm. 17), 49–89; grundlegend: *Weiler, Il sistema comunitario europeo*. Bologna 1985.

35 Sog. „Stuttgart Erklärung", Bull. EG Nr. 6/1983, abgedruckt bei Schwarze/Bieber (s.o. Anm.17), 380–391.

Der Rückweg zur Verfassungsanpassung durch den Europäischen Gerichtshof dürfte ebenso unmöglich sein wie die intensivere Nutzung informeller Vereinbarungen zwischen den Institutionen.

Die einzige Lösung aus dem Dilemma besteht in der Einführung *vereinfachter Änderungsverfahren* der Verträge. Hinweise für entsprechende Absichten lassen sich aus der Erklärung Nr. 16 zum Unionsvertrag über die „Rangordnung der Rechtsakte der Gemeinschaft" entnehmen.[36]

Konsequent hat das Europäische Parlament in seinen Verfassungsentwürfen von 1984 und 1994 besondere Regelungen über die Vertrags*änderung* vorgeschlagen, die sich grundlegend von der Verfassungsgebung unterscheiden.[37] Insbesondere der Entwurf von 1994 sieht für Änderungen keinerlei gesonderte Mitwirkung der Staaten vor. Art. 31 des Entwurfs lautet insoweit:

> „Die Organe der Union erlassen gemäss der Verfassung: die Verfassungsgesetze, die die Verfassung ändern oder ergänzen; das Europäische Parlament stimmt mit der Mehrheit von zwei Dritteln seiner Mitglieder und der Rat mit qualifizierter Mehrheit ab (während einer Übergangszeit von fünf Jahren einstimmig)".

Der Entwurf von 1984 (Art. 84 in Verbindung mit Art. 38) empfahl ein ausgefeilteres Verfahren und sah noch die Ratifizierung der Änderung durch sämtliche Mitgliedstaaten vor.

Noch ist nicht gewiss, ob bereits bei der nächsten Vertragsreform eine generelle Bestimmung zur Vereinfachung des Änderungsverfahrens beschlossen werden kann. Möglicherweise wird der Anwendungsbereich einer derartigen Regelung zunächst beschränkt.

Auf den ersten Blick erscheint es vielleicht paradox, doch vermag eine derartige Verfahrensvereinfachung die Legitimität des Handelns der Union erhöhen. Denn sie verhindert, dass einzelne Staaten ihr insoweit bisher bestehendes Vetorecht missbrauchen, oder sich objektiv ungerechtfertigte Vorteile einräumen lassen.[38]

---

36 Hierzu näher *Bieber/Kahil*, Organic Law in the European Union, in: Winter (Hg.), Reforming the Categories and Hierarchy of EC Legal Acts, Baden – Baden 1996, 423 – 453.

37 Siehe oben, IV. 1.

38 Beispiel: Sonderregelungen zugunsten des Vereinigten Königreichs in dem einstimmig zu verabschiedenden Beschluss über die eigenen Mittel der Gemeinschaften, ABl. EG Nr. L 293/1994, 9.

c) Zur Rolle der staatlichen Parlamente

Das bisher geübte Verfahren der Beratung neuer Verträge und der Änderung bestehender Verträge in einer Konferenz aus Regierungsvertretern und die anschließende Billigung in den Mitgliedstaaten, weist eine entscheidende Schwäche auf. Es lässt die *europäische Phase,* und damit die Besonderheit der Verfassungsgebung, im Dunkeln. Verfassungsgebung erfordert Legitimation durch Diskurs über unterschiedliche Konzepte. Das kann weder im Rahmen einer mehr oder weniger im Verborgenen tagenden Konferenz aus Regierungsvertretern, noch auf der Ebene der staatlichen Parlamente gelingen. Der ersten Variante fehlt die Legitimation (Verfassungsgebung unterscheidet sich prinzipiell von den Arbeiten der internationalen Seerechtskonferenz). In der zweiten Variante wird die Leistungsgrenze der staatlichen Parlamente überschritten. Die entscheidende Fähigkeit demokratischer Institutionen auf europäischer Ebene – den öffentlichen Dialog, die Verhandlung, den Kompromiss – können staatliche Institutionen nicht erbringen. Die Parlamente der verschiedenen EU-Staaten führen miteinander kein Gespräch über die Gestaltung europäischen Rechts. Aus institutionellen und technischen Gründen sind sie dazu auch nicht in der Lage. Sie vermögen dies noch weniger, als deutsche Landtage oder Schweizer Kantonsparlamente untereinander den Inhalt des Bundesrechts aushandeln und legitimieren können.

Angesichts der Tragweite der anstehenden Reformen für den Bestand staatlicher Institutionen kann man auf absehbare Zeit jedoch nicht ernsthaft eine europäische Verfassungsgebung anstreben, die losgelöst von der Mehrheit der staatlichen Parlamente verliefe. Daher erfordert europäische Verfassungsgebung ein Mitentscheidungsrecht staatlicher Parlamente und des Europäischen Parlaments. Wegen der Notwendigkeit gemeinsamer Willensbildung darf dieses Zusammenwirken aber nicht in fragmentierter Form erfolgen. Das heißt, die staatlichen Parlamente müssen gemeinsam in den Akt der Verfassungsgebung eingebunden werden.[39] Eine nur im Rahmen von Staaten organisierte Mitwirkung reicht nicht aus.

39 Vgl. hierzu Erklärung Nr. 14 im Anhang zum EUV. Danach sollen das Europäische Parlament und die einzelstaatlichen Parlamente *erforderlichenfalls als Konferenz der Parlamente* zusammentreten. (Hervorhebung vom Verfasser).

5. Bedingungen europäischer Verfassungsgebung

Staatsübergreifende Verfassungsgebung bezeichnet kein prinzipiell neuartiges Phänomen, doch ist der Prozess der Verfassungsbildung regelmäßig einer Vielzahl von außer-juristischen Einwänden ausgesetzt, die behaupten, das Vorhaben sei unmöglich oder gefährde die Existenz der zuvor bestehenden Staaten.[40] Mit der Konkretisierung der Verfassungsqualität der Unionsverträge manifestieren sich ähnliche Einwände, die im Wesentlichen auf die Behauptung hinauslaufen, die Voraussetzungen für Annahme und Bestand einer europäischen Verfassung seien nicht erfüllt.

Nach Meinung einzelner Stimmen in der Bundesrepublik Deutschland setzt Verfassungsgebung unter anderem eine „europäische Öffentlichkeit", eine gemeinsame Sprache und vollständige Wahlrechtsgleichheit voraus.[41] Im Hinblick auf die Bedeutung gemeinsamer Sprache beruht der Einwand auf einem idealistischen und in der Konsequenz irrigen Demokratiemodell. Dies belegen die zahlreichen mehrsprachig organisierten Demokratien wie z.B. Belgien, Finnland, Kanada, Schweiz. Zum anderen gibt es sehr wohl eine grenzüberschreitende öffentliche Meinung zum europäischen Einigungsprozess. Es genügt, sich einmal die Mühe einer Analyse der europaweiten Meinungsumfragen zu unterziehen, oder sich mit der Arbeit von Verbänden wie Amnesty International, Greenpeace, aber auch mit Sport, Fernsehserien etc. zu befassen.

Dabei zeigt sich, dass europaweite Meinungsübereinstimmungen und -unterschiede zu europäisch relevanten Themen in großer Zahl existieren. Die Grenzlinien für Differenzen dieser europäischen Meinungen verlaufen keineswegs entlang von Sprach- oder Staatsgrenzen. Dagegen markieren Ausbildung, soziale Stellung, Alter oder Geschlecht die jeweiligen Meinungskategorien. Man kann durchaus schon jetzt von einer europaweiten öffentlichen Meinung sprechen.[42]

Die Bedeutung einer gemeinsamen Sprache, einer informierten Öffentlichkeit und politischer Parteien für die Bildung und Artikulation eines gemeinsamen Willens ist nicht zu bestreiten. Doch dass es sich um Bedin-

---

40 Besonders instruktiv hierzu die „Federalist Papers" der amerikanischen Verfassungsväter *Hamilton, Jay und Madison*, New York 1868, insbesondere Nr. 45 und 46, (deutsche Ausgaben Wien 1958 und Darmstadt 1993).

41 So u.a. *Grimm*, Mit einer Aufwertung des Europa-Parlaments ist es nicht getan – das Demokratiedefizit der EG hat strukturelle Ursachen, Jahrbuch zur Staats- und Verwaltungswissenschaft, Bd. 6 (1992/93), 13 ff.; *ders.*, Diskusssionsbeitrag VVDStRL 53 (1993), 139. Zum Wahlrecht u.a. *Kaiser* Diskussionsbeitrag VVDStRL 53 (1993), 144.

42 Vgl. z.B. Kommission der EG (Hg.), Eurobarometer Nr. 40/1993, Bruxelles 1994.

gungen handelt, die erfüllt sein müssen, bevor Institutionen demokratische Zielsetzungen erfüllen können, ist nicht mehr als eine Behauptung. Die in der Praxis längst funktionierende integrierte, demokratisch legitimierte Willensbildung zwischen den Vertretern mehrerer Völker in gemeinsamen Institutionen widerlegt täglich die Behauptung von der Notwendigkeit eines europäischen Staatsvolkes. Will man für das Funktionieren von Institutionen erst das ideale soziale und politische Umfeld schaffen, bevor diese Institutionen volle Verantwortung erhalten, verkennt man die Bedeutung wechselseitiger Impulse für die Entwicklung eines politischen Systems. Gleiches gilt für die Einschätzung der Rolle einer europäischen „Öffentlichkeit“. Gerade die Arbeit des Parlaments treibt nach der hier vertretenen Sicht die Entfaltung einer derartigen Öffentlichkeit voran, weil die öffentliche Debatte in einer dem gemeinsamen Interesse verpflichteten Institution einer europäischen Öffentlichkeit einen Kristallisationskern bietet.

Gleiches gilt auch für die Forderung nach vollständiger Wahlrechtsgleichheit als Vorbedingung für eine Europäische Verfassungsgebung. Die 1994 erstmals wirksame Sitzverteilung im Europäischen Parlament spricht dem größten Staat der Union (Deutschland) 99 Sitze zu, die anderen Staaten erhalten weniger (zum Beispiel Frankreich 87, Großbritannien 87, Spanien 64, Irland 15). Doch verläuft die Abstufung der Mandatszahlen nicht genau entsprechend der jeweiligen Bevölkerungszahl. Insbesondere die 350 000 Einwohner Luxemburgs sind mit 6 Abgeordneten überproportional repräsentiert. Einwände gegen Verfassungsgebung unter Beteiligung des Europäischen Parlaments stützen sich auf diese Ungleichheit. Die Vertreter der Forderung nach strikter Proportionalität wissen natürlich, dass diese nur erreichbar ist, wenn man entweder ein mehrere tausend Abgeordnete umfassendes Parlament schafft, oder den Staat Luxemburg kurzerhand dem Stimmkreis eines Nachbarstaates zu schlägt, denn bei Beibehaltung der gegenwärtigen Stimmkreisgröße von durchschnittlich 600 000 Einwohnern hätte Luxemburg kein Recht auf eigene Abgeordnete: ein absurdes und politisch törichtes Modell.

Formale Wahlrechtsgleichheit folgt solange nicht als zwingendes Gebot aus dem Demokratieprinzip, als Mehrheiten sich artikulieren und Entscheidungen treffen können, und ihnen nicht, wie nach dem preußischen Dreiklassenwahlrecht oder im Südafrika der Apartheid, durch ein gezielt ungleiches Wahlrecht die Nutzung ihrer Position unmöglich gemacht wird. Das ungleiche Wahlrecht in der Union dient dem Schutz von Minderheiten. Die Legitimität dieses Schutzes gehört zu den Fundamenten der Union. Hier könnte auch eine formale Gleichheit den Stimmen der Bevölkerung eines Staates keine Mehrheitsposition verschaffen. Denn selbst der größte Staat (Deutschland) umfasst weniger als ein Viertel der gesamten EU-Bevölkerung. Das Konstruktionsprinzip der EU besteht darin, die Interessen der Bevölkerung mehrerer Staaten zu bündeln, um auf diese Weise die Akzeptanz für Entscheidungen zu gewährleisten. Das schematische Beharren auf formaler, vollständiger Stimmrechtsgleichheit gerade im größten Staat stellt den Minderheitenschutz in Frage. Es schadet nichts, eine möglichst große Annäherung an eine formale Stimmengleichheit zu suchen. Eine notwendige Voraussetzung europäischer Demokratie ist sie nicht.[43]

Die notwendige Koexistenz von Staaten und Union kann nicht gelingen, wenn versucht wird, die Union als Funktion eines auf Staatlichkeit vorfixierten Verständnisses und aus der Perspektive nur eines Staates zu interpretieren. Dann reduziert sich die Wahrnehmung der Union leicht auf die Alternative, ob sie selbst schon Staat sei, oder ob die Mitgliedstaaten noch als „Herren der Verträge" agieren könnten. Diese Alternative wird den Zielen und der Realität der Verfassungsentwicklung in der Union in keiner Weise gerecht. Die Eigenart der Europäischen Union lässt sich mit erstarrten Staatsbildern nicht erfassen. Ein so zentrales Prinzip der Union wie die „Solidarität" zwischen Völkern, bliebe als Wert unverstanden und ungeschützt. Gleiches gilt für das Prinzip der integrierten Willensbildung in gemeinsamen Institutionen, für die Auffindung gemeinsamer Werte, für gemeinsame Friedens – und Wohlstandssicherung.

6. Schlussbemerkungen

Verfassungsgebung und Verfassungsänderung in der Europäischen Union bezeichnen keine gänzlich neuartigen Phänomene. Auch wenn die Union spezifische Merkmale aufweist und jedenfalls keinen Staat im traditionellen Sinne bildet, lassen sich doch einzelne Erfahrungen aus der Entwicklung von Bundesstaaten oder anderen Staatenverbindungen übertragen.

Dies gilt insbesondere für die Ausgestaltung der normativen Mechanismen zur Gewährleistung der Funktions- und Entwicklungsfähigkeit der Union. Gerade aber die Entwicklungsfähigkeit bildet eine besondere Qua-

43 So sieht z.B. die Verfassung Norwegens in Art. 58, Abs. 3 für das Wahlrecht zum Parlament erhebliche Ungleichheiten der Stimmgewichte vor, ohne dass ernsthaft die demokratische Legitimation des *Storting* bestritten würde. Aber auch in Deutschland selbst kann das Prinzip der Überhangmandate zu beachtlichen Ungleichheiten führen.

lität der Union, die sie von Staaten unterscheidet. Die Verfahren zur Änderung der normativen Grundlage weichen in diesem Punkt notwendigerweise am weitesten von entsprechenden staatlichen Regelungen ab.

Allerdings lässt sich, in Ermangelung eindeutiger spezieller Normen, diese Besonderheit bisher nur in der Verfassungspraxis nachweisen.

Die Aufnahme besonderer Änderungsregeln in die Unionsverträge, z.B. nach dem Modell des Verfassungsentwurfs des Europäischen Parlaments von 1994, erscheint wünschenswert.

Notwendig erscheint weiterhin eine „Kodifizierung“ oder „Bereinigung“ der Grundtexte der Union, um die materiell verfassungsrechtlichen Bestimmungen hervorzuheben.

A. VII. Krisenmanagement einer europäischen Verfassungsgebung*

1. Einleitung

Am 18. Juni 2004 verabschiedete der Europäische Rat die Verfassung der Europäischen Union. Sie wird im Oktober 2004 in Rom unterzeichnet. Diese Verfassung gibt dem Prozess der Einigung Europas auf dem Fundament der Freiheit, der Demokratie und des Rechts Gestalt und Form. Sie kristallisiert in historisch einzigartiger Weise das Ziel eines friedlichen Zusammenlebens der europäischen Völker und die Methoden zur Erreichung dieses Ziels. Sie bildet das erste mit dem Prozess der europäischen Einigung verknüpfte amtliche Dokument, das den Titel »Verfassung« trägt. Allerdings hat das Zusammenspiel von geltenden Verträgen und Praxis schon bisher ein Europäisches Verfassungsrecht hervorgebracht, das nunmehr Konsolidierung erfährt.

Schon jetzt beginnt sich die der Verfassung eigene Symbolwirkung zu entfalten. Weiterhin wird alsbald manche aus der Lückenhaftigkeit der bisher geltenden Verträge oder dem Nebeneinander von EG und EU-Vertrag erwachsene Kontroverse verblassen. Jedenfalls gilt dies für jene Bestimmungen der Verfassung, in denen die Praxis der Mitgliedstaaten und EU-Institutionen konsolidiert wird. Wer, wie der Jubilar, der Praxis stets die ihr gebührende Bedeutung für die Auslegung von Rechtsnormen einräumte[1] wird nicht überrascht sein, dass z.B. die Völkerrechtssubjektivität der Union nunmehr ausdrückliche Bestätigung erfährt.[2] *Georg Ress* sah

* Zuerst veröffentlicht in: Bröhmer/Bieber u.a. (Hg.), Internationale Gemeinschaft und Menschenrechte, Fs. für Georg Ress, Köln 2005, 1415 - 1424.

1 Zu den Besonderheiten der nachfolgenden Praxis für die Auslegung der EG-Verträge: *Georg Ress*, Die Bedeutung der nachfolgenden Praxis für die Vertragsinterpretation nach der Wiener Vertragsrechtskonvention (WVRK) in: Roland Bieber/Georg Ress (Hrsg.) Die Dynamik des Europäischen Gemeinschaftsrechts/The dynamics of EC-Law, 1987, 49–79 (69 ff.).

2 Art. I/6 der Verfassung: »Die Union besitzt Rechtspersönlichkeit«; Art. IV/3: »Die Europäische Union tritt die Rechtsnachfolge der Europäischen Gemeinschaft und der Union ... an.«

dies schon unmittelbar nach Unterzeichnung des EU-Vertrages voraus.[3] Die nachfolgende Praxis bestätigte seine Analyse.[4]

Wie eng die normative Entwicklung der Europäischen Union mit der Praxis verknüpft ist, zeigt sich u.a. an Überlegungen, einzelne Bestimmungen der neuen Verfassung schon vor ihrer Rechtswirksamkeit anzuwenden (z.B. Wahl eines Präsidenten des »Euro Gruppe« Rates für die Dauer von zweieinhalb Jahren).[5] Wie weit diese Methode trägt, wird sich noch erweisen müssen, wenn das Inkrafttreten der Verfassung Schwierigkeiten aufwirft. Denn bevor die Verfassung in Kraft treten kann, sind bedeutende Hürden zu überwinden.

Zwar löst die Unterzeichnung durch Vertreter von 25 EU-Mitgliedstaaten die üblichen völkerrechtlichen Verpflichtungen zum redlichen Bemühen um den Abschluss der innerstaatlichen Zustimmungsverfahren aus. Doch ist es verfrüht, einen »sanften« Übergang von den geltenden EG/EU-Verträgen zur Verfassung zu erwarten. Der Vertrag bedarf gemäß Art. IV/8 der Ratifikation durch die Parteien, also alle derzeitigen EU-Mitgliedstaaten. Er tritt nach Hinterlegung der letzten Ratifikationsurkunde in Kraft. Gleichzeitig werden gemäß Art. IV/2 der Verfassung

> »am Tag des Inkrafttretens des Vertrags über die Verfassung[...] der Vertrag zur Gründung der Europäischen Gemeinschaft und der Vertrag über die Europäischen Union sowie die Rechtsakte und Verträge zu ihrer Ergänzung oder Änderung[...] aufgehoben«.

Wegen der Aufhebung der zuvor gültigen Verträge war das – auch für diesen Fall anwendbare[6] – in Art. 48 EUV vorgesehene Änderungsverfahren zu befolgen. Da die Verfassung ausdrücklich als Fortsetzung von EG und EU und zur Wahrung der Kontinuität des gemeinschaftlichen Besitzstandes konzipiert wurde,[7] stellt sich insoweit nicht das Problem möglicher Grenzen der im Rahmen von Art. 48 EUV zulässigen Änderungen.[8] Hinsichtlich

---

3 *Georg Ress*, Die Europäische Union und die neue juristische Qualität der Beziehungen zu den Europäischen Gemeinschaften, JuS 1992, 985 ff.

4 Beispiele: Abkommen EU/Rumänien über die Beteiligung Rumäniens an den militärischen Aktivitäten der EU in Mazedonien vom 19. Mai 2003, ABl. 2004, L 120, 61; Auslieferungsabkommen EU/USA vom 25. Juni 2003, ABl. 2003, L 181, 27.

5 Vgl. Art. III/89 der Verfassung und »Protokoll betreffend die Euro-Gruppe«, dazu Agence Europe Nr. 8748 vom 15. Juli 2004, 3.

6 *Vedder/Folz* in Grabitz/Hilf, Das Recht der Europäischen Union, Kommentar, 2004, Anm. 21 zu Art. 48 EUV, missverständlich allerdings Anm. 14 zu Art. 48 EUV.

7 Präambel, 5. Erwägungsgrund und Art. IV/3.

8 *Vedder/Folz* aaO.

des Ratifikationserfordernisses und des Inkrafttretens stimmen die Verfahren des Art. 48 EUV und des Art. IV/8 Abs. 1 der Verfassung überein.

Als Termin des Inkrafttretens nennt die Verfassung den 1. November 2006, sofern bis zu diesem Zeitpunkt sämtliche Ratifikationsurkunden hinterlegt wurden (Art. IV/8 Abs. 2). Doch mehr als bei sämtlichen bisher durchgeführten Änderungen oder Ergänzungen der EU/EG-Gründungsverträge ist die Erreichung dieses Ziels mit Ungewissheiten behaftet.

Diese lassen sich zwar nicht mit jenen vergleichen, die zum bisher einzigen dauerhaften Scheitern eines gemeinsamen Projekts führten (Europäische Verteidigungsgemeinschaft, 1954),[9] doch sind sie gewichtiger und vielfältiger als die Gründe, die zu Verzögerungen bei den Ratifizierungsverfahren für den EUV und den Vertrag von Nizza führten[10] oder die in Norwegen bisher eine EU-Mitgliedschaft und in der Schweiz eine Mitgliedschaft im EWR verhinderten.[11] So wird die Entscheidung über die EU-Verfassung in mehr Staaten als je zuvor von dem positiven Ausgang einer Volksbefragung abhängen. Diese ist zwar nicht in allen Fällen verfassungsrechtlich geboten (z.B. im Vereinigten Königreich), doch erscheint es auch dann ausgeschlossen, dass sich eine parlamentarische Mehrheit über ein negatives Ergebnis einer Bürgerbefragung hinwegsetzt. Viel wird von der zur Abstimmung vorgelegten Frage abhängen. Da die Verfassung – jedenfalls in ihrem speziellen Teil – eine Bestätigung und Bekräftigung des geltenden Rechts enthält, impliziert eine Ablehnung auch eine negative Äußerung zum *status quo*. Unter diesen Umständen erscheint es legitim, mit der Frage nach der Zustimmung zur Verfassung die Entscheidung für ein Ausscheiden aus der EU zu verbinden. In dieser Form würde den zur Entscheidung aufgerufenen Bürgern die Tragweite eines negativen Votums verdeutlicht.

Jedenfalls beginnt mit der Unterzeichnung der Verfassung jene der Demokratie eigene Ungewissheit, die noch immer dem Ablegen eines Schiffes von der Hafenmauer am Beginn einer Seereise vergleichbar ist. Ob die Reise ruhig oder stürmisch verläuft, ob sie umständliche Manöver oder gar den Einsatz von Rettungskräften erfordert – mit Bestimmtheit lässt sich

9 Dazu *Marie-Therese Bitsch*, Histoire de la construction européenne, 2. Aufl. Brüssel 2001, 81–96.

10 Dazu *Roland Bieber* in Bieber/Epiney/Haag, Die Europäische Union, 6. Aufl. 2004, § 1, Rn. 24, 27; *Waldemar Hummer/Walter Obwexer*, Irlands »Nein zu Nizza«: Konsequenzen aus dem negativen irischen Referendum vom 7. Juni 2001, Integration, Nr. 3/2001, 237–249.

11 Dazu *Roland Bieber*, op. cit., § 1, Rn. 29, 31 und § 36, Rn. 9 f.

nichts vorhersagen. Allenfalls kann man günstige Winde oder Auspizien ausmachen.

Gegenüber möglichen Problemen, die dem Inkrafttreten bei dem Erfordernis einer Ratifizierung durch alle Vertragsparteien entgegenstehen können, verhält sich die Verfassung merkwürdig schweigsam:

Bei zukünftigen Änderungen der Verfassung soll gemäß Art. IV/7, Abs. 4 der Europäische Rat zusammentreten, wenn nach Ratifikation durch vier Fünftel der Mitgliedstaaten in einem oder mehreren Mitgliedstaaten »Schwierigkeiten bei der Ratifikation« aufgetreten sind. Doch diese Konsequenz, die zumindest die Andeutung eines geordneten »Krisenmanagements« und der Möglichkeit einer provisorischen Anwendung enthält, sieht Art. IV/8 der Verfassung – in Übereinstimmung mit Art. 48 EUV – gerade nicht vor. Die gleichlautende Erklärung Nr. 30 zur Schlussakte der Regierungskonferenz bekundet hinsichtlich der Verfassung nicht mehr als eine politische Absicht.

Die nachfolgende Betrachtung soll Stichworte für ein Krisenmanagement liefern, also ausloten, ob zwischen den in Art. 48 EUV bzw. IV/8 der Verfassung vorgezeichneten Extremen des »alles oder nichts« Möglichkeiten bestehen, um die Verfassung ganz oder in Teilen vor ihrer Ratifizierung durch alle Mitgliedstaaten in allen oder in einigen Mitgliedstaaten anzuwenden.

2. Zur Flexibilität von Verfassungsregeln

Bei dem in Art. IV/8 Abs. 2 genannten Termin (1. November 2006) handelt es sich um eine Zielvorgabe, die juristisch nur insofern von Bedeutung ist, als die Verfassung keinesfalls früher in Kraft tritt, selbst wenn die Ratifikationsprozeduren wesentlich früher abgeschlossen sein sollten. Jenseits dieses Zeitpunkts kommt es für das Inkrafttreten der Verfassung gemäß Abs. 2 unter rechtlichen Gesichtspunkten allein auf den Zeitpunkt der Hinterlegung der letzten Ratifikationsurkunde an, auch wenn dieser Zeitpunkt um mehrere Jahre nach der ersten Hinterlegung einer Ratifikationsurkunde und dem 1. November 2006 liegen sollte.

Zwar sind derartige Klauseln im europäischen Recht üblich,[12] doch stehen sie in einem Widerspruch zu Grundprinzipien des europäischen Verfassungsrechts, die ein höheres Maß an Flexibilität – insbesondere in

12 Vgl. Art. 48 EUV.

Gestalt der Ungleichzeitigkeit ihrer Wirkung – voraussetzen und ermöglichen, als dies im staatlichen Verfassungsrecht bekannt ist. Insbesondere die verfassungsrechtlich einzigartige Bestimmung des Art. 49 EUV, die gemäß Art. 11/1 Abs. 2 und Art. 57 Abs. I auch die Verfassung charakterisiert, wonach die Union darauf angelegt ist, prinzipiell alle europäischen Staaten aufzunehmen, auch wenn damit ein erhebliches Wachstum an innerer Heterogenität einhergeht, und die Verpflichtung der Union zur Wahrung der Identität ihrer Mitglieder (Art. 6 Abs. 3 EUV) setzen – in den Grenzen des Art. 6 Abs. I EUV (= Art. 1/2 der Verfassung) – die Möglichkeit einer zeitlichen, territorialen und substantiellen Differenzierung bei der Anwendung von Verfassungsnormen voraus. Kann dies auch für die neue Verfassung gelten?

Tatsächlich hat sich mit dem Wachstum der Zahl der Mitglieder die temporäre, territoriale und qualitative Elastizität der gemeinsamen Rechtsordnung zu einem der Wesensmerkmale der Union entwickelt. Sie erlaubt es, mit geringem Aufwand besonderen Situationen Rechnung zu tragen und gleichzeitig die Erwartungen einer Mehrheit zu erfüllen. Doch so gefährdend allzu große Rigidität für die Leistungsfähigkeit einer Rechtsordnung ist, so birgt Elastizität stets das Risiko der Überdehnung und damit die Gefahr der Beschädigung der Existenzgrundlagen einer Rechtsordnung in sich.

Die Funktionsfähigkeit einer Rechtsordnung beruht daher in besonderem Maß auf der sensiblen Balance zwischen Elastizität und Stabilität. So gebietet das für die Union und ihre Mitglieder verpflichtende Rechtsstaatsprinzip (Art. 6, I EUV) eine gleichartige Geltung und Anwendung des Rechts der Union.[13] Die Verträge gewährleisten die Einheit der Rechtsordnung insbesondere mit Hilfe einer allgemeinen Geltung der unmittelbar wirksamen Normen,[14] des Vorabentscheidungsverfahrens zur Sicherung der einheitlichen Auslegung (Art. 234 EGV) sowie der Verpflichtung der Mitgliedstaaten, für die volle Wirksamkeit des Rechts der Union zu sorgen (Art. 10 EGV). In einer umfangreichen Rechtsprechung hat der EuGH die Pflichten der Mitgliedstaaten zur »vollständigen und einheitlichen Anwen-

13 EuGH, Rs C-106/77 (Simmenthal-II), ECLI:EU:C:1978:49, Rn. 14.
14 Vgl. Art. 249 EGV: »Die Verordnung hat allgemeine Geltung ... «.

dung des Vertrages«[15] gegenüber den Bürgern der Gemeinschaft konkretisiert.[16]

Doch so bedeutsam die einheitliche Durchsetzung und Auslegung der Normen einer Rechtsordnung sind, so wenig stellen von ihr selbst zugelassene zeitliche und territoriale Differenzierungen ihre Existenz in Frage[17] Gerade in einer auf 25 Mitgliedstaaten angewachsenen Union kann die Rechtsordnung an Stabilität gewinnen, wenn sie Instrumente und Verfahren zu Berücksichtigung von Besonderheiten bereit hält. Allerdings darf dabei der Kernbestand gemeinsamer Werte und Institutionen nicht in Frage gestellt und muss eine Überdehnung der Flexibilisierung vermieden werden, wenn die Identität der Union erhalten bleiben soll.

Anhand dieser Leitlinien wurde 1993 das Konzept der »verstärkten Zusammenarbeit« in die Verträge eingeführt. Es erfuhr Erweiterung und Präzisierung durch den Vertrag von Nizza in Art. 43–45 EUV mit Konkretisierungen für die einzelnen Vertragspfeiler GASP (Art. 27a-27e EUV), PJZS (40–406 EUV) und Art. 11–11a EGV. Die Verfassung von 2004 enthält eine entsprechende Regelung in Art. I/43 und III/322–III/329. Die Besonderheit dieser Zusammenarbeit besteht darin, dass sie auf eine schnellere Erreichung der Ziele der Union und der Gemeinschaft begrenzt ist und dass sie sich der Organe und Verfahren der Union bedienen darf. Beispiele einer vertraglich ausdrücklich vorgesehenen engeren Zusammenarbeit bilden die Freizügigkeitsregeln im Rahmen des Schengen-Abkommens. Zu unterscheiden ist die verstärkte Zusammenarbeit von Ausnahmeregelungen, die einzelnen Mitgliedstaaten im Bezug auf die Anwendung einzelner Rechtsakte des Gemeinschaftsrechts zugestanden werden (»*opting out*«).[18]

Derartige Ausnahmen von Prinzip der einheitlichen Anwendung des EU/EG-Rechts erfordern stets eine gesonderte Gestaltung der Beziehungen zwischen den Rechtssubjekten, für die der Regelfall gilt, und jenen, die eine Ausnahme geltend machen. Dabei kann sehr rasch ein überaus komplexes Normengebilde entstehen. In dem hier interessierenden Bereich der

---

15 EuGH, Rs.C- 9/65 (San Michele), ECLI:EU:C:1967:3.

16 Nachweise bei *Werner Schroeder*, Das Gemeinschaftsrechtssystem, 2002, 426–445 und bei *Manfred Zuleeg*. Der rechtliche Zusammenhalt der Europäischen Union, 2004, 148 ff.

17 *Daniel Thym*, Ungleichzeitigkeit und europäisches Verfassungsrecht, 2004, 374 ff. unter Hinweis auf *Kelsen*, Staatslehre, 165.

18 Beispiele: Protokolle Nr. 3 und 5 zum EUV: Sonderstellung Irlands und des Vereinigten Königreichs im Hinblick auf Einreisekontrollen an den Binnengrenzen, Sonderstellung Dänemarks im Hinblick auf die Anwendung von Rechtsakten gemäß Titel IV EGV (Visa, Asyl, Einwanderung).

Verfassungsregeln stellt sich darüber hinaus vor allem die Frage nach den Grenzen von Sonderregeln oder anders gewendet: nach dem Minimum an für alle Beteiligten wirkenden Bestimmungen, die erforderlich sind, um eine gemeinsame Rechtsordnung zu konstituieren. Speziell zu der letzten Frage sind die bisher erkennbaren Positionen noch wenig konturiert. Vor allem überlagern sich verfassungsrechtliche und politisch/strategische Erwägungen. Der von der Kommission im Jahre 2003 vorgelegte Verfassungsentwurf[19] scheint das Minimum mit der Verfassung gleichzusetzen. Das ist im Lichte der Entwicklungsgeschichte des schrittweise entstandenen Verfassungsrechts der Union und der vertraglichen Flexibilitätsmechanismen überraschend. Die Mitgliedstaaten werden vor die Alternative gestellt, der Verfassung zuzustimmen oder die Union zu verlassen.[20] Zwischenpositionen sind in diesem Modell ausgeschlossen. Auch der deutsche Außenminister *Fischer* scheint ein Ausscheiden aus der EU als die einzige Alternative zur Zustimmung zur Verfassung zu sehen.[21]

Wesentlich geschmeidiger (aber zugleich problematisch in Lichte von Art. 48 EUV) war der Verfassungsentwurf des Europäischen Parlaments vom 14. Februar 1984[22] zu der Frage der Folgen fehlender Zustimmung einzelner Staaten zur Verfassung formuliert.[23]

Trotz des scheinbar eindeutigen Wortlauts von Art. IV/8 der Verfassung erscheint es daher zulässig und geboten, nach Möglichkeiten einer flexiblen Anwendung der Verfassung zu suchen. Dabei legen insbesondere folgende Fragen eine Prüfung nahe:

a) Ist es möglich, die Verfassung vorzeitig, d.h. vor dem 1. November 2006, ganz oder teilweise anzuwenden und ist dafür der positive Abschluss der Ratifikationsverfahren in allen Mitgliedstaaten erforderlich?

---

19 Projekt »Penelope«, abgedruckt in: Alfonso Mattera (Hrsg.) »Penelope«, Projet de Constitution de l'Union européenne, Paris 2003, 171–339.

20 »Penelope«, (s.o. Anm. 19), Art. 3 und 6 des beigefügten Abkommens über das Inkrafttreten des Verfassungsvertrages.

21 Interview, Süddeutsche Zeitung Nr. 144 vom 25. Juni 2004, 8.

22 ABl. C 77/1984, 33, abgedruckt bei Jürgen Schwarze/Roland Bieber (Hrsg.) Eine Verfassung für Europa, Baden-Baden 1984, 317–357.

23 Art. 82 (nach Ratifizierung durch eine qualifizierte Mehrheit der Mitgliedstaaten Zusammentritt einer Regierungskonferenz zur Bestimmung des Verhältnisses zwischen zustimmenden und ablehnenden Staaten). Dazu ausführlich *Joseph Weiler/James Modrall*, The creation of the European Union and its relations to the EEC-Treaty in: Bieber/Jacque/Weiler (Hrsg.) An ever closer Union, Bruxelles/Luxembourg 1985, 161–175.

b) Welche Folgen hat das Ende des Ratifizierungsprozesses in einem oder mehreren Staaten aufgrund einer negativen Entscheidung? Muss insbesondere die Verfassung neu verhandelt werden und können dabei neue Regeln für ihr Inkrafttreten beschlossen werden?
c) Kann die Verfassung nach dem 1. November 2006 bereits mit Wirkung für jene Staaten angewandt werden, die den Ratifikationsprozess zustimmend abschließen konnten?

Diese Probleme sind der EU weder prinzipiell noch in der Praxis unbekannt. So unterschied der (gemäß Art. 269 EGV ratifizierungsbedürftige) Beschluss über die eigenen Einnahmen vom 29. September 2000[24] in Art. 10, Abs. 1 zwischen dem Zeitpunkt seines Inkrafttretens (nach Eingang der letzten Mitteilung, dass die innerstaatlichen Zustimmungsverfahren abgeschlossen sind) und dem Zeitpunkt seiner Wirksamkeit, die für einige Bestimmungen bereits kurz nach Verabschiedung durch den Rat lag. Andererseits bestimmte Art. 2 Abs. 2 des Beitrittsvertrags, der zwischen den bisherigen Mitgliedstaaten und den Staaten Mittel- und Osteuropas am 16. April 2003 abgeschlossen wurde,[25] dass der Beitrittsvertrag am 1. Mai 2004 in Kraft tritt, sofern er von allen Vertragsparteien ratifiziert wurde. Hätten nicht alle Beitrittskandidaten ihre Ratifikationsurkunde vor diesem Termin hinterlegt, so wäre der Vertrag gleichwohl für die Staaten in Kraft getreten, die ihre Ratifizierungsverfahren rechtzeitig und positiv abgeschlossen hatten. Im Übrigen stellen EUV und EGV verschiedene Mechanismen bereit, die es einzelnen Staaten ermöglichen, sich der Anwendung bestimmter gemeinsamer Regeln vollständig[26] oder teilweise[27] zu entziehen, ohne damit die Wirksamkeit der Regeln für die übrigen Staaten zu verhindern.

---

24 ABl. L 253/2000, 42.
25 ABl. L 236/2003, 17.
26 Beispiele: Art. 23 Abs. 1; Art. 24 Abs. 5 EUV (GASP); Art 122 EGV (gemeinsame Währung).
27 Beispiel: Art. 95, Abs. IV und V EGV (Schutzmaßnahmen im Binnenmarkt).

3. *Modelle einer flexiblen Einführung der Verfassung*

a) Lösung im Rahmen des staatlichen Verfassungsrechts

Die rechtlich einfachste Lösung, die der Verfassung nur eine zeitliche Flexibilität abfordert, besteht darin, bei negativen Voten die entsprechenden innerstaatlichen Verfahren (Referendum, parlamentarische Entscheidung) zu wiederholen. Auf diese Weise gelang die Ratifizierung der Verträge von Maastricht und Nizza nach den ersten ablehnenden Volksabstimmungen in Dänemark (1992) bzw. Irland (2001). In beiden Fällen wurden die Volksabstimmungen wiederholt und gingen im zweiten Durchgang positiv aus. Weder der EUV noch der Vertrag von Nizza wurden zwischen den beiden Urnengängen substanziell verändert.[28] Da in keinem der 25 Mitgliedstaaten die Verfassung vorschreibt, in welchen Zeitabständen ein Parlament mit einer Frage zum zweiten (oder dritten) Mal befasst werden darf oder in welchen Zeitabständen ein Referendum über die gleiche Frage abgehalten werden darf, erscheint es ohne weiteres möglich, einer ersten negativen Abstimmung weitere Abstimmungen zum gleichen Thema so oft folgen zu lassen, bis die erforderliche Mehrheit erreicht wird. Derartige Wiederholungen der Abstimmung sind vor allem dann angebracht, wenn sich herausstellt, dass in einem ersten oder zweiten Wahlgang Umstände die Entscheidung beeinflussten, die keine sachliche Verbindung mit der Verfassung aufweisen.

b) Völkerrechtliche Wege zur vollständigen oder teilweisen Anwendung der Verfassung

aa) Abschluss eines gesonderten Vertrages zur Änderung von Art. 48 EUV

Bevor die Ratifizierungsverfahren in einzelnen Mitgliedstaaten begonnen haben und der Vertragstext dadurch eine Verfestigung erfahren hat, könnten die Mitgliedstaaten ein besonderes Abkommen über die Modalitäten des Inkrafttretens der Verfassung vereinbaren.[29] Methodisch könnte sich

---

28 Zur Qualifizierung der Beschlüsse und Erklärungen, die im Zusammenhang mit dem ersten negativen Referendum in Dänemark abgegeben wurden s. *Hummer/Obwexer*, oben Anm. 10, 243 ff.

29 Dieser Weg war im Projekt »Penelope« der Kommission vorgeschlagen worden, s.o. Fn. 19.

dieses Abkommen an dem durch den EUV dem EGV beigefügten »Protokoll über die Sozialpolitik« vom 7. Februar 1992[30] orientieren. Das Protokoll ermächtigte elf der damals zwölf Mitgliedstaaten, bestimmte sozialpolitische Regel, einzuführen und dafür »die Organe, Verfahren und Mechanismen des Vertrags in Anspruch zu nehmen«. In diesem Fall stand bereits fest, dass ein Staat die sozialpolitischen Regeln für sein Territorium vorläufig[31] nicht einführen wollte, er aber keine Einwände gegen eine Anwendung in den übrigen Staaten hatte.

Zu dem gleichen Zweck könnte man alternativ in einem gesonderten Verfahren Art. 48 EUV ändern, um besondere Regeln für das Inkrafttreten der Verfassung einzuführen.[32]

Inhaltlich könnten diese Regeln eine Anwendbarkeit der Verfassung als Ganzes oder einiger Teile, z.B. der Grundrechtecharta, bereits dann ermöglichen, wenn eine Mindestzahl von Mitgliedstaaten die Ratifizierungsurkunden hinterlegt hat. Dafür würde eine allgemeine Formulierung genügen, die z.B. der einstimmig handelnden Konferenz der Staats- und Regierungschefs eine entsprechende Ermächtigung erteilt.

Die *crux* einer derart gestuften Beschlussfassung über die Verfassung liegt zum einen in der wegen des geltenden Art. 48 EUV erforderlichen Zustimmung aller Mitgliedstaaten. Zwar erscheint es möglich durch die Verengung auf eine einzige Fragestellung die Zustimmung aller Mitgliedstaaten leichter zu erlangen als dies bei einer Entscheidung über den gesamten Block der Verfassung möglich ist, doch besteht das weitere Problem dieser Vorgehensweise – wie auch sonstiger Wege zu einem zeitlich gestaffelten Inkrafttreten – in der dabei notwendigen zeitweiligen Parallelexistenz von EU/EG-Vertrag und Verfassung. Dieses Problem ist jedoch nicht prinzipiell unlösbar.[33]

---

30 ABl. C 191/1992, 179.

31 Das Abkommen wurde durch den Vertrag von Amsterdam in den EGV überführt und damit für alle Mitgliedstaaten verbindlich.

32 Dazu *Roland Bieber*, Verfassungsgebung und Verfassungsänderung in der Europäischen Union in Roland Bieber/Pierre Widmer (Hrsg.) L'espace constitutionnel européen / Der europäische Verfassungsraum, Zürich 1995, 313–327, hier wieder abgedruckt oben, 95 ff.

33 Dazu unten B. 4.

bb) Auslegungsübereinkünfte zum Verfassungsvertrag nach Beginn der Ratifizierungsverfahren

Sofern in einem Mitgliedstaat ein erster Anlauf zur Ratifizierung scheitert, kann nach dem Muster der Beschlüsse zum EUV nach dem ersten negativen Referendum in Dänemark[34] der Weg zu einer Wiederholung der innerstaatlichen Zustimmungsverfahrens mit positivem Ausgang dadurch erleichtert werden, dass die Mitgliedstaaten ergänzende Texte zur Verfassung beschließen. Sollen die in den übrigen Mitgliedstaaten laufenden oder schon abgeschlossenen Ratifizierungsverfahren davon unberührt bleiben, so dürfte dabei der Verfassungstext selbst nicht geändert werden. Möglich ist es aber, gemäß Art. 31 Abs. 3 Buchst. a) der WVRK nachträgliche Auslegungsübereinkünfte zwischen den Vertragsparteien abzuschließen. Als solche waren die Erklärung und der Beschluss der Staats- und Regierungschefs bzw. des Europäischen Rates vom 12. Dezember 1992 zur Stellung Dänemarks in der EU zu qualifizieren.[35]

Derartige Übereinkünfte könnten für einen oder mehrere Staaten z.B. die Tragweite einzelner umstrittener Bestimmungen präzisieren und damit eine nachträgliche Zustimmung dieses Staates erleichtern.

c) Neuverhandlung

Sollte das Scheitern der Ratifizierung in einem oder mehreren Mitgliedstaaten auf klar umrissenen im Text der Verfassung angelegten Ursachen beruhen, die sich nicht durch Auslegung beheben lassen, so erfordert eine Wiederholung des Ratifizierungsverfahrens in dem betreffenden Staat möglicherweise eine Neuverhandlung über den Verfassungstext.

Das kann dazu führen, dass erfolgreich abgeschlossene Ratifizierungsverfahren in anderen Staaten erneut durchgeführt werden müssen. Angesichts des Umfangs der Verfassung erscheint es aber durchaus möglich, einzelne Teile herauszulösen, anders zu formulieren oder auch nur »kosmetisch« zu verändern. Tatsächlich bildet der jetzt vorliegende Verfassungswortlaut nur einen unter vielen möglichen Kompromissen. Die Prozedur ist schwerfällig, aber gangbar. Dass sie als eine ernst zu nehmende Möglichkeit erwogen werden muss, liegt allein an dem Versäumnis der Vertrags-

34 Dazu oben A.

35 *Hummer/Obwexer*, op. cit. (Fn.10), 245.

autoren, einen subtileren Mechanismus der Inkraftsetzung des Vertrages vorzusehen.

d) Provisorische Anwendung

Art. 25 der WVKR sieht grundsätzlich die Möglichkeit der provisorischen Anwendung eines Vertrages vor seiner Ratifizierung vor. Dies setzt allerdings die Existenz einer ausdrücklichen Klausel im Vertrag oder eine sonstige übereinstimmende Willensbekundung der Parteien voraus. Die Verfassung enthält keine Regelung über eine provisorische Anwendung.

Das ist insoweit verständlich, als die Verfassung im Wesentlichen die bestehende Union ersetzen soll und sie daher die geltenden Verträge aufhebt. Allerdings schafft die Verfassung auch neues Recht (z.B. die Einführung der Grundrechtecharta, die Regelung über die »Euro-Gruppe«), das nicht mit vorhandenen Normen kollidiert. Insoweit ist es ohne weiteres möglich, dass sich die Vertragsparteien gemäß Art. 25 Abs. 1 Buchst. b) WVRK auf eine vorläufige Anwendung verständigen.

Scheitert dann die Ratifizierung der Verfassung vorläufig oder dauerhaft in einem oder mehreren Staaten, so können diese Staaten für ihren Bereich die vorläufige Anwendung beenden. Von dieser Konstellation ist der Fall zu unterscheiden, dass die Mitgliedstaaten nach dem Scheitern der Ratifizierung in einem oder mehreren Staaten eine vorläufige Anwendung der gesamten Verfassung erwägen.

Auch dazu ist (wegen Art. 48 EUV) die Zustimmung aller Vertragsparteien erforderlich. Sie ist möglicherweise einfacher zu erlangen, wenn gleichzeitig Modalitäten vereinbart werden, die es dem ablehnenden Staat ermöglichen, seinen – aus dem für ihn nach geltendem EUV erwachsenen – Rechtsstatus wahrzunehmen. Hinsichtlich der institutionellen Aspekte wirft dies einige technische Probleme auf, doch prinzipiell ausgeschlossen ist die Koexistenz von EUV und Verfassung nicht.

Dieser Weg erscheint um so leichter gangbar, als er im EUV vorgezeichnet ist. Art. 24 Abs. 5 EUV ermöglicht die vorläufige Anwendung von Abkommen der EU mit Drittstaaten auch dann, wenn ein Mitgliedstaat interne Zustimmungsverfahren durchführen muss. Solange wie diese Zustimmung nicht vorliegt, ist der betreffende Staat an das Abkommen nicht gebunden.[36]

---

36 Konzeptionell ähnlich: Art. 23 Abs. I Unterabs. 2 EUV.

e) Anwendung von Teilen der Verfassung auf der Grundlage einer Auslegungsübereinkunft zum EUV

Unabhängig von einem möglichen Scheitern der Ratifikationsverfahren können die – einstimmig handelnden – Regierungen der Mitgliedstaaten großen Teilen der Verfassung dadurch Rechtswirkung verleihen, dass sie jene Teile, in denen das EU/EG-Recht konsolidiert oder präzisiert wird, als Auslegungsübereinkommen zu EU und EG-Vertrag auf der Grundlage von Art. 31 Abs. 3 Buchst. a) WVRK vereinbaren.

Auf diese Weise könnte z.B. der Abschnitt über die Zuständigkeitsverteilung (Art. I/9 - I/17) – mit Textanpassungen – als Auslegung beschlossen werden. Gleiches gilt für jene Bestimmungen des materiellen Rechts, die nur zur Klarstellung geändert wurden (z.B. Art. III/180, Abs. I, Buchst. a). Auch der Grundrechtekatalog (Teil II der Verfassung) könnte in der Form eines Auslegungsübereinkommens zu Art. 6 Abs. 2 EUV beschlossen werden.

4. Die vollständige oder teilweise Anwendung der Verfassung auf der Grundlage des EUV

Da der Beschluss über die Annahme der Verfassung im EUV und EGV nicht vorgesehen ist, erscheint es auf den ersten Blick überraschend, gleichwohl innerhalb der Verträge nach Instrumenten für eine Anwendung der Verfassungsbestimmungen zu suchen. Doch sieht der Vertrag in Gestalt des Verfahrens der verstärkten Zusammenarbeit einen Mechanismus vor, der in seiner Konzeption genau in die hier skizzierte Kategorie des Krisenmanagements passt. Denn gemäß Art. 43a EUV kann diese Zusammenarbeit nur als »letztes Mittel« eingesetzt werden, wenn der Rat feststellt, dass die angestrebten Ziele nicht in einem vertretbaren Zeitraum verwirklicht werden können. Dieser Weg käme also erst dann in Frage, wenn die Verfassung in einem oder mehreren Staaten abgelehnt worden ist. Die Erreichung von Zielen, die der verstärkten Zusammenarbeit im Sinne des EUV zugänglich sind, erfordert keine Vertragsänderung gemäß Art. 48 EUV, jedoch den Abschluss eines Vertrages unter den interessierten Staaten und eine Mitwirkung der EU Organe.

In dem hier interessierenden Bereich des Verfassungsrechts ist dieser Weg aber nur sehr beschränkt zielführend. Zwar können die durch eine engere Zusammenarbeit angestrebten Ziele alle Handlungsfelder der Union oder auch neue Bereiche betreffen, doch setzt Art. 43 EUV die Existenz und den Fortbestand der vertraglich »vorgesehenen Organe, Verfahren und Mechanismen« – also der Regeln mit Verfassungscharakter – gerade voraus. Das heißt, die Mechanismen der verstärkten Zusammenarbeit sind nur auf jene Bereiche des materiellen Rechts anwendbar, die neu in die Verfassung aufgenommen wurden oder in denen ein stärker vergemeinschaftetes Handeln vorgesehen ist. Das gilt z.B. für Energiepolitik (Art. III/157), Katastrophenschutz (Art. III/184) oder auch die Solidaritätsklausel (Art. I/42).

Der gesamte institutionelle Bereich der Verfassung ist dagegen von einer verstärkten Zusammenarbeit ausgenommen.

5. Zur Koexistenz von Verfassung und EU/EG-Vertrag

Unter der Voraussetzung, dass Art. 48 EUV und/oder Art. IV/8 der Verfassung nicht noch vor Einleitung der Ratifizierungsverfahren geändert werden, hat die Ablehnung der Ratifizierung durch nur einen Staat zur Folge, dass Art. IV/2 der Verfassung nicht wirksam wird und somit EUV und EGV in Kraft bleiben.

Unter diesen Umständen müssen alle provisorischen oder partiellen Anwendungen der Verfassung eine Koexistenz zwischen den verschiedenen Texten organisieren. Die Rechtsformen dieser Koexistenz unterscheiden sich nach dem Inhalt der von den zustimmenden Staaten angewandten Verfassungsnorm. Sollten sie z.B. beschließen, die Regeln über Energiepolitik und Katastrophenschutz im Wege der »verstärkten Zusammenarbeit« anzuwenden, so steht als Rahmen bereits Art. 43–45 EUV und 11, 11a EGV bereit.

Wollen die zustimmenden Mitgliedstaaten dagegen untereinander die Regeln der Verfassung über Institutionen, Rechtsakte und Verfahren in Kraft setzen, dann muss, jedenfalls in Teilen, das jeweilige institutionelle System parallel geführt werden. Das führt zwar technisch zu gewissen Schwierigkeiten, ist aber durchaus lösbar. Wie die Einbeziehung der Vertreter der beitrittswilligen Staaten in die Entscheidungsverfahren vor der Erweiterung 2004, die Funktionsweise des Rates im Rahmen des »Schengen«-Bereichs (letzterer sogar mit der Beteiligung von assoziierten Staaten) und die »Euro-Gruppe« belegen, sind die Regierungen der Mitgliedstaaten und die EU-Organe zu beachtlichen institutionellen Innovationen fähig.

Insgesamt wird die Lage wesentlich davon bestimmt, wie viele Staaten die Verfassung ablehnen. Sollte die Zahl sehr klein sein und damit die

Verfassung eine erhebliche faktische Autorität erlangen, dann wird wahrscheinlich alsbald ein Vertrag zwischen der Mehrheit und dem verfassungsunwilligen Staat geschlossen, in dem sein Sonderstatus gewährleistet wird, ohne dass deswegen EUV und EGV aufrechterhalten werden müssen. Diese Lösung kann inhaltlich und begrifflich erheblich subtiler ausfallen – und damit politisch akzeptabler sein – als die an die verfassungsunwilligen Staaten adressierte schroffe Forderung nach einem Ausscheiden aus der Union.[37]

6. *Schlussbemerkung*

Ein positiver Abschluss der Ratifizierungsverfahren zu dem Vertrag über eine Verfassung für Europa durch alle Staaten wird die den Völkern Europas gemeinsamen Ziele, Werte, Verfahren und Strukturen verdeutlichen und stärken. Die Rechtsordnung der Europäischen Union gewinnt dadurch Legitimation und Leistungsfähigkeit.

Gleichwohl brächte die Ablehnung der Verfassung durch einen oder mehrere der 25 Mitgliedstaaten das bisher in Gestalt von EUV und EGV verfasste europäische Aufbauwerk nicht zum Einsturz. Die bestehenden rechtlichen Strukturen funktionieren. Sie bedürfen zwar der Fortentwicklung, aber es ist durchaus möglich, sich mit ihrer Hilfe den gemeinsamen Zielen der Sicherung des Friedens und des Wohlstands zu nähern. Außerdem bildet die Entscheidung über die Europäische Verfassung keine Wahl zwischen dem »Alles« der Verfassung und dem »Nichts« eines Ausscheidens aus der Union. Eine derartig binäre Sichtweise verstellte überdies den Blick auf eine schon bisher und in wachsendem Masse die Unionsverfassung charakterisierende Besonderheit: Die Union verfügt nicht nur über eine auf lineare Wandlung und Entwicklung angelegt »Wandelverfassung«, sie ist darüber hinaus auch in dem Sinne elastisch, als sie zeitliche und territoriale Differenzierungen ihrer Rechtsordnung auch jetzt schon ermöglicht. Diese Elastizität bildet einen Teil ihrer Identität, aus ihr gewinnt sie Stärke.

Sollte daher in einem oder in mehreren Staaten die Ratifizierung der Verfassung abgelehnt werden, so wird damit nicht notwendigerweise der Status Quo zementiert. Abgesehen von der einfachsten Lösung einer Verschiebung des Inkrafttretens existieren zahlreiche Zwischenformen, die von

37 Vgl. Projet »Penelope«, oben Fn. 19.

den Mitgliedstaaten genutzt werden können, um die Verfassung ganz oder in Teilen für einen beschränkten Kreis von Staaten anzuwenden.

B.
Die Verflechtung von Union und Mitgliedstaaten

B. I. Die Verflechtung von Union und Mitgliedstaaten

I. Einführung

1. Überblick

In der Einleitung zum vorigen Abschnitt wurde bereits darauf hingewiesen, dass die regelbasierte Ausbalancierung von Einheit und Vielfalt zu den zentralen – und andauernden – Aufgaben jedes zusammengesetzten politischen Systems gehört. Diese Balance findet nicht in einem statischen System statt, sondern muss aus zahlreichen dynamischen Faktoren entstehen. Dabei sind nicht nur die Variablen der Entfaltung der Union – unter anderen ihre Erweiterungen – sondern auch die Variablen der staatlichen Ordnungen und der Beziehungen zwischen den Staaten zu berücksichtigen. Auch muss die Ausbalancierung zahlreiche außerrechtliche Faktoren, insbesondere ökonomischer und sozialer Natur einbeziehen. Solange die verschiedenen Komponenten hinreichend lern – und anpassungswillig sind und das Gesamtsystem mit hinreichender Flexibilität ausgestattet ist, verspricht diese Balance aus der Dynamik ein höheres Maß an Stabilität als ein starres System. Der Vergleich mit einem Radfahrer illustrierte schon seit Langem diese Besonderheit der Europäischen Union.

Ausgangspunkt dieser fortdauernden Aufgabe ist das Selbstverständnis der beteiligten Staaten und der Union als eines *gemeinsamen* Handlungssystems, das geschaffen wurde, um auf der Basis *gemeinsamer Werte gemeinsame Ziele* zu erreichen. Aus diesem Ursprungskonzept ist seit der Errichtung der EGKS vor mehr als 70 Jahren ein eindrucksvolles Gesamtsystem aus Regeln und Institutionen entstanden, das durch Praxis und Tradition konsolidiert wurde. Es reicht inzwischen bis in die Tiefen der staatlichen Verwaltungen.[1] Doch wie bewährt sich dieses System in Krisen? Diese Frage stellte sich bereits wiederholt, z.B. in der Finanzkrise 2010, am Beginn und während der COVID – 19 Pandemie und ihren ökonomischen Folgen, nach dem Angriff Russlands auf die Ukraine und während der weltpolitischen Änderungen seit 2024. Reicht die Bereitschaft der Staaten, Hoheitsbefugnisse nicht ausschließlich in nationalem Rahmen sondern mit anderen Staaten gemeinsam auszuüben auch für unorthodoxe Maßnahmen? Wieweit verstehen sie sich als exklusive Vertreter der Interessen ihrer Bürger, z.B. bei Fragen, die die innere Sicherheit berühren (Art. 72 AEUV), aber auch Nachbarstaaten betreffen? Und in welchem Ausmaß ist die Union zur Erreichung der ihr aufgegebenen Ziele befähigt, wenn dazu Änderungen ihrer Strukturen und Verfahren erforderlich sind? Bereits die 2020 gefassten Beschlüsse zum wirtschaftlichen Aufbau zeigten, dass unter dem Druck externer Faktoren bedeutende Änderungen in kurzer Zeit beschlossen werden können (*D.X., E.II.*). Das zeigte sich in jüngerer Zeit auch an der neuen Gewichtung der Sicherheits- und Verteidigungspolitik.

Entgegen mancher Befürchtungen hat sich das EU-System bisher als belastbar erwiesen. Seine Flexibilität dürfte daran maßgeblichen Anteil haben. Doch zeigen sich insoweit Grenzen: So gelang es bisher nicht, vertraglich bereits vorgesehene Änderungen an bestehenden Einstimmigkeitsregeln einzuführen (Art. 48 Abs. 6, 7 EUV).

Neue Beitrittsanträge dürften in naher Zukunft Änderungen der Unionsverfassung erfordern. Das Europäische Parlament hat bereits mit umfassenden Änderungsvorschlägen ein neues förmliches Vertragsänderungsverfahren angestoßen.[2]

Die staatlichen Verfassungen und die Praxis ihrer Anwendung sind in unterschiedlichem Maß offen für eine geteilte Ausübung von Hoheitsrechten, zwar haben sie sich in der Praxis bisher nicht als absolute Hindernisse in dem Prozess des Findens der Balance zwischen Einheit und Vielfalt erwiesen, doch versuchen einzelne Regierungen (z.B. Ungarns) die von einem gemeinsamen Wertesystem ausgehende Verbundenheit der Staaten zu sprengen. Sie stören damit den Mindestkonsens über die Erhaltung und Förderung des gemeinsamen Systems. Allerdings führt dies bisher nicht

1 Charakteristisches Beispiel: Die strukturierte Zusammenarbeit der staatlichen Energieregulierungsbehörden im Rahmen einer neu geschaffenen EU-Agentur, VO 2019/942, ABl. L 158/2019, 22. Allgemein dazu *Bieber/Maiani*, Zur Zusammenarbeit der Mitgliedstaaten bei der Ausführung des EU-Rechts, Schweizerisches Jahrbuch für Europarecht 2017/2018, Zürich 2018, 387 – 401.

2 Europäisches Parlament, Entschließung v. 22.11.2023, ABl. C 2024/4216 v. 24.7.2024.

zu einem Auseinanderfallen der Union, sondern verursacht eine Selbstvergewisserung bei den anderen Staaten über das gemeinsame Projekt. Eine ähnliche Wirkung ging auch von dem Ausscheiden Großbritanniens aus der Union aus.

Die in Deutschland vom Bundesverfassungsgericht und einem Teil der Lehre gern benutzte Charakterisierung des Miteinanders von Mitgliedstaaten und Union, die die Staaten als „Herren der Verträge" bezeichnet[3], verkennt die Besonderheit des aus Staaten und Union gebildeten Systems. So wird bei dieser Begriffsbildung systematisch verschwiegen, dass nur die *gemeinsam*, in der Regel *einstimmig* handelnden Staaten die Verträge gestalten können. Einzeln agierende Staaten können allenfalls einzelne Beschlüsse verhindern. Die Besonderheit der Union besteht in der Verflechtung der Hoheitsgewalt der Staaten und der Union. Prägnant formulierte der EuGH dazu in dem Gutachten 2/13:

> „Diese wesentlichen Merkmale des Unionsrechts haben zu einem strukturierten Netz von miteinander verflochtenen Grundsätzen, Regeln und Rechtsbeziehungen geführt, das die Union selbst und ihre Mitgliedstaaten wechselseitig bindet sowie die Mitgliedstaaten untereinander, die nunmehr, in den Worten von Art. 1 Abs. 2 EUV, in die ‚Verwirklichung einer immer engeren Union der Völker Europas' eingebunden sind."[4]

Nicht überzeugend ist allerdings die daraus vom EuGH (unter Hinweis auf die gemeinsamen Werte) gezogene Schlussfolgerung, dass diese Prämisse die Existenz „gegenseitigen Vertrauens" zwischen den Mitgliedstaaten impliziere (dazu der Beitrag *B. VII.*).

Die in diesem Abschnitt versammelten Beiträge behandeln Ausschnitte aus der skizzierten Problematik der Suche nach einer „dynamischen Balance" in der Union in drei Bereichen von bleibender Aktualität. Betrachtet werden die inneren Grundlagen für die überstaatliche Einheitsbildung, Methoden zur Balancierung von Einheit und Vielfalt und die von der Einheit ausgelösten horizontalen – zwischenstaatlichen – Wirkungen.

Dass diese Fragen in Bezug auf das gemeinsame Handeln in der Union bisher nicht abschließend beantwortet wurden, ist der Eigenart des Integrationsprozesses geschuldet.[5]

---

3 BVerfG 154, 17 (PSPP – Urteil), Rn. 111; aus der Lehre zuletzt *Haltern*, Verschlungene Staaten, München 2025, 55.

4 EuGH, Gutachten 2/13, ECLI:EU:C:2014:2454, Rn. 167, 168 (Beitritt zur EMRK).

5 Jüngst anschaulich dargelegt von *Haltern*, Verschlungene Staaten, München 2025, 44 ff.

2. Rückblick auf die Beiträge in diesem Abschnitt

Der Aufsatz „*Der Verfassungsstaat im Gefüge europäischer und insbesondere supranationaler Ordnungsstrukturen*“ (*B.II.*), weist auf die Grenzen der Leistungsfähigkeit von Staaten für die Erhaltung und Sicherung der Lebensgrundlagen ihrer Bewohner hin und betont den Nutzen überstaatlicher Zusammenarbeit. Diese gelinge umso erfolgreicher, als sie sich über die traditionellen Methoden der internationalen Verhandlungen hinaus in der Form eines Mehrebenensystems politischer Steuerung begreifen würde. Die Koexistenz mehrerer Ordnungen störe die Leistungsfähigkeit rechtlicher Systeme nicht, sondern stärke diese Systeme, denn Überlagerung und wechselseitige Durchdringung „Verfassungsverschränkung“ erhöhten ihre Legitimität und Flexibilität. Die parallele Existenz mehrerer Verfassungen in einem Raum sei nichts Ungewöhnliches, erfordere allerdings ein Mindestmaß an materieller und struktureller Zuordnung. Diese müsse prozedural und nicht über eine Hierarchisierung erfolgen, damit die Austarierung der Beziehungen in vielen Einzelschritten, mit Hilfe (wandelbarer) Gerichts - und sonstiger Verfahren erfolgen könne. Die Verfassungen der europäischen Staaten waren unterschiedlich auf einen Übergang zu einem verflochtenen System des Regierens vorbereitet. In Deutschland ermöglichte seit dem Inkrafttreten des Grundgesetzes (1949) Art. 24 GG „Hoheitsrechte auf zwischenstaatliche Einrichtungen (zu) übertragen“.[6] Damit sollte „internationalen Organen“ ermöglicht werden, „mit Wirkung für die Gebiete der beteiligten Staaten Angelegenheiten zu besorgen, die *bisher ausschließlich den verschiedenen nationalen Souveränitäten* überlassen waren“.[7] Offensichtlich gingen die Autoren des Grundgesetzes von einer teilbaren Souveränität aus, so dass man annehmen durfte, diese Sichtweise werde auch in der Zukunft fortgeführt. Tatsächlich verlor der *Rechts*begriff der Souveränität an Bedeutung und Interesse. Doch bezog sich das BVerfG in seinem Urteil zum Vertrag von Lissabon noch im Jahre 2009 nicht weniger als 33 mal auf die Souveränität als Eigenschaft eines zur Vertretung seiner Bürger ausschließlich zuständigen Staates und knüpfte damit an eine längst überwunden geglaubte Sichtweise eines Teils der Rechtslehre an,[8] um vor allem die Schranken der Integration zu betonen. Der Beitrag

6 Präambel und Art. 24, seit 1992 auch Art. 23 GG.

7 Bericht über den Verfassungskonvent auf Herrenchiemsee v. 10 – 23. August 1948, 23.

8 BVerfG 123, 267, Rn. 249 u.a. Qualifizierung der Union als „Vertragsunion souveräner Staaten“.

‚*An Association of Sovereign States*' (*B.VIII*) wendet sich gegen diese Sichtweise. Er bildet damit einen Teil der breiten internationalen Kritik des Urteils. Vor diesem Hintergrund entstand die Einladung zu dem Beitrag „La perception allemande de la notion de souveraineté" (*B.IX*). Darin werden die Wandlungen des Begriffsverständnisses seit dem 19. Jahrhundert nachgezeichnet und darauf hingewiesen, dass ein Teil der Lehre in jüngerer Zeit den Begriff der Souveränität für schlichtweg ungeeignet hält, um die Strukturen des konvergierenden Staats - und Völkerrechts zu erfassen.[9] Möglicherweise unter dem Eindruck der breiten Kritik und erleichtert durch eine neue Zusammensetzung hat sich die Sichtweise des BVerfG gewandelt. In der jüngsten Rechtsprechung zum Verhältnis zwischen der Union und Deutschland dient der Begriff der Souveränität dem Gericht nicht länger als ein Merkmal des Staates zur Abgrenzung gegenüber der Union, sondern bezieht ihn eher beiläufig auf das Selbstbestimmungsrecht der Bürger („Volkssouveränität").[10]

Der Beitrag zum „*Föderalismus in Europa*"(*B.III.*) zeigt - weiterhin gültig - wie das Konzept des Föderalismus, die gemeinsame Ausübung von Hoheitsgewalt bei gleichzeitiger Wahrung weit gehender Autonomie der jeweiligen Teileinheiten, die Verflechtung von Staaten in der Union geprägt hat. Ohne eine Föderation nach dem Modell der amerikanischen oder deutschen Verfassung zu begründen, ist dabei ein eigenständiges System gemeinsamer und autonomer Machtwahrnehmung eigener Art entstanden, das effektives Regieren durch Balance und Dynamik ermöglicht.[11] Das Minimum an interner Verbundenheit („Homogenität") eines derartigen Systems wird in der Union durch die gemeinsam verpflichtenden Werte in Art. 2 EUV und die darauf bezogene Rechtsprechung geschaffen.[12] Zu

9 Z.B. *Kokott*, Die Staatsrechtslehre und die Veränderung ihres Gegenstandes: Konsequenzen von Europäisierung und Internationalisierung in: Veröffentlichungen der Vereinigung der Deutschen Staatsrechtslehrer, Bd. 63, Berlin 2004, 11–40.

10 Z.B. BVerfG 164/193, Rn. 124, 125 (EU – Eigenmittelbeschluss). Allgemein dazu *Lehner*, Souveränität im Bundesstaat und in der Europäischen Union, Tübingen 2021.

11 Dazu jüngst *Schütze*, Die Mitgliedstaaten als Glieder der Union, in: Bast/von Bogdandy (Hg.), Unionsverfassungsrecht, Baden – Baden 2025, 443 – 498.

12 Dazu die wegweisende Rechtsprechung zu dem 2020 eingeführten „Konditionalitätsmechanismus", EuGH, Rs. C-156/21(Ungarn/EP und Rat), ECLI:EU:C:2022/97, Rn. 124 ff.; Rs. C-157/21 (Polen/EP und Rat), ECLI:EU:C:2022:98, dazu auch unten, Einführung *D 1.2*.

dem gesamten Thema hat *Hestermeyer* kürzlich eine lesenswerte rechtsvergleichende Untersuchung vorgelegt.[13]

Zu der strukturellen Balance der Union gehören Mechanismen zur Respektierung der Vielfalt, unter anderen das durch den Vertrag von Maastricht neu eingeführte, vom EUV und in dem Protokoll Nr. 2 hervorgehobene Prinzip der Subsidiarität (Art. 5 Abs. 1, 3 EUV).[14] Der unter *B.IV* abgedruckte Beitrag *„Subsidiarität"* setzt sich kritisch mit Erwartungen auseinander, mithilfe des neuen Mechanismus zur Subsidiaritätsprüfung lasse sich die rechtsetzende Tätigkeit der Union einhegen. In der Praxis hat sich jedoch vor allem die Bedeutung dieser Bestimmung für die Förderung des politischen Dialogs und als Symbol des wechselseitigen Gehörs bewährt.[15]

Die in dem gemeinsamen Wertekatalog des Art. 2 EUV bezeichneten Grundlagen der wechselseitigen Beziehungen zwischen der Union und ihren Mitgliedern umfassen auch die Beziehungen der Mitgliedstaaten untereinander. Dieser in der Literatur seltener beleuchteten Dimension gelten die Beiträge zur wechselseitigen *Verantwortung* (*B. V.*) und zur *Solidarität* (*B. VI.*). Ob allerdings, wie vom EuGH postuliert, eine Verpflichtung zu wechselseitigem *Vertrauen zwischen den Staaten* dem Art. 2 EUV entnommen werden kann, bezweifelt der unter *B. VII.* abgedruckte Beitrag.

Ausgehend von der Zielsetzung der Vertragsstaaten zur Definition eines „gemeinsamen Interesses" und der Verabredung auf die gemeinsame Erreichung von Zielen definiert der Beitrag über die *wechselseitige Verantwortung* zwischen den Mitgliedstaaten (*B. V.*) diese als die Verpflichtung, das eigene Handeln an den möglichen Konsequenzen für die anderen Beteiligten auszurichten. Das erfordert zumindest eine wechselseitige Aufmerksamkeit zwischen allen Beteiligten, ein „wissen wollen" über die Lage, Befindlichkeit und Fähigkeit der anderen Staaten, die gemeinsamen Ziele zu erreichen.

13 *Hestermeyer*, Eigenständigkeit und Homogenität in föderalen Systemen, Tübingen 2019. S.a. Hausteiner (Hg.), Föderalismen, Baden – Baden 2016 sowie *Nicolaidis/Howse* (Hg.), The Federal Vision, Oxford 2007.

14 Dazu *Florian Bieber/Roland Bieber*, Einheit und Vielfalt in der Europäischen Union, Cham 2023, 89 ff.

15 Dazu *Bast* in G/H/N, Art. 5 EUV, Rn. 49 ff. S. auch den jüngsten Jahresbericht der Kommission „über die Anwendung der Grundsätze der Subsidiarität und der Verhältnismäßigkeit und die Beziehungen zu den nationalen Parlamenten", COM(2024)493 v. 25.10.2024. Das seltene Beispiel einer vor dem EuGH ausgetragenen Auseinandersetzung über die aus dem Prinzip erwachsenden Verpflichtungen für den EU – Gesetzgeber liefert die Klage der Französischen Nationalversammlung gegen EP und Rat, EuGH, Rs. C-553/24, ABl. C/2024/5516 v. 30.9.2024 (wegen der VO 2024/1351 zum Asyl – und Grenzmanagement).

Zeichnen sich dabei Schwierigkeiten ab, dann gebietet die gemeinsame Verantwortung, im Verbund mit den anderen Staaten und der Union darauf hinzuwirken, dass jeder Staat seinen Beitrag zur Zielerreichung leisten kann. Verantwortung in diesem Sinne hat eine völlig andere Bedeutung als die vom BVerfG erfundene[16], später in Gesetzesform gegossene[17] Feststellung einer in Deutschland geltenden „Integrationsverantwortung". Denn nach dem Verständnis des BVerfG hat diese Verantwortung lediglich eine innerstaatliche, noch dazu abwehrende Funktion.[18]

Eine Ausprägung dieser wechselseitigen Verantwortung, die Solidarität zwischen den Mitgliedstaaten, behandelt der Beitrag „*Zur Entwicklung des Rechtsbegriffs der Solidarität in der Europäischen Union*" (*B. VI.*). Im Lichte der Rechtsprechung wird darin die in den Verträgen mehrfach angesprochene Kategorie der Solidarität zwischen den Staaten als Rechtspflicht verstanden. Die in dem Beitrag dargestellten Ausführungen des EuG wurden inzwischen vom EuGH bestätigt.[19] In dem jüngst erlassenen Urteil zur Kommerzialisierung der Staatsbürgerschaft in Malta betonte der EuGH, dass die Solidarität dem Integrationsprozess zugrunde liege und „daher zur Identität der Union als eigene Rechtsordnung gehört".[20]

Anders als der in den Verträgen mehrfach erwähnte Begriff der Solidarität gehört der Begriff „Vertrauen" nicht zur Terminologie der Verträge. Der Beitrag ",*Gegenseitiges Vertrauen zwischen den Mitgliedstaaten*' – ein normatives Prinzip der Europäischen Union?" (*B. VII.*) setzt sich kritisch mit dem Postulat des EuGH auseinander, es bestünde eine Rechtspflicht der Mitgliedstaaten zu gegenseitigem Vertrauen (dazu auch Beitrag *E. III.*). In der jüngsten Rechtsprechung formuliert der EuGH allerdings vorsichtiger, „der Grundsatz" des gegenseitigen Vertrauens habe „fundamentale Bedeutung",[21] scheint also von seiner weiter gehenden und in dem Beitrag kritisierten Rechtsprechung abzurücken. Das erscheint auch nötig, denn in Art. 4 Abs. 3 EUV besteht ein hinreichend präziser Anknüpfungspunkt, um die Verpflichtungen der Mitgliedstaaten untereinander und gegenüber der

16 BVerfG 123, 267, Rn. 236 (Lissabon – Urteil): „ist darauf gerichtet, bei der Übertragung von Hoheitsrechten und der Umsetzung des Integrationsprogramms dafür Sorge zu tragen, dass sowohl das auf der Grundlage von Art. 23 Abs. 1 Satz 2 GG gebilligte Integrationsprogramm eingehalten als auch die Integrität der durch Art. 79 Abs. 3 GG geschützten Verfassungsidentität gewahrt wird".

17 Integrationsverantwortungsgesetz v. 22.9. 2009, BGBl. I S. 3022.

18 BVerfG 157, 1, Rn. 69 (CETA).

19 EuGH, Rs. C-848/19 (Deutschland/Polen), ECLI:EU:C:2021:598.

20 EuGH, Rs. C-181/23 (Kommission/Malta), ECLI:EU:C:2025:283, Rn. 93.

21 EuGH, Rs. C-181/23 (Kommission/Malta), ECLI:EU:C:2025:283, Rn. 85, 101.

Union zu ermitteln. Dessen zentrale Bedeutung im Verfassungsgefüge wird durch die Erfindung eines neuen Maßstabs zur Bewertung des Verhaltens der Mitgliedstaaten vernebelt.

B. II. Der Verfassungsstaat im Gefüge europäischer und insbesondere supranationaler Ordnungsstrukturen*

1. Einleitung

Staaten haben sich entwickelt, um als Rahmen für die Organisation politischen Willens zu dienen. Verfassungen bestimmen Inhalt, Maß und die Form dieses Rahmens. Staaten existieren nicht als isolierte Handlungseinheiten. Sie sind auch nicht im Stande, allein die Erfüllung der Bedürfnisse ihrer Bürger zu gewährleisten. Die Funktion des Verfassungsstaates lässt sich daher nicht auf ein bipolares Verhältnis von Staat und Individuum reduzieren.

Unter dem Einfluss von Internationalisierung, Regionalisierung und Individualisierung der Existenzbedingungen seiner Bürger bemisst sich die Eigenart des Staates nicht länger an der mit dem Anspruch auf Ausschließlichkeit konzipierten Fähigkeit zur Sicherung der physischen und wirtschaftlichen Existenz seiner Bürger. Der Staat kann zu Sicherheit, Wohlstand und Erhaltung der Rechtsordnung allenfalls einen Beitrag leisten. Dies gelingt ihm umso erfolgreicher, als er sich als Teil eines Mehrebenensystems politischer Steuerung begreift. Die Rechtfertigung des Staates besteht daher in erster Linie in der Fähigkeit zur Wahrung der Vielfalt an Zugehörigkeiten und Loyalitäten. Der Staat wird zum Mittler zwischen den Gruppen auf einer Ebene und zwischen unterschiedlichen Ebenen unter- und außerhalb des Staates.[1]

Zentrale Voraussetzung dieser Mittlerfunktion ist die Fähigkeit und die Bereitschaft zur Kommunikation, verfassungsrechtlich gesprochen zur Öffnung der Verfassung für externe Einflüsse und zur Mitwirkung an dem Prozess transnationaler Verfassungsbildung.[2]

---

* Zuerst veröffentlicht in Thürer/Aubert/Müller (Hrsg.), Verfassungsrecht der Schweiz, Zürich 2001, 97 – 107.

1 *Peter Saladin*, Wozu noch Staaten?, Bern 1995, 216 ff.

2 Dazu *Stephan Hobe*, Der offene Verfassungsstaat zwischen Souveränität und Interdependenz, Berlin 1998.

Jede soziale Organisation bedarf zu ihrer Identitätswahrung und Existenzsicherung der Kommunikation mit ihrer Umwelt.[3] Kommunikation dient dabei einem vierfachen Zweck. Sie verschafft Kenntnisse über die Umwelt und macht diese damit berechenbarer. Sie erlaubt weiterhin die Auswertung von Erfahrungen, ein Lernen und fordert damit die Anpassung und Entwicklung des Gemeinwesens. Schließlich ermöglicht der Austausch von Informationen das Eingehen von Bindungen. Endlich erlaubt Kommunikation eine Wahrnehmung der eigenen Identität, der Geschichte und der gemeinsamen Kultur. Die Besonderheit der Kommunikation besteht darin, dass es sich um wechselbezügliche Prozesse handelt.

Parallel dazu und teilweise verursacht durch die Kommunikationsverdichtung vermindert sich die Fähigkeit der einzeln handelnden Staaten zur Steuerung wirtschaftlicher Abläufe und zur Gewährleistung der Sicherheit, der Versorgung und der natürlichen Lebensgrundlagen ihrer Bewohner. Im Gefolge dieser Entwicklungen bildeten sich weltweit, in besonderem Masse aber in Europa neue Ordnungsstrukturen. Diese übernehmen zum Teil Funktionen, die zuvor von den Staaten ausgeübt wurden, ersetzen jedoch die Staaten nicht. Sie artikulieren gemeinsame Werte und gewährleisten deren Sicherung. Darüber hinaus erfüllen sie auch ganz neuartige Aufgaben. Die Existenz der neuen Strukturen wirkt in vielfältiger Weise auf die Staaten zurück. Dies geschieht unabhängig von den formalen Beziehungen, die ein Staat mit den neuen Strukturen, internationalen oder supranationalen Organisation unterhält. Insbesondere bestehen die Kommunikationsprozesse auch ohne Mitgliedschaft in der jeweiligen Organisation.

2. «Verfassungsverschränkung» als konzeptionelles Problem[4]

Die Eigenart Europas besteht seit der Antike in der Dialektik zwischen der Entwicklung einer Vielzahl unterschiedlicher Kulturen mit entsprechenden gesellschaftlichen und politischen Strukturen auf engstem Raum und der Entfaltung übergreifender Ideen, Werte und Strukturen. Das Zusammenspiel von Vielfalt und Einheit erweist sich als Quelle spezifisch europäischer

3 *Jürgen Habermas*, Die Einbeziehung des Anderen, 2. Aufl. Frankfurt 1997, 128 ff. (145 ff.).

4 Der nachfolgende Text führt Überlegungen weiter, die der Verfasser unter dem Titel «Die Europäisierung des Verfassungsrechts» erstmals entwickelt hat in *Karl Kreuzer* u.a. (Hrsg.), Die Europäisierung der mitgliedstaatlichen Rechtsordnungen in der Europäischen Union, Baden-Baden 1997, 71–86.

Kultur. Kaum ein Gebiet europäischer Kultur – zu der auch das Recht zu zählen ist – kann daher isoliert beschrieben und unter dem Gesichtspunkt der Autonomie räumlich abgegrenzter Teileinheiten vollständig erfasst werden.

Die Koexistenz mehrerer Ordnungen stört die Leistungsfähigkeit rechtlicher Systeme nicht, sondern stärkt diese Systeme, denn Überlagerung und wechselseitige Durchdringung erhöhen ihre Legitimität und Flexibilität. Belegt wird dies in den Beispielen des Dualismus von weltlicher und kirchlicher Normsetzung, der Differenzierung zwischen hoheitlicher Normierung und Privatautonomie, der Gleichzeitigkeit von städtischer, regionaler und zentraler Hoheitsgewalt.

Wie *Peter Häberle* gedankenreich nachwies,[5] bildet auch das Verfassungsrecht keine Ausnahme von dieser Tradition multipolarer Referenzsysteme als europäischer Kulturerfahrung.

Schon ein vergleichender Blick auf europäische Staatsverfassungen[6] offenbart eine große Zahl von Konstanten, sowohl im Bereich der Staatsorganisation, als auch bei der Verfassung von Werten. Die Konstanten beruhen nicht nur auf der Gleichartigkeit der Problemstellung, sondern spiegeln auch wechselseitige Einflüsse, sowohl bei der Verfassungsgebung als auch in der Verfassungspraxis.[7] Besonders intensive Wechselwirkungen erfolgen zwischen Verfassungen, wenn diese durch einen normativen Rahmen verbunden sind. Der Bundesstaat bildet dafür das bekannteste, nicht aber das einzige Beispiel.[8]

---

5 *Peter Häberle*, Gemeineuropäisches Verfassungsrecht, EUGRZ 1991, 261, ff.; *ders.*, Verfassungsrechtliche Fragen im Prozess der Europäischen Einigung, EUGRZ 1992, 429–437; *ders.*, Gemeineuropäisches Verfassungsrecht, in: *Roland Bieber/Pierre Widmer* (Hrsg.), Der europäische Verfassungsraum, Zürich 1995, 361–397.

6 Besonders instruktiv *Constanze Grewe*/Hélène Ruiz Fabri, Droits constitutionnels européens, Paris 1995. S. a. *Roland Bieber*, Das Verfahrensrecht von Verfassungsorganen, Baden-Baden 1992.

7 Dazu *J. – F. Flauss* (Hrsg.), Vers un droit constitutionnel européen, in: Revue Universelle des Droits de l'Homme, Bd 7, Nr. 11/12 (1995); Conseil de l'Europe (Hrsg.), The transformation of the nation state in Europe at the dawn of the 21st Century, Collection science and technique of democracy, n° 22, Strasbourg 1998. Aus deutscher Perspektive: *Battis/Mahrenholz/Tsatsos* (Hrsg.), Das Grundgesetz im Internationalen Wirkungszusammenhang der Verfassungen, Berlin 1990 und *Christian Starck* (Hrsg.), Grundgesetz und deutsche Verfassungsrechtsprechung im Spiegel ausländischer Verfassungsentwicklung, Baden-Baden 1990, darin insbesondere der rechtsvergleichende Generalbericht, 12 ff.

8 Vgl. *Michael Bothe*, Die Kompetenzstruktur des modernen Bundesstaates, Berlin 1977, 133 ff.

In der europäischen Tradition von Differenzierung und Verflechtung entwickelten sich weitere Formen, die als Prozess europäischer Verfassungsverschränkung und Verfassungsdifferenzierung, als System «kooperativer Verfasstheit» bezeichnet werden können. Die Anerkennung eines Systems gestufter und komplementärer Verfassungen erlaubt die differenzierte – und damit kontrollierte – Organisation von Hoheitsgewalten auf verschiedenen Ebenen anhand des objektiven Steuerungsbedarfs. Sie erlaubt daneben die Sicherung eines Mindeststandards von Werten im gesamten Raum – ohne weitergehenden Schutz in kleineren Einheiten auszuschließen.

Die parallele Existenz mehrerer Verfassungen in einem Raum ist nichts Ungewöhnliches. Sie erfordert allerdings ein Mindestmaß an materieller und struktureller Zuordnung, die damit beginnen muss, dass die verschiedenen Teilordnungen als «Verfassung» anerkannt und respektiert werden.[9] Das einfachste Mittel der Zuordnung bildet eine ausdrückliche hierarchische Staffelung, z.B. in Gestalt einer Vorrang-Klausel. Allerdings behindert eine Hierarchie der Verfassungsnormen die wechselseitige Durchdringung. Tatsächlich entstehen die eigentlichen Probleme im Verfassungsverbund, wenn die beteiligten Verfassungen unterschiedliche Regelungsdichte aufweisen und wenn sie nicht das gleiche Maß an Flexibilität besitzen.[10] Eine optimale Nutzung der Verfassungsvielfalt im Sinne der eingangs skizzierten europäischen Tradition wird unter diesen Umständen erst ermöglicht, wenn die Zuordnung prozedural erfolgt. Die Frage des Vorrangs einer Teilordnung wird also gewissermaßen «in der Schwebe»[11] gehalten. Die Austarierung erfolgt nicht mit dem Anspruch auf eine abschließende Re-

---

9 *Roland Bieber*, Verfassungsgebung und Verfassungsänderung in der Europäischen Union, in: Bieber/Widmer (Hrsg.) (Anm. 5), 313–327; *Jean Paul Jacqué*, La constitution de la Communauté européenne und *Vlad Constantinesco*, L'emergence du droit constitutionnel européen, in: Flauss (Hrsg.), Vers un droit constitutionnel européen, s.o. Anm. 7; *Carlos Rodriguez-Iglesias*, Zur «Verfassung» der Europäischen Gemeinschaft, EUGRZ 1996, 125 ff.; *Manfred Zuleeg*, Die Verfassung der Europäischen Gemeinschaft in der Rechtsprechung des EuGH, Betriebs-Berater 1994, 581 ff; anders: *Dieter Grimm*, Braucht Europa eine Verfassung?, JZ 1995, 581.

10 Dazu *Hans – Peter Ipsen*, Europäische Verfassung- Nationale Verfassung, in: Bitburger Gespräche, Jahrbuch 1987, 37–53; *Bieber*, Wandel und Unveränderlichkeit als Strukturmerkmale des Europarechts, ZSR 1993, 327–335.

11 Vgl. *Helmut Steinberger*, Aspekte der Rechtsprechung des Bundesverfassungsgerichts zum Verhältnis zwischen Europäischem Gemeinschaftsrecht und deutschem Recht in: Staat und Völkerrechtsordnung, in: FS für Karl Doehring, Heidelberg 1989, 951 ff. (968) und *Jochen Frowein*, Die Verfassung der Europäischen Union aus der Sicht der Mitgliedstaaten, EuR 1995, 315–333 (319). Weitere Nachweise bei *Stefan Oeter*,

gelung, sondern entsteht nur als Ergebnis vieler Einzelschritte, mit Hilfe (wandelbarer) Gerichts- und sonstiger Verfahren.

Die skizzierte Verfassungsverschränkung betrifft nicht nur Wechselwirkungen innerhalb des Verfassungssystems der Europäischen Union, sondern auch die Verfassungsosmose im Rahmen des Europarats und der EMRK, also einen Rechtsverbund, der weit über 50 Verfassungen umfasst. Die Ergebnisse dieser Entwicklung lassen sich sowohl bei materiellem wie bei institutionellem Verfassungsrecht nachweisen. Sie prägen sowohl staatliche Verfassungen als auch die Verfassungen der Union und des Europarats. In gleicher Weise artikulieren sich im Rahmen der KSZE die Absichten, einen verfassungsrechtlichen Mindeststandard europaweit verpflichtend zu begründen. Dieser Standard umfasst insbesondere die in der EMRK garantierten Grund- und Menschenrechte, die in der Europäischen Sozialcharta v. 18. Oktober 1961 bezeichneten sozialen Grundrechte sowie die grundlegenden Verfassungsprinzipien der Demokratie und der Rechtsstaatlichkeit.

Ein derartig differenziertes System benötigt «Homogenität» weder als Ziel noch als Voraussetzung. Das gilt schon deswegen, weil der Begriff «Homogenität» einen außerordentlich unbestimmten Gehalt hat, so dass jede juristische Deduktion ohne eine Darlegung dessen, was genau gemeint ist, in völliger Subjektivität endet. Auch sei nicht vergessen, dass «Homogenität» zum folgenreichen Begriff des politischen Kampfes gemacht wurde.[12]

Die Wissenschaft beginnt damit, die Einzelelemente des europäischen Verfassungsverbunds als Teile übergreifender Prozesse wahrzunehmen.[13] In konzeptioneller Hinsicht werfen derartige Verfassungsverschränkungen allerdings dann Probleme auf, wenn man noch immer von der Verfassung als einer ausschließlichen Grundordnung eines autonom und nach außen

---

Souveränität und Demokratie als Probleme in der «Verfassungsentwicklung» der Europäischen Union, ZaöRV 1995, Bd. 55/3, 659–712, Anm. 110.

12 Vgl. *Carl Schmitt*, Die geistesgeschichtliche Lage des heutigen Parlamentarismus, 2. Aufl., Berlin 1926; 14: «Die politische Kraft einer Demokratie zeigt sich darin, dass sie das Fremde und Ungleiche, die Homogenität Bedrohende zu beseitigen oder fernzuhalten weiß.»

13 Vgl. dazu Fédération Internationale pour le Droit Européen (Hrsg.), Le droit constitutionnel national et l'intégration européenne, Berlin 1996 sowie *Battis/Tsatsos/Stefanou* (Hrsg.), Europäische Integration und nationales Verfassungsrecht, Baden-Baden 1995; *Thibaut de Berranger*, Constitutions nationales et construction communautaire, Paris 1995; *Bieber/Widmer* (Hrsg.), oben Anm. 5; *Flauss* (Hrsg.), oben Anm. 7; *Ingolf Pernice*, Harmonisation of legislation in federal systems, Baden-Baden 1996; *Christian Tomuschat*, Europe, a common constitutional space, in: *Bruno de Witte/Jan Forder* (Hrsg.), The Common Law of Europe and the Future of Legal Education, Dordrecht 1992, 133 ff.

abgegrenzt definierten Gemeinwesens ausgeht. Sichtbar wird dieses Modell in der Verwendung des Begriffs der Souveränität.[14] Erkennt man jedoch die Selbstbestimmung als Grundlage jeglicher Form von Herrschaftslegitimation, so wird nur die Konstruktion eines differenzierten, vielfach gestuften Systems sich überlagernder Verfassungen der Realität mehrpoliger Loyalitäten gerecht. Da Menschen sich nie nur als Bürger eines (Zentral-) Staates sondern gleichzeitig als Angehörige der verschiedensten Gruppen verwirklichen, erfordert die Garantie der Selbstbestimmung notwendigerweise mehr als nur eine, noch dazu mit Ausschließlichkeitsanspruch auftretende Staatsgewalt.

3. Überstaatliche Ordnungsstrukturen in Europa

Das Bemühen europäischer Staaten, der transnationalen Kommunikation Gestalt zu geben und gemeinsamen staatsübergreifenden Interessen Form und Durchsetzungsmöglichkeit vor Partikularinteressen zu verschaffen, fand ihren intensivsten Ausdruck in der Errichtung der Europäischen Union. Ausgehend von der Verpflichtung ihrer Mitgliedstaaten zur unterschiedslosen Behandlung der Bürger der anderen Staaten, jedenfalls in dem Bereich der EG-Verträge (Prinzip der Nichtdiskriminierung) zielt die Union auf einen immer engeren Zusammenschluss der europäischen Völker. Ein bedeutendes Instrument zur Erreichung dieses Ziels besteht in der Verschaffung eigener und selbständig durchsetzbarer Rechte der EU-Bürger.

Weitere Organisationen in Europa, die teilweise noch vor der Union errichtet wurden, wirken in ähnlicher Weise auf das Recht ihrer Mitgliedstaaten ein. Dies gilt insbesondere für den Europarat mit der Europäischen Menschenrechtskonvention sowie die Organisation für Sicherheit und Zusammenarbeit in Europa (OSZE). Es ist inzwischen unbestritten, dass die mit dem Beitritt zur EMRK eingegangen Verpflichtungen von den Mitgliedstaaten bei der Ausgestaltung und Anwendung ihrer Verfassung zu beachten sind und – jedenfalls im Rahmen der EMRK – die Bürger gegen Maßnahmen der Staaten «externen» Schutz erlangen können.[15]

---

14 Dazu kritisch *Jean- Marc Favret*, L'intégration européenne et la France: quelques réflexions sur la divisibilité de la souveraineté, in: Revue du droit public et de la science politique n° 6 (1999), 1741- 1764; *Oeter* (s.o. Anm. 11).

15 Beispiel EG-EMRK, aff. Parti communiste unifié de Turquie/Turquie, Urteil v. 30. Januar 1998, Slg. I-17 und Matthews/Royaume Uni, Urteil v. 18. Februar 1999, in: Revue Trimestrielle de Droit Européen 1999, 793.

Die Schweiz gehört dem Europarat und der OSZE an. Zur EU unterhält sie bisher ein sich differenzierendes bilaterales Vertragsgeflecht, ein Beitritt steht in Aussicht. Doch auch ohne Mitgliedschaft in der EU unterliegt die Verfassung der Schweiz den Einflüssen der EU Rechtsordnung.

4. Dimensionen wechselseitiger Einflüsse im Verfassungsrecht

a) Überblick

Verfassungsverflechtung beschränkt sich nicht auf einmalige Vorgänge und läuft nicht nur auf einer Ebene ab. Es handelt es sich vielmehr um einen Prozess multidimensionaler und wechselbezüglicher Einflüsse. Der Prozescharakter der Verfassungsverflechtung folgt notwendigerweise aus dem fortwährenden Wandel jeder einzelnen beteiligten Verfassung. Denn Verfassungsrecht entsteht nicht nur im Wege der Verfassungsgebung sondern vor allem durch Änderung, Auslegung und Ergänzung, kurz durch «Verfassungsentwicklung».[16] Gerade der prozesshafte Charakter jeder einzelnen Verfassung eröffnet eine Vielzahl von Möglichkeiten des Wechselbezuges mit anderen Verfassungen.

Der Prozess der Verfassungsverschränkung im Allgemeinen und der «Europäisierung» im Besonderen erfährt zusätzliche Impulse durch die Vielzahl der beteiligten Akteure. Denn nicht nur Verfassungsgeber sondern auch Verfassungsrichter, Ministerialbeamte und Wissenschaftler gestalten die Verfassungswirklichkeit. Intensiver als je zuvor agieren diese Personen, in einem *internationalen* Informationsverbund. Zunehmend setzt sich auch in der juristischen Fachwelt das Gebot wissenschaftlicher Seriosität durch, Wissen und Modelle aus anderen Rechtsordnungen zur Kenntnis zu nehmen und sich damit auseinander zu setzen. Das führt nicht notwendigerweise zu Angleichungen, wohl aber zu der Einsicht in die nur relative Autorität der meisten Verfassungsnormen.

Als Dimensionen der Wechselbezüge von Verfassungen lassen sich zwei Kategorien unterscheiden: zur ersten gehören jene Impulse, die von einer Verfassung auf umliegende Verfassungen ausgehen, in denen die Verfassung also das Subjekt bildet. Zu einer zweiten Kategorie sind Einflüsse zu zählen,

---

16 Vgl. *Bryde*, Verfassungsentwicklung, Baden-Baden 1982 und *Bieber*, Verfassungsentwicklung in der Europäischen Gemeinschaft, Formen und Verfahren, in: Jürgen Schwarze/Roland Bieber (Hrsg.), Eine Verfassung für Europa, Baden-Baden 1984, 49–89.

die von umliegenden Verfassungen auf eine Verfassung als *Objekt* einwirken.

b) Verfassungen als Subjekte der Europäisierung[17]

aa) «Öffnungsklauseln»

Während der Anfangsjahre des Prozesses der Europäischen Integration nahmen staatliche Verfassungen nur sehr vereinzelt von den neuen Organisationsformen Kenntnis. Doch sahen das deutsche Grundgesetz seit 1949,[18] die dänische Verfassung seit 1953,[19] die Verfassung der Niederlande seit 1956[20] und die Verfassung Norwegens seit 1962[21] die ausdrückliche Möglichkeit der Übertragung von Hoheitsrechten auf zwischenstaatliche Einrichtungen vor. Zwar wurden damit noch keine gezielten Verfassungsverflechtungen begründet, doch immerhin anerkannt, dass Hoheitsgewalt teilbar, dass Verfassungsrecht «durchlässig» ist. In der Folgezeit wurden vergleichbare Klauseln in zahlreiche europäische Verfassungen aufgenommen.[22]

bb) Normative Anforderungen an verbundene Verfassungen

Mehrere Verfassungen enthalten inhaltliche Vorgaben bzw. Grenzen für eine Übertragung der Hoheitsgewalt. Hierzu liefert Art. 23 des deutschen GG ein anschauliches, nicht aber das einzige Beispiel. So macht etwa Art. 28 Abs. 2 der griechischen Verfassung den Schutz der Menschenrechte und die Wahrung der Grundlagen des demokratischen Systems zur inhaltlichen Bedingung für die Übertragung von Hoheitsrechten. Weniger deutlich gestattet die italienische Verfassung in Art. 11 Begrenzungen der Souveränität nur insoweit, als diese nötig sind, um ein System zur Gewährleistung von Frieden und Gerechtigkeit zwischen den Staaten zu errichten.

---

17 Dazu ausführlich *Häberle*, Europaprogramme neuerer Verfassungen und Verfassungsentwürfe – der Ausbau von nationalem «Europaverfassungsrecht», in: FS Everling, Baden-Baden 1995, 355–379.

18 Art. 24, Abs. 1.

19 Art. 20.

20 Art. 67, Abs. 1, jetzt Art. 92.

21 Art. 93.

22 Ausführliche Nachweise bei *De Berranger*, op. cit. (Anm. 13), 47–123.

Internationale Verfassungen enthalten ihrerseits Verpflichtungen, die gegenüber den staatlichen Verfassungen gelten. Sie sind also nicht nur Objekt, sondern gleichzeitig Subjekt der Verfassungsverflechtung. Die bedeutendsten Beispiele im europäischen Rahmen bilden Art. 3 des Zusatzprotokolls zur EMRK mit der an die Staaten gerichteten Verpflichtung auf die Wahrung der pluralistischen Demokratie,[23] die in Art. 6, Abs. 1 EUV enthaltene Verpflichtung der Mitgliedstaaten auf «demokratische Grundsätze» sowie die im Rahmen der OSZE verabschiedete «Charta von Paris» v. 21. November 1990.

Darüber hinaus begründet die Europäische Gemeinschaft in zahlreichen Assoziierungs-Abkommen mit Drittstaaten verfassungsrechtliche Anforderungen an die Vertragspartner. Diese bezwecken insbesondere den Schutz der Menschenrechte sowie Demokratie, Rechtsstaatlichkeit und Minderheitenschutz.[24]

cc) Anforderungen aus der Verfassungsrechtsprechung

Die normativen Einflüsse externer Verfassungen werden ergänzt durch die in der Praxis sehr bedeutsame Rechtsprechung der jeweiligen Verfassungsgerichte. Diese Sonderform der Verfassungssubjektivität entsteht insbesondere im Rahmen der Rechtsprechung des EuGH, des EG-EMRK und der staatlichen Verfassungsgerichte.

Grundlegend sind insbesondere die Urteile des EuGH zum Vorrang des EG-Rechts vor staatlichem Verfassungsrecht[25] mit der Verpflichtung, EG-rechtswidriges Verfassungsrecht nicht anzuwenden[26] oder durch staatliches

23 Dazu näher *Flauss*, La contribution de la jurisprudence des organes de la Convention européenne des droits de l'homme à la formation d'un droit constitutionnel européen, in: Flauss (Hrsg.), Vers un droit constitutionnel européen (s.o. Anm. 7, 373–383, 380).

24 Vgl. insbesondere die entsprechenden Klauseln in den «Europaabkommen» mit den Staaten Mittel- und Osteuropas, z.B. Präambel und Art. 2 der Abkommen mit Polen und Ungarn von 1993. S. a. Art. 2 des Assoziierungsabkommens EG-Israel v. 19. April 2000, ABl. EG Nr. L 147/2000, 3.

25 EuGH Rs. C-6/64 (Costa/ENEL), ECLI:EU:C:1964:66.

26 EuGH Rs. C-473/93 (Kommission/Luxemburg), ECLI:EU:C:1996:263 (Nichtanwendung von Art. 11, Abs. 2 der Luxemburgischen Verfassung, die bestimmte Tätigkeiten eigenen Staatsangehörigen vorbehält = Verstoß gegen Art. 39 EGV). Weitere Nachweise bei *Georg Ress*, Les incidences du droit constitutionnel de la Communauté européenne sur les droits constitutionnels nationaux, in : Flauss (Hrsg.), Vers un droit constitutionnel européen (s.o. Anm. 7), 434–443.

Verfassungsrecht ausgeschlossene Instrumente des Rechtsschutzes zur Effektuierung des EG-Rechts bereitzustellen.[27] Auch die Verpflichtung staatlicher Institutionen, bei der Ausführung des EG-Rechts den europäischen Grundrechtsstandard einzuhalten[28] belegt den Einfluss der europäischen Verfassungspraxis auf das staatliche Recht. Bedeutsame Rückwirkungen auf das staatliche Verfassungsrecht gehen weiterhin von Auslegungen der Rechtsbegriffe des EG-Vertrages aus.[29] Für die EMRK erkennt der EG-EMRK ebenfalls einen Vorrang gegenüber staatlichem Recht an.[30]

Die Rechtsprechung zu Art. 6 Abs. 1 EMRK wirkte durch ihre Ausdehnung auf innerstaatliche Verfassungsbeschwerden auf das Verfassungsrecht zurück. Staatliches Wahlrecht muss sich an den Maßstäben der EMRK messen lassen.[31]

Die bekannteste Einwirkung staatlicher Verfassungsrechtsprechung auf die EG-Verfassung ging aus von den Urteilen des deutschen Bundesverfassungsgerichts zum Grundrechtsschutz im Rahmen der EG.[32] Sie gab unmittelbaren Anstoß zum Ausbau des entsprechenden Schutzes durch den EuGH.

dd) Nutzung von Ermächtigungen zur Rechtsangleichung

Die Unionsverfassung legt eine Reihe von verbindlichen Zielen fest, die von den Mitgliedstaaten im Rahmen ihrer jeweiligen Rechtsordnung zu erfüllen sind. Dabei bestimmt die Unionsverfassung entweder selbst mit hinreichender Präzision die Anforderungen an das staatliche Recht[33] oder diese

---

27 EuGH Rs. C-213/89 (Regina/Secretary of State for Transport, exparte Factortame), ECLI:EU:C:1990:257.

28 EuGH Rs C-260/89 (ERT/ Dimotiki Etairia), ECLI:EU:C:1991:254.

29 Beispiel: die enge Auslegung des Begriffs «öffentlicher Dienst» in Art. 48 EGV durch den EuGH Rs. C- 66/ 85 (Lawrie-Blum/Baden Württemberg), ECLI:EU:C:1986:284.

30 Urteil v. 29. Oktober 1992 (Open Door and Dublin Weil Woman/Ireland), Serie A n°246-A, Abs. 69.

31 EG-EMRK, Rs. Matthews, s.o. Anm. 15.

32 BverfGE 37,271 («Solange I»), BverfGE 73, 339 {«Solange II»). S. auch die Verfassungsrechtsprechung in Italien, Urteile n° 98/65 {San Michele), Giur. Cost. 1965, 1322; 183/73 (Frontini), RTDE 1974, 154; 170/84 (Granital) Giur. Cost. 1984, 1098; 232/89 (FRAGD), Giur. Cost. 1989 I; 1001 und in Frankreich, Urteil n° 92–308, DC, JO v. 11. April 1992, S. 5354, ausführlicher Überblick bei *De Berranger* (s.o. Fn. 13, 253–297).

33 Beispiele: Verpflichtung zur Beseitigung von Zöllen und von Diskriminierungen im innergemeinschaftlichen Personen-, Waren-, Dienstleistungsverkehr.

Anforderungen bedürfen der Konkretisierung durch den gemeinschaftlichen Gesetzgeber.[34] In beiden Fällen kann die Vorgabe Änderungen des staatlichen Verfassungsrechts erfordern.[35]

c) Verfassungs- »export»

Besonders sichtbar wird die Außenwirkung von Verfassungen, wenn in einem Staat Verfassungsänderungen oder -neugebungen staatfinden. Die modernen Verfassungen in Europa orientieren sich durchweg an Vorbildern in benachbarten Staaten.[36] Die Mitgliedstaaten des Europarats schufen im Übrigen ein besonderes Gremium, das durch Beratung bei der Verfassungsgebung die Grundwerte der Verfassung des Europarats externalisieren und dadurch einen europäischen Mindeststandard an Demokratie, Rechtsstaatlichkeit und Minderheitenschutz ausbreiten soll.[37]

5. Verfassungen als Objekte der Europäisierung

Die von Verfassungen als Subjekt ausgehenden Einflüsse auf benachbarte oder überlagernde europäische Verfassungen finden ihre Entsprechung auf Seiten der «Empfängerverfassung», des Objekts der Europäisierung.

Die bedeutendsten Änderungen in der Verfassungspraxis aller Staaten entstehen durch die von den EU-Verträgen ausgelösten Kompetenzveränderungen der staatlichen Organe. Der Handlungsrahmen der staatlichen Organe wird dabei nicht linear beschnitten. Vielmehr wirkt sich die Verfassungsverflechtung unterschiedlich aus. Während sich die Kompetenzen der staatlichen Parlamente durchweg vermindern, können Regierungen den

---

34 Beispiele: Angleichung des Wahlrechts zum EP und des Kommunalwahlrechts (Art. 19 EGV), allgemeine Rechtsangleichung (Art. 94, 95 EGV).

35 Beispiel: Einfügung von Art. 87 e) in das deutsche Grundgesetz (1993) zur Berücksichtigung der EG-RL 91/440 über die rechtliche Verselbständigung der Eisenbahnunternehmen. S. a. *Beutler/Bieber/Pipkorn/Streil*, Die Europäische Union, 5. Aufl., 2001, Kap. 11, 12.

36 Dazu *Stefano Bartole*, Riforme costituzionali nell'Europe centro -orientale, Bologna 1993. Siehe auch die regelmäßigen Berichte «Constitutional Watch» in East European Constitutional Review.

37 Entschliessung (90) 6 des Ministerausschusses v. 10. Mai 1990. Dazu näher *Giorgio Malinverni*, L'expérience de la Commission européenne pour la démocratie par le droit (Commission de Venise), in: Flauss (Hrsg.), Vers un droit constitutionnel européen, (s.o. Anm. 7), 386–394.

Zuständigkeitsverlust auf staatlicher Ebene durch gewachsene Mitentscheidungsrechte im Rat der EU kompensieren

Weitere Erscheinungsformen einer «Europäisierung» bzw. «Internationalisierung» von Verfassungen sind die Übernahme einzelner Elemente externer Verfassungen sowie die Übertragung von Rechtsbegriffen zwischen Verfassungen (z.B. die Ausbreitung der Institution der Verfassungsgerichtsbarkeit in Europa[38]). Horizontale Übertragungen verfassungsrechtlicher Kategorien lassen sich z.B. in Bereich der schweizerischen Rechtsprechung zum Grundrechtsschutz nachweisen.[39]

6. Schlussbemerkung

Die Übersicht im vorigen Kapitel zeigte die vielfältigen Formen der europäischen Verfassungsverschränkung. Sie belegte überdies, dass die Wechselbeziehungen der einzelnen Verfassungen zwar besonders intensiv im Verhältnis von Europäischer Union zu ihren Mitgliedstaaten verlaufen, dass dieser Rahmen aber keineswegs eine Bedingung gegenseitiger Einwirkungen ist und daher auch nicht als ausschließlicher Anstoß einer «Europäisierung» der Verfassungen verstanden werden darf.

Die beobachtete Verfassungsannäherung bezieht sich vor allem auf einen Mindeststandard der Grundrechte und die Grundlagen der demokratischen und rechtsstaatlichen Garantien.

Darüber hinaus erfasst sie aber sämtliche Bereiche des Verfassungsrechts. Es lässt sich daher durchaus die Existenz eines übereinstimmenden «Mindeststandards» oder «Kerns» der verschiedenen Organisationsformen der Hoheitsgewalt in Europa ein «gemeineuropäisches Verfassungsrecht», nachweisen.

Es wäre allerdings verfehlt, aus diesen Beobachtungen auf die Entstehung einer europäischen «Einheitsverfassung» zu schließen. Zunächst führt die fortdauernde Existenz der Staaten mit eigenständiger Verfassungs-

38 Dazu *Brunner*, Die neue Verfassungsgerichtsbarkeit in Osteuropa, ZaöRV 1993, Bd. 53, 819 ff.

39 Vgl. *Walter Kälin*, Integration by Constitutional Review: The Case of the Swiss Federal Tribunal, in: Bieber/Widmer (Hrsg.), L'espace constitutionnel européen (s.o. Fn. 5), 209–223 (218 f.).

gebungskompetenz zu einer verfassungsrechtlichen Artenvielfalt.[40] Auch sind zahlreiche Unterschiede der Verfassungen historisch bedingt und tendieren schon deswegen zur Beibehaltung. Schließlich sind nicht alle Verfassungsteile dem gleichen «Anpassungsdruck» ausgesetzt. Gerade jene Verfassungsbestimmungen, die nicht auf funktionalen Notwendigkeiten beruhen, können als Besonderheiten leichter überdauern.

Die Mehrzahl der europäischen Verfassungen ist eher im Geiste einer abgeschlossenen Wirtschafts- und Gesellschaftsordnung konzipiert. Sie spiegeln vielmehr die objektiven Existenzbedingungen europäischer Gesellschaften also wirtschaftliche, soziale und politische Offenheit. Unter diesen Umständen wird eine aktive «Europäisierung» der jeweiligen Verfassung, die Entwicklung eines europäischen Verfassungsverbundes um einen Kern gemeinsamer Werte und gemeinsamer Grundsätze zu einem Gewinn für jede Verfassungsordnung. Ermöglicht sie doch, aus den Erfahrungen in benachbarten Verfassungen zu lernen und den Handlungsrahmen der beteiligten Gesellschaftsordnungen mit friedlichen Mitteln zu vergrößern. Der Bürger erlangt auf diese Weise zusätzliche Handlungsmöglichkeiten und zusätzlichen Schutz.

Keinesfalls sollte eine Europäisierung der Verfassungen als Niederlage im Kampf um eine maximale Verfassungsautonomie verstanden werden. Versuche einer verfassungsrechtlichen Isolation sind genauso zum Scheitern verurteilt wie jeder andere Ausschluss von Kommunikation mit seiner Umwelt.

In wissenschaftlicher Perspektive kommt es insbesondere darauf an, die wechselseitigen Einwirkungsprozesse als die Herausbildung eines neuartigen durch Verflechtung fortdauernder Teilordnungen charakterisierten «Europäischen Verfassungsraums» zu erkennen und dessen Potential für Selbstbestimmung, Wertsicherung und Kommunikation zu verdeutlichen.

---

40 Die gleiche Beobachtung ergibt sich auch bei einem Blick auf die jüngeren Kantonsverfassungen in der Schweiz und die Verfassungen der neuen deutschen Bundesländer.

B. III. Föderalismus in Europa*

1. Einleitung

Der Begriff Föderalismus bezieht sich auf die Organisation von Hoheitsgewalt. Er wird in den meisten Fällen im Zusammenhang mit dem Aufbau von Staaten verwandt. Dabei bezeichnet er das Verhältnis von fortbestehenden Teileinheiten (z. B. Gliedstaaten, Bundesländer, Kantone) zu einem sie umgreifenden Gesamtverband (z. B. Bundesstaat, supranationale Organisation).

Typische Umschreibungen dieses Verhältnisses sind die Kategorien Autonomie sowie Teilhabe, Einheit und Vielfalt.[1] Eine eindeutige rechtliche Aussage enthält der Begriff jedoch nicht.[2] Dieses beruht zum einen darauf, dass sein Gehalt aus konkreten, aber höchst unterschiedlichen Ausgestaltungen des Föderalismusprinzips abgeleitet wird. Außerdem dient der Begriff Föderalismus vielfach auch der Umschreibung politischer Ziele, die auf die Neu- oder Umgestaltung des Verhältnisses kollektiver Organisationen gerichtet sind. Dabei liegt dem Begriff des Föderalismus meist ein bestimmtes Vorverständnis zugrunde. Entsprechend der amerikanischen Tradition verbindet sich im angloamerikanischen Sprachgebrauch mit der Kategorie des Föderalismus zumeist der Gedanke einer Stärkung der jeweiligen Zentralgewalt (nicht zuletzt zum Schutze des Einzelnen), während z. B. in Deutschland mit dem Gedanken des Föderalismus eher die Wahrung der Länderrechte gemeint ist. Eine erste verfassungsrechtliche Ausprägung erfuhr der Föderalismusgedanke bei der Schaffung der Vereinigten Staaten von Amerika 1787.[3]

---

* Zuerst veröffentlicht in: Weidenfeld (Hg.), Europa – Handbuch, Gütersloh 1999, 353 – 365.

1 Vgl. *Wheare, Kenneth*: Federal Government, Oxford 1961; *Burdeau, Georges*: Traité de Science Politique, Paris 1980, 493; *Centre d'étude du fédéralisme* (Hrsg.): Le fédéralisme, Brüssel 1994, 12 ff.; *Mazan, Stephan*: Das föderative Prinzip in der Europäischen Union, Zürich 1996, 3 ff.

2 Vgl. *Herzog, Roman*: Stichwort »Föderalismus«, in: *ders.* u. a. (Hrsg.): Ev. Staatslexikon, Stuttgart 1987.

3 Die praktisch-politischen Grundlagen dieser Entwicklung legten *Alexander Hamilton, James Madison* und *John Jay* in ihren »Federalist Papers« aus dem Jahre 1787 (dt. »Der Föderalist«, Wien 1958). Zur Verfassungspraxis grundlegend siehe auch *Trute,*

Die Begriffe »Föderalismus« und »Europa« sind in doppeltem Sinne verknüpft: Als Idee ist das Konzept des Föderalismus ein Ergebnis der Aufklärung, also des Versuches, menschliches Zusammenleben nach rationalen Grundsätzen zu gestalten. Insoweit ist es Bestandteil der europäischen Geistesgeschichte. Als Zielbeschreibung der Vorschläge zur europäischen Einigung und für die konzeptionelle Erfassung der europäischen Integration erlangte das Föderalismusprinzip erhebliche Bedeutung. Das deutsche Grundgesetz verpflichtet die Bundesrepublik zur Mitwirkung an der Entwicklung der Europäischen Union, die unter anderem »föderativen Grundsätzen« verpflichtet sein soll.[4] Der deutsche Außenminister Fischer empfahl im Mai 2000 die Umwandlung der Europäischen Union in eine europäische Föderation.[5] Der französische Premierminister Jospin lehnte im Mai 2001 zwar eine Föderation nach deutschem Muster ab, empfahl aber seinerseits die Weiterentwicklung der EU zu einer „fédération d'Etats-nations".

Die verfassungsrechtliche Entwicklung der Europäischen Union war an dem föderalistischen Leitgedanken der gemeinsamen Ausübung von Hoheitsgewalt bei gleichzeitiger Wahrung weit gehender Autonomie ihrer Mitgliedstaaten orientiert. Doch entspricht die Union keinem der bundesstaatlichen Vorbilder, die das Konzept des Föderalismus prägten. Im positiven Recht der Union findet sich der Begriff des Föderalismus nicht. Zwar hatte eine Mehrheit der Regierungen im Vorfeld des Vertrages von Maastricht 1992 einer Formulierung in Artikel A EUV zugestimmt, die als Ziel des Einigungsprozesses eine »föderale Union« bezeichnete, doch scheiterte die vertragliche Aufnahme am Widerstand Großbritanniens.[6] Der vom Europäischen Konvent erarbeitete und von der Regierungskonferenz überarbeitete Verfassungsvertrag erwähnt den Begriff föderal nicht.[7]

Die gegenüber den traditionellen Kategorien des Staates und der Staatenverbindungen durchaus eigenständige Form der europäischen Einigung im Rahmen der Union mit ihrer in verschiedenen Bereichen unterschiedlich intensiven Zentralgewalt kann mit dem Begriff Föderalismus jedenfalls bes-

---

Hans-Heinrich: Zur Entwicklung des Föderalismus in den Vereinigten Staaten, in: Zeitschrift für ausländisches öffentliches Recht und Völkerrecht (ZaöRV), 49 (1989), 191 - 256.

4 Vgl. dazu *Zuleeg, Manfred*: Die föderativen Grundsätze der Europäischen Union, in: Neue Juristische Wochenschrift, 2000, 2846 - 2951.

5 *Fischer, Joschka*: Vom Staatenverbund zur Föderation, in: integration, 3 (2000), 149 - 156.

6 Vgl. *Cloos, Jim* u. a. (Hrsg.): Le Traité de Maastricht, Brüssel 1994, 115.

7 Vgl. Amtsblatt der EG, C 169/2003.

ser erfasst werden als durch die nur scheinbar aussagekräftigen Kategorien des Bundesstaates oder des Staatenbundes. Da aber bis in die Gegenwart der Föderalismusbegriff mit einem bestimmten Modell des Bundesstaates gleichgesetzt wird, muss stets eine genaue Begriffsklärung der Verwendung des Terminus Föderalismus vorausgehen.

In einem richtig verstandenen Föderalismus herrschen gleichwohl genau jene Schwebezustände, wie sie für die europäische Integration charakteristisch sind und die notwendigerweise bei der Austarierung des Wertebündels von Vielfalt, Autonomie, Solidarität, gemeinsamer Verantwortung und der Anerkennung des Rechtes entstehen.

2. Historischer Überblick

a) Föderalismus als Organisationsprinzip europäischer Staaten

Der Gedanke des Föderalismus beeinflusste die Organisation zahlreicher europäischer Staaten. Seine älteste praktische Ausformung findet sich in der Schweiz, deren Bundesstaatlichkeit 1848 aus dem Zusammenschluss ursprünglich selbstständiger Kantone hervorging. Lange Zeit blieb dies das einzige Bundesstaatsmodell in Europa. Erst nach der Revolution 1917 entwickelte sich 1922 die Russische Föderation. Aus Teilen der ehemaligen habsburgischen Monarchie gingen die drei Bundesstaaten Österreich, die Tschechoslowakei und Jugoslawien hervor. Während die Bundesstaatlichkeit Österreichs auf einer Stärkung ihrer Teilkomponenten beruhte, entstanden die Tschechoslowakei und Jugoslawien aus Einheiten, die zuvor ein größeres Maß an Selbstständigkeit besessen hatten. Diese beiden Staaten zerfielen – ähnlich wie die Sowjetunion – mit dem Ende der kommunistischen Herrschaft.

Die Bundesstaatlichkeit Deutschlands geht auf die Verfassung von 1871 zurück. Weniger deutlich ausgeprägt in der Weimarer Verfassung von 1919 und aufgegeben während der nationalsozialistischen Herrschaft (1933 bis 1945), erfuhr sie ihre volle Ausformung im Grundgesetz von 1949. Belgien verfügt seit 1994 über die jüngste föderalistische Verfassung. Auch dieser Bundesstaat ging aus einem unitarischen Staat hervor. Tendenzen zur Dezentralisierung lassen sich auch in Großbritannien und Spanien beobachten. Über Europa hinaus wurde die Idee des Föderalismus in allen Teilen der Welt in konkrete Formen der Staatsorganisation umgesetzt (neben den USA z. B. in Kanada und Indien). Auch dort kehren die zwei Entstehungsmuster – Dezentralisierung von Einheitsstaaten oder Zusammenschluss ursprünglich selbstständiger Teile – wieder. Die dem Föderalismus eigene Dynamik, seine fortwährend nötige Balance zwischen zentrifugalen und zentripetalen Tendenzen, bringt unter bestimmten Bedingungen besonders stabile Organisationen hervor, während andererseits föderalistische Strukturen den Zerfall von Staatswesen begünstigen können.[8]

b) Föderalismus und europäische Integration

Montesquieu definierte 1748 erstmals den Gedanken eines freien Zusammenschlusses mehrerer Teileinheiten, dem eine besondere friedenstiftende Wirkung zugeschrieben wurde,[9] und greift das nahezu gleichzeitig erdachte Konzept des individuellen Gesellschaftsvertrages auf, wie es etwa von John Locke entwickelt worden war.[10] Wegen ihrer Allgemeinheit eigneten sich diese Kategorien zur begrifflichen Erfassung vorhandener oder gedachter Organisationen.

Philosophische Vertiefung und konkrete Anwendung auf das Verhältnis der europäischen Staaten erfuhr dieser Gedanke durch *Immanuel Kant* in seiner Schrift »Zum ewigen Frieden« 1785. Danach bildet »der freie Föderalismus (...) das Surrogat des bürgerlichen Gesellschaftsbundes«. *Kant* schlug die Föderation der europäischen Staaten als Mittel der Friedenssicherung vor. Er stützte seine Überlegungen auch auf die Beobachtung der Herausbildung des amerikanischen Bundesstaates. Doch führten die in der Folgezeit verfassten Entwürfe zur europäischen Einigung den speziellen föderalen Aspekt nicht weiter. So widmeten *Saint-Simon* und *Thierry* ihre Aufmerksamkeit vor allem der Schaffung eines europäischen Parlamentes.[11] Das Verhältnis zwischen den Teileinheiten und dem Ganzen blieb unbeachtet. Der bedeutendste Denker des Föderalismus im 19. Jahrhundert, *Pierre-Joseph Proudhon*, entwickelte sein Konzept des Föderalismus allgemein aus der Stellung des Individuums in jeder Art von sozialer Organisation,

---

8 Vgl. *Knop, Karen* u. a. (Hrsg.): Rethinking Federalism, Vancouver 1995.

9 *Montesquieu, Charles Louis*: De l'esprit des lois, Paris 1979, 265.

10 *Locke, John*: Two Treaties of Government 1690 (Neuausgabe: Cambridge 1960), Kapitel 8.

11 *de Saint-Simon, Henri / Thierry, Augustin:* De la réorganisation de la société européenne ou de la nécessité et des moyens de rassembler les peuples de l'Europe en un seul corps politique en conservant à chacun son indépendance nationale, Paris 1814.

von der Gemeinde bis zu einer Weltregierung. Er zweifelte jedoch an der Möglichkeit, Europa eine föderale Verfassung zu geben.[12]

Nach dem Ersten Weltkrieg gewann die Idee einer politischen Einigung Europas an Boden. Erstrebt wurde zunächst eine engere Zusammenarbeit im Rahmen des Völkerbundes. *Aristide Briand*, der französische Außenminister, legte 1929 der Völkerbund-Versammlung ein Memorandum vor, in dem er die Errichtung eines »régime d'union fédérale européenne« vorschlug. Die Beschreibung der Eigenschaften dieser Union war aber in sich widersprüchlich. Gleichzeitig forderten *Graf Coudenhove-Kalergi* und die von ihm gegründete Paneuropäische Bewegung die Schaffung der »Vereinigten Staaten von Europa«. Dieser Gedanke wurde in der Folgezeit von zahlreichen Verbänden weitergetragen, unter ihnen z. B. die Union der Europäischen Föderalisten und das Mouvement socialiste pour les Etats Unis de l'Europe. Alle diese Verbände schlossen sich im Oktober 1948 in der Dachorganisation der Europäischen Bewegung zusammen.

Innerhalb dieser Gruppen kristallisierten sich zwei Tendenzen heraus: Die eine Richtung entwickelte das Proudhon'sche Föderalismuskonzept weiter und entfaltete vor allem im Rahmen von Regionalisierungs- und Autonomiebewegungen unterhalb der staatlichen Ebene ihre Wirkungen. Die andere, nach *Alexander Hamilton*[13] benannte Richtung forcierte vor allem den Aufbau eines europäischen Bundesstaates. Hauptvertreter der ersten Linie war *Alexandre Marc*,[14] die zweite Richtung wurde angeführt von *Altiero Spinelli*,[15] der insbesondere den Verfassungsentwurf des Europäischen Parlamentes aus dem Jahre 1984 initiierte.[16]

Die Forderungen nach einer europäischen Bundesverfassung wurden nicht erfüllt. Die Europäische Union ist kein Bundesstaat. Dagegen ging aus den sie begründenden Rechtstexten eine Organisation eigener Art hervor, die einem gemeinsamen Wertesystem verpflichtet ist, das seinerseits

---

12 *Proudhon, Pierre-Joseph*: Du principe fédératif et oeuvres diverses sur les problèmes politiques européens, Paris 1959.

13 Vgl. *Hamilton* (Anm. 3).

14 Vgl. *Aron, Robert/Alexandre, Marc*: Principes du fédéralisme, Paris 1948; *Kinsky, Ferdinand/Franz Knipping* (Hrsg.): Der personalistische Föderalismus und die Zukunft Europas. Festschrift für Alexandre Marc, Baden-Baden 1996.

15 Vgl. *Spinelli, Altiero*: Agenda pour l'Europe, Paris 1972. Zur Kontroverse zwischen beiden Richtungen vgl. *Pinder, John*: Hamilton und Proudhon: Das Ende einer föderalistischen Kontroverse?, in: integration, 4 (1987), 165 – 174.

16 Vgl. *Capotorti, Francesco*, u. a. (Hrsg.): Der Vertrag zur Gründung der Europäischen Union: Kommentar zu dem vom Europäischen Parlament am 14. Februar 1984 verabschiedeten Entwurf, Baden-Baden 1986.

die Verpflichtung zur Wahrung der Identität der Staaten umfasst. Insofern bildet die Union eine föderale Organisation.

c) Föderalismus und EG-Verträge

Die mit dem Vertrag zur Errichtung der Europäischen Gemeinschaft für Kohle und Stahl (EGKS) von 1951 eingeleiteten normativen Entwicklungsschritte zur Europäischen Union unterscheiden sich grundlegend von den theoretischen Entwürfen einer europäischen Föderation: Sie umfassten weder die Gesamtheit der Beziehungen zwischen den beteiligten Staaten, noch schufen sie eine endgültige Verfassungsstruktur für den Verband. Vielmehr bestand das in der Präambel des EGKS-Vertrages hervorgehobene Ziel darin, »Europa nur durch konkrete Leistungen, die zunächst eine tatsächliche Verbundenheit schaffen, und durch die Errichtung gemeinsamer Grundlagen für die wirtschaftliche Entwicklung« aufzubauen.

Der französische Außenminister *Robert Schuman* sprach in seiner berühmten Erklärung vom 9. Mai 1950 von einer »europäischen Föderation«.[17] Entsprechend erstrebte *Walter Hallstein* noch im Jahre 1969 »die Gründung der Vereinigten Staaten von Europa«.[18] Dass zwischen den beteiligten Politikern gleichwohl kein Einvernehmen über die Gestalt der zukünftigen Organisation bestand, illustriert der Entwurf eines Vertrages über die Europäische Verteidigungsgemeinschaft (1952). Artikel 38 sah die Ausarbeitung eines Verfassungsentwurfes für die zukünftige Gemeinschaft vor. Sie wurde wie folgt skizziert: »Die endgültige Organisation, die an die Stelle der vorläufigen Organisation treten wird, soll so beschaffen sein, dass sie den Bestandteil eines späteren bundesstaatlichen oder staatenbündischen Gemeinwesens bilden kann.«[19]

Diese Meinungsverschiedenheit erklärt die Kontroverse um die Benennung der Europäischen Union im Rahmen der *Fouchet*-Pläne des Jahres 1962. Während die französische Regierung den Begriff »Staatenunion« vorschlug, plädierten die übrigen Regierungen für die Bezeichnung »Union europäischer Staaten und Völker«.[20] Auch in der Diskussion um die Auf-

---

17 Erklärung vom 9. Mai 1950, abgedruckt bei *Schwarze, Jürgen/ Bieber, Roland* (Hrsg.): Eine Verfassung für Europa, Baden-Baden 1984, 394.

18 *Hallstein, Walter*: Der unvollendete Bundesstaat, Düsseldorf 1969, 11.

19 Abgedruckt bei *Schwarze/Bieber* (Anm. 17), 66.

20 Abgedruckt in Europäisches Parlament (Hrsg.): Dokumentensammlung »Die politische Union«, Luxemburg 1964.

nahme des Begriffes »föderal« in den Unionsvertrag von 1992 spiegelt sich diese Meinungsverschiedenheit.[21]

3. Föderalismus als Strukturprinzip der europäischen Verträge

Auch wenn den EU-Verträgen bis heute eine ausdrückliche föderalistische Zielvorgabe oder Inhaltsbeschreibung fehlt, so belegt die Geschichte der Verträge doch, dass zumindest einige Gründer der für funktional beschränkte Aufgaben konzipierten Gemeinschaften eindeutige föderale Ziele anstrebten oder den Weg dazu offen halten wollten. Insofern ist es unzutreffend, wenn mitunter die Methode der funktionalen Integration in einen Gegensatz zum föderalen Prinzip gebracht wird.[22] Ein Gegensatz besteht lediglich insoweit, als im einfachen föderalistischen Modell die Gesamtheit der Aufgaben zwischen den einzelnen Ebenen verteilt wird. Das die Integration mit funktionalen Erwägungen fördernde oder erklärende Konzept steht der Idee des Föderalismus insofern sogar besonders nahe, als es das Prozesshafte im Verhältnis zwischen den Teileinheiten und dem Gesamtverband als eigenständiges Qualitätsmerkmal erkennt.

Föderalismus schafft nicht nur Strukturen, sondern ermöglicht auch Prozesse, in denen sich – je nach konkretem Bedarf – die Beziehungen zwischen den Teilen und dem Ganzen immer neu ausbalancieren. Allerdings kann diese Balance nicht ohne rechtlichen Rahmen, nicht ohne Verpflichtung auf ein gemeinsames Interesse und nicht ohne demokratische Legitimation gefunden werden. Die Föderation ihrerseits muss dabei jedoch nicht unbedingt traditionelle staatliche Eigenarten – wie etwa eine ausschließliche Bindung der Bürger oder eine theoretisch unbeschränkte Zuständigkeitsfülle – besitzen. Ebenso wenig gehört ein gleichmäßig hohes Niveau der föderalen Durchdringung zu den notwendigen Merkmalen des Föderalismus. Mit dem Föderalismusgedanken unvereinbar wären lediglich Modelle, die eine Konzentration und exklusive Zuweisung von Hoheitsgewalt und ihrer Legitimität vertreten.

Eine präzise Umschreibung des Integrationszieles hätte daher zwar den Vorteil, die föderalistische Grundströmung der Verträge begrifflich zu verfestigen und damit als Maßstab und Antrieb der weiteren Entwicklung zu wirken. Gleichzeitig wüchse jedoch die Gefahr, dass die Chance der Entde-

21 Vgl. ebd. und *Cloos* (Anm. 6).
22 Vgl. *Mazan* (Anm. 1), 64.

ckung und Erprobung eigenständiger Formen der gemeinsamen Ausübung von Hoheitsgewalt von vorschnellen Fixierungen auf bekannte Leitbilder, wie dem des (deutschen) Bundesstaates, behindert würde.[23] Die Verpflichtung der Union auf »föderative Grundsätze«, wie sie Artikel 23 Absatz 1 GG vornimmt, beinhaltet keine weiter gehenden Festlegungen.[24]

Nur eine Analyse einzelner Vertragsmerkmale erlaubt daher Aussagen zur föderalen Qualität der EG/EU-Verträge.[25] Diese Merkmale können aus verschiedenen Perspektiven ermittelt werden:

- Verfassungsprinzipien, Institutionen und Verfahren;
- Funktionen (Gesetzgebung, Rechtsprechung, Verwaltung und Kontrolle);
- Stellung des Bürgers;
- Aufgabenzuweisungen.

In ihrer Zusammenschau ergeben diese Perspektiven ein Netzwerk, in dem sich unitarisierende und dezentralisierende Kräfte ausgleichen, wobei dieser Ausgleich durch einige »Scharniere« beweglich gehalten wird.

a) Verfassungsprinzipien, Institutionen und Verfahren

Der Verfassungsordnung der Union liegen einige zentrale Rechtsregeln zugrunde, die insbesondere für das Verhältnis zwischen Mitgliedstaaten und Union gelten. Nur ein Teil ist ausdrücklich in den Verträgen erwähnt, andere wurden von der Rechtsprechung entwickelt. Einzeln genommen betonen sie die unitarische oder die föderale Komponente der Union. Gemeinsam konkretisieren sie jenes für die Union charakteristische Gleichgewicht aus Machtteilung und Machtverbindung. Zu den die Machtverbindung bezeichnenden Grundsätzen gehören sowohl die Verpflichtung auf die Bewahrung und Pflege gemeinsamer Werte, wie den Schutz der Grund-

23 Vgl. *Ipsen, Hans-Peter*: Europäisches Gemeinschaftsrecht, Tübingen 1972, 984.

24 Vgl. *Schmalenbach, Kirsten*: Der neue Europaartikel 23 des Grundgesetzes im Lichte der Arbeit der gemeinsamen Verfassungskommission, Berlin 1996, 68 – 73.

25 Vgl. *Everling, Ulrich*: Zur föderalen Struktur der Europäischen Gemeinschaft, in: *Hailbronner, Kai* u. a. (Hrsg.): Staat und Völkerrechtsordnung. Festschrift für Karl Doehring, Berlin – Heidelberg 1989, 179 – 197.

rechte[26], Freiheit, Demokratie und Rechtsstaatlichkeit[27], auf Solidarität[28], auf die Verwirklichung gemeinsamer Politiken[29] und auf die Autonomie der Union[30] als auch die Verpflichtung auf einen gemeinsamen Rechtsraum mit allgemeiner Geltung des Rechtes der Union.[31] Machtverbindend wirken weiter die Anerkennung des Vorranges des Gemeinschaftsrechtes vor entgegenstehendem staatlichen Recht[32] und die unmittelbare Wirkung zahlreicher Bestimmungen des Unionsrechtes für die Bürger.[33]

Zu den die Machtteilung bestätigenden und gewährleistenden Rechtsprinzipien der Union gehören insbesondere die vorausgesetzte fortdauernde Existenz von Mitgliedstaaten,[34] die Verpflichtung der Union zur »Wahrung der nationalen Identität ihrer Mitgliedstaaten«,[35] die Verpflichtung der Union zur Wahrung des Grundsatzes der »Subsidiarität«,[36] das Prinzip der »begrenzten Einzelermächtigung«[37] und der Grundsatz der institutionellen und verfahrensmäßigen Autonomie der Mitgliedstaaten bei der Umsetzung und Anwendung des Rechtes der Union.[38]

Der Ausgleich zentrifugaler und zentripetaler Tendenzen innerhalb föderaler Strukturen kann in sozialen Systemen mit Hilfe schematischer oder statischer Aufgabenzuweisungen nie dauerhaft erfüllt werden. Die eigentliche föderale Qualität einer aus mehreren Komponenten gebildeten

---

26 Vgl. unter Betonung der »gemeinsamen Verfassungsüberlieferung« Artikel 6 Absatz 2 EU-Vertrag.

27 Vgl. Artikel 6 Absatz 1 EU-Vertrag.

28 Vgl. Artikel 1 EU-Vertrag.

29 Vgl. Artikel 2 und Artikel 3 EG-Vertrag.

30 Vgl. Artikel 6 Absatz 3 EU-Vertrag; Artikel 11 Absatz 1 EU-Vertrag.

31 Vgl. Artikel 61, Artikel 220, Artikel 234 und Artikel 249 EG-Vertrag sowie Gerichtshof der Europäischen Gemeinschaften, Gutachten 1/91, ECLI:EU:C:1991:490.

32 Rechtssache (Rs.) C-6/64 (Costa/Enel), ECLI:EU:C:1964:66. Dazu *Beutler/ Bieber* u. a.: Die Europäische Union, Baden-Baden 2001, 94 ff.

33 Vgl. Artikel 249 EG-Vertrag, sowie Rs. C-26/62 (van Gend u. Loos), ECLI:EU:C:1963:1.

34 Vgl. Artikel 1 EU-Vertrag.

35 Artikel 6 Absatz 3 EU-Vertrag.

36 Vgl. Artikel 2 EU-Vertrag und Artikel 5 EG-Vertrag. Dazu im Einzelnen: *Bieber, Roland*: Subsidiarität im Sinne des Vertrages über die Europäische Union, in: *Nörr, Knut Wolfgang/Thomas Oppermann* (Hrsg.): Subsidiarität. Idee und Wirklichkeit, Tübingen 1997, 165 – 183, hier nachfolgend abgedruckt, 167 ff.

37 Vgl. Artikel 5 EG-Vertrag.

38 Vgl. *Beutler* u.a. (Anm. 32), 223 ff. und *Iglesias, Carlos Rodriguez*: Zu den Grenzen der verfahrensrechtlichen Autonomie der Mitgliedstaaten bei der Anwendung des Gemeinschaftsrechts, in: Europäische Grundrechte Zeitschrift, 14 – 16 (1997), 289 – 295.

Organisation lässt sich daher an jenen Regelungen und Prinzipien messen, die dem Interessenausgleich und der Entwicklungsfähigkeit des Gesamtsystems und seiner Teile zu dienen bestimmt sind. Dazu gehören im Recht der Union das Prinzip des immer engeren Zusammenschlusses der Völker, der – mangels Definition des abschließenden Zieles – logischerweise nur einen Prozess bezeichnet, das Prinzip der Demokratie, welches die Definition eines gemeinsamen Interesses und eines gemeinsamen Willens der beteiligten Völker voraussetzt, doch gleichzeitig das Prinzip der Selbstbestimmung einzelner Gruppen garantiert, die Verpflichtung zur loyalen Zusammenarbeit, die sich gleichermaßen an die Mitgliedstaaten, ihre Organe und Teilgliederungen wie auch an die Union und ihre Organe richtet,[39] die Gewährleistung des Rechtes einzelner Mitgliedstaaten, im Rahmen der Union und mit Hilfe ihrer Institutionen untereinander eine »verstärkte Zusammenarbeit« zu begründen,[40] und die Entscheidungsbefugnis der (gemeinsam handelnden) Mitgliedstaaten über Änderungen der Verträge und Erweiterungen des Kreises der Mitglieder.[41]

Da die Union aus der Beschränkung oder Übertragung staatlicher Zuständigkeiten entstanden ist, beeinflusst und verändert ihre Existenz notwendigerweise das zuvor bestehende Verfassungsgefüge ihrer Mitgliedstaaten, also auch deren föderale Struktur. Derartige Wandlungen sind zwangsläufige Folgen der Mitgliedschaft in der Union. In Deutschland werden sie ausdrücklich vom Grundgesetz ermöglicht,[42] sie liegen innerhalb des Spektrums des jeweiligen staatlich verfassten föderalistischen Prinzips. Ein notwendiger Gegensatz zwischen europäischer Integration und (nationalstaatlichem) Föderalismus besteht jedenfalls nicht. Je differenzierter die föderalistische Gestalt der Union wird, desto leichter kann sie selbst die föderalen Elemente ihrer Mitgliedstaaten stärken.[43]

Auch bei der Ausgestaltung des Institutionensystems der Union verbinden sich dezentrale und unitarische Elemente zu einem Gefüge. Dies zeigt sich bei der Zusammensetzung und Funktion der Organe. Einerseits ist

39 Vgl. Artikel 10 EG-Vertrag und Rs. C-2/88 (Zwartveld), ECLI:EU:C:1990:440.

40 Vgl. Titel VII EU-Vertrag.

41 Vgl. Artikel 48 und Artikel 49 EU-Vertrag.

42 Vgl. Artikel 23 GG. In Absatz 6 wird davon ausgegangen, dass »ausschließliche Gesetzgebungsbefugnisse der Länder« von der Tätigkeit der Union betroffen sind.

43 Z. B. im Rahmen des erst mit dem Maastrichter Vertrag 1992 geschaffenen Ausschusses der Regionen, vgl. Artikel 263 EG-Vertrag.

jeder Mitgliedstaat in allen Institutionen vertreten,[44] andererseits besteht die Funktion sämtlicher Organe in der Bildung eines gemeinsamen Willens. Für die Mitglieder einiger Institutionen betonen die Verträge darüber hinaus die Verpflichtung zur Unabhängigkeit und das Gebot zur Wahrung des »allgemeinen Wohls« der Gemeinschaft.[45]

In diesem Rahmen und in diesen Grenzen lässt sich der Rat als das »föderative Organ« im Entscheidungsprozess der Union bezeichnen. In ihm äußern sich die Positionen der Regierungen der Mitgliedstaaten. Solche, die Teile der Union repräsentierenden Qualitäten besitzt aber auch das Europäische Parlament in seiner Eigenschaft als Vertretung der Völker der in der Gemeinschaft zusammengeschlossenen Staaten. Entsprechende Wirkungen in anderen Dimensionen erbringt die Vertretung der verschiedenen Gruppen des wirtschaftlichen und sozialen Lebens im Wirtschafts- und Sozialausschuss (WSA) sowie die Vertretung der regionalen und lokalen Gebietskörperschaften im Ausschuss der Regionen (AdR). Als unitarische Organe lassen sich die Kommission, der Gerichtshof und der Rechnungshof bezeichnen. Eine Zwischenstellung nimmt der Europäische Zentralbankrat ein, in dem das unitarisch konzipierte Direktorium und die Präsidenten der Zentralbanken der Mitgliedstaaten vertreten sind.

In den Verfahren der Rechtsetzung der Union zeigen sich gleichzeitig unitarische und dezentrale Elemente. Diese Gleichzeitigkeit besteht darin, dass es kein einheitliches Rechtsetzungsverfahren gibt, bei dem mit Wirkung für alle Rechtsakte das Zusammenspiel von Staaten und EU-Institutionen festgelegt wäre. Vielmehr besteht eine Vielzahl von Verfahren, deren Unterschiede gerade in dem Ausmaß des einzelstaatlichen Einflusses auf den jeweiligen Rechtsakt bestehen. Auch innerhalb aller Verfahren sind unitarische und dezentrale Elemente zusammengefügt. Einzelne Verfahren, insbesondere jene von verfassungsrechtlicher Tragweite, sind stärker staatlich geprägt und enthalten nur wenige unitarische Elemente. Auf den unteren Stufen der Normenhierarchie treten die unitarischen Elemente dagegen deutlicher hervor.

---

44 Dies wird z. T. durch die Verträge ausdrücklich vorgeschrieben (Kommission, Artikel 213 EG-Vertrag; Rat, Artikel 203 EG-Vertrag; EZB-Rat, Artikel 112 EG-Vertrag), z. T. durch die Mitwirkung der Regierungen der Mitgliedstaaten an der Ernennung gewährleistet (Gerichtshof, Artikel 223 EG-Vertrag; Rechnungshof, Artikel 247 EG-Vertrag; WSA, Artikel 259 EG-Vertrag; AdR, Artikel 263 EG-Vertrag) und z. T. durch die Praxis des Wahlverfahrens bewirkt (EP, Artikel 190 EG-Vertrag).

45 Kommission: Artikel 213 EG-Vertrag; EuGH, Artikel 223 EG-Vertrag; Rechnungshof: Artikel 247 EG-Vertrag; WSA, Artikel 258 EG-Vertrag; AdR, Artikel 263 EG-Vertrag; EP, Artikel 6 Direktwahlakt; EZB, Artikel 108 EG-Vertrag.

Die Verfahren zur Vertragsänderung, zur Aufnahme neuer Mitglieder, zur Beschaffung neuer Einnahmen und zur Einführung eines einheitlichen Wahlverfahrens für das Europäische Parlament umfassen eine Phase der notwendigen innerstaatlichen Zustimmung. Ein In-Kraft-Treten derartiger Akte ohne die Zustimmung aller Regierungen und Parlamente der Mitgliedstaaten ist nicht vorgesehen. Im Bereich der einfachen EG-Gesetzgebung ist eine Zustimmung der Mitgliedstaaten dagegen nicht erforderlich. In einzelnen Fällen bedarf es der Einstimmigkeit im Rat, doch kann diese auch durch Stimmenthaltung erreicht werden.

Im Regelfall müssen bei der Rechtsetzung Kommission, Rat und Parlament zusammenwirken, wobei jedes Organ mit Mehrheit entscheidet. Außerdem sind an den wesentlichen Entscheidungen WSA und AdR beratend beteiligt. Die föderale Balance zwischen den Interessen der einzelnen Staaten und dem Allgemeininteresse wird durch die obligatorische Beteiligung der verschiedenen Institutionen und durch die Verpflichtung auf ihre loyale Zusammenarbeit[46] erzielt.

b) Funktionen: Gesetzgebung, Rechtsprechung, Verwaltung, Kontrolle

Die föderale Besonderheit der Wahrnehmung hoheitlicher Funktionen durch die EU besteht in ihrer vertikalen Schichtung. Anders als im föderalen System der USA werden diese Funktionen also nicht selbstständig neben jenen der Gliedstaaten ausgeübt, sondern bedürfen, wenn auch in unterschiedlichem Ausmaß, der Ergänzung bzw. Ausführung durch die Staaten. Im Bereich der Gesetzgebung sind Verordnungen zwar geeignet, unmittelbare Rechte und Pflichten für die Bürger zu begründen, bilden also das stärkste unitarische Instrument, doch erfordern sie in zahlreichen Fällen ein ergänzendes Tätigwerden der Mitgliedstaaten. Besonders deutlich wird das Zusammenspiel von (unitarischer) Rahmengesetzgebung und (dezentraler) Ausführungsregelung in Gestalt der Richtlinien, die gemäß Artikel 249 EG-Vertrag die Mitgliedstaaten nur zur Erreichung des darin bestimmten Zieles verpflichten.

46 Vgl. *Bieber, Roland*: Kommentar zu Artikel 7 EG-Vertrag, in: *Schwarze, Jürgen/Hans von der Groeben* (Hrsg.): Kommentar zum EU/EG-Vertrag, 6. Aufl., Baden-Baden 2003, Ziff. 63 – 65.

Die Ausführung des Gemeinschaftsrechtes ist, von wenigen Ausnahmen wie dem Wettbewerbsrecht abgesehen, Angelegenheit der Mitgliedstaaten.[47] Dabei sind diese verpflichtet, für die Effizienz und die nicht-diskriminierende Anwendung des EG-Rechtes zu sorgen[48], wofür die EG selbst auch Rahmenbestimmungen setzen darf. Die gerichtliche Kontrolle der Ausführung des Gemeinschaftsrechtes obliegt in erster Linie den Gerichten der Mitgliedstaaten und nur ausnahmsweise dem Europäischen Gerichtshof (EuGH). Das besondere Verfahren der Vorabentscheidung gemäß Artikel 234 EG-Vertrag verknüpft die staatliche Justiz mit dem EuGH zum Zweck der Gewährleistung einer einheitlichen Auslegung.

Die Kontrolle des EuGH über das Verhalten der EG-Institutionen kann auch von den Mitgliedstaaten ausgelöst werden. Über die sonstigen gemeinschaftsinternen Kontrollinstrumente können die Staaten allerdings nur im Rahmen ihrer Mitgliedschaft im Rat verfügen.

c) Stellung der Bürger

Die Funktionsfähigkeit und Stabilität jeder Organisation hängt von der Bereitschaft der jeweiligen Bürger ab, die Entscheidungen der Institutionen dieser Organisation oder/und die Beschlüsse der Mehrheit der jeweiligen Bürger zu akzeptieren und zu befolgen. Diese Bereitschaft ist umso leichter zu erlangen, als die Einzelnen ihre Identität gewahrt und ihre Bedürfnisse gedeckt sehen und die Verwirklichung ihrer Hoffnungen als möglich wahrnehmen. Die Vielfalt der Individuen und der Gesellschaften, der Geschichte und Geographie führt dazu, dass geschlossene Organisationen nur unter außergewöhnlichen Umständen und selten auf Dauer in der Lage sind, die Gesamtheit der Bedürfnisse zu erfüllen und die Vielfalt der Individuen zu repräsentieren. Eine Organisation, die nicht die Exklusivität der individuellen Loyalitäten beansprucht, sondern mehrfache Loyalitäten ermöglicht, hat größere Chancen auf Stabilität, sofern sie gleichzeitig demokratisch

---

47 Vgl. Erklärung Nr. 19 zum EU-Vertrag und Erklärung Nr. 43 zum Protokoll über die Anwendung der Grundsätze der Subsidiarität im Vertrag von Amsterdam: »Die hohen Vertragsparteien bekräftigen (...) die Schlussfolgerung des Europäischen Rats von Essen, wonach die administrative Durchführung des Gemeinschaftsrechts grundsätzlich Sache der Mitgliedstaaten gemäß ihren verfassungsrechtlichen Vorschriften bleibt.«

48 Zu den Grenzen der mitgliedstaatlichen Autonomie s. insbesondere den Aufsatz von *Iglesias* (Anm. 38).

verfasst und bestimmten grundlegenden Werten wie Grundrechtsschutz und Rechtsstaatlichkeit verpflichtet ist. Klassischer Vertreter einer solchen Organisation ist die Föderation.[49]

Vor diesem Hintergrund lassen sich die föderalen Merkmale der Europäischen Union auch daran ermessen, inwieweit die Bürger der einzelnen Staaten eigenständige Beziehungen zur Union eingegangen sind oder eingehen können, sodass die Union als Teil eines Systems gestufter Loyalitäten verstanden werden darf. Derartige Beziehungen können sich auf zahlreichen Ebenen entfalten, sie können unter anderem auf reinen Nützlichkeitserwägungen beruhen, sie können in Tradition, Religion und gemeinsamen Werten begründet sein. Ein System gestufter Loyalitäten muss definitionsgemäß nicht die Gesamtheit der loyalitätsbegründenden Elemente umfassen. Die föderale Qualität der Union ermisst sich daher nicht daran, dass die Bürger ihre Loyalitäten gegenüber dem Staat übertragen haben. Es genügt der Nachweis, dass mehrfache Loyalitäten grundsätzlich Anerkennung finden und sich artikulieren können und dass bestimmte grundlegende Gemeinsamkeiten anerkannt werden.

Das Prinzip der mehrfachen Loyalität zeigt sich in der Union am deutlichsten in der Anerkennung des Europäischen Bürgerrechtes. Nach der Formulierung des EG-Vertrages ergänzt sie die nationale Staatsbürgerschaft, »ersetzt sie aber nicht«[50]. Die besondere Stellung der Bürger innerhalb der Union wird an den garantierten individuellen Werten, beginnend mit dem Recht auf nicht-diskriminierende Behandlung und auf Freizügigkeit bis hin zu den Grundrechtsgarantien, verdeutlicht.[51] Die spezifisch europäische Rechtsposition der Bürger gewährleistet ihren Trägern – unabhängig vom Aufenthaltsstaat – ein Wahlrecht bei kommunalen Wahlen und bei Europawahlen. Ein ausdrücklicher Europäischer Grundrechtekatalog wurde im Dezember 2000 mit Zustimmung des Europäischen Rates von den EU-Organen feierlich proklamiert. Er verdeutlicht diese Gemeinsamkeit der Werte und deren Gewährleistung noch zusätzlich.[52] Die Gemein-

---

49 Vgl. *Guetzkow, Harald*: Multiple Loyalties: Theoretical Approach to a Problem in International Organization, Princeton 1955; *Breton, Raymond*: Identification in Transnational Political Communities, in: Knop (Anm. 8), 40 – 58.

50 Artikel 17 EG-Vertrag.

51 Vgl. Artikel 12 EG-Vertrag (Verbot der Diskriminierung aus Gründen der Staatsangehörigkeit), Artikel 18 EG-Vertrag (Freizügigkeit), Artikel 6 Absatz 2 EU-Vertrag (Grundrechtsgarantie).

52 ABl. der EG C 364/2000. Zu den Vorentwürfen vgl. *Bieber, Roland* u. a. (Hrsg.): Au nom des peuples européens – In the Name of the Peoples of Europe, Baden-Baden 1996.

samkeit der Werte entwickelte sich allerdings nicht erst durch die Union. Sie ging vielmehr aus der langen gemeinsamen Geschichte der europäischen Völker hervor: Kultur, Konflikte, Ideen, Wirtschaft, Verkehr, Geographie und Religionen verbanden und trennten die Bürger in jeweils unterschiedliche Gruppen. Wenn europäische Geschichte daher eines belegt, dann die Unmöglichkeit, die verschiedenen Gruppen und Völker isoliert von den anderen Bewohnern des Kontinentes zu beschreiben. Andererseits lässt sich ihre Vielfalt auch nie auf einen einzigen Nenner, einen Staat oder ein Volk reduzieren. Insoweit sind in der europäischen Geschichte die für den Föderalismus charakteristischen Elemente der Individualität und der Gemeinsamkeit stets präsent.

d) Aufgabenzuweisungen

Zu den traditionellen Kriterien der Definition föderaler Systeme gehört die Aufteilung der Zuständigkeiten für die Erfüllung hoheitlicher Aufgaben zwischen mehreren Handlungsebenen. Dazu können verschiedene Techniken benutzt werden. Sie reichen von der katalogartigen Aufteilung aller zu einem bestimmten Zeitpunkt vorgestellten Aufgaben[53] über die Zuweisung nur bestimmter Aufgaben an eine Ebene[54] bis zur Begründung von Vermutungen für die Zuständigkeiten der einen oder anderen Ebene.[55] In der Europäischen Union verbinden sich auf besondere Weise alle diese Elemente. So gilt einerseits die Vermutung, dass die Union nur jene Aufgaben erfüllen darf, die ihr ausdrücklich zugewiesen sind.[56] Doch sind diese Aufgaben auf unterschiedliche Weise definiert: einige anhand ihres Gegenstandes (Landwirtschaft, Verkehr), andere durch eine Zielbeschreibung (Herstellung eines Binnenmarktes, Artikel 3 und Artikel 4 EG-Vertrag). Letztere können eine unbestimmte Zahl von Bereichen betreffen – sofern diese der Zielverwirklichung dienen.

Hinter einzelnen Zuständigkeiten stehen außerdem unterschiedlich intensive und unterschiedlich breite Wahrnehmungsmöglichkeiten der Union

53 Vgl. Artikel 73 und Artikel 74 GG.
54 Vgl. Artikel 15 der Bundesverfassung Österreichs; vgl. auch Artikel 3 der schweizerischen Bundesverfassung.
55 Vgl. Artikel 3 der schweizerischen Bundesverfassung.
56 Vgl. Artikel 5 EG-Vertrag.

bzw. der Staaten. So sind das Ausmaß[57], die normative Intensität[58] und die Art der rechtlichen Verbindlichkeit[59] des Handelns der EG/EU je nach Bereich unterschiedlich ausgestaltet, also in unterschiedlicher Weise mit dem Handeln der Staaten verzahnt. Hinzu kommt die bereits erwähnte, nach Gegenstand unterschiedliche Aufteilung von Gesetzgebungs- und Verwaltungszuständigkeit.

Im Ergebnis entstand dadurch ein vielfach abgestuftes System der Zuständigkeitszuweisungen, das noch durch die Art der Inanspruchnahme zusätzlich nuanciert wird und in seiner Gesamtheit alle Merkmale des föderalen Konzeptes trägt.[60] Die Einfügung des Subsidiaritätsprinzips in die Verträge verdeutlicht diese föderale Qualität. Es findet sich ausdrücklich oder implizit in zahlreichen Bundesverfassungen. Allerdings entfaltet es aufgrund seiner Allgemeinheit weder dort noch im Rahmen der Union selbst zuständigkeitsabgrenzende Wirkung.

4. Ausblick

Die föderative Idee ist mit dem Demokratieprinzip eng verwandt. Denn Selbstbestimmung – auf der das Demokratieprinzip beruht – verwirklicht sich, je nach Thema, im Rahmen von Gruppen verschiedenster Größe. Es ist daher kein Zufall, dass frühe Ausprägungen der Demokratie (in den USA und der Schweiz) föderale Formen annahmen. Im Rahmen der Europäischen Union führt der Anspruch auf demokratisch legitimierte Machtausübung zwangsläufig zu einem Verfassungssystem, das sich um eine Balance zwischen Autonomie und Gemeinsamkeit bemüht. Die Verträge zur Errichtung der Europäischen Union und der Europäischen Gemeinschaft verflechten die zuvor staatlich organisierte Form der Machtausübung zu einem höchst differenzierten System gemeinsamer und autonomer Machtwahrnehmung, das gleichzeitig dynamisch und balanciert angelegt ist. Bei der Einzigartigkeit der Organisation liegt es auf der Hand, dass sie nicht in Begriffsschablonen wie »Bundesstaat«, »Staatenbund« oder

57 Vgl. Artikel 151 EG-Vertrag und Artikel 71 EG-Vertrag.

58 Vgl. Artikel 139 EG-Vertrag und Artikel 110 EG-Vertrag und Artikel 19.1 Protokoll über die Europäische Zentralbank.

59 Vgl. Artikel 34 EU-Vertrag und Artikel 81 EG-Vertrag.

60 Zum speziellen Bereich des Finanzföderalismus vgl. *Padoa-Schioppa, Tommaso*: Economic Federalism and the European Union, und *Pelkmans, Jacques*: Governing European Union: From Pre-Federal to Federal Economic Integration?, in: *Knop* (Anm. 8), 154 ff., 166 ff.

»Staatenverbund« passt. Diese Art der Machtverflechtung erfüllt jedoch alle Merkmale der föderalen Idee. 250 Jahre nach Montesquieus Entwürfen und 200 Jahre nach Kants Analyse der Bedingungen für einen »ewigen Frieden« hat der Föderalismus in der Europäischen Union eine der Gemeinsamkeit und Individualität der Europäer angemessene Form erlangt, die allerdings noch der vollen Entfaltung bedarf.

B. IV. Subsidiarität*

1. *Einleitung: Konzeptionelle Verbindungen und Widersprüche zwischen „Europäischer Integration" und „Subsidiarität"*

Die Europäische Union und ihre Bestandteile, die Europäischen Gemeinschaften, wurden geschaffen, um auf dem Gebiet ihrer Mitgliedstaaten hoheitliche Aufgaben zu erfüllen, die im Prinzip zuvor den Staaten oblagen. Da diese Staaten mit der Errichtung der Union nicht untergegangen sind, erfordert das Nebeneinander staatlichen und gemeinschaftlichen Handelns eine normative Strukturierung.

Schon in ausgereiften Rechtsordnungen, wie etwa dem amerikanischen Bundesstaat, erfolgt diese Zuordnung nur in Umrissen und nie abschließend. Sie gleicht eher der Ausbalancierung gegenläufiger Kräfte als der Abgrenzung benachbarter Grundstücke. Die durchaus überraschende Rechtsprechung des US-Supreme Court vom April 1995 zur Zuständigkeit des Bundesgesetzgebers, den Verkauf von Waffen im näheren Umkreis von Schulen zu verbieten,[1] belegt, dass diese Balance auch in etablierten Rechtssystemen stets neu gesucht werden muss. Noch prekärer gestaltet sich diese Suche, wenn eine (oder mehrere) der beteiligten Rechtsordnungen auf Entwicklung hin angelegt ist. Denn dann kann das Spannungsverhältnis zwischen den beteiligten Systemen nicht mit Hilfe einer Wertentscheidung nach Art der starren Kompetenz-Kataloge in Art. 73 und 74 des deutschen Grundgesetzes dauerhaft aufgelöst werden. Die Gewährleistung der Entwicklungsfähigkeit erfordert vielmehr die fortwährende Justierung des Verhältnisses der Rechtsordnungen. Dazu eignen sich Verfahrensregeln und abstrakt formulierte Rechtsprinzipien.

In der Aufbauphase der Europäischen Gemeinschaft grenzten das Prinzip der „begrenzten Einzelermächtigung"[2] und das Verfahren der gerichtli-

---

* Zuerst veröffentlicht in: *Nörr/Oppermann* (Hg.), Subsidiarität: Idee und Wirklichkeit, Tübingen 1997, 165 – 183.

1 United States vs. Lopez, 115 SCt.1624, 131 L.ED. 2d 626. v. 26. April 1995. Dazu *H. Schwartz*, Court tries to Patrol a Political Line, Legal Times, v. 8. Mai 1995, 25.

2 Vgl. Art. 4 EGV: „Jedes Organ handelt nach Massgabe der ihm in diesem Vertrag zugewiesenen Befugnisse". Dazu näher *Oppermann*, Europarecht, München 1991, 168 ff. und *Bieber*, in Groeben/Thiesing/Ehlermann, Kommentar zum EWG Vertrag, 4. Aufl.,

chen Kontrolle die Rechtsordnungen mit hinreichender Effizienz und Legitimation voneinander ab. Die erhebliche Intensivierung der gemeinschaftlichen Rechtsetzung und die Zuweisung immer neuer Aufgaben sowie die vom Europäischen Gerichtshof – häufig auch gegen die Meinung der Mitgliedstaaten – an der inneren Logik und Effizienz der gemeinschaftlichen Rechtsordnung orientierte Auslegung des EG-Rechts brachte Forderungen nach zusätzlichen Instrumenten der Abgrenzung hervor.[3] Verstärkung erfuhr diese Tendenz durch die erst allmählich sichtbaren Einwirkungen des europäischen Rechts auf nachgeordnete Ebenen im inneren Bereich der Staaten, z. B. auf Länder und Kommunen.[4]

Schließlich stieß der Regelungsanspruch auch der Gemeinschaft zunehmend an die allgemein zu beobachtenden Grenzen der Wirksamkeit normativer Steuerung. Zunächst nur punktuell erprobte Modelle der "Deregulierung“[5] verlangten so nach einer konzeptionellen Einrahmung.

Vor diesem Hintergrund sollte die seit 1993 wirksame Artikulierung des Konzepts der „Subsidiarität“ im Verhältnis zwischen der Rechtsordnung der Europäischen Union und den Rechtsordnungen ihrer 15 Mitgliedstaaten ein verfeinertes Instrument und gleichzeitig ein plakatives Prinzip schaffen.

Da die Koexistenz mehrerer Rechtssysteme in einem Raum und der daraus resultierende Koordinierungsbedarf keine Besonderheit des europäischen Rechts bildet, greift das Prinzip der Subsidiarität ein Instrument auf, das seit langem zu dem Arsenal bundesstaatlich aufgebauter Rechts-

---

Baden-Baden 1991, Anm. 36 ff. zu Art. 4; *Krausser*, Das Prinzip begrenzter Ermächtigung im Gemeinschaftsrecht als Strukturprinzip des EWG-Vertrages, Berlin 1991.

3 Dazu näher *Berman*, Taking Subsidiarity seriously, Columbia Law Review, Vol. 94 (1994), 331–456 (348–366). Zu dem Dualismus von supranationalem Recht und intergouvernementaler Politik (im Rat) *Weiler*, The Community System. The Dual Character of Supranationalism, Yearbook of European Law 1981, Oxford 1982, 257–306.

4 Dazu *Knemeyer*, Europa der Regionen-Europa der Kommunen, Baden-Baden 1994, 37 ff.; *Zuleeg*, Selbstverwaltung und Europäisches Gemeinschaftsrecht in: *v. Mutius* (Hrsg.) Festschrift v. Unruh, 1983, 91; *Hoppe/Schink*, Kommunale Selbstverwaltung und Europäische Integration, Köln 1990.

5 Siehe die Entschließung des Rates über eine neue Konzeption auf dem Gebiet der technischen Harmonisierung und Normung, ABI. EG Nr. C 136/1985, 1. Für den Bereich der Sozialpolitik: Art. 4 des Abkommens über die Sozialpolitik (im Anhang zum Vertrag über die Europäische Union). Zu konzeptionellen Problemen und Praxis *Joerges*, Markt ohne Staat? – Die Wirtschaftsverfassung der Gemeinschaft und die regulative Politik in: *Wildenmann* (Hrsg.), Staatswerdung Europas?, Baden-Baden1991, 225–268; *Breulmann*, Normung und Rechtsangleichung in der Europäischen Wirtschaftsgemeinschaft, Berlin 1993.

systeme gehört.[6] Ähnliche Probleme und ähnliche Antworten brachte das Nebeneinander von staatlichem Regelungsanspruch und dem Konzept der Selbstverwaltung hervor.[7]

„Selbstverwaltung“ kann dabei die niedrigste Ebene öffentlichen Handelns (z. B. in einer Gemeinde) charakterisieren oder als „Selbststeuerung“ privatrechtliche Handlungsformen umschreiben, in denen ein öffentlicher Regelungsanspruch zurücktritt. Das Prinzip der Subsidiarität wirkt in diesen Konstellationen als Ordnungsprinzip, das eine Feststellung der vorrangigen Handlungsebene ermöglichen soll. Es besitzt also gleichzeitig eine vertikale Dimension, in der es den Einsatz gestaffelter, jedoch prinzipiell gleichartiger Rechtsordnungen gestaltet und eine horizontale Dimension, in der es die Entscheidung erleichtern soll, ob ein bestimmter Vorgang hoheitlicher Regelung unterworfen ist oder „dereguliert“, also der Gestaltungsfreiheit Privater und ihrer Verbände überlassen wird.

Seine ordnende Wirkung vermag das Prinzip der Subsidiarität grundsätzlich auch im Konflikt zwischen gemeinschaftlicher und staatlicher Handlungsebene und in der Alternative von gemeinschaftlicher oder privatrechtlicher Regelung zu erbringen. Allerdings zeigen sich hier besonders deutlich die Grenzen und Relativierungen der Subsidiarität: Die Europäische Union verfolgt Ziele, die auf staatlicher Ebene nicht oder nur unzureichend erreicht werden können. Erinnert sei nur an die Präambel des EGKS-Vertrages, wonach die Vertragsparteien entschlossen sind

> „an die Stelle jahrhundertealter Rivalitäten einen Zusammenschluss ihrer wesentlichen Interessen zu setzen, durch die Errichtung einer wirtschaftlichen Gemeinschaft den ersten Grundstein für eine weitere und vertiefte Gemeinschaft unter Völkern zu legen, die lange Zeit durch blutige Auseinandersetzungen entzweit waren, und die institutionellen Grundlagen zu schaffen, die einem nunmehr allen gemeinsamen Schicksal die Richtung weisen können ... "

Hier kommt ein Wertsystem zum Ausdruck, das so in keiner staatlichen Verfassung zu finden ist. Gleiches gilt für die im Unionsvertrag von 1992 artikulierten Absichten,

---

6 Dazu näher *Bothe*, Die Kompetenzstruktur des modernen Bundesstaates in rechtsvergleichender Sicht, Berlin/Heidelberg 1977, 128 ff; *Grewe/Ruiz Fabri*, Droits constitutionnels européens, Paris 1995, 273 ff.

7 Dazu *Hendler*, Selbstverwaltung als Ordnungsprinzip, Köln 1984 und *Schuppert*, Selbstverwaltung, Selbststeuerung, Selbstorganisation – zur Begrifflichkeit einer Wiederbelebung des Subsidiaritätsgedankens, AöR 1989, 127 ff.

> „die Beziehungen zwischen den Mitgliedstaaten sowie zwischen ihren Völkern kohärent und solidarisch zu gestalten".[8]

Auch die Verpflichtung auf ein „allgemeines Wohl der Gemeinschaft" setzt eine eigenständige Wertordnung voraus.[9]

Im Rahmen der Unions-spezifischen Wertordnung und ihrer Durchsetzung offenbart der Begriff *Subsidiarität* allerdings ein grundlegendes Dilemma:

Die Rechtsordnung der Union enthält zwar weder konzeptionell noch normativ einen umfassenden Regelungsanspruch, so dass eine Verweisung auf die im Zweifel bei den Staaten liegende Regelungskompetenz etwas nahezu Selbstverständliches besagt. Doch besitzt das europäische Recht Qualitäten, die es verbieten, zwischen der Erfüllung der der Gemeinschaft zugewiesenen Aufgaben mit Hilfe gemeinsamer Verfahren, durch gemeinsame Institutionen und mit Wirkung für die gesamte Gemeinschaft eine Gleichwertigkeit mit der fragmentierten Normsetzung in den einzelnen Staaten oder gar eine Vermutung zugunsten der einzelstaatlichen Zuständigkeit herzustellen.

In den grundlegenden Fragen der europäischen Integration, also *Friedenssicherung, Solidarität, Nicht-Diskriminierung, Rechtsstaatlichkeit*, aber auch bei der Errichtung des *Binnenmarktes*, besteht der Wert europäischer Rechtsetzung gerade im *gemeinsamen Handeln*, also in der Einhaltung gemeinschaftlicher Verfahren und in der Nutzung gemeinschaftlicher Institutionen. Die Bereitschaft zu gemeinsamem Handeln bildet überdies vielfach bereits das Resultat komplizierter Kompromisse, sei es zum Zeitpunkt der Vertragsgestaltung, sei es zum Zeitpunkt der Vertragsanwendung.

Die Beanspruchung von Gesetzgebungszuständigkeiten bildet insoweit *nicht nur ein quantitatives* Problem, sondern ändert die Qualität des Handelns. Unter diesen Umständen kann, ja darf „Subsidiarität" als nur eines von mehreren möglichen Hilfsmitteln zur Austarierung des Verhältnisses von staatlicher und gemeinschaftlicher Gesetzgebung verstanden werden. Als ein absoluter Maßstab ist das Prinzip untauglich.[10] Keinesfalls

8 Art. A, VEU. Der Begriff der Solidarität kehrt nochmals in Art. J. 1, Abs. IV VEU wieder.

9 Vgl. Art. 157, Abs. 2, (Kommission); Art. 188 b, Abs. IV (Rechnungshof); Art. 194, Abs. III (Wirtschaft- und Sozialausschuss); Art. 198 a, Abs. IV (Ausschuss der Regionen) EGV.

10 Dazu näher *Bieber/Kahil/Muller*, Cours général de droit communautaire in: Academy of European Law (ed.), Collected Courses, Vol. II, Book 1, Dordrecht 1994, 49–179 (136–146).

lässt sich das Prinzip darauf reduzieren, eine auf der niederen Ebene definierte „Effizienz" der Normsetzung zu gewährleisten. Denn die Verwirklichung eigenständiger Werte, die gerade das Wesen der Europäischen Union ausmacht, liegt außerhalb des Wahrnehmungsvermögens nur sektoriell oder regional definierter Interessen. Die Herauslösung bestimmter Zuständigkeiten aus der gemeinschaftlichen Verantwortung unter Berufung auf nur eines unter mehreren Strukturprinzipien der Verträge kann zur Zerstörung gemeinsamer Werte führen, kann die Entwicklung des Bewusstseins der gemeinsamen Werte behindern und kann zuvor geschlossene Kompromisse in Frage stellen. Plastische Beispiele für derartige Haltungen finden wir bei der Diskussion um „Netto-Zahler" Positionen einzelner Mitgliedstaaten und in der Gleichzeitigkeit von Forderungen an die Union zu – je nach Interessenlage – mehr oder weniger Gesetzgebung in bestimmten Bereichen „mehr" z.B. bei Umwelt, „weniger" z.B. in Agrarbereich. Denn Subsidiarität betrifft in der Union häufig nicht eine abstrakt bestimmbare Handlungsebene, sondern die Durchsetzung konkreter Interessen, die für einzelne Staaten im „Alleingang", für andere im Verbund aussichtsreicher erscheint.

Andererseits besteht umso weniger ein Bedarf, mit Hilfe allgemeiner Prinzipien die verschiedenen Rechtsordnungen innerhalb eines gegebenen Raumes abzugrenzen, je konkreter die jeweiligen Zuständigkeiten zugewiesen wurden. Das gilt insbesondere dann, wenn die Rechtssysteme zueinander in einem Verhältnis der Spezialität stehen und ein Rechtssystem eine nur sektorielle Bedeutung besitzt. Ein Beispiel für dieses relativ einfache Nebeneinander bildet seit 1953 die Existenz der *Europäischen Gemeinschaft für Kohle und Stahl* in den Rechtsordnungen ihrer Mitgliedstaaten. Der Gründungsvertrag dieser Organisation traf die wesentlichen gesetzgebenden Entscheidungen selbst und übertrug den supranationalen Organen vor allem Befugnisse der Rechtsanwendung und Rechtskontrolle. Erst mit dem nächsten Schritt, der Errichtung der *Europäischen Wirtschaftgemeinschaft*,[11] entfaltete sich das Problem der Abgrenzung des Handelns dieser Organisation zum Handeln ihrer Mitgliedstaaten in seiner vollen Breite. Denn diese Gemeinschaft wurde zwar ebenfalls sektoriell angelegt, doch erwies sich der Begriff der „Wirtschaft" rasch als sehr viel umfassender im Vergleich zu den Materien Kohle und Stahl. Außerdem erlangten die Organe der Union

11 Seit dem Vertrag über die Europäische Union, Art. G, "Europäische Gemeinschaft".

echte Gesetzgebungszuständigkeiten mit zum Teil erheblichem Umfang.[12] Denn der Vertrag legte Ziele fest, die erst durch ein umfangreiches Gesetzgebungsprogramm zu verwirklichen waren.

Das darin ruhende Potential für Konflikte mit staatlichen Zuständigkeiten wurde zunächst nicht wahrgenommen. Dies fiel umso leichter, als die Verwirklichung der Ziele nur allmählich erfolgen sollte und überdies zum Gesetzgeber das aus Vertretern der Mitgliedstaaten gebildete Organ „Rat" bestimmt wurde. Noch heute liegt bei diesem Gremium der Schwerpunkt der Gesetzgebungsbefugnisse. Doch erwies sich diese Technik aus zwei Gründen nicht als ausreichend, um Konflikte zwischen dem neu entstehenden europäischen Recht und den etablierten staatlichen Rechtsordnungen auszuschließen.

Zum einen unterschätzten die Vertragsautoren die Eigendynamik des Europäischen Gerichtshofes. Dieses Organ legte die Verträge im Lichte ihrer inhärenten Wertordnung aus und bestätigte so grundlegende Prinzipien wie den Vorrang des EG-Rechts vor staatlichem Recht und die Möglichkeit der unmittelbaren Wirkung des Gemeinschaftsrechts gegenüber den Bürgern.

Des Weiteren bedachten die Vertragsautoren (wahrscheinlich) nicht die bürokratiespezifische Eigendynamik zugunsten einer (kontrollierten) zwischenstaatlichen Zusammenarbeit: wenn und soweit die Regierungen der Mitgliedstaaten ein bestimmtes Ziel mit normativen Mitteln erreichen wollen, bietet die Europäische Gemeinschaft eine attraktive Handlungsoption. Denn in der Gemeinschaft musste man, jedenfalls in der Vergangenheit, nicht mit einem unberechenbaren Parlament als ernsthaftem Gegner kalkulieren. Es genügte, sich mit den Fachbeamten/Ministern aus den anderen Staaten zu verständigen. Da diese Verständigung „unter Kollegen" und im Rahmen eindeutig definierter Interessen erfolgt, gelingt sie häufig einfacher als im Rahmen der komplexen innerstaatlichen Mechanismen. Als Folge entstand ein Sog zu einer europäischen Rechtsetzung der zusätzlich von den europäisch wirksam organisierten Interessengruppen unterstützt wurde.

Bei den betroffenen Völkern wurde dieser Sog zunehmend als Ausdehnung der „Brüsseler Bürokratie" empfunden, obwohl er in Wahrheit auf

12 Beispiele: Art. 75, Abs. I Buchst. c), d): Erlass „alle(r) sonstigen zweckdienlichen Vorschriften" oder Art. 100: Erlass von „Richtlinien für die Angleichung derjenigen Rechts- und Verwaltungsvorschriften der Mitgliedstaaten, die sich unmittelbar auf die Errichtung oder das Funktionieren des gemeinsamen Marktes auswirken".

nationalen Impulsen beruhte und von nationalen Bürokratien gesteuert wurde. Schon frühzeitig erschien es daher notwendig, Gegengewichte einzuführen. Erstmals brachte die Kommission im Jahre 1975 dazu den Begriff „Subsidiarität" ins Spiel.[13] Die Kommission betonte, dass die Europäische Union nicht „zum Entstehen eines Superzentralstaates führen (solle). Daher werden gemäß dem Subsidiaritätsprinzip der Union nur diejenigen Aufgaben übertragen, die die Mitgliedstaaten nicht mehr wirksam erfüllen können".

Nur geringfügig hat sich diese Formulierung gegenüber Art. 3 b EGV so, wie er durch den Vertrag über die Europäische Union von 1992 eingeführt wurde, geändert. Allerdings war in der Zwischenzeit das Paradox der immer intensiveren gemeinsamen Gesetzgebungstätigkeit durch staatliche Minister deutlicher geworden und hatte Forderungen nach gesetzgeberischer Zurückhaltung auf europäischer Ebene beflügelt.

2. *Die Normierung der Subsidiarität im Vertrag über die Europäische Union und im EG-Vertrag*

a) Überblick

Als umfassend wirkendes Prinzip und als Rechtsbegriff erscheint Subsidiarität erstmals im EG-Vertrag seit der Änderung durch den Vertrag über die Europäische Union vom 7. Februar 1992. Der neu eingefügte Artikel 3 b, bestimmt:

> „Die Gemeinschaft wird innerhalb der Grenzen der ihr in diesem Vertrag zugewiesenen Befugnisse und gesetzten Ziele tätig.
> In den Bereichen, die nicht in ihre ausschließliche Zuständigkeit fallen, wird die Gemeinschaft nach dem Subsidiaritätsprinzip nur tätig, sofern und soweit die Ziele der in Betracht gezogenen Maßnahmen auf Ebene der Mitgliedstaaten nicht ausreichend erreicht werden können und daher wegen ihres Umfangs oder ihrer Wirkungen besser auf Gemeinschaftsebene erreicht werden können.
> Die Maßnahmen der Gemeinschaft gehen nicht über das für die Erreichung der Ziele dieses Vertrags erforderliche Maß hinaus".

13 Bericht der Kommission über die Europäische Union von Juni 1975, Bull. EG, Beilage 5/75, Ziff. 12.

Das Subsidiaritätsprinzip ist im Absatz 2 angesiedelt. Absatz 1 betont das Prinzip der begrenzten Handlungsermächtigung, Absatz 3 den Verhältnismäßigkeitsgrundsatz. Beide Prinzipien dienen zwar ebenfalls der Kontrolle und Beschränkung des Handelns der Gemeinschaft, sind aber von dem eigentlichen Subsidiaritätsprinzip zu unterscheiden.

Für Absatz 1 gilt dies deswegen, weil er mit seiner Verweisung auf „Grenzen" und „Befugnisse" eine absolute Handlungsschranke bildet. Allerdings begrenzt diese Schranke auch in Zukunft den Handlungsbereich der Gemeinschaft nicht enger als in der Vergangenheit. Sie bedarf der Präzisierung und Auslegung durch den Gesetzgeber der Gemeinschaft. Der Gesetzgeber unterliegt dabei der ausschließlichen Kontrolle durch den Europäischen Gerichtshof.[14] Das gestattet auch in Zukunft Orientierungen am *„effet utile"* einer Bestimmung, lässt die Wahrnehmung von *„implied powers"* zu und ermöglicht die Füllung von Lücken gemäß Art. 235.[15] Das in Absatz 3 postulierte „Verhältnismäßigkeitsprinzip" prägt als allgemeiner Rechtsgrundsatz schon bisher das Gemeinschaftsrecht.[16]

Es setzt eine Zuständigkeit der Gemeinschaft voraus und betrifft allein die Frage nach Art, Umfang und Intensität einer Maßnahme, für die bereits eine Subsidiaritätsprüfung stattgefunden hat. Wie wesentlich den Vertragsautoren das Konzept der Subsidiarität war, zeigt sich an der ausdrücklichen Aufnahme in die Präambel[17] und an seiner Wiederholung in Art. B, Abs. 2 des Unionsvertrages:

> „Die Ziele der Union werden nach Maßgabe dieses Vertrages entsprechend den darin enthaltenen Bedingungen und der darin vorgesehenen Zeitfolge unter Beachtung des *Subsidiaritätsprinzips, wie es in Artikel 3 b des Vertrags zur Gründung der Europäischen Gemeinschaft bestimmt ist, verwirklicht.* "

14 Vgl. Art. 173 Abs. 2 EGV:„Zu diesem Zweck ist der Gerichtshof für Klagen zuständig, die ein Mitgliedstaat, der Rat oder die Kommission wegen Unzuständigkeit ... erhebt".

15 Dazu näher mit sorgfältigen methodischen Nachweisen von *Bogdandy/Nettesheim* in Grabitz/Hilf, Kommentar zur Europäischen Union, Art. 3 b, Anm. 4–10. Unzutreffend und ungenau spricht das BVerfG insoweit von „Vertragserweiterung" und behauptet vertragswidrig eine fehlende Bindungswirkung „für Deutschland". BVerfG 89, 155, 188.

16 Dazu von *Bogdandy/Nettesheim* in Grabitz/Hilf, op. cit., Anm. 42–57 m. w. N. insbesondere zur Rechtsprechung.

17 „Entschlossen, den Prozess der Schaffung einer immer engeren Union der Völker Europas, in der die Entscheidungen *entsprechend dem Subsidiaritätsprinzip* möglichst bürgernah getroffen werden, weiterzuführen" (Hervorhebung von Verfasser).

Ohne ausdrückliche Erwähnung des Prinzips wiederholen einzelne Vertragsbestimmungen Elemente der Legaldefinition des Art. 3b.[18] Andere Formen der Beschränkung gemeinschaftlicher Zuständigkeit zugunsten einer umfassend verstandenen staatlichen Kompetenz enthalten die Handlungsermächtigungen in den Bereichen „Berufliche Bildung und Jugend“, "Kultur“, "Gesundheitswesen“, u.a..[19] Danach „leistet die Gemeinschaft einen Beitrag“ oder „trägt zur Erfüllung der Aufgaben der Mitgliedstaaten bei“. In Verbindung mit den dabei artikulierten Schranken[20] konkretisieren die genannten Bestimmungen das Subsidiaritätsprinzip.

Vor der Einführung des allgemeinen Subsidiaritätsprinzips durch den Unionsvertrag enthielt die Zuständigkeitsbegründung der Gemeinschaft für den Umweltschutz in Art. 130 R, Abs. IV a.F. seit 1986 eine verwandte Klausel, die mit dem VEU wieder aufgehoben wurde.[21]

Zur näheren Ausgestaltung des Subsidiaritätsprinzips in Art. 3 b, Abs. II EGV beschloss der Europäische Rat am 12. Dezember 1992 ein „Gesamtkonzept“.[22] Des weiteren verabschiedeten Parlament, Rat und Kommission am 25. Oktober 1992 eine „Gemeinsame Vereinbarung“. Darin verpflichten sich die drei Organe, bei der Ausübung ihrer Befugnisse im Rahmen des Gesetzgebungsverfahrens besonders auf die Einhaltung des Subsidiaritätsprinzips zu achten. Die Begründung jedes Gesetzgebungsvorschlags der Kommission soll eine Rechtfertigung im Hinblick auf das Subsidiaritätsprinzip enthalten. Jeder Änderungsvorschlag von Seiten des Parlaments und des Rates, der eine Änderung des Wirkungsbereichs der geplanten

---

18 So z. B. für gemeinsame Maßnahmen im Bereich der Justiz- und Innenpolitik gemäß Art. K. 3, Abs. 2, Buchst. b:„..soweit sich die Ziele der Union aufgrund des Umfangs oder der Wirkungen der geplanten Maßnahme durch gemeinsames Vorgehen besser verwirklichen lassen als durch Maßnahmen der einzelnen Mitgliedstaaten“.

19 Art. 126–129 EGV.

20 Z. B. in Art. 126, Abs. 1: "*Unter strikter Beachtung* der Verantwortung der Mitgliedstaaten für die Lehrinhalte ... ".

21 „Die Gemeinschaft wird im Bereich der Umwelt insoweit tätig, als die in Absatz 1 genannten Ziele besser auf Gemeinschaftsebene erreicht werden können als auf der Ebene der einzelnen Mitgliedstaaten.“ Dazu *Ress,* Stichwort Europäische Gemeinschaften in: Handwörterbuch des Umweltrechts, Berlin 1986, Spalte 448 (459); *Krämer* in Groeben/Thiesing/Ehlermann, Kommentar zum EWG-Vertrag, 4. Aufl., Baden-Baden 1991, Anm. 56–72. Der letztgenannte Autor hielt die Bestimmung allerdings mehr für einen „politischen Grundsatz oder Leitlinie denn als Kompetenznorm“.

22 Bulletin EG Nr. 12/1992, 130.

Maßnahme zur Folge hat, muss ebenfalls mit einer entsprechenden Begründung versehen sein.[23]

b) Anwendungsbereich („nicht ausschließliche Zuständigkeit" der EG)

Das Subsidiaritätsprinzip findet nicht bei allen Zuständigkeiten der Gemeinschaft Anwendung. „Ausschließliche Zuständigkeiten" sind der Subsidiarität nicht unterworfen. Eine gleiche Unterscheidung hatte das Parlament in seinem Vertragsentwurf von 1984 vorgenommen.[24] Die Regelung erscheint folgerichtig, schließt doch nach üblichem Verständnis eine exklusive Zuständigkeit von vornherein jedes Tätigwerden eines anderen Gesetzgebers aus. Eine Abwägung der jeweils geeigneten Entscheidungsebene in diesem Bereich wollte also der Verfassungsgeber gerade unterbinden.

Es wäre zu erwarten, dass exklusive Zuständigkeiten der EG dort bestehen, wo die eigenständigen und gemeinschaftsspezifischen Werte berührt sind. Das trifft jedoch nicht zu. Zunächst enthalten die Verträge weder eine abstrakte Definition noch eine konkrete Liste exklusiver (oder anderer) Zuständigkeitstypen. Die bisher gesicherten Einteilungen beruhen auf Urteilen des EuGH.[25] Doch orientierte sich der EuGH am Gesichtspunkt der Effizienz und ließ in Ausnahmefällen auch Rückübertragungen auf die Mitgliedstaaten zu.[26] Die neuere Rechtsprechung bejaht überdies zunehmend die Existenz „paralleler" oder „gemischter Zuständigkeiten". Der Gehalt des Begriffs der „exklusiven Zuständigkeit" leidet damit an einem grundsätzlichen Mangel an Präzision und wird im Übrigen immer stärker relativiert.[27]

Mit dem Schutz der spezifischen gemeinschaftsbezogenen Werte verband der EuGH die Konstruktion exklusiver Zuständigkeiten gerade nicht. Wenn aber die Effizienz des Handelns der Gemeinschaft an Stelle der Mitgliedstaaten das für die Qualifizierung des Anwendungsbereichs der Subsidiari-

23 ABl. EG Nr. C 329/1993, 135.

24 „Entwurf Spinelli", v. 14. Februar 1984, ABl. EG Nr. C 77/1984, 33, Art. 12; dazu *Capotorti/Hilf/Jacobs/Jacqué*, Der Vertrag zur Gründung der Europäischen Union, Baden-Baden 1986.

25 Eine erste Leitentscheidung bildet das Urteil in der Rs C-22/70 (Kommission/Rat, "AETR"), ECLI:EU:C:1971:32. Dort findet sich auch das Gegensatzpaar der konkurrierenden und exklusiven Zuständigkeit (Ziff. 31).

26 Beispiel: Rs. C-174/84 (Bulk Oil /Sun International), ECLI:EU:C:1986:60.

27 EuGH Rs. C-316/91 (Parlament/Rat –„Lome"), ECLI:EU:C:1994:76 (Rn. 35); EuGH, Gutachten 1/94 (WTO), ECLI:EU:C:1994:384 (Rn. 88,89); Gutachten 2/92 (OECD), ECLI:EU:C:1995:83.

tät maßgebliche Kriterium sein soll, dann vermengen sich die Maßstäbe des inhaltlichen Subsidiaritätsprinzips mit der Voraussetzung seiner Anwendbarkeit. Unter diesen Umständen kann auf so ungesichertem Terrain die Annahme exklusiver Zuständigkeiten leicht zu einer Umgehung der Subsidiaritätsprüfung genutzt werden. Es erscheint daher konsequent, entweder auch in den Bereichen exklusiver Zuständigkeit eine Subsidiaritätsprüfung vorzunehmen oder den Begriff der exklusiven Zuständigkeit neu zu definieren.[28] Dabei wäre darauf abzustellen, ob spezifische, von der Gemeinschaft zu schützende Werte betroffen sind oder ob die Gemeinschaft durch konkrete Rechtshandlungen einen Zuständigkeitsbereich so ausgefüllt hat, dass kein Raum mehr für ein Handeln der einzelnen Mitgliedstaaten verbleiben soll (sog. "nachträgliche Exklusivität“).[29] Alle anderen Bereiche (einschließlich der als Paradebeispiel exklusiver Zuständigkeit geltenden Handelspolitik) können über die in Art. 5 EGV postulierte Pflicht zu gemeinschaftsfreundlichem Verhalten gegen die Mitgliedstaaten gesichert werden, ohne dass die Formel der Exklusivität bemüht werden müsste.

Der Anwendungsbereich der Subsidiaritätsprüfung würde danach jedes Rechtsetzungsvorhaben der Gemeinschaft betreffen, sofern nicht ein gemeinschaftliches Vorgehen erforderlich ist oder die Gemeinschaft bereits in diesem Bereich Maßnahmen beschlossen hat, die eine staatliche Zuständigkeit vollständig und abschließend verdrängen. Für eine Subsidiaritätsprüfung im Rahmen von zuvor bereits genutzter konkurrierender Zuständigkeiten bliebe nur insoweit Raum, als Änderungen eines entsprechenden Rechtsakts dessen sachlichen Wirkungsbereich beeinflussen.[30]

---

28 Einen derartigen Vorschlag unterbreitete die Kommission im Oktober 1992 (Dok. SEK (92) 1990), abgedruckt in Agence Europe Nr. 1804/5 v. 30. Oktober 1992 und bei *Merten* (Hrsg.), Die Subsidiarität Europas, 2. Aufl. Berlin 1994, 112 ff. Kritisch dazu von *Bogdandy/Nettesheim* in Grabitz/Hilf, op. cit., Anm. 29, 30 zu Art. 3 b EGV.

29 Dazu *Bieber*, Zur Rolle der Mitgliedstaaten bei der Ausfüllung von Lücken im EG-Recht in Bieber/Ress (Hrsg.), Die Dynamik des Europäischen Gemeinschaftsrechts, Baden-Baden 1987, 283–308; s. a. *Cross*, Preemption of Member State Law in the European Economic Community, CMLR 1992, 447–472 und *Furrer*, Die Sperrwirkung des sekundären Gemeinschaftsrechts auf die nationalen Rechtsordnungen, Baden-Baden 1994.

30 Weitergehend *Calliess*, Der Schlüsselbegriff der „ausschließlichen Zuständigkeit“ in Art. 3 b II EGV, EuZW 1995, 693–700. Die dort vertretene Definition einer wahrgenommen konkurrierenden Zuständigkeit („punktuelle Sperrwirkung, die ein Handeln der Mitgliedstaaten ausschließt“ (sie) umschreibt nichts anderes als eine exklusive Zuständigkeit. Dass bei einer Beseitigung des Rechtsakts die Zuständigkeit der Mitgliedstaaten wieder aufleben kann (sofern keine EU-weite Deregulierung beabsichtigt ist), begründet nicht bereits eine Zuständigkeit der Mitgliedstaaten bei

c) Kriterien der Ausübung einer EG-Zuständigkeit

In seiner Ausgestaltung durch den EG-Vertrag entscheidet das Subsidiaritätsprinzip damit nicht über die Verteilung von Zuständigkeiten zwischen der Gemeinschaft und ihren Mitgliedstaaten. Das Prinzip gelangt überhaupt nur zur Anwendung, wenn eine Zuständigkeit der Gemeinschaft nach den Verträgen grundsätzlich vorhanden ist.

Die vertraglich vorgeschriebene Prüfung von Alternativen zur Rechtsetzung der Gemeinschaft betrifft die Art und Weise der Wahrnehmung einer Zuständigkeit. Sie gilt also für das „ob" des Tätigwerdens und für die Modalitäten, insbesondere die Auswahl der Rechtsform. Es trifft daher nicht zu, Subsidiarität als „Kompetenzverteilungsregel" zu bezeichnen.[31]

Man hätte daran denken können, zur vorherigen Ermittlung der konkret angemessenen Handlungsebene ein besonderes Gremium zu schaffen[32] oder einer der vorhandenen Institutionen (z. B. dem EuGH) eine derartige Aufgabe zu übertragen. Man hätte die Subsidiaritätsprüfung auch prozedural ausgestalten und dem eigentlichen Gesetzgebungsverfahren vorschalten können. Die Vertragsautoren integrierten jedoch das Subsidiaritätsprinzip durch die Verwendung unbestimmter Rechtsbegriffe vollständig in bestehende Rechtsetzungsverfahren.[33] Als Folge davon obliegt es jeder Institution, bei Gelegenheit ihrer Mitwirkung an einem konkreten Rechtsetzungsprojekt, diese Rechtsbegriffe auszulegen und auf den jeweiligen Fall anzuwenden. Besondere Bedeutung kommt dabei der Bewertung durch die Kommission im Zeitpunkt der Ausübung ihres Vorschlagsrechts und den gesetzgebenden Institutionen Rat und Parlament zu.

---

einer beabsichtigten Änderung eines von der EU erlassenen Rechtsakts. Wenn und solange die Mitgliedstaaten keine Zuständigkeit besitzen, lässt sich durchaus von einer (nachträglichen) exklusiven Zuständigkeit sprechen. Dies wird gerade durch die in diesem Fall sinnlose Subsidiaritätsprüfung bestätigt. Vgl. im übrigen BverfG 36, 342 (363).

31 So aber *Merten*, Subsidiarität als Verfassungsprinzip, in: *ders.* (Hrsg.) Die Subsidiarität Europas, 77 ff. (81).

32 Dieser Vorschlag kehrt in einer – betont gemeinschaftsfernen – Version in dem Arbeitsdokument des EP zur Regierungskonferenz 1996 wieder („Subsidiaritätskammer"). Gleichzeitig damit sollen dem EuGH „alle Fragen der Subsidiarität"(!) entzogen werden. EP-Dok. A 4-102/ 95, Teil III, 70–74.

33 Zur Vorgeschichte von Art. 3 b siehe insbesondere *Cloos/Reinesch/Vignes/Weyland*, Le Traité de Maastricht, Bruxelles 1993, 141–150; *Bruha*, Das Subsidiaritätsprinzip im Recht der Europäischen Gemeinschaft in: Riklin (Hrsg.), Subsidiarität, Baden-Baden 1994, 373–410; *Pieper*, Subsidiarität, Köln/Berlin 1994, 208 ff.; zum ideengeschichtlichen Hintergrund *Häberle*, Das Prinzip der Subsidiarität aus der Sicht der vergleichenden Verfassungslehre in: Riklin, op. cit., 267–310.

Ob Art. 3 b von den Organen zutreffend ausgelegt wurde, bestimmt sich nicht danach, mit welchen Mehrheiten ein Organ beschließt. Selbst wenn also der Rat einstimmig von der gemeinschaftlichen Zuständigkeit Gebrauch machen will, begründet er nicht mehr als eine widerlegbare Vermutung, an die z.B. der Europäische Gerichtshof nicht gebunden ist. Ohne Zweifel bildet die Einschätzung der Vertreter der Regierungen der Mitgliedstaaten im Rat ein starkes Indiz dafür, dass die Mitgliedstaaten allein das angestrebte Ziel nicht ausreichend erreichen können. Es ist aber verfehlt, den vereinigten Regierungen ein höheres Maß an Objektivität zu unterstellen.[34] Die tägliche Brüsseler Praxis der „package deals" belegt eine komplexe Verflechtung von Interessen und lässt bereits die praktischen Grenzen der Nutzbarkeit des Subsidiaritätsprinzips ahnen.[35]

Folgerichtig haben die drei Institutionen der EG daher eine Vereinbarung über die Prüfungsmodalitäten abgeschlossen.[36] Doch auch die begleitende und nachträgliche Kontrolltätigkeit des Europäischen Rechnungshofes kann eine Prüfung anhand der Kriterien des Artikels 3 b vornehmen.[37]

Die in Art. 190 EGV ausdrücklich statuierte Pflicht zur Begründung normativer Handlungen erstreckt sich nunmehr auch auf die tragenden Erwägungen der Institutionen zur Subsidiarität. Nicht nur im Hinblick auf eine gerichtliche Überprüfung,[38] sondern auch wegen der – gerade in der Perspektive der Subsidiarität notwendigen – Legitimationsgewinnung sollten die Begründungen mit großer Sorgfalt verfasst werden.

Im Einzelnen gebietet der Vertrag die Prüfung eines Rechtsetzungsvorhabens anhand folgender Kriterien:

34 Unzutreffend daher *von Borries*, Das Subsidiaritätsprinzip im Recht der Europäischen Union, Europarecht 3/1994, 263–300 (280); *von Bogdandy/Nettesheim*, a. a. O., Anm. 41 zu Art. 3 b.

35 Dazu *Bieber*, Verbreiterung und Vertiefung? Das Subsidiaritätsprinzip im europäischen Gemeinschaftsrecht in: Evers (Hrsg.), Chancen des Föderalismus in Deutschland und Europa, Baden-Baden 1994, 161–172. Die Meinung von *Grimm*, wonach „die nationalen Regierungen im Rat den wirksamsten Schutz vermitteln" beruht auf einer Verkennung der Entscheidungsprozesse im Rat, *Grimm*, Effektivität und Effektuierung des Subsidiaritätsprinzips, Kritische Vierteljahresschrift für Gesetzgebung und Rechtswissenschaft, Nr. 1 /1994, 6–12 (11).

36 Siehe oben, Anm. 22.

37 Erste Ansätze dazu im Jahresbericht des Rechnungshofes für 1990, ABl. C 324/1991, 5.

38 Dazu näher der Beitrag von *Zuleeg* in diesem Band.

aa)„nicht ausreichend auf der Ebene der Mitgliedstaaten" („Notwendigkeitstest")

Die Feststellung der unzureichenden Möglichkeit, das angestrebte Ziel auf staatlicher Ebene zu erreichen, erfordert eine Bewertung des staatlichen Leistungspotentials durch die EG-Organe. Die Bewertung erfolgt unter ökonomischen und organisatorischen Gesichtspunkten sowie im Hinblick auf die „Wirkungen" staatlicher Maßnahmen. Dabei genügt es nicht, dass einzelne Staaten in der Lage sind, die Ziele zu erreichen. Es kommt vielmehr auf die Fähigkeit aller Staaten an.[39] Andererseits bringt die Möglichkeit kollektiven Handelns außerhalb des Gemeinschaftsrahmens die gemeinschaftliche Zuständigkeit nicht zum Ruhen.[40]

bb)„besser" auf Gemeinschaftsebene

Neben der Unzulänglichkeit des Handelns auf staatlicher Ebene muss die Gemeinschaft (kumulativ) dartun, dass die angestrebten Ziele „besser" auf Gemeinschaftsebene verwirklicht werden können. In aller Regel wird der erste Nachweis auch den zweiten einschließen.[41]

Doch bilden in dieser Phase speziell der Umfang und die voraussichtlichen Wirkungen der Maßnahme einen gesonderten und zusätzlich zu berücksichtigenden Maßstab für die größere Eignung der Gemeinschaft zur Rechtsetzung und den durch die Tätigkeit der Gemeinschaft zu erzielenden „Mehrwert".

3. Rechtswirkung des Subsidiaritätsprinzips

a) Allgemeine Rechtswirkung

Art. 3 b EGV enthält nicht nur politische Leitlinien. Wortlaut[42] und Entstehungsgeschichte belegen mit hinreichender Deutlichkeit den Willen der Vertragsparteien, die Ausübung der gemeinschaftlichen Zuständigkeiten zusätzlichen rechtlichen Bindungen zu unterwerfen. Adressat dieser Bindung ist die Gemeinschaft, vertreten durch alle an der Rechtsetzung beteiligten

39 Vgl. *Lenaerts/Van Ypersele*, Le principe de subsidiarité et son contexte, Cahiers de Droit européen 1994, 3–85 (49).

40 *Lenaerts/Van Ypersele*, a. a. O. 46; von *Bogdandy/Nettesheim*, a. a. 0. Anm. 37 zu Art. 3b.

41 Diese Vermutung wird auch durch die, allerdings ungeschickte, Verwendung des Verbindungswortes „daher" in Art. 3 b, Abs. 2 genährt.

42 „ ... wird die Gemeinschaft ... nur tätig".

Organe. Bindungen der Mitgliedstaaten, etwa im Hinblick auf ein Tätigwerden, sofern die Gemeinschaft an der Ausübung ihrer Zuständigkeit gehindert ist, lassen sich Art. 3 b nicht entnehmen.[43] Es obliegt den Gemeinschaftsorganen, die in Art. 3 b enthaltenen unbestimmten Rechtsbegriffe zu konkretisieren.[44]

Erfolgt die Subsumtion eines Rechtsetzungsvorhabens unter Art. 3 b, Abs. 2 fehlerhaft oder ist die Begründung der Maßnahme gemäß Art. 190 EGV im Hinblick auf die Subsidiaritätsprüfung unzureichend, dann kann der Rechtsakt gemäß Art. 173 wegen Unzuständigkeit oder wegen Verletzung wesentlicher Formvorschriften aufgehoben werden.[45]

Bis zur Aufhebung durch den EuGH bildet ein derartiger Rechtsakt geltendes Recht und ist von den Behörden aller Mitgliedstaaten zu beachten.[46]

Eine Berufung Einzelner auf Art. 3 b gegenüber staatlichen Behörden oder Institutionen der Gemeinschaft („unmittelbare Wirkung") ist nicht, möglich.[47]

b) Verhältnis zu anderen Prinzipien des Gemeinschaftsrechts

Das Verfassungsrecht der Union wurde schon vor der Erwähnung der Subsidiarität von zahlreichen Rechtsprinzipien geprägt, die entweder ausdrücklich bzw. stillschweigend den Verträgen zu entnehmen sind oder den gemeinsamen Verfassungsgrundsätzen der Mitgliedstaaten entspringen.[48] Symbolischer Gehalt und Neuigkeit (im EU-Kontext) des Subsidiaritätsbegriffs sollten nicht dazu verleiten, fortgeltende andere Rechtsprinzipien zu übersehen. Denn das Subsidiaritätsprinzip tritt weder an die Stelle anderer Prinzipien noch besitzt es von vornherein Vorrang vor diesen. So erfuhr

---

43 Wie hier: *von Bogdandy/Nettesheim* a. a. O Anm. 24, 39 zu Art. 3 b mit Nachweisen abweichender Ansichten.

44 Dazu oben, 2 c).

45 Beispiel für die Aufhebung eines Rechtsakts wegen Begründungsmangels: EuGH Rs. C-41/93 (Frankreich/Kommission), ECLI:EU:C:1994:196.

46 Unzutreffend gehen von *Bogdandy/Nettesheim*, von anfänglicher Nichtigkeit aus, a. a. O., Anm. 39 zu Art. 3b.

47 von *Bogdandy/Nettesheim*, a. a. O, Anm. 25 zu Art. 3 b; *von Borries* a. a. O., 279; S. auch die Schlussfolgerungen des Europäischen Rates v. 12. Dezember 1992, Ziff. I 4, s.o. Anm. 21.

48 Nachweise bei *Bernhardt*, Verfassungsprinzipien-Verfassungsgerichtsfunktionen-Verfassungsprozessrecht im EWG Vertrag, Berlin 1987, 70 ff. und *Bieber/Kahil-Wolff/Muller*, Cours général de droit communautaire, in: Collected Courses of the Academy of European Law, Vol. III/1, Dordrecht 1994, 49–170.

zum Beispiel das seit jeher den Verträgen immanente Prinzip der Solidarität[49] gleichzeitig mit dem Subsidiaritätsprinzip eine ausdrückliche Bekräftigung in den Verträgen[50] und erfordert angemessene Berücksichtigung. Außer mit dem Prinzip der Solidarität können besondere Spannungsverhältnisse zwischen dem „allgemeinen Wohl der Gemeinschaft“[51] und dem Subsidiaritätsprinzip erwachsen.

Die daraus resultierenden Widersprüche wirken auf die Auslegung der einzelnen Rechtsprinzipien zurück. Das dazu gebotene Ziel einer Auslegung, die eine Optimierung der verschiedenen Prinzipien ermöglicht, ist aus dem deutschen Verfassungsrecht vertraut,[52] gehört aber auch zu den vom EuGH geübten Methoden.[53]

Welche Auslegung des Grundsatzes der Subsidiarität am besten den Geboten der Solidarität und zur Wahrung eines gemeinschaftlich definierten Gemeinwohles dient, lässt sich nicht abstrakt beantworten. Es kommt vielmehr auf den jeweiligen Handlungsbereich der Gemeinschaft an.[54] Überdies wäre es verfehlt, die Antwort auf die Frage nach der angemessenen Handlungsebene nur in einen binären Schema zu suchen. Mit anderen Worten: Die Existenz weiterer Parameter des gemeinschaftlichen Handelns

---

49 Vgl. EuGH, Rs. C-39/72, ECLI:EU:C:1973:13 Rn. 25. Dazu näher *Tomuschat*, Solidarität in Europa in FS Pescatore, Baden-Baden 1987, 727–759.

50 Art. A, Abs. III, Art. J.l, Abs. 4 EUV. Ausdruck des Solidaritätsprinzips ist weiterhin das Ziel einer Stärkung des „wirtschaftlichen und sozialen Zusammenhalts“ (Art. B, Abs. I EUV und das entsprechende Protokoll zum EUV) sowie die Strukturfonds der Art. 40, IV; 123 und 130 c, EGV und allgemein Art. 5 EGV.

51 Art. 157, 188b, Abs. 4; 194, Abs. 3; 198a, Abs. 4 EGV. Schon wegen dieser institutionellen Verankerung lässt sich die These von *Bleckmann* nicht halten, ein gemeinsames europäisches Interesse sei mit der Summe der Nationalinteressen identisch. *Bleckmann*, Die Entwicklung der Allgemeininteressen aus den Grundrechten der Verfassung, Saarbrücken (Europa-Institut, Vorträge Nr. 254), 1991, 52.

52 *Hesse*, Grundzüge des Verfassungsrechts der Bundesrepublik Deutschland, Ziff. 72.

53 *Nettesheim* in Grabitz/Hilf a. a. O. Anm. 62 ff. zu Art. 4.

54 Zum Bereich der Umwelt: *Lenaerts*, The Principle of subsidiarity and the environment, Fordham International Law Journal, Vol 17 Nr. 4/1994, 846–895; *Schroer*, Die Kompetenzverteilung zwischen der Europäischen Wirtschaftsgemeinschaft und ihren Mitgliedstaaten auf dem Gebiete des Umweltschutzes, Berlin 1992; *Calliess*, Das Subsidiaritätsprinzip nach Art. 3 b EGV, Dissertation, Universität Saarbrücken 1995; im Sozialrecht: *Kahil*, Europäisches Sozialrecht und Subsidiarität, Dissertation, Universität Lausanne 1995; in der Bildungspolitik: *Hrbek* (Hrsg.) Europäische Bildungspolitik und die Anforderungen des Subsidiaritätprinzips; *Lenaerts*, Subsidiarity and Community competence in the Field of Education, The Columbia Journal of European Law, Vol. I Nr. 1, 1995, 1–28. Im Bereich der Wettbewerbspolitik, *Idot*, l' application du principe de la subsidiarité dans le droit de la concurrence, Saarbrücken 1993 (Europainstitut, Vorträge Nr. 300).

außerhalb der Subsidiarität legt es nahe, als Antwort auf die Frage nach der besten Handlungsebene kein „entweder – oder sondern ein „sowohl als auch" zu erwarten. Für die Zuordnung letztlich maßgebend ist dann die Art der angestrebten Maßnahme, z. B. die Festlegung von Mindeststandards, die von den Mitgliedstaaten ergänzt werden können, sowie die Intensität („Regelungstiefe") des geplanten Rechtsakts. Diese Differenzierungen werden insbesondere dort bedeutsam, wo grundlegende Ziele der Gemeinschaft, wie z. B. der Binnenmarkt, zu einem Wettbewerb der Ordnungssysteme führen können, der einzelne Staaten überfordert und daher eine Harmonisierung gebietet (Beispiele: Umweltpolitik, Sozialpolitik).[55]

Von der *Auslegung* des Begriffes Subsidiarität im Lichte von – je nach Bereich unterschiedlich wirkenden – Verfassungsprinzipien ist allerdings seine *Anwendung* in den verschiedenen Zuständigkeiten der EG zu unterscheiden. Je nachdem wie präzise die Aufgaben der Gemeinschaft vorgegeben sind, möglicherweise sogar in Form von Gesetzgebungsaufträgen, desto geringere Bedeutung hat das Prinzip.[56]

4. Bisherige Praxis

Das Gebot zur Prüfung von Gesetzgebungsvorhaben anhand der Kriterien des Art. 3 b EGV ist seit 20 Monaten in Kraft. Während dieser Zeit kühlte sich die anfängliche Euphorie über die Wirkungen des Prinzips erheblich ab:

Zwischen den Mitgliedstaaten zeigten sich Meinungsunterschiede über die Bewertung von Gesetzgebungsvorschlägen im Lichte des Subsidiaritätsprinzips. So bezeichneten Frankreich und Großbritannien in einem gemeinsamen Vorstoß 22 Projekte als unvereinbar mit dem Subsidiaritätsprinzip. Deutschland arbeitete eine eigene Liste aus und hielt darin 54 (z. T. andere) Texte für überflüssig.[57] Offen warnt die Kommission davor, das Subsidiaritätsprinzip zur Verfolgung individueller staatlicher Interessen einzusetzen.[58] Für den Insider kommt dieses Ergebnis nicht überraschend, war doch schon bisher europäische Gesetzgebung selten das Ergebnis zen-

55 Dazu *Scharpf,* Mehrebenen-Politik im vollendeten Binnenmarkt, Staatswissenschaften und Staatspraxis, Nr. 4/1994, 475–501.

56 Vgl. dazu Tagungsbericht von *Roth,* Das Subsidiaritätsprinzip in der politischen Praxis, Integration, Nr. 1/1995, 54–59.

57 Angaben bei *von Donat,* Tagungsbericht, Integration 1/1995, 54.

58 Bericht der Kommission über die Anwendung des Vertrages über die Europäische Union vom 10. Mai 1995, SEC (95) Ziff. 75; vgl. auch die Warnungen von *Vetter,* Angst

tral erdachter, abstrakter Harmonisierungspläne sondern in aller Regel das Ergebnis von Wünschen einzelner oder mehrerer Staaten, die aus unterschiedlichen Gründen – vielfach im Wege des Kompensationsgeschäfts – von der Mehrheit der übrigen Staaten akzeptiert wurde.

Subsidiarität in der Praxis dürfte also zur Konsequenz haben, dass einige der Wünsche einzelner Staaten nach europäischer Rechtsetzung keine Berücksichtigung finden.Auf dieses Ergebnis deutet eine von der Kommission vorgelegte Statistik, wonach sich seit 1990 bis zu Jahr 1995 die Anzahl der Gesetzgebungsvorschläge auf nahezu ein Viertel vermindert hat.[59] Damit wirkt Subsidiarität weniger als Filter gegen anmaßende „Brüsseler Bürokratien“ denn als Instrument zur Bändigung allzu extravaganter Wünsche einzelner Staaten nach europäischer Rechtsetzung oder verlagert Auseinandersetzungen über das zu verabschiedende Recht bereits in die Vorbereitungsphase.

Ein Blick auf einige zufällig ausgewählte Rechtsakte, die im Jahre 1994 verabschiedet wurden, zeigt im Übrigen eine große Unsicherheit bei der Begründung einer Maßnahme unter dem Aspekt der Subsidiarität.

Es scheint, als ob dann, wenn politisches Einvernehmen besteht (was durchaus mit Hilfe von „package deals“ erzielt worden sein kann), die Darlegung der Gesichtspunkte, die eine Inanspruchnahme der EG-Zuständigkeit rechtfertigen, ausgesprochen nachlässig erfolgt:

- Eine *ausdrückliche* Begründung enthält die „7. Richtlinie zur Regelung der Sommerzeit“.[60] Diese lautet:„Im Hinblick auf das Subsidiaritätsprinzip ist eine Massnahme auf Gemeinschaftsebene erforderlich, um durch die vollständige Angleichung der Sommerzeitregelung Verkehr und Kommunikation zu erleichtern und die diesbezüglichen Kosten zu senken.“ Eine qualifizierte Mehrheit der Ratsmitglieder steht hinter dieser lakonischen Feststellung.
- *Keinerlei Begründung* unter dem Aspekt der Subsidiarität enthält die Verordnung der Kommission „über Unregelmäßigkeiten und die Wiedereinziehung zu Unrecht gezahlter Beträge in Rahmen der Finanzierung der Strukturpolitiken“.[61]

---

vor der Subsidiaritätsfalle, EU-Magazin Nr. 6/1995, 7 und EP Bericht „Über die Anwendung des Subsidiaritätsprinzips auf die Umwelt- und Verbraucherschutzpolitik“, Verfasser, Herr *Jan White*, Dok. A3–380/92.

59 Bericht über Anwendung des EUV, Anhang 9, s. oben, Anm. 58.

60 ABI. EG Nr. L 164/1994, 1.

61 ABI. EG Nr. L 178/1994, 43.

- Eine -*überflüssige*[62] -„Begründung" in Gestalt einer formelhaften Wiederholung des Wortlauts von Art. 3 b enthält das vierte Rahmenprogramm für Forschung, technologische Entwicklung und Demonstration.[63]

Als Folge einer Aufforderung des Europäischen Rates vom Dezember 1992[64] unterbreitet die Kommission jährlich einen Bericht über die Anwendung des Subsidiaritätsprinzips.[65]

5. *Zusammenfassende Bewertung*

Die Rechtsordnung der Europäischen Union wurde geschaffen, weil die beteiligten Staaten übereinstimmend der Meinung waren, die von der Union zu erfüllenden Aufgaben seien auf einzelstaatlicher Ebene nicht oder nicht wirkungsvoll zu erfüllen. Die Union bildet außerdem den Rahmen einer eigenständigen Wertordnung, die vom Schutz individueller Rechte bis hin zu Förderung von Demokratie und Rechtsstaatlichkeit in ihren Beziehungen nach außen[66] und nach innen[67] reicht.

Das Zusammenspiel dieser Rechtsordnung mit den staatlichen Rechtsordnungen bedarf der normativen Strukturierung. Vor Einführung des Subsidiaritätsprinzips enthielten die Verträge bereits zahlreiche Mechanismen, die durch Aufgabenzuweisungen, Institutionen und Verfahren eine Balance zwischen den Systemen gewährleisten und gleichzeitig die Beweglichkeit der Teilsysteme erhalten sollten. Im Mittelpunkt dieses Ausgleichssystems steht die gemeinschaftliche Gesetzgebung durch den als Staaten-Vertretung ausgebildeten Rat.

Die institutionell angelegte Verflechtung von staatlichem und gemeinschaftlichem Recht spiegelt eine generelle Entwicklung mehrstufiger Rechtssysteme. Diese führt weg von der schematisch konzipierten Zweiteilung der Zuständigkeiten zu wechselseitiger Durchdringung und Verflechtung der Entscheidungsebenen.

Dem unbestreitbaren Vorteil größerer Beweglichkeit und größerer Effizienz derartiger Verflechtungssysteme steht allerdings der Nachteil geringerer Transparenz gegenüber. Damit wächst der Legitimationsbedarf des

62 Da der Erlass des Rechtsaktes ausdrücklich in Art. 130 i EGV vorgesehen ist.
63 ABl. EG Nr. L 126/1994, 1.
64 S. o. Anm. 22.
65 Bericht 1994: DOK KOM (94) 533 endg.
66 Vgl. Art. 130, U, Abs. 2 EGV.
67 Art. F, VEU.

Gesamtsystems. Außerdem bietet ein Verflechtungssystem erheblich mehr Ansatzpunkte, um Meinungsverschiedenheiten zwischen den einzelnen Akteuren – d. h. den einzelnen Mitgliedstaaten – zu systemstörenden Blockaden zu nutzen oder durch systemstörende Kompromisse zu beseitigen.

Als Antwort auf diese Nachteile ist die Einführung des Subsidiaritätsprinzips in Art. 3 b EGV zu erklären. Das Prinzip sollte die Komplexität der gemeinschaftlichen Entscheidungsabläufe vereinfachen, den Bürgern eine Orientierung über Richtung und Grenzen des europäischen Einigungsprozesses vermitteln und Konflikte zwischen den Staaten vermindern.

Paradoxerweise traf die Einführung des Begriffs zusammen mit deutlichen Rückzügen der unitarischen Organe aus Bereichen und Intensität gemeinschaftlicher Rechtsetzung. Ausdruck hierfür sind insbesondere das durch die Rechtsprechung initiierte „Prinzip der gegenseitigen Anerkennung“ und die Anerkennung der Normsetzung durch Private. Über das wünschbare und vertretbare Ausmaß des dadurch akzentuierten „Wettbewerbs“ der staatlichen Rechtsordnungen im Binnenmarkt bestehen jedoch zwischen den Staaten sehr unterschiedliche Vorstellungen. Das Subsidiaritätsprinzip hilft kaum, diese Unterschiede auszugleichen. Eine immer grösser gewordene Gemeinschaft benötigt insoweit eher Instrumente, die differenzierten Schutzbedürfnissen Rechnung tragen können. Das binäre Konzept der Subsidiarität ist dafür schlicht zu primitiv. Das Subsidiaritätsprinzip in der Europäischen Union ist im Übrigen nicht geeignet, Zuständigkeiten abstrakt voneinander abzugrenzen. Ein dafür vorhandener Bedarf muss auf andere Weise, z. B. durch verbesserte Institutionen und verbesserte Verfahren gedeckt werden.[68] Untauglich als Orientierungshilfe für den Gesetzgeber ist das Prinzip schließlich auch dann, wenn es darum geht, vertraglich definierte Gesetzgebungsaufträge zu erfüllen und wenn es gilt, die spezifischen gemeinschaftlichen Werte, von Solidarität bis zu dem Grundrechtsschutz normativ zu sichern. Gleichwohl vermag Subsidiarität zwei bedeutsame Funktionen zu erfüllen.

- Es kann als Symbol der Respektierung staatlicher Identität durch die Union wirken und gerade dadurch die Legitimation der Union fördern[69] und

68 So auch *Dehousse*, Community Competences: Are there Limits to Growth? in ders. (Hrsg.), Europe after Maastricht, München 1994, 103–125 (124).

69 Das übersieht *Pescatore* in seiner maßlosen Polemik („drohende Balkanisierung der Europäischen Gemeinschaft“). Vgl. *ders.*, Mit der Subsidiarität leben, in: Due/Lutter/Schwarze (Hrsg.), Festschrift Everling, Baden-Baden 1995, 1071–1094; vgl.

- es kann bei der konkreten Willensbildung zu einem Rechtsetzungsprojekt den Institutionen nützliche Orientierungshilfen für die Abwägung der Zweckmäßigkeit des Handelns insofern liefern, als es alle Beteiligten daran erinnert, dass sie zu wechselseitiger Rücksichtnahme und Kooperation verpflichtet sind.

---

dagegen *Sieber,* Das Subsidiaritätsprinzip im Europäischen Gemeinschaftsrecht in: Evers (Hrsg.), Chancen des Föderalismus in Deutschland und Europa, Baden-Baden, 1994, 161–171; ebenso *Berman,* Taking subsidiarity seriously, Columbia Law Review, Vol. 94 (1994), Nr. 2, 332–456 (367).

B. V. Wechselseitige Verantwortung der Mitgliedstaaten – Ein Rechtsprinzip der Europäischen Union?*

1. Einleitung

Im Mittelpunkt europarechtlicher Betrachtungen steht üblicherweise das Verhältnis der Union zu ihren Bürgern und zu Mitgliedstaaten sowie zu Drittstaaten.

Eine seltener untersuchte Dimension des Europarechts betrifft das Verhältnis der Mitgliedstaaten untereinander. Die Pandemie des Jahres 2020 warf ein grelles Licht auf diese Beziehungen, zeigte sich doch im Verhältnis zwischen den Mitgliedstaaten unerwarteter Egoismus aber auch Solidarität. Unabhängig von der Nutzung der Zuständigkeiten der Union in derartigen Krisensituationen stellt sich dabei die Frage, ob und in welchem Sinne aus der Mitgliedschaft in der Union besondere Beziehungen zwischen den Mitgliedstaaten erwachsen, insbesondere ob insoweit eine Verpflichtung zu wechselseitiger – also horizontal wirkender --Verantwortung besteht.

Bereits vor der Krise lenkte Generalanwältin *Sharpston* die Aufmerksamkeit auf die Kategorie der zwischenstaatlichen Verantwortung in der Union. In einem Vertragsverletzungsverfahren (gegenüber Polen, Ungarn und Tschechien) trug sie im Oktober 2019 dem Europäischen Gerichtshof vor:

> „Solidarität ist das Lebenselixier des Europäischen Projekts. Durch ihre Beteiligung an diesem Projekt und ihre Unionsbürgerschaft haben die Mitgliedstaaten und ihre Staatsangehörigen sowohl Verpflichtungen als auch Vorteile, sowohl Pflichten als auch Rechte. Zum europäischen „Demos" zu gehören, bedeutet nicht bloß, die Verträge und das abgeleitete Recht im Hinblick darauf durchzusehen, was man alles beanspruchen kann. Es bedeutet auch, gemeinschaftlich *Verantwortung zu übernehmen* und (ja) gemeinsame Belastungen zur Förderung des Gemeinwohls mitzutragen."[1]

* Zuerst veröffentlicht in: Zeitschrift für europarechtliche Studien (ZEuS) 1/2021, 223 – 232.

1 Schlussanträge GA *Eleanor Sharpston*, verb. Rs. C-715/17, C-718/17 und C-719/17, *Kommission/Polen u.a.*, ECLI:EU:C:2019:917, Rn. 253 (Hervorhebung durch den Verfasser).

Die inhaltliche Bedeutung der Aussage „Verantwortung zu übernehmen“ ist nicht ohne weiteres ersichtlich. Auch hinsichtlich der Adressaten („gemeinschaftlich“) besteht keine Klarheit. Das erstaunt nicht, denn „Verantwortung“ als ethischer Begriff begegnet uns in unterschiedlichen normativen Zusammenhängen und mit zumeist undefinierten und in der Regel unbestimmtem Inhalt.

- Wir finden die Kategorie der Verantwortung unter anderem in der Präambel und in verschiedenen Artikeln des Grundgesetzes.[2]
- Zwei verschiedene Ausprägungen hat die Kategorie der Verantwortung im Völkerrecht. Diese beruhen auf der Doppelbedeutung des englischen Begriffs *responsibility* als Haftung einerseits und als Handlungsmaßstab andererseits. Danach wird Verantwortung unter den Aspekten der Staatenhaftung und als eine mögliche staatliche Schutzpflicht (*responsibility to protect*)[3] diskutiert.
- Der Wortlaut des Vertrags über die Europäische Union liefert zum Thema „Verantwortung“ nur wenig Erhellendes. Zwar erscheint der Begriff in dessen Art. 4 Abs. 2 („Insbesondere die nationale Sicherheit fällt weiterhin in die alleinige Verantwortung der einzelnen Mitgliedstaaten“), ähnlich Art. 73 AEUV („es steht den Mitgliedstaaten frei, untereinander und in eigener Verantwortung Formen der Zusammenarbeit (...) einzurichten (...)“), doch dient er in beiden Fällen lediglich dazu, zwischen Union und Mitgliedstaaten eine Zuständigkeit abzugrenzen, hat aber keine darüber hinaus reichende, mit einem spezifischen Gehalt gefüllte Funktion. Weitgehend dasselbe gilt für den Begriff der „Verantwortlichkeit“, der in Art. 80 AEUV im Zusammenhang mit der Politik in den Bereichen Asyl und Einwanderung verwendet wird. Danach soll für die unter dieses Kapitel fallende Politik der Union und ihre Umsetzung „der Grundsatz der Solidarität und der gerechten Aufteilung der Verantwortlichkeiten unter den Mitgliedstaaten“ gelten. Insoweit geht es um die Art und Weise der Verteilung einer Aufgabe durch die Union, nicht aber um Übernahme oder gar um eine Verpflichtung zur Übernahme von horizontal wirkender Verantwortung. Entsprechend, also als Zu-

2 Präambel, Art. 21 a; Art. 23 Abs. 6 GG.

3 Dazu *International Commission on Intervention and State Sovereignty (ICISS)*, The Responsibility to Protect, abrufbar unter: http://responsibilitytoprotect.org/ICISS%20Report.pdf (4.5.2020); s. die Beiträge in: Wolfrum/Kojima (Hrsg.); s.a. *Etzersdorfer, Irene/Janik, Ralph*, Staat, Krieg und Schutzverantwortung, Wien, 2016.

ständigkeitsbeschreibung, verwendet auch der Gesetzgeber den Begriff, zum Beispiel in der FRONTEX-Verordnung, wonach „die integrierte europäische Grenzverwaltung (...) in gemeinsamer Verantwortung von der Agentur und den für die Grenzverwaltung zuständigen nationalen Behörden wahrgenommen [wird]".[4]

- Dagegen wird in dem Vertrag über den Europäischen Stabilitätsmechanismus (ESM-Vertrag) offenbar eine inhaltliche Verpflichtung mit dem Begriff „Verantwortlichkeit" verbunden: Nach seiner Präambel soll der Vertrag die „haushaltspolitische Verantwortlichkeit und Solidarität innerhalb der Wirtschafts- und Währungsunion verstärken".[5] Entsprechend verpflichten sich die beteiligten Staaten in dem parallel abgeschlossenen „Fiskalpakt" alle wirtschaftspolitischen Reformen vorab untereinander zu erörtern und gegebenenfalls zu koordinieren.[6]

Auch die zitierte Bemerkung von Frau *Sharpston* hat ersichtlich eine qualitative Konnotation. Bei ihr bedeutet Verantwortung mehr als nur eine Zuständigkeitsabgrenzung. Um zu ermessen, worin diese Dimension im Europarecht besteht, wird nachfolgend zunächst die Kategorie der Verantwortung näher betrachtet. Im Anschluss daran ist zu prüfen, ob sich diese Kategorie in allgemeiner Form im Recht der Union verorten lässt.

2. Zur Kategorie der „Verantwortung"

An den eingangs genannten Beispielen aus verschiedenen Rechtsordnungen wurde schon deutlich, dass der Begriff „Verantwortung" mit unterschiedlicher Bedeutung benutzt wird.[7] Dies betrifft sowohl die Akteure als auch die Substanz der Verantwortung. Hier soll nur *ein* Aspekt untersucht werden, nämlich jener, der eine auch in dem Begriff enthaltene, in die Zukunft gerichtete – *ex ante* – Verhaltenspflicht umschreibt.[8] Noch enger

4 Art. 5 VO (EU) 2016/1624, ABl. L 251 v. 16.9.2016, 13.

5 Vertrag zur Errichtung des Europäischen Stabilitätsmechanismus v. 2.2.2012, BGBl. II, 983, Präambel, Ziff. 5 (Hervorhebung vom Verfasser).

6 Vertrag über Stabilität, Koordinierung und Steuerung in der Wirtschafts- und Währungsunion v. 2.3.2012, BGBl. II, 1008, Art. 11 (Hervorhebung vom Verfasser).

7 Dazu umfassend und mit zahlreichen Nachweisen *Haag, Maria*, EU Citizenship, Free Movement, and Responsibility, London, Hart, im Erscheinen.

8 *Jonas, Hans*, Das Prinzip Verantwortung, 7. Aufl., Frankfurt, 2019, 175.

gefasst: eine Verhaltenspflicht zwischen einer bestimmten Art von Akteuren, Staaten, als Mitglieder eines gemeinsamen Verbandes.[9]

Eine Mitgliedschaft, die dazu bestimmt ist, im Rahmen eines Verbandes gemeinsame Ziele zu verwirklichen, erlegt allen Beteiligten spezifische Pflichten untereinander auf. Speziell dann, wenn ein Ausschluss nicht möglich ist, gilt die Verantwortung der Fähigkeit aller Beteiligten, die gemeinsamen Ziele zu erreichen und den gewollten Zusammenhalt zu fördern und zu bewahren.

Das erfordert zumindest eine wechselseitige Aufmerksamkeit zwischen allen Beteiligten, ein „wissen wollen" über die Lage, Befindlichkeit und Fähigkeit der anderen, die gemeinsamen Ziele zu erreichen, allgemein gesprochen: die von *Habermas* so formulierte „Einbeziehung des Anderen".[10] Dazu gehören insbesondere die Bereitstellung und Berücksichtigung von Informationen durch Kenntnisnahme, entsprechendes Handeln und Unterlassen, also zum Beispiel ein aktives Handeln zur Abwehr von Gefahren oder allgemeine Unterstützung.

An dieser Stelle verdichtet sich Verantwortung zur Solidarität. Ob derartige Beziehungen zwischen formal „Gleichen", unter „Brüdern" bestehen können, ist durchaus nicht selbstverständlich. Bildet doch die Selbstverantwortung auf der individuellen Ebene ein Merkmal der Freiheit, auf der Ebene von Staaten ein Merkmal staatlicher Autonomie. Konzeptionell bildet gegenseitige Verantwortung den Gegenpol zum völkerrechtlichen Prinzip der Nichteinmischung (vgl. Art. 2 Abs. 7 UN-Charta).

Der Philosoph *Hans Jonas* schreibt dazu in seinem Buch „Das Prinzip Verantwortung": „Ob es zwischen völlig Ebenbürtigen (innerhalb der betreffenden Situation) Verantwortung im strikten Sinn geben kann, ist nicht ganz klar." Entsprechende Zweifel hat schon *Kain* für seine freche Gegenfrage genutzt „soll ich meines Bruders Hüter sein?". Gott hat keine Zeit auf eine Antwort verschwendet, es ging schließlich um Ausflüchte nach einem Mord. Für die in Bezug auf die Europäische Union entscheidende Besonderheit lässt *Jonas* jedenfalls eine Ausnahme gelten: Wenn der Gegenstand der Verantwortung in dem Gelingen eines gemeinschaftlichen Unternehmens besteht.[11] Dies nun ist im Rahmen der Europäischen Union

9 Zur staats*internen* Verantwortung u.a. die Beiträge in: *Neumann, Ulfrid/ Schulz, Lorenz* (Hrsg.), Verantwortung in Recht und Moral, Archiv für Rechts- und Sozialphilosophie, Beiheft 74, Stuttgart, 2000.

10 *Habermas, Jürgen*, Die Einbeziehung des Anderen, 4. Aufl., Frankfurt, 2019, 56 ff.

11 *Jonas*, Das Prinzip Verantwortung, 177.

ohne Zweifel der Fall. Kommt diese Verantwortung auch im Recht der Union zum Ausdruck?

3. Verantwortung zwischen den EU-Mitgliedstaaten als allgemeines Prinzip der EU-Verträge?

Die Grundlagentexte der Europäischen Union widmen den Beziehungen zwischen ihren Mitgliedstaaten, also deren „horizontalem“ Verhältnis scheinbar nur geringe und in der Praxis selten beachtete Aufmerksamkeit.

So betreffen nur wenige punktuell wirkende Bestimmungen der EU-Verträge die Möglichkeit vertraglicher Beziehungen zwischen den Staaten (Art. 73 AEUV, ähnlich Art. 136 Abs. 3 AEUV). Andere beziehen sich auf ein gemeinsames Vorgehen, z.B. die Katastrophenhilfe (Art. 196), die Verwaltungszusammenarbeit (Art. 197), die Betrugsbekämpfung (Art. 325 Abs. 3) und das gemeinsame Vorgehen bei Krisensituationen in einem Staat (Art. 347). Schließlich ist die Verpflichtung der Mitgliedstaaten zu erwähnen, Streitigkeiten über die Auslegung oder Anwendung der Verträge nur gemäß den Bestimmungen der Verträge zu regeln (Art. 344 AEUV). Doch wird dahinter nicht ohne weiteres ein verbindender konzeptioneller Ansatz der gemeinsamen Verantwortung sichtbar. Dieser ergibt sich erst, wenn man auf die Existenzgrundlagen der Union zurückgreift.

Die Union wurde von Staaten geschaffen, um gemeinsame Ziele zu verwirklichen. Die Ziele begründen ein gemeinsames Interesse an der Verwirklichung – und damit an der Fähigkeit aller Beteiligten, an der Erreichung dieser Ziele mitzuwirken. Die Staaten sind daher verpflichtet, das eigene Handeln am „gemeinsamen Interesse“ auszurichten, das sich von der Summe der Einzelinteressen der Mitgliedstaaten unterscheidet.[12]

Das Gericht erster Instanz der Union hat diese Pflichten unter die Kategorie der Solidarität subsumiert. Der Sache nach ging es in diesem Fall genau um jene allgemeinen Pflichten, die hier als „Verantwortung“ bezeichnet werden. In seiner Entscheidung vom 10. September 2019 in der Rechtssache T -883/16 führt das Gericht aus:

> „Der Grundsatz der Solidarität beinhaltet Rechte und Pflichten sowohl für die Union als auch für die Mitgliedstaaten. Zum einen ist die Union zur Solidarität gegenüber den Mitgliedstaaten verpflichtet, und zum

12 Dazu *Häberle, Peter/ Kotzur, Markus*, Europäische Verfassungslehre, 8. Aufl., Baden-Baden, 2016, 316 ff.

> anderen sind die Mitgliedstaaten zur Solidarität untereinander und gegenüber dem gemeinsamen Interesse der Union und ihren Politiken verpflichtet."[13]

Weiter erklärt das Gericht in diesem Urteil:

> „Der Solidaritätsgrundsatz umfasst (...) auch eine allgemeine Verpflichtung der Union und der Mitgliedstaaten, im Rahmen der Ausübung ihrer jeweiligen Befugnisse die Interessen der anderen Akteure zu berücksichtigen."[14]

Die Entscheidung betraf eine Klage Polens gegen die Kommission als Prozessgegner. Der Sache nach ging es um ein Verhalten Deutschlands. Das Verfahren galt den Auswirkungen der in Deutschland verlaufenden Anschlussleitung zur Ostsee-Gaspipeline *North Stream I*, konkret ging es um mögliche Beeinträchtigungen der Energieversorgung Polens durch die besonderen Regeln für den Betrieb dieser Leitung. Das Urteil ist noch nicht rechtskräftig, denn Deutschland hat im Dezember 2019 ein Rechtsmittel gegen das Urteil eingelegt (Rs. C -848/19P).

Auch in dem Verfahren C-715/17, aus dessen Schlussanträgen der Generalanwältin *Sharpston* eingangs zitiert wurde, geht es vordergründig um Solidarität, doch die Generalanwältin betonte zu Recht, dass Solidarität nur eine Ausprägung des umfassenden Prinzips der wechselseitigen Verantwortung bildet. Danach gebietet die Verwirklichung des gemeinsamen Interesses von allen Beteiligten die Übernahme präventiver Verantwortung für die Zustände im gesamten Gebiet der Union. Sie müssen also ihr Verhalten an den Zielen ausrichten und alles unterlassen, was andere Beteiligte an einem entsprechenden Verhalten hindern könnte. Denn die Befolgung der vertraglichen Mindestpflichten gewährleistet noch nicht den effektiven Schutz der gemeinsamen Werte und die Erreichung der vertraglich festgelegten Ziele. Entsprechend bezeichnen manche Autoren die aus der gegenseitigen Verantwortung der Staaten in der Union resultierenden Pflichten plakativ aber in der Orientierung zutreffend als *duty to intrude*.[15]

Eine vertragliche Konkretisierung des Konzepts der Verantwortung bildet die in Art. 4 Abs. 3 EUV postulierte Verpflichtung der Mitgliedstaaten

---

13 EuG, Rs. T-883/16, *Polen/Kommission*, ECLI:EU:T:2019:567, Rn. 70.

14 EuG, Rs. T-883/16, *Polen/Kommission*, ECLI:EU:T:2019:567, Rn. 72.

15 *Nicolaidis, Kalypso/ Viehof, Juri*, The Choice for Sustainable Solidarity in Post – Crisis Europe, in: Bajnai, Gordon u.a. (Hrsg.), Solidarity for Sale?, Gütersloh, 2012, 23–43 (40).

zur loyalen Zusammenarbeit. Diese Verpflichtung wirkt unbestritten auch für die horizontalen Beziehungen zwischen den Staaten.[16] „Loyale Zusammenarbeit" lässt sich nun im Sinne des bereits skizzierten Inhalts von Verantwortung verstehen, beinhaltet also unter anderem die Verpflichtung, das eigene Handeln an den möglichen Konsequenzen für die anderen Beteiligten auszurichten. Ob ein staatliches Verhalten gegen die Pflicht zu verantwortlichem Handeln verstößt, lässt sich daran ermessen, ob und in welcher Form die Interessen anderer Staaten berücksichtigt wurden. Ein umstrittenes Beispiel liefern insoweit die Auseinandersetzungen um die Ostsee- Gaspipeline.

Ebenfalls geprägt von dem Prinzip der umfassenden horizontalen Verantwortung ist die Bestimmung des Art. 259 AEUV, wonach jeder Staat befugt ist, unabhängig von der Darlegung eigener Betroffenheit, vor dem EuGH eine Verletzung der Vertragspflichten eines anderen Mitgliedstaates geltend zu machen.[17]

Ein anderer Zugang zur gegenseitigen Verantwortung der Mitgliedstaaten ergibt sich, wenn man der jüngeren Rechtsprechung des EuGHs zum Thema des gegenseitigen Vertrauens der Mitgliedstaaten folgt. Bekanntlich postuliert der Gerichtshof seit einiger Zeit eine derartige Pflicht im Zusammenhang mit der Auslegung der Bestimmungen über die gegenseitige Anerkennung von Haftbefehlen. (Zweifel an dem Erfordernis und der Begründung eines derartigen Rechtsgrundsatzes sind allerdings angebracht). Folgt man der Argumentation des Gerichts,

> „verlangt der Grundsatz des gegenseitigen Vertrauens, (....), von jedem Mitgliedstaat, dass er, abgesehen von außergewöhnlichen Umständen,

16 Vgl. *Kahl, Wolfgang*, in: Calliess, Christian; Ruffert, Matthias (Hrsg.), EUV/AEUV-Kommentar, 5. Aufl., München, 2016, Art. 4 EUV, Rn. 116 ff.; *Obwexer, Walter*, in: von der Groeben, Hans; Schwarze, Jürgen/Hatje, Armin (Hrsg.), Europäisches Unionsrecht, 7. Aufl., Baden-Baden, 2015, Art. 4, Rn. 72; *Hatje, Armin*, in: Schwarze, Jürgen (Hrsg.), EU-Kommentar, 4. Aufl., Baden-Baden, 2019, Art. 4, Rn. 82; *Schill, Stephan/ Krenn, Christoph*, in: Grabitz, Eberhard; Hilf, Meinhard; Nettesheim, Martin (Hrsg.), Das Recht der Europäischen Union: EUV/AEUV, 69. EL, 2020, Art. 4 EUV, Rn. 100; s.a. EuGH, Rs. C-251/89, *Athanasopoulos*, ECLI:EU:C:1991:242, Rn. 57.

17 Auch die Regelung in Art. 7 EUV deutet in diese Richtung. Danach können Mitgliedstaaten, sofern sie mindestens ein Drittel der Gesamtzahl repräsentieren, ein Verfahren zur Feststellung einer Verletzung der in Art. 2 bezeichneten Werte durch einen Mitgliedstaat einleiten.

davon ausgeht, dass alle anderen Mitgliedstaaten das Unionsrecht und insbesondere die dort anerkannten Grundrechte beachten".[18]

Eine Rechtspflicht zum Vertrauen kann man aber überhaupt nur in einem System einfordern, das ein verantwortliches Handeln der Beteiligten in dem hier skizzierten Sinne voraussetzt.

Schließlich ist auf eine besondere Ausprägung nach außen wirkender staatlicher Verantwortung hinzuweisen, die aus der Einführung des europäischen Bürgerrechts erwächst: Das Bürgerrecht legt den Mitgliedstaaten gegenüber allen Bürgern der Union Handlungs- und Unterlassungspflichten auf, die der skizzierten Kategorie der Verantwortung zugeordnet werden können.[19] Exemplarisch zeigt sich diese an den Pflichten zu diplomatischem und konsularischem Schutz gemäß Art. 23 AEUV, der Schutzpflichten begründet, die gegenüber allen Bürgern der Union wirken.

4. Schlussbemerkung

Im Gutachten 2/13 (EMRK) führt der Gerichtshof aus:

> „Die wesentlichen Merkmale des Unionsrechts haben zu einem strukturierten Netz von miteinander verflochtenen Grundsätzen, Regeln und Rechtsbeziehungen geführt, das die Union selbst und ihre Mitgliedstaaten wechselseitig bindet sowie die Mitgliedstaaten untereinander, die nunmehr, in den Worten von Art. 1 Abs. 2 EUV, in die „Verwirklichung einer immer engeren Union der Völker Europas" eingebunden sind."[20]

Zu diesen Rechtsbeziehungen gehört die gegenseitige Verantwortung der Mitgliedstaaten für die Fähigkeit zur Erreichung der gemeinsamen Ziele.

Die Eigenschaft als Rechtsgrundsatz führt darüber hinaus dazu, dass auch ohne dessen ausdrückliche Erwähnung in den Verträgen die Mitgliedstaaten im Anwendungsbereich der Verträge zur Übernahme von Verantwortung gegenüber den Einrichtungen der Union aber auch gegenüber den anderen Mitgliedstaaten verpflichtet sind. Ob und gegebenenfalls welche konkreten Pflichten den Verträgen unter dem Aspekt der Verantwortung zu

---

18 Jüngst EuGH, Rs. C-566/19 PPU, *JR* u. Rs. C-626/19 PPU, *YC*, ECLI:EU:C:2019:1077, Rn. 42–44.

19 Hierzu grundlegend *Haag* (s.o., Anm. 7).

20 EuGH, Gutachten 2/13, *Beitritt zur EMRK*, ECLI:EU:2014:2454, Rn. 167; sowie EuGH, Gutachten 1/17, *CETA*, ECLI:EU:C:2019:341, Rn. 109.

entnehmen sind, ist anhand einer Auslegung der einzelnen Vertragsbestimmungen im Lichte des gemeinsamen Interesses zu ermitteln.

Als Anknüpfungspunkt kommt in erster Linie Art. 4 Abs. III EUV in Betracht.[21] Die Beachtung des gemeinsamen Rechts bildet dabei nur einen Mindeststandard. Verantwortung erfordert, die aktive Bereitschaft, die Existenz - und Funktionsbedingungen der gemeinsamen Einrichtungen der Union und der anderen Mitgliedstaaten zur Kenntnis zu nehmen und zu respektieren - und das eigene Verhalten danach auszurichten, soweit dieses eine Bedeutung für die anderen Beteiligten hat.

Das Bundesverfassungsgericht Deutschlands hat im Bezug zur Europäischen Union den deutschen Verfassungsorganen eine besondere Integrations*verantwortung* auferlegt.[22] Der deutsche Gesetzgeber hatte den Begriff mit dem so genannten „Integrationsverantwortungsgesetz" übernommen.[23]

Zwar interpretierte der damalige Präsident des Gerichts *Voßkuhle* den Begriff als „dauerhafte und nachhaltige Übernahme von Verantwortung im Rahmen der europäischen Integration" also ähnlich wie in dem hier vertretenen Sinn,[24] doch verkehrte das Gericht den Sinngehalt von *Verantwortung als eines die Gemeinsamkeit aller Beteiligten respektierenden Verhaltens*[25] in sein Gegenteil, indem es - entgegen dem Wortlaut und den Intentionen des Grundgesetzes - ausschließlich die innerstaatliche Abwehr von Integrationsfolgen in den Blick nahm. In seinem Urteil vom 5. Mai 2020 führte das BVerfG dazu aus, „[i]hre dauerhafte Integrations-

---

21 „Die Mitgliedstaaten ergreifen alle geeigneten Maßnahmen allgemeiner oder besonderer Art zur Erfüllung der Verpflichtungen, die sich aus den Verträgen oder den Handlungen der Organe der Union ergeben.".

22 BVerfGE 123, 267 (356): „Den deutschen Verfassungsorganen obliegt eine dauerhafte Integrationsverantwortung. Sie ist darauf gerichtet, bei der Übertragung von Hoheitsrechten und bei der Ausgestaltung der europäischen Entscheidungsverfahren dafür Sorge zu tragen, dass in einer Gesamtbetrachtung sowohl das politische System der Bundesrepublik Deutschland als auch das der Europäischen Union demokratischen Grundsätzen im Sinne des Art. 20 Abs. 1 und Abs. 2 in Verbindung mit Art. 79 Abs. 3 entspricht." Aus dem Wortlaut des Grundgesetzes ergibt sich diese Erfindung des BVerfG nicht.

23 Gesetz über die Wahrnehmung der Integrationsverantwortung des Bundestages und des Bundesrates in Angelegenheiten der Europäischen Union v. 22. September 2009, BGBl. I S. 3022; Zu dem Begriff BVerfG, 2 BvR 1685/14, Rn. 141: Den Verfassungsorganen obliegt „eine dauerhafte Verantwortung für die Einhaltung des Integrationsprogramms durch Organe, Einrichtungen und sonstige Stellen der Europäischen Union".

24 *Voßkuhle*, Fruchtbares Zusammenspiel, Frankfurter Allgemeine Zeitung v. 22.4.2010, 11.

25 Dazu oben B.

verantwortung können die Verfassungsorgane nur wahrnehmen, wenn sie den Vollzug des Integrationsprogramms (...) *kontinuierlich beobachten*".[26] Nach dieser Auslegung der von dem BVerfG selbst erfundenen Kategorie besteht Verantwortung aus einer Überwachungstätigkeit. Die unausgesprochene Verengung der Kategorie der Verantwortung, angelegt in dem Lissabon-Urteil und hervorgehoben in dem Urteil vom 5. Mai 2020 zum PSPP-Programm der EZB,[27] wiegt umso schwerer, als das Gericht sich damit gegenüber dem insoweit allein zuständigen EuGH einen nationalen Machtanspruch anmaßt und damit aus dem den 27 Mitgliedstaaten der Union gemeinsamen Recht „ausbricht".[28]

Wenn das höchste Gericht des größten und mächtigsten Mitgliedstaates der Union ein Urteil des EuGH, des gemeinsamen Gerichts der 27 Mitgliedstaaten, als „objektiv willkürlich" bezeichnet,[29] dann setzt es ein Beispiel *verantwortungsloser* Rechtsprechung.

---

26 BVerfG, 2 BvR 859/15, Rn. 108.

27 BVerfG, 2 BvR 859/15, Rn. 102, 108, 114, 164, 179, 229 ff.

28 Zu den Mängeln der vom BVerfG erfundenen Kategorie des „ausbrechenden Rechtsakts" überzeugend bereits *Ress*, Der ausbrechende Rechtsakt, Zeitschrift für öffentliches Recht, 2009, Vol. 64, Nr. 4, 387–395; die (sachlich unbegründete) Behauptung des BVerfG, die Einrichtungen der Union, wären zuerst „ausgebrochen", vermag die Rechtsverletzung durch das BVerfG in keinem Fall zu rechtfertigen.

29 BVerfG, 2 BvR 859/15, Leitsatz 2 u. Rn. 118.

B. VI. Zur Entwicklung des Rechtsbegriffs der Solidarität in der Europäischen Union*

1. *Einleitung*

Die von dem COVID – 19 ausgehende weltweite Pandemie und ihre Bekämpfung haben dem Thema „Solidarität" eine neue Dimension verliehen. Doch ein Grundproblem dieses Begriffs dauert schon seit Längerem an, tritt allerdings deutlicher hervor: Jenseits des konkreten Handelns bleibt Solidarität im Graubereich von politischem Programm und rechtlicher Kategorie. Das gilt in besonderem Masse für das Verhalten der Staaten und Völker in der Europäische Union.[1] Auch jenseits der Krise des Jahres 2020 wirken in der EU starke Kräfte, die in die eine oder in die entgegengesetzte Richtung drängen. So wird Solidarität einerseits deutlicher verweigert, während andererseits neuerdings versucht wird, Solidarität mit Hilfe der EU – Gerichtsbarkeit zu erzwingen. Dazu ergingen in den Jahren 2019 und 2020 je ein Urteil des EuG und des EuGH. Im Mittelpunkt des am 10. September des Jahres 2019 erlassenen Urteils des (erstinstanzlichen) Gerichts (EuG) steht die Diskussion der rechtlichen Bedeutung des Begriffs „Solidarität", der in Art. 194 AEUV als Kriterium der EU – Energiepolitik genannt wird. Deutschland hat gegen dieses Urteil beim EuGH ein Rechtsmittel eingelegt[2]. Der EuGH hat am 15. Juli 2021 darüber entschieden (Dazu nachfolgend D.I).

Es entbehrt nicht der Ironie, dass die Verletzung von Solidarität im Zentrum einer weiteren Klage stand, die als Vertragsverletzungsverfahren unmittelbar vor dem EuGH geführt wurde. Darin warf die EU – Kommission ihrerseits den Mitgliedstaaten Polen, Tschechien und Ungarn vor, ihre vertraglichen Pflichten zur Solidarität dadurch zu verletzen, dass sie Be-

* Zuerst veröffentlicht in: *Epiney/Zlatescu (Hg.),* Schweizerisches Jahrbuch für Europarecht 2019/2020, Bern/Zürich 2020, 591 – 605.

1 Dazu bereits *Roland Bieber/Francesco Maiani*, Ohne Solidarität keine Europäische Union: Über Krisenerscheinungen in der Wirtschafts – und Währungsunion und im Europäischen Asylsystem, SJER 2011/2012, 297. Aus der jüngeren Literatur zum Thema Solidarität: *Andrea Biondi et al.* (Hrsg.), Solidarity in EU Law, 2018; *Ramona Coman et. al.* (Hrsg.), Les Solidarités Européennes, 2019.

2 Rs. C-848/19P (Deutschland/Polen), ECLI:EU:C:2021:598.

schlüssen der Union zur Umsiedlung von Flüchtlingen nicht Folge geleistet haben. Der EuGH gab der Klage statt und bestätigte die Rechtswidrigkeit dieses Verhaltens.[3] Bereits in ihren Schlussanträgen zu diesen Klagen vom 31. Oktober 2019[4] hatte Generalanwältin *Sharpston* die rechtliche Bedeutung von Solidarität im Gefüge des EU – Vertrags markant hervorgehoben (Dazu nachfolgend B und D. II).

In dem nachfolgenden Beitrag werden beide Verfahren näher dargestellt und es wird versucht, die Facetten des Begriffs der Solidarität in der Rechtsordnung der Europäischen Union zu präzisieren.

2. Begriff und Bedeutung von „Solidarität" in der Europäischen Union

In vielen Staatsverfassungen, so auch in der Präambel der Schweizerischen Bundesverfassung, findet sich der Begriff der „Solidarität". Im Rechtssinne führt er dort eine Randexistenz.

Auch im Rahmen der Europäischen Union gehörte das Wort Solidarität zunächst lediglich zum typischen Präambel – Vokabular, das nur geringes akademisches Interesse weckte und keine rechtliche Bedeutung zu entfalten schien. Als Beispiel dieses überwiegend programmatischen Verständnisses kann die „Erklärung von Sibiu" verstanden werden, die der Europäische Rat am 9. Mai 2019 zur Erinnerung an die berühmte Erklärung des französischen Außenministers Robert Schuman vom 9. Mai 1950 verabschiedete.[5] Sie lautet unter anderem:

- „Wir werden vereint durch dick und dünn gehen. Wir werden uns in Notzeiten untereinander solidarisch zeigen und wir werden stets zusammenhalten. Wir können und wir werden mit einer Stimme sprechen.
- Wir werden immer nach gemeinsamen Lösungen suchen und dabei einander im Geiste von Verständnis und Respekt zuhören."

Für schweizerische Augen erscheint der Text irgendwie bekannt. Hat doch *Friedrich Schiller* eine vergleichbare Situation in die Formulierung

3 EuGH, verb. Rs. C-715/17, C-718/17 und C-719/17, ECLI:EU:C:2020:257 (Kommission/Polen u.a.).

4 ECLI:EU:C:2019:917.

5 Europäischer Rat, Pressemitteilung v. 9. Mai 2019, https://www.consilium.europa.eu/de/press/press-releases/2019/05/09/the-sibiu-declaration/ (zuletzt besucht am 21. April 2020).

gekleidet „Wir wollen seyn ein einzig Volk von Brüdern, In keiner Noth uns trennen und Gefahr“.[6]

Der Europäische Rat ist eine Institution der Europäischen Union. Er legt gemäß Art. 15 EUV „die allgemeinen politischen Zielvorstellungen und Prioritäten fest“. Man könnte daher auf dem ersten Blick geneigt sein, den zitierten Text der Kategorie politischer Prosa guter Absichten zuzuordnen, die den Juristen nicht unmittelbar interessieren muss.

Doch so einfach ist dem Thema „Solidarität“ nicht beizukommen. Denn Solidarität ist dem genetischen Code der Europäischen Union eingeschrieben : Von einer « solidarité de fait » sprach der damalige französische Außenminister *Robert Schumann* in seiner berühmten Erklärung vom 9. Mai 1950. Die Formulierung fand Eingang in die Präambeln der ersten Verträge zur Errichtung der Europäischen Gemeinschaften. Aus der Perspektive des kurzen Abstands zum vergangenen Krieg war damit gemeint, man solle erste konkrete Maßnahmen zu einem, die Staaten verbindenden, gemeinsamen Projekt einleiten, damit die gemeinsamen Interessen der beteiligten Völker zur Geltung kämen und der Frieden gefestigt würde. Doch längst wuchs die Bedeutung des Begriffs Solidarität über diese Anfänge hinaus. In den Folgejahren entwickelte sich die Kategorie der Solidarität zur Grundlage und zum Leitmotiv für den Zusammenschluss der europäischen Völker zur Europäischen Union.

Wie schon an den in der Einleitung geschilderten Beispielen deutlich wurde, umfasst der Begriff der Solidarität allerdings unterschiedliche Facetten, die von der politischen Absichtserklärung bis zur Festlegung von Handlungszielen und Handlungsmodalitäten reichen. Dabei lassen sich verschiedene Stufen der Entfaltung einer unionsspezifischen Solidarität unterscheiden:

- Schon der EGKS – Vertrag schuf die Möglichkeit, bei Versorgungskrisen die Reserven an Kohle und Stahl grenzüberschreitend zu verteilen (Art. 59 EGKSV). Das wurde damals zwar nicht „Solidarität genannt, war es aber der Sache nach.
- In dem Vertrag von Maastricht von 1992 wurde der Begriff der Solidarität erstmals in den Text der Gründungsverträge aufgenommen und allgemein mit den Aufgaben der Union in Verbindung gebracht. Der Union wurde aufgetragen „die Solidarität zwischen den Mitgliedsaaten zu fördern“ (Art. 2 EGV) und „die Beziehungen zwischen den Mitgliedstaaten

6 *Friedrich Schiller*, Wilhelm Tell (1804), 2. Aufzug, 2. Szene.

sowie zwischen ihren Völkern kohärent und solidarisch zu gestalten (Art. A, EUV).

- Ausdruck der zwischenstaatlichen Solidarität wurde insbesondere die damals eingeführte „Politik zur Stärkung des wirtschaftlichen, sozialen und territorialen Zusammenhalts", mit dem eine harmonische Entwicklung der Union als Ganzes gefördert werden soll (Art. 174 AEUV und Protokoll Nr. 28).
- Eine weitere markante Konkretisierung des Begriffs Solidarität erfolgte durch den Vertrag von Lissabon. Neben der Wiederholung in den Präambeln des Unionsvertrages und der Grundrechte – Charta wird Solidarität darin erstmals als eine Modalität der Wahrnehmung einzelner Zuständigkeiten genannt. So wird die Union – zum Teil gemeinsam mit den Mitgliedstaaten – in acht Artikeln verpflichtet, die jeweiligen Zuständigkeiten „im Geiste" oder als „Grundsatz" der Solidarität wahrzunehmen. Das betrifft zum einen die Gesetzgebung in besonders sensiblen Tätigkeitsbereichen der Union (Energiepolitik, Einwanderung, Asyl, Grenzkontrollen (Art. 194, 67 II; 80 AEUV) und zum anderen die Bewältigung von Ausnahmesituationen wie Naturkatastrophen (Art. 222 AEUV) und Versorgungsproblemen eines Staates (Art. 122 AEUV). Weitere Pflichten zu solidarischem Verhalten werden den Mitgliedstaaten im Bereich der Gemeinsamen Außenpolitik auferlegt (Art. 21; 24 II, III; 31 EUV).
- Die Charta der Grundrechte enthält überdies einen ganzen Abschnitt mit der Bezeichnung « Solidarität ».
- Schließlich wird Solidarität in die Liste der gemeinsamen Werte aufgenommen (Art. 2 EUV) und es wird der Union als Ziel aufgetragen, die Solidarität zwischen den Mitgliedstaaten zu fördern (Art. 3 III EUV).

Seit einigen Jahren bildet Solidarität damit einen Teil des geschriebenen Rechts der Union. Allerdings wird ihr Inhalt nirgends definiert.

Lässt sich gleichwohl ein gemeinsamer Kern der genannten Vertragsbestimmungen herausschälen? Was bedeutet insbesondere die Formel „im Geiste der Solidarität" für die Wahrnehmung der jeweiligen Zuständigkeit durch die Union?

Vor einiger Zeit veröffentlichte ein deutscher Rechtswissenschaftler einen Aufsatz mit dem provozierenden Titel:

„Wer Solidarität sagt, will etwas haben".[7]

Kann man mit Hilfe dieser Behauptung die Bedeutung der Solidarität in der Europäischen Union in ihrer Gesamtheit erfassen? Es trifft zu, die beiden Vertragsbestimmungen über Krisenhilfe sehen Leistungen der Union vor. Auch die Bestimmungen über den territorialen Zusammenhalt werden maßgeblich mit Hilfe finanzieller Leistungen erfüllt, zum Beispiel im Rahmen des so genannten „Kohäsionsfonds" (Art. 177 AEUV). Weiterhin begründet das von der Union geschützte europäische Bürgerrecht bestimmte soziale Rechte.

Aber geht es bei Solidarität wirklich nur um Sozialhilfe oder allgemeiner um den Transfer finanzieller Mittel? Die unterschiedlichen Hinweise auf Solidarität im geschriebenen Recht der Union weisen über den Aspekt der Finanzleistung hinaus. Wie in jedem Gemeinwesen bilden auch in der Union derartige Leistungen nur eine Facette der tiefer liegenden Frage nach den Voraussetzungen ihrer Existenz.

Die in den Unionsverträgen wiederholt benutzte Formulierung des Handelns „im Geiste der Solidarität" deuten auf eine auch hier gewollte umfassendere Dimension der Solidarität: Stets geht es um eine bestimmte Art des auf alle oder einzelne der anderen Beteiligten bezogenes Verhalten, mit Habermas gesagt « Um die Einbeziehung des Anderen ».[8]

Im Rahmen eines zur Erreichung gemeinsamer Ziele und zur Bekräftigung gemeinsamer Werte geschaffenen Verbandes erlangt diese « Einbeziehung » normative Qualität. Sie verpflichtet die Staaten, das eigene Handeln am « gemeinsamen Interesse » auszurichten. Dies gilt ausdrücklich zum Beispiel für die staatliche Wirtschaftspolitik (Art. 121 I AEUV) und für die Gemeinsame Außenpolitik (Art. 24 III EUV). Das gemeinsame Interesse konkretisiert sich nun nicht nur vertikal, in den Beziehungen zwischen der Union und ihren Mitgliedern. Es fordert vielmehr wechselseitige Aufmerksamkeit zwischen allen Beteiligten, also auch im horizontalen Verhältnis der Staaten untereinander. Sie betrifft die Zustände in allen Staaten und deren Fähigkeit, die gemeinsamen Ziele zu erreichen. Das gemeinsame Interesse besteht in der Erhaltung des gewollten Zusammenhalts, in der

---

7 *Michael Stolleis,* Wer Solidarität sagt, will etwas haben, Rechtsgeschichte, Zeitschrift des Max - Planck - Instituts für Europäische Rechtsgeschichte Nr. 5 (2004), 49 - 54 (52).

8 *Jürgen Habermas,* Die Einbeziehung des Anderen, 1996.

Übernahme von wechselseitiger Verantwortung aller Akteure, also der Staaten, der Union, der Bürger.

Die Verantwortung bezieht sich auf das gemeinsame Ganze und auf die Teileinheiten. Sie beruht auf der Anerkennung eines den Völkern gemeinsamen « europäischen Gemeinwohls » (Art. 17 Abs. I EUV), das sich von der Summe der Einzelinteressen der Mitgliedstaaten unterscheidet.[9] Das Gemeinwohl umfasst Pflichten zur Übernahme präventiver Verantwortung für die Zustände im gesamten Gebiet der Union. Denn die Befolgung der vertraglichen Mindestpflichten gewährleistet noch nicht den effektiven Schutz der gemeinsamen Werte und die Erreichung der vertraglich festgelegten Ziele, bleibt doch die Funktionsfähigkeit der Union von der fortdauernden Bereitschaft und der Fähigkeit aller Mitgliedstaaten zur Einhaltung ihres Rechts abhängig.

Konzeptionell bildet die Solidarität der gegenseitigen Verantwortung den Gegenpol zum völkerrechtlichen Prinzip der Nichteinmischung (vgl. Art. 2(7) UN Charta). Entsprechend bezeichnen manche Autoren die aus der Solidarität der gegenseitigen Verantwortung in der Union resultierenden Pflichten plakativ aber in der Orientierung zutreffend als « duty to intrude ».[10] Natürlich bleibt die Union dabei zur Respektierung der Identität der Mitgliedstaaten im Sinne von Art. 4 II EUV verpflichtet.

Die wechselseitige Verantwortung der Union und der Mitgliedstaaten für die Verhältnisse im gesamten Gebiet der Union und in den einzelnen Staaten erfährt inhaltliche und verfahrensmäßige Konkretisierung in den EU – Verträgen. Als Beispiele sind zu nennen die bereits erwähnte, in Art. 121 AEUV bezeichnete Verpflichtung der Mitgliedstaaten, ihre Wirtschaftspolitik als „Angelegenheit von gemeinsamem Interesse“ anzusehen. Die Union soll ihrerseits eine „Politik zur Stärkung ihres wirtschaftlichen, sozialen und territorialen Zusammenhalts“, der Kohäsion, entwickeln (Art. 174 AEUV). Auch dies ist der Sache nach eine Konkretisierung von Solidarität, ohne dass der Begriff in diesem Zusammenhang Verwendung findet.

Auf ganz andere Weise kommt der Gedanke der Verantwortung der Mitgliedstaaten für den Bestand der gemeinsamen Rechtsordnung in Art 259 AEUV zum Ausdruck. Darin ist vorgesehen, dass jeder Mitgliedstaat den EuGH befassen kann, wenn er der Meinung ist, dass ein anderer Staat gegen eine Verpflichtung aus den Verträgen verstoßen hat. Dieses Recht be-

---

9 Dazu *Peter Häberle/Markus Kotzur*, Europäische Verfassungslehre, 2016, 316 ff.

10 *Kalypso Nicolaidis/Juri Viehoff*, The Choice for Sustainable Solidarity in Post – Crisis Europe in: Gordon Bajnai/ Thomas Fischer u.a., Solidarity for Sale?, 2012, 23 – 43 (40).

steht unabhängig davon, ob der klagende Staat davon individuell betroffen ist.

Die konzeptionelle Fundierung der Europäischen Union als ein Verband gegenseitiger Verantwortung und die Aufnahme des Begriffs der Solidarität in die Präambel, den allgemeinen Teil und den speziellen Teil der EU – Grundlagenverträge macht Solidarität damit zu einem mehrdimensionalen Verfassungsprinzip der Europäischen Union. Es erwächst aus einem verbindenden Grundgehalt, bestehend aus einer trias von Leistungs-, Loyalitäts- und Verantwortungspflichten.

In dem bereits erwähnten Vertragsverletzungsverfahren der Kommission gegen Polen, Tschechien und Ungarn formulierte Generalanwältin *Sharpston* die Grundlagen der Solidarität folgendermaßen:

> „Solidarität ist das Lebenselixier des Europäischen Projekts. Durch ihre Beteiligung an diesem Projekt und ihre Unionsbürgerschaft haben die Mitgliedstaaten und ihre Staatsangehörigen sowohl Verpflichtungen als auch Vorteile, sowohl Pflichten als auch Rechte. Zum europäischen „Demos" zu gehören, bedeutet nicht bloß, die Verträge und das abgeleitete Recht im Hinblick darauf durchzusehen, was man alles beanspruchen kann. Es bedeutet auch, gemeinschaftlich Verantwortung zu übernehmen und (ja) gemeinsame Belastungen zur Förderung des Gemeinwohls mitzutragen".[11]

Die Generalanwältin bezieht in ihre Definition der Solidarität ausdrücklich auch die Bürger der Union ein. Sie verweist damit auf die aus dem Status des EU – Bürgers erwachsenden Rechte und Pflichten. Diese erlegen den Mitgliedstaaten eine Verantwortung gegenüber allen Bürgern der Union auf. Sie besteht im Rahmen der Präzisierung durch den Vertrag und des davon abgeleiteten Rechts unabhängig davon, ob es sich um Inländer oder um Angehörige anderer Mitgliedstaaten handelt. So sind nach Auffassung des Europäischen Gerichtshofs die Mitgliedstaaten

> „aufgerufen (...), bei der Organisation und Anwendung ihres Sozialhilfesystems eine gewisse finanzielle Solidarität mit den Angehörigen anderer Mitgliedstaaten zu zeigen".[12]

Die umfassendste – und überzeugendste – Definition von Solidarität im Rahmen der Europäischen Union äußerte kürzlich der Unionsgesetzgeber:

11 Schlussanträge, EuGH, verb. Rs. C-715/17; C-718/17 und C-719/17, ECLI:EU:C:2019:917 (Kommission/Polen u.a.), Rz. 253.

12 EuGH Rs. C-209/03, ECLI:EU:C:2005:169 (Bidar), Rz. 56.

Die 2018 beschlossenen Verordnung über die Errichtung des Europäischen Solidaritätskorps soll das Engagement von jungen Menschen und Organisationen in solidarischen Aktivitäten fördern.

Nach der Präambel sollte Solidarität

> „ als Verantwortungsgefühl von allen für alle im Sinne einer Verpflichtung auf das Gemeinwohl verstanden werden (.....) ohne dass dafür eine Gegenleistung erwartet wird“.[13]

Diese Verordnung stellt die Verantwortung für die Teile und für das jeweilige Ganze in den Mittelpunkt. Damit ist allerdings noch nichts darüber ausgesagt, wie sich die Verantwortung der Staaten und der Union konkret manifestiert und welche Rechtsfolgen sich möglicherweise daraus ergeben. Im nächsten Abschnitt werde ich daher näher auf die mögliche Rechtswirkung von Solidarität eingehen.

3. *Zur Rechtswirkung von Solidarität*

Bei seiner Festansprache zur Eröffnung des akademischen Jahres 2019/2020 am Europakolleg in Brügge rühmte sich der (noch) Präsident des Europäischen Rates, *Donald Tusk*, er habe persönlich verhindert, dass in einen Beschluss des Europäischen Rates der Begriff „Verpflichtung zur Solidarität“ aufgenommen werde. Denn Solidarität sei per definitionem freiwillig und unvereinbar mit einer Verpflichtung. Eine Verpflichtung dazu sei ein offensichtliches OXYMORON, also eine Verbindung von zwei sich widersprechenden Aussagen.[14]

Hat er Recht? Tatsächlich wird nirgends in den EU – Verträgen der Solidarität eine ausdrückliche verpflichtende Wirkung zugeschrieben.[15] Gleichwohl ist es denkbar, dass Solidarität wegen des Zusammenhangs mit der jeweiligen Erwähnung eine verpflichtende Wirkung entfaltet oder dass sie ein vertragliches Strukturprinzip bildet, von dem Rechtswirkungen ausgehen, die auch Verpflichtungen umfassen. In den Unionsverträgen erscheint

---

13 VO 2018/1475, ABl. 2018 L 250, 1.

14 https://www.consilium.europa.eu/de/press/press-releases/2019/11/13/keynote-speech-by-president-donal-tusk-at-the-opening-ceremony-of-the-2019-2020-academic-year-at-the-college-of-europe/ (zuletzt besucht am 21. April 2020).

15 Deutlich allenfalls die auf Solidarität beruhenden Unterlassungspflichten bei Stimmenthaltungen gemäß Art. 31 Abs. I EUV im Rahmen der Gemeinsamen Außen- und Sicherheitspolitik.

Solidarität in verschiedenen Formen, als Wert, als Ziel und als Handlungsmaxime für Union und Mitgliedstaaten und schließlich als allgemeiner Rechtsgrundsatz.[16]

a) Wert

In Art. 2 EUV wird Solidarität als „Wert" genannt. Diese Bestimmung dient dazu, die Grundlagen der Union zu definieren. Jeder Mitgliedstaat soll darauf vertrauen, dass alle anderen Staaten diese Werte beachten. Eine eigenständige Rechtswirkung ist damit im allgemeinen nicht verbunden. Davon gibt es allerdings eine bedeutende Ausnahme: Besteht in einem Mitgliedstaat die Gefahr einer „schwerwiegenden Verletzung" dieser Werte, dann kann das besondere Verfahren des Art. 7 EUV in Gang gesetzt werden, das zum Entzug einzelner Mitgliedschaftsrechte führen kann. Ein derartiges Verfahren läuft im Jahre 2020 gegen Polen. Dabei geht es um die Verletzung des ebenfalls in Art. 2 EUV genannten Wertes der Rechtsstaatlichkeit. Im System der Union könnte die von einem Mitgliedstaat ausgehende „schwerwiegende" (!) Verletzung der Solidarität, genauer ihre Verweigerung, ebenfalls die Rechtsfolge des Art. 7 EUV auslösen.

b) Ziel

Unter den in Art. 3 EUV der Union gesetzten Zielen wird auch die Förderung der Solidarität zwischen den Mitgliedstaaten genannt (Abs. 3 am Ende). Die Festlegung eines Ziels schafft für sich allein genommen keine Handlungszuständigkeit oder -verpflichtung der Union. Gleichwohl orientieren die Ziele das Handeln der Union und bezeichnen Grenzen des Ermessens der EU – Organe. Sie entfalten also insofern eine verpflichtende Wirkung, als sich das Handeln der Organe innerhalb der Ziele bewegen muss. Gegenüber den Mitgliedstaaten hebt der Vertrag ausdrücklich eine sie verpflichtende Wirkung hervor, wenn er in Art. 4 Abs. 3 EUV betont, die Mitgliedstaaten müssten alle Maßnahmen unterlassen,

> „die die Verwirklichung der Ziele der Union gefährden könnten".

16 Ebenso *Ramona Coman, Louise Fromont* et *Anne Weyembergh*, Introduction in: dies. (Hrsg.), Les Solidarités Européennes, 2019, 7 ff.(23 ff.); nach *Jean Paul Jacqué*, Droit institutionnel de l'Union européenne, 2018, 103 ist Solidarität gleichzeitig „un principe constitutionnel inhérant à l'Union" und „un objectif constitutionnel".

Welches ist aber nun – jenseits von Werten und Zielen – die Bedeutung der ausdrücklichen Erwähnung des Begriffs der „Solidarität" im Zusammenhang mit einzelnen vertraglichen Handlungsermächtigungen?

c) Handlungsmaxime

Denn an verschiedenen Stellen bezeichnet der Vertrag Handlungspflichten der Union und der Mitgliedstaaten, die „im Geiste der Solidarität" zu erfüllen sind (Art. 122, 194, 222 AEUV). Damit ist zum einen vorgeschrieben, dass sich die betreffende Handlung in das Ziel der Solidarität einfügt. Zum anderen bezieht sich der „Geist der Solidarität" auf die Art und Weise, wie eine Aufgabe der Union /und oder der Mitgliedstaaten zu erfüllen ist. Damit werden keine Verpflichtungen zur Herbeiführung eines bestimmten Ergebnisses begründet. Vielmehr besteht insoweit eine Pflicht zur Mitwirkung an der Verwirklichung der gemeinsamen Aufgaben, zur Berücksichtigung der Interessen der anderen Akteure sowie zur Respektierung der Ergebnisse des gemeinsamen Handelns und zur Unterlassung von deren Störungen.

Solidarität bildet insoweit die Ausformung und Betonung der in Art. 4 III EUV bezeichneten Verpflichtung zur loyalen Zusammenarbeit. Sie hat damit Teil an der unbestrittenen Rechtswirkung der Loyalitätspflicht. Schließlich wirken die unter dem Titel „Solidarität" zusammengefassten Grundrechte der Charta gemäß deren Art. 51 als Maßstäbe für die Auslegung der Gesetzgebung der Union.[17]

d) Allgemeiner Rechtsgrundsatz

Darüber hinausgehend und unabhängig vom geschriebenen Recht könnte Solidarität eine Rechtswirkung möglicherweise dann entfalten, wenn man aus der Vielzahl ihrer Erwähnungen in den Verträgen auf die Existenz eines allgemeinen Rechtsgrundsatzes schließen könnte, der im Übrigen auch zahlreichen Vertragsbestimmungen zugrunde liegt, die nicht ausdrücklich den Begriff „Solidarität" erwähnen. Ein Beispiel derartiger Bestimmungen bildet Art. 196 AEUV. Darin wird der Union aufgegeben, die Zusammenarbeit zwischen den Mitgliedstaaten im Hinblick auf den Katastrophenschutz

17 Z.B. EuGH, Rs. C- 684/16, ECLI:EU:C:2018:874 (Max Planck – Gesellschaft) = Recht auf Urlaub.

„wirksamer zu gestalten".[18] Ungeschriebene allgemeine Rechtsgrundsätze gehören zu den anerkannten Quellen des Rechts der Union. Auf die Geltung eines derartigen Grundsatzes deutet die Formulierung in Art. 21, V EUV („Grundsatz der Solidarität). Allerdings belegt dies noch nicht die Anerkennung eines allgemeinen Rechtsgrundsatzes, denn in Art. 24, I, IV EUV erscheint der Begriff als „politische Solidarität".

Ohne Solidarität als einen derartigen Rechtsgrundsatz ausdrücklich zu qualifizieren betonte der EuGH schon früh in allgemeiner Form eine verpflichtende Dimension der Solidarität, die in der Befolgung des gemeinsamen Rechts besteht. So sprach er im Jahre 1973 von einer „Pflicht zur Solidarität" :

> „Stört ein Staat aufgrund der Vorstellung, die er sich von seinem nationalen Interesse macht einseitig das mit der Zugehörigkeit zur Gemeinschaft verbundene Gleichgewicht zwischen Vorteilen und Lasten, so stellt dies die Gleichheit der Mitgliedstaaten vor dem Gemeinschaftsrecht in Frage (.....). Ein solcher Verstoß gegen die Pflicht zur Solidarität, welche die Mitgliedstaaten durch ihren Beitritt zur Gemeinschaft übernommen haben, beeinträchtigt die Rechtsordnung der Gemeinschaft bis in ihre Grundfesten".[19]

In dem bereits erwähnten kürzlich ergangenen Urteil zur Ostsee-Pipeline legt das Gericht der Union ganz offensichtlich einen derartigen allgemeinen Rechtsgrundsatz der Solidarität zugrunde. Es stellt fest:

> „Der Grundsatz der Solidarität beinhaltet Rechte und Pflichten sowohl für die Union als auch für die Mitgliedstaaten. Zum einen ist die Union zur Solidarität gegenüber den Mitgliedstaaten verpflichtet, und zum anderen sind die Mitgliedstaaten zur Solidarität untereinander und gegenüber dem gemeinsamen Interesse der Union und ihren Politiken verpflichtet" (Rn. 70).[20]

---

18 In dem dazu ergangenen Ausführungsbeschluss nimmt der EU – Gesetzgeber ausdrücklich auf „Solidarität" Bezug, vgl. B 1313/2013, ABl. 2013 L 347, 924, zuletzt geändert durch B 2019/420, ABl. 2019 L 77I, 1. Dazu *Hélène De Pooter*, The Civil Protection Mechanism of the European Union: A Solidarity Tool at Test by the COVID-19 Pandemic, ASIL Insights, Vol. 24 Issue: 7 (2020).

19 EuGH, Rs. C-39/72, ECLI:EU:C:1973:13 (Kommission/Italien).

20 EuG, Rs. T-883/16, ECLI:EU:T:2019:567 (Polen/Kommission). So auch GA Kokott, Schlussanträge in Rs. C-370/12, ECLI:EU:C:2012:675 (Pringle) Rz. 142 – 144: „Tragendes Strukturprinzip der Verträge".

Die Anerkennung der Solidarität als eines Grundsatzes im Rang der Verfassung der Union hat damit zum einen Folgen für die Pflichten, die aus der Erwähnung der Solidarität in konkreten Fällen erwachsen und ist zum anderen dann von Bedeutung, wenn auch ohne ausdrückliche Erwähnung in einzelnen Vertragsgebieten die Ableitung von Rechten und Pflichten für die Union und/oder ihre Mitgliedstaaten in Betracht kommt.

e) Zwischenergebnis

Als Ausprägung der gegenseitigen Verantwortung der Mitgliedstaaten bildet Solidarität im Rahmen der Europäischen Union einen Rechtsbegriff mit unterschiedlich dichter vertraglicher Ausprägung und unterschiedlich weit reichenden Wirkungen. Auf eine politische, allenfalls programmatische Bedeutung lässt sich der Begriff in der Union nicht reduzieren. Sie ist ein allgemeines Prinzip der Union, aus dem Rechtswirkungen erwachsen.[21] Diese verpflichten mindestens zur wechselseitigen Rücksichtnahme. Möglicherweise weitergehende Verpflichtungen aus dem Solidaritätsprinzip, zum Beispiel zum Handeln oder zum Unterlassen sind anhand einer Auslegung der konkreten Vertragsbestimmungen oder des abgeleiteten Rechts zu ermitteln.

Soweit es um mögliche Pflichten der Mitgliedstaaten geht, kommt als Anknüpfungspunkt in erster Linie Art. 4 Abs. III Uabs. 2 EUV in Betracht.[22] Er gebietet unter anderem, dass die Mitgliedstaaten von den Zuständen in den jeweils anderen Staaten Kenntnis nehmen (und gegebenenfalls daraus Folgerungen ableiten), die eine Bedeutung für die gemeinsame Rechtsordnung haben.[23]

---

21 A.A. *Eglé Dagilyté*, Solidarity: a general principle of EU law? Two variations on the solidarity theme in: Biondi et al. (Hrsg), Solidarity in EU Law, 2019, 61 – 90 (89).

22 „Die Mitgliedstaaten ergreifen alle geeigneten Massnahmen allgemeiner oder besonderer Art zur Erfüllung der Verpflichtungen, die sich aus den Verträgen oder den Handlungen der Organe der Union ergeben."

23 So z.B. die Rechtsprechung des EuGH zum Thema „Vertrauen" zwischen den Mitgliedstaaten, aus jüngerer Zeit Rs. C – 128/18, ECLI:EU:C:2019:857 (Dorobantu), Rz. 45.

4. Zwei Beispiele verpflichtender Solidarität in der Praxis der Europäischen Union

Die praktische Bedeutung (und die Wirkungsgrenzen) einer ausdrücklichen Verankerung des Solidaritätsprinzips im EU - Vertrag wird an zwei Konflikten deutlich, die in jüngster Zeit zu Urteilen der EU - Gerichtsbarkeit führten, dadurch jedoch keine Lösung erfuhren: Energiepolitik und die Einwanderungspolitik. Ihr gemeinsames Merkmal bilden die erheblichen Gegensätze zwischen den Interessen der Mitgliedstaaten sowie das ungelöste Spannungsverhältnis zwischen den Zuständigkeiten der Union einerseits und den Mitgliedstaaten andererseits.

a) Energiepolitik

Die Versorgung mit Energie ist für alle Staaten von größter Bedeutung. Die Aufgaben der Union in diesem Bereich dienen in besonderem Maß der Versorgungssicherheit, insbesondere in Krisensituationen. Es erstaunt nicht, dass der Vertrag über die Arbeitsweise der Union in diesem Zusammenhang (Art. 194) der Union aufgibt, die entsprechenden Maßnahmen im „Geist der Solidarität" zu gestalten. In Ausführung dieser Ermächtigung hat der Unionsgesetzgeber im Jahre 2010 eine Verordnung über die sichere Versorgung mit Erdgas beschlossen[24]. Sie zielt darauf ab,

> „bei Lieferengpässen (...) und bei der Reaktion auf konkrete Versorgungskrisen für Solidarität und Koordinierung zu sorgen".

Die Anwendung dieser Verordnung durch die Mitgliedstaaten führte zu zwei Verfahren vor dem Europäischen Gerichtshof. Das erste Verfahren, die Klage des französischen Gasversorgers ENI gegen den französischen Staat betraf den Aspekt der Solidarität nicht unmittelbar. Dennoch nutzte Generalanwalt *Mengozzi* diese Gelegenheit für einige grundsätzliche Bemerkungen zur Auslegung der Verordnung im Lichte der Solidarität:

> „das mit der Verordnung Nr. 994/2010 geschaffene System basiert dem Ansatz des Primärrechts entsprechend auf dem Erfordernis der Solidarität zwischen den Mitgliedstaaten (...)".

24 VO 994/2010, ABl. 2010 L 295, 1 (Präambel). Aufgehoben und ersetzt durch VO 2017/1938, ABl. 2017 L 280, 1 (darin spezielle „Solidaritätsmaßnahmen", Art. 13).

Unter diesen Umständen sei es „bei der Auslegung der Verordnung notwendig, die grundlegende Bedeutung, die dem Grundsatz der Solidarität zwischen den Mitgliedstaaten im Rahmen dieser Verordnung zukommt, zu berücksichtigen" (Rn. 35 – 37).

In diesem Verfahren war es für den Gerichtshof noch nicht erforderlich, die Einschätzung des Generalanwalts aufzugreifen. Das hat sich geändert, seitdem Deutschland vor dem EuGH Berufung gegen ein Urteil des EuG vom 10. September 2019 eingelegt hat, in dessen Mittelpunkt die Energiesolidarität steht.[25] Es ging dabei um eine Klage Polens gegen die Kommission wegen der Auswirkungen der Ostsee – Gaspipeline „North Stream I", die von Russland nach Deutschland führt – konkret um mögliche Beeinträchtigungen der Energieversorgung Polens durch die besonderen Regeln für die Anschlussleitung zu dieser Pipeline durch Deutschland. Auf der Grundlage der Richtlinie 2009/73 über den Erdgasbinnenmarkt hatte die Kommission Beschränkungen des Zugangs zu dieser Leitung genehmigt.[26] Polen argumentierte, dass die Art der Nutzung dieser Leitung eine Versorgung Polens durch eine andere, von der Ukraine aus nach Polen führende Leitung gefährde. Damit würde durch den Beschluss der Kommission die Energiesolidarität verletzt. In bemerkenswert kurzsichtiger Prozessstrategie argumentierte die Kommission vor dem EuG, Energiesolidarität sei lediglich ein politischer Begriff, der nicht Maßstab ihrer Verhaltenspflichten sei, also auch nicht Maßstab einer möglichen Verletzung sein könne.[27] Bei dieser Argumentation hätte die Kommission beachten sollen, dass der EuGH zu der parallelen Problematik der Solidarität im Asyl – und Einwanderungsbereich der Solidarität bereits grundsätzliche Bedeutung zugemessen hatte.[28] Entsprechend deutlich fiel die Belehrung durch das Gericht aus: Nach dessen Auffassung umfasst der Solidaritätsgrundsatz

> „eine allgemeine *Verpflichtung* der Union und der Mitgliedstaaten, im Rahmen der Ausübung ihrer jeweiligen Befugnisse die Interessen der anderen Akteure zu berücksichtigen".[29]

25 Rs. T-883/16, ECLI:EU:T:2019:567 (Polen/Kommission).
26 RL 2009/73, ABl. 2009 L 211, 94.
27 Rs. T-883/16, ECLI:EU:T:2019:567 (Polen/Kommission), Rz. 65.
28 EuGH, verb. Rs. C-643/15 und 647/15, ECLI:EU:C:2017:631 (Slowakei und Ungarn/Rat), Rz. 291, dazu nachfolgend II.
29 Rs. T-883/16, ECLI:EU:T:2019:567 (Polen/Kommission), Rz. 72 (Hervorhebung vom Verfasser).

Dazu gehört nach Auffassung des Gerichts die Verpflichtung, bei der Durchführung der Energiepolitik die Interessen sowohl der Union als auch der verschiedenen Mitgliedstaaten zu berücksichtigen und diese Interessen im Konfliktfall gegeneinander abzuwägen. Dass diese Abwägung stattgefunden hat, muss ebenso wie bei der Prüfung der Subsidiarität,[30] aus der Begründung des jeweiligen Rechtsakts ersichtlich sein.

Der angefochtene Beschluss lässt jedoch nicht erkennen, dass die Kommission diese Abwägung vorgenommen hat. Denn weder wird der Grundsatz der Solidarität erwähnt, noch lässt sich in anderer Weise feststellen, dass die Kommission eine Prüfung dieses Grundsatzes in der Sache vorgenommen hätte.

Das Gericht hätte sich unter diesen Umständen damit begnügen können, den Beschluss der Kommission unter Verweis auf dessen unzureichende Begründung gemäß Art. 263 AEUV wegen Verletzung wesentlicher Formvorschriften für nichtig zu erklären und sich zur materiellen Rechtmäßigkeit der umstrittenen Genehmigung nicht zu äußern. Da aber die Kommission das Bestehen einer Solidaritätspflicht schlechthin bestritten hatte, stützte das Gericht seine Entscheidung auf die Feststellung einer nicht nur formellen Verletzung dieser Pflicht.

Der unmittelbare Nachweis für einen Verstoß gegen die Solidaritätspflicht wird bei Rechtsakten schwer zu erbringen sein, die aus einer Interessenabwägung hervorgegangen sind. Denn die europäischen Gerichte lassen den Organen in der Regel einen erheblichen Bewertungsspielraum und prüfen nur, ob die Bewertung nicht anhand unzureichender oder unsachlicher Kriterien erfolgte. Ähnlich wie bei der Verpflichtung zur Wahrung der Subsidiarität müssen die Autoren eines Rechtsakts jedoch nachweisen können, dass eine entsprechende Abwägung tatsächlich stattgefunden hat. Diese muss sich vor allem in der Begründung der Maßnahme niederschlagen.

Dank dieser Entscheidung wird man also in Zukunft bei der gemäß Art. 296 AEUV verpflichtend vorgeschriebenen Begründung von Maßnahmen europäischer Gesetzgebung und Verwaltung auch Ausführungen zur Erfüllung der Solidaritätspflicht finden. Dies gilt jedenfalls in jenen Vertragsbereichen, in denen ausdrücklich auf Solidarität Bezug genommen wird.

30 Vgl. Art. 5, Protokoll Nr. 2 zum EUV.

b) Einwanderungs- und Asylpolitik

Eine der deutlichsten Bestimmungen der EU – Verträge zum Thema „Solidarität“ enthält Art. 80 AEUV:

> „Für die in den Bereich der Grenzkontrollen, Asyl und Einwanderungspolitik fallende Politik der Union und ihre Umsetzung gilt der Grundsatz der Solidarität und der gerechten Aufteilung der Verantwortlichkeiten unter den Mitgliedstaaten .....“.

Aus der Anwendung dieser Vorschrift erwuchs einer der prägnantesten Konflikte über die Befolgung des Rechts der Union durch die Mitgliedstaaten und über die Bedeutung einer Pflicht zur Solidarität. Bereits in den Jahren zuvor hatte sich abgezeichnet, dass einige Mitgliedstaaten dieser Vertragsbestimmung nur geringe praktische Bedeutung zumaßen.[31] Die Folgen der Passivität spitzten sich zu im Jahre 2015 mit einem außergewöhnlich hohen Zustrom von Migranten nach Griechenland und Italien. Die Organe der Union forderten konkrete Maßnahmen der Solidarität mit den Mitgliedstaaten an den Außengrenzen. Der Rat beschloss daraufhin vorläufige Maßnahmen, zugunsten von Italien und Griechenland,

> „um diese Länder dabei zu unterstützen, eine durch den plötzlichen Zustrom von Drittstaatsangehörigen bedingte Notlage besser zu bewältigen“.[32]

Darin war unter anderem die Umsiedlung von 120 000 Flüchtlingen in andere Mitgliedstaaten vorgesehen. Die von jedem Staat aufzunehmende Zahl wurde in einem Anhang zu den Beschlüssen festgelegt. Die betreffenden Rechtsakte waren auf Art. 78 III AEUV gestützt. Gegen diese Beschlüsse hatten Ungarn und die Slowakei vergeblich vor dem EuGH geklagt. Der Gerichtshof hat die Klagen mit folgender Begründung abgewiesen:

> „Befinden sich ein oder mehrere Mitgliedstaaten in einer Notlage im Sinne von Art. 78 Abs. 3 AEUV, müssen die Belastungen, die mit den aufgrund dieser Vorschrift zugunsten der betreffenden Mitgliedstaaten erlassenen vorläufigen Maßnahmen verbunden sind, grundsätzlich auf alle anderen Mitgliedstaaten aufgeteilt werden, *im Einklang mit dem Grundsatz der Solidarität* und der gerechten Aufteilung der Verantwort-

31 Hierzu näher *Bieber/Maiani*, s.o. Anm. 1.

32 Beschlüsse 2015/1523 und 2015/1601, ABl. 2015 L 239, 146 und L 248, 80.

lichkeiten unter den Mitgliedstaaten, der nach Art. 80 AEUV für die Politik der Union im Asylbereich gilt".[33]

Erstmals bezeichnete der EuGH die Solidarität als einen Grundsatz. In diesem Zusammenhang meint er damit nichts anderes als *einen allgemeinen Rechtsgrundsatz*.[34] Ungarn, Polen und Tschechien weigerten sich jedoch weiterhin, diese Beschlüsse zu befolgen.[35] Daraufhin erhob die Kommission ihrerseits Klagen gegen diese drei Staaten wegen Vertragsverletzung.[36] Zur Rechtfertigung beriefen sich die beklagten Staaten zum einen auf ihre Verantwortung für die Aufrechterhaltung der öffentlichen Ordnung und den Schutz der inneren Sicherheit, und zum anderen auf das Nichtfunktionieren und die Ineffektivität des vorgesehenen Umsiedlungsmechanismus.

So argumentierte zum Beispiel Tschechien, die Entscheidung, die Beschlüsse 2015/1523 und 2015/1601 unangewendet zu lassen, sei unter anderem dadurch gerechtfertigt gewesen, dass die Umsiedlung möglicherweise auch Personen umfasse, die möglicherweise mit einem religiösen Extremismus in Zusammenhang stünden. Es müsse aber sichergestellt werden, dass sich jeder Umsiedlungsmitgliedstaat gemäß Art. 4 Abs. 2 EUV und insbesondere gemäß Art. 72 AEUV schützen könne.[37] Auch habe sich der Umsiedlungsmechanismus, wie er in diesen Beschlüssen vorgesehen gewesen sei, in seiner konkreten Anwendung u. a. aufgrund des systematischen Mangels an Zusammenarbeit seitens der griechischen und italienischen Behörden oder des tatsächlichen Fehlens umzusiedelnder internationalen Schutz beantragender Personen zum Zeitpunkt der Erteilung von Umsiedlungszusagen zu einem großen Teil als nicht funktionierend und ineffektiv herausgestellt, was durch den geringen Erfolg dieses Mechanismus, ausgedrückt in der Gesamtzahl der tatsächlich vorgenommenen Umsiedlungen, deutlich werde.

---

33 EuGH, verb. Rs. C-643/15 und 647/15, ECLI:EU:C:2017:631 (Slowakei und Ungarn/Rat), Rz. 291 (zum Beschluss 2015/1601). Hervorhebung vom Verfasser.

34 Dazu oben C.IV.

35 Zum Kontext *Ramona Coman*, Solidarité conditionnée ou absence de solidarité vis-à-vis des réfugiés. Le positionnement des gouvernements est-européens in: Coman/Fromont/Weyembergh (Hrsg.), Les Solidarités Européennes, 2019, 289 – 326; *Bruno de Witte/Evangelia (Lilian) Tsourdi*, Confrontation relocation – The Court of Justice endorses the emergency scheme for compulsory relocation of Asylum seekers within the EU: Slovak Republic and Hungary v. Council, CML Rev, 55 (2018), 1457 – 1494.

36 Verb. Rs. C-715/17; C-718/17 und C-719/17, ECLI:EU:C:2020:257 (Kommission/Polen u.a.).

37 A.a.O., Rz. 173, 174.

Dazu erklärte der EuGH:

„Hierzu ist festzustellen, dass das den Beschlüssen 2015/1523 und 2015/1601 *inhärente Ziel der Solidarität* sowie der verbindliche Charakter dieser Rechtsakte beeinträchtigt würden, ließe man es zu, dass sich ein Mitgliedstaat, im Übrigen ohne dazu eine in den Verträgen vorgesehene Rechtsgrundlage geltend zu machen, auf seine einseitige Beurteilung des behaupteten Mangels an Effektivität oder gar des angeblichen Nichtfunktionierens des durch diese Rechtsakte geschaffenen Umsiedlungsmechanismus u. a. in Bezug auf die Aufrechterhaltung der öffentlichen Ordnung und die Wahrung der inneren Sicherheit stützen kann, um sich jeglicher Umsiedlungsverpflichtung, die ihm nach diesen Rechtsakten obliegt, zu entziehen".[38]

Entsprechend den Schlussanträgen von Generalanwältin *Sharpston*[39] gab der Gerichtshof damit den Klagen der Kommission statt. Er konnte sich dabei mit der Feststellung begnügen, dass die beklagten drei Staaten ihre in den Beschlüssen des Rates 2015/1523 und 2015/1601 festgelegten Verpflichtungen ungerechtfertigt verletzt hätten. Ein näheres Eingehen auf die im Vertrag und in den Beschlüssen bekräftigte Solidaritätspflicht war daher noch entbehrlich. In seiner Entscheidung über die Berufung Deutschlands (als Streitbeteiligte)[40] gegen das Urteil des EuG in dem Verfahren T-883/16[41] hat der EuGH die Gelegenheit, die Rechtswirkungen der Solidaritätspflicht zu bestätigen und zu präzisieren.

5. Schlussbemerkung

In der Europäischen Union ist in jüngerer Zeit eine Tendenz zur Verrechtlichung der Kategorie der Solidarität zu beobachten. Gleichzeitig wächst aber auch die Bereitschaft einzelner Staaten, sich einem in normative Vorgaben gekleideten solidarischen Verhalten zu verweigern. Ohne Zweifel steht Solidarität steht in einem Spannungsverhältnis zur Wahrung von Partikularinteressen. Zwar besteht die Möglichkeit, die Befolgung von Urteilen des Europäischen Gerichtshofs mit finanziellen Sanktionen zu erzwingen. Doch die Schäden des vom EuGH gerügten Verhaltens liegen im Verlust

38 A.a.O., Rz. 180, Hervorhebung vom Verfasser.
39 ECLI:EU:C:2019:917. S. o. Abschnitt B.
40 EuGH Rs. C-848/19P (Deutschland/Polen), ECLI:EU:C:2021:598.
41 ECLI:EU:T:567 (Polen/Kommission), dazu oben D.I.

an Vertrauen in den Bestand der Rechtsordnung, den ein sich gegenüber der Solidarität verweigernder Staat provoziert.[42] Entsprechend ist die Frage der Verteilung von Flüchtlingen auf die Mitgliedstaaten noch immer nicht gelöst. Die Qualität eines Bundes erweist sich daran, wie es gelingt, daraus erwachsende Konflikte durch eine überzeugende Definition und Durchsetzung des Gemeinwohls zum Ausgleich zu bringen.

Das Thema Solidarität greift damit weiter als die Europäische Union, seine Bedeutung wird auch im Völkerrecht neu bewertet. Ganz allgemein betrifft Solidarität die Grundlagen des Zusammenlebens jeder Gesellschaft.

42 Vgl. Präambel, Nr. 22, VO Nr. 604/2013, ABl. 2013 L 180, 31 = VO „Dublin III".

B. VII. „Gegenseitiges Vertrauen“ zwischen den Mitgliedstaaten – ein normatives Prinzip der Europäischen Union?*

1. Einleitung

„Some form of trust – or more properly confidence – is necessary for the continued operation of any social order“.[1]

„Vertrauen“ zwischen den Mitgliedstaaten stand vermutlich nicht im Zentrum der Erwägungen, die zur Errichtung der Europäischen Gemeinschaft für Kohle und Stahl – der Vorgängerorganisation der Europäischen Union – führten. Doch trugen europäische Institutionen und Verfahren zu gelassenem Umgang der europäischen Bürger mit ihren Mitbürgern und zur Bewusstwerdung der Gemeinsamkeiten, insbesondere des übereinstimmenden Wertverständnisses der beteiligten Völker und ihrer Staaten, bei. Daraus erwuchs eine neue Stabilität der Beziehungen und Offenheit zwischen den Staaten. Die Fortdauer dieser Stabilität galt lange Zeit als selbstverständlich. Die Bedeutung von Vertrauen zwischen den Völkern, staatlichen Regierungen und Institutionen wurde in diesem Zusammenhang kaum hinterfragt. Doch gewann die Frage nach der Existenz von Vertrauen zwischen den Regierungen der EU-Mitgliedstaaten (und den Völkern) im Rahmen der Auseinandersetzung um die Finanzierung Griechenlands eine in der Geschichte der Union bisher einmalige politische Bedeutung.[2] Wesentlich unauffälliger verlief die juristische „Karriere“ des Begriffs Vertrauen im Verhältnis zwischen den EU-Mitgliedstaaten. Beide Vorgänge zeigten sich zwar nahezu gleichzeitig, doch wirken sie – zumindest nach dem ersten Anschein – in entgegengesetzte Richtungen: Während auf der politischen Ebene ein Verlust an Vertrauen zu konstatieren ist, scheint die jüngste Rechtsprechung des EuGH die Existenz zwischenstaatlichen Vertrauens nicht nur vorauszusetzen sondern ihm sogar eine normative Funktion zuzuweisen. Noch ist nicht deutlich, ob die Rechtsprechung ein

---

* Zuerst veröffentlicht in: Institut für Europarecht der Universität Freiburg (Schweiz) (Hg.), Die Schweiz und die europäische Integration, Freiburg/Zürich 2015, 37 – 50.

1 *Adam B. Seligman*, The Problem of Trust, 2. Aufl., 2000, 8.

2 Vgl. Schlusserklärung des Euro – Gipfels v. 12. Juli 2015, SN 4070/15, Abs. 1: „[...] need to rebuild trust with the Greek authorities [...]“; Abs. 3: „[...] need to rebuild trust with Greece.“

„wishful thinking“ im Lichte immer deutlicher hervortretender Gefährdungen des Vertrauens darstellt oder ob sie das Ergebnis einer realistischen Bewertung der verfestigten Beziehungen in der Union bildet.

Einen vorläufigen Höhepunkt der rechtlichen Ausformung des Vertrauens stellen die jüngsten grundsätzlichen Ausführungen des EuGH zur Natur des europäischen Rechts dar. In seinem zweiten Gutachten zum Beitritt der Union zur EMRK vom Dezember 2014 erklärte er das gegenseitige Vertrauen zwischen den Mitgliedstaaten zu einem Grundsatz, der „im Unionsrecht fundamentale Bedeutung hat, da er die Schaffung und Aufrechterhaltung eines Raums ohne Binnengrenzen ermöglicht“. Der Gerichtshof folgerte daraus: „Dieser Grundsatz **verlangt aber, namentlich** in Bezug auf den Raum der Freiheit, der Sicherheit und des Rechts, von jedem Mitgliedstaat, dass er, abgesehen von außergewöhnlichen Umständen, davon ausgeht, dass alle anderen Mitgliedstaaten das Unionsrecht und **insbesondere** die dort anerkannten Grundrechte beachten.“[3]

Die Verwendung der Begriffe „namentlich“ und „insbesondere“ sowie die seither ergangene Judikatur[4] deuten daraufhin, dass der EuGH ein über die jeweilige Materie hinausreichendes allgemein gültiges Rechtsprinzip formulieren wollte.

Der nachfolgende Beitrag skizziert die Genese dieses Postulats und diskutiert die problematische Konstruktion eines vertraglich nicht vorgesehenen Rechtsgrundsatzes, soweit es um die Beziehungen zwischen den Mitgliedstaaten, d.h. ihren Regierungen, Behörden und Gerichten geht. Da die Rechtsprechung nach ersten vertiefenden Stellungnahmen der Doktrin[5] schärfere Konturen erlangt hat, soll hier eine insoweit ergänzende Bewertung erfolgen.

Für die Existenz der Europäischen Union ist Vertrauen in verschiedenen Dimensionen bedeutsam, z.B. im Verhältnis zwischen den Bürgern der verschiedenen Staaten, zwischen ihnen und den Institutionen der EU (als

---

3 EuGH, Gutachten 2/13 ECLI:EU:C:2014:2454, Rz. 191 f. („EMRK II“), Hervorhebung vom Verfasser.

4 EuGH, Rs. C-681/13, ECLI:EU:C:2015:471, Rz. 40 (Diageo Brands) und Rs. C-237/15 PPU ECLI:EU:C:2015:474, Rz. 28. (Lanigan), dazu unten D.II.

5 *Ann-Katrin Kaufhold*, Gegenseitiges Vertrauen – Wirksamkeitsbedingung und Rechtsprinzip der justiziellen Zusammenarbeit im Raum der Freiheit, der Sicherheit und des Rechts, EuR 2012, 408 ff.; *Claudio Franzius*, Europäisches Vertrauen? Eine Skizze, HFR 2010, 159 ff.; *Gilles de Kerchove/Anne Weyembergh* (Hrsg.), La confiance mutuelle dans l’espace pénal européen, 2005.

Element der Legitimation des Handels der Union),[6] mitunter auch als Objekt von Gesetzgebung.[7] Auf diese Themen soll hier nicht eingegangen werden. Die nachfolgenden Bemerkungen beschränken sich auf Vertrauen zwischen den Regierungen, Justiz und Behörden der EU-Mitgliedstaaten.

2. Zum Begriff des Vertrauens

Der Begriff „Vertrauen“ bezeichnet die Erwartung in das Bestehen und die Fortdauer einer bestimmten Situation oder eines bestimmten Verhaltens.[8] Objekt des Vertrauens können der Vertrauende selbst, andere Personen/Personengruppen, Institutionen, Objekte und Abläufe sein. Im Verhältnis zwischen Staaten wird allerdings selten problematisiert, wer das Subjekt des Vertrauens ist und auf welche Weise das Fehlen oder das Vorhandensein von Vertrauen zu ermitteln sein soll. Selbst wenn die Mitglieder von Regierungen einander vertrauen oder misstrauen, steht keineswegs fest, dass diese sozial – psychologischen Einschätzungen von den jeweiligen Völkern geteilt werden. Mögliche Folgen des Vertrauens bzw. des Nicht–Vertrauens werden überlagert von innen- und außenpolitischen Handlungsbedingungen.

Die Bedeutung und die möglichen Folgen von Vertrauen oder dessen Verlust sind bedingt von dem jeweiligen Kontext. Ausgangspunkt ist dabei regelmäßig eine Abwägung zwischen einerseits der Wahrscheinlichkeit, dass die jeweilige Erwartung auch ohne die Beschaffung zusätzlicher Informationen und ohne den Versuch einer Steuerung des erwarteten Verhaltens erfüllt wird mit dem Risiko andererseits, dass die Erwartung nicht eintrifft.[9] Im Ergebnis besteht Vertrauen in der freiwilligen Entscheidung des Ver-

---

6 Dazu *Koen Lenaerts*, „In the Union we trust“: Trust enhancing principles of Community Law, CMLR 2004, 317 ff.

7 Als kurioses Beispiel sei erwähnt, dass seit 2015 ein „EU-Vertrauenssiegel für qualifizierte Vertrauensdienste“ existiert (VO 2015/806, ABl. L 128/2015, 13).

8 Entsprechend im Französischen: „Sentiment de quelqu'un qui se fie entièrement à quelqu'un d'autre, à quelque chose“, vgl. Le Petit Larousse, 2014.

9 In diesem Sinne die Definition des entsprechenden englischen Begriffs „trust“ in zwischenstaatlichen Beziehungen von *Aaron M. Hoffman*: „trust refers to an attitude involving a willingness to place the fate of one's interests under the control of others“. *Ders.*, A conceptualization of trust in international relations, European Journal of International Relations, 2002, 375, 376. Dieser Autor legt ausführlich die großen Meinungsunterschiede dar, die hinsichtlich der Einzelheiten einer Definition von Vertrauen bestehen.

trauenden zugunsten der erstgenannten Möglichkeit. Vertrauen entlastet den Vertrauenden auch von einer (Mit-) Verantwortung für das Handeln dessen, dem vertraut wird. Vertrauen bildet damit (in der Formulierung von *Niklas Luhmann*) eine „Reduktion von Komplexität".[10] Eine „Pflicht zum Vertrauen" ist mit dieser herkömmlichen Definition des Begriffs nicht vereinbar.

In Rechtsverhältnissen entfaltet Vertrauen insoweit eine normative Bedeutung, als der Empfänger in bestimmten Rechtsbeziehungen durch sein Verhalten ein ihm entgegengebrachtes Vertrauen selbst ausgelöst hat. Dann kann ein schützenswertes Rechtsgut des Vertrauenden entstehen. So gehört es zu den gewohnheitsrechtlichen Grundlagen der internationalen Beziehungen, dass Verträge nach Treu und Glauben zu erfüllen sind und dass eine Vertragspartei sich auf den von einer anderen Partei erzeugten Anschein verlassen, ihm vertrauen darf. Aus diesem „Vertrauen **dürfen**" lassen sich Rechtsfolgen ableiten.[11] Ein Staat muss sich den von ihm erweckten Anschein entgegenhalten lassen.[12]

Im Rahmen der Europäischen Union gilt diese Verpflichtung im Verhältnis der Mitgliedstaaten als Grundsatz des Vertrauensschutzes. Danach dürfen Einzelne aber auch Mitgliedstaaten darauf vertrauen, dass sich ein anderer Staat (und auch die Organe der Union) entsprechend dem vom jeweiligen Akteur erweckten Anschein verhalten wird.[13] Doch gehört der Begriff „Vertrauen" nicht zur Terminologie der Verträge über die Errichtung der Europäischen Union. Das schließt aber die Existenz zwischenstaatlicher Vertrauenspflichten im Rahmen der EU-Verträge nicht aus.

---

10 *Niklas Luhmann*, Vertrauen, 5. Aufl., 2014, 27 ff.

11 Zu diesem „estoppel – Prinzip" im Völkerrecht immer noch grundlegend *Jörg P. Müller*, Vertrauensschutz im Völkerrecht, 1971.

12 Internationaler Gerichtshof, Urteil v. 20. Dezember 1974, Australien/Frankreich (Nuklear- versuche), ICJ Reports 1974, 253, 268.

13 EuGH, Rs. C-203/07 P, ECLI:EU:C:2008:606, Rz. 65 f. (Griechenland/Kommission). S.a. Schlussanträge GA Mazak, Rs. C-203/07 P, ECLI:EU:C:2008:270, Rz. 77 ff. Allgemein zum Vertrauensschutz in der EU *Franz C. Mayer* in: Grabitz/Hilf/Nettesheim (Hrsg.), Kommentar EUV/AEUV, nach Art. 6 EUV, Rn 395 ff.

3. *Vertrauen zwischen den Mitgliedstaaten als Kategorie der EU-Rechtsordnung?*

a) Vorbemerkung

Das einleitende Zitat von *Seligman* enthält eine zutreffende Feststellung, doch muss Vertrauen nicht notwendigerweise als Rechtsnorm ausgestaltet sein. Es ist in der Theorie möglich und in der Praxis üblich, an Stelle einer allgemeinen Vertrauenspflicht eine Rechtsordnung mit Institutionen und Verfahren auszustatten, die zwischen den Beteiligten Vertrauen in das wechselseitige Verhalten generieren, um dadurch im Sinne *Luhmanns* Komplexität zu reduzieren.[14] Auch wenn der Rechtsordnung der Europäischen Union kein Vertrauen zwischen den Mitgliedstaaten vorgelagert war, das über die Erwartung der Einhaltung des völkerrechtlichen Grundsatzes *pacta sunt servanda* hinausging und in ihren Gründungstexten keine allgemeine „Verpflichtung zum Vertrauen" enthalten ist, könnte eine derartige Verpflichtung eine „Geschäftsgrundlage" der EU-Verträge bilden (II), sie zu den gemeinsamen „Werten" von Mitgliedstaaten und Union gemäß Art. 2 EUV oder als „allgemeiner Rechtsgrundsatz" zu den Quellen des Rechts der Union gehören und damit die Vertragsauslegung prägen (III) oder könnte als Bestandteil anderer Pflichten in den Verträgen enthalten sein, der durch Auslegung der entsprechenden Bestimmungen ermittelt werden kann (IV).

b) Vertrauen als „Geschäftsgrundlage" der EU-Verträge?

Die Legitimation, Funktionsfähigkeit und Glaubwürdigkeit der Rechtsordnung der Union ist in besonderem Masse auf die freiwillige Beachtung der selbst gesetzten Regeln durch die Mitgliedstaaten und ihre Institutionen angewiesen. Denn der Vertrag sieht nur ein unvollkommenes System der Rechtsdurchsetzung vor (insbesondere die gerichtlichen Verfahren der Art. 258 ff. AEUV sowie das Aufsichtsverfahren nach Art. 7 EUV). Die Möglichkeit eines „Unionszwangs" besteht nicht.[15] Folglich müssen die Vertragspartner bei Vertragsschluss und bei späteren Beitritten davon ausgegangen sein, dass sich alle beteiligten Rechtssubjekte im Prinzip rechtstreu verhalten und dass die Staaten in der Lage sind, staatliche Mindestfunktionen

14 S.o. Fn. 10.

15 Dazu *Roland Bieber/Francesco Maiani*, Enhancing centralized enforcement of EU law: Pandora's Toolbox?, CMLR 2014, 1057 ff.

zu erfüllen. Andererseits hielten die Autoren der Gründungs- und Beitrittsverträge aber Vertragsverletzungen durch die Mitgliedstaaten gleichwohl für möglich. Diese sollten aber vorrangig mit politischen Mitteln, gegebenenfalls auch mit Rechtsinstrumenten, bekämpft werden. Wird das Vertrauen auf rechtstreues Verhalten nachhaltig enttäuscht, dann kann diese Geschäftsgrundlage der Gründungsverträge gegenüber diesem Staat entfallen.

Eine Pflicht zum Vertrauen in das Verhalten der anderen Mitgliedstaaten und ihre Institutionen, die über die allgemeine völkerrechtliche Pflicht zur Vertragstreue hinausreicht, hat in diesem System keinen Platz.[16] Sie hätte von allen Parteien bei Vertragsschluss erkennbar übernommen werden müssen. Dafür gibt es jedoch keinerlei Hinweise aus der Vorgeschichte der Verträge.[17]

c) Vertrauen zwischen den Mitgliedstaaten, gemeinsamer „Wert" (Art. 2 EUV) oder allgemeiner Rechtsgrundsatz des EU-Rechts?

Unter den in Art. 2 EUV und der Präambel zur Charta der Grundrechte aufgezählten Werten, die der Union und den Mitgliedstaaten gemeinsam sind, wird Vertrauen nicht erwähnt. Gleichwohl „impliziert und rechtfertigt" nach Ansicht des EuGH die in Art. 2 EUV bekräftigte Anerkennung gemeinsamer Werte durch die Mitgliedstaaten und die Union „die Existenz gegenseitigen Vertrauens zwischen den Mitgliedstaaten bei der Anerkennung dieser Werte und damit bei der Beachtung des Unionsrechts, mit dem sie umgesetzt werden."[18]

Zwar bildet die Wahrung dieser Werte eine Voraussetzung der Mitgliedschaft in der Union (Art. 49 EUV) und können Verletzungen der Werte sanktioniert werden (Art. 7 EUV), doch erfahren sie – jedenfalls dann,

---

16 Die Aussage der Kommission „Die Europäische Union ist auf dem Vertrauen ihrer Mitgliedstaaten untereinander [...] gegründet" enthält daher keine normative sondern eine politische Aussage. Dies wird auch daran deutlich, dass derselbe Absatz die Formulierung „wachsen und gedeihen" des Vertrauens enthält. Vgl. Mitteilung der Kommission „Ein neuer EU- Rahmen zur Stärkung des Rechtsstaatsprinzips", COM(2014) v. 11. März 2014, Ziff. 1.

17 Anschaulich bezeichnete *Robert Schuman* die Umstände seiner berühmten Erklärung vom 9. Mai 1950 als „Sprung ins Ungewisse", vgl. Amt für amtliche Veröffentlichungen der EU, Freigabe der historischen Archive der Europäischen Gemeinschaften, Luxemburg 1983, 11.

18 EuGH, Gutachten 2/13, ECLI:EU:C:2014:2454, Rz. 168 („EMRK II") (Hervorhebung vom Verfasser).

wenn sie nicht durch allgemeine Rechtsgrundsätze oder gemeinsame Verfassungsüberlieferungen der Mitgliedstaaten überlagert werden – erst in Gestalt der konkreten Vertragsbestimmungen, insbesondere in den Grundrechten, eine Ausformung zu Rechten und Pflichten der jeweiligen Hoheitsträger.

Das in Art. 2 genannte Rechtsstaatsprinzip umfasst im Grundsatz u.a. die Bindung jeder von Union und Mitgliedstaaten ausgeübten öffentlichen Gewalt an das Recht.[19] Hinsichtlich des Verhaltens der Mitgliedstaaten untereinander wird das Rechtsstaatsprinzip insbesondere in den Pflichten zur Vertragserfüllung (Art. 4 Abs. 3 EUV „loyale Zusammenarbeit“) und in Art. 344 AEUV (Pflicht zur justiziellen Streitbeilegung) konkretisiert.[20] Eine Konkretisierung „aus sich selbst heraus“ ist weder mit der Kompetenzverteilung zwischen Union und Mitgliedstaaten noch mit der Systematik des Vertrages vereinbar.

Der EuGH scheint jedoch mit der eingangs zitierten Aussage weiter zu gehen. Wenn die Anerkennung gemeinsamer Werte Vertrauen zwischen den Staaten „impliziert“, so kann damit gemeint sein, dass gegenseitiges Vertrauen notwendigerweise und unwiderleglich aus der Pflicht zur Beachtung dieser Werte folgt. Eine entsprechende Deutung dieses Satzes liegt umso näher, als er im weiteren Verlauf des Gutachtens (Rn. 191, 192) ausdrücklich von entsprechenden Verpflichtungen der Mitgliedstaaten spricht. Die Verortung einer mitgliedstaatlichen Vertrauenspflicht bei Art. 2 EUV erscheint nicht nur rechtlich zweifelhaft. Im Ergebnis schafft der EuGH durch eine Abstraktion neben den im Vertrag aufgezählten Werten einen zusätzlichen Wert. Mit einer derartigen Vervielfältigung schwächt der EuGH den vertraglich konsolidierten Wertekanon. In den wenig später ergangenen Entscheidungen C-681/13 und C-237/15 PPU wiederholt er zwar diese Aussage, verzichtet jedoch auf eine Verankerung der Vertrauenspflicht in Art. 2 EUV.[21]

Theoretisch möglich ist die Ableitung einer Vertrauenspflicht zwischen den Mitgliedstaaten auch aus allgemeinen Rechtsgrundsätzen über das Verhältnis zwischen den Gliedstaaten eines Gesamtverbandes. Eine derartige verfassungsrechtliche (bundesstaatliche) Konstellation ist allerdings nur bei

19 Dazu näher Mitteilung der Kommission, „Ein neuer EU-Rahmen zur Stärkung des Rechtsstaatsprinzips“, COM(2014) v. 11. März 2014, Ziff. 2; *Stefanie Schmahl*, Rechtsstaatlichkeit (§ 6), in: Schulze/Zuleeg/Kadelbach (Hrsg.), Handbuch Europarecht, 3. Aufl., Rn. 9 ff.

20 Dazu nachfolgend Abschnitt C.IV.1.

21 Dazu unten Abschnitt D.III.

einer Minderheit von Mitgliedstaaten gegeben. Soweit der Grundgedanke der Bundestreue auch diese horizontalen Beziehungen prägt,[22] reichen die daraus abzuleitenden Pflichten nicht über die im Recht der Union normierte Loyalitätspflicht hinaus.[23]

4. *Pflicht zum Vertrauen als Bestandteil konkreter Vertragspflichten der Mitgliedstaaten?*

Das Verhältnis der Mitgliedstaaten untereinander wird in den EU-Verträgen kaum thematisiert. Lediglich an einzelnen verstreuten Stellen verpflichtet der Vertrag die Mitgliedstaaten in jeweils besonders bezeichneten Fällen zur Zusammenarbeit[24] und zu wechselseitiger Unterstützung.[25] Außerdem sind die Staaten zur Streitbeilegung im Rahmen der vertraglichen Regelungen verpflichtet.[26] Verallgemeinerungsfähige Vertrauenspflichten lassen sich diesen Bestimmungen nicht entnehmen. Anknüpfungspunkte für eine mögliche Vertrauenspflicht lassen sich allenfalls aus den Pflichten zu loyaler Zusammenarbeit (Art. 4 Abs. 3 EUV) (1), aus dem „Grundsatz der gegenseitigen Anerkennung" (Art. 67 Abs. 4; 70; 81 Abs. 1 und 82 Abs. 1 AEUV) (2) und aus dem „Grundsatz der Solidarität" (Art. 80 AEUV) (3) entnehmen.

a) Pflicht zu „loyaler Zusammenarbeit"

In allgemeiner Form erstreckt sich die in Art. 4 Abs. 3 EUV postulierte Verpflichtung zur loyalen Zusammenarbeit nicht nur vertikal auf das Verhältnis zwischen Mitgliedstaaten und Union, sondern gilt – trotz des insofern undeutlichen Wortlauts – auch horizontal im Verhältnis der Mitgliedstaaten untereinander.[27] Allerdings ist diese Pflicht ausdrücklich auf die Beziehungen zwischen den Staaten im Rahmen der vertraglichen Rechts-

22 Z.B. für Deutschland BVerfGE 12, 254 ff.

23 Dazu nachfolgend Abschnitt C.IV.1.

24 Art. 73, 168 Abs. 2; 210 Abs. 1; 347 AEUV.

25 Vgl. Art. 351 Abs. 2 AEUV: „Erforderlichenfalls leisten die Mitgliedstaaten zu diesem Zweck einander Hilfe [...]" (betreffend Anpassung zwischenstaatlicher Verträge).

26 Art. 344 AEUV, dazu EuGH, Rs. C-459/03, ECLI:EU:C:2006:345 (Kommission/Irland).

27 *Armin v. Bogdandy/Stephan Schill,* in: Grabitz/Hilf/Nettesheim (Hrsg.), Kommentar EUV/AEUV, Art. 4 EUV, Rn. 52; *Walter Obwexer,* in: v.d.Groeben/Schwarze/Hatje

ordnung begrenzt. Es erscheint daher zwar prinzipiell möglich, die loyale Zusammenarbeit auch als eine zwischen den Mitgliedstaaten geltende Vertrauenspflicht zu interpretieren, doch kann daraus keine abstrakte und im Verhältnis zum positiven Recht autonome Verpflichtung entstehen. Vielmehr könnte eine derartige Verpflichtung nur aufgrund einer Feststellung des Gerichtshofs im Zusammenhang mit der Auslegung einer konkreten Vertragsvorschrift oder des abgeleiteten Rechts entstehen.

Eine der seltenen auf die horizontale Loyalitätspflicht gestützten Entscheidungen des EuGH betrifft Informationspflichten zwischen den staatlichen Behörden.[28] Die auf den Begriff „Vertrauen" bezogene Judikatur hat bisher noch nie auf Art. 4 Abs. 3 EUV Bezug genommen.

Es ist nicht anzunehmen, dass „loyale Zusammenarbeit" eine Pflicht zu wechselseitigem Vertrauen umfasst, die weiter reicht als die redliche Erfüllung der in den Verträgen und in der darauf gestützten Gesetzgebung ausdrücklich den Mitgliedstaaten auferlegten Pflichten.

b) „Gegenseitige Anerkennung"

Der im Rahmen der Union als Ziel angestrebte „Raum der Freiheit, der Sicherheit und des Rechts" (Art. 3 Abs. 2 EUV) soll nur sehr begrenzt durch einheitliches materielles Recht entstehen. Er beruht insbesondere auf der Achtung der „verschiedenen Rechtsordnungen und -traditionen der Mitgliedstaaten".[29] Die Fortdauer von Unterschieden zwischen Rechtsordnungen im Rahmen einer gemeinsamen Rechtsordnung erfordert eine Balance zwischen Rücksichtnahme und Intervention. Sie wird durch organisierte[30] gegenseitige Anerkennung zwischen Mitgliedstaaten der Union ermöglicht. Der Vertrag bezeichnet Mechanismen, um mit Hilfe von Rechtsetzung der Union den Rahmen der Anerkennung zu definieren und die Anschlüsse zwischen den staatlichen Rechtsordnungen herzustellen (Art. 67 Abs. 3, 4; 70; 81 Abs. 1; 82 Abs. 1 AEUV).

(Hrsg.), Kommentar Europäisches Unionsrecht, Art. 4 EUV, Rn. 65; *Marcus Klamert*, The Principle of Loyalty in EU Law, 2014, 22.

28 EuGH, Rs. C-251/89, ECLI:EU:1991:242, Rz. 57 (Athanasopoulos u.a.).

29 Art. 67 Abs. 1 AEUV wörtlich: „ […] geachtet werden."

30 Zutreffend weist *Nicolaidis* auf die wesentliche Bedeutung der „managed" recognition hin: *Kalypso Nicolaidis*, Trusting the Poles? Constructing Europe through mutual recognition, Journal of European Public Policy, 2007, 682, 684.

Gegenseitige Anerkennung bildet einen wesentlichen Baustein für die Wahrung der staatlichen Identität, die Vielfalt in der Einheit (Art. 4 Abs. 2 EUV). Ein abstrakt gefordertes Vertrauen bildet geradezu das Gegenteil des gemeinsamen Bemühens um die Anschlusserfordernisse, die eine gegenseitige Anerkennung ermöglichen. Auf einer anderen Ebene liegt die konkrete Ausführung der Anerkennung durch Behörden und Gerichte. Diese haben für die effektive Anwendung des Rechts der Union zu sorgen.[31] Diese Tätigkeit sollte aber nicht mit einer besonderen Art von Vertrauen verwechselt werden.

Der Grundsatz der gegenseitigen Anerkennung wurde seit dem Jahre 1979 vom EuGH entwickelt („Cassis de Dijon").[32] Er betraf zunächst staatliche Maßnahmen zur Kontrolle der Verkehrsfähigkeit von Waren, wurde aber später auf die anderen Aspekte der Grundfreiheiten sowie auf andere Formen staatlichen Handelns ausgedehnt. Er besagt im Kern, dass – unter dem Vorbehalt möglicher Ausnahmen – Maßnahmen eines Mitgliedstaates in den anderen Mitgliedstaaten als der eigenen Rechtsanwendung gleichwertig anzusehen sind, insoweit also eine Anerkennungspflicht besteht.

Der im Rahmen der Union bestehende Zusammenhang zwischen Vertrauen und gegenseitiger Anerkennung ist bisher nicht geklärt. Nach Ansicht der Europäischen Kommission bildet das gegenseitige Vertrauen eine Voraussetzung für eine gegenseitige Anerkennung.[33] Sie bezeichnet das Vertrauen zwar als „Grundsatz", sodass damit eine normative Qualität gemeint sein kann. Doch kann damit auch eine tatsächliche Voraussetzung der gegenseitigen Anerkennung angesprochen worden sein. Die Ausdrucksweise des Gesetzgebers ist ebenfalls undeutlich. Zum Teil wird formuliert, die gegenseitige Anerkennung beruhe auf Vertrauen, das gegebenenfalls durch den Erlass von Mindestvorschriften gestärkt werden müsse.[34] An anderer Stelle wird erklärt, das Vertrauen rechtfertige die gegenseitige Anerkennung. In der Mehrzahl der Äußerungen wird Vertrauen nicht als Verpflichtung, sondern vielmehr als eine tatsächliche Voraussetzung der gegenseitigen Anerkennung angesehen.

---

31 Zum Vollzug des Rechts der EU *Astrid Epiney*, Rechtsanwendung und Europäisches Verwaltungsrecht (§ 8), in: Bieber/Epiney/Haag, Die Europäische Union: Europarecht und Politik, 11. Aufl., 2014.

32 EuGH, Rs. C-120/78, ECLI:EU:C:1979:42 (Rewe = „Cassis de Dijon"). Zur Geschichte: *Alfonso Mattera*, La reconnaissance mutuelle: une valeur historique ancienne, un principe juridique intégrationniste, l'assise politique d'un modèle de société humaniste, Mélanges en l'honneur de Jean Paul Jacqué, 2010, 463 ff.

33 Weißbuch Binnenmarkt, s. unten D.III und Fn. 66.

34 RL 91/477 und RL 2010/64, s. unten Fn. 46 und 47.

Erheblich weiter geht dagegen die jüngste Rechtsprechung des EuGH. Darin wird unmittelbar aus einem vorausgesetzten „Grundsatz des gegenseitigen Vertrauens“ eine Pflicht zur Anerkennung abgeleitet.[35] Zwar erging auch diese Entscheidung zu einem Rechtsakt, der die gegenseitige Anerkennung für einen bestimmten Bereich regelte, doch stützte der EuGH seine Feststellung nicht in erster Linie auf diesen Rechtsakt, sondern auf das von ihm postulierte Prinzip.

Der gegenseitigen Anerkennung muss unter den Beteiligten stets eine Verständigung über konkrete gemeinsame Werte, gemeinsame materielle und prozedurale Mindeststandards des jeweiligen Regelungsbereichs voraus gehen. Sie erfordert weiterhin eine gesteigerte Kenntnis von der Funktionsweise der beteiligten Rechtssysteme bis hin zu einer verstärkten Außenkontrolle.[36] Erst auf dieser Grundlage können wechselseitige Verpflichtungen zur Anerkennung dieser Regeln entstehen. Vertrauen, gar in der Form einer Verpflichtung, kann nur dann verlangt werden, wenn im Rahmen der Union Überwachungsmechanismen und gegebenenfalls Sanktionen bestehen und auch tatsächlich angewandt werden, um die notwendige Balance zwischen Vielfalt und Einheit herzustellen.[37] Derartige Mechanismen enthält der AEUV entweder selbst (z.B. Art. 36) oder sie sind auf der Grundlage der Ermächtigungen zur Rechtsangleichung (Art. 114 ff.) zu erlassen. Sobald aber derartige Normen zur Ausgestaltung der gegenseitigen Anerkennung erlassen wurden, bestimmen diese den Inhalt der jeweiligen staatlichen Pflichten. Ein Rückgriff auf eine allgemeine „Vertrauenspflicht“ der Staaten ist dann weder erforderlich noch gerechtfertigt.

Daher kann auch der in Art. 67 Abs. 1 AEUV angesprochenen „Achtung“ der verschiedenen Rechtsordnungen keine Verpflichtung zum Vertrauen entnommen werden. Denn die Anerkennung des Andersseins im Rahmen der eigenen Rechtsordnung gelingt nicht bereits mit Hilfe allgemeiner Prinzipien, sondern erfordert eine Verständigung über die konkreten Anschlusserfordernisse von eigenem und fremdem Recht. Dies wird auch

35 EuGH, Rs. C-681/13, ECLI:EU:C:2015:471 (Diageo Brands), s. unten Abschnitt D.II.

36 Deswegen schreibt *Poires Maduro* zutreffend von dem „Paradox“ der gegenseitigen Anerkennung: *Miguel Poiares Maduro*, So close and yet so far: the paradox of mutual recognition, Journal of European Public Policy 2007, 814 ff. S.a. *Martin Böse*, Der Grundsatz der gegenseitigen Anerkennung unter dem Vertrag von Lissabon, in: Ambos (Hrsg.), Europäisches Strafrecht post - Lissabon, 2011, 57 ff.

37 In diesem Sinne *Markus Möstl*, Preconditions and limits of mutual Recognition, CMLR 2010, 405, 419, *Pierre Hauck*, Europarechtliche Vorgaben für das nationale Strafverfahren (§ 11), in: Böse (Hrsg.), Europäisches Strafrecht (EnzEuR Bd. 9), Rn. 49.

daran deutlich, dass gegenseitige Anerkennung sehr verschiedene Bereiche staatlichen Handelns berühren kann, die sich auf Normen, Politik und Anwendungssystem beziehen und daher entsprechend unterschiedliche Verständigungen über Werte und Anschlussregelungen erfordern.[38] Die Vorschrift des Art. 67 Abs. 1 AEUV wird daher lediglich als an die Union gerichtetes Gesetzgebungsziel, nicht aber als unmittelbar wirksame Regelung interpretiert.[39]

Entgegen der Aussage des EuGH lässt sich jedenfalls eine Verpflichtung zum Vertrauen zwischen den Mitgliedstaaten nicht aus dem (erst durch Gesetzgebung auszufüllenden) Grundsatz der gegenseitigen Anerkennung ableiten.

c) „Grundsatz der Solidarität“

Die Stärkung der Solidarität zwischen ihren Völkern[40] und ihren Staaten[41] gehört zu den Grundlagen der Europäischen Union. Aus dem Grundsatz der Solidarität folgen spezielle und allgemeine Pflichten der Mitgliedstaaten. Die speziellen Pflichten sind im Vertrag näher bezeichnet (u.a. Art. 80, 222 AEUV). Als allgemeine Pflicht bezieht sich Solidarität auf die Anerkennung eines im Konfliktfall höherwertigen gemeinsamen Interesses und daraus folgend auf die Bereitschaft zur Hinnahme von Nachteilen, wenn dies erforderlich ist, um diesen Interessen gerecht zu werden. Solidarität umschließt auch eine Verantwortung der beteiligten Staaten für die Zustände in den anderen Staaten, insbesondere im Hinblick auf die Fähigkeit zur Erfüllung der vertraglichen Verpflichtungen.[42] Ebenso wie die Pflicht zur loyalen Zusammenarbeit[43] ist auch Solidarität zwischen den Mitgliedstaaten als unionsrechtliches Prinzip durch die konkrete Ausgestaltung des Vertrags bestimmt. Daher könnte eine „Pflicht zum Vertrauen“ nur im Zusammenhang mit der Auslegung und Anwendung einer konkreten Bestimmung der Verträge oder des abgeleiteten Rechts konstatiert werden.

---

38 Dazu *Poiares Maduro* (Fn. 36), 822.

39 EuGH, Rs. C-188/10, ECLI:EU:C:2010:363, Rz. 63 (Melki und Abdeli). So auch *Volker Röben*, in: Grabitz/Hilf/Nettesheim (Hrsg.), Kommentar EUV/AEUV, Art. 67 AEUV, Rn. 64 f.

40 Präambel, EUV.

41 Art. 3 Abs. 3 EUV.

42 Dazu *Roland Bieber*, Gegenseitige Verantwortung – Grundlage des Verfassungsprinzips der Solidarität in der Europäischen Union, in: Calliess (Hrsg.), Europäische Solidarität und nationale Identität, 2013, 67 ff.

43 S.o. C.IV.1.

In dem Urteil in der Rs. C-303/05 zog der EuGH zur Auslegung eines Rahmenbeschlusses neben dem „Prinzip der gegenseitigen Anerkennung" auch Vertrauen und Solidarität der Mitgliedstaaten heran.[44] Die zuletzt genannten Kategorien wurden dabei ersichtlich als tatsächliche Voraussetzungen des Rechtsakts angesehen.

5. „Gegenseitiges Vertrauen" zwischen den Mitgliedstaaten in Gesetzgebung, Rechtsprechung und Politik der Europäischen Union

a) Gesetzgebung

Bezogen auf die Beziehungen zwischen den Mitgliedstaaten erscheint der Begriff „Vertrauen" seit 1991 in verschiedenen Rechtsakten der Union. Dies gilt vor allem seit der Rechtsetzung im Bereich des Zivil- und Strafrechts,[45] aber auch im Zusammenhang mit dem Binnenmarkt.

Seine Verwendung bleibt jeweils auf die Erwägungsgründe des betreffenden Rechtsakts beschränkt.

Nur ein Akt präzisiert das Objekt des Vertrauens (Angemessenheit der staatlichen Rechtsvorschriften und deren ordnungsgemäße Anwendung).[46]

Die mit Vertrauen verbundenen Aussagen lassen sich in drei Gruppen einteilen:

- Rechtsakte, die für den von der Norm erfassten Bereich Vertrauen fördern bzw. stärken sollen,[47]
- Rechtsakte, die das Vorhandensein von Vertrauen voraussetzen und dabei von einem „Grundsatz des Vertrauens" ausgehen,[48]

---

44 EuGH, Rs. C-303/05, ECLI:EU:C:2007:261 (Advocaten voor de Wereld). S. unten D. II.

45 Dazu näher *Kaufhold* (Fn. 5), 408 ff.

46 RL 2010/64 über Recht auf Dolmetscherleistungen und Übersetzungen in Strafverfahren, ABl. L 280/2010, 1, Erwägungsgründe Ziff. 3, 4, 6, 7, 9, 12.

47 RL 91/477 über die Kontrolle des Erwerbs und des Besitzes von Waffen, ABl. L 256/1991, 51, Präambel: „Diese Regelung wird unter den Mitgliedstaaten ein größeres gegenseitiges Vertrauen hinsichtlich der Gewährleistung der öffentlichen Sicherheit schaffen, sofern sie sich auf teilweise harmonisierte Rechtsvorschriften gründet." (Hervorhebung vom Verfasser); s. auch RL 2006/123 über Dienstleistungen im Binnenmarkt, ABl. L376/2006, 36, Erwägungsgründe Ziff. 7; RL 2010/64, s.o. Fn. 45.

48 VO 2201/2003 über die Anerkennung und Vollstreckung von Entscheidungen in Ehesachen, ABl. L 338/2003, 1, Erwägungsgründe Ziff. 21: „Die Anerkennung und Vollstreckung der in einem Mitgliedstaat ergangenen Entscheidungen *sollten* auf

- Rechtsakte, die aus einem behaupteten „gegenseitigen Vertrauen in die Rechtspflege der Union“ eine Rechtfertigung der gegenseitigen Anerkennung staatlicher Akte in einem bestimmten Bereich ableiten.[49] Allerdings wird „Vertrauen“ nicht systematisch zur Begründung herangezogen. So fehlt z.B. in dem Rahmenbeschluss über die Anwendung des Grundsatzes der gegenseitigen Anerkennung von Geldstrafen und Geldbußen eine vergleichbare Passage. Dort wird statt eines Hinweises auf Vertrauen auf die gegenseitige Anerkennung hingewiesen.[50]

Soweit ersichtlich hat der Gesetzgeber der Union nirgends an die Verwendung des Begriffs Vertrauen normative Folgen geknüpft. Vielmehr dient der Hinweis auf Vertrauen als Folie, auf deren Hintergrund die jeweilige konkrete Pflicht zur Anerkennung, die Modalitäten und Ausnahmen näher bezeichnet werden. Auch wenn in Rechtsakten vereinzelt von einem „Grundsatz“ des Vertrauens gesprochen wird, lässt der Zusammenhang erkennen, dass damit kein *Rechts*grundsatz gemeint war.

---

dem Grundsatz des gegenseitigen Vertrauens beruhen und die Gründe für die Nichtanwendung auf das notwendige Minimum beschränkt sein.“ (Hervorhebung vom Verfasser); ähnlich VO 805/2004 zur Einführung eines europäischen Vollstreckungstitels für unbestrittene Forderungen, ABl. L 143/2004, 15, Erwägungsgründe Ziff. 18: „Gegenseitiges Vertrauen in die ordnungsgemäße Rechtspflege in den Mitgliedstaaten rechtfertigt es, dass das Gericht nur eines Mitgliedstaates beurteilt, ob alle Voraussetzungen für die Bestätigung der Entscheidung als Europäischer Vollstreckungstitel vorliegen.“ (Hervorhebung vom Verfasser). Ebenso VO 1896/2006 zur Einführung eines europäisches Mahnverfahrens, ABl. L 399/2006, 1, Erwägungsgründe, Ziff. 27.

49 VO 1215/2012 über die Anerkennung und Vollstreckung von Entscheidungen in Zivil- und Handelssachen, ABl. L 351/2012, 1, Erwägungsgründe Ziff. 26: „Das gegenseitige Vertrauen in die Rechtspflege der Union rechtfertigt den Grundsatz, dass eine in einem Mitgliedstaat ergangene Entscheidung in allen Mitgliedstaaten anerkannt wird, ohne dass es hierfür eines besonderen Verfahrens bedarf.“ (Hervorhebung vom Verfasser).

50 „Der Europäische Rat unterstützte auf seiner Tagung am 15. und 16. Oktober 1999 in Tampere den Grundsatz der gegenseitigen Anerkennung, der zum Eckstein der justiziellen Zusammenarbeit sowohl in Zivil- als auch in Strafsachen innerhalb der Union werden sollte“, Rahmenbeschluss 2005/241, ABl. L 76/2005, 16, Präambel (Hervorhebung vom Verfasser).

b) Rechtsprechung des EuGH

aa) Überblick

Wesentlich intensiver als der Gesetzgeber setzt der EuGH seit 1989 das „gegenseitige Vertrauen zwischen den Mitgliedstaaten“ als Maßstab zur Bewertung des Verhaltens von Behörden und Gerichten der Mitgliedstaaten im Rahmen der Anwendung des Rechts der Union ein. Nur ganz ausnahmsweise lieferte er dafür einen Anknüpfungspunkt im Vertrag. Auch blieb lange undeutlich, ob er darunter ein eigenständiges normatives Prinzip versteht. Die jüngste Judikatur muss in diesem Sinne verstanden werden, auch wenn noch immer nicht deutlich ist, auf welcher Grundlage eine „Pflicht zum Vertrauen“, entstanden sein soll, die vor oder über vertraglich präzisierten Pflichten von Behörden und Gerichten der Mitgliedstaaten steht.

Erstmals postulierte der EuGH im Zusammenhang mit der „gegenseitigen Anerkennung“ im Bereich des freien Warenverkehrs einen „Grundsatz des gegenseitigen Vertrauens zwischen den Behörden der Mitgliedstaaten“.[51]

In der nachfolgenden Rechtsprechung erweiterte der EuGH den Grundsatz auf andere Vertragsbereiche (strafrechtliche und zivilrechtliche Zusammenarbeit, Asylrecht) wies ihm „fundamentale Bedeutung“ für das Unionsrecht zu und wandelte ihn schließlich zu einer Verpflichtung zum Vertrauen zwischen den Mitgliedstaaten um. Nicht immer wurde gegenseitiges Vertrauen in der Folgezeit als „Grundsatz“ oder „Prinzip“ bezeichnet, sondern wurde gelegentlich nur als Rechtstatsache vorausgesetzt. Im Allgemeinen wird der Grundsatz als ergänzende – aber argumentativ nicht erforderliche – Begründung für eine Auslegung des abgeleiteten Rechts eingesetzt.

51 EuGH, Rs. C-25/88, ECLI:EU:C:1989:187, Rz. 18 (Wurmser – Bouchara). Die vollständige Passage lautet: „Es (ist) einem Mitgliedstaat zwar nicht untersagt, für bestimmte Erzeugnisse eine vorherige Zulassung vorzuschreiben, selbst wenn diese Erzeugnisse bereits in einem anderen Mitgliedstaat zugelassen worden sind; die Behörden des Einfuhrstaats dürfen aber nicht ohne Not technische oder chemische Analysen oder Laborversuche verlangen, wenn die gleichen Analysen und Versuche bereits in einem anderen Mitgliedstaat durchgeführt worden sind und ihre Ergebnisse diesen Behörden zur Verfügung stehen. Diese Regel stellt eine besondere Ausprägung des allgemeineren Grundsatzes des gegenseitigen Vertrauens zwischen den Behörden der Mitgliedstaaten dar und ist deshalb auch dann anzuwenden, wenn die Überprüfung dem Importeur selbst obliegt.“ (Hervorhebung vom Verfasser).

So führte der EuGH zum Verbot der Doppelbestrafung aus:

> „Unter diesen Umständen impliziert das in Artikel 54 des Durchführungsübereinkommens aufgestellte Verbot der Doppelbestrafung [...] zwingend, dass ein gegenseitiges Vertrauen der Mitgliedstaaten in ihre jeweiligen Strafjustizsysteme besteht und dass jeder Mitgliedstaat die Anwendung des in den anderen Mitgliedstaaten geltenden Strafrechts akzeptiert, auch wenn die Anwendung seines eigenen nationalen Rechts zu einem anderen Ergebnis führen würde."[52]

Das in Art. 54 enthaltene Verbot der Doppelbestrafung enthält bereits aufgrund seines Wortlauts die Verpflichtung zur Akzeptanz im jeweiligen Fall. Des Rückgriffs auf ein in dieser Bestimmung „impliziertes" Prinzip hätte es nicht bedurft. Zwar formulierte der EuGH das „gegenseitigen Vertrauen" hier noch nicht ausdrücklich als Verpflichtung, doch muss der in dieser Passage verwandte Begriff „zwingend" in diesem Sinne verstanden werden.

Als eine bei der Rechtsetzung vorausgesetzte Tatsache bezeichnet der EuGH das gegenseitige Vertrauen im Jahre 2007:

> „Was zum einen die Auswahl der in Art. 2 Abs. 2 des Rahmenbeschlusses aufgelisteten 32 Arten von Straftaten angeht, durfte der Rat auf der Grundlage des Prinzips der gegenseitigen Anerkennung und angesichts des hohen Maßes an Vertrauen und Solidarität zwischen den Mitgliedstaaten davon ausgehen, dass die betroffenen Arten von Straftaten entweder bereits aufgrund ihrer Natur oder aufgrund der angedrohten Freiheitsstrafe im Höchstmaß von mindestens drei Jahren zu den Straftaten gehören, bei denen es aufgrund der Schwere der Beeinträchtigung der öffentlichen Sicherheit und Ordnung gerechtfertigt ist, nicht auf der Überprüfung des Vorliegens der beiderseitigen Strafbarkeit zu bestehen."[53]

Die Einhaltung des „Grundsatzes des gegenseitigen Vertrauens in die Justiz im Rahmen der Union" erklärt der EuGH als notwendig für das reibungslose Funktionieren des Binnenmarktes.[54] Er weist diesem Vertrauen erstmals

---

52 EuGH, verb. Rs. C-187/01 und C-385/01, ECLI:EU:C:2003:87, Rz. 33 (Gözütok, Brügge), (Hervorhebung vom Verfasser). S.a. EuGH, Gutachten 1/03, ECLI:EU:C:2006:81, Rz. 163 sowie Rs. C-60/12, ECLI:EU:C:2013:733, Rz. 30 (Baláz).

53 EuGH, Rs. C-303/05, ECLI:EU:C:2007:261 (Advocaten voor de Wereld).

54 EuGH, Rs. C-533/08, ECLI:EU:C:2010:243, Rz. 49 f. (TNT Express): „Aus den vorstehenden Erwägungen ergibt sich, dass nach Art. 71 der Verordnung Nr. 44/2001 in den durch besondere Übereinkommen geregelten Rechtsgebieten zwar diese Übereinkommen zur Anwendung kommen, diese Anwendung aber nicht die Grundsätze beeinträchtigen darf, auf denen die justizielle Zusammenarbeit in Zivil- und Handels-

explizit eine Rechtswirkung zu, wenn er diese Grundsätze als vorrangig gegenüber den einschlägigen Übereinkommen bezeichnet. Entsprechend dem Sachverhalt in der Rs. C-187/01[55] hätte er dieses Ergebnis aber hinreichend und ohne Rückgriff auf den fraglichen Grundsatz aus dem betreffenden Rechtsetzungsakt (Art. 71 der VO 44/2001) ableiten können.

Eine neue Dimension einer rechtlichen Wirkung des „gegenseitigen Vertrauens“ erschloss GA *Kokott* in ihren Schlussanträgen zur Rs. C-185/07 durch den Hinweis auf seine gewährleistende Wirkung für die Effizienz des Rechts der Union.[56]

In zwei später zum Asylrecht ergangenen Entscheidungen ging der EuGH einen entscheidenden Schritt weiter. Er bezeichnete gegenseitiges Vertrauen als „Prinzip“ und als „Daseinsgrund“ der Union und knüpfte daran eine Rechtsfolge (Pflicht zur Vermutung der Beachtung des Unionsrechts):

> „Gerade aufgrund dieses Prinzips des gegenseitigen Vertrauens hat der Unionsgesetzgeber die Verordnung Nr. 343/2003 erlassen [....] Auf dem Spiel stehen nämlich der Daseinsgrund der Union und die Verwirklichung des Raums der Freiheit, der Sicherheit und des Rechts, konkret des Gemeinsamen Europäischen Asylsystems, das auf gegenseitigem Vertrauen und einer Vermutung der Beachtung des Unionsrechts, genauer der Grundrechte, durch die anderen Mitgliedstaaten gründet.“[57]

---

sachen in der Union beruht. Dazu gehören u. a. (.....) **des gegenseitigen Vertrauens** in die Justiz im Rahmen der Union. Die Einhaltung eines jeden dieser Grundsätze ist für das reibungslose Funktionieren des Binnenmarkts notwendig, das laut dem ersten Erwägungsgrund der Verordnung Nr. 44/2001 die sachliche Rechtfertigung der Verordnung bildet.“ S.a. Rz. 54.

55 S.o. Fn. 52.

56 Schlussanträge GA Kokott, Rs. C-185/07, ECLI:EU:C:2008:466, Rz. 34, 35: „Auch setzt ein Verstoß gegen den Grundsatz des gegenseitigen Vertrauens, auf den der Gerichtshof das Urteil Turner maßgeblich gestützt hat, nicht voraus, dass sowohl das Verfahren auf Erlass des Prozessführungsverbots als auch das Verfahren, das dadurch unterbunden werden soll, in den Anwendungsbereich der Verordnung fallen. Vielmehr kann der Grundsatz des gegenseitigen Vertrauens auch dadurch verletzt werden, dass eine nicht in den Anwendungsbereich der Verordnung fallende Entscheidung des Gerichts eines Mitgliedstaats, das Gericht eines anderen Mitgliedstaats bei der Ausübung seiner Befugnisse unter der Verordnung behindert. 35. Denn die staatlichen Stellen eines Mitgliedstaats dürfen die praktische Wirksamkeit des Gemeinschaftsrechts auch dann nicht beeinträchtigen, wenn sie Zuständigkeiten wahrnehmen, die ihrerseits nicht gemeinschaftsrechtlich geregelt sind.“

57 EuGH, verb. Rs. C-411/10 und 493/10, ECLI:EU:C:2011:865, Rz. 79–83 (N.S. u.a.); s.a. Rs. C-394/12, ECLI:EU:C:2013:813, Rz. 51–62 (Abdullahi).

Im Zusammenhang mit der Anwendung des Europäischen Haftbefehls sprach der EuGH in der Rs. C-399/11 von einer möglichen „Verletzung der Grundsätze des gegenseitigen Vertrauens".[58]

Den vorläufigen Höhepunkt dieser Rechtsprechung enthält das Gutachten 2/2013, in dem der EuGH die Grundlagen des Rechts der Union zusammenfasst.[59] Darin verleiht der EuGH dem „gegenseitigen Vertrauen" einen so bisher noch nie formulierten normativen Gehalt. In Ziff. 191 und 192 des Gutachtens führt er aus:

> „Zweitens ist darauf hinzuweisen, dass der Grundsatz des gegenseitigen Vertrauens zwischen den Mitgliedstaaten im Unionsrecht fundamentale Bedeutung hat, da er die Schaffung und Aufrechterhaltung eines Raums ohne Binnengrenzen ermöglicht. Dieser Grundsatz verlangt aber, namentlich in Bezug auf den Raum der Freiheit, der Sicherheit und des Rechts, von jedem Mitgliedstaat, dass er, abgesehen von außergewöhnlichen Umständen, davon ausgeht, dass alle anderen Mitgliedstaaten das Unionsrecht und insbesondere die dort anerkannten Grundrechte beachten [...]. Bei der Durchführung des Unionsrechts können die Mitgliedstaaten somit unionsrechtlich verpflichtet sein, die Beachtung der Grundrechte durch die übrigen Mitgliedstaaten zu unterstellen [...]."[60]

Noch deutlicher artikulieren zwei im Jahre 2015 nach dem Gutachten ergangene Urteile die nach Auffassung des EuGH aus dem Vertrauen erwachsende Verpflichtung:

Rs. C-681/13: „Zunächst ist darauf hinzuweisen, dass der Grundsatz des gegenseitigen Vertrauens zwischen den Mitgliedstaaten, der im Unionsrecht fundamentale Bedeutung hat, von jedem Mitgliedstaat, namentlich in Bezug auf den Raum der Freiheit, der Sicherheit und des Rechts, **verlangt**,

58 EuGH, Rs C-399/11, ECLI:EU:C:2013:107, Rz. 37, 63 (Melloni): „Könnte sich ein Mitgliedstaat auf Art. 53 der Charta berufen, um die Übergabe einer in Abwesenheit verurteilten Person von der im Rahmenbeschluss 2009/299 nicht vorgesehenen Bedingung abhängig zu machen, dass die Verurteilung im Ausstellungsmitgliedstaat einer Überprüfung unterworfen werden kann, um zu vermeiden, dass das Recht auf ein faires Verfahren und die Verteidigungsrechte, wie sie in der Verfassung des vollstreckenden Mitgliedstaats garantiert sind, verletzt werden, würde dies deshalb, indem die Einheitlichkeit des im Rahmenbeschluss festgelegten Grundrechtsschutzstandards in Frage gestellt wird, zu einer Verletzung der Grundsätze des gegenseitigen Vertrauens und der gegenseitigen Anerkennung, die der Rahmenbeschluss stärken soll, führen und daher die Wirksamkeit dieses Rahmenbeschlusses beeinträchtigen."

59 EuGH, Gutachten 2/13, ECLI:EU:C:2014:2454 („EMRK II").

60 EuGH, Gutachten 2/13, ECLI:EU:C:2014:2454, Rz. 191 f. („EMRK II").

dass er, abgesehen von außergewöhnlichen Umständen, davon ausgeht, dass alle anderen Mitgliedstaaten das Unionsrecht und insbesondere die in diesem Recht anerkannten Grundrechte beachten (....). Wie aus dem 16. Erwägungsgrund der Verordnung Nr. 44/2001 hervorgeht, ist die Anerkennungs- und Vollstreckungsregelung dieser Verordnung gerade auf das gegenseitige Vertrauen in die Justiz im Rahmen der Union gestützt. Ein solches Vertrauen erfordert u. a., dass die in einem Mitgliedstaat ergangenen gerichtlichen Entscheidungen von Rechts wegen in einem anderen Mitgliedstaat anerkannt werden.“[61]

Rs. C-237/15 PPU: „Der Rahmenbeschluss zielt somit darauf ab, durch die Einführung eines neuen vereinfachten und wirksameren Systems der Übergabe von Personen, die wegen einer Straftat verurteilt wurden oder einer Straftat verdächtigt werden, die justizielle Zusammenarbeit zu erleichtern und zu beschleunigen, um zur Verwirklichung des der Union gesteckten Ziels beizutragen, zu einem Raum der Freiheit, der Sicherheit und des Rechts zu werden, und setzt ein hohes Maß an Vertrauen zwischen den Mitgliedstaaten voraus.“[62]

Zurückhaltender äußerte sich der EuGH in den Jahren 2012 und 2014 in zwei Verfahren zur zivilrechtlichen Zusammenarbeit. Darin wurde das gegenseitige Vertrauen lediglich als eine dem auszulegenden Rechtsakt zugrunde liegende Tatsache erwähnt, ohne dass aus dem Vertrauen Rechtsfolgen abgeleitet wurden.[63]

bb) Zwischenergebnis

Über einen Zeitraum von 25 Jahren hinweg hat der EuGH in mehreren Schritten den politisch – sozialen Begriff des Vertrauens zwischen den Mitgliedstaaten, ihren Behörden und Gerichten zunächst als eine rechtlich relevante Tatsache hervorgehoben, später als einen rechtlich relevanten „Grundsatz“ und schließlich als ein allgemein anwendbares, für die Mitgliedstaaten verpflichtendes Rechtsprinzip postuliert. Weder hat er im Verlauf der Herausbildung dieser Rechtsfigur den Adressatenkreis genau

61 EuGH, Rs. C-681/13, ECLI:EU:C:2015:471, Rz. 40 (Diageo Brands) (Hervorhebung vom Verfasser).

62 EuGH, Rs. C-237/15 PPU, ECLI:EU:C:2015:474, Rz. 28 (Lanigan) (Hervorhebung vom Verfasser).

63 EuGH, Rs. C-92/12 PPU, ECLI:EU:C:255, Rz. 102, 103 (Health Service Executive); Rs. C- 376/14 PPU, ECLI:EU:C:2014:2268, Rz. 66 („C“).

bezeichnet, noch hat er den Inhalt erläutert, noch hat er verdeutlicht, auf welche vertragliche Grundlage das Prinzip zu stützen ist. Soweit ersichtlich hat er dieses „Prinzip" nur einmal und eher beiläufig mit Art. 2 EUV (Werte der Union) verknüpft.

In den meisten Fällen dient die Berufung auf das Prinzip lediglich dazu, eine ohnehin aus dem Wortlaut eines Rechtsetzungsakts folgende Auslegung zu bekräftigen. Doch verleiht die Rechtsprechung dieser Kategorie von Vertrauenspflicht inzwischen eine Selbständigkeit, die erwarten lässt, dass unabhängig von der Auslegung konkreter Rechtsakte aus dem Prinzip allein Rechtsfolgen abgeleitet werden. Allerdings deutet die jüngere Rechtsprechung darauf hin, dass innerhalb des Gerichtshofs noch keine einheitliche Linie gefunden wurde.

Jedenfalls soweit der EuGH sich nicht darauf beschränkt, gegenseitiges Vertrauen zwischen den Mitgliedstaaten nur zu erwähnen, ohne daran Rechtsfolgen zu knüpfen, bestehen gegen das Ergebnis und die zu seiner Gewinnung eingesetzte Methode Bedenken. Nicht das gegenseitige Vertrauen, sondern die gegenseitige Anerkennung bildet die vertraglich vorgesehene Grundlage der Gesetzgebung. Die Abwägung der dabei für die angemessene Vertragsausfüllung und -anwendung einzusetzenden Instrumente mit dem Schutz der Individualrechte und mit der Wahrung der Identität der Mitgliedstaaten obliegt in erster Linie dem dafür legitimierten Gesetzgeber der Union. Dieser aber hat der Kategorie „Vertrauen" stets nur eine erläuternde, nie eine pflichtbegründende Funktion zugewiesen. Auch gehört die Verwandlung allgemeiner Grundsätze des sozialen Lebens in Rechtsprinzipien nicht zur „Wahrung des Rechts" (vgl. Art. 19 Abs. 1 EUV).

c) Rechtspolitische Äußerungen der EU-Institutionen

In politischen Erklärungen verwenden die EU-Institutionen auch außerhalb der Gesetzgebung die Kategorie des Vertrauens. Doch äußern sie sich erheblich zurückhaltender als der Gerichtshof. Vertrauen wird durchgehend als Desiderat im Verhältnis der Mitgliedstaaten bezeichnet. Von daraus folgenden Rechtspflichten gehen die übrigen EU-Organe offenbar nicht aus.

Der Europäische Rat widmete in seinem „Stockholmer Programm" von 2009 dem Thema „gegenseitiges Vertrauen" einen eigenen Abschnitt:

„Das gegenseitige Vertrauen zwischen den Behörden und Dienststellen der einzelnen Mitgliedstaaten und den Entscheidungsträgern ist die Grundlage für eine wirksame Zusammenarbeit in diesem Bereich. Das Vertrauen zu gewährleisten und neue Wege zu finden, wie der Verlass auf die unterschiedlichen Rechtssysteme der Mitgliedstaaten und das gegenseitige Verständnis zwischen diesen Systemen erhöht werden können, wird daher eine der wichtigsten Aufgaben in der Zukunft darstellen."[64]

Das Europäische Parlament stellte für den Bereich des Strafrechts fest,

„dass der Grundsatz der gegenseitigen Anerkennung in einer wachsenden Zahl von Politikbereichen an Akzeptanz gewinnt, insbesondere bezüglich Urteilen und gerichtlichen Entscheidungen und in der Erwägung, dass dieser Grundsatz auf gegenseitigem Vertrauen beruht, was die Einrichtung von Mindestnormen zum höchstmöglichen Schutz erfordert [und] dass die Harmonisierung des Strafrechts in der EU das Ziel einer gemeinsamen EU-Rechtskultur zur Verbrechensbekämpfung fördern soll, die als Ergänzung, jedoch nicht als Ersatz für nationale Rechtstraditionen dient und das gegenseitige Vertrauen innerhalb der Rechtssysteme der EU-Mitgliedstaaten positiv beeinflusst."[65]

Erstmals formulierte die Europäische Kommission in ihrem Weißbuch zur Vollendung des Binnenmarktes (1985), sie werde eine Rahmenrichtlinie zur gegenseitigen Anerkennung von Zeugnissen vorschlagen, die insbesondere auf

„den Grundsatz des gegenseitigen Vertrauens zwischen den Mitgliedstaaten" gestützt sei.[66] Doch erfolgte dieser Hinweis eher beiläufig, kann jedenfalls nicht als Ausdruck eines dem Binnenmarkt zugrunde liegenden politischen oder gar normativen Konzepts verstanden werden. 2014

---

64 Europäischer Rat, „Stockholmer Programm" v. 11. Dezember 2009, Ziff. 1.2.1, ABl. C 115/2010, 1.

65 EP – Entschließung v. 22. Mai 2012 „zum EU-Ansatz zum Strafrecht", ABl. C 264E/2013, 7.

66 Kommission, Weißbuch „Vollendung des Binnenmarktes" v. 14. Juni 1985, COM(85) 310, Ziff. 93. Dass „gegenseitiges Vertrauen" nicht zu den konzeptionellen Grundlagen des Weißbuchs gehörte, wird an den Erläuterungen eines der Akteure deutlich: *Helmut Schmitt von Sydow*, The Basic Strategies of the Commission's White Paper, in: Bieber/Dehousse/Pinder/Weiler (Hrsg.), 1992: One European Market?, 1988, 79 ff.

äußerte sie, „die Europäische Union ist auf dem Vertrauen ihrer Mitgliedstaaten untereinander (...) gegründet".[67]

6. Grenzen des Vertrauens

Nach Auffassung des EuGH endet die Verpflichtung zu zwischenstaatlichem Vertrauen bei Vorliegen „außergewöhnlicher Umstände". Als solche definiert er „systemische Mängel" der staatlichen Rechtsanwendung, „die ernsthafte und durch Tatsachen bestätigte Gründe" für die Annahme von Grundrechtsverstößen darstellen.[68]

Die effiziente Anwendung des Rechts der Europäischen Union erfordert stets eine Abwägung verschiedener Rechtsgüter. Dazu gehört insbesondere der Schutz der Grundrechte. Die Einbeziehung einer Vertrauenspflicht zwischen den Mitgliedstaaten verschiebt von vornherein die Gewichte dieser Abwägung zugunsten der Effizienz. Diese Verschiebung ist auch deswegen problematisch, weil auf der Ebene der Union keine geeigneten Mittel bereitstehen, um für Abhilfe bei den vom Gerichtshof angesprochenen außergewöhnlichen Umständen zu sorgen. Die Schaffung derartiger Mittel würde vor allem gebieten, dass sich alle Mitgliedstaaten regelmäßigen und ernsthaften Kontrollen durch gemeinsame Institutionen unterwerfen. Die jüngsten Beitrittsverträge bieten Beispiele, die konzeptionell einer Bundesaufsicht nahe kommen.[69] Mit derartigen Mechanismen brächten die Union und die Mitgliedstaaten zum Ausdruck, dass die Zustände in einem Mitgliedstaat in den Verantwortungsbereich aller an der Union Beteiligten fallen und würde damit Grundlagen für ein Vertrauen in die Wahrung der gemeinsamen Werte schaffen, das von den Bürgern der Union ausgeht.

---

67 Mitteilung der Kommission „Ein neuer EU-Rahmen zur Stärkung des Rechtsstaatsprinzips", COM(2014) v. 11. März 2014, Ziff. 1.

68 EuGH, Rs. C-394/12, ECLI:EU:C:2013:813, Rz. 62 (Abdullahi); Rs. C-681/13 ECLI:EU:C:2015:471, Rz. 40 (Diageo Brands).

69 S. z.B. Art. 36 Beitrittsakte Kroatien, ABl. L 112/2012, 21. S.a. Mitteilung der Kommission „Ein neuer EU-Rahmen zur Stärkung des Rechtsstaatsprinzips", COM(2014) v. 11. März 2014. Dazu *Armin v. Bogdandy/Michael Ioannidis*, Das systemische Defizit: Merkmale, Instrumente und Probleme am Beispiel der Rechtsstaatlichkeit und des neuen Rechtsstaatlichkeitsaufsichtsverfahrens.

7. Schlussbemerkung

In der Rechtssprache der Europäischen Union lässt sich eine wachsende Tendenz zur Verwendung des Begriffs „Vertrauen“ für das Verhältnis zwischen den Mitgliedstaaten beobachten. Allerdings besteht über Inhalt und Funktion dieser Kategorie kein Einvernehmen. So wird in der Gesetzgebung und in politischen Erklärungen der Institutionen vielfach die Herstellung oder Stärkung von Vertrauen zwischen den Mitgliedstaaten angestrebt und daher erkennbar keine normative Qualität angenommen. Dagegen lässt sich in der Rechtsprechung eine Tendenz zur Verrechtlichung dieser Kategorie der sozialen Interaktion erkennen, die in jüngster Zeit soweit geht, Vertrauen zwischen den Mitgliedstaaten zu einem potentiell umfassend geltenden eigenständigen normativen Prinzip zu erklären.

Ihren Ausgang nimmt diese Entwicklung von dem in den Grundlagenverträgen sektoriell postulierten Grundsatz der „gegenseitigen Anerkennung“ staatlicher Hoheitsakte. Eine allgemeine Verpflichtung zum Vertrauen zwischen den Staaten lässt sich aus den Gründungsverträgen der Union jedoch nicht herleiten.[70] Soweit die Mitgliedstaaten in einzelnen Vertragsbereichen verpflichtet sind, Rechtsakte anderer Mitgliedstaaten im eigenen Hoheitsgebiet anzuerkennen, folgt diese Pflicht aus der jeweiligen Vertragsbestimmung bzw. einem entsprechenden Ausführungsakt. Auf diese Weise lassen sich die Voraussetzungen und Grenzen der jeweiligen Anerkennungspflicht mit hinreichender Genauigkeit bestimmen. Der Rückgriff auf eine allgemeine „Pflicht zum Vertrauen“ ist damit entbehrlich. Einwände gegen die Verwendung dieses Konzepts bestehen auch wegen dessen großer Unbestimmtheit, die den Begriff des Vertrauens im Sinne einer Verpflichtung zur bloßen Leerformel macht. Zweifel an der Sinnhaftigkeit dieses Konzepts werden im Übrigen durch das methodische Vorgehen des EuGH bestärkt: Über 25 Jahre hinweg hat er durch kleine sprachliche Veränderungen eine sozial – psychologische Kategorie zu einer Rechtspflicht umgewandelt, ohne dafür jemals eine Anknüpfung im Wortlaut des Vertrages und eine genaue Definition des Inhalts, der Voraussetzungen und Grenzen dieser Pflicht bereitzustellen.

Im Verhältnis zwischen den Bürgern der Union, aber auch zwischen Regierungen, Behörden und Gerichten der Mitgliedstaaten der Europäischen Union gelten jeweils ganz unterschiedliche soziale und rechtlich verfestigte Verhaltensgebote. Vertrauen gehört in diesem Zusammenhang zu den legi-

---

70 A.A. *Kaufhold* (Fn. 5), 428 ff.

timationsstiftenden Voraussetzungen der Union. Vertrauen bildet zwar ein wertvolles Gut, doch hat es ambivalente Eigenschaften, die sein Wirken auch in das Gegenteil verkehren können. Zumindest ebenso bedeutsam für die Legitimation der Union ist die gemeinsame Verantwortung für die Beachtung der in demokratisch legitimierten Verfahren gesetzten Regeln. Transparenz der beteiligten politischen Systeme bildet dafür eine wesentliche Voraussetzung. Vertrauen als ein Nicht-wissen-wollen steht der Transparenz entgegen und kann sich damit gefährdend für die Rechtsstaatlichkeit der Union auswirken.

Vertrauen ist ein „soziales Verbindungsstück“[71], das Vertragstreue, Rationalität und die Anerkennung der Differenz im Umgang zwischen den Bürgern und den Staaten der Europäischen Union gewährleisten kann. In Gestalt einer Rechtspflicht ist es dagegen weder nützlich noch erforderlich.

71 *Claudio Franzius* (Fn. 5), 176.

B. VIII. 'An Association of Sovereign States'*

1. Introduction

In its decision of 30 June 2009 the German Constitutional Court (*Bundesverfassungsgericht*) formally examined the 'Act approving the Treaty of Lisbon' (hereafter 'Act') and the accompanying instruments, the 'Act amending the Basic Law' (Amending Act) and the 'Act extending and strengthening the rights of the Bundestag and the Bundesrat in European Union Matters (Extending Act)', adopted by the Bundestag on 23 May 2008. It declared the Act approving the Treaty of Lisbon and the Act amending the Basic Law to be constitutional, subject to the provisos specified in the decision. The Extending Act was declared unconstitutional in part, because rights of participation of the Bundestag and the Bundesrat had not been elaborated to the extent required.[1]

In the first part the main lines of argument will be presented. In the second part those arguments will be critically assessed.

2. Arguments

a) The State

The Court summarizes its understanding of the State (which it repeatedly qualifies as 'sovereign') as 'a pacified area and the order guaranteed therein on the basis of individual freedom and collective self-determination. The State is neither a myth nor an end in itself but the historically grown and globally recognised form of organisation of a viable political community'.[2]

The Court does not expressly say so, but this definition is obviously understood as an exclusive one; the State, according to this concept is not *a* form (among others) but *the* (ultimate) form of a political community. Such an entity has to maintain under all circumstances its ability to 'politi-

---

* Zuerst veröffentlicht in: European Constitutional Law Review 5/2009, 391 – 406.

1 German Federal Constitutional Court, Decision of 30 June 2009, 2BvE 2/08 et al., BVerfGE 123, 267. An English version has been published by the Court.

2 Para. 224.

cally and socially shape the living conditions on (its) own responsibility'.[3] According to the Court those conditions are 'always' decisions on criminal law, disposition over the police monopoly on the legitimate domestic use of force and over the military monopoly on the use of force towards the exterior, the fundamental fiscal decisions on public revenue and public expenditure, decisions which shape the circumstances of life in a social state and decisions which are of particular cultural importance (family law, school and education system, religious communities). It is interesting to note that this list does not mention monetary matters, which are traditionally considered of primary concern to states.[4] In fact, the list avoids any conflict with the present distribution of competences between the European Union and its member states.

b) Sovereignty

A central notion of the decision is the term 'sovereignty' which is supposedly contained in the German constitution (although it is mentioned nowhere). Besides the State, the Court qualifies power and the people as sovereign. Its understanding of sovereignty is 'independence of an alien will'.[5] As a consequence the European Union must comply with the principle of conferral of competences and must exercise them in a 'restricted and controlled manner'.[6] Furthermore, supremacy of EU law would not affect the continuing sovereignty of the member states, since the Constitutional Court would establish the inapplicability of legal instruments issued by the EU 'if the mandatory order to apply the law were evidently lacking'[7] and in cases when 'obvious transgressions of the boundaries take place when the European Union claims competences'.[8]

According to the Court, sovereignty also implies that legal relations under international law 'must be revocable' and withdrawal from an international organization, e.g., the European Union cannot be prevented by

3 Para. 226.
4 Cf. *T. Padoa-Schioppa*, The Road to Monetary Union in Europe (Oxford, Clarendon Press 1994), 35 et seq.
5 Para. 231.
6 Para. 298.
7 Para. 339.
8 Para. 240.

the Union or other member states. As a consequence of their continued sovereignty, member states are the 'Masters of the Treaties'.[9]

c) Democracy

The review of the Act approving the Treaty of Lisbon mainly considered possible infringements of the right to vote, as guaranteed by Article 38 of the Basic Law of 23 May 1949.[10] The right to vote is considered as the central element of democracy and hence inalienable according to Articles 20 and 79(3) of the Basic Law. The individual right to vote, according to the Court, is anchored in human dignity and therefore enjoys protection under the Basic Law equivalent to a fundamental right.

Democracy is understood by the Court in two different and unconnected senses. On the one hand, democracy consists of 'the citizens right to determine, in equality and freedom, public authority with regard to persons and subject matters through elections and other votes'.[11]

On the other hand it is 'the people' which in a democracy must be 'able to determine government and legislation in free and equal elections'.[12] No definition is given of what is meant by 'people' (e.g., inhabitants or citizens).

The Court acknowledges the existence of different models of democracy for states. It also accepts that European integration follows methods of shaping political opinion that are not identical with the German constitutional order, as long as the limits of inalienable constitutional identity are observed.[13] The principle of democracy does, however, set limits to the process of integration, because the latter renders more difficult the creation of a will of the majority that can be asserted and that goes directly back to the people.[14] The acceptance of differences between the democratic foundations of the European Union and German governance is not seen as part of the general margin of appreciation of political structures. According to the Court, the constitutional requirements placed by the principle of democracy on the organizational structure and on the decision making

9 Paras. 231, 235, 334.
10 Paras. 208–213.
11 Official Press summary by the Court, n° 2 a).
12 Para. 270.
13 Paras. 219 and 267.
14 Para. 247.

procedures of the European Union depend on the extent to which powers had been transferred to the Union. A structural 'democratic deficit' would exist, if the extent of competences, the political freedom of action and the degree of independent formation of opinion on the part of the institutions of the Union reached a level corresponding to the level of a State.[15] In the present system of division of competences between the Union and its member states, 'the democracy of the European Union *cannot*, and need not, be shaped by analogy to that of a State'.[16]

The Union under the Treaty of Lisbon would not have a political decision- making body that has come into being by equal election of all citizens of the Union and which is able to uniformly represent the will of the people. What would also be lacking is an institution which would aggregate the will of a European majority and result in the formation of a government in such a way that the will can be traced back to free and equal electoral decisions and a genuine competition between government and opposition that is transparent for the citizens. According to the Court, the European Parliament is not a body of representation of a sovereign European people, since it is not 'laid out as a body of representation of the citizens of the Union as an *undistinguished unity according to the principle of electoral equality*'.[17] The European Parliament is seen as an 'additional independent source of democratic legitimisation',[18] as a representative body of the peoples in a supra- national community, which as such is characterized by a limited willingness to unite, *it cannot, and need not,* as regards its composition, comply with the requirements that arise on the state level from the citizens 'equal political right to vote'.[19] According to the Court the European Parliament remains, due to the member states' contingents of seats, a representation of peoples of the member states. This representation does not take as its nexus the equality of the citizens of the Union but *nationality,* a criterion that would otherwise be prohibited within the sphere of application of Union law. Hence the Union shows an assessment of values that is in contradiction to the basis of its own concept of a citizens' Union.

---

15 Para. 264. Instead of 'democratic deficit' it would be more appropriate to use expressions like 'democracy deficit' or 'deficit in democracy'.

16 Para. 272 (emphasis added).

17 Para. 280 (emphasis added).

18 The Court quotes here its statement in the 'Maastricht' decision BVerfGE 89, 155 (184–185).

19 Para. 271 (emphasis added).

This contradiction could only be explained by the character of the Union as an association of sovereign states.[20]

d) European integration and implementation of the Lisbon Treaty

The Court mentions the Federal Basic Law's 'openness to European law', which is similar to its openness to international law.[21] Integration is understood as a 'voluntary mutual commitment *pari passu*, which secures peace and strengthens the possibilities of shaping policy by joint coordinated action.'[22] Integration would not lead to a change in the system of exercise of public authority in the Federal Republic.

With regard to the simplified revision clause in Article 48(6) Treaty on European Union as amended by the Treaty of Lisbon of 13 December 2007 (hereafter Treaty of Lisbon), the Constitutional Court confirms its statement in the 'Maastricht' decision of 12 October 1993, according to which amendments to the Treaties pursuant to this provision in Germany would always require a statute within the meaning of Article 23(1) Basic Law.[23]

On the various 'bridging clauses' which change the voting modalities in the Council and the applicable legislative procedure (cf. Article 48(7) EU Treaty, Lisbon version), the Court requires that any approval by the German government to Treaty amendments, brought about by their use, be authorised by a statute approved by Bundestag and Bundesrat. No such prior legislative approval would be required when the use of bridging clauses is restricted to areas that are already sufficiently determined by the Treaty of Lisbon.[24]

The Court pays particular attention to the procedure for revising the founding Treaties in Article 48(6) EU Treaty (simplified revision) and the provision on supplementary competences in Article 352 of the Treaty on the Functioning of the European Union (at present Article 308 EC Treaty). The Court considers this provision as a violation of 'the ban on transferring blanket empowerments or on transferring *Kompetenz-Kompetenz*.' Because the newly amended provision would make it possible to

20 Para. 287 (emphasis added).

21 Para. 221.

22 Para. 220.

23 Para. 312 and BVerfGE 89, 155 (199).

24 Para. 319–320.

substantially amend Treaty foundations of the European Union without the mandatory participation of legislative bodies, each use of this provision would, prior to the approval by the German representative in the Council, require ratification by Bundestag and Bundesrat.[25]

3. Assessment

a) General impression

A first critique of the Constitutional Court's decision has to note that far-reaching political conclusions are formulated as legal statements. European integration, like any exercise of public authority, is first and foremost a political project. Any legal perception of such phenomena raises questions about the adequacy of the tools used for such a task. Inevitably the choice of tools is a political decision or at least has political implications. The Court has chosen yardsticks for the examination of the Lisbon Treaty, which are not beyond doubt.

Strongly influenced by its 'Maastricht' decision of 1993, it gives a one-sided reading of the Basic Law, built on premises which are not openly presented as political choices but are worded as if they were uncontroversial and nothing else but the law. This is particularly obvious with regard to the notion of the 'State', which is used by the Court as the focal point of its argument. It is furthermore at odds with Germany's traditionally open attitude towards European integration.

The Court perceives the European Union through the looking glass of state doctrine of the early 20th century. In its rather lengthy and devious arguments and considerations which it itself calls 'theoretical', the Court does not make any original contribution to the theory or the understanding of the unique process of European integration in general and to the joint exercise of public authority within a transnational institutional system with direct links to the citizens in particular.

On admissibility the Court follows the controversial line which it had taken in its 'Maastricht' decision of 1993[26] and admitted individual complaints based on the argument that the Act could deprive the plaintiffs of their voting rights under Article 38 of the German Basic Law, since it could

25 Para. 328.
26 *See supra* n. 18.

reduce the impact of the Bundestag on decisions of the public authority concerning the individual.

Furthermore, with regard to the merits of the case, the Court remains close to the position taken and to the arguments used in its 'Maastricht' decision.[27] Notwithstanding the severe criticism of that decision by academics and practitioners, the Court stiffens its defensive and rather negative attitude towards European integration and the institutions of the European Union.

b) The 'State' according to Karlsruhe

According to the Court, all conclusions about democracy, self-determination, citizenship and judicial control derive from that one supreme notion, the 'sovereign state'. Within this conceptual framework, the only theoretically possible alternative is a European state with a people.[28] In this view, the Union is not a State, and therefore nothing but 'an association of sovereign national states' under the control of its member states. This approach is neither consistent with theories on democracy[29] nor does it give an accurate account of the modes of transnational governance, nor does it take into account the intentions of the Treaty's authors.[30] In the first part of the operational section, the Court sets out its concept of Germany's role within the process of European Integration (recitals 207–272). The Union is presented as a foreign entity, not as part of Germany's identity. Hence, the main task of the Court seems to be the defence of Germany against intrusions by this entity. In an obstinate manner, the Court stresses that member

27 The relationship between both decisions is described as 'epigonic' by *C. Schönberger*, 'Lisbon in Karlsruhe: Maastricht's Epigones At Sea', 10 *German Law Journal* (2009), 1201 at p. 1207.

28 The original German version is even more explicit: '*ein* souveränes europäisches Volk' (recital 280) (emphasis added).

29 Cf. *R.A. Dahl*, Democracy and its critics (New Haven, Yale University Press 1989), 193 et seq. *D. Held*, Models of democracy, 2nd edn. (Oxford, Polity Press 1996), 337; *A. Augustin*, Das Volk der Europäischen Union (Berlin, Duncker & Humblot 2000); *P. Häberle*, Europäische Verfassungslehre, 4th edn. (Baden-Baden, Nomos 2007); *U. Schliessky*, Souveränität und Legitimität von Herrschaftsgewalt (Tübingen, Mohr 2004).

30 Treaty on European Union of 13 Dec. 2007, Art. 1: 'This Treaty marks a new stage in the process of creating *an ever closer Union among the peoples of Europe*' (emphasis added).

states remain 'Masters of the Treaties'.[31] It does so in a revealing ambiguity: the Court never qualifies this notion with the (necessary) addition '*if and when acting jointly*', hence creating the impression that each state – and in particular Germany – could individually be considered as such a 'master' and would therefore be superior to the Union. This omission reflects the Court's concept throughout the decision. It is, however, based on a false premise. Instead of hierarchy, the postwar concept of European integration is rooted in a structured permanent search for balance of all interests involved.

The distance between political reality and the Court's one-dimensional concept of States as the sole form of political organization becomes even more visible when the history of European integration is taken into account. The evolution of the European Union cannot be seen as a long series of implementation at a European level of German, French, Dutch, etc., competences. By creating the Union (and its predecessor, the Community), the member states have brought about a new source of law. As the European Court of Justice formulated in *Costa/ENEL*: 'The Member States have limited their sovereign rights, albeit within limited fields, and have thus created a body of law which binds both their nationals and themselves.'[32] No single member state had powers comparable to those vested in the Union. No individual state could, for example, impose fines on companies acting outside its borders. No state could fix a customs tariff to be applied by other states.

Furthermore it has become obvious, that no state alone is able to provide for security, economic and social welfare of its citizens. Nor is the State the ultimate institution for the protection of the values that its citizens consider relevant. The State is certainly not a myth,[33] but it is a myth of the State that the Court takes at face value. The Court explicitly relies on definitions conceived by German scholars at the end of the 19th century under completely different circumstances and long before European integration was contemplated.[34]

---

31 Paras. 231, 235, 334.

32 ECJ 15 July 1964, Case C-6/64 (*Costa/ENEL*).

33 Cf. para. 224.

34 E.g., recital 344 refers to *G. Jellinek,* Allgemeine Staatslehre, 3rd edn. (Berlin, Julius Springer 1922), 394 (on the significance of territory for the definition of a state). The book was first published in 1900.

The limits of modern states apparently are better perceived in smaller states.[35] If states are no longer capable of fulfilling the tasks that citizens expect from any public authority and the constitution provides for additional or different means of exercising power – like for example joint governance within the European Union – this shift in authority cannot leave the concept of the State unaffected. This is particularly true with respect to individual rights. According to one line of argument of the Constitutional Court, the foundation of democracy within a state is rooted in the principle of self-determination of the individual. If one takes self-determination, the rule of law and fundamental rights seriously, any entity must refrain from considering itself as an absolute and exclusive polity. At the very least, shared responsibility for the common good and common principles such as the inclusion of people with different identities have to be acknowledged and respected.

The joint exercise of power according to rules applicable beyond the borders of a state may enhance self-determination and hence the effectiveness of a democracy.

c) Sovereignty

On *sovereignty* it should first be noted that the notion is neither used in the Basic Law nor in the EU Treaties. The Court, despite its frequent use of the term, remains ambiguous as to its meaning. 'National sovereignty' is not given any precise definition in the context of European integration. In accordance with 19th century doctrine, it is perceived by the Court as 'freedom that is organized by international law and committed to it'.[36] No mention is made, however, of the extensive debate about the justification of this notion in the context of European Integration.[37]

The Court admits that a transfer of 'sovereign powers' to the Union had taken place. One must therefore conclude, that both, member states *and* the

35 *See* for example the book authored by a Swiss constitutional lawyer, *P. Saladin*, Wozu noch Staaten? (Berne/Munich/Vienna, Stämpfli/Beck/Manz 1995).

36 Para. 223.

37 E.g., *N. MacCormick*, Questioning Sovereignty (Oxford, Oxford University Press 1999); *F. Chaltiel*, La souveraineté de l'Etat et l'Union Européenne, l'exée francais (Paris, L.G.D.J. 1999); *A. Peters*, Elemente einer Theorie einer Verfassung Europas (Berlin, Duncker & Humblot 2001), 163 et seq.; *U. Schliessky*, Souveränität und Legitimität von Herrschaftsgewalt (Tübingen, Mohr 2004); *N. Walker* (ed.), Sovereignty in transition (Oxford/Portland, Hart 2006).

Union exercise some kind of 'sovereignty'. But would this be a divided or a joint exercise? In the context of the European Union 'sovereignty' can only describe a situation, where power is exercised within legally binding rules. No unqualified 'national sovereignty' is compatible with EU Membership.

The authors of the EU Treaty deliberately avoided the term 'sovereignty'. They emphasized instead the joint responsibility for the 'national identities' of the member states.[38]

Any rhetoric about 'sovereignty' – old fashioned or 'modern'– in such a system questions the very foundations of the European Integration.

It is therefore not visible what additional value the use of such a vague notion can provide by comparison to 'competences' or 'powers'. Most likely it is the intrinsic historical and political message of some kind of autonomy beyond legal restrictions that stimulates its adepts – and which is precisely the reason why one should avoid its use in the context of European integration.

d) Democracy, individual rights and self determination

If the Court had taken seriously its isolated reference to individual self-determination as the true foundation of democracy[39] it would have drawn conclusions not only for the admissibility of constitutional complaints on grounds of a violation of voting rights due to a diminishing of powers of the Bundestag. It would also have admitted that individual self-determination requires the possibilities of making use of individual rights which are guaranteed by the EU Treaty and of giving voice to multiple belongings.

The Constitutional Court insists on voting rights as the essence of democracy. This is a rather formalistic view: democracy is based on the possibility of exercising fundamental rights and freedoms by the individual. Many of those rights are guaranteed by the Treaty on European Union only and are not at the disposal of individual member states.[40]

More than 40 years after *Van Gend en Loos* it seems still necessary to recall a statement made by the European Court of Justice and which has since been accepted by all member states, therefore forming part of the '*acquis communautaire*': 'The Community constitutes a new legal order

38 Art. 6(3) EU Treaty = Art. 4(2) EU Treaty (Treaty of Lisbon version).

39 Cf. Official Press Summary by the Court, n° 2 a).

40 E.g., Arts. 18 to 24, Treaty on the Functioning of the European Union of 13 Dec. 2007 (hereafter TFEU).

(...) *the subjects of which comprise not only Member States but also their nationals*.'[41]

Individual self-determination in any society leads to multiple loyalties and requires a plurality of channels of expression. An individual can never be reduced to just one dimension as the national of a given state. No entity can pretend to represent totally and exclusively its component individuals.

Arrangements between states are crucial for citizens in order to achieve security, welfare and other legitimate public purposes. Pooling and delegating competences ('sovereignty') expands the scope of democratic choice and improves democratic control over policies that affect the citizens. As is obvious from the additional protection for individuals – even against their home state – deriving from the European Convention of Human Rights and from the various rights an individual enjoys under EU law against the authorities of the state of which it is a citizen, European law offers an additional and different layer of protection.

Establishing a constitutional setting which combines the exercise of power at national with supranational level may increase the inclusiveness of the exercise of power, the respect for minority rights and its efficiency, because it may be a more genuine reflection of the interests of the peoples.

Optimal self-determination of the individual – and hence democratic governance – is not possible within any kind of institutional closure, inherent in the notion of sovereignty. Self-determination is misunderstood and misused, when combined with a claim for exclusivity restricted to the nation-state. Hence, division of power beyond the border of a state is a guarantee for self-determination. An efficient constitution takes this potential diversity into account – as does the Basic Law when it refers in its preamble and in Article 23 to Germany's participation in European integration. This constitutional proposition does not simply create 'a friendly attitude towards European Law', ('*Europarechtsfreundlichkeit*', as the Court puts it generously), but it fundamentally questions the traditional concept of the State based on exclusiveness. It is prepared to offer transnational guarantees for the individual, even if this implies questioning national traditions. Such a transnational guarantee results not only from the protection, offered by individual access to international judicial bodies, but in a more general way by formally exposing each legal subsystem to scrutiny and control by the entire polity. As Article 7 of the EU Treaty indicates, the creation of an

41 ECJ 5 Feb. 1963, Case C-26/62, *Van Gend en Loos* v. *Nederlandse Administratie der Belastingen* (emphasis added).

additional system of protected values may bring about conflicts between one member state and the rest, united in the Union. This risk is accentuated by the fact that member states are explicitly bound by the fundamental principles and values written into the founding text of the EU.[42] The Union is entitled to examine the internal situation of member states in the light of these common principles. At the same time, the Union is bound to respect the national 'identity' of its member states. This dichotomy offers an insight into the delicate balance and the potential tensions between the Union and member states.

e) Representation of the citizens and the peoples in the EU

In basing its argument simultaneously on individual *and* collective self-determination, the Court enters into contradictions, which hide behind seemingly innocent notions like 'the German people'[43] or 'a sovereign European people'.[44] Those notions follow the much criticized line of the 'Maastricht' decision on the homogenous people forming a state.

Elections in national boundaries do not restrict, for example, the role of Members of the European Parliament to the representation of the people of one state.[45] The Court justifies its different concept and its implication, the 'association of states', with the argument that representation in the European Parliament takes nationality as its nexus. This observation is incorrect as it suggests a link between nationality and the corresponding state. For the purpose of European elections, such a link has been replaced by EU citizenship. It is true that each member state is allocated a certain number of seats in the European Parliament. Neither the right to stand in European elections nor the right to vote in any given state is, however, based on possession of the nationality of that state. According to Article 19 EC Treaty (Article 22(2) Treaty on the Functioning of the European Union), every *citizen of the Union* residing in any member state 'shall have the right to vote and to stand as a candidate in elections to the European Parliament in the Member State *in which he resides* under the same conditions as nationals of that state.' If one wished to confine the capacity of an MEP to represent one country, this representation would have to refer

42 Art. 6(1) EU Treaty/Art. 2 EU Treaty (Lisbon).

43 Para. 217.

44 Para. 280.

45 Cf. Art. 6(1) Direct Elections Act of 20 Sept. 1976, *OJ* (1976) L 278/1, 8.10.1976.

to the *inhabitants* of that country and not to its *nationals*. It is one of the key features of European citizenship that one qualifies for participation in European and local elections irrespective of nationality, instead depending on residence only.[46] For this reason alone, each Member of the European Parliament not only represents the nationals of a given state but all peoples of the Union.[47]

The Court's position with regard to composition and powers of parliaments in federal systems does not resist a comparative constitutional analysis. It is not correct to say that equality of representation in the legislative body is an absolute criterion for democratic governance. Equal representation undoubtedly is a relevant factor in any democratic system. However, other factors, representing values which are considered equally important for the legitimacy of the public authority may and do indeed influence constitutional settings and may therefore increase instead of diminishing the legitimacy of the system. In many parliaments, representation of minorities is such a factor, which attenuates application of strict equality and which is accepted as part of the political culture of those countries.[48]

This is precisely the situation concerning the representation of the peoples in the European Parliament. Its composition and its powers reflect a constitutional compromise about the balancing of complex interests at a given moment within an evolutionary system that exercises public authority and that is founded on the principle of legitimacy. Whether or not this system will one day transform into something which a nostalgic terminology might like to call a 'State' is – *contra* the Constitutional Court – irrelevant for the requirements of democratic decision- making.

It is equally difficult to follow the Constitutional Court's argument that due to the absence of EU statehood, the European Parliament would be structurally not qualified to adopt politically relevant decisions. Any composed system derives its legitimacy from a plurality of institutions, each representing parts of the overall legitimacy and therefore not claiming any monopoly of representation. This does not put into question the capacity of any of the institutions to fully contribute to the legitimacy of public authority. It is surprising that the Constitutional Court of a country where

46 Art. 19(2) EC Treaty = Arts. 20(2) and 22(2) TFEU. Cf. also Directive 93/109, *OJ* (1993) L 329/34, 30.12.1993. For details *see C. Lenz,* Ein einheitliches Verfahren für die Wahl des Europäischen Parlaments (Baden-Baden, Nomos 1995), 279 et seq.

47 *Lenz, supra* n. 46.

48 E.g., the US Congress. For details *see Schönberger, supra* n. 27; *M. Niedobitek,* 'The Lisbon Case of 30 June 2009 – A comment from the European Law perspective', 10 *German Law Journal* (2009), 1267–1275.

the legitimacy of the federal public authority results from a balance of several sources cannot accept a similar concept, in particular the balancing of diversity, in the European Union.

f) Balance of interest and learning instead of hierarchy – genuine qualities of governance in the EU

A balance among a multitude of actors brings about tensions. However, such tensions should not be understood, as the Constitutional Court seems to do, as flaws or an ill-constructed form of multi-layered governance. Trying to eliminate those potential conflicts in creating 'once and for all' a hierarchy between the systems would destroy much of its unique additional value as compared with closed systems of nation states. By *not* subordinating one order to the other, the Treaties created a sophisticated system, capable of balancing individual and group interests, aggregated in states, sub-state entities or on a supranational level. The balance results from an ongoing dynamic that obliges all member states and the institutions of the Union to permanently adjust to each other.

Accepting the fact that values are shared implies abandoning the pretence that their understanding is unquestionable in a given state.

Therefore the creation of the European Union did not simply introduce a new and additional level of regulation. It started a process of continuing exposure of national legal orders to comparison, to critique, in short: to learning. This process is based on the interaction of all participating systems (and even beyond, as the case of Switzerland and candidate countries demonstrate).

The process of learning and adjustment may bring about comparable results and may strengthen the sense of responsibility of all actors for 'internal' questions as matters of a common interest. It does, however, not necessarily lead to identical solutions. The notion of democracy, for example, is wide enough to tolerate different forms of government in the member states whilst at the same time leading to a genuine form of democratic governance of the Union that takes into account its specific functions and conditions of existence.

The Court is not sensitive to this unique and precious quality of the Union, but rather reasons in binary categories. Therefore it does not accept the idea of a transnational exercise of political rights and genuine legitimacy for the European Parliament. It considers provisions for legitimating public authority of the European Union as being exclusively rooted in the nation-state and serving exclusively to represent the states and their peoples in the EU institutions. It answers the complex questions of 'who makes up the people?' and 'of what group must the majority be a majority'?[49] by way of a counter-productive simplification.

g) Withdrawal from EU membership

The Court quotes Article 50 of the revised EU Treaty in order to conclude 'if a Member State can withdraw on account of decision made on its own responsibility, the process of European integration is not irreversible. The membership of the Federal Republic of Germany depends instead on its lasting and continuing will to be a member of the European Union.'[50] This statement may be of theoretical relevance only, but it is interesting to note that it blatantly contrasts with declarations made by the German government and approved by the German Bundestag before German unification.[51] The Court does not contemplate whether unilateral withdrawal could be excluded by way of an international agreement, thus rendering withdrawal illegal from the point of view of the organization. This was precisely the situation under the EU treaties before the entering into force of the Lisbon Treaty.

The Court not only ignores the political declarations and commitments made by the German authorities, it also ignores the concurring legal interpretation of the EU treaties by parts of international academia.[52] Taking these into account would have undermined the Court's concept. Hence the Court pretends that 'the (Lisbon) Treaty makes the *existing right* of each Member State to withdraw from the European Union *visible* ....'[53] Had this right been new (as is the case), the Court's theory of an 'association

49 Cf. *MacCormick*, *supra* n. 37.

50 Para. 329.

51 Cf. n° 5 and 6 of the program of the German Government of 28 Nov. 1989, *Bulletin, Federal Government* n° 134/89, p. 1141. Approval by the Bundestag (Doc.11/5947/1989). *See also T. Giegerich*, 'The European Dimension of German Reunification', 51 *Zeitschrift für ausländisches öffentliches Recht und Völkerrecht* (1991), 384, 404 et seq.

52 Cf. *K. Lenaerts/P. van Nuffel*, Constitutional Law of the European Union, 2nd edn. (London, Sweet and Maxwell 2005), 363; *M. Zuleeg*, Der rechtliche Zusammenhalt der Europäischen Union (Baden Baden, Nomos 2004), 35.

53 Para. 329.

of sovereign states' would have lost its foundation since according to this theory, the EU in this case would have been a State until the coming into force of the Treaty of Lisbon.[54]

One may furthermore have doubts whether the right to unilateral withdrawal is compatible with the fundamental rights provided for all EU citizens by the EU Treaty. Does the right to withdraw imply the power to introduce national discriminations against citizens of other EU member states? Does it authorize a withdrawing state to deny its own citizens the rights deriving from the EU Treaty? How is withdrawal compatible with Article 23 of the Basic Law? Member states were probably not aware of consequences and possible limits to unilateral withdrawal when they introduced Article 50 into the EU Treaty.

4. Conclusion: blind spots of the decision

Nowhere does the Court discuss the fundamentals of integration: the joint responsibility of peoples and states for the future of Europe. Also conventional terminology translating the unique quality of the European Union, e.g., *solidarity* and *loyalty* are unknown terms to the Court, although these key notions are enshrined in Article 10 EC Treaty (Article 4(3, 4) of the EU Treaty after Lisbon).[55] Nowhere does the Court make the slightest effort to understand and to explain what is meant by the statement in Article 1 of the EU Treaty (before and after Lisbon) 'creating an ever closer union among the peoples of Europe.' Only in a closed world (i.e., a state) is it consistent for the Court to stress its power to unilaterally declare EU law inapplicable in Germany, which would, in the opinion of the Court, violate the EU Treaty.

Nor does the Court discuss the problems possibly resulting from its claim to be the final authority with regard to the applicability of EU acts in the German legal order. The Court defends its view with the argument, 'the exercise of this competence of review, which is rooted in Constitutional law, follows the principle of the Basic Law's openness towards European Law and it *therefore* also does not contradict the principle of loyal coopera-

54 On the background of Art. 50 EU Treaty (Lisbon version) cf. *J.-P. Jacqué,* Droit institutionnel de l'Union Européenne, 3rd edn. (Paris, Dalloz 2004), 112/113.

55 Cf. *A. Hatje,* Loyalität als Rechtsprinzip in der Europäischen Union (Baden-Baden, Nomos 2001); *Zuleeg, supra* n. 52, 153 et seq.

tion (Article 4.3 TEU Lisbon)'.[56] This is a rather peculiar logic. Instead of giving a substantive reason, the Court relies on a self-referential argument. Unwillingly, the Court delivers an example that the claim of autonomous national interpretation of the EU treaties leads to: each member state can feel free to decide what the notion 'loyalty' means, even though it was agreed in common. How damaging such claims for unilateral action within a united system of decision-making are, has already been stated by the European Court of Justice ('failure in the duty of solidarity accepted by Member States by the fact of their adherence to the Community strikes at the fundamental basis of the Community legal order').[57] Potential conflicts between national constitutional orders and EU law (as interpreted by the institutions established for that purpose) cannot be excluded.[58] Does the German Constitutional Court seriously believe that European citizens can make full use of their rights and that the EU can fulfil its tasks if judicial or other authorities of individual member states claim the 'last word' about the interpretation of EU law? Europe is a joint project based on the striving for dialogue, for co-operation, for solidarity. Those fundamentals are incompatible with isolation and hierarchy.

The Court's claim for an isolated constitutional review of EU law is even more irritating in the light of its use of the so called 'eternity clause' of the Basic Law (Article 79(3)) in the context of such review. The Court gave such a broad interpretation to this clause that it will be difficult for the Bundestag to decide any further steps towards European integration. It is a rather ironic outcome of this case that a judicial body, in the name of democracy, took away a considerable margin of appreciation from the German Parliament.[59]

The only way out of antagonisms in power-sharing systems is a mutual effort to reconcile diverging positions and the use of mechanisms provided for by the Treaty for the settlement of such conflicts. The preliminary ruling procedure of Article 234 EC Treaty/ Article 267 TFEU is perfectly adequate for a dialogue between national constitutional courts and the European

---

56 Para. 240 (emphasis added).

57 ECJ 7 Feb. 1973 Case C-39/72, *Commission* v. *Italy*, para. 25.

58 E.g., the provision (Art. 11) in the Constitution of Luxembourg, which reserved certain employments in the public sector to Luxembourg citizens. Only with the help of the European Court of Justice the resulting discrimination, which violated Arts. 12 and 39 EC Treaty could be brought to an end. Cf. ECJ 2 July 1996, Case C-473/93, *Commission* v. *G.D. of Luxembourg*, paras. 37, 38. Luxembourg had in fact argued before the Court that those provisions would reflect national identity, cf. paras. 35, 36.

59 For details cf. *Schönberger*, *supra* n. 27, at 1208.

Court of Justice. Despite the clear mandate of the German *Grundgesetz* to contribute to the development of the European Union, the Court does not even care to contemplate the use of this instrument itself.

The decision reveals a legally outdated and politically deplorable attitude towards the most original and successful constitutional invention of the 20th century.

B. IX. La perception allemande de la notion de souveraineté*

1. Introduction[1]

Bien que la constitution allemande, le Grundgesetz, ne connaisse pas le terme Souveränität, cette notion fait partie de la terminologie juridique et politique allemande. Or, on note des différences considérables entre les définitions appliquées par la science politique et par la science juridique ainsi qu'à l'intérieur de chaque discipline. Puisqu'une importante fraction de la doctrine juridique reconnait à la notion de souveraineté une valeur propre dans l'interprétation de la constitution allemande et puisque la Cour constitutionnelle a suivi cette proposition dans les dernières vingt années, la présentation suivante est limitée à la perception de la notion de souveraineté dans le discours juridique.[2]

Cependant, dans le discours de droit constitutionnel, la définition, la valeur cognitive et l'utilité pratique de la notion de souveraineté sont hautement controversées. Les positions oscillent entre le refus de l'utilité explicative du terme (infra, IV.3), une affirmation de sa justification (infra IV.1) et une position intermédiaire, qui consiste en une perception modulée de la souveraineté, exercée d'une manière « conjointe »ou« partagée » (infra IV.2). Ces controverses déploient un effet pratique notamment dans le contexte du positionnement de l'Allemagne dans le processus d'intégration européenne. L'arrêt «Lisbonne» de la Cour constitutionnelle de 2009 marque un point culminant à cet égard.[3] En effet, la Cour ne se sert pas moins de 33 fois du terme souveraineté pour justifier la mise de conditions et de limites au transfert des compétences de l'Allemagne à l'Union. L'approche de la Cour a été sévèrement critiquée par la majorité de la doctrine. Aussi, dans sa jurisprudence récente, par exemple au sujet du Mécanisme

---

* Zuerst veröffentlicht in: L'Europe en formation 368/2013, 61 – 77.

1 Seront présentées la jurisprudence de la cour constitutionnelle allemande (Bundesverfassungsgericht) ainsi que la doctrine publiée par les auteurs d'origine allemande.

2 Les positions de la science politique sont résumées par *Reiner Seidelmann,* « Souveränität » in: Dieter Nohlen/Reiner-Olaf Schultze (dir.), Lexikon der Politik, München 2003, 566–569.

3 Cf. infra IV. 3.

européen de stabilité (MES) en 2012,[4] la Cour a renoncé au langage souverainiste.

2. Le droit allemand écrit – problèmes terminologiques

La notion de « Souveranität » ne figure ni dans la constitution allemande, le Grundgesetz de 1949, ni dans la constitution de 1919, ni dans celle de 1871. Lorsqu'il s'agit de désigner l'autorité publique, exercée dans le cadre de la constitution, le Grundgesetz se sert du terme Staatsgewalt,[5] traduit correctement par « puissance d'État». En revanche, lorsqu'il s'agit d'un éventuel transfert, le Grundgesetz parle de Hoheitsrechte (au pluriel). La notion figure au préambule et aux articles 23 et 24 afin de désigner l'objet qui peut être transféré à l'Union européenne, à des institutions internationales ou à des « institutions de voisinage frontalier». Dès lors, la notion de Hoheitsrechte désigne d'une manière abstraite les domaines dans lesquels la puissance publique peut se manifester, et le cas échéant être transférée. Elle peut être traduite par la notion de compétences. En effet, le terme Hoheitsrechte est systématiquement mis au pluriel dans le Grundgesetz. Dès lors, il désigne une pluralité d'objets au lieu d'un phénomène unitaire, comme le terme « souveraineté » le suggère.

Or, les auteurs d'une version française et officielle de ce Grundgesetz[6] se sont servis de la notion de « droits de souveraineté » pour traduire le terme Hoheitsrechte.[7] Cette traduction fait disparaître la nuance terminologique, qui caractérise les différentes constitutions allemandes et qui rend davantage problématique la tendance d'une partie de la doctrine de déduire de la notion de souveraineté des conclusions juridiques (voir infra IV.1).

4 Cour constitutionnelle, décisions du 7 septembre 2011 et du 12 septembre 2012 (voir infra V.4).

5 Article 20 alinéa 2 du Grundgesetz: « Tout pouvoir d'État émane du peuple. Le peuple l'exerce au moyen d'élections et de votations et par des organes spéciaux investis des pouvoirs législatif, exécutif et judiciaire».

6 Traduction publiée par le Bundestag allemand en 2010. Mis en italique par l'auteur.

7 Art. 23 (1): « [...] la Fédération peut transférer des droits de souveraineté par une loi approuvée par le Bundesrat».
Art. 24: « (1) La Fédération peut transférer, par voie législative, des droits de souveraineté à des institutions internationales... « (1 a) Lorsque les Länder sont compétents pour l'exercice des pouvoirs étatiques et l'accomplissement des missions de l'État, ils peuvent, avec l'approbation du Gouvernement fédéral, transférer des droits de souveraineté à des institutions de voisinage frontalier».

Cependant, le terme souveraineté occupe une place centrale dans le « Traité portant règlement définitif concernant l'Allemagne» du 12 septembre 1990 (« traité Deux + Quatre »). Ce traité stipule en son préambule: « Le peuple allemand a affirmé sa volonté d'établir l'unité étatique de l'Allemagne pour servir la paix du monde en tant que membre égal et souverain d'une Europe unie». L'Article 7 (2) du même traité constate: «L'Allemagne unie jouira, en conséquence, de la pleine souveraineté sur ses affaires intérieures et extérieures ».

3. Le contexte historique

Traditionnellement, la doctrine allemande perçoit le droit constitutionnel comme « droit de l'État» (Staatsrecht), un droit dont le fondement et le centre d'intérêt sont donc constitués par l'État. La perception de la notion de souveraineté en Allemagne est allée de pair avec, et a été marquée par, l'évolution de l'État allemand, qui a consisté en un long processus de consolidation, dont le fil rouge est l'existence simultanée d'une pluralité d'autorités (p. ex., notamment, l'empereur et les ducs, l'empereur et la représentation du peuple, l'autorité fédérale et celle des Länder, etc.). Dans la théorie constitutionnelle, on peut constater des phases pendant lesquelles la coexistence de plusieurs autorités suprêmes paraissait compatible avec l'idée de la souveraineté et des phases pendant lesquelles elles étaient jugées incompatibles. Ce qui amenait déjà en 1667, *Samuel von Pufendorf*, constitutionnaliste allemand et admirateur de *Bodin*, à qualifier la situation constitutionnelle de l'empire allemand d'« irrégulière» à la lumière d'une souveraineté considérée comme indivisible.[8]

En revanche, au XIXe siècle, la théorie constitutionnelle libérale accepta sans difficulté le modèle d'une souveraineté partagée entre l'État central et ses entités étatiques composantes, ces dernières étant également souveraines. Or, à la fin du XIX' siècle, la perception de la notion de souveraineté a encore évolué en parallèle avec la centralisation politique. La constitution de 1871 était la résultante, sous l'impulsion de la Prusse, d'un processus d'unification des entités jusque-là autonomes. Sans que le terme ne figure dans le texte de cette constitution, la souveraineté a été définie par la suite par référence à ce texte. Ainsi, après 1871, la dualité des souverainetés a été

8 *Severinus de Monzambano* (le pseudonyme de *Samuel von Pufendorf*), De statu imperii Germanici, Genève: Petrus Columnesius, 1667. Initialement, von Pufendorf parlait de « tantum non monstro simile » (« presque comme un monstre »).

remise en question et déclarée incompatible avec le principe même de la souveraineté.

Le constitutionnaliste *Paul Laband*, notamment, défendait avec vigueur une perception « absolue » de la souveraineté comme « puissance la plus élevée, suprême et autonome» qui ne tolère aucune intensification ni réduction.[9]

La position de Paul *Laband* était devenue prévalente au début du xxème siècle en Allemagne.[10] Selon *Laband*, dans un État composé, seule la puissance centrale est souveraine. Si les composantes sont souveraines, il s'agit nécessairement d'une confédération régie par le droit international. Cette vision « binaire » a influencé une importante fraction de la perception de la souveraineté en Allemagne jusqu'à ce jour.[11] Une position minoritaire, selon laquelle il serait possible d'attribuer de la souveraineté à l'intérieur d'un État, à la fois à l'État central et à ses composantes, en d'autres termes de partager la souveraineté, était avancée par *Nawiasky*.[12]

Une position plus élaborée (et importante pour la doctrine actuelle) est celle de *Jellinek*.[13] Selon lui, l'État consiste en trois éléments obligatoirement réunis, un peuple, un territoire et une puissance suprême. Puisque l'État est l'organisation dotée de la puissance originaire d'un peuple établit,[14] seul l'État peut être souverain et aucune puissance ne peut lui être supérieure. Mais la souveraineté - qui n'est pas une catégorie absolue mais seulement historique[15]- est une qualité et pas un critère de l'État.[16] Dans une fédération peuvent exister des États non souverains. La souveraineté, selon *Jellinek* (qui reprend la position de *Laband*), ne peut être réduite ou augmentée, elle constitue « logiquement » un superlatif qui ne peut jamais être divisé. « Dès

9 « Die Souveränität (ist) eine Eigenschaft, absoluten Charakters, die keine Steigerung und keine Verminderung zulässt»; *Paul Laband*, Das Staatsrecht des Deutschen Reiches, Vol. l, Tübingen, 1911, 73.

10 Dans le même sens *Gerhard Anschütz*, Die Verfassung des Deutschen Reichs vom 11. August 1919, 14ème éd. Berlin, 1933, 39–41.

11 Pour un résumé récent des débats de cette période, *voir Dieter Grimm*, Souveränität, Herkunft und Zukunft eines Schlüsselbegriffs, Berlin, 2009, 63 ss.

12 *Hans Nawiasky*, Der Bundesstaat als Rechtsbegriff, Tübingen, 1920, 4.

13 *Georg Jellinek*, Allgemeine Staatslehre, 4e éd., Berlin, 1922, 179–183.

14 « Der Staat ist die mit ursprünglicher Herrschermacht ausgerüstete Körperschaft eines sesshaften Volkes ».

15 *Jellinek*, (supra note 13), 487.

16 *Jellinek*, op.cit. (supra note 13), 364.

lors », il n'existe pas de souveraineté divisée, fragmentée, réduite, limitée ou relative.[17]

Kelsen reconnaît également l'utilité de la notion de souveraineté. Cependant, pour lui la souveraineté est une notion qui caractérise un système juridique. L'État est souverain du fait qu'il est assimilé à l'ordre juridique.[18] La source de la souveraineté pour *Kelsen* est l'unicité de l'ordre juridique, fondé sur une norme de base.

Une position contraire a été encore préconisée par *Karl Schmitt*. Bien qu'il considère la notion de souveraineté comme une notion juridique, il se sert d'une définition extra-juridique. Selon lui, est souverain celui qui décide dans un cas d'exception, donc dans une situation hors de la loi.[19]

Contrairement à *Schmitt*, *Hermann Heller*, prend comme point de référence l'état normal. Il distingue le sujet de la souveraineté et son porteur. Le sujet de la souveraineté est l'État tandis que le peuple ou l'empereur sont des porteurs de la souveraineté. Lui aussi définit la souveraineté comme la puissance suprême et exclusive au sein de l'État,[20] qui ne peut pas être partagée.[21]

En résumé, selon la doctrine du début du xx« siècle prévalant en Allemagne, c'est l'État – qui consiste en les éléments évoqués par *Jellinek* et qui est caractérisé par le monopole de la puissance publique et du pouvoir législatif exclusif – qui possède la qualité de souveraineté.

4. Les controverses au sujet de la notion de souveraineté dans la doctrine allemande récente

Dans la doctrine constitutionnelle actuelle, on retrouve les grandes lignes des opinions discutées au début du XXème siècle, résumés plus haut.[22] La souveraineté est considérée comme une qualité d'État possédant une dimension interne et une dimension externe. C'est par rapport à l'intégration européenne que ces deux dimensions se chevauchent et que les différences s'articulent.

17 *Jellinek*, op.cit. (supra note 13), 496.
18 *Hans Kelsen*, Das Problem der Souveränität, 2' éd., Tübingen, 1928, 109.
19 *Karl Schmitt*, Politische Theologie, München, 1934, 11.
20 *Hermann Heller*, Die Souveränität, Berlin, 1927, 118.
21 *Heller* (supra note 20), 176.
22 Pour une présentation des différentes positions et leurs origines en langue anglaise, voir *Miriam Aziz*, « Sovereignty Über Alles: (Re) Configuring the German Legal Order », In: Neil Walker (dir.), Sovereignty in transition, Oxford, 2003, 279–304.

Schématiquement, on peut distinguer trois courants. Le premier adhère au modèle traditionnel de souveraineté, non séparable de l'État *(a)*, le deuxième préconise une interprétation nouvelle, qui tient compte de la transformation de l'État suite à l'intégration européenne et à l'évolution du droit international public (*b*). Le troisième courant conteste la valeur cognitive de la notion et suggère de renoncer à son utilisation (*c*).

a) *La théorie traditionaliste allemande de la souveraineté*

Pour la doctrine allemande traditionaliste de la souveraineté, c'est l'État qui constitue la notion de référence. En effet, l'État est toujours caractérisé par les critères développés par *Jellinek* (un peuple, un territoire, une puissance suprême).[23] La souveraineté est perçue comme une qualité de l'État et l'on distingue entre sa souveraineté extérieure et intérieure.

La souveraineté extérieure est définie comme indépendance juridique par rapport à d'autres États dans le cadre du droit international public.[24] Parfois, l'égalité des sujets du droit international public est considérée comme un critère supplémentaire de la souveraineté extérieure.[25]

En matière de souveraineté intérieure, la position des traditionalistes a été résumée par *Quaritsch* comme suit: « La caractéristique de l'État souverain est la »compétence de la compétence': c'est-à-dire l'autorisation de se procurer de nouvelles attributions».[26] *Quaritsch* rattache, comme *Schmitt,* la souveraineté à l'état d'exception. Agir hors de la loi serait pour l'État un cas de manifestation de la souveraineté.[27] Pour ce courant de la doctrine traditionnelle, en suivant *Karl Schmitt,* la souveraineté n'est pas un titre juridique mais une catégorie du pouvoir.[28] Bien que les défini-

---

23 *Georg Jellinek*, (supra note 13), 179–180.

24 *Prodomos Dagtoglou*, « Souveränität », in: Roman Herzog/Hermann Kunst/Klaus Schlaich/Wilhelm Schneemelcher (dir.), Evangelisches Staatslexikon, 3e éd., vol. II, Stuttgart, 1987, 3155–3170 (3163).

25 *Hermann Mosler*, « Die Ühertragung von Hoheitsgewalt », in: Isensee/Kirchhof (dir.), Handbuch des Staatsrechts, vol. VII, Heidelberg, 1992, 599 à 646 (617).

26 *Helmut Quaritsch*, « La souveraineté de l'État dans la jurisprudence constitutionnelle allemande », Nouveaux Cahiers du Conseil, n° 9 (2001).

27 *Helmut Quaritsch*, « Souveränität im Ausnahmezustand – zum Souveränitätsbegrff im Werk Karl Schmitts », Der Staat, 1996 (Vol. 35), 1 ss. (28).

28 *Josef Isensee*, « Staat und Verfassung », in: Isensee/Kirchhof (dir.), Handbuch des Staatsrechts, vol I, Heidelberg 1987, (3e éd. 2004), 591–661 (626). Dans le sens opposé: *Udo di Fabio*, Das Recht offener Staaten, Tübingen, 1998, 122: « la substance même de la souveraineté réside dans sa dimension juridique ».

tions employées par les auteurs appartenant à ce courant de la doctrine, varient dans leurs détails, elles convergent dans leurs éléments essentiels. Ainsi *Krüger*[29], *Randelzhofer*[30] et *Dagtoglou*[31] caractérisent la souveraineté comme la « puissance suprême justifiée par le droit».[32] Selon cette position, la souveraineté n'est pas identique avec le pouvoir d'État. En revanche, elle en est une qualité nécessaire.[33] Grâce à la souveraineté, le pouvoir de l'État constitue la puissance suprême située au-dessus de toute autre puissance et n'obéissant à aucune autre. Il en découle comme «conséquence logique» que la souveraineté est caractérisée par sa singularité et sa qualité unilatérale.[34] La singularité implique qu'aucun autre pouvoir ne peut exister dans le même domaine. La qualité unilatérale signifie que l'État – dans les limites de la constitution – peut exercer ses compétences sans l'accord de ceux qui sont concernés par son action.

Paul Kirchhof, en particulier, professeur à Heidelberg et juge rapporteur à la Cour constitutionnelle pour l'affaire « Maastricht », défend vigoureusement cette position traditionnelle et l'applique spécifiquement à l'intégration européenne.[35] Le point de départ inaltérable pour l'intégration européenne serait l'État, qui est défini par cet auteur comme un peuple, disposé à établir une «communauté de droit», qui s'est organisé dans un territoire défini dans une forme dotée de puissance publique, et fondée sur le droit, disposant des institutions et des moyens, auquel est confiée la responsabilité ultime de légiférer et d'appliquer le droit. La souveraineté de cet État consisterait en la puissance suprême fondée sur le droit, elle serait toutefois liée par le droit de la communauté des États.[36] L'auteur postule que la République fédérale est un État et doit rester un État; l'Union européenne, en revanche, est une association d'États et ne doit pas devenir un État. Seule la République fédérale dispose d'un peuple qui est conscient de sa cohérence et qui est capable d'exercer ses droits, qui s'est organisé sur son territoire dans une forme dotée de puissance publique, qui dispose

29 *Herbert Krüger*, Allgemeine Staatslehre, Stuttgart, 1964, 853 ss.

30 *Albrecht Randelzhofer*, « Staatsgewalt und Souveränität », in: Isensee/Kirchhof (dir.), Handbuch des Staatsrechts, vol. I, Heidelberg, 1987, 691–708 (700).

31 *Dagtoglou* (supra note 24), 3159.

32 « Höchste Gewalt von Rechts wegen ».

33 *Dagtoglou*, (supra note 24), 3159.

34 *Krüger*, (supra, note 29), 879.

35 *Paul Kirchhof*, « Der deutsche Staat im Prozess der europäischen Integration », in: Isensee/Kirchhof (dir.), Handbuch des Staatsrechts, vol. VII, Heidelberg, 1992, 855–887.

36 *Paul Kirchhof*, (supra note 35), 881.

d'un ordre couvrant l'intégralité des domaines de la vie, qui possède la « compétence de la compétence » afin de maîtriser des tâches futures et qui assume l'ultime responsabilité pour la paix interne et extérieure.[37]

La souveraineté « extérieure » est définie comme « indépendance et relation immédiate avec le droit international public »[38] ou comme « égalité du statut immédiat en droit international public».[39]

Les auteurs récents de ce courant de pensée, comme *di Fabio* et *Kaufmann*[40] définissent aussi la souveraineté de la même manière, notamment en ce qui concerne la suprématie de la puissance d'État sur les compétences. Selon *di Fabio*, l'idée de la souveraineté constitue la pierre angulaire dans la conceptualisation moderne de l'État, qui ne peut pas être escamotée sans faire tomber toute la construction.[41]

Souverain est dans l'État fédéral celui qui est maître de la constitution. Certes, ces auteurs prennent en considération l'ouverture explicite de la constitution allemande à l'égard de l'intégration européenne. Toutefois, comme déjà *Kirchhof*, ils définissent l'intégration en fonction de leur vision de la souveraineté. Ainsi la souveraineté se manifeste par rapport à l'Union européenne par le droit de retrait. Ce droit a toujours appartenu aux États membres.

L'ouverture de la constitution est, certes, prise en compte dans la définition d'État en tant que sujet de la souveraineté. Mais la souveraineté comme critère essentiel et en même temps exclusif de l'État demeure. Elle est davantage figée par la prétention que l'État est la forme exclusive de l'organisation de la société. En plus, elle n'admet pas une nouvelle définition de la notion de souveraineté comme, par exemple, l'acceptation de sa divisibilité. Bien au contraire, afin de pouvoir maintenir la perception traditionnelle, ces auteurs rejettent l'idée d'une divisibilité d'une manière

37 Ibid.,« Deutsches Verfassungsrecht und Europäisches Gemeinschaftsrecht, Europarecht 1991, suppl. n° 1, 11–25 (12).

38 *Randelzhofer* (supra note 30), 701.

39 *Mosler* (supra note 25), 617.

40 *Marcel Kaufmann*, Europäische Integration und Demokratieprinzip, Baden-Baden 1997, 37.

41 *di Fabio*, (supra note 28), 124. Dans le même sens *Quaritsch*, (supra note 27): « C'est un malentendu fort répandu que de parler d'une souveraineté »limitée ou pire, d'une souveraineté »partagée« de différents Etats ».

presque agressive. Ainsi *di Fabio* considère la divisibilité comme une idée « grotesque ».[42]

Devant la réalité de l'intégration, déjà *Dagtoglou* avait proposé une perception « pragmatique » de la souveraineté qui permet sa «coexistence» avec la notion et la pratique de la « supranationalité».[43]

La solution à ce dilemme pour ces auteurs consiste à considérer l'État comme autorisé à transférer des compétences vers une organisation externe (p. ex. l'Union européenne) pour autant que les domaines essentiels de l'État soient conservés et que l'État puisse révoquer ce transfert ou se retirer de l'organisation. La faculté de révocation ou de retrait est interprétée comme la condition même du maintien de la souveraineté, qui est toujours vue comme une qualité essentielle de l'État.

On signale, par ailleurs, que deux protagonistes de cette orientation traditionnelle de la doctrine (*Kirchhof* et *di Fabio*) étaient chacun respectivement membre et rapporteur, lorsque la Cour constitutionnelle a statué sur les affaires «Maastricht» et «Lisbonne». Les traces de leur perception de la souveraineté sont manifestes dans ces arrêts.[44]

b) La théorie de la souveraineté « adaptée », notamment par son exercice *«conjoint», «partagé» ou« relatif»*

aa) L'exercice conjoint de la souveraineté

Dans deux importantes monographies consacrées à la souveraineté, *Hobe*[45] et *Schliesky*[46] notent que la souveraineté traditionnelle des États membres de l'Union européenne a disparu. En particulier, l'existence simultanée du pouvoir public de l'Union et de celui des États n'est pas compatible avec la singularité, critère traditionnel de la souveraineté. Ce constat doit amener soit à la négation tout court de la souveraineté comme catégorie d'État, soit à sa modification. Cependant, ces auteurs rejettent l'idée d'une divisibilité

42 *di Fabio*, (supra note 28), 124. Dans le même sens *Quaritsch*, (supra note 27): « C'est un malentendu fort répandu que de parler d'une souveraineté »limitée ou pire, d'une souveraineté »partagée« de différents Etats.

43 *Dagtoglou*, (supra note 24), 3166.

44 Voir infra, chapitre V.

45 *Stephan Hobe*, Der offene Verfassungsstaat zwischen Souveränität und Interdependenz, Berlin, Duncker & Humblot, 1998, 159.

46 *Utz Schliesky*, Souveränität und Legitimität von Herrschaftsgewalt, Tübingen, 2004.

de la souveraineté. Selon *Hobe*, une division de la souveraineté ne peut être que définitive et impliquerait une perte définitive de compétence. Or, le transfert de compétences des États membres vers l'Union serait nécessairement révocable, et de ce fait la souveraineté ne serait pas partagée.[47] Pour « sauver» l'emploi continu du concept traditionnel de la souveraineté, ils considèrent le pouvoir public de l'Union européenne comme le deuxième pilier d'un système de souveraineté unique mais composé de deux sources. Ainsi la souveraineté serait exercée par l'État et l'Union d'une manière « conjointe ». *Schliesky* appelle ce modèle « souveraineté pluraliste ».[48] À cet effet, l'auteur propose de rompre le lien entre la souveraineté et la puissance de l'État et de substituer à cette dernière le pouvoir public qui résulte de plusieurs sources. L'ensemble de ces pouvoirs publics représente un ordre juridique, qui, quant à lui, remplit les critères traditionnels de souveraineté (suprématie, unicité, singularité) et qu'on doit de ce fait considérer comme souveraineté conjointe.

bb) La souveraineté divisée

D'autres auteurs n'hésitent pas à reconnaître la divisibilité de la souveraineté. Ainsi *Oeter* propose la catégorie de la souveraineté «divisée» ou «dualiste».[49] *Pernice* également se sert de l'expression «souveraineté divisée» dans l'analyse de la position de l'Allemagne dans l'Union européenne.[50]

Herdegen a pris une position intermédiaire entre l'acceptation de la divisibilité, et de ce fait l'existence de plusieurs souverainetés sur le même territoire, et l'exercice conjoint d'une seule souveraineté. Selon cet auteur »the current system of the European Union is characterised by a ›shared« or ›divided« sovereignty ».[51] En même temps, il affirme: « the relationship of international Law, European Law and constitutional Law does not call for highly abstract approaches to sovereignty, but for a rather subtle differenti-

47 *Hobe*, (supra note 45), 434/435.

48 *Schliesky* (supra note 46), 545, 546, 586.

49 *Stefan Oeter*, « Souveränität und Demokratie als Probleme in der »Verfassungsentwicklung« der Europäischen Union », Zeitschrift für ausländisches öffentliches Recht und Völkerrecht, 1995, vol. 55 (3), 659–712 (685).

50 *Ingolf Pernice*, »Deutschland in der Europäischen Union, in: Isensee/Kirchhof (dir.) Handbuch des Staatsrechts, vol. VIII, Heidelberg, 1995, 225–280 (259).

51 *Matthias Herdegen*,"The concept of sovereignty«,in: Lubos Tichy, Tomas Dumbrovsky et al. (dir.), Sovereignty and Integration, Prague, Charles University, 2010, 26–31 (28).

ation of powers retained, of powers transferred and of powers shared on European level».[52]

cc) La souveraineté dans le cadre du droit international

La notion de souveraineté a subi, également dans sa dimension externe, une redéfinition, qui tient compte de l'évolution du droit international public, notamment par la Charte des Nations unies. Sans abandonner le concept, comme proposé par *Kokott*,[53] *Bardo Fassbender* offre une définition moderne de la souveraineté « externe » dans le cadre du droit international. D'après cette définition, la souveraineté internationale d'un État consiste en l'autonomie, qui lui est accordée et garantie par la constitution de la société internationale, notamment la Charte des Nations unies.[54]

c) L'abandon de la souveraineté en tant que concept de droit constitutionnel

Les conséquences de l'intégration européenne et l'évolution du droit international pour la définition traditionnelle de la souveraineté ont amené un certain nombre d'auteurs à remettre en question l'utilité même de la notion de souveraineté. Déjà en 1972, un des grands maîtres du droit européen et du droit constitutionnel allemand, *Hans Peter Ipsen*, soulevait prudemment la question de savoir « si la notion et la substance de la souveraineté exigent une révision ou sont devenues elles-mêmes obsolètes».[55] *Ipsen* prenait comme point de départ la distribution des compétences entre l'Union et ses États membres en matière de manifestation du pouvoir public. Cette situation serait explicable dans le cadre du modèle traditionnel de souveraineté, si l'on accepte que la souveraineté puisse être divisée. Dans cette hypothèse, on devrait laisser« en suspens» («in der Schwebe») la décision entre une souveraineté des États membres et celle de l'Union. En revanche, la notion de souveraineté serait sans objet dans les relations entre l'Union

52 *Herdegen*, (supra note 53), 31.
53 *Infra* IV.3 et note 58.
54 *Bardo Fassbender*, « Die Souveränität des Staates als Autonomie im Rahmen der völkerrechtlichen Verfassung », in: Hans-Peter Mansel (dir.), Festschrift für Erik Jayme, Munich, 2004, 1089–1101.
55 *Hans Peter Ipsen*, Europäisches Gemeinschaftsrecht, Tübingen 1972, 229.

et ses États membres si l'on ne reconnaît pas une différence fondamentale entre le pouvoir public de l'Union et celui des États membres.[56]

Dans le même sens, mais sur la base d'un raisonnement plus élaboré, *Anne Peters*, professeur de droit constitutionnel, international et européen à Bâle, constate une modification des fondements mêmes de la souveraineté résultant de la globalisation et de la de hiérarchisation du rapport entre société et État (« poly centrisme du pouvoir»). En conséquence, elle propose l'abandon de la notion de souveraineté (« la notion de souveraineté est un concept inadéquat à la complexité de la situation »).[57] Pour cette raison, elle rejette aussi le concept d'un partage de la souveraineté. Elle suggère à la place - en suivant explicitement Ipsen - d'analyser les rapports entre les États membres et l'Union comme une répartition des pouvoirs publics.

Les critiques de l'application de la notion de souveraineté à la situation de l'État moderne, notamment dans le cadre de l'Union européenne, ont été conceptualisées par *Juliane Kokott*, professeur de droit constitutionnel et européen et actuellement avocat général à la Cour de justice de l'Union.[58]

Son point de départ est le constat d'une transformation fondamentale des caractéristiques traditionnelles de l'État (peuple, territoire, puissance publique), qui entraîne sa perte de souveraineté. D'une part, en effet, les fonctions traditionnelles de l'État aujourd'hui sont encadrées par le droit européen et le droit international public. D'autre part, les États, à eux seuls, ne sont plus en mesure de remplir ces fonctions. De ce fait, c'est le pouvoir public, à la place de l'État, qui doit faire l'objet de l'analyse. *Kokott* conclut: « La notion de souveraineté ne s'accorde pas avec la nouvelle structure du droit public national et international ».[59] Une position analogue avait déjà été prise par *Jochen Frowein* en 1994.[60]

---

56 *Ipsen,* (supra note 55), 233.

57 *Anne Peters*, Elemente einer Theorie der Verfassung Europas, Berlin, 2001, 135, 147.

58 *Juliane Kokott*, « Die Staatsrechtslehre und die Veränderung ihres Gegenstandes: Konsequenzen von Europäisierung und Internationalisierung », In: Veröffentlichungen der Vereinigung der Deutschen Staatsrechtslehrer, Vol. 63, Berlin, de Gruyter, 2004, 11–40.

59 « Der Begriff der Souveränität passt nicht in die neue Struktur des konvergierenden Staats- und Völkerrechts », *Kokott,* (*supra* note 58), 21. Dans le même sens récemment *Rolf Grawert*, « Homogenität, Identität, Souveränität », Der Staat, 2012, vol. 51 (2), 189–213 (211).

60 *Jochen Frowein*, « Das Maastricht - Urteil und die Grenzen der Verfassungsgerichtsbarkeit», Zeitschrift für ausländisches öffentliches Recht und Völkerrecht, 1994, 1–16 (7).

5. La souveraineté dans la jurisprudence de la Cour constitutionnelle allemande (Bundesverfassungsgericht)

a) La jurisprudence de 1952 à 1993

Pendant les premières quarante années de sa jurisprudence, la Cour constitutionnelle allemande (Bundesverfassungsgericht) a accordé peu d'attention à la notion de souveraineté. Les rares occasions d'une mention du terme étaient liées à la situation constitutionnelle résultant des prérogatives des Alliés en rapport avec l'occupation de l'Allemagne ou concernaient les accords avec l'OTAN. Ainsi la Cour précisait dans une décision du 29 juillet 1952 concernant l'accord de Petersberg que: « Dans l'ensemble de son contenu, le Grundgesetz s'entend comme la constitution d'un État souverain. » Il a en fin de compte acquis la forme de la charte d'un État souverain.[61] En 1984, la Cour affirmait par rapport au stationnement des armées de l'OTAN sur le territoire allemand: « De même, il y a aujourd'hui un sens à un stationnement entraînant un transfert d'autorité publique pour garantir protection de la République fédérale d'Allemagne contre des attaques et de servir ainsi l'intégrité de son ordre constitutionnel et de sa souveraineté ».[62]

Les premières décisions concernant l'intégration européenne, et notamment les rapports entre le droit issu de la CEE/CE et le droit allemand, n'évoquaient guère le sujet de la souveraineté.[63] Dans un des rares cas, la Cour affirmait en 1987 que la CE ne serait pas un État souverain au sens du droit international public qui aurait la « compétence de la compétence» sur ses affaires intérieures.[64]

---

61 BVerfGE 1, 351, n° 74. (Traduction de l'auteur): « Das Grundgesetz will seinem gesamten Inhalt nach die Verfassung eines souveränen Staatswesens sein. Es[...] hat [...] schliesslich die Gestalt der Verfassungsurkunde eines souveränen Staates angenommen ».

62 BVerfGE 68, 1 : « Ebenso ist es heute der Sinn einer mit der Übertragung von Hoheitsrechten verbundenen Stationierung, den Schutz der Bundesrepublik Deutschland vor Angriffen zu gewährleisten, und damit der Integrität ihrer Verfassungsordnung wie ihrer Souveranität zu dienen » (Traduction de l'auteur).

63 Cf. notamment les décisions BVerfGE 22,293; 31, 145; 37,271 (»Solange I"); 52, 187; 73,339 (»Solange II«); 75,223 (»Kloppenburg«); 82, 159.

64 BVerfGE 75, 223: « Die Gemeinschaft ist kein souveräner Staat im Sinne des Völkerrechts dem eine KompetenzKompetenz über innere Angelegenheiten zukäme. Auf sie ist weder die territoriale Souveränität noch die Gebiets- und Personalhoheit der Mitgliedstaaten übertragen worden; Nach wie vor sind derzeit die Mitgliedstaaten

Ainsi apparaissaient pour la première fois dans la jurisprudence les éléments clés attribués par la doctrine traditionnelle à la souveraineté.[65]

b) La décision « Maastricht »

C'est depuis 1993 seulement que la souveraineté apparaît, et ceci avec une intensité croissante, dans la terminologie de la Cour constitutionnelle qui se réfère à l'intégration européenne. Dans la décision concernant le traité de Maastricht (1993),[66] la Cour fait allusion à la souveraineté comme un critère d'appréciation de la constitutionnalité de la loi de ratification.[67] Elle souligne le maintien de la souveraineté des États membres dans le cadre de l'Union: « L'exercice de la souveraineté par un groupement d'États comme l'Union européenne se fonde sur des habilitations conférées par des États restés souveraim ».[68] Le raisonnement de la Cour repose sur un modèle théorique de l'État qui n'a pas d'ancrage explicite dans le Grundgesetz. En effet, selon la Cour, l'Allemagne est l'un des « maîtres des traités » qui ont fondé leur acceptation du traité de l'Union conclu « pour une durée illimitée... sur la volonté d'adhésion durable, mais qui pourraient finalement revenir sur cette appartenance au moyen d'un acte au sens contraire...

---

im Rahmen des allgemeinen Völkervertragsrechts die Herren der Gemeinschaftsverträge ».

65 Voir supra IV.1.

66 Décision du 12 octobre 1993 (constitutionnalité du traité de Maastricht), BVerfGE 89, 155. Une traduction française de la décision a été établie par la Cour de justice de l'Union et publiée dans la documentation éditée par *Ingo Winkelmann*, Das Maastricht-Urteil des Bundesverfassungsgerichts vom 12. Oktober 1993, Tübingen, Mohr, 1994, 697–750. Les citations françaises qui suivent ont été empruntées à cette traduction. La décision est commentée en langue française, notamment *par Hugo J. Hahn*, « La Cour constitutionnelle d'Allemagne et le traité de Maastricht», Revue générale de droit international public 1994 (98), 107–126 et *Dominique Hanf*, « Le jugement de la Cour fédérale allemande sur la constitutionnalité du traité de Maastricht », RTD Eur 1994, 391.

67 Pour un résumé de cette jurisprudence avant la décision « Lisbonne », voir *Helmut Quaritsch*, « La souveraineté de l'État dans la jurisprudence constitutionnelle allemande», Nouveaux Cahiers du Conseil, n° 9 (2001). Pour une analyse approfondie, cf. *Utz Schliesky*, (supra, note 47), 132 ss.

68 BVerfGE 89, 155, n° 103: «Die Wahrnehmung von Hoheitsgewalt durch einen Staatenverbund wie die Europäische Union gründet sich auf Ermächtigungen souverän bleibender Staaten». Note de l'auteur: En employant les termes «souveraineté» et «souverains», la traduction française aplanit la différence terminologique qui est faite dans le texte original entre «Hoheitsgewalt» et «souverän bleibend».

L'Allemagne sauvegarde ainsi la qualité d'État souverain en vertu de son droit propre et le principe de l'égalité souveraine avec d'autres États ».[69]

Par la suite, la Cour qualifie le lien entre les compétences des États membres et celles de l'Union comme l'exercice « en commun (de) leur souveraineté ».[70] Selon la Cour l'obligation de l'Union de respecter l'identité nationale de ses États membres (art. 4 al. 2 TUE) tient compte de l'indépendance et de la souveraineté des États membres.[71]

c) La décision « Lisbonne » du 30 juin 2009

Dans un premier temps, la jurisprudence postérieure de la Cour concernant le droit européen a repris cette perception sans toutefois l'élargir ou l'approfondir. On signale notamment les décisions du 31 mai 1995 au sujet de la distribution des sièges au Parlement européen[72] et la décision du 31 mars 1998 concernant la transition vers la troisième étape de l'Union économique et monétaire.[73] C'est la décision du 30 juin 2009 portant sur la conformité de la loi de ratification du traité de Lisbonne avec le Grundgesetz qui prolonge et amplifie le raisonnement de la Cour de 1993 en matière de souveraineté.[74] Dans cette décision, la Cour développe une définition de la souveraineté, discute la possibilité et les limites d'un transfert vers

69 N° 112: «Deutschland ist einer der »Herren der Verträge die ihre Gebundenheit an den auf unbegrenzte Zeit« geschlossenen Unionsvertrag [...] mit dem Willen zur langfristigen Mitgliedschaft begründet haben, diese Zugehörigkeit aber letztlich durch einen gegenläufigen Akt auch wieder aufheben könnten. Deutschland wahrt damit die Qualität eines souveränen Staates aus eigenem Recht und den Status der souveränen Gleichheit mit anderen Staaten».

70 N° 109: "Die Mitgliedstaaten haben die Europäische Union gegründet, um einen Teil ihrer Aufgaben gemeinsam wahrzunehmen und insoweit ihre Souveränität gemeinsam auszuüben."

71 «Dementsprechend nimmt der Unionsvertrag auf die Unabhängigkeit und Souveränität der Mitgliedstaaten Bedacht, indem er die Union zur Achtung der nationalen Identität ihrer Mitgliedstaaten verpflichtet».

72 Décision non publiée au Recueil, cf. Europäische Grundrechte Zeitschrift 1995, 566. Voir aussi *Quaritsch*, supra note 67.

73 BVerfGE 97, 350.

74 Décision du 30 juin 2009 (constitutionnalité du traité de Lisbonne), BVerfGE 123, 267. La Cour constitutionnelle a elle-même publié une version française de la décision, disponible sur le site de la Cour. Une traduction privée, qui diffère par des nuances de la traduction officielle est reproduite in RTD Eur. 45(4) 2009, 799-842. L'arrêt est commenté en langue française entre autres par *Franz C. Mayer*, « Rashomon à Karlsruhe » et par *Jacques Ziller*, «Le dialogue judiciaire et la Cour de Karlsruhe», RTD Eur. 46(1), 77–92 et 93–98.

l'Union et qualifie la nature juridique de l'Union. Par rapport à la décision concernant le traité de Maastricht, le raisonnement de la Cour constitue à la fois une consolidation et un durcissement.

aa) La définition de la souveraineté

La Cour se sert d'une terminologie peu précise pour identifier le sujet de la souveraineté. En effet, on trouve dans la décision - sans la moindre explication au sujet des éventuelles différences - les notions de « souveraineté du peuple », « souveraineté d'État» et - exceptionnellement - « souveraineté nationale». En tout cas, dans la perception de la Cour, l'État est intrinsèquement lié à la souveraineté. Comme le terme « souveraineté » ne figure pas dans le Grundgesetz, la Cour évoque sa « conception » pour définir la qualité « d'État souverain ». Il s'agit d'un « synonyme d'un espace pacifié qui garantit un ordre fondé sur la liberté individuelle et l'autodétermination collective ». La Cour poursuit: « l'État n'est ni un mythe, ni une fin en soi, mais la forme d'organisation mondialement reconnue et résultat de l'évolution historique d'une communauté politique ayant la capacité d'agir» (n° 224). Dès lors, la Cour établit un lien obligatoire entre le peuple, l'État et la souveraineté. La dernière réside selon la Cour « dans la prérogative de la constitution allemande de garder le dernier mot, en tant que droit d'un peuple de trancher directement les questions fondamentales relatives à sa propre identité » (n° 340). Elle ajoute que « seuls les peuples des États membres peuvent disposer de leur pouvoir constituant respectif et de la souveraineté de l'État» (n° 347). « La préservation de la souveraineté » est « exigée par le principe de démocratie dans le cadre du système constitutionnel en vigueur» (n° 248).

En outre, la Cour distingue entre une souveraineté « internationale »et« constitutionnelle ». Les deux seraient caractérisés notamment par « l'indépendance de toute volonté étrangère» de ses bases constitutionnelles (n° 231).

bb) Sur la possibilité d'un transfert de la souveraineté

Sans parler de la souveraineté le Grundgesetz en ses articles 23 (1) et 24 (1 et la) autorise explicitement le transfert des éléments du pouvoir public.[75]

La Cour accepte ce point de départ: «La préservation de la souveraineté [...] ne signifie pas en elle-même qu'un nombre déterminable à l'avance où que certains types de droits de souveraineté doivent demeurer auprès de l'État» (n° 248). Cependant, «le principe de démocratie impose des limites matérielles au transfert de droits de souveraineté qui ne découlent pas déjà de l'indisponibilité du pouvoir constituant et de la souveraineté de l'État» (n° 247). Au surplus, «la persistance de la puissance étatique souveraine se manifeste également par l'existence du droit de se retirer de l'Union européenne» (n° 299).

Ces «limites matérielles» – en d'autres termes le noyau dur de la souveraineté – *comprennent notamment la nationalité, le monopole des pouvoirs civil et militaire, les recettes et les dépenses, y compris le recours à l'emprunt, ainsi que les limitations essentielles des droits fondamentaux. Des questions culturelles font également partie de ces matières essentielles telles que les dispositions linguistiques, l'organisation des relations familiales et éducatives, les questions relatives à la liberté d'opinion, etc. (n° 249).*

Il est intéressant de noter que l'autonomie monétaire, pourtant considérée habituellement comme un symbole de l'autonomie d'un État, ne figure pas dans cette liste. La Cour affirme en outre qu'il « résulte de la continuité de la souveraineté du peuple ancrée dans les États membres et du fait que les États membres demeurent les maîtres des traités [...] que les États membres ne peuvent être privés du droit de vérifier que le programme d'intégration est bien respecté» (n° 334). En conséquence, la Cour se réserve le droit de vérifier si des droits de souveraineté transférés « sont appliqués d'une manière telle que leur effet en Allemagne entraîne une violation de l'identité constitutionnelle » (n° 339).

Elle souligne enfin que « la Loi fondamentale n'habilite pas les organes agissant pour le compte de l'Allemagne à renoncer au droit d'autodétermination du peuple allemand, manifesté ici par la souveraineté internationale de l'Allemagne, par l'adhésion à un État fédéral. En raison du transfert irrévocable de souveraineté à un nouveau sujet de légitimité qu'un tel pas impliquerait, ce dernier est réservé à un acte de volonté exprimé directe-

75 Dans la traduction officielle de sa décision, la Cour constitutionnelle emploie les termes »droits de souveraineté'. Sur la problématique de traduction du terme Hoheitsrechte par »souveraineté«, cf. supra II.

ment par le peuple allemand » (n° 228). « Si [...] le seuil vers un État fédéral et une renonciation à la souveraineté nationale était franchi – ce qui, en Allemagne, exigerait une libre décision du peuple qui irait au-delà de la Loi fondamentale actuellement en vigueur -, les exigences démocratiques devraient être respectées à un degré correspondant totalement à la légitimité d'une entité de pouvoir organisée sous / a forme d'un État» (n° 263).

En résumé, «La République fédérale d'Allemagne demeure, même après l'entrée en vigueur du traité de Lisbonne, un État souverain, et par conséquent un sujet de droit international public. La puissance étatique allemande, y compris le pouvoir constituant, sont protégés dans leur substance, le territoire national allemand demeure rattaché à un seul sujet de droit, la République fédérale d'Allemagne, et l'existence continue du peuple allemand en tant que citoyens de l'État allemand ne fait aucun doute» (n° 298).

cc) L'Union européenne et la souveraineté

En application de son modèle de la souveraineté, l'Union européenne, «demeure l'œuvre d'États démocratiques souverains» (n° 278). En conséquence, la Cour qualifie l'Union européenne d' « union conventionnelle d'États souverains» (n° 249, 262) ou d'«un regroupement d'États souverains» (n° 287).

d) Observations critiques

Beaucoup d'aspects de la décision ont fait l'objet de commentaires critiques.[76] En effet, le recours fréquent à une définition étroite et hermétique de l'État et de la souveraineté ne prend pas en considération la réalité complexe de l'État moderne, notamment par rapport à l'intégration européenne, et ne correspond pas à «l'ouverture» explicitement voulue par la

76 Voir notamment Robert *Chr. Van Ooyen*, Die Staatstheorie des Bundesverfassungsgerichts und Europa, 3me éd., Baden-Baden, 2010; et les contributions de *Daniel Halberstam/Christoph Möllers; Stephan Leibfried/Karin van Elderen; Matthias Niedobitek; Christoph Schönberger; Christian Tomuschat* « Special Section: The Federal Constitutional Court's Lisbon Case », In: German Law Journal, vol. 10, n° 8, 1200–1306. Pour un commentaire affirmatif à l'arrêt, voir la contribution de *Frank Schorkopf* aux 1220–1239 du même volume.

constitution allemande. Elle reflète en plus une attitude dogmatique qui correspond à une seule position, d'ailleurs controversée, de la doctrine.[77]

6. *La jurisprudence postérieure*

Depuis l'emploi inflationniste de la notion de souveraineté par la décision «Lisbonne», vraisemblablement sous l'influence d'un effet conjoint de la critique sévère de la part de la doctrine et d'un changement dans sa composition, la Cour s'est à nouveau rapprochée dans son discours de la terminologie et de l'esprit d'ouverture du Grundgesetz. Ainsi dans sa décision «Honeywell» du 6 juillet 2010,[78] qui souligne la volonté de coopération avec la Cour de justice de l'Union et dans les décisions qui concernent les différentes mesures prises par les États membres dans le but de la stabilisation financière[79] la référence à la notion de souveraineté est exceptionnelle. En effet, la Cour ne mentionne la souveraineté qu'une fois dans sa décision du 12 septembre 2012, comme étant confirmée par le nouvel alinéa 3 de l'article 136 TFUE.[80]

7. *Observations finales*

Une perception allemande unique de la notion de souveraineté ne peut pas être constatée. Certes, la jurisprudence de la Cour constitutionnelle depuis 1987 est marquée par une interprétation de plus en plus explicite de la notion, qui reflète les positions d'une partie de la doctrine – positions qui ont leurs racines dans des notions d'État, de pouvoir, de peuple et de territoire telles qu'élaborés déjà en Allemagne à la fin du XIXe siècle. Cependant, la réalité de l'intégration européenne et l'évolution du droit international, ainsi que l'ouverture expressément voulue par la constitution allemande, amènent un nombre croissant d'auteurs soit à défendre le concept d'une «souveraineté adaptée», soit à contester l'utilité et la justification de son emploi dans le domaine du droit constitutionnel. On peut, dès lors, s'attendre à ce que l'osmose qui existe en Allemagne entre les professeurs universitaires

77 Voir *supra* IV.1.
78 BVerfGE 126, 286.
79 BVerfGE 129, 124 du 7 septembre 2011 et du 12 septembre 2012, 2 BvR 1390/12.
80 BVerfG 2 BvR 1390/12 n° 236.

et la Cour constitutionnelle, transmette les orientations de la doctrine moderne dans la jurisprudence constitutionnelle future.

C.
Europawahlen und Referenden

C. I. Einführung

1. Überblick

In einer Demokratie erfordert hoheitliches Handeln eine Legitimation durch die Betroffenen. Legitimation politischer Herrschaft entsteht allerdings nicht als gewissermassen zwangsläufiges Ergebnis aus einer bestimmten, überall wiederholbaren politischen «Mechanik». Sie umfasst eine Vielzahl kulturell und historisch geprägter Strukturen und Prozesse. Aus ihnen erwächst ein für jedes politische System charakteristisches Netz von Verbindungen zwischen den Subjekten der jeweiligen Rechtsordnung und den Institutionen und Personen, welche die Hoheitsbefugnisse wahrnehmen. Das setzt allerdings voraus, dass diese Koexistenz normativ strukturiert ist. Zu diesem Netz gehören ein gemeinsames Grundverständnis über Werte, sowie Mitwirkungsmöglichkeiten an Entscheidungsprozessen, insbesondere durch Wahlen und/oder unmittelbare Mitentscheidung. Notwendige Elemente der Legitimation politischer Herrschaft sind weiterhin Akzeptanz der politischen Ordnung sowie deren Fähigkeit, die erwarteten Leistungen tatsächlich zu erbringen und dabei Grundrechte zu gewährleisten. Nur ganz allmählich haben sich diese Bedingungen demokratischen Regierens in der Union herausgebildet. Inzwischen ist ein eigenständiges Modell demokratischen Regierens entstanden, das nur dann als „defizitär“ bezeichnet werden kann, wenn man es an nirgends konkret verwirklichten Idealvorstellungen misst.[1] Den Ausgangspunkt bildete die Formulierung des EuGH im Jahre 1963, wonach die Rechtssubjekte der neuen Rechtsordnung „nicht nur die Mitgliedstaaten, sondern auch die Einzelnen sind“.[2] Seit 2009 bestimmt der

1 Dazu im Einzelnen *Kelemen*, The ‚Democratic Deficits‘ of the US and the EU compared, in: Garben/Govaere/Nemitz (Hg.), Critical Reflections on Constitutional Democracy in the European Union, Oxford 2019, 47 – 61.

2 EuGH, Rs. C-26/62 (van Gend en Loos), ECLI:EU:C:1963:1.

Vertrag über die Europäische Union: „*Die Arbeitsweise der Union beruht auf der repräsentativen Demokratie*“ (Art. 10 Abs. 1 EUV). Damit wird in erster Linie ein Organisationsmodell beschrieben. Die Vielfalt der Einflussmöglichkeiten der Bürger auf den EU – Entscheidungsprozess sind damit jedoch weder abschliessend noch definitiv umrissen. Das wird bereits an den im Vertrag bezeichneten Möglichkeiten direkter Mitwirkung deutlich (u.a. Bürgerinitiative, individuelle Anhörungsrechte[3]). Insofern bildet das im Vertrag von Lissabon beschriebene Modell der repräsentativen Demokratie einen entwicklungsfähigen Kompromiss der immer wieder neu gesucht werden muss. Hindernisse bei diesem Bemühen bilden nicht nur das Beharren auf national definierten Interessen[4] oder Gewohnheiten, sondern auch die Gefährdungen der demokratischen Kultur der offenen und freien Kommunikation, die von autoritären Regimes im Inneren der Union und von aussen resultieren und die auch in der Ambivalenz der neuen digitalen Möglichkeiten bestehen.[5] Der EuGH stellte hierzu jüngst fest, die Unionsbürgerschaft gehöre „zu den wichtigsten Konkretisierungen der Solidarität, die dem ...Integrationsprozess zugrunde liegt und daher zur Identität der Union als eigene Rechtsordnung gehört, die von den Mitgliedstaaten auf der Grundlage der Gegenseitigkeit angenommen wurde.“

2. Rückblick auf die Beiträge dieses Abschnitts

Die Beiträge dieses Abschnitts betreffen zwei Elemente dieses Kompromisses, die bis in die Gegenwart umstritten sind, die *Modalitäten der Vertretung der Bürger im Europäischen Parlament* (*C.II.*) sowie die *Ko-Existenz von Referenden und parlamentarischer Demokratie* (*C.III.*). Nach Art. 14 Abs. 2 EUV setzt sich das Europäische Parlament aus Vertretern der Unionsbürger zusammen. Doch sind die Bürger notwendigerweise gleichzeitig Angehörige der Mitgliedstaaten und werden in dieser Eigenschaft ebenfalls im EP repräsentiert. Die Repräsentation der Eigenschaft als Staatsbürger zeigt sich an der Benutzung der Staaten als Kriterium der Sitzverteilung. Bei einer formal verstandenen Repräsentation führt die Festlegung einer Höchstzahl von Mandaten pro Staat zu Ungleichheiten. In einer sachlich

3 Art. 11 EUV, Art. 15, Art. 24 AEUV; Art. 41, 42 Grundrechte-Charta.

4 Hierzu jüngst EuGH, Rs. C-181/23 (Kommission/Malta), ECLI:EU:C:2025:283 Rn. 93 (Staatsbürgerschaft für Investoren).

5 Dazu umfassend „Europäischer Aktionsplan für Demokratie“, Mitteilung der Kommission COM(2020)790 v. 3.12.2020.

nicht gebotenen Verabsolutierung formaler Elemente der Legitimation wird besonders im bevölkerungsreichsten Staat Deutschland daraus gelegentlich ein Mangel an Legitimation des Parlaments abgeleitet.[6] Mit weiter gültiger Begründung widerspricht der unter *C.II.* abgedruckte Beitrag dieser These. Darin wird der funktional notwendige – und legitime – Kompromisscharakter der Sitzverteilung hervorgehoben. Ein vergleichender Blick auf das Verfassungsrecht zahlreicher Staaten belegt, dass derartige Kompromisse gefunden und akzeptiert werden, z.B. um eine Vertretung von Minderheiten im Parlament zu ermöglichen. Es fällt auf, dass bei den letzten Wahlen zum Europäischen Parlament (2024) dieses Thema in den Hintergrund trat. Offenbar wächst die Akzeptanz für die Besonderheiten der Zusammensetzung dieses Parlaments. Wenn aufgrund weiterer Beitritte zur Union die Zusammensetzung des Parlaments erneut geändert werden muss und dabei die Höchstgrenze der Abgeordnetenzahl bestehen bleibt, werden neue Lösungen zur Gewährleistung der Repräsentativität des Parlaments erforderlich. Das EP hat 2022 hierzu Vorschläge unterbreitet, die unter anderem die Schaffung eines EU-weiten Wahlkreises und die Möglichkeit der Bildung transnationaler Listen vorsehen.[7]

Der zweite Beitrag in diesem Abschnitt (*C.III.*) gilt der in der Vergangenheit geübten Praxis einzelner Staaten, zu Änderungen der EU-Verträge – bindende oder konsultative – Referenden abzuhalten, während andere Staaten sich mit parlamentarischen Zustimmungen begnügen. Der Beitrag argumentiert, dass Referenden die Legitimation von Entscheidungen erhöhen und mit Formen der repräsentativen Demokratie ko-existieren können, sofern diese Ko-Existenz normativ strukturiert ist. Das vom EUV für Vertragsänderungen (Art. 48 Abs. 4 EUV) ermöglichte Nebeneinander von staatlichen Referenden und parlamentarischen Zustimmungen (Ratifikation durch die Mitgliedstaaten „in Einklang mit ihren verfassungsrechtlichen Vorschriften") schafft jedoch keine gemeinsame Legitimation. Der Beitrag stand im Zusammenhang mit dem wegen ablehnender Referenden in zwei Staaten gescheiterten Vertrag über eine Verfassung für Europa (2005). Die Unausgewogenheit des einseitigen Einsatzes von Referenden zeigte sich damals auch daran, dass neben den beiden ablehnenden Referenden in

6 BVerfG 123, 267, Rn. 280 ff. Kritisch zu dieser Sichtweise jüngst *von Achenbach*, Das Europäische Parlament – ein transnationales Repräsentationsorgan, in: Bast/von Bogdandy (Hg.), Unionsverfassungsrecht, Baden – Baden 2025, 863 – 934.

7 EP Entschließung v. 3.5.2022, ABl. 2022 C 465, 171, mit beigefügtem Entwurf eines neuen Direktwahlakts (Art. 15). Dazu auch der Beitrag zu institutionellen Reformen im Zusammenhang mit Erweiterungen (*D.VIII.*), Abschnitt II.1.a).

zwei weiteren Staaten (Spanien, Luxemburg) Referenden mit zustimmenden Ergebnissen abgehalten wurden: Die verhindernde Wirkung auf das Inkrafttreten gibt damit negativen Referenden ein höheres Gewicht als den zustimmenden Referenden. Wegen der in Art. 48 Abs. 4 EUV für Vertragsänderungen vorgeschrieben Ratifizierung durch alle Mitgliedstaten hat das Problem beim derzeitigen Stand des Rechts der Union weiterhin Bedeutung. Denn noch immer kann nur ein in einem einzigen Staat mit ablehnendem Ausgang abgehaltenes Referendum ein von allen anderen Mitgliedstaaten gebilligtes Projekt verhindern. Das zeigte sich an der ersten Ablehnung des Vertrags von Lissabon in einem Referendum in Irland (2008), die erst nach einem zweiten Referendum (2009) über den unwesentlich geänderten Vertrag durch eine Zustimmung ersetzt wurde und damit den Weg für dessen Inkrafttreten öffnete. Bei dem ebenfalls in Irland 2012 mit positivem Ausgang abgehaltenen Referendum über den sog. „Fiskalpakt" (Vertrag über Stabilität, Koordinierung und Steuerung in der Wirtschafts – und Währungsunion) hätte eine Ablehnung dessen Inkrafttreten nicht verhindert, da dieser Vertrag eine für eine grosse Teilnehmerzahl angemessene Regelung vorsieht, d.h. für ein Inkrafttreten bereits die Zustimmung einer Mindestzahl von Mitgliedstaaten ausreichten lässt (Art. 14 Abs. 2).

Unter dem Aspekt fragmentierter Legitimationsvermittlung zu gemeinsamen Regelungen sind dagegen Referenden unproblematisch, deren Wirkung sich auf staatlich zu verantwortende Massnahmen im EU-Kontext beziehen. Einen derartigen Fall bildet das 2015 in *Griechenland* (mit negativem Ausgang, jedoch parlamentarischem Ausgleich) abgehaltene Referendum über die Vorschläge zur Lösung der Staatsschuldenkrise. Dagegen betrifft das Ausscheiden eines Mitgliedstaates die Union als Ganzes und würde daher unter dem Aspekt der Legitimation eine Zustimmung der Union erfordern. Diese ist jedoch nach dem in Art. 50 Abs. 2 EUV geregelten Verfahren des Austritts nur für die später zu vereinbarenden Modalitäten des Ausscheidens vorgesehen. Entsprechend konnten sich die Interessen der Union in der Brexit-Kampagne (2016) nicht artikulieren.

Unter Begriff „Referendum" verbirgt sich eine Vielzahl von Formen der Bürgerbeteiligung/-befragung. Diese reichen von der unverbindlichen Konsultation bis zur verbindlichen Rechtswirkung der Antwort auf konkrete Fragen. In autoritären Regimes dienen pervertierte Formen von Referenden vielfach als Instrument der Regierungspropaganda. So wurden in Ungarn wiederholt „nationale Konsultationen" zur Tätigkeit der Europäischen Union veranstaltet, die in demagogischer Form die gemeinsamen Institutionen herabsetzten („Stoppen wir Brüssel", „Soros Plan", 2017).[8]

Eine differenzierende Darstellung der Erscheinungsformen von Referenden hat jüngst *Leah Trueblood* vorgelegt.[9] Aus diesem „Handwerkskasten" von Möglichkeiten liessen sich Instrumente zur stärkeren Beteiligung der Bürger im Verbund mit den repräsentativen Organen gewinnen und damit die gemeinsame Legitimation der Union stärken.

8 Dazu näher *Pallinger, Zoltan*, Direkte Demokratie in Ungarn: Vom Volksrecht zum Mobilisierungsinstrument der Regierung? https://www.andrassyuni.eu/nachrichten/direkte-demokratie-in-ungarn-vom-volksrecht-zum-mobilisierungsinstrument-der-regierung.html.

9 *Trueblood, Leah,* Referendums as Representative Democracy, Oxford 2024. Zurückhaltend dazu auch *Paulus*, Zukunftsfestigkeit des politischen Systems in: VVDStRL, Bd. 84, Verfassungsrecht und Politik, Berlin 2025, 9 – 54 (41 ff.).

C. II. Balancing Difference and Equality of Political Rights in the European Union – A Paradigm of Constitutional Pluralism?*

1. Introduction

In his essay 'From State Sovereignty to the Sovereignty of Citizens in the International Relations Law of the EU', *Ernst-Ulrich Petersmann* drew attention to the difficult relationship between equality, the democratic framework of transnational cooperation and solidarity.[1] One of the difficulties results from transferring to a transnational level concepts derived from a national context. This problem is well known in the legal order of the European Union. It may lead to major conflicts if an institution of a single Member State gives a unilateral interpretation to notions and concepts which have become the common constitutional heritage of 27 Member States. Resolution of such conflicts is traditionally left to the mechanisms and procedures established by the EU Treaty. The concept of constitutional pluralism would, however, encourage institutions of all participating legal orders to avoid such conflicts by accepting differences, as long as they did not call into question the proper functioning of the legal order at issue.[2]

The representation of the European Union's citizens in the European Parliament provides an example of conflicting constitutional principles. As regards such a unique institution as the European Parliament, from a purely national view there might appear to be distortions and contradictions that would necessarily undermine the legitimacy of the Parliament. From

* Zuerst veröffentlicht in: *Cremona/Hilpold* u.a. (Hg.), Reflections on the Constitutionalisation of International Economic Law, Liber Amicorum for Ernst – Ulrich Petersmann, Leiden/Boston 2014, 139 – 153.

1 *E.-U. Petersmann* in: N. Walker (ed.), Sovereignty in transition Oxford 2003, 145–165 (149): "Using equal human rights for the necessary specification of the legal and democratic framework for mutual beneficial cooperation is much more difficult in transnational relations than within local and national communities with stronger participatory processes and solidarity traditions".

2 See e.g. *D. Halberstam*, 'Constitutional Heterarchy: The Centrality of Conflict in the European Union and the United States' and *M. Maduro*, 'Courts and Pluralism: Essay on a Theory of Judicial Adjudication in the Context of Legal and Constitutional Pluralism', in: J. L. Dunoff/ J. P. Trachtman (eds.), Ruling The World? Cambridge 2009, 326–355 and 356–379.

a transnational perspective one may, however, perceive an example of a fine balance within the European Union, giving a new meaning to hitherto nationally defined values, notably of representation, equality and solidarity.

The focal point of such conflicts is how equality is to be understood, more precisely the question whether it is possible to reconcile the principles of electoral law governing the election of national Parliaments and those governing the election of the European Parliament (specifically the principle of equal voting rights). The TEU does not provide an explicit definition of the concepts of political "equality" and "representative democracy" (Articles 4(2) and 10(1) TEU). In the context of the TEU and for the purpose of the composition and functioning of the EU institutions, each notion must have a single meaning. Therefore, the silence of the Treaty does not imply a right of national institutions to give a unilateral interpretation. Such attempts would not only be contrary to the principle of "sincere cooperation" (Article 4(3) TEU), they would also ignore the commitment to constitutional pluralism. Conversely, Member States may well rely on a different meaning of the same notion for their internal requirements.

As far as the political rights of European citizens are concerned, equality seems to have been achieved only to a certain degree. As a consequence, the Parliament's representativity within the European Union has been questioned: in its decision of 30 June 2009 ("Lisbon"),[3] the German Bundesverfassungsgericht claims to have found a striking example of derogation from the principle of equality in the right to vote in the elections to the European Parliament. On that basis, that court questions the European Parliament's capacity to be representative and draws far reaching conclusions for the legal nature of the European Union:

The European Union lacks, even after the entry into force of the Treaty of Lisbon, a political decision-making body which has come into being by equal election of all citizens of the Union and which is able to uniformly represent the will of the people;[4]

The European Parliament is not laid out as a body of representation of the citizens of the Union as an undistinguished unity according to the principle of electoral equality.[5]

The statement concerning "equal election" takes up comments in German legal writing which were made regarding the system for the distribu-

3 BVerfGE 123/267 ("Lisbon").
4 Ibid., recital no. 280.
5 Ibid., recital no. 280, author's emphasis.

tion of seats applicable prior to the entry into force of the Treaty of Lisbon.[6] It has received support and criticism from some (German) authors[7] but has not given rise to much discussion in international legal writing. It raises questions as to the meaning of "equality" of political rights in the context of the law of the European Union, in particular whether the principle of equality in this area can tolerate limitations and/or exceptions without affecting the democratic character of the system and, if so, how such limitations should be assessed and what criteria should be applied to justify or compensate for exceptions. If the German Constitutional Court is right, the question also arises whether and to what extent the European Parliament, as presently composed, is capable of representing the citizens of the Union in accordance with Article 10(2) TEU.

Equality is not an absolute principle. As a legal term "equal treatment" presupposes the existence of a legal order of which it forms a part. Hence, its meaning can only be ascertained by reference to the specific legal context. Moreover, it is part of the system of values protected by that order. Therefore not only its interpretation and application but also the way it is balanced against other values is conditioned by the system in question. The precise meaning of the term "equality" in a democracy can only be ascertained by reference to its specific context.[8]

Within any such system, a statement on equal treatment as between two (or more) separate situations requires an analysis of their comparability. Moreover, even if different treatment of comparable situations can be proven, such difference may be justifiable in the light of the values to which a given polity accords similar weight.

Hence, any statement on equality in the European Union requires a four-stage examination. First, its applicability to a given social situation must be confirmed. Second a difference in treatment between citizens of the European Union or between Member States must be demonstrated. Third,

---

6 E.g. *C. Lenz*, Ein einheitliches Verfahren für die Wahl des Europäischen Parlaments, Baden-Baden 1995, 243; *M. Kaufmann*, Europäische Integration und Demokratieprinzip, Baden-Baden 1997, 260; cf. also *J. H. Kaiser*, statement, in: 'Veröffentlichungen der Vereinigung der Deutschen Staatsrechtslehrer' No 53, Berlin 1993, 144.

7 For an excellent critique, see *C. Schönberger*, 'Lisbon in Karlsruhe: Maastricht's Epigones at Sea', 10: 8 German law Journal 2009, 1201–1218; *D. Halberstam/C.Möllers*,'The German Constitutional Court says "Ja zu Deutschland"', 10:8 German law journal 2009, 1241–1253. See also *F. Arndt*, 'Distribution of seats at the European Parliament, Protection of Diversity and the Enlargement Process', in: Bodnar/ Kowalski/ Raible/ Schorkopf (eds.), The Emerging Constitutional law of the European Union, Berlin/Heidelberg 2003, 93–105.

8 See *G. Leibholz*, Die Repräsentation in der Demokratie, Berlin 1973, 220.

an appropriate level of comparison, a determination as to whether a "similar situation" exists, has to be established and fourth, in the case of different treatment in a similar situation, it must be asked whether exceptions are justified.

2. Equality of Political Rights in the Context of the European Union

Article 2 of the Treaty on European Union ("TEU") and settled case-law of the European Court of Justice (ECJ) confirm that equality is a fundamental principle of EU law.[9] According to Article 4(2) TEU, "[t)he Union shall respect the equality of Member States before the Treaties as well as their national identities". An obligation to "observe the principle of the equality of its citizens" is laid down in Article 9 TEU. The Charter of Fundamental Rights of the European Union provides for guarantees for equality and non-discrimination (Articles 20 and 21).

Therefore all acts of the Union have to be interpreted in accordance with the principle of equal treatment.[10] The requirement of equal treatment has been acknowledged by the European Court of Justice (EC]) in the following terms: "the general principle of equality ... requires that similar situations shall not be treated differently unless differentiation is objectively justified".[11] This classical definition is used in national law as well. It should, however, be borne in mind, that the notion of equal treatment employed by the EU Treaties is a notion of the law of the European Union and therefore must be understood and interpreted in its specific context, independently of the law of individual Member States.[12]

On the significance of equality with regard to political rights, there is no clear answer in the law of the European Union. The provisions which relate to the election of the European Parliament systematically avoid any reference to the notion of equality. For instance Article 14(3) TEU reads: "The members of the European Parliament shall be elected for a term of

9 ECJ, Joined Cases C-117/76 and C-16/77 (Ruckdeschel), ECLI:EU:C:1977:160, paragraph 7.

10 ECJ, Joined Cases C-402/07 and C-432/07 Sturgeon, ECLI:EU:C:2007:619, paras. 48, 49.

11 ECJ, Ruckdeschel, *supra* note 9, paragraph 7, and Sturgeon *supra* note 10, paragraph 48.

12 *C. Schönberger*, Unionsbürger, Tübingen 2005, 505.

five years by direct universal suffrage in a free and secret ballot".[13] Likewise, Article 3 of Protocol No 1 to the European Convention on Human Rights obliges Member States "to hold free elections" under conditions "which will ensure the free expression of the opinion of the people in the choice of the legislature." Moreover, the European Court of Human Rights has stated in the Matthews case that the rights set out in Article 3 "are not absolute, but may be subject to limitations".[14] It should also be noted that the Charter of Paris for a New Europe, signed in Paris at the CSCE Conference, which laid down "principles" of democratic government and international relations, does not mention equality in the context of the principles of human rights, democracy and rule of law. In this respect the Charter states: "Democratic government is based on the will of the people, expressed regularly through free and fair elections".[15]

Although the distribution of seats in the European Parliament is set out in the Treaty on European Union according to criteria other than strict proportionality, thus creating unequal political rights for EU citizens (see below, under b), there is no infringement of equality as a principle of electoral law because, within the legal system of the European Union established by the TEU, no guarantees have been laid down to that effect. Even if general principles of equal political rights could be drawn from the law of the Member States, explicit Treaty provisions prevail over such principles. Therefore, from a strictly legal point of view, there is no room for comparison or justification of unequal treatment.[16] Since, however, the German Constitutional Court has applied its (national) understanding of equality of political rights to the composition of the European Parliament in order to question its legitimacy, a closer look at the function of those inequalities would seem appropriate.

13 Similarly Article 1(3) of the Act concerning the election of the representatives of the Assembly by direct universal suffrage of 20 September 1976, OJ 1976 L 278, 1, as amended by Council Decision No 2002/772, OJ 2002 L 283, 1.

14 ECHR Case No 24833/94 Matthews v United Kingdom, judgment of 18 February 1999 No 63 (author's emphasis).

15 Charter of Paris of 21 November 1990, EU Bulletin No 11/1990, 128, emphasis added.

16 See ECJ, Joined Cases C-63/90 and C-67/90, Portugal and Spain v Council, ECLI: EU:C:1992:381, paragraph 43; for details see *K. Lenaerts/P. van Nuffel,* Advanced Integration and the Principle of Equality of Member States within the European Union, in: Kaddous/Auer (eds.), Les Principes fondamentaux de la Constitution européenne, Geneve/Bale/Brussels, 2006, 245–276 (250/251).

3. *Are EU citizens treated differently with regard to elections to the European Parliament?*

The legal foundation for the composition of the European Parliament is Article 14(2), third and fourth sentences, TEU ("Representation of citizens shall be degressively proportional, with a minimum threshold of six members per Member State. No Member State shall be allocated more than ninety-six seats"). The implementing provision setting out the details of the Parliament's composition has to be adopted by the European Council on the initiative of the European Parliament and with its consent. To date, 2012, this implementing decision has not yet been adopted. For the electoral period 2009/2014 the composition of the Parliament results from Article 190(2) EC Treaty (as amended by the Treaty of Nice and subsequent Treaties of Accession)[17] and from transitional provisions, which were adopted after the entry into force of the Lisbon Treaty and were intended to take into account the fact that the electoral period 2009/2014 had already begun.[18]

Article 14(2) TEU explicitly states, furthermore, that with a limited total number of seats of the European Parliament, the number of seats to be filled in each State is to be calculated on a basis that is not strictly but "degressively" proportional to the number of inhabitants. A further distortion of proportionality results from the limitation of the maximum number of seats and the allocation of a minimum of seats to each State. Hence, in smaller States a relatively higher number of representatives is elected than in the bigger States. Accordingly, the vote of an EU citizen residing in a smaller State has a greater weight than the vote of a resident of one of the bigger States. Whilst a member of the European Parliament who has been elected in Malta represents 68.833 residents, an MEP elected in Germany represents 821.232 residents, the average ratio being 664 575 inhabitants per seat in the European Parliament. The weight of votes cast in Malta is therefore 11 times higher than that of votes cast in Germany. Although within each Member State the right to vote can be exercised in an equal

17 For details see *Haag/Bieber*, comment on Article 190 ECT, No17–27, in: Groeben/Schwarze (ed.), Kommentar zum Vertrag über die Europäische Union und zur Gründung der Europäischen Gemeinschaft, 6th ed., Vol. 4, Baden-Baden 2004.

18 See Protocol No 2 on transitional provisions, annexed to the Lisbon Treaty, Article 2, and European Council of 18/19 June 2009, Conclusions, annex IV= EU Bulletin No 6/2009, No I. 30.

manner by all EU citizens residing in that State,[19] the weight of the votes for the composition of the Parliament is variable.

The present system is viewed by the Bundesverfassungsgericht and its followers in academic discussion as proof of unequal treatment of the citizens of the Member States:

> "... representation in the European Parliament does not take as nexus the equality of the citizens of the Union (Article g TEU Lisbon) but nationality, a criterion that is actually an absolutely prohibited distinction for the European Union. ... The European Union thus shows an assessment of values that is in contradiction to the basis of the concept of a citizens' Union that it has of itself; this contradiction can only be explained by the character of the European Union as an association of sovereign States".[20]

The obviously unequal treatment as far as the weight of votes in European elections in different Member States is concerned should not, however, be understood as straightforward proof of discrimination on grounds of nationality. The Constitutional Court conflates nationals of Member States and EU citizens. In fact, all EU citizens are in an identical situation as far as the weight of their vote in a given country is concerned. Contrary to the Verfassungsgericht, European law on the election of the European Parliament does not take nationality as its nexus. Article 22(2) TFEU grants the right to vote and to stand as a candidate to all citizens of the Union residing within the Union, subject to the specific conditions applicable, regardless of nationality, within a given Member State.[21] Hence, there is no discrimination between nationals of different Member States, e.g. German and Maltese citizens, as long as they reside in a same country. Any German citizen residing in Malta or in any other Member State of the Union will enjoy exactly the same weight of vote as the other residents of that country.[22]

Nevertheless, there is still a substantial difference, according to their country of residence, between EU citizens as regards their representation in the European Parliament. In a formal sense, all citizens of the Union are in the same situation as far as the applicability of EU law is concerned. One

19 See Article 22(2), Treaty on the Functioning of the European Union (TFEU).

20 Recital No 287.

21 See *M. Haag*, Unionsbürgerschaft und Europäisches Wahlrecht, in: Epiney/Heinemann/Haag (eds.), Challenging Boundaries, Essays in honour of Roland Bieber, Baden-Baden/Zurich 2007, 137–146.

22 See *Halberstam/Möllers* op. cit., *supra* note 7, 1249; *A. Augustin*, Das Volk der Europäischen Union, Berlin 2000, 106.

could, therefore, argue that they should also have the same weight as far as their influence on the composition of the legislative body is concerned. Accordingly, differences between residents of the various Member States as regards that influence could be understood as a breach of the principle of equal treatment and at the same time could adversely affect the legitimacy of the European Parliament.[23]

4. Differentiation in the weight of votes in comparative constitutional law

In order to ascertain whether differentiation in the weight of votes is an acceptable instrument for the protection of specific values, it is useful to compare national constitutional systems in respect of the attention paid to equality in electoral law and to find out whether examples of differentiation exist.[24]

Not all constitutions of European States expressly mention equality as a principle of electoral law. For example, the Constitutions of Belgium (Article 61), Cyprus (Article 62(2)), Denmark (Article (31(1)), Finland (§ 25), Greece (Article 51 (3)), Sweden (chap. 3 § 1), whilst requiring elections to be direct, universal and secret, do not mention equality. Equality is, on the other hand explicitly stressed in the Constitutions of Austria (Article 26), Estonia (Article 60 (1), France (Article 3), Germany (Article 38), Italy (Article 48)[25], Latvia (No 6), Lithuania (Article 55), Poland (Article 96) Portugal (Article 10), Slovakia (Article 74), Slovenia (Article 80) and Spain (Article 68(1)).

Furthermore, the constitutions of three European countries, Norway, Italy and Switzerland (the list is not exhaustive), offer straightforward examples of derogations from the principle of an equal vote to the legislative body. All three contain provisions which directly or indirectly grant more weight to the votes cast in certain parts of the country.

The Constitution of Norway[26] establishes a total number of 169 Parliamentary seats. The country is divided into nineteen constituencies. One seat is allocated to each constituency from the outset. The remaining seats

23 The position taken, for example, by *M. Kaufmann*, op. cit., *supra* note 6, 257.

24 For useful information on this point see *S. Marschall*, Transnationale Repräsentation in Parlamentarischen Versammlungen, Baden-Baden 2005, 49–136; *Lenz*, op. cit., *supra* note 6, 176.

25 Cf. however Article 57 of the Constitution (elections to the Senate).

26 Article 57, Constitution of 17 May 1814, as last amended on 20 February 2007.

are distributed on the basis of a calculation of the ratio between the number of inhabitants and surface area of each constituency and the number of inhabitants and surface area of the entire country, in which each inhabitant counts as one point and each square kilometer counts as 1.8 points. As a result, the same number of inhabitants of two constituencies elect a different number of Members of Parliament if the density of the population of those constituencies is different. Hence, the weight of a vote for elections to the national Parliament varies according to the residence of the voter. In practice, this scheme is intended to ensure that the voice of the inhabitants of the northern part of the country is heard in Parliament.

Another example of an unequal weight of votes is provided for by the Constitution of Italy.[27] Article 57 governs election to the Senate (which is an equal part of the legislature). 315 seats are to be filled. The general distribution of seats among the regions (which are the voting districts) is effected in proportion to their population. A minimum number of 7 seats are granted to each region. Molise is given two seats, the Valle d'Aosta one seat. On a strictly proportional basis those two areas would not have any representation in the Senate at all. As in the case of Norway, the inhabitants of those two areas deliberately have greater weight attributed to their vote.

In Switzerland, as in the elections to the Italian Senate, elections to the second chamber (Ständerat) are held within the cantons, each canton sending an equal number of 2 representatives, each half-canton sending 1 representative to the Ständerat.[28] The Ständerat enjoys the same legislative power as the first chamber (« Nationalrat », see Article 156(2)). Since the number of inhabitants of the cantons varies considerably (between 1.35 million (Zurich) and 35.000 (Uri), the weight of the votes varies accordingly: 700.000 inhabitants are represented by a member of the Ständerat who has been elected in Zurich, whilst a member elected in Uri represents 17.500 inhabitants.[29] This difference corresponds approximately to the ratio of representation in the European Parliament, but is even more significant for the smallest Swiss canton.

A similar observation could be made as regards representation in the Congress of the United States. Both in the House of Representatives and

27 Constitution of Italy of 22 December 1947, as last amended in 2007.

28 Article 150(2) of the Constitution of 1 January 2000. On this point see *Lanz,* note 4 to Article 150 in: Ehrenzeller/Mastronardi et al., Die schweizerische Bundesverfassung, Kommentar, Zurich 2002.

29 Similarly, the elections to the Senate of the United States, see Article I, section 3, and amendment XVII, Constitution of 17 September 1787.

in the Senate there are considerable differences between the number of inhabitants represented by each seat. In the House, representation varies between 493.000 (Wyoming) and 902.000 (Montana). In the Senate, the variation is even greater (16.9 million inhabitants per seat for California and 246.500 inhabitants per seat for Wyoming).

In conclusion, the constitutional law of several States in Europe and the Constitution of the United States provide examples of constitutionally established techniques which serve to give an advantage in voting weight to certain geographically determined groups or entities within a federation for the election of the central legislative body in question. The resulting differences in the weight of votes are in some cases as marked, or even greater than in the present system for the distribution of seats in the European Parliament.[30]

Electoral equality is thus not an absolute principle that should prevail over any other consideration in the context of a political system founded on democracy.[31] Even the most ardent defender of electoral equality, the German Bundesverfassungsgericht, concedes, "Wahlrechtsgleichheit unterliegt keinem absoluten Differenzierungsgebot".[32] The question which therefore arises is whether the present differences in the representation of the citizens of Europe in the European Parliament can be justified and/or compensated for.

5. Possible justification of exceptions and derogations in the European Union

The decision of the Bundesverfassungsgericht applies a purely national conception of the notions of "equality" and "democracy" in order to assess the composition and functions of the European Parliament. However, in any polity, democracy results from a complex and dynamic web of institutions and procedures. Despite the fact that institutions and procedures fulfil

30 In elections to the US Senate, the weight of votes of Wyoming's inhabitants is 68 times higher than the weight of votes of inhabitants of California.

31 *S. Oeter*, 'Föderalismus und Demokratie', in v. Bogdandy/Bast (eds.), Europäisches Verfassungsrecht, 2nd ed., Dordrecht/Heidelberg 2009, 73–120 (108): "Die deutschen Vorstellungen von Stimmwertgleichheit sind international beispiellos. Durchaus signifikante Verzerrungen der Proportionalität werden in den meisten Demokratien traditionell akzeptiert".

32 Bundesverfassungsgericht, 2BvC 3/11, decision of 22 February 2012 (concerning the definition of the number of inhabitants of constituencies in German federal elections).

specific functions, as in any complex system those functions overlap and complement each other in an ongoing process. They bring about legitimacy only in their interaction. Therefore any element within this system can only be assessed in its context. Although, in a system founded on "representative democracy" (see Article 10(1) TEU), variations in the weight of votes in parliamentary elections may have an impact on the representative character of an institution, the relationship between the two variables is neither static nor linear. Whether or not the functioning of the European Union is perceived by the citizens of the Union as founded on representative democracy does not depend on the mathematical correlation between the number of seats in the European Parliament and the number of inhabitants of each Member State. Only if equality is reconciled with the other values on which a polity is founded, with the aim of giving optimal effect to all of them, is the process aimed at enabling European citizens to identify with the Union and its institutions likely to succeed.

Among the factors to be considered, the evolutionary quality of the institutional system, the protection of minorities and solidarity deserve particular attention. In any event, an infringement of the principle of proportional representation – hence of equality in the weight of votes – "is open to justification".[33]

a) Evolution of the Differences in the Electoral System for the Parliament

The composition of the European Parliament has been modified several times since its establishment by the ECSC Treaty in 1952. The distribution of seats among the Member States has always been the result of a compromise between three variables: a maximal size of Parliament, a minimum representation of the inhabitants of the smallest states and an optimal proportional representation of the peoples of Europe. Apart from an increase of the total number of seats (from 136 in 1952 to 751 in 2012, partly as a result of the accession of new Member States), the compromise gradually brought about greater proportionality between the number of seats per country and its population (initially the smallest State (Luxembourg) sent

33 *Arndt*, op. cit. (*supra* note 7), 100.

6 Members, whilst all three largest States had an equal number of 36 Members in the EP).[34]

b) The Protection of Minorities as a Value in Itself in European Law

It has been shown that the constitutional law of certain European States affords examples of higher voting weights for specific groups of citizens. The common denominator of those examples is the fact that the group which enjoys a preferential weighting represents a minority of citizens, residing in a geographically deter mined area. The derogation from the principle of equality is justified by the aim of giving a voice to a minority of citizens with either an established identity or whose circumstances constitute a specific case (as in Norway).

Any balancing of the principle of equality against the protection of minorities can therefore only take place within the system as a whole and by taking the full range of values and diversities into account – which can be done solely by way of compromise between the various interests at stake.

The European Union is characterized by the coexistence of States with a marked identity and significant differences in size. European citizens who are part of small societies with their own identity as a State are not in a situation comparable with that of residents of larger States. The law of the European Union stresses the obligation to respect "national identities" alongside the obligation of the Union to "respect the equality of Member States before the Treaties" (Article 4(2) TEU). To this end and in order to enable them to make themselves heard and actively to participate in a political system composed of substantially larger entities, specific devices are necessary to protect their identity.[35] Such a requirement is, as has been demonstrated, not a specific feature of the European Union but is considered appropriate and justified in national law as well.

---

34 See *Haag/Bieber*, *supra* note 18; see also *Corbett/Jacobs/Shackleton*, The European Parliament, 9th ed. (London 2010), 26; *Jacque/Bieber/Constantinesco/Nickel*, Le Parlement Européen, (Paris 1984), 19–21; *Hölscheit*, in Grabitz/Hilf/Nettesheim, Das Recht der Europäischen Union, Kommentar, (Munich 2011), notes 41–53 to Article 14 TEU.

35 *A. von Komorowski*, Demokratieprinzip und Europäische Union, (Berlin 2010), 337, 1192; *K. Lenaerts* & E. *de Smijter*, The Question of Democratic Representation, in: Winter/Curtin/ Kellermann/de Witte (eds.), Reforming the Treaties on European Union – The Legal Debate, (The Hague/Boston 1996), 173–197 (181).

c) Equality and Solidarity

Hence, the principle of equality in the electoral law of the European Union is not an absolute principle. Exceptions are permitted and compatible with the nature of the EU if the Treaties themselves establish such exceptions or if authorization to that effect is to be found in the Treaties. Derogations from a fundamental principle do, however, raise questions regarding the overall consistency of the system of values. When derogations are made in the context of the political rights of citizens, they furthermore risk weakening the democratic legitimacy of the institutions. Therefore, such derogations can only be tolerated when the legal order provides for effective compensation.

The composition of the European Parliament established by the Treaty of Lisbon, but which in its problematic elements goes back to the founding Treaties, provides an example of the dilemma at the origin of the derogation from equality of political rights of EU citizens.

It is suggested that in this context solidarity should be relied on as a legal principle to resolve those difficulties.

In a Resolution of 11 October 2007 on its composition, the European Parliament stressed three criteria, which should jointly determine the distribution of seats between the Member States:

- efficiency in its function as legislative assembly;
- plurality, allowing the main constituents of the spectrum of political opinion of each Member State – particularly the majority and the opposition – to be represented;
- solidarity, whereby the more populous States agree to be under-represented in order to allow the less populous States to be represented better.[36]

The Union was in fact founded with the aim of deepening "the solidarity between [its] peoples while respecting their history, their culture and their traditions".[37] The assumption of a "general interest" of the Union (Article 17(1) TEU), the autonomy of Members of Parliament from "any instructions" or "binding mandate"[38] and the broad definition of the institutional framework's tasks in Article 13(1) TEU provide examples of solidarity, which is simultaneously an aim and a condition of existence of the Union.

36 OJ, C 227 E/2007, 132, recital 5.
37 Preamble, TEU.
38 Article 6(1) Direct Elections Act of 1976.

How could common values be promoted by the Union (Article 3(1) TEU) and Member States and the Union assist each other (Article 4(3) TEU), if their relationship was not founded on the principle of joint responsibility for the common interest?

Any discussion of representation in the European Parliament focused exclusively on the mathematical correlation between citizens and seats oversimplifies the conditions governing democratic governance and overlooks the condition of existence of the Union, which is not identical to those of the Member States.

The European Parliaments Resolution stresses a specific aspect of solidarity in the context of the distribution of seats. Any truly equal distribution of the seats would, if the European Parliament is to be kept to a workable size, be detrimental to the smaller States, hence, to those whose voice runs the highest risk of not being heard. Ever since the French revolution, however, "egalite" has been valued as a symbol of protection for the weak. One may well ask whether the line taken by the institutions of a State, the number of whose inhabitants and seats in the European Parliament outweigh by far those of all other Member States, is in keeping with the foundations of the Union and with the tradition of equality as a social value when it questions the legitimacy of the European Parliament on the ground of a lack of equality (for themselves).

6. Compensation for inequalities in the voting rights for the European Parliament

Equality is a notion of social systems which are, by definition, pluridimensional insofar as they are determined by a large number of variables. Any variable, for instance equality, has to be seen in the context of the system in question. In such a system, fundamental values such as equal treatment are subordinated to higher values that must be respected. Exceptions are also tolerated in order to provide for compensation to even out the inequality. Such compensation, like justification, does not neutralize the fact of unequal treatment. Whilst, in the case of justification, inequalities have to give way to higher values, compensation is located on the same level as inequality. Compensation does not claim to be of higher value, but instead creates a zero-sum situation, whereby the effects of a disadvantage are evened out by a corresponding advantage. Insofar as political rights are concerned, compensation is an important mechanism that permits the fine-tuning of the balance within a political system. The problem of compensation within a system based on rights is the weight attributed to advantage and disadvantage. In general individuals tend to consider a disadvantage greater than its compensation.

An additional problem at the level of the European Union consists of the fact that there is little transparency and little transnational discussion of advantages and compensation.

Unequal weighing of votes for the elections to the European Parliament, and hence differences in the possible influence of European citizens on the legislation, is only part of a complex structure which is intended to give a voice to citizens in their European, national and regional identity. Only in combination do they convey a full picture of their representation in the Union. Three examples may give an idea of the multiple factors that determine any assessment of "equality" of political rights in the Union:

Members of the European Parliament act in full (legal) independence from the government of the State in which they have been elected. They are "not bound by any mandate" (Article 6(2) Direct Elections Act). Hence, they are not delegates of a Member State. They represent any citizen in the Union.[39] Members of the European Parliament neither sit nor act together with the other Members who have been elected in the same country. Members exercise their mandate within a transnational political context, according to political affinities. Accordingly, the principal actors who prepare decisions of the European Parliament are the "political groups". Those groups can only be founded by at least 25 Members coming from at least 7 Member States (one-quarter of the total number of Member States).[40] The independence of EP Members from the State of their election is of legal significance in matters of enhanced cooperation. Whilst the representatives of the States which do not participate in such cooperation are excluded from voting on issues related to that cooperation, the same issues are always decided by the entire European Parliament,[41]

The second example results from the implementing mechanism introduced for the citizens' initiative (Article 11(4) TEU). According to Article 11(4) TEU, such initiative consists of an invitation, addressed by not less than one million citizens to the European Commission, "to submit any ap-

39 See *T. Giegerich*, Europäische Verfassung und deutsche Verfassung im transnationalen Konstitutionalisierungsprozess, (Berlin/Heidelberg 2003), 213.

40 Article 30(2), EP Rules of Procedure of 2011.

41 See Article 20(3) TEU.

propriate proposal on matters where citizens consider that a legal act of the Union is required for the purpose of implementing the Treaties." Signatures have to come from "nationals of a significant number of Member States". The implementing legislation[42] has taken as reference for the calculation of the signatures required from within each Member State the distribution of seats among the Member States in the European Parliament. The quorum for each State is calculated by multiplying its number of seats by the factor 750. Annex 1 to the implementing Regulation lists the minimum number of signatures for each State (e.g. 4 500 signatures in Luxembourg, Cyprus and Malta, 72 000 in Germany, 54 750 UK and Italy). As a result, Member States with a larger number of inhabitants, Germany in particular, are granted an advantage. One could regard this result as compensation for the contrary effect of the distribution of seats among Member States in the European Parliament.

Further compensation results from the fact that the number of inhabitants of each State is relevant for the composition of both branches of the legislative body. Articles 16 TEU and 238 TFEU apply a weighing factor to the votes of the Member States in the Council, which is based on the number of inhabitants of the State in question. Contrary to many national political systems, where the composition of only one chamber of the legislative institution is based on proportional representation of the citizens, the European Union model combines weaker proportionality with its broader application and is therefore equally well equipped for adequate representation of the citizens.

7. Concluding remarks

Representation is not a static concept but a process whereby the will of the electors forms itself into the general interest of an entity.

Representation within the European Union for the purpose of decision-making is organized in a way that permits the expression of both national identity (Article 4(2) TEU) and individual European identity ("citizenship", Article 10(2) TEU). Since Members of the European Parliament are not bound by any national mandate, they are qualified to represent European citizens in their plurality.

It is true that the capability of the European Parliament to represent European citizens is less developed than the capability of a national Parlia-

42 See Regulation No 211/2011, OJ 2011 L 65, 1.

ment to represent its citizens. This relative weakness is not, however, caused by the lack of equal voting weight among EU citizens resulting from the present distribution of seats among the Member States.

The capability of an institution to represent citizens for political purposes depends on multiple factors and has strong symbolic content. Formal or mathematical elements, such as a strictly proportional electoral system and the distribution of seats in proportion to the number of inhabitants of an electoral district, may contribute to the representativity of an institution. They are, however, neither the sole nor the decisive elements of representativity. Other values may appear relevant within a given entity, e.g. a pluralist composition of the legislative institution, which grants a more significant voice to minorities. Such a pluralist conception of representation can explain the present rules for the composition and mode of designation of the European Parliament. It can also justify differences if the notion of political equality at the level of the Member States is understood.

Constitutional pluralism should encourage actors within the EU and its Member States to accept different versions of constitutional notions such as equality within their respective legal orders, rather than to cast doubt on the legitimacy of an institution simply because it is composed on the basis of criteria which are unfamiliar in one national legal order. In that event, some of the difficulties mentioned by *Ernst-Ulrich Petersmann*[43] could be resolved.

43 See *supra* note 1.

C. III. Zur Ko-Existenz von Referenden und parlamentarischer Demokratie – Das Beispiel der Ratifizierungsverfahren zur Europäischen Verfassung –*

1. Vorbemerkung: Einheitliche oder fragmentierte Legitimation der „Verfassung Europas"?

Zur „Verfassung für Europa" vom 29. Oktober 2004[1] führen 25 Pfade, jedoch kein für die Völker der Europäischen Gemeinschaft gemeinsam gangbarer Weg. Denn Art. IV-447 VVE bestimmt:„Dieser Vertrag bedarf der Ratifikation durch die hohen Vertragsparteien in Einklang mit ihren verfassungsrechtlichen Vorschriften". Das heißt, die jeweilige staatliche Verfassung und in deren Rahmen die Regierungen der Mitgliedstaaten bestimmen über das in den einzelnen Staaten einzuhaltende Verfahren.

Nur zwei Konstanten gelten für die Ratifizierungsverfahren in allen Staaten. Zum einen folgt aus allgemeinem Völkerrecht die Pflicht der Regierungen, sich redlich um den Abschluss der innerstaatlichen Verfahren zu bemühen.[2] Zum anderen legt der Vertrag ein Zieldatum für das Inkrafttreten fest (Art. IV-447 VVE: 1. November 2006) und präzisiert damit den Inhalt der von jedem Unterzeichnerstaat übernommenen Verpflichtung, die innerstaatlichen Verfahren jedenfalls so rechtzeitig einzuleiten, dass die Hinterlegung der Ratifikationsurkunde vor diesem Zeitpunkt nicht unmöglich gemacht wird.

Die Autoren der für die Europäische Union gemeinsamen Verfassung, mit der die bestehenden gemeinsamen Rechtsgrundlagen, insbesondere EUV und EGV, abgelöst werden sollen,[3] folgen damit ausschließlich dem völkerrechtlichen Vertragsschlussmodell. Das errichtet, für sich genommen, kein prinzipielles Hindernis für die Begründung der Verfassungsqualität. Doch erwächst ein grundlegendes Problem aus den rein staatlich

* Zuerst veröffentlicht in : *Kadelbach* (Hg.), Europäische Verfassung und direkte Demokratie, Baden - Baden 2006, 57 – 71.

1 ABl. EU Nr. C 310/2004, 1.

2 Dazu *Reuter,* Introduction au droit des Traites, 3. Aufl., 1995, 62.

3 Vgl. Art. 437, 438 Verfassung.

konzipierten Zustimmungsverfahren. Diese verlaufen in allen Staaten völlig losgelöst von dem Geschehen in den anderen Staaten und ohne einen Bezug auf die Gemeinsamkeit des Projekts. Die in Art. 1 VVE angesprochenen „Bürgerinnen und Bürger .... Europas" bleiben sprachlos. Um die staatenübergreifende Gemeinsamkeit und den Bedarf an gleichartiger Legitimation zu erfüllen wäre ein unionsweit wahrnehmbarer Akt, z. B. ein Referendum, die adäquate Form der Zustimmung zur Verfassung gewesen.[4] Dessen Einführung scheiterte jedoch an einer Mischung aus Angst vor dem unberechenbaren Ergebnis und Hast bei der Verabschiedung der Verfassung. Dies ist umso erstaunlicher, als es rechtlich ohne weiteres möglich gewesen wäre, den völkerrechtlichen Verfahrens-Mindeststandard um gemeinschaftliche Komponenten anzureichern. Diese hätten – wenn schon nicht in einem gemeinsamen Referendum – z.B. in dem Beschluss bestehen können, die innerstaatlichen Verfahren so weit wie möglich zu einem gemeinsamen Termin stattfinden zu lassen, jedenfalls Referenden am gleichen Tag abzuhalten und z.B. mit dem Termin der Wahl des Europäischen Parlaments zu verbinden.[5]

Als Modell für einen derartigen gemeinsamen Akt der europäischen Völker hätte das bereits geltende Verfahren zur Wahl des Europäischen Parlaments dienen können.[6] Darin wird ein gemeinsamer Wahltermin festgelegt, im Übrigen jedoch den Mitgliedstaaten die nähere Ausgestaltung überlassen.[7] Zwar konnte auch ein gemeinsamer Wahltermin bisher nicht verhindern, dass innenpolitische Erwägungen die Wahl in den einzelnen Staaten bestimmen, doch liefert die sichtbare transnationale Dimension der Wahl den entscheidenden legitimatorischen Mehrwert. Bei dem vollständig fragmentierten Verfahren zur Annahme der Europäischen Verfassung bleibt

---

4 Dazu grundlegend und speziell unter Hinweis auf die Einheitlichkeit der Legitimation, *Epiney*, Le Referendum Européen, in: *Auer/Flauss* (ed.), Le Referendum Européen, 1997, 287 (299). Kritisch und mit Nachweisen zu entsprechenden Vorschlägen für ein Referendum zur EU-Verfassung *Peters*, Europäische Öffentlichkeit im europäischen Verfassungsprozess, EuR 2004, 375–392.

5 In seiner Entschließung v. 24. September 2003 zur Einberufung der Regierungskonferenz hatte das EP empfohlen, Referenden nach Möglichkeit auf einen einzigen Tag zu legen. ABl. C 77 E /2004, 110, Ziff 40. Unzutreffend behauptet – und kritisiert – *Fischer*, das EP habe gefordert, die Referenden am 9. Mai 2004 abzuhalten, *Fischer*, Der Europäische Verfassungsvertrag, 2005, 36, Anm. 50.

6 Akt v. 20. September 1976, ABl. L 278/1976, 5, i.d. F. v. 23. September 2002, ABl. L 283/2002, 1.

7 Art. 8 und 10 des Akts v. 20. September 1976 (Fassung 2002).

dagegen ihr zentraler Wert, die Gemeinsamkeit des Projekts, ungenutzt.[8] Dieser Mangel trug zum negativen Ausgang der Referenden in Frankreich und den Niederlanden im Mai/Juni 2005 bei.

Besonders problematisch ist unter diesen Umständen die Verknüpfung der Zustimmung mit Referenden. Dies gilt zum einen wegen der Verstärkung der Fragmentierung, die aus dem Umstand erwächst, dass in einzelnen Staaten die Bürger unmittelbar über die Verfassung abstimmen, in anderen Staaten diese Möglichkeit dagegen nicht besteht. Zum anderen bilden repräsentative Demokratie und unmittelbare Mitwirkung der Bürger an den sie betreffenden Entscheidungen konzeptionell ein Gegensatzpaar mit Folgen für die Vorhersehbarkeit und Legitimation der getroffenen Entscheidung:

Im Falle der parlamentarischen Zustimmungsverfahren enthält die Unterschrift der Regierung unter den Vertrag gleichzeitig eine Aussage über das wahrscheinliche (positive) Ergebnis des Ratifizierungsprozesses, denn die Regierung repräsentiert die jeweilige parlamentarische Mehrheit. Dagegen ist bei einer an das Ergebnis eines Referendums gekoppelten Ratifizierung das Ergebnis ungewiss, jedenfalls entzieht es sich dem unmittelbaren Einflussbereich der Regierung. Da die Verfassung weder eine provisorische Anwendbarkeit noch ein Inkraftsetzen vor deren Ratifizierung durch den letzten Staat vorsieht, sie also nach dem Prinzip „alles oder nichts“ konstruiert ist, genügt ein negatives Referendum in einem einzigen Staat, um das gesamte Projekt – jedenfalls in seiner ursprünglich angelegten Konzeption – zum Scheitern zu bringen. Dem im Rahmen einer Volksabstimmung unmittelbar artikulierten Willen der Bürger eines Staates kommt somit eine viel größere Wirkung zu als dem Willen der Bürger, die sich im Rahmen einer repräsentativen Demokratie lediglich über die Zusammensetzung des der Verfassung zustimmenden Parlaments äußern konnten. Ein derartiges Ungleichgewicht der Stimmen ist vergleichbar mit den unterschiedlichen Auswirkungen von Mehrheits- und Verhältniswahl. Solange sich dieser Unterschied nur im Vergleich unverbundener staatlicher Wahlsysteme bemerkbar macht, bleibt er ohne unmittelbare Folgen. Sobald aber mit derartigen Systemunterschieden transnationale Gremien bestellt oder Entschei-

8 In seiner Entschließung zur Regierungskonferenz 1996 hatte das EP ein unionsweites Referendum mit folgender Begründung gefordert:„Es sollte erwogen werden, ein unionsweites Referendum zur Ratifizierung aller Vertragsbestimmungen abzuhalten, da es sich in diesem Fall um eine Kollektiventscheidung handelt, die ganz Europa betrifft“. Das EP hielt allerdings gleichzeitig stattfindende Referenden als eine geeignete Alternative. Entschließung v. 17. Mai 1995, ABl. C 151/1995.

dungen getroffen werden sollen, entfalten die Unterschiede unmittelbare Auswirkungen für die politischen Kräfteverhältnisse. Zutreffend wurde für die Wahl des Europäischen Parlaments daher einheitlich die Verhältniswahl vorgeschrieben.[9] Wie zahlreiche parlamentarische Demokratien belegen, können Referenden bzw. Volksabstimmungen durchaus mit Formen der repräsentativen Demokratie koexistieren. Das setzt allerdings voraus, dass diese Ko-Existenz normativ strukturiert ist. Die Verfassung enthält dazu erste doch insgesamt nur unzureichende Vorgaben (Art. 47 Abs. 4 VVE).

Das Fehlen von Mechanismen zur Schaffung gleichgewichtiger und gemeinsamer Legitimierungsgrundlagen bildet einen gravierenden Mangel der Verfassung, der die Abhaltung von Referenden über die Verfassung in einzelnen Staaten keineswegs verhindern konnte.[10]

2. Referenden und Volksbefragungen in den Verfassungen der EU-Staaten

Die jüngeren Verfassungen der meisten Staaten Europas nützen die Vorteile und mindern die Schwächen des jeweiligen Demokratiekonzepts, indem sie Elemente repräsentativer und partizipativer Demokratie verbinden. Die Kombination aus mittelbarer und unmittelbarer Legitimation hoheitlichen Handelns erscheint geradezu als gemeinsames Kennzeichen moderner Staatsverfassungen.[11]

Für das Verfahren sehen die Verfassungen der Mitgliedstaaten verschiedene Modalitäten einer unmittelbaren Beteiligung der Bürger mit unterschiedlicher rechtlicher Tragweite vor.[12] Zu unterscheiden ist zwischen Referenden, die einen obligatorischen Teil im staatlichen Zustimmungsverfahren bilden und Volksbefragungen, die formal nur eine konsultative Funkti-

9 Art. 8 des Akts v. 20. September 1976 (Fassung 2002).

10 *Zuleeg* lässt bei seiner Ablehnung eines gemeinsamen Referendums über die Verfassung diesen Umstand unberücksichtigt in: *v. Bogdandy* (Hg.), Europäisches Verfassungsrecht, 2003, 931 (952). Aus anderen Gründen kritisch zu Referenden über die EU-Verfassung: *Peters*, Referendums on the Constitutional Treaty 2004: A citizens' voice?, in: *Kellermann* (ed.): The EU-Constitution: The best Way Forward?, 2005.

11 In der wissenschaftlichen Literatur speziell Deutschlands werden repräsentative und unmittelbare Demokratie zumeist als antagonistische Konzepte dargestellt. Dabei geraten die Vorzüge von Kombinationsmodellen aus dem Blickfeld, z. B. bei *Schmidt*, Demokratietheorien, 3. Aufl., 2000, 355–374.

12 Rechtsvergleichende Nachweise bei *Auer/Flauss* (Fn. 4); *Grote*, Direkte Demokratie in den Staaten der Europäischen Union, Staatswissenschaften und Staatspraxis 1996, 317–363; *Luthardt*, Direkte Demokratie, 1994; *Körkemeyer*, Direkte Demokratie und Europäische Integration, 1995.

on erfüllen. Allerdings wird das Instrument der – rechtlich unverbindlichen – Volksbefragung vor allem eingesetzt, um das jeweilige Parlament von der politischen Verantwortung zu entlasten. Jedenfalls im Zusammenhang mit der Europäischen Verfassung haben sich die betroffenen Parlamente in unterschiedlicher Weise zu einer Respektierung des Ergebnisses der Volksbefragung verpflichtet, so dass die Wirkung der nur konsultativen Referenden jener der obligatorischen Referenden entspricht. Allerdings könnte der Unterschied in Fällen der Ablehnung Bedeutung erlangen. Denn die Wiederholung einer negativ verlaufenen konsultativen Volksbefragung dürfte einfacher zu verwirklichen sein.

3. Referenden und Volksbefragungen zur EU-Verfassung

Die deutliche Mehrheit der EU-Mitgliedstaaten (19 von 25) kann im Rahmen ihrer jeweiligen Verfassungen Referenden oder Volksbefragungen zur EU-Verfassung abhalten.[13] Jedoch machen nur zehn Staaten von dieser Möglichkeit Gebrauch. Die Entscheidung zwischen einem allein parlamentarischen Ratifizierungsverfahren und einem Verfahren, das (auch) eine unmittelbare Mitwirkung des Volkes vorsieht, ist nur in einem einzigen Staat – Irland – zwingend zugunsten eines Referendums von der Verfassung vorgegeben. In allen anderen Staaten, die ein Referendum oder eine Volksbefragung abhalten, ist dieses Vorgehen nach der Verfassung zwar möglich, doch wurde die Entscheidung für das Referendum aus praktisch-politischen Erwägungen heraus getroffen, wobei Faktoren der jeweiligen Innenpolitik eine erhebliche Rolle spielen.

a) Die fünfzehn Staaten mit ausschließlich parlamentarischer Zustimmung zur EU- Verfassung

Die Verfassungen von nur sechs Staaten (Deutschland, Italien, Belgien, Zypern, Estland und Malta) sehen für derartige Akte keine Volksbefragung oder Referenden vor. Ob gleichwohl durch Gesetz eine entsprechende Möglichkeit geschaffen werden kann, ist in den verschiedenen Staaten umstritten, wurde aber im Zusammenhang mit der Ratifizierung der EU-Verfassung nicht entschieden. Diese Staaten führten ausschließlich parlamen-

---

13 Zur bisherigen Praxis: *Rideau,* Les référendums nationaux dans le contexte de l'intégration européenne in: *Auer / Flauss* (Fn. 4), 81–113.

tarische Zustimmungsverfahren zur Verfassung durch. In Italien wurde die Zustimmung im April 2005 erteilt. In Deutschland erging sie im Mai 2005. Kurzzeitig wurden im Bundestag – letztlich erfolglose – Erwägungen angestellt, eine Volksbefragung zu organisieren. Ein entsprechendes Gesetz wäre im Rahmen von Art. 20 Abs. 2 GG möglich gewesen. Die im Bundestag vertretenen Parteien konnten sich jedoch weder auf ein spezielles Gesetz, noch auf eine Verfassungsänderung einigen, die Volksbefragungen in Deutschland allgemein eingeführt hätten. Belgien, Zypern und Malta beendeten die jeweiligen Ratifizierungsverfahren mit parlamentarischer Zustimmung bis zum Juli 2005.

Von den neun weiteren Staaten, die der Verfassung ausschließlich im Wege des parlamentarischen Verfahrens zustimmen, hätten sechs Staaten aufgrund ihrer Verfassung ein bindendes Referendum abhalten können: Griechenland,[14] Lettland,[15] Litauen,[16] Slowakei,[17] Slowenien,[18] Ungarn.[19] Von diesen Staaten hatten im Juli 2005 Griechenland, Lettland, Litauen, Slowakei, Slowenien und Ungarn das Zu stimmungsverfahren ausschließlich aufgrund eines parlamentarischen Votums ab geschlossen. Die Entscheidung, kein Referendum abzuhalten, beruhte in den neuen Mitgliedstaaten offenbar auf der Erwägung, dass die dort im Jahr 2003 veranstalteten Referenden über den Beitritt zur EU auch die parlamentarische Zustimmung zur Verfassung hinreichend legitimierten.

Im Verfassungssystem Griechenlands bildet das Referendum ein Instrument für ganz außergewöhnliche Situationen, die bei der Ratifizierung der EU-Verfassung nicht als gegeben angesehen wurden.

Drei Staaten hätten ein Referendum mit konsultativer Wirkung – also eine Volksbefragung – veranstalten können, haben dies jedoch für die EU-Verfassung nicht vorgesehen: Finnland,[20] Österreich[21] und Schweden.[22] Auch in diesen Staaten erfolgten Volksbefragungen im Zusammenhang mit dem Beitritt zur EU (1994). In Schweden hatte außerdem im Jahre 2003 eine Volksbefragung mit ablehnendem Ausgang zur Übernahme des

14 Dazu näher Art. 44 Abs. 2, Verfassung v. 11. Juni 1975.
15 Art. 68 Abs. 4 Verfassung v. 15. Februar 1992.
16 Art. 9, Verfassung v. 25. Oktober 1992.
17 Art. 93 Abs. 2 Verfassung v. 3. September 1992.
18 Art. 90, Verfassung vom 23. Dezember 1991.
19 Art. 26 Abs. 6; 28 b-c) Verfassung v. 31. Dezember 1990.
20 Art. 53 Verfassung v. 11. Juni 1999.
21 Art. 49 b), Verfassung v. 10. November 1920.
22 Kap. VIII § 4 der Verfassung v. 1. Januar 1975.

Euro als Währung stattgefunden. Bis zum Juli 2005 hat von diesen Staaten Österreich das Zustimmungsverfahren abgeschlossen.

b) Die zehn Staaten mit Volksbefragung oder Referendum zur Europäischen Verfassung

Bei diesen Staaten sind nach rechtlicher Grundlage und Bindungswirkung *fünf Gruppen* zu unterscheiden:

aa) Obligatorisches Referendum

Die für Irland verbindlichen Grundlagenverträge der EG/EU sind in Art. 29 Abs. 3 und 4 der Verfassung einzeln aufgezählt. Eine Ersetzung oder/und eine Ergänzung dieser Aufzählung durch Hinzufügung des Vertrags über die EU-Verfassung gebietet daher nach irischem Recht eine Verfassungsänderung. Diese bedarf gemäß Art. 46 der Zustimmung beider Kammern des Parlaments und anschließend einer Billigung durch das Volk. *Irland* ist damit der einzige Staat, in dem keine Alternative zu einer Volksabstimmung über die Verfassung existiert.[23] Entsprechend ist Irland das Land, in dem (neben Dänemark) die bisher größte Zahl von Referenden (sechs) über die Beziehungen Irlands zur EU stattfand.[24] Nur die erste Abstimmung über den Vertrag von Nizza hatte ein negatives Votum erbracht. Ein Jahr später wurde der Vertrag unverändert dem Volk erneut zur Abstimmung vorgelegt und nach einem massiven Engagement von Regierung und Parteien - im zweiten Anlauf - gebilligt.[25] Der Termin des irischen Referendums zur EU-Verfassung liegt noch nicht fest, erwartet wird eine Abstimmung für den Winter 2005/2006.

---

23 Missverständlich *Peters* (Fn. 4), Ziff. 2.2.

24 1972: EG-Beitritt (83 % Ja); 1987: Einheitliche Europäische Akte (70 % Ja); 1992: EU Vertrag (60 % Ja); 1998: Vertrag von Amsterdam (62 % Ja); 2001: Vertrag von Nizza (46 % Ja, 54 % Nein); 2002: Vertrag von Nizza (Wiederholung) (63 % Ja).

25 Ausführlich zu den Folgen der ersten Ablehnung *Hummer/Obwexer*, Irlands „Nein zu Nizza“: Konsequenzen aus dem negativen irischen Referendum vom 7. Juni 2001, integration 2001, 237–249.

bb) Referendum als Alternative zur qualifizierten parlamentarischen Zustimmung

Bei einer zweiten Gruppe von Staaten kann das Referendum als Alternative (mit bindender Wirkung) zu dem Erfordernis einer qualifizierten parlamentarischen Zustimmung genutzt werden. Diese besondere verfassungsrechtliche Konstellation besteht in *Dänemark* und sie kann in *Frankreich* auftreten. Allerdings wurde in beiden Staaten das Referendum nicht in dieser besonderen verfassungsrechtlichen Konstellation, sondern auf Grund einer politischen Entscheidung von Staatspräsident bzw. Regierung beschlossen. In Dänemark können gemäß § 20 der Verfassung Hoheitsbefugnisse auf „zwischenstaatliche Behörden" übertragen werden. Auf diese Bestimmung waren der EG-Beitritt und die nachfolgenden Vertragsänderungen gestützt. § 20 Abs. 2 bezeichnet als regelmäßiges Erfordernis zur Annahme einer entsprechenden Gesetzesvorlage eine Mehrheit von fünf Sechsteln der Mitglieder des Folketing. Nur wenn statt dieser qualifizierten Mehrheit lediglich die einfache zur Gesetzgebung erforderliche Mehrheit erreicht wird, muss die Regierung einen Volksentscheid ansetzen. Doch müsste trotz Erreichens der nach § 20 erforderlichen qualifizierten Mehrheit dann ein Referendum stattfinden, wenn ein Drittel der Mitglieder des Folketings dies gemäß § 42 der Verfassung beantragt. Außerdem sieht Art. 42 Abs. 6 der Verfassung vor, dass durch besonderes von der Regierung eingebrachtes Gesetz Ratifizierungsgesetze zu internationalen Verträgen einem Referendum unterworfen werden können. In diesem Fall erübrigt sich die Notwendigkeit einer qualifizierten (5/6) Mehrheit im Parlament. Die dänische Regierung hat bereits ein Referendum über die Ratifizierung der EU-Verfassung für den 27. September 2005 angekündigt, das auf Art. 42 Abs. 6 der Verfassung gestützt ist.[26]

In *Frankreich* erfordert die vor einer Ratifizierung der EU-Verfassung notwendige Verfassungsänderung[27]entweder eine mit der Mehrheit von 3/5 zu erteilende Zustimmung der gemeinsam als „Kongress" tagenden beiden Kammern des Parlaments oder die einfache Mehrheit jeder der getrennt befassten beiden Kammern und zusätzlich ein positives Referendum. Der französische Staatspräsident hat die Verfassungsänderung dem

---

26 Zu den Besonderheiten der Europa-Referenden in Dänemark *Rasmussen,* in: *Auer/ Flauss* (Fn. 4), 115–121.

27 Conseil Constitutionnel, Décision 2004–505 DC, JO RF v. 24. November 2004, 19885; deutsch in: EuR 2004, 911–920.

Kongress unterbreitet. Die erforderliche Mehrheit wurde erreicht.[28] Die Veranstaltung eines Referendums im Zusammenhang mit der Europäischen Verfassung wäre also in Frankreich auf Grund zwingender Vorschriften nicht erforderlich gewesen. Der französische Staatspräsident hat jedoch von seinem *daneben* bestehenden Vorrecht Gebrauch gemacht, gemäß Art. 11 der französischen Verfassung jeden Gesetzentwurf zum Volksentscheid zu bringen. Dies ist hinsichtlich des Gesetzes über die Ratifizierung der Verfassung geschehen.[29] Das Referendum erfolgte am 29. Mai 2005. 54,67 % der Abstimmenden lehnten die Ratifizierung der Verfassung ab.

Während in *Dänemark* das Erreichen der qualifizierten parlamentarischen Mehrheit für die Ratifizierung der EU-Verfassung ungewiss ist, wäre nach der erfolgreichen Verfassungsänderung das Referendum in Frankreich rechtlich keineswegs geboten gewesen. Die Entscheidung des Präsidenten zugunsten eines Referendums dürfte vor allem innenpolitisch motiviert sein. Entsprechend groß war das Risiko eines anhand innenpolitischer Motive bestimmten Ausgangs der Abstimmung.

cc) Fakultative Referenden

Bei der dritten Staatengruppe muss ein Referendum durchgeführt werden, wenn Parlament, Regierung, Präsident oder eine parlamentarische Minderheit dies beantragen. Auch hier ist das Referendum bindend. Neben den bereits in Gruppe b) er wähnten Referenden auf Antrag einer parlamentarischen Minderheit (Dänemark), oder auf Beschluss des Staatspräsidenten gemäß Art. 11 der französischen Verfassung sind diese Konstellationen für *Polen, Portugal* und *Tschechien* gegeben.

In Polen sieht Art. 125 der Verfassung vom 2. April 1997 vor, dass die Hälfte der Mitglieder des Parlaments oder der Staatspräsident mit Zustimmung des Senats die Abhaltung eines Referendums beantragen können. Dies gilt insbesondere für die Zustimmung zu internationalen Abkommen.[30] Gemäß Art. 125 ist das Ergebnis eines Referendums nur gültig, wenn sich mehr als die Hälfte der Wahlberechtigten beteiligt. Wird das Quorum nicht erreicht, dann kann das Parlament die Ratifizierung allein genehmi-

28 Loi constitutionnelle n° 2005–204 v. 1. März 2005, JO RF Nr. 51 v. 2. März 2005, 3696. Diese Entwicklung konnte in dem Aufsatz von *Peters* (Fn.4) nicht mehr berücksichtigt werden. Daher dort abweichende Darstellung in Ziff. 2.2.

29 Dekret Nr. 2005–218 v. 9. März, JO RF Nr. 58 v. 10 März 2005, 3984.

30 Art. 90 Abs. 3 der Verfassung.

gen. Hinsichtlich der EU-Verfassung besteht Übereinstimmung zwischen den politischen Kräften und Institutionen, die Zustimmung einem Referendum zu unterwerfen. Dieses soll im Jahre 2006 stattfinden.

Ähnlich wie in Polen können auch in Portugal Fragen von „erheblichem nationalen Interesse“ zum Gegenstand eines Referendums mit bindender Wirkung gemacht werden, sofern der Präsident der Republik einem entsprechenden Vorschlag von Regierung oder Parlament stattgibt. Internationale Abkommen gehören zu dieser Kategorie.[31] Eine – seltene – Bestimmung über die Möglichkeit der Wiederholung eines ablehnend verlaufenen Referendums enthält Art. 115 Abs. 8. Danach können derartige Volksentscheide nicht während derselben Legislaturperiode wiederholt werden. Die Regierung Portugals hatte die Abhaltung eines Referendums zur Ratifizierung der EU-Verfassung angekündigt. Als Termin war der Juni 2005 geplant.

In der *Republik Tschechien* ermöglicht Art. 2 Abs. 3 der Verfassung die unmittelbare Ausübung der Hoheitsgewalt in den durch Verfassungsgesetz festgelegten Bedingungen. Ein derartiges Gesetz – das theoretisch auch die Einführung von Volksbefragungen mit nur konsultativer Wirkung vorsehen könnte – wurde bisher nicht erlassen. Jedoch sieht Art. 10 a hinsichtlich der Übertragung von Hoheitsbefugnissen auf internationale Einrichtungen die Möglichkeit vor, durch besonderen Verfassungsakt die Zustimmung zur Übertragung an ein Referendum zu knüpfen. Ein derartiger Beschluss ist bisher nicht ergangen. Fehlt er, so bedarf es einer Mehrheit von 3/5 in beiden Kammern des Parlaments, um die Zustimmung zur Ratifizierung zu erteilen.[32] Die Mehrheit der politischen Parteien hat bisher ein Referendum angekündigt. Es soll im Frühjahr 2006 stattfinden.

In *Luxemburg* sieht Art. 51 Abs. 4 der Verfassung die Möglichkeit vor, in den vom Gesetz näher zu bestimmenden Fällen, ein Referendum abzuhalten. Ein Ausführungsgesetz zu dieser Bestimmung wurde 2005 verabschiedet.[33] Da nach der Erklärung des luxemburgischen Premierministers bei der Vorlage des entsprechenden Gesetzentwurfs im Jahre 2003 das Referendum keine rechtliche Bindungswirkung für das Parlament haben sollte,[34]

31 Art. 115 der Verfassung v. 20. September 1997.

32 Art. 49, 39 Abs. 4 Verfassung v. 16. Dezember 1992 i.d.F. v. 18. Oktober 2001.

33 Mémorial Grand Ducal A-27/2005, 548.

34 Erklärung von Premierminister *Juncker* zur Lage der Nation 2003: „Le résultat n'aura certes pas force obligatoire pour la Chambre, mais il aura politiquement parlant une nette incidence“. Quelle: Internet – Site: Le Gouvernement du Grand Duché de Luxembourg: Le référendum.

wird es hier der Kategorie „Volksbefragung“ zugeordnet (dazu nachfolgend, Abschnitt d).

dd) Volksbefragungen auf Grund der Verfassung

Ausdrücklich vorgesehen sind Volksbefragungen mit konsultativer Wirkung in der Verfassung von zwei Staaten: *Spanien* und *Luxemburg*.

In Spanien hätte gemäß Art. 187 Abs. 3 der Verfassung vom 29. Dezember 1978 eine Volksabstimmung mit bindender Wirkung stattfinden können, wenn vor Annahme der EU-Verfassung eine Änderung der spanischen Verfassung erforderlich gewesen wäre und ein Zehntel der Mitglieder beider Kammern dies beantragt hätte. In einer Entscheidung vom 13. Dezember 2004 hielt das spanische Verfassungsgericht jedoch eine Verfassungsänderung zum Zwecke der Ratifizierung der EU Verfassung nicht für erforderlich. Gleichwohl kann gemäß Art. 92 zu „politischen Entscheidungen von besonderer Tragweite“ eine – konsultative – Volksbefragung erfolgen. Sie wird vom Premierminister vorgeschlagen und von der Abgeordnetenkammer gebilligt. Dieser Weg wurde in Spanien beschritten.[35] Entsprechend fand am 20. Februar 2005 das erste Referendum über die EU-Verfassung statt. Mit 76 % „Ja“-Stimmen erhielt die Verfassung in Spanien eine deutliche unmittelbare Legitimation. Das spanische Parlament stimmte daraufhin am 28. April 2005 der Ratifizierung zu.

Ein Referendum gemäß Art. 51 der Verfassung wurde von der Regierung *Luxemburgs* bereits 2003 angekündigt. Nach den Erklärungen des Premierministers hat dieses Referendum keine verpflichtende Wirkung für das Parlament.[36] Diese Abstimmung erfolgte am 10. Juli 2005, sie erbrachte eine klare Mehrheit (56,52 %) für die Ratifizierung der Verfassung.

ee) Volksbefragungen ohne ausdrückliche verfassungsrechtliche Grundlagen

Besonderes Interesse verdienen die Verfahren in jenen Staaten, die Volksbefragungen zur EU-Verfassung durchführen, ohne dass dafür eine eindeutige

35 Kongress der Abgeordneten, Protokoll der Sitzung v. 11. Januar 2005, 8. Legislaturperiode Nr. 63, 2996.

36 S. o. Anm. 34.

verfassungsrechtliche Grundlage bestünde. Dies gilt für die *Niederlande* und das *Vereinigte Königreich.*

In den *Niederlanden* wurde auf Initiative der Regierung am 25. Januar 2005 ein Gesetz beschlossen, das speziell zur Ratifizierung der EU-Verfassung eine Volksbefragung vorsieht. Die Abstimmung erfolgte am 1. Juni 2005. Die Mehrheit der Abstimmenden (61,6 %) lehnte die Ratifizierung ab. Der Regierungschef hat erklärt, die Regierung werde das Ergebnis respektieren.

Subtiler ist die Konstruktion im *Vereinigten Königreich.* Dort hat das Unterhaus am 25. Januar 2005 mit großer Mehrheit dem „European Union Bill" zugestimmt.[37] Rechtstechnisch gesehen handelt es sich dabei um ein Gesetz zur Änderung des „European Community Act" von 1972 und zur Übernahme der Verfassung in englisches Recht. *Außerdem* bestimmt das Gesetz in einem gesonderten Teil 3 die Abhaltung eines Referendums über die Zustimmung zur Verfassung. Schließlich bestimmt das Gesetz in Teil 4, Abschnitt 10 IV, dass die Teile des Gesetzes, mit denen die Verfassung in staatliches Recht übernommen wird, erst zu einem *von der Regierung* zu bestimmenden Termin in Kraft treten. Eine förmliche Verbindung zwischen dem Ergebnis des Referendums und der Erklärung der Regierung stellt das Gesetz nicht her. Gleichwohl ist die Ermächtigung der Regierung zur Ratifizierung an die Erwartung geknüpft, diese werde nur im Falle eines zustimmenden Referendums erfolgen. Die abschließende parlamentarische Behandlung des Gesetzes und der Termin des Referendums sind offen.

4. Der Dualismus von repräsentativer und partizipativer Demokratie in der EU Verfassung

Das im europäischen Recht und in der Verfassung angelegte Demokratieverständnis ist scheinbar von einem Paradox bestimmt: Gleichzeitig mit einer immer deutlicheren Bekräftigung des *repräsentativen Charakters* der Demokratie auf Ebene der Union erfahren die Rechte der Bürger durch eine *unmittelbare Beteiligung* an der Tätigkeit der Organe Verstärkung. Den Höhepunkt dieser Entwicklung bilden die gleichzeitig formulierten Postulate der repräsentativen *und* der „partizipativen" Demokratie in Art. 46 und 47 der Verfassung. Das scheinbare Paradox spiegelt die bereits erwähnte parallele Entwicklung im Verfassungsrecht der europäischen Staaten

37 House of Commons, Bill Nr. 45/2005.

zu einem Verfassungsmodell, das beide Demokratieformen nicht als unterschiedliche Herrschaftsmodelle, sondern als prinzipiell kompatible Modalitäten bürgerlicher Selbstbestimmung, also des Kerns der demokratischen Idee versteht.[38] Unter diesen Umständen liegt es nahe, auch im Rahmen der Union die Bürger nicht nur als „Rechtsunterworfene" und „Repräsentierte", sondern als unmittelbare Träger der Union wahrzunehmen. Mit dieser Sichtweise überraschte der EuGH bereits früh die Regierungen der Mitgliedstaaten bei Gelegenheit der Rechtsprechung zur unmittelbaren Wirkung einzelner Vertragsbestimmungen im Verhältnis zwischen Bürgern und Staaten. So formulierte er im Jahre 1963, dass „Rechtssubjekte (der Gemeinschaft) nicht nur die Mitgliedstaaten, sondern auch die Einzelnen (sind)".[39]

Das Potenzial dieser Rechtsprechung im Rahmen der EU blieb allerdings lange Zeit unerkannt, denn die Geltendmachung der individuellen Rechtsstellung betraf auf den ersten Blick das Verhältnis zwischen Bürgern und Staaten. Da aber die Staaten gleichzeitig die wesentlichen Repräsentanten der Bürger im EU-Entscheidungsprozess waren, konnte es auf die Dauer nicht ausbleiben, dass die eigenständige Rechtssubjektivität der Bürger zunächst das Monopol der Repräsentation durch Staaten und später die Exklusivität der nur vermittelten Beziehungen zwischen EU und Bürgern in Frage stellte. Die seit den achtziger Jahren einsetzenden Bemühungen um die Schaffung eines „Europas der Bürger" markieren den Beginn dieser Entwicklung, die in der Einfügung eines europäischen Bürgerrechts in die Verträge eine erste Konsolidierung erfuhr.[40]

Gleichzeitig mit der Entfaltung unmittelbarer Rechte der europäischen Bürger ergingen mehrere Erklärungen europäischer Staats- und Regie-

38 Ausführlich zu diesem Demokratieverständnis und zu dessen Gegensatz, dem institutionellen – auf die Herrschaftsgewalt bezogenen – Demokratiekonzept, *Schliesky*, Der lange Weg von Athen nach Thessaloniki: welchem Demokratiemodell folgt der Entwurf des Europäischen Verfassungsvertrags?, EuR 2004, 124 -131.

39 EuGH, Rs. C-26/62 (van Gend & Loos), ECLI:EU:C:1963:1.

40 Art.17 – 22 EGV, eingefügt durch den Vertrag von Maastricht (1992). Darin wurden insbesondere das Recht auf Zugang zu den Institutionen der EU, das Petitionsrecht und das Recht zur Befassung des Bürgerbeauftragten vertraglich begründet.

rungschefs, in denen der „parlamentarische“[41] bzw. „repräsentative“[42] Charakter der Demokratie betont wurde.

Der Vertrag über die Verfassung Europas ordnet erstmals ausdrücklich beide Konzepte einander zu, indem er unter der Überschrift „Das demokratische Leben der Union (Teil I, Titel VI) in Art. 46 betont: „Die Arbeitsweise der Union beruht auf der repräsentativen Demokratie“, andererseits in Artikel 47 die „partizipative Demokratie“ als scheinbar gleichgewichtiges Prinzip daneben stellt. Jedoch wird aus der Systematik von Art. 46 und der dort bereits in Abs. 4 genannten Mitwirkungsrechte der Bürger deutlich, dass nach dem Konzept der Verfassung die Teilhaberechte dem Prinzip der Repräsentation nachgeordnet sind.

Diese Hierarchisierung wird auch an der neu eingeführten Möglichkeit der Gesetzgebungsinitiative durch eine Million EU-Bürger deutlich (Art. 47 Abs. 4 VVE).

Diese Initiative ist nicht dazu bestimmt, ganz oder teilweise an die Stelle der Ausübung entsprechender Rechte durch die Institutionen zu treten. Das formelle Initiativrecht der Kommission im Gesetzgebungsverfahren bleibt auch im Falle der Initiative bestehen. Dennoch belegen eine Vielzahl neuer von der Verfassung garantierter individueller Rechte gegenüber den Institutionen, dass sich deren Tätigkeit – ganz im Sinne der Rechtsprechung des EuGH in der Rs. van Gend & Loos[43] und des Art. 1–1 Abs. 1 VVE – auch unmittelbar auf den Willen der Bürger stützt. Dies wird z.B. an dem nunmehr als individuelles Grundrecht ausgestalteten Prinzip der„guten Verwaltung“ deutlich (Art. 11–101 VVE). Weitere Instrumente zur unmittelbaren Teilnahme an dem Handeln der Union erwachsen aus der Anerkennung der Funktion von europäischen Parteien (Art. 1–46 Abs. 4 VVE), Verbänden und der Zivilgesellschaft (Art. 1–47 Abs. 1 u. 2 VVE) als Akteure im Integrationsprozess. Deutlicher als bisher sind schließlich auch die Verpflichtungen der Organe zu öffentlichem Handeln und öffentlicher Zugänglichkeit formuliert (Art. 1–50, 11–102 VVE).

---

41 Erklärung der Staats- und Regierungschefs v. 8. April 1978 zur Demokratie („Erklärung von Kopenhagen“), Bull. EG Nr. 3/1978, 5: „Die Regierungschefs bekräftigen(..) ihren Willen (...) die Prinzipien der parlamentarischen Demokratie (..) zu schützen“.

42 „Charta von Paris für ein neues Europa“, angenommen am 21. November 1991 von den Staats und Regierungschefs der KSZE-Staaten: „Demokratische Regierung gründet sich auf dem Volkswillen, der seinen Ausdruck in regelmäßigen, freien und gerechten Wahlen findet“. „Demokratie (ist) ihrem Wesen nach repräsentativ und pluralistisch“, Bull. EG Nr. 11/1990, 128.

43 S.o. Anm. 39.

Die Verfassung artikuliert damit erstmals die Umrisse eines dualen Demokratiekonzepts. Dabei bedarf der auf die unmittelbare Beteiligung der Bürger bezogene Bereich noch der Präzisierung, vor allem auch der praktischen Erprobung. Ein reifes Modell dualer Demokratie auf Ebene der EU wird erst in mehreren Schritten gefunden werden. Bedeutsam ist jedoch, dass diese Entwicklung parallel – wenn auch zeitlich versetzt – zu einem entsprechenden Verfassungswandel in der großen Mehrheit europäischer Staaten verläuft.

5. Schlussbemerkung

Die „Verfassung für Europa" sieht als Voraussetzung für ihr Inkrafttreten lediglich die Befolgung der zur Ratifizierung internationaler Verträge erforderlichen innerstaatlichen Verfahren vor. Eine unmittelbare Mitwirkung der europäischen Bürger ist nicht erwähnt.

Aufgrund einzelstaatlicher politischer Entscheidungen, die nur ganz ausnahmsweise rechtlich geboten sind, werden in zehn Staaten die Bürger zur Abstimmung über die Verfassung aufgerufen. Zwar bezeichnet diese Zahl nur eine Minderheit der EU – Mitgliedstaaten, doch umfassen diese Staaten die Mehrheit der Bürger der Union (257 von insgesamt 458 Millionen).

In insgesamt 17 Staaten hätten verfassungsrechtliche Voraussetzungen für ein Referendum bestanden, zwei weitere Staaten haben entsprechende Möglichkeiten ad – hoc geschaffen. Berücksichtigt man, dass die Verfassungsbestimmungen über Referenden bzw. Volksbefragungen in sieben neuen sowie sechs alten EU – Mitgliedstaaten erst während der letzten 20 Jahre eingeführt bzw. konkretisiert worden sind, so lässt sich eine deutliche Tendenz zur Entwicklung eines dualen Demokratiemodells ausmachen, das aus repräsentativen und unmittelbaren Mitwirkungsrechten der Bürger besteht. Der Ausbreitung dieser Komponente eines gemeineuropäischen Verfassungsrechts werden sich auf Dauer auch jene sechs Staaten nicht verschließen können, die Referenden und Volksbefragungen bisher ablehnen.

Die Verfahren zur Billigung der EU – Verfassung wirken als Katalysator für dieses gemeineuropäische Verfassungsrecht. Einstweilen führen jedoch die Wege zur EU – Verfassung durch das Gestrüpp unterschiedlicher staatlicher Regeln, die wegen des Nebeneinanders von parlamentarischer und unmittelbarer Zustimmung den Bürgern einen ungleichgewichtigen Einfluss ermöglichen. Selbst wenn die Ratifizierungsverfahren nach dieser fragmentierten und staatszentrierten Methode erfolgreich abgeschlossen werden können, wird die qualitative Differenz der Legitimation erst in längerer Verfassungspraxis verbleichen. Wie die immer wieder neu aufflackernde Diskussion in Deutschland um die Anwendung längst gültiger Regeln des EU/EG-Vertrages zeigt, begründet eine allein parlamentarische Zustimmung weder für die Regierenden noch für die Bürger jene Normalität der Verfassung, die ein Referendum auszulösen vermag.

Sowohl wegen der Gleichartigkeit als auch wegen der gleichen Intensität der Legitimation für die EU-Verfassung wäre es wünschenswert gewesen, in allen Mitgliedstaaten und möglichst zu einem gleichen Zeitpunkt die Zustimmung der Bürger zur Ratifizierung der Verfassung einzuholen.

Da die Verfassung in einzelnen Mitgliedstaaten nicht im ersten Anlauf eine Zustimmung erfuhr, bleiben die geltenden Verträge und die darauf bezogene Verfassungspraxis in Kraft. Eine Ablehnung der Verfassung berührt weder die Existenz noch die Konzeption der europäischen Einigung im Rahmen der Union. Denn auch die Verfassung bildet nur einen Schritt auf dem Weg zu einem ausgereiften gemeinsamen Modell demokratischen Regierens in Europa. In einem auf Entdeckung und Erprobung angelegten sozialen System ist stets Raum für Fehltritte und deren Korrektur. Zwischen den Extremen einer zunächst zu beschließenden Änderung des Verfahrens für die Annahme von Vertragsänderungen und einem vorläufigen Inkraftsetzen der dafür geeigneten Teile der Verfassung unter einigen Staaten besteht eine große Spannbreite von Optionen. Sollte ein umfassender Neuanfang zur Verfassungsgebung erforderlich werden, könnte eine strukturierte Konsultation aller europäischen Bürger, z. B. in Verbindung mit der Wahl des Europäischen Parlaments, der Verfassung die ihr gemäße gemeinsame Legitimation vermitteln.

D.
Institutionen, Verfahren und Finanzen

D. I. Einführung

1. Überblick

Auf die grossen schöpferischen – und mutigen – Leistungen am Beginn der europäischen Integration wurde bereits in verschiedenen Beiträgen hingewiesen (*B.II., B.III.*). Einen wesentlichen Bestandteil bildete die Errichtung eines eigenständigen institutionellen Systems mit der Aufgabe, die im Rahmen eines internationalen Vertrages festgelegten gemeinsamen Ziele zu verwirklichen. Denn die traditionelle Methode internationaler Zusammenarbeit bestand in mehr oder weniger dauerhaften Konferenzen von Vertretern der beteiligten Regierungen, die allenfalls von einem gemeinsamen Sekretariat unterstützt wurden. Die Struktur des 1949 errichteten *Europarats* beruht noch auf diesem Konzept. Immerhin wurde sie ergänzt durch eine „Beratende Versammlung", gebildet aus Mitgliedern der staatlichen Parlamente.

Ausgangspunkt der neuen Entwicklung war die Erklärung des französischen Außenministers *Robert Schumann* vom 9. Mai 1950 mit dem Vorschlag der französischen Regierung, „die Gesamtheit der französisch-deutschen Kohle- und Stahlproduktion *einer gemeinsamen Hohen Behörde* zu unterstellen...".

Im Verlauf der folgenden 50 Jahre entwickelte sich aus diesem Grundkonzept das „institutionelle System" der Europäischen Union, das im Vertrag über die Europäische Union (2009) in Lissabon konsolidiert wurde (Art. 13, *dazu näher D.VI.*). Der im Vergleich zur EGKS erheblich größere Finanzbedarf der Union in der Gegenwart wird nominell ebenfalls durch eigenständig beschlossene „Eigenmittel" finanziert (Art. 311 AEUV), doch ist die vertraglich festgelegte Methode zu deren Beschaffung erheblich komplexer und stärker an die Mitwirkung der Mitgliedstaaten gebunden (dazu näher *D.IX., D.X.*).

Aus der Perspektive des Jahres 2025 mögen die Grundlagen des institutionellen Systems und der Finanztätigkeit der Europäischen Union als weitgehend gefestigt erscheinen. An den in diesem Abschnitt zusammengestellten Beiträgen wird jedoch deutlich, dass die Ausgestaltung der Institutionen, ihre Zusammensetzung, Aufgaben, Befugnisse sowie ihr Zusammenspiel sich unter dem Einfluss strukturell angelegter Spannungsverhältnisse kontinuierlich veränderten (dazu *D.IV.*). Der Prozess einer fortwährenden Neujustierung des Verhältnisses zwischen den EU – Organen sowie zwischen der Union und ihren Mitgliedstaaten dauert bis in die Gegenwart an, wenn auch mit z.T. veränderten Schwerpunkten. Neuartige Probleme könnten in der Zukunft von Krisen im Verhältnis zu einzelnen Mitgliedstaaten ausgelöst werden. Welche Auswirkungen hätte zum Beispiel die gezielte Obstruktion eines Mitgliedstaates für die Funktionsfähigkeit der Organe[1], insbesondere von Gerichtshof, Kommission und Rat?

Eine besonders unklare und deswegen potentiell instabile Situation schufen die Gründungsverträge für das Europäische Parlament. Denn sie weckten im Parlament gleichzeitig Erwartungen an eine Stärkung seiner Rolle und lösten Enttäuschungen über ausbleibende Ergebnisse aus. Das zeigte sich zum Beispiel im Jahre 1952, als die Außenminister der Mitgliedstaaten der „Versammlung" der EGKS den Auftrag erteilten, den Entwurf eines Vertrages über die Gründung einer „Europäischen Politischen Gemeinschaft" auszuarbeiten, der dann aber folgenlos blieb. Auch der ab 1958 in Art. 138 Abs. 3 EWGV an das Parlament erteilte und von ihm 1960 erstmals erfüllte Auftrag, Entwürfe für seine Direktwahl zu erarbeiten, wurde ebenfalls lange nicht beachtet.[2] Das Parlament fand sich jedoch nur kurze Zeit mit einer nur beratenden Rolle ab. Das belegen seine zahlreichen Initiativen zur Verstärkung seiner Position,[3] frühe offizielle Berichte über Veränderungen seiner Funktion[4] und ab dem Jahr 1979 die Beteiligung an Verfahren vor dem EuGH, um seine Stellung im Verhältnis zu den anderen Institutionen zu verbessern (*D.VII.*). Auch um eine Verstärkung seines Einflusses auf die Gestaltung der EU-Außenbeziehungen bemühte sich das EP schon frühzeitig (*D.V.*).

1 Dazu bereits EuGH, Rs. C-5/85 (AKZO/Kommission), ECLI:EU:C:1986:328, Rn. 37. S. a. *Schwerdtfeger*, Krisengesetzgebung, Funktionsgerechte Organstruktur und Funktionsfähigkeit, Tübingen 2018, 223 ff.

2 Dazu *Bieber*, Organe der erweiterten Europäischen Gemeinschaften: Das Parlament, Baden-Baden 1974, 125 ff.

3 Dazu *Bieber*, oben, Anm. 2, 19 ff.

4 Beispiel: Bericht der ad-hoc Gruppe für die Prüfung der Frage einer Erweiterung der Befugnisse des Europäischen Parlaments («Bericht Vedel»), Bull. EG 4/72.

Im Rückblick zeigt sich ein wiederkehrendes, insoweit auch vom EuGH gebilligtes Muster der Entwicklung der institutionellen Struktur insbesondere der Rolle des Europäischen Parlaments: *Die schrittweise Erreichung von Zielen.*[5] Ausgehend von punktuell und unvollständig im EWGV zugewiesenen Rechten (Art. 201 und 203 zum Haushaltsrecht, Art. 228 zur Mitwirkung an Außenbeziehungen) forderte das EP nur wenige Jahre nach Inkrafttreten des Vertrages deren Vertiefung und Ausweitung (1. Stufe). Nach längerem Zögern erklären sich Rat und Kommission informell zu einer Ausdehnung des Anwendungsbereichs und zu in Ansätzen geänderten Verfahren bereit (2. Stufe), einige Zeit der Erprobung in der Praxis führt zu einer förmlichen Bestätigung mit nur partieller Anerkennung auf Vertragsebene (3. Stufe) und schließlich zur vollen Konsolidierung im Vertrag (4. Stufe).

Auch in der Gegenwart dauert die impulsgebende Rolle des Europäischen Parlaments an. In einer grundlegenden Entschließung v. 22. November 2023 zog es aus einer Beschreibung von Mängeln und Fehlentwicklungen der Union die Schlussfolgerung, dass „der institutionelle Rahmen der Union und insbesondere ihr Beschlussfassungsverfahren – vor allem im Rat – für eine Union mit 27 Mitgliedstaaten kaum angemessen ist".[6] Entsprechend unterbreitete das EP in dieser Entschließung zahlreiche Vorschläge zu institutionellen Reformen (und auch zu Änderungen des materiellen Rechts) und empfahl die Einleitung eines förmlichen Verfahrens zur Vertragsänderung gemäß Art. 48 EUV. Zwar ist noch nicht absehbar, ob eine entsprechende Vertragsänderung tatsächlich zustande kommt, doch sind bereits Entwicklungen absehbar, die mit den überlieferten Mitteln kaum zu bewältigen sein werden, z.B. die Folgen der geplanten Erweiterungen, der möglichen Wiederannäherung des Vereinigten Königreichs an die Union, die wachsende Bedeutung einer EU-Verteidigungspolitik aber auch die Bewältigung des wachsenden Konfliktpotentials im Inneren der Union um eine Einhegung des Klimawandels. Es wird erforderlich sein, das institutionelle System der Union darauf vorzubereiten und gleichzeitig die Unterstüt-

---

5 EuGH, Rs. C- 13/83, ECLI:EU:C:1985:220, Rn. 50, 53 (Verkehrspolitik), weitere Beispiele: Art. 20 Abs. 1 EUV („verstärkte Zusammenarbeit"); Art. 139, 140 AEUV (Einführung der gemeinsamen Währung). Zur schrittweisen Einführung des EP – Wahlverfahrens gemäss Art. 223 AEUV jüngst *Hufeld*, Einheit und Vielfalt im Europawahlrecht: Die Wahl des Europäischen Parlaments zwischen europäischem und mitgliedstaatlichem Recht, EuR 2025, Nr. 2, 139 – 156 (146 f.).

6 Europäisches Parlament, Entschließung v. 22. November 2023, ABl. C/2024/4216 v. 24.7. 2024, Erwägungsgrund D.

zung der Bürger für das sich weiter entwickelnde Integrationsprojekt zu gewinnen.

2. *Rückblick auf die Beiträge in diesem Abschnitt*

Die in dem Beitrag *„Die Gemeinschaft ohne Hauptstadt“* (*D.II.*) aus dem Jahr 1974 beschriebene und kritisierte tatsächliche Situation der Aufteilung der EU-Organe auf mehrere Städte dauert im Jahre 2025 noch an. Soweit in der Zwischenzeit für bestimmte Organe dauerhafte ein „Sitz“ festgelegt wurde (z.B. Luxemburg für EuGH und Rechnungshof), ist dieser Zustand vertretbar. Wenn aber – wie insbesondere für das Europäische Parlament – zwar ein „Sitz“ (Strasbourg) bestimmt wurde, das Parlament aber gleichzeitig verpflichtet wurde, Teile seiner Funktionen und seiner Infrastruktur an zwei weiteren Orten (Luxemburg und Brüssel) zu etablieren, dann wird damit eine nicht zu rechtfertigende Situation aufrechterhalten. Die zum Zeitpunkt der Abfassung des Beitrags geltende Rechtslage (Art. 216 EWGV) sah eine Festlegung des Sitzes der Organe „im Einvernehmen zwischen den Regierungen“ vor und es war offen, ob dies ein einziger Sitz sein sollte oder ob für die Organe verschiedene Sitze bestimmt werden sollten. Für lange Zeit blieb diese Frage unentschieden, da an Stelle des vorgeschriebenen Beschlusses bis 1999 eine provisorische Regelung galt, in der lediglich verschiedene „Arbeitsorte der Gemeinschaften“ festgelegt wurden. In dem Beitrag wurde noch erwogen, wegen der unterlassenen Beschlussfassung gerichtlich gegen die Regierungen vorzugehen. Doch verfolgte die dazu allein klagebefugte Kommission diesen Weg nicht. Stattdessen erfuhr die damals bestehende Situation eines aufgespaltenen Sitzes förmliche Bestätigung in Gestalt eines Protokolls zum Vertrag von Amsterdam (1999). Abgesehen von der fortdauernd problematischen räumlichen Aufspaltung der Organe führt die Form dieser Festlegung – ein Protokoll zum Vertrag[7] – im Ergebnis zu ihrer Zementierung. Denn jede Änderung der Situation erfordert nunmehr den Einsatz des förmlichen Vertragsänderungsverfahrens – also die Zustimmung aller Mitgliedstaaten.[8] Angesichts der erheblichen wirtschaftlichen und symbolischen Interessen der unmittelbar betroffenen Mitgliedstaaten erscheinen Änderungen so gut wie ausgeschlossen. Das

7 Seit dem Vertrag von Lissabon Protokoll Nr. 6 zu EUV und AEUV.

8 Besonderheiten gelten für die - ebenfalls konfliktträchtige – Festlegung des Sitzes von nachgeordneten Einrichtungen. Dazu EuGH, Rs. C-743/19 (EP/Rat), ECLI:EU:C:2022:569, Rn. 43 ff. (Europäische Arbeitsbehörde).

Parlament hat zuletzt im Jahre 2013 eine entsprechende Vertragsänderung gefordert und in diesem Zusammenhang die durch die Streuung seiner Tätigkeit verursachten Mehrkosten auf ca. 10 % seines jährlichen Haushalts geschätzt.[9] Gemessen am Haushaltsplan 2025 würden sich diese Mehrkosten auf jährlich ca. 250 Mio. Euro belaufen.[10] Die Immunisierung dieser bis in die Gegenwart kaum zu rechtfertigenden Situation gegen Korrekturen gehört zu den eingangs (*B.I.*) kritisierten Mängeln der bisher praktizierten Methoden zur Rechtsentwicklung der Union, der „Einstimmigkeitsfalle".

Der *Beitrag über die Einheitliche Europäische Akte* von 1987 (*D.III.*) galt der ersten umfassenden institutionellen Reform der Verträge. Darin wurde insbesondere ein auf bestimmte Rechtsakte begrenztes Mitentscheidungsrecht des Parlaments und ein neues Verfahren der Zusammenarbeit von Rat und Parlament für einzelne Rechtsetzungsakte geschaffen. Diese Reform entsprach nicht den damals gehegten Erwartungen an eine substantielle Steigerung der Befugnisse des Europäischen Parlaments. Gegenüber einer damals prominent vertretenen Kritik hebt der Beitrag das Potential der Akte für neue Entwicklungsprozesse hervor. Diese Einschätzung sollte sich als richtig erweisen. Speziell in Bezug auf die Rechte des Europäischen Parlaments bildeten die damals eingeführten Veränderungen bedeutsame Zwischenschritte zu dessen später verwirklichten Mitentscheidungsrechten.

Ausgehend von fehlenden Vertragsbestimmungen über die inter-Organbeziehungen, die zu rechtlich zweifelhaften autonomen Beschlüssen einzelner Organe und zu konkreten Konflikten im inter-Organverhältnis geführt hatten, betont der *Beitrag über die Grundlagen der inter-institutionellen Beziehungen (D.IV.)* die Notwendigkeit einer Verrechtlichung der Verhältnisse innerhalb und zwischen den Organen sowie deren Justiziabilität.[11] Erst 25 Jahre und zahlreiche inter-institutionelle Vereinbarungen später, wurden im Vertrag von Lissabon entsprechende Klärungen in dem damals vorgeschlagenen Sinne vorgenommen. So werden insbesondere in Art. 13 Abs. 2 EUV die Organe zu loyaler Zusammenarbeit verpflichtet und es wurde eine

---

9 Entschließung v. 20.11.2013, ABl. C 436/2016, 2, Erwägungsgrund O. Zum organisatorischen Spielraum des EP im Rahmen des Haushaltsverfahrens zuletzt EuGH, Rs. C-92/18 (Frankreich/EP), ECLI:EU:C:2020:506.

10 EU – Haushaltsplan 2025, ABl. C/2025 v. 28.2.2025. Im Jahre 2013 schätzte das Parlament die Mehrkosten auf ca. 156 – 204 Mio. Euro (s.o., Anm. 9).

11 Dazu im Einzelnen *Bieber*, Das Verfahrensrecht von Verfassungsorganen, Baden-Baden 1992.

Rechtsgrundlage für inter-institutionelle Vereinbarungen mit ausdrücklich zulässiger Bindungswirkung geschaffen (Art. 295 AEUV).[12]

Die in dem Beitrag zum *Einfluss des Europäischen Parlaments auf die Gestaltung der EU – Außenbeziehungen* (*D.V.*) skizzierte Entwicklung hat sich nach dessen Veröffentlichung fortgesetzt und im Vertrag von Lissabon konsolidiert. Die Praxis bestätigt die darin beschriebene Beobachtung, wonach Besonderheit und Konstante der außenpolitischen Wirkung des EP in seiner von vornherein „internationalen" Zusammensetzung und seiner Stellung als Symbol der europäischen Einigung besteht, die dessen hohe Sensibilität für internationale Angelegenheiten fördern. Diese kontrastiert mit den auch aus dem staatlichen Verfassungsrecht bekannten Schwächen einer parlamentarischen Mitwirkung in diesem Bereich. Denn traditionell beeinflussen Parlamente die Außenbeziehungen nur über ihre Mitentscheidung zu Vertragsschlüssen. Für den Abschluss der wesentlichen Abkommen im Bereich des AEUV verfügt das Parlament inzwischen über ein Zustimmungsrecht.[13] Damit wird aber nur ein Ausschnitt dieses Bereichs erfasst. Für die EU wird dies auch in der Gegenwart an der außenpolitischen Zusammenarbeit deutlich, denn deren Schwerpunkt liegt noch immer außerhalb bilateraler oder multilateraler Vertragsbeziehungen (Art. 23 ff. EUV). Insoweit bestehen einstweilen weiterhin nur die Rechte zu Information und zur Impulsgebung (Art. 36 EUV). Immerhin leitet der EuGH aus Art. 218 Abs. 10 AEUV die Verpflichtung des Rates ab, das Parlament vor dem Abschluss sämtlicher nach dem Verfahren dieses Artikels abzuschließenden Abkommen in allen Phasen „unverzüglich und umfassend" zu unterrichten. Verletzungen dieser Pflicht können als Verstoß gegen eine wesentliche Formvorschrift vor dem EuGH gerügt werden und zur Aufhebung des betreffenden Rechtsakts führen.[14] Doch diese Befugnisse bezeichnen die außenpolitische Rolle des EP nur unzureichend. In der Praxis entfaltet das Parlament einen immer stärkeren Einfluss auf die Gestaltung des auswärtigen Handelns der Union.[15]

12 Zur gerichtlichen Kontrolle des Geschäftsordnungsrecht bereits EuGH, Rs. C-68/86 (UK/Rat), ECLI:EU:C:1988:85, Rn. 48 sowie EuG verb. Rs. T-222/99, T-327/99 und T-329/99 (Martinez u.a./EP), ECLI:EU:T:2001:242, Rn. 51 ff.

13 Art. 218 Abs. 6 AEUV.

14 EuGH, Rs. C-658/11 (EP/Rat), ECLI:EU:C:2014:2025, Rn. 75 ff.

15 Einen guten Überblick liefert die Entschließung des EP v. 16. 1. 2024 „zu der Rolle des Europäischen Parlaments und der parlamentarischen Diplomatie in der Außen- und Sicherheitspolitik der EU", ABl. C/2024/5707 v. 17.10.2024. Zum Zeitraum vor 1986 *Tulli*, The European Parliament in EC External Relations, From Inception of

Das eingangs skizzierte Muster der Entwicklung der institutionellen Beziehungen zeigte sich an der Rolle des EP in den Außenbeziehungen wie folgt:

1. Stufe (1964): Forderung nach *Konsultation* des EP über Assoziierungsabkommen hinaus auch vor Abschluss von Handelsabkommen (erstmals 1964 erhoben[16]).
2. Stufe (1972): Bereitschaft des Rates zunächst nur zur vertraulichen und *informellen Unterrichtung* der Ausschüsse des Parlaments,[17] zehn Jahre später auch zur *förmlichen Unterrichtung* des EP, nach der Unterzeichnung, vor dem Abschluss (1983[18]).
3. Stufe (1987): Die Einheitliche Europäische Akte (*D.III.*) begründete ab 1987 ein *Zustimmungsrecht* des EP zu einzelnen Abkommen mit Drittstaaten (Beitritts- und Assoziierungsverträge).[19] Im Vertrag von Maastricht wird dieses Recht ab 1993 auf weitere Kategorien von Abkommen erweitert (Art. 228 Abs. 3 EGV, u.a. Abkommen mit erheblichen finanziellen Folgen).[20]
4. Stufe (2009): Der Vertrag von Lissabon erweiterte das Zustimmungsrecht schließlich auf alle wesentlichen Abkommen der Union.

Die durch den Vertrag von Lissabon insgesamt eingeführten Änderungen des institutionellen Systems behandelt der Beitrag über den *„neuen institutionellen Rahmen“* (*D.VI.*). Darin wird nach wie vor zutreffend auf fortbestehende Unvollkommenheiten des institutionellen Systems (z.B. die Stellung des „Hohen Vertreters für Außen- und Sicherheitspolitik“ und die Rolle des Europäischen Rates) hingewiesen und daran erinnert, dass die zwischen den Organen sowie von Seiten der Mitgliedstaaten auf das institutionelle System wirkenden Kräfte ein fortbestehendes Potenzial für weitere Vertragsänderungen schaffen. Dass diese Erwartung begründet war, belegen u.a. die abweichend vom Vertragstext geregelte Zusammensetzung der Kommission,[21] die unzureichende Ersetzung des Einstimmigkeitsprin-

---

European Political Cooperation to the Single European Act, Journal of European Integration History 2021, Nr. 1, 121 – 138.

16 EP – Bericht Furler, Dok. 31/1963–64, Ziff. 86, ABl. 1963, 1916.

17 Sog. „Luns – Westerterp“ – Verfahren, dokumentiert als „Mitteilung des Rates“ v. 16. 10. 1973, Bull. EP Nr. 34/73, abgedruckt bei *Bieber*, Organe der erweiterten Europäischen Gemeinschaften: Das Parlament, Baden-Baden 1974, 199.

18 „Feierliche Erklärung“ des Rates v. 20.6.1983, Bulletin EG Nr. 6/1983.

19 Einheitliche Europäische Akte, Art. 8, 9, ABl. EU, 1987 L 169/1.

20 Dazu EuGH, Rs. C- 189/97 (EP/Rat), ECLI:EU:C:1999:366.

21 Dazu näher der Beitrag „Back from the future“ (*A.5*), Abschnitt C).

zips bei bestimmten Entscheidungen im Rat und die Schwierigkeit von Änderungen der Verträge. Entsprechend hat das Europäische Parlament 2023 eine erneute Vertragsrevision gefordert, die auch den institutionellen Bereich betreffen soll.[22]

Nur scheinbar einem Spezialfall der institutionellen Beziehungen gilt der Beitrag über die *Beziehungen zwischen dem Europäischen Parlament und dem Europäischen Gerichtshof* (*D.VII.*). Tatsächlich betreffen Verfahren vor dem EuGH, an den das EP beteiligt ist, neben der Präzisierung und Durchsetzung seiner Rechte auch die interinstitutionellen Beziehungen insgesamt. Der Aufsatz legt dar, dass sich die Rechtsstellung des EP vor dem EuGH – ähnlich wie oben zu den Außenbeziehungen (*D.V.*) beschrieben – in Stufen entwickelte und in der Zeit zwischen seiner ersten Direktwahl (1979) und dem Abschluss des Vertrags von Maastricht ihre bedeutendste Wandlung erfuhr. Diese Entwicklung wurde durch undeutliche Formulierungen im Vertrag zu seiner Stellung in Gerichtsverfahren und dadurch begünstigt, dass sich das Parlament – nicht ohne Mühe – bereit fand das eigene Handeln einer gerichtlichen Kontrolle zu unterwerfen. Das Parlament profitierte dabei auch von besonderem Wohlwollen seitens der Richter, das zu dem seltenen Ergebnis einer völligen Abkehr von einer kurz zuvor ergangenen Rechtsprechung führte. Dem EuGH gelang dieses Kunststück mit der Erfindung eines so genannten „institutionellen Gleichgewichts", das angeblich durch die Verträge geschaffen wurde (doch dort nirgends erwähnt wird). Aus dieser Kunstfigur leitete der EuGH dann eine Aktivlegitimation des Parlaments für Klagen gegen andere Organe ab.[23] Von einer zunächst seltenen Ausnahme hat sich das Erscheinen des Parlaments als Beklagter oder Kläger vor dem EuGH in der Gegenwart zur regelmäßigen Praxis entwickelt.[24]

Der Beitritt neuer Staaten zur Europäischen Union erfordert Anpassungen des geltenden Rechts und insbesondere des institutionellen Systems. So sollte der Vertrag von Nizza (2001) „den mit dem Vertrag von Amsterdam begonnen Prozess der Vorbereitung der Organe der Europäischen Union auf die Wahrnehmung ihrer Aufgaben in einer erweiterten Union (...) vollenden".[25] Doch wurden dabei oft nachteilige Rückwirkungen für

---

22 S. oben, Anm. 6.

23 Dazu näher *Bieber/Epiney/Haag/Kotzur*, Die Europäische Union, 16. Aufl., Baden-Baden 2024, 149.

24 Im Jahre 2024 war das Parlament vor dem EuGH und dem EuG als Kläger oder Beklagter an 32 abgeschlossenen Verfahren beteiligt.

25 Vertrag von Nizza v. 26.2.2001, Präambel, ABl. 2001, C 80/1.

deren Funktionsfähigkeit in Kauf genommen. Die markantesten Beispiele bilden die Beibehaltung der Größe der Kommission (dazu *A.V. C.bb*) und des Systems der einstimmigen Beschlussfassung im Rat für bestimmte Kategorien von Rechtshandlungen. Im Jahre 2025 laufen Vorbereitungen auf neue Erweiterungen, die eine beträchtliche Erhöhung der Anzahl der EU – Mitgliedstaaten erwarten lassen. Erneute Vertragsanpassungen werden daher nötig sein. Noch ist ungewiss, ob es gelingen kann, über die unbedingt erforderlichen „technischen" Anpassungen (z.B. die Zahl der Mitglieder der Organe) hinaus auch weitere Änderungen zu beschließen und dadurch bestehende Mängel (z.B. die Fortführung der Fälle einstimmiger Beschlussfassung) zu beseitigen. Der Beitrag über *institutionelle Reformen im Zusammenhang mit neuen Beitrittsverfahren* (*D.VIII.*) gilt diesen Fragen. Darin wird die Ansicht vertreten, dass die für Erweiterungen heranzuziehende Rechtsgrundlage (Art. 49 EUV) und das darin geregelte Verfahren eine ausreichende Basis auch für solche institutionelle Reformen bilden, die aus anderen Gründen als einem Beitritt erforderlich sind. Eine Beschränkung auf das Verfahren des Art. 49 könnte deswegen bedeutsam sein, weil die Interessen einiger Mitgliedstaaten an Erweiterungen möglicherweise grösser sind als an allgemeinen Vertragsänderungen. Noch ist offen, ob ein umfassendes Vertragsänderungsverfahren gemäß Art. 48 EUV eingeleitet werden wird. Jedenfalls hat ein Nachdenken über die Folgen zukünftiger Erweiterungen für die Funktionsfähigkeit der Institutionen eingesetzt.[26]

Die unter *D. IX.* und *D.X.* abgedruckten Beiträge gelten dem *Finanzverfassungsrecht* der Union.

Nur scheinbar handelt es sich dabei um eine nur „technische" und weitgehend konfliktfrei geregelte Materie. Tatsächlich zeigt sich hier besonders deutlich die Macht – und Interessenverteilung zwischen den Staaten und zwischen den Organen der Union. In einer ähnlichen Weise wie die oben geschilderte allmähliche Verstärkung der Rolle des Europäischen Parlaments bei der Gestaltung der Außenbeziehungen entfaltete sich auch die Machtverteilung zwischen Rat, Kommission und Parlament in mehreren Schritten über einen Zeitraum zwischen dem Abschluss des sog. Fusionsvertrages (1965) und dem Vertrag von Lissabon (2009), also etwa 45 Jahren. Gleichzeitig versuchten die Staaten, ihren Einfluss auf den EU – Haushalt zu erhalten. Für die Ausweitung des parlamentarischen Einflusses auf Einnahmen und Ausgabenbeschlüsse der Union bildeten Art. 201 und Art. 203 EWGV den Ausgangspunkt. Danach war das Parlament zunächst nur anzu-

26 Hierzu: The impact of enlargement on the balance of power in the Council (https://sieps.se/media/vmkp5hla/2025_5epa.pdf).

hören, wenn die Kommission dem ihr erteilten Auftrag nachkam, Vorschläge zu unterbreiten, mit denen die ursprünglich im Vertrag vorgesehenen Finanzbeiträge der Mitgliedstaaten durch „eigene Mittel“ der Gemeinschaft ersetzt werden sollten. Außerdem konnte das Parlament Änderungen am jährlich Haushaltsplanentwurf vorschlagen, doch war der abschließend entscheidende Rat nicht an diese Vorschläge gebunden.

Erste Forderungen nach Änderungsbefugnissen am Haushaltsplan der EWG hatte das Parlament im Jahre 1963 erhoben.[27] Durch die Haushaltsverträge v. 22.4.1970 und vom 22.7.1975 wurde das Verfahren der Beschlussfassung erstmals geändert. Einher ging damit eine Stärkung der Mitspracherechte des Parlaments für einen Teilbereich der Ausgaben, die sog. „nichtobligatorischen Ausgaben“. Für diese erhielt das Parlament die Befugnis zur endgültigen Entscheidung, es musste dabei aber einen jährlichen Höchstsatz einhalten. Überdies wurde dem Parlament die Befugnis zur Globalablehnung des Haushaltsplans „aus wichtigen Gründen“ eingeräumt.[28] Impulse zur Fortentwicklung der vertraglichen Regelung dieses Bereichs folgten aus Unklarheiten über die Auslegung dieser Begriffe und – ähnlich wie bei den Außenbeziehungen – aus Diskrepanzen zwischen den Verfahren, die auf ähnlich gelagerte Konstellationen anwendbar waren, hier zwischen den Haushaltsverfahren und dem Gesetzgebungsverfahren.

Der Beitrag über die Rechtsnatur und die gerichtliche Kontrolle des EG – Haushalts (*D.IX*) betrifft ein Thema, das bis zum Jahre 1986 noch weitgehend ungeklärt war und daher Raum für inter-instutionelle Konflikte aber auch für kreative Absprachen zwischen den Organen ließ.[29] Inzwischen wurden die damals entschiedenen Rechtsfragen durch präzisere Regelungen im AEUV (Art. 310 – 324 AEUV), durch weitere Rechtsprechung[30] sowie durch ergänzende Vereinbarungen der Organe konsolidiert.[31]

Erst mit dem Vertrag von Lissabon wurden die haushaltsrechtlichen Verfahrensregeln abgelöst. Nunmehr entscheidet das EP gleichberechtigt mit

27 Entschließung v. 27.6.1963, ABl. 1963 Nr. P 106, 1916.

28 Erstmals erprobt bei der Beschlussfassung über den Haushaltsplan für 1980. Vgl. Entschließung des EP vom 13.12.1979, ABl. 1980 C 4, 36.

29 Insbesondere die Gemeinsame Erklärung v. 30.6.1982, Teil II, Ziff. 5, ABl. 1982 C 194, 1, und zuletzt vor Inkrafttreten des Vertrags von Lissabon: Interinstitutionelle Vereinbarung v. 17.5.2006, Anhang II, ABl. 2006 C 139, 1.

30 EuGH Rs. C-16/88 (Kommission/Rat), ECLI:EU:C:1989:397; C-106/96 (UK/Kommission), ECLI:EU:C:1998:218.

31 Beispiel: Interinstitutionelle Vereinbarung zwischen dem Europäischen Parlament, dem Rat und der Kommission über die Haushaltsdisziplin, die Zusammenarbeit im Haushaltsbereich und andere Themen zum EU – Haushaltsverfahren, v. 16. 12. 2020, ABl L 433 I/28 – 46. Dazu insgesamt *Bieber*, Erläuterungen zu Art. 310 – 324 AEUV

dem Rat über den Haushaltsplan der Union. Dagegen ist seine Mitwirkung bei der Beschlussfassung über die Einnahmen der Union weiterhin auf ein Anhörungsrecht beschränkt (Art. 311 AEUV).

Der Beitrag zu den Reformen des Jahres 2020/2021 (*D.X*) verdeutlicht einerseits die Fähigkeit der Union zu Selbstkorrektur und Weiterentwicklung unter äußerem Druck – im konkreten Fall unter dem Einfluss der Folgen der Corona-Pandemie. Doch wird ebenfalls deutlich, dass die Regierungen der Mitgliedstaaten durch die massive und im Vertrag nicht vorgesehene Einflussnahme des Europäischen Rates auf das Haushaltsverfahren eine enge Kontrolle der Finanztätigkeit der Union beibehalten wollen. Dabei begingen sie zum wiederholten Mal (dazu oben *A.I, B. I*) Fehler von erheblicher Auswirkung auf die zukünftige Anpassungsfähigkeit Union. So regelt der gemäß Art. 311 AEUV getroffene Beschluss über die Eigenmittel der Union überaus detailliert, wie die neue Einnahme aus einer Abgabe auf Kunststoffabfälle zu berechnen ist und für welche Staaten Kürzungen dieser Abgaben gelten.[32] Diese nach aller Erfahrung regelmäßig anpassungsbedürftigen Regelungen bilden eine typische Gesetzgebungsaufgabe, die im ordentlichen Gesetzgebungsverfahren zu erfüllen wäre. Da aber der Eigenmittelbeschluss einstimmig zu verabschieden ist und zusätzlich die förmliche Zustimmung der Mitgliedstaaten erfordert (Art. 311 AEUV), werden zukünftige Anpassungen erschwert und den darin begünstigten Mitgliedstaaten die Möglichkeit eingeräumt, Änderungen zu ihren Lasten zu verhindern.

Die außergewöhnlichen Finanzbeschlüsse der Jahre 2020/2021, die insbesondere der Beschaffung neuer Mittel zur Bekämpfung der COVID – Pandemie galten, erforderten eine Klärung der Reichweite der vertraglichen Ermächtigung zur Erhebung eigener Einnahmen durch die Aufnahme von Anleihen. Auch wurde in diesem Zusammenhang eine „Konditionalitätsregelung" beschlossen. Diese ermöglicht die Aussetzung von Zahlungen aus dem EU – Haushalt, wenn Verstöße gegen die Rechtsstaatlichkeit in einem Staat die wirtschaftliche Führung des EU-Haushalts oder die finanziellen Interessen der Union betreffen.

Die von zwei (potentiell betroffenen) Mitgliedstaaten gegen diese Neuerungen erhobenen Klagen hat der EuGH inzwischen abgewiesen.[33] In

in Schwarze/Hatje/Terhechte (Hg.), Kommentar zum Unionsrecht, 8. Aufl., Baden – Baden 2025.

32 Art. 2 Abs. 1 lit. d des Beschlusses v.14. 12.2020, ABl. 2020 L 424, 1.

33 EuGH, Rs. C-156/21(Ungarn/EP und Rat), ECLI:EU:C:2022/103 und C-157/21 (Polen/EP und Rat), ECLI:EU:C:2022:98.

Deutschland wurden Verfassungsbeschwerden gegen das Ratifizierungsgesetz zu dem neuen Eigenmittelbeschluss verworfen.[34]

Es ist nicht zu erwarten, dass die Finanzverfassung der Union damit abschließend konsolidiert wurde. So kündigte der Eigenmittelbeschluss des Jahres 2020 bereits „eine Reform des Systems der Eigenmittel" an.[35] Der 2025 vorgestellte Plan „ReArm Europe" zur Bereitstellung von Investitionen im Verteidigungsbereich und die Schaffung eines „Finanzinstruments" für diesen Zweck[36] wird ebenfalls auf die Finanzverfassung zurückwirken.

34 BVerfGE 164,193.

35 Eigenmittelbeschluss v. 14.12.2020, ABl. 2020, L 424, 1, Erwägungsgrund 6. Dazu Vorschlag der Kommission für einen neuen Beschluss über das Eigenmittelsystem der Union, COM(2025)574 v. 16.7.2025.

36 Presseerklärung der Kommissionspräsidentin *von der Leyen* v. 4. 3. 2025 (https://ec.europa.eu/commission/presscorner/detail/de/statement_25_673).

D. II. Die Gemeinschaft ohne Hauptstadt – Rechtsfolgen eines Provisoriums*

1. Einleitung

Europa hat keine Hauptstadt, also kein durch faktische Übung und rechtliche Verankerung definiertes Entscheidungszentrum. Zwar bildete sich seit Gründung der EWG und der EAG im Jahre 1958 in Brüssel ein Schwerpunkt der Gemeinschaftstätigkeit, doch sorgfältig wachen die Städte Straßburg und Luxemburg – und die Regierungen der betreffenden Staaten – darüber, dass keine Verlagerung der dort beheimateten Organe oder Organteile nach Brüssel oder an einen anderen Ort erfolgt.

Die Entfernung zwischen Straßburg und Brüssel beträgt ca. 430 km, die Distanz zwischen Luxemburg und beiden Städten beläuft sich auf ungefähr je 220 km. Es liegt auf der Hand, dass diese geographische Streuung nicht zur Effizienz der gemeinschaftlichen Entscheidungsbildung beiträgt. Überdies führt die Dezentralisierung zu ganz erheblichem Mehraufwand, der im Wesentlichen durch Transportkosten und durch unrationelle Ausnutzung der technischen Installationen an den einzelnen Orten verursacht wird. Hinzu kommt, dass die von Außenstehenden mitunter als Annehmlichkeit vermutete Dauerreisetätigkeit zahlreicher europäischer Beamter schließlich zu einer erheblichen Verminderung der Leistungsfähigkeit führt. Es muss auch bezweifelt werden, ob im Zeitalter umfassender Kommunikationssysteme eine den Gepflogenheiten Karls des Großen entsprechende „vagabundierende" Regierungsmethode erforderlich ist, um Verbindungen zwischen den Bürgern und den Institutionen der Gemeinschaften herzustellen.

Allein für das Europäische Parlament – den Hauptleidtragenden dieser Situation – belaufen sich die Mehrkosten im Jahre 1973 auf etwa 5,7 Millionen DM.[1] Vor allem das Parlament bemüht sich daher schon seit geraumer Zeit um Verbesserungen des derzeitigen Zustandes.[2]

---

* Zuerst veröffentlicht in: EuR 1974, 168 – 176.

1 Vgl. Kap. 11, 13, 21, 22, 23 des Haushaltsplans, EP ABl. L 318/1973.

2 Dazu unten, 3 b.

2. Das Problem

a) Begriff

Die Festlegung des Sitzes einer Organisation erfüllt im Allgemeinen zwei Funktionen: Zunächst wird damit ein Status geschaffen, der es der Organisation erlaubt, am Rechtsverkehr teilzunehmen (z.B. Definition von Gerichtsstand und anzuwendender Rechtsordnung). Neben dieser rechtlichen Bedeutung steht die praktische Konsequenz, dass mit der Bestimmung eines Sitzes die Entscheidungsstrukturen einer Organisation an einem Ort verdichtet werden.

Zumindest nach deutschem Recht ist die Kumulation beider Faktoren zur Sitzfestlegung nicht erforderlich. Im Gefolge zivilrechtlicher Gestaltung[3] bezeichnet man im öffentlichen Recht als den „Sitz“ einer Organisation den Ort, der *entweder* von der Organisation abstrakt bestimmt wurde, um im Rechtsverkehr die Funktion eines Sitzes zu erfüllen, *oder* aber den Ort, an dem in der Praxis die Verwaltung der Organisation geführt wird.[4]

Im internationalen Bereich spielt dagegen das Problem der fiktiven Festlegung eines Sitzes zur Herbeiführung bestimmter Rechtsfolgen keine Rolle, denn in aller Regel erfolgt eine genaue Umschreibung der Rechtsstellung der Organisation in den Gründungsverträgen oder in besonderen Abkommen.[5] Vielmehr dominiert hier die Definition des Sitzes einer Organisation anhand materieller Kriterien. Im allgemeinen mag es im Völkerrecht genügen – anklingend an die subsidiäre Variante von § 24 BGB – den Sitz einer Organisation als den Ort zu bezeichnen, an dem ihr Sekretariat untergebracht ist.[6]

Die Vielfalt der Organe von höher entwickelten internationalen Organisationen kann aber angesichts wachsender Kommunikationsmöglichkeiten ohne weiteres auch zur Dezentralisierung der Sekretariate führen, ja es ist denkbar, dass der Unterbringungsort der Sekretariate und der effektive Tätigkeitsort der Organe nicht übereinstimmt. Es erscheint daher zweckmäßig, anstelle der von *Schermers* empfohlenen Definition den Begriff „Sitz

3 Vgl. § 24 BGB.

4 *Wolff,* Verwaltungsrecht I, 8. Aufl. München, 1971, 38, VII.

5 Dazu *Cahier,* Étude des accords de siège conclus entre les organisations internationales et les états ou elles résident, Milano 1959. Für die Europäischen Gemeinschaften vgl. Protokoll über die Vorrechte und Befreiungen v. 8. April 1965, ABI. EG Nr. 152 v. 13. Juli 1967.

6 *Schermers,* International Institutional Law, Vol. I, Leiden 1972, 193; *Jenks,* The Headquarters of International Institutions, London 1945, 9.

einer internationalen Organisation“ als den Ort zu kennzeichnen, an dem ihre Organe regelmäßig tätig werden und an dem sich die unmittelbar auf die Funktion der Organe bezogenen Hilfsdienste dauernd aufhalten. Führt dies zu keinen eindeutigen Ergebnissen, so wäre gegebenenfalls auf den Schwerpunkt der Tätigkeit der jeweiligen Organisation abzustellen.

b) Die Bedeutung dieser Begriffsklärung zeigt sich am Beispiel der Europäischen Gemeinschaften

Ob man diese als hochdifferenzierte internationale Organisation oder als Teilintegration staatlicher Strukturen kennzeichnet, Vielfalt der Organe und politische Finalität der Verträge verleihen der Festlegung eines Sitzes für die Gemeinschaften bedeutenden Symbolgehalt und ein nicht geringes wirtschaftliches Gewicht.

Die Gründerstaaten scheinen sich des daraus resultierenden politischen Problems wohl bewusst gewesen zu sein. Im Gegensatz zu zahlreichen anderen internationalen Organisationen[7] legen die Verträge zur Gründung der Europäischen Gemeinschaften keinen Sitz fest. Sie übertragen andererseits aber auch nicht der neu geschaffenen Organisation selbst die Auswahl und Festlegung eines geeigneten Sitzes. Stattdessen bestimmt Art. 77 EGKSV:

> „Der Sitz der Organe der Gemeinschaft wird durch Übereinkommen der Regierungen der Mitgliedstaaten festgelegt.“

Ähnlich lauten Art. 216 EWGV und (übereinstimmend) Art. 189 EAGV:

> „Der Sitz der Organe der Gemeinschaft wird im Einvernehmen zwischen den Regierungen der Mitgliedstaaten bestimmt.“

Mehr als zwanzig Jahre nach Inkrafttreten des EGKS-Vertrags und mehr als fünfzehn Jahre seit der Schaffung von EWG und EAG stehen diese Beschlüsse noch immer aus.

Für die EG stellt sich damit das Problem der Rechtsqualität der gegenwärtigen Situation und die Frage nach den Rechtsfolgen, die sich aus der

7 Art. 5 Weltpostverein. Art. 5 Internationale Fernmeldeunion. Art. 13, sec. 1 Internationaler Währungsfonds. Art. 22 Statut des Internationalen Gerichtshofs u. a.

fehlenden Verwirklichung von Art. 77 EGKSV (189 EAGV/216 EWGV)[8] ergeben.

Art. 216 EWGV stellt nicht auf den Sitz der Gemeinschaften als solcher, sondern auf den *Sitz der Organe* ab. Wenngleich diese Terminologie nicht gleichmäßig angewendet wird[9] darf aus dieser Fassung der Verträge auf den Willen der Mitgliedstaaten geschlossen werden, über eine globale Festlegung des Sitzes der EG hinaus auch verbindliche Regelungen der Einzelfragen zu treffen.

3. *Rechtsfolgen der fehlenden Festlegung eines Sitzes für die EG*

a) Grundlage der bestehenden Situation

Die derzeitige Situation beruht auf vorläufigen Absprachen der Mitgliedstaaten, die nachträglich durch ein formelles Abkommen zementiert wurden. Am 25. Juli 1952 unternahmen die Außenminister der Sechs einen ersten ergebnislosen Versuch, einen Sitz zu bestimmen. Dabei wurde nur folgende Regelung getroffen:

> „...Diese Wahl eines provisorischen Sitzes ist auf die nächste Konferenz der Außenminister der sechs Mitgliedstaaten vertagt worden. Inzwischen beginnen die Hohe Behörde und der Gerichtshof ihre Arbeiten in Luxemburg. Die Versammlung tritt in Straßburg am 10. September zu ihrer ersten Sitzungsperiode zusammen. Der Beschluss über den Sitz wird unter Berücksichtigung des Ergebnisses der Verhandlungen gefasst werden, die im Anschluss an den französischen Vorschlag über den künftigen Status der Saar unverzüglich stattfinden sollen".[10]

Sechs Jahre später hatte sich die Macht des „Noch nicht-Provisorischen“ bereits voll entfalten können. Bei einem am 7. Januar 1958 der Festlegung eines Sitzes gewidmeten Treffen gelangten die Außenminister zu keiner

---

8 Nachfolgend wird allein auf Art. 216 EWGV abgestellt. Zwar deutet der unterschiedliche deutsche Wortlaut von Art. 77 EGKSV einerseits und Art. 216 EWGV/189 EAGV andererseits auf abweichende Voraussetzungen der Sitzfestlegung, doch stimmt der französische (allein verbindliche) Text von Art. 77 EGKSV im wesentlichen mit Art. 216 EWGV (Art. 189 EAGV) überein.

9 Vgl. Art. 17 des Prokokolls über die Vorrechte und Befreiungen v. 8.4.1965: „... Sitz der Gemeinschaften".

10 Pressekommuniqué, L'année politique 1952, Paris 1953, 561–562.

Einigung und beschlossen stattdessen, sich vor dem 1. Juni 1958 „erneut zu treffen, um den Sitz auszuwählen". Den bisher schon gültigen vorläufigen Regelungen fügten die Außenminister hinzu, die Hohe Behörde der EGKS werde weiterhin in Luxemburg tätig sein, die Versammlung in Straßburg zusammentreten und die Kommissionen der beiden anderen Organisationen (EAG und EWG) sollten ihre ersten Sitzungen in Brüssel abhalten.[11]

Trotz erheblicher Bemühungen des Europäischen Parlaments[12] kam die geplante Regierungsvereinbarung nicht zustande, denn die von Frankreich, Italien und der Bundesrepublik gewünschte Definition eines *einheitlichen* Sitzes scheiterte am Widerstand Belgiens und Luxemburgs.[13]

Auch die vertraglichen Vereinbarungen anlässlich der Fusion der Gemeinschaftsorgane vermochten nur die gröbsten Mängel der vorangegangenen Beschlüsse zu beseitigen, zur Einigung über den Sitz kam es nicht. Die wichtigsten Bestimmungen des Beschlusses der Vertreter der Regierungen der Mitgliedstaaten vom 8.4.1965 „über die vorläufige Unterbringung bestimmter Organe und Dienststellen" lauten:

> Art. 2: „Luxemburg, Brüssel und Straßburg bleiben *vorläufige Arbeitsorte der Gemeinschaften*".
> „Der Rat hält seine Tagungen in den Monaten April, Juni und Oktober in Luxemburg ab".
> Art. 3 Abs. I: „Der Gerichtshof bleibt in Luxemburg."
> Art. 4: „Das Generalsekretariat des Europäischen Parlaments und seine Dienststellen bleiben in Luxemburg".[14]

Hinsichtlich der Kommission wurden in den Artikeln 7 – 9 diejenigen Dienststellen aufgezählt, welche in Luxemburg verbleiben sollten. Schließlich bestimmte Art. 12

> „Vorbehaltlich der vorstehenden Bestimmungen werden die sich aus früheren Beschlüssen der Regierungen ergebenden *vorläufigen Arbeitsorte* der Organe und Dienststellen der Europäischen Gemeinschaften... von diesem Beschluss nicht berührt."

11 Pressekommuniqué, L'année politique 1958, Paris 1959, 298.

12 Dazu unten, b).

13 S. unten, Anm. 20.

14 ABl. EG Nr. 152 v. 13.7.1967, 18; siehe auch den Beschluss der Vertreter der Regierungen der Mitgliedstaaten v. 24. Juli 1973 über die vorläufige Unterbringung des Europäischen Fonds für währungspolitische Zusammenarbeit, ABl. L 207/1973 v. 28. Juli 1973, 46.

Wie die Präambel dieses Beschlusses ausdrücklich noch einmal betont, ist damit also bisher kein Sitz im Sinne von Art. 77 EGKSV, 189 EAGV, 216 EWGV festgelegt worden.

Welche Folgen ergeben sich daraus für den Ort, an dem die Gemeinschaftsorgane ihre Tätigkeit durchzuführen haben und an dem die personelle und materielle Infrastruktur untergebracht ist?

Wendet man die oben[15] vertretene Definition des Sitzes einer internationalen Organisation auf die gegenwärtig in den Europäischen Gemeinschaften herrschende Lage an, dann gelangt man aufgrund der sowohl in Luxemburg wie in Brüssel verfestigten Strukturen zu dem Ergebnis, beide Städte als den Sitz der Europäischen Gemeinschaften zu bezeichnen.[16] Dieses Ergebnis stünde jedoch im Widerspruch zu dem Wortlaut der Verträge: Art. 216 (Art. 77 EGKSV, 189 EAGV) spricht von dem Sitz im Singular, also nur einem gemeinsamen Sitz der Organe der Gemeinschaft.[17] Einer entsprechenden Vertragsauslegung haben sich auch die Außenminister der sechs Mitgliedstaaten angeschlossen, als sie am 7. Januar 1958 erklärten: "Die Minister sind übereingekommen, an einem Ort die Gesamtheit der europäischen Organisationen der sechs Staaten zu versammeln, sobald diese Zusammenfassung tatsächlich möglich ist und in Übereinstimmung mit den Verträgen".[18]

Auch wenn sich daher im internationalen Recht der Sitz einer Organisation überwiegend nach materiellen Kriterien bestimmt und im deutschen innerstaatlichen Recht eine Wahlmöglichkeit dahingehend besteht, einen Sitz entweder nach faktischen oder nach rechtlichen Elementen zu bestimmen, ergibt sich der Sitz der EG aus einer Verbindung von tatsächlichen und rechtlichen Merkmalen. Für sich allein genommen genügt jedoch kein Faktor, um den Ort der gemeinschaftlichen Machtausübung zu lokalisieren. Da derzeit die in den Gründungsverträgen der EG bestimmten rechtlichen Voraussetzungen zur Festlegung eines Sitzes nicht gegeben sind, besitzen die Gemeinschaften also keinen Sitz.

---

15 Oben, Ziff. *2 a).*

16 Ohne konkrete Bezugnahme auf die verschiedenen Städte vertritt *Caruso* in Quadri-Monaco-Trabucchi, Trattato istitutivo della Communita Europea del Carbone e dell'Acciaio, Commentario, Bd. 1, Milano 1970, Anm. 3 zu Art. *77* eine noch weiter gehende Ansicht: „... al momento, non solo le Communita hanno una sede, ma questa sia *da considerare a tutti gli effeti definitiva.*"

17 Das gleiche Ergebnis folgt aus Art. 17 des Protokolls über die Vorrechte und Befreiungen der Europäischen Gemeinschaften v. 8. April 1965; ebenso *v. d. Groeben-v. Boeck,* Handbuch der Europäischen Wirtschaftsgemeinschaft, Anm. 5 zu Art. 216.

18 Siehe oben, Fn. 11.

b) Quelle von Konflikten

Diese fragile Rechtslage führt häufig zu Auseinandersetzungen zwischen den einzelnen Staaten oder auch zwischen den die Institutionen beherbergenden Staaten und den Gemeinschaftsorganen.

Nicht zufällig steht dabei meist das Europäische Parlament im Mittelpunkt der Kontroverse, denn die räumliche Trennung von Sekretariat und Tagungsort spottet jeder rationalen Erwägung. Zwei Beispiele mögen dies verdeutlichen:

Aufgrund des vom Europäischen Parlament vorgesehenen Arbeitsprogramms für das Jahr 1973, das einige Plenarsitzungen in Luxemburg vorsah, schrieb der französische Außenminister am 26. Januar 1973 an den Präsidenten des Europäischen Parlaments:

> „Ich muss heute feststellen, dass die Situation, auf welche ich Ihre Aufmerksamkeit bereits gelenkt habe, sich in besonderem Maße verschärft hat. Der Tagungskalender für das Jahr 1973 lässt erkennen, dass neben drei Tagungen von kurzer Dauer das Parlament beabsichtigt, vom 12. bis 17. 2. eine erste lange Sitzung und im Prinzip eine zweite Sitzung vom 15. bis 20. 10. in Luxemburg abzuhalten ...„Sie werden sicherlich verstehen, dass die französische Regierung eine derartige Situation kaum hinnehmen kann. Ich möchte Sie daher bitten, mit Ihren Kollegen des Präsidiums das für dieses Jahr vorgesehene Tagungsprogramm mit dem Ziel zu überprüfen, der Stadt Straßburg ihren rechtmäßigen Platz einzuräumen ... ".[19]

Im Januar 1974 empfahl die christlich-demokratische Fraktion des Europäischen Parlaments eine schrittweise Verlegung von Dienststellen des Parlaments von Luxemburg nach Brüssel. Damit entfachte sie eine überaus heftige Reaktion der luxemburgischen Öffentlichkeit und Erklärungen des Ministerpräsidenten *Werner* und des Außenministers *Thorn,* wonach sich Luxemburg in den kommenden Monaten auf keine Diskussion über den „Sitz“ des Europäischen Parlaments und seiner Dienststellen einlassen wolle.[20]

Dieser Streit um den „Sitz“ des Parlaments beruht vor allem darauf, dass die Vereinbarung vom 8. April 1965[21] nur für den Gerichtshof eine

---

19 Auszugsweise deutsche Übersetzung des am 5. Februar 1973 in der Luxemburger Tageszeitung „Le Republicain Lorrain“ abgedruckten Schreibens.

20 VWD – Europa, 23.1.1974; Luxemburger Wort v. 19.1. 1974.

21 Oben, Anm. 14.

eindeutige Regelung enthält. Für die anderen Organe werden jeweils nur die in Luxemburg abzuhaltenden Sitzungen (so für den Rat) oder das in Luxemburg unterzubringende Sekretariat (Parlament) oder der Teil der in Luxemburg unterzubringenden Verwaltung (Kommission) bezeichnet. Da aber die zuvor getroffenen Beschlüsse[22] nur Fragen der unmittelbaren Arbeitsaufnahme regeln sollten, stellt sich das Problem in welcher Weise das Vakuum zwischen der Vereinbarung von 1965 und den Absprachen von 1952 und 1958 zu füllen ist.

c) Mögliche Konfliktlösungen

aa) Vorläufiger Tagungsort von Organen beschlossen

Die Europäische Gemeinschaften oder die einzelnen Organe legen selbständig einen vorläufigen Tätigkeitsort fest, um die zugewiesenen Arbeiten erfüllen zu können.

Da sie von den Verträgen hierzu nicht ausdrücklich bevollmächtigt sind, würde dieses Verhalten unter dem Gesichtspunkt der „implied powers“[23] – also stillschweigend übertragener Befugnisse zur Ausübung der vertraglichen Aufgaben – zu werten sein.

Diese Maßnahmen wären auf dem durch Art. 216 EWGV geregelten Gebiet aber nur insoweit zulässig als damit Beschlüsse getroffen würden, die für die Funktionsfähigkeit der Organisation unerlässlich sind.

bb) Vorbehalt der Regierungszuständigkeit

Eine andere Möglichkeit besteht darin, dass die Regierungen auch das Recht in Anspruch nehmen, die Folgen der fehlenden Entscheidung über den Sitz zu regeln. Die Ausübung von „implied powers“ durch die Organisation wäre dann in dem Maße beschränkt, wie die Regierungen von ihrem Recht Gebrauch machen. Da es sich hier um den Bereich der

---

22 Oben, Anm. 10, 14.

23 Dazu *Nicolaysen*, EuR 1966, 129 ff.; *Ipsen*, Europäisches Gemeinschaftsrecht, Tübingen 1972, 436 m. w. N.

internen Organisation[24] handelt,[25] müssen – im Gegensatz zu den sonst im internationalen Recht üblichen Interpretationsmethoden – wegen Art. 5 EWGV die Rechte der Mitgliedstaaten insoweit einschränkend interpretiert werden.

Die Regierungsentscheidungen von 1952 und 1958 über den Ort der Arbeitsaufnahme der Gemeinschaftsorgane erlauben den Schluss, dass die zuletzt genannte Alternative zur Anwendung gelangte. Allerdings wurde z.B. bis 1965 kein formeller Beschluss der Regierungen über die Unterbringung des Sekretariats des Europäischen Parlaments getroffen. Auch räumten die Mitgliedstaaten den Gemeinschaftsorganen Rat und Kommission, vor allem aber dem Parlament ein Mitspracherecht bei den Verhandlungen ein, die den Beschlüssen von 1965 vorausgingen.[26]

Das Parlament selbst wählte Luxemburg als Unterbringungsort für sein Sekretariat, um auf diese Weise die Tätigkeit der Hohen Behörde aus der Nähe verfolgen zu können (und um eine organisatorische Verschmelzung der Hilfsdienste mit dem Europarat zu vermeiden).

Doch es ging noch einen Schritt weiter. Wiederholt forderte es die Regierungen zur alsbaldigen Festlegung des Sitzes auf. Schließlich setzte es zu dieser Entscheidung den Regierungen eine Frist und drohte, es werde sich nach ergebnislosem Verstreichen dieser Frist frei und ermächtigt fühlen, seinen Sitz selbst zu bestimmen.[27] Von dieser „Selbstermächtigung“ hat das Parlament jedoch keinen Gebrauch gemacht; in geheimer Abstimmung entschied es sich am 26.11.1964 gegen eine Änderung des Beschlusses der Regierungen vom 7.1.1958, wonach die Versammlung vorläufig in Straßburg zusammentritt.[28] Die beiden zusätzlichen Fragen. ob in Luxemburg allein oder abwechselnd in Luxemburg oder Straßburg Plenartagungen stattfinden sollten, gelangten daraufhin nicht mehr zur Abstimmung.

---

24 Vgl. dazu *Bernhardt-Miehsler,* Qualifikation und Anwendungsbereich des internen Rechts internationaler Organisationen, Berichte der Deutschen Gesellschaft für Völkerrecht, Heft 12, Karlsruhe 1973.

25 Bezeichnenderweise gehört z.B. nach dcutscher Rechtsauffassung die Entscheidung über den Tagungsort zum Selbstorganisationsrecht des Bundestages, vgl. *Maunz-Dürig-Herzog,* Grundgesetz, Art. 22, Anm. 34, 35.

26 Vgl, Erklärung von Ratspräsident *Lahr* und EP-Präsident *Duvieusart* am 23.11.1964; Vhdlg. EP Sitzungsperiode 1964–65, ABI. Anhang Nr. 75, 5.

27 Entschließungen v. 11.4.1959, ABI. v. 8.5.1959; 14. 5. 1959, ABI. v. 8.6.1959; 15.1.1960, ABI. v. 4.2.1960; 30.6. 1960, ABI. v. 27.2.1960.

28 ABl. v. 11.12.1964.

c) Praxis

Der Beschluss vom 8. April 1965 ist jedoch von den betroffenen Organen nicht immer befolgt worden. So tagte der Rat entgegen Art. 2 des Beschlusses vereinzelt auch dann in Brüssel, wenn eigentlich Luxemburg vorgeschrieben war.[29] Mitunter fanden sogar Ratstagungen an Orten außerhalb der Gemeinschaften statt.[30] Die Kommission verlegte – entgegen Art. 3, Abs. II des Beschlusses – ihre Generaldirektion Wettbewerb nicht nach Luxemburg.[31]

Das Parlament führte auf Wunsch von Rat und Kommission einen monatlichen Sitzungsrhythmus ein und ging ab Juli 1967 dazu über, kurze Sitzungen in Luxemburg abzuhalten.[32]

Alle drei Organe sind also im Interesse ihrer Arbeitsfähigkeit nicht strikt den Regierungsbeschlüssen über die vorläufigen Arbeitsorte nachgekommen. Die Regierungen haben ihrerseits diese Entwicklung hingenommen. Man darf daher den Schluss ziehen, dass die Regierungen im Rahmen ihrer Beschlüsse über den Tätigkeitsort der Organe den Institutionen der Gemeinschaft in Hinblick auf ihre Funktionsfähigkeit stillschweigend einen gewissen Handlungsspielraum im Sinne von „implied powers"' eingeräumt haben.[33]

---

29 Z.B. wurde der Agrar-Marathon vom 28. 4.-30. 4. 1973 erst auf luxemburgischen Protest hin von Brüssel nach Luxemburg verlegt.

30 Z.B. Tagung am 11. u. 12. September 1973 in Tokio; bezüglich der Kosten und Teilnehmer vgl. Antwort auf die schriftliche Anfrage des Abg. *Laban,* ABI. C 114/1973, 1.

31 Einen ausführlichen Bericht über die Unterbringung ihrer Dienststellen in Luxemburg und Brüssel gibt die Kommission im Dokument SEK (73) 4390 endg. v. 3. Dezember 1973.

32 Seither entfällt jährlich etwa ein Drittel der Sitzungstage auf Tagungen in Luxemburg. Zu den Gründen vgl. Ausführungen von EP-Präsident *Behrendt* am 13.2.1973: „Es geht keineswegs darum, unsere politische Präsenz in Straßburg abzubauen und sie anderen Städten zukommen zu lassen. Es geht vielmehr 1973 wie schon in den vergangenen Jahren darum, den zusätzlichen und laufend steigenden Arbeitsanfall, der das Parlament zu immer häufigeren Sitzungen zwingt, auf eine möglichst ökonomische Weise zu bewältigen.
Bisher hat das große Verständnis aller Beteiligten dem Europäischen Parlament erlaubt, mit dem Versäumnis der Mitgliedstaaten, einen einheitlichen Sitz für die Institutionen der Gemeinschaft festzulegen, schlecht und recht fertig zu werden. Hoffen wir, dass politischer Takt und politische Einsicht diesen zerbrechlichen *modus vivendi* nicht gefährden." Vhdlg. EP, Sitzungsperiode 1972–73, ABI. Anhang Nr. 158, 2.

33 Ähnliches (und für die Gemeinschaftsorgane als Vorbild geeignet) bestimmt ausdrücklich Art. 22 Statut des Internationalen Gerichtshofs. Zum Sitz des Gerichtshofes

Die Häufigkeit der Luxemburger Tagungen des Parlaments legt darüber hinaus den Schluss auf eine gewohnheitsrechtlich verfestigte Übung nahe. Allerdings ist zu beachten, dass die dazu erforderliche Rechtsüberzeugung des Parlaments frühestens nach 1965 eingesetzt haben kann, also nach dem Datum, an dem die letzte Resolution zu diesem Thema ergangen ist.[34] Weiterhin nehmen die in der Folgezeit unmittelbar im Hinblick auf die Luxemburger Tagungen von Präsidenten des Parlaments abgegebenen Erklärungen keine unbegrenzten Rechte zu derartigen Tagungen in Anspruch. Den Erklärungen ist gemeinsam, dass sie nur Rechte zu *ausnahmsweisen* und durch zwingende Erfordernisse gebotene Versammlungen in Luxemburg beanspruchen. *Insoweit* lässt sich über einen Zeitraum von 6 Jahren hinweg eine Rechtsüberzeugung des Parlaments feststellen.

Ein Gewohnheitsrecht *des* Parlaments – und sei es auch noch so begrenzt – kann sich allerdings nicht gegen den Willen der Mitgliedstaaten entwickeln, sofern diese auf dem betreffenden Sektor Kompetenzen besitzen. Bis auf einen Staat haben alle Mitglieder die Luxemburger Tagungen des Parlaments hingenommen. Auch die 1973 von der französischen Regierung geäußerten Vorbehalte[35] richten sich nicht gegen die Abhaltung von Tagungen in Luxemburg an sich, sondern nur dagegen, dass diese Tagungen *regelmäßig* stattfinden.

4. Wege zur Festlegung eines einheitlichen Sitzes der EG

Die funktionellen Unzuträglichkeiten der gegenwärtigen Lage haben die Diskussion um die Herbeiführung einer Entscheidung der Mitgliedstaaten über den Sitz der Gemeinschaften in den letzten Jahren erneut entfacht.

So unterbreitete die Kommission im Mai 1972 zur Vorbereitung der Themen für die Pariser Gipfelkonferenz den Vorschlag zur Festlegung eines einzigen Arbeitsortes. Wegen der Auseinandersetzung über den Sitz des politischen Sekretariats wurde dieses Thema jedoch später nicht weiter verfolgt.

---

wird Den Haag bestimmt. *Er kann jedoch, auch anderswo tagen und seine Tätigkeit sonstwo ausüben, wenn er es für wünschenswert hält.*"

34 Entschliessung v. 26. 11. 1965: „...dass daher die Plenarsitzungen des Europäischen Parlaments bis auf weiteres in Straßburg und die Ausschusssitzungen im allgemeinen in Brüssel stattfinden werden und sein Generalsekretär in Luxemburg bleibt;" ABl. v. 11. Dezember 1965.

35 Siehe oben, Anm. 19.

Während der Septembertagung des Europäischen Parlaments 1973 unternahmen zahlreiche Abgeordnete in der Fragestunde eine konzertierte Aktion, um die Kommission zu einer öffentlichen Stellungnahme bezüglich des Sitzes der Gemeinschaften zu veranlassen.[36]

Doch Kommissionspräsident *Ortoli* antwortete sehr zurückhaltend. Er verwies auf die Vorteile der Dezentralisierung und stellte einen Zusammenhang zwischen der Festlegung eines Sitzes und der geplanten Europäischen Union[37] her, hielt also rasche Maßnahmen nicht für geboten. Das Europäische Parlament gab sich damit nicht zufrieden. Anlässlich eines Treffens mit den Präsidenten von Rat und Kommission unterbreitete EP-Präsident *Berkhouwer* am 15. Januar 1974 den Vorschlag einer von allen drei Institutionen zu verabschiedenden Resolution.[38] Darin werden die Regierungen der Mitgliedstaaten aufgefordert, binnen Kürze, spätestens aber bis zur nächsten Gipfelkonferenz einen einzigen Sitz für die Gemeinschaftsinstitutionen festzulegen.

Gefährlich für die Interessen des Parlaments erscheint ein anderer Vorschlag, durch den der Sitz gewissermaßen im Handstreich erobert werden soll: *Schöndube*[39] empfiehlt, das Parlament möge ein politisches Signal durch den Kauf eines Grundstücks setzen und damit seine Entscheidung für den zukünftigen Sitz bekunden. Selbst wenn man dem Parlament die Fähigkeit unterstellt, einen entsprechenden Beschluss herbeizuführen, würde dadurch unweigerlich ein Konflikt mit dem Rat provoziert, in dem das Parlament nur verlieren kann: Der Ankauf eines Grundstücks setzt die Bereitstellung entsprechender Mittel im Haushaltsplan voraus. Der Rat hat sich zwar verpflichtet, die Autonomie des Parlaments bei der Festlegung des Parlaments-Haushalts nicht anzutasten, er hat diese Erklärung aber unter einen wesentlichen Vorbehalt gestellt:

> „Diese Verpflichtung gilt jedoch nur insoweit, als dieser Haushaltsvoranschlag die Gemeinschaftsvorschriften, insbesondere in bezug auf das

---

36 Verhandlungen des Europäischen Parlaments, Sitzungsperiode 1973–74, ABI. Anhang Nr. 165, 53 ff. siehe dazu auch *Gissler*, „Sturm auf Straßburg", Zeitschrift „Europäische Gemeinschaft", Heft 10/1973, 5.

37 Vgl. Ziff. 16 der Schlussresolution der Pariser Gipfelkonferenz vom 19./20. Oktober 1972.

38 Abgedruckt in der Luxemburgischen Tageszeitung „Le Republicain Lorrain" vom 19. Januar 1974.

39 „Europa-Union" – Ausgabe Februar 1974, 5.

Statut der Beamten und die Beschäftigungsbedingungen für die sonstigen Bediensteten *sowie den Sitz der Organe* nicht berührt."[40]

Es erscheint nicht ausgeschlossen, den politischen Druck zur Herbeiführung einer Entscheidung über den Sitz auch rechtlich zu untermauern. Denn durch die Einfügung von Art. 216 in den EWG-Vertrag (und der entsprechenden Bestimmungen in EAG und EGKS-Vertrag) haben sich die Mitgliedstaaten nicht nur das Entscheidungsrecht über den Sitz vorbehalten. Vielmehr folgte – was häufig übersehen wird – aus diesen Vorschriften auch eine Vereinbarung, wonach die Vertragspartner ein zukünftiges Abkommen über den Sitz schließen wollen. Art. 216 EWGV enthält also ein *„pactum de contrahendo"* und daher auch Rechtspflichten der Mitgliedstaaten.[41]

Zur Bestimmung eines Sitzes legten die Staaten keine Frist fest, doch war eine Entscheidung binnen Kürze nach Inkrafttreten des EGKS-Vertrages beabsichtigt.[42] Auch ohne ausdrückliche Bestimmung einer Frist steht aber die Erfüllung einer Vertragsbedingung hier also die Festlegung eines Sitzes – nicht im Belieben der Regierungen, denn sonst würde die Erfüllung in der Willkür der Verantwortlichen liegen und damit aufgehoben. Wenn die Regelung über die Festlegung eines Sitzes einen Sinn haben soll, so muss sie binnen *angemessener* Zeit verwirklicht werden. "Angemessen" ist eine Zeitspanne aber nur dann, wenn sie aktiv genutzt wird, um Divergenzen zu beseitigen und einen Kompromiss zu suchen. Beruht ein Zeitablauf auf bloßer Untätigkeit und fehlendem guten Willen, so liegt ein Verstoß gegen eine Vertragspflicht vor.[43]

Die Erweiterung der EG am 1. Januar 1973 hat insoweit neue Tatbestände geschaffen und neue Fristen in Gang gesetzt. Sobald aber sichtbar wird,

---

40 Entschließung des Rates vom 20. April 1970, abgedruckt in der vom Parlament herausgegebenen Dokumentensammlung "Die Eigenmittel der Europäischen Gemeinschaften und die Haushaltsbefugnisse des Europäischen Parlaments" – Luxemburg 1970, 212.

41 *Caruso* in: Quadri-Monaco-Trabucchi, Commentario CECA, Bd. 1, Milano 1970, Anm. zu Art. 77 sieht zwar ebenfalls in Art. 77 EGKSV ein *„pactum de contrahendo"* verneint aber zugleich das Bestehen einer Rechtspflicht.

42 Vgl. Pressekommuniqué der Außenministertagung v. 25 Juli 1952, oben Fn. 10.

43 Vgl. Urteil des Internationalen Gerichtshofes, Entscheidung vom 20. 2. 1969 (Festlandssockel-Urteil) ICJ Reports 1969, 47 und Schiedsgericht für das Abkommen über deutsche Auslandsschulden (Koblenz), Entscheidung vom 26. 1. 1972 (hektographiert), dazu *Hahn*, Das *pactum de negotiando* als völkerrcchtliche Entscheidungsnorm, AWD 1972, 489 ff.; siehe auch allgemein zum *pactum de contrahendo*: *McNair*, The Law of Treaties, London 1961, 27 ff.

dass sich die Mitgliedstaaten nicht um die Festlegung eines Sitzes bemühen, ergibt sich erneut ein Verstoß gegen die aus Art. 216 bzw. allgemein aus Art. 5 EWGV folgenden Verpflichtungen.

Zur Erzwingung einer Vereinbarung im Sinne von Art. 216 EWGV könnte die Kommission gemäß Art. 169 EWGV gegen die einzelnen Mitgliedstaaten vorgehen.[44] Auch die Staaten selbst könnten sich des in Art. 170 EWGV vorgesehenen Verfahrens bedienen, um einzelne Mitglieder der Gemeinschaft zu veranlassen, sich nicht länger der Anwendung von Art. 216 EWGV zu widersetzen.

44 Die Kommission scheint diese Rechtsansicht bezüglich des Sitzes zu teilen, vgl. Antwort von Kommissionspräsident *Ortoli* auf die entsprechende Anfrage des Abgeordneten *Fellermaier* am 19. September 1973, 1973, Vhdlg. EP, Sitzungsperiode 1973 -74, ABl. Anhang Nr. 165, 58.

D. III. Zur Bedeutung der Einheitlichen Europäischen Akte für Rechtsentwicklung und Integrationskonzept der Europäischen Gemeinschaft*

1. Einleitung: Rechtspolitische Bedeutung

Die Rechtsgrundlage der Europäischen Gemeinschaften besteht aus einem Bündel multilateraler Verträge. EWG-, Euratom- und EGKS Vertrag sind die bekanntesten Bestandteile.[1] Diese Verträge bestimmen die Ziele der Organisation und sie legen das Instrumentarium fest, mit dem die Ziele erreicht werden sollen. Art. 3 des EWG-Vertrages enthält eine ganze Liste von Zielen. Darin werden unter anderem genannt die Abschaffung der Hindernisse für den freien Personen-, Dienstleistungs und Kapitalverkehr zwischen den Mitgliedstaaten, die Einführung einer gemeinsamen Politik auf dem Gebiet des Verkehrs, eine Koordinierung der Wirtschaftspolitik der Mitgliedstaaten. Allgemein bezweckt die Gemeinschaft „die Grundlagen für einen immer engeren Zusammenschluss der europäischen Völker (englisch:„an ever closer union") zu schaffen.

Zur Verwirklichung dieser Aufgaben wurde ein institutionelles System errichtet, das vier Hauptorgane (Ministerrat, Kommission, Parlament und Gerichtshof) umfasst.

Im Verlauf ihrer nunmehr fast 35jährigen Geschichte zeigten sich einige charakteristische Schwächen der Organisation:

- Fehlende Anpassung und mangelnde Differenzierung der Aufgaben der Gemeinschaft gegenüber neuen Bedürfnissen;
- Unzureichende Annäherung an das allgemeine Ziel der „ever closer union";
- Mangelnde Effizienz und Demokratie des institutionellen Systems;
- Widersprüche zwischen der Außenpolitik der Mitgliedstaaten und der außenpolitischen Wirkung der EG.

---

* Zuerst veröffentlicht in: Österreichische Zeitschrift für öffentliches Recht und Völkerrecht (39) 1988, 211 – 236 (Auszug).

1 Kodifizierte Fassungen der Verträge, in denen die jüngsten Änderungen berücksichtigt wurden, sind u. a. veröffentlicht vom Amt für Amtliche Veröffentlichungen der EG, Luxemburg 1987.

Einige dieser Mängel traten erst im Laufe der Existenz der Gemeinschaft hervor. So dachte zum Beispiel im Jahre 1957 noch keiner der Vertragsautoren daran, daß eine gemeinschaftliche Politik des Umweltschutzes notwendig werden würde. Heute dagegen gilt gerade dieser Bereich als ein Beispiel für die Notwendigkeit integrierter Rechtsetzung. Andere Unvollkommenheiten der Verträge beruhten auf der ihnen zugrundeliegenden – und durchaus schon in der Gründungsphase umstrittenen – Philosophie, wonach die Gemeinschaftsbildung schrittweise und anhand konkreter, allgemein für notwendig gehaltener Maßnahmen voranzutreiben sei.

Es überrascht daher nicht, dass schon kurz nach Inkrafttreten der Verträge Modelle vorgelegt wurden, die Änderungen in einem oder mehreren der genannten vier Bereiche bezweckten. Besonders das Europäische Parlament, aber auch die Regierungen einzelner Mitgliedstaaten, legten im Laufe der Jahre eine Vielzahl von Projekten vor, die sich – da Phantasie und Problembewusstsein durchaus beschränkt sind – sehr rasch auf vier Kernfragen reduzierten:

- Stärkung der Rechte des Europäischen Parlaments und punktuelle Verbesserungen am institutionellen System,
- Zuweisung neuer Aufgaben an die Gemeinschaft,
- Ausweitung und Verfeinerung bestehender Aufgaben der EG,
- Verbindung der außenpolitischen Zusammenarbeit.[2]

Bereits die Gipfelkonferenz der EG-Staats- und Regierungschefs im Jahre 1972 bezeichnete diese vier konkreten Ziele.[3] Außerdem wurde damals das Ziel formuliert, "die Gesamtheit der Mitgliedstaaten in eine Europäische Union umzuwandeln."

Aus einer Verbindung dieser „externen" Antriebskräfte mit vertragsimmanenten Faktoren[4] resultierte eine bemerkenswerte Dynamik des gesamten Vertragssystems, die sich sowohl in mehrfachen Wandlungen der Ge-

2 Diese Pläne sind dokumentiert bei *Schwarze/Bieber* (Hg.), Eine Verfassung für Europa, Baden-Baden 1984.

3 Schlusskommuniqué vom 20. Oktober 1972, abgedruckt im 6. Gesamtbericht der EG, Brüssel 1973, 7.

4 Hierzu gehören zum einen die eine Wandlung ausdrücklich vorsehenden "dynamischen" Vertragsartikel wie Art. 138, 201, 236 EWGV als auch das Vertragsverständnis der Organe, insbesondere des Gerichtshofs. Eingehend ist die Eigendynamik des EG-Rechts untersucht von *Joseph Weiler*, II sistema comunitario europeo, Bologna 1985 (in englischer Kurzfassung: The Community System: The dual Character of Supranationalism, in: Jacobs (ed.), Yearbook of European Law 1981, Oxford 1982, 267–306; allgemein zu den Möglichkeiten und Grenzen einer Weiterentwicklung internationaler Organisa-

meinschaft durch Erweiterungen als auch in Vergrößerungen des Aufgabenbereichs und in Verselbständigung und Differenzierung des institutionellen Systems manifestierten. Dabei zeigte sich eine fruchtbare Dialektik des Entwicklungsprozesses, die förmlich in den Verträgen angelegt ist: Änderungen der Verträge können gemäß Art. 236 EWGV von der Regierung jedes *Mitgliedstaates* oder von der *EG-Kommission* vorgelegt werden. Tatsächlich sind die Jahre seit 1972 von einem Wechselspiel der Initiativen gekennzeichnet, die von einzelnen Mitgliedstaaten unterbreitet wurden und solchen Initiativen, die von den Gemeinschaftsorganen erarbeitet worden sind.

Wegmarken der konzeptionellen Phase sind die „Feierliche Erklärung" der Regierungschefs vom 28. Juni 1983[5] einerseits und der vom Europäischen Parlament im Februar 1984 beschlossene „Entwurf eines Vertrages zur Gründung der Europäischen Union"[6] andererseits.

Auf beiden Texten beruht die schließlich von einer Regierungskonferenz am 7. und 28. Februar 1986 nach dem Verfahren des Art. 236 EWGV, Art. 96 EGKSV und Art. 204 EAGV beschlossene Einheitliche Europäische Akte, die am 1. Juli 1987 in Kraft getreten ist.[7]

---

tionen, insbesondere der EG, durch die Organisation selbst: *Bieber/Ress* (Hg.), Die Dynamik des Europäischen Gemeinschaftsrechts, Baden-Baden 1987.

5 Bulletin EG Nr. 6/1983, 26.

6 ABl. EG Nr. C 77/1984, 33. Dazu ausführlich: *Capotorti/Hilf/Jacobs/Jacqué*, Der Vertrag zur Gründung der Europäischen Union, Baden Baden 1986; *Bieber/Jacque/Weiler* (Hg.), An ever closer Union, Bruxelles/ Luxembourg 1985 und *Schwarze/Bieber* (s.o. Fn. 2).

7 ABl. EG Nr. L 169/1987, 1. Aus der bereits umfangreichen Literatur seien genannt: *Arnull*, The Single European Act, European Law Review 1986, 358; *Bieber/Dehousse/Pinder/Weiler*, 1992: One European Market? Baden-Baden 1988; *Bieber/Pantalis/Schoo*, Implications of the Single Act for the European Parliament, CMLR 1986, 767; *Bosco*, Commentaire de l'Acte Unique Européen, Cahiers de Droit Européen 1987, 355; Centre d'Etudes Internationales et Européennes, Université de Strasbourg (ed.), l'Acte Unique Européen, Table Ronde, Strasbourg 1986; *De Ruyt*, L'Acte Unique Européen, Bruxelles 1987; *Ehlermann*, Die Einheitliche Europäische Akte – Die Reform der Organe, integration 1986, 101; *ders.*, The Internal Market following the Single European Act, CMLR 1987, 361; *Flynn*, How will Article 100 A work? CMLR 1987, 689; *Forwood Clough*, The Single Act and Free Movement, European Law Review 1986, 383; *Freestone-Davidson*, Community Competence and Part III of the Single European Act, CMLR 1986, 793; *Glaesner*, Die Einheitliche Europäische Akte, EuR 1986, 119; *Grabitz*, Die Einheitliche Europäische Akte: Rechtliche Bewertung, Integration 1986, 95; *Gulman*, The Single European Act – Some Remarks from a Danish Perspective, CMLR 1987, 31; Jacqué, L'Acte Unique Européen, RTDE 1986, 575; *Institut d'Etudes Européennes, Université Libre de Bruxelles* (ed.), L'Acte Unique Européen, Journée d'Etudes, Bruxelles 1986; *Krämer*, The Single European Act and Environmental Protection, CMLR 1987, 659;

2. Rechtsnatur

Die Einheitliche Europäische Akte ist ein völkerrechtlicher Vertrag, der zwischen den Mitgliedstaaten der Europäischen Gemeinschaft abgeschlossen wurde. Sie bildet einen Abänderungsvertrag zu der geltenden Organisationsverfassung der Gemeinschaften. Zum anderen begründet sie selbständige völkerrechtliche Pflichten der Mitgliedstaaten hinsichtlich der außenpolitischen Zusammenarbeit dieser Staaten. Hierfür gelten nicht die spezifischen Regeln der Gemeinschaft über die gerichtliche Kontrolle und über die Auslegung der Organisationsverfassung.[8]

Der Vertrag kam in dem Teil, der eine Änderung der geltenden Verträge bewirkt, gemäß dem Verfahren des Artikels 236 EWG-Vertrag zustande. Das heißt, nach einer politischen Einigung einer Mehrheit von Mitgliedstaaten über den Zusammentritt einer Regierungskonferenz unterbreitete Luxemburg im Juli 1985 einen entsprechenden förmlichen Vorschlag. In den folgenden Monaten beriet die Konferenz über Vorschläge zur Änderung und Ergänzung der geltenden Verträge. Die Kommission spielte eine maßgebliche Rolle bei den Verhandlungen.[9]

Das Europäische Parlament war an den eigentlichen Verhandlungen nicht beteiligt. Art. 236 EWGV sieht zwar eine Anhörung des Parlaments vor, doch bezieht sich diese nur auf den Zusammentritt der Regierungskonferenz, nicht jedoch auf den Inhalt und das Ergebnis der Verhandlungen. (Das Parlament gab eine positive Stellungnahme zur Abhaltung der Konferenz im Juli 1985 ab.)[10] Ein Kuriosum – und einen Hinweis auf die Hast

---

Langeheine, Anm. zu Art. 100a, in: Grabitz (Hg.) Kommentar zum EWG-Vertrag, München 1987; *Meier*, Einheitliche Europäische Akte und freier Warenverkehr, NJW 1987, 537; *Mertens de Wilmars*, Het Hof van Justitie na de Europese Akte, SEW 1986, 601; *Orstrom Moller*, Binnenmarkt und Umweltschutz, Artikel 100a der Einheitlichen Europäischen Akte, Europa Archiv 1987, 497; *Pescatore*, Die „Einheitliche Europäische Akte" – eine ernste Gefahr für den Gemeinsamen Markt, EuR 1986, 153; *Schwarze* (Hg.), Fortentwicklung des Rechtsschutzes in der Europäischen Gemeinschaft, Baden-Baden 1987; *Steindorff*, Gemeinsamer Markt als Binnenmarkt, ZHR 150 (1986), 687; *Toth*, The Legal Status of the Declarations annexed to the Single European Act, CMLR 1986, 803; *Vandermeersch*, The Single European Act and the Environmental Policy of the European Economic Community, European Law Review 1987, 407; *Wessels*, Die Einheitliche Europäische Akte – Zementierung des Status quo oder Einstieg in die Europäische Union? Integration 1986, 65; *Zwaan*, The Single European Act: Conclusion of a unique document, CMLR 1986, 747.

8 Vgl. Art. 31 EEA.

9 Zu den Einzelheiten siehe *De Ruyt*, op. cit., 47ff.

10 ABl. EG Nr. C 229/1985, 29.

der Verhandlungen – bildet der Umstand, dass das Parlament am Ende der Verhandlungen zu einem inhaltlichen Einzelpunkt, nämlich zur Errichtung eines Gerichtshofs erster Instanz, konsultiert wurde. Das Parlament war ursprünglich nur im Hinblick auf eine allgemeine Revision des EWG-Vertrages konsultiert worden. Da jedoch die Reform des Gerichtshofs auch den *Euratom-Vertrag* (und den EGKS-Vertrag) betreffen sollte, wurde eine ergänzende Konsultation erforderlich, der das Parlament unmittelbar vor Unterzeichnung des Vertrages nachkam.[11]

Zum Inkrafttreten erforderte der Vertrag die Zustimmung der Parlamente aller Mitgliedstaaten. Die entsprechenden Verfahren wurden in elf Staaten vor dem 31. Dezember 1986 abgeschlossen. In Irland wurde das parlamentarische Zustimmungsgesetz gerichtlich angefochten. Nachdem der Oberste Gerichtshof das Zustimmungsgesetz für verfassungswidrig erklärt hatte, weil die Regeln über die Politische Zusammenarbeit die in der Verfassung vorgesehene Handlungsfreiheit der Regierung einschränken würden, musste erst durch Referendum eine Änderung der Verfassung beschlossen werden.[12] Dadurch verzögerte sich der Termin des Inkrafttretens der Akte bis zum 1. Juli 1987.

3. *Wesentlicher Inhalt*

Die Einheitliche Europäische Akte ändert die drei bereits erwähnten Grundverträge der EG ab. Sie ist jedoch nicht vollständig in diese Verträge zu integrieren, denn einige Bestimmungen gelten selbständig neben den Verträgen. Diese Bestimmungen sind auch der Grund für den Titel des Rechtsakts: „*Einheitliche* Europäische Akte“ wurde deswegen als Bezeichnung für den Text gewählt, weil er die Europäischen Gemeinschaften und die Europäische Politische Zusammenarbeit (EPZ)[13] (der Mitgliedstaaten) in einem Vertrag zusammenfügt und (in Art. 1) auf das gemeinsame Ziel der Europäischen Union verpflichtet.

---

11 ABl. EG Nr. C 36/1986, 44.

12 Crotty v. An Taoiseach and others, CMLR 1987, 666; dazu *Temple Lang*, The Irish Court Case which delayed the Single European Act, CMLR 1987, 709.

13 Dazu *Rummel/Wessels*, Die Europäische Politische Zusammenrbeit, Bonn 1978; s.a. die jährlichen Berichte von *Nuttall*, European Political Cooperation in: *Jacobs* (ed.) Yearbook of European Law, zuletzt Vol. 7 (1987), Oxford 1988, 269 und die Beiträge von *Frowein, Mischo* und *Oppermann* in: *Capotorti/Ehlermann/Frowein* u.a. (Hg.), Du droit international au droit de l'intégration, Liber amicorum Pierre Pescatore, Baden-Baden 1987, 247, 441, 537.

Damit erfüllt die Einheitliche Europäische Akte eine der eingangs bezeichneten vier Forderungen nach Veränderungen im System der Gemeinschaft. Doch auch die übrigen drei Problembereiche werden in dem Vertrag behandelt. Deutlich stellt die Präambel die Absicht der Vertragsparteien in den skizzierten historischen Zusammenhang. Danach soll die Akte

- die bestehenden gemeinsamen Politiken vertiefen,
- neue Ziele verfolgen,
- das Funktionieren der Gemeinschaft durch institutionelle Reformen verbessern.

Als Gesamtziel der Europäischen Gemeinschaft wird in der Akte die Errichtung einer *Europäischen Union* bezeichnet.

Im Einzelnen verändert die Einheitliche Europäische Akte das geltende Gemeinschaftsrecht auf folgende Weise:

a) Materielles Recht

Im Bereich des materiellen Rechts bestehen zwei wesentliche Neuerungen.

Zum einen werden nach Art. 130 EWGV 10 neue Artikel – 130a bis 130t – neu eingefügt. Diese begründen erstmals ausdrückliche Zuständigkeiten der Gemeinschaften für die Bereiche Regionalpolitik, Forschung und Technologie sowie Umweltpolitik.

Des Weiteren wird der bisher im EWG-Vertrag (Art. 2 und Art. 8) enthaltene Begriff des „Gemeinsamen Marktes“ durch die Bezeichnung „Binnenmarkt“ ergänzt und präzisiert. Außerdem wird ein Zeitplan für seine Verwirklichung festgelegt (Art. 8a-8c). Das Instrumentarium zur Verwirklichung des Binnenmarktes wird durch ein besonderes Verfahren zur Rechtsangleichung in den Artikeln 100a und 100b EWGV ergänzt.

b) Institutionelle Änderungen

Im institutionellen Bereich sind drei bedeutsame Neuerungen vorgesehen, die an alte Forderungen, vor allem des Parlaments, anknüpfen:

- Für einzelne Rechtsakte (Assoziierungsabkommen, Beitrittsverträge) wird ein *Mitentscheidungsrecht* des Parlaments begründet. Dieses Recht gilt sowohl bei neu abgeschlossenen Abkommen als auch bei Änderungsverträgen.

- Für eine weitere Kategorie von Rechtsakten wird ein neues *Verfahren der Zusammenarbeit* mit dem Parlament in Art. 149 EWGV eingeführt, das den Einfluss des Parlaments auf die Entscheidungen verstärken kann, allerdings noch nicht an ein förmliches Mitentscheidungsrecht heranreicht.
- Weiterhin wird die Bezeichnung des Parlaments selbst nunmehr formell – wenngleich in etwas kryptischer Manier – in „Europäisches Parlament" geändert.[14]
- Das Verhältnis von Rat und Kommission betrifft eine Ergänzung von Art. 145, in dem eine ausdrückliche Ermächtigung zur Übertragung von Durchführungsbefugnissen auf die Kommission begründet wird.
- Die Stellung des Gerichtshofs wird gestärkt durch die Ermächtigung zur Einführung eines Gerichts erster Instanz.

4. Politische Dimension

Die Einheitliche Europäische Akte bildet insgesamt die umfassendste Reform seit Bestehen der Europäischen Gemeinschaft.

Gleichwohl rief dieser Vertrag bei einzelnen staatlichen Parlamenten, im Europäischen Parlament und zum Teil in der Wissenschaft, ein zwiespältiges Echo hervor.

So nahm die italienische Abgeordnetenkammer am 17. Dezember 1986 eine Entschließung an, in der es unter anderem hieß:

> „Die Abgeordnetenkammer ist der Ansicht, dass die Einheitliche Europäische Akte den realen Erfordernissen der Entwicklung der Gemeinschaft und ihrer Politiken, der Notwendigkeit einer Stärkung ihrer Institutionen im Hinblick auf ihre effiziente und demokratische Gestaltung sowie dem Behauptungswillen der politischen Identität Europas auf internationaler Ebene nicht gerecht wird."

Das Europäische Parlament äußerte,

> „dass die Einheitliche Europäische Akte seinen Bestrebungen nicht entspricht, aber dennoch eine Reform der Verträge bedeutet, deren Gelingen es sicherzustellen gilt".[15]

---

14 Art. 3, I EEA; dazu näher *Bieber/Pantalis/Schoo*, CMLR 1986, 767.

15 Entschließung vom 11. Dezember 1986, ABl. EG Nr. C 7/1987, 83.

In diesen Erklärungen spiegelt sich die Enttäuschung darüber wider, dass die Reform nicht größer ausgefallen ist, doch konkrete inhaltliche Einwände wurden nicht formuliert. Vor allem wollte das Europäische Parlament sich nicht der Möglichkeit begeben, durch eine konstruktive Interpretation die Auslegung der neuen Bestimmungen in seinem Sinne zu beeinflussen.

Derartige Vorsichtsmaßnahmen waren der wissenschaftlichen Betrachtung fremd. Hier hat insbesondere der ehemalige Richter am EuGH, *Pierre Pescatore*, eine scharfe Kritik vorgetragen. Er meinte, dass in der Einheitlichen Europäischen Akte

> „bezeichnende und zum Teil fragwürdige Neuerungen nur um den Preis einer weitgehenden Infragestellung des bisher Erreichten auf dem Gebiet des freien Waren- und Dienstleistungsverkehrs erkauft werden konnten".

Pescatore hielt die EEA insgesamt für „einen schweren Rückschlag für die Europäische Gemeinschaft".[16]

Ehlermann und *Glaesner* haben demgegenüber das Potential der Einheitlichen Europäischen Akte für die Weiterentwicklung der Gemeinschaft herausgestellt.[17] Wer recht hat, lässt sich noch nicht mit Bestimmtheit sagen. Denn ganz offensichtlich sind die unterschiedlichen Einschätzungen von dem jeweiligen Standpunkt geprägt: Wer die Einheitliche Europäische Akte an Idealen aus der Aufbauphase der Europäischen Integration misst und dazu eine autonome und starke Zentralgewalt zählt, der wird enttäuscht sein. Wer dagegen die Einheitliche Europäische Akte vor dem Hintergrund der Realität einer sich verbreiternden und immer weiter differenzierenden Organisation sieht, dem erschließen sich die positiven Veränderungen leichter. Auch methodische Unterschiede prägen die unterschiedliche Bewertung der Einheitlichen Akte: Wer zum Beispiel der Meinung ist, ein Fortschritt bei der Europäischen Einigung sei nur in großen Schritten erreichbar, den wird das Verfahren der punktuellen Verbesserung des Existierenden nur wenig befriedigen. Ein Anhänger des Verfahrens der „kleinen Schritte" wird in dieser vermeintlichen Schwäche der Einheitlichen Akte gerade ihren Vorzug sehen.

Eines jedenfalls erscheint gewiss: Die Einheitliche Europäische Akte bildet keinen Höhepunkt oder gar Abschluss der Entwicklung der Europäischen Gemeinschaft. Sie ist vielmehr nach dem in ihrer Präambel ausgedrückten Selbstverständnis dazu bestimmt,

---

16 Op. cit. (oben, Fn. 7).
17 Op. cit. (oben, Fn. 7).

„das von den Verträgen zur Gründung der Europäischen Gemeinschaften ausgehende Werk weiterzuführen".

Sie ist Ergebnis der bisherigen Entwicklung und gleichzeitig Anstoß für neue Entwicklungsprozesse. Dies gilt umso mehr, als mit ihrer Annahme auch ein Präzedenzfall für umfassende Vertragsreformen geschaffen wurde. Lange Zeit wurden derartige Änderungen als nicht durchsetzbar oder als gefährlich für den Kernbestand der Gemeinschaft angesehen. Jetzt aber greift auch hier eine nüchterne Betrachtung Platz. Damit erschließen sich neue Mittel, um die Dynamik der Europäischen Gemeinschaft zu erhalten. Dass es dafür nicht zu früh ist, belegt der Umstand, dass einer der drei Gründungsverträge, der EGKS-Vertrag, in 14 Jahren (22. Juli 2002) ausläuft. (vgl. Art. 97 EGKSV).

5. Das Integrationskonzept der EEA

Die EG-Gründungsverträge beruhen auf einer eigentümlichen Dialektik zwischen der Gewährleistung der Fortdauer der Existenz der Mitgliedstaaten[18] einerseits und dem Ziel eines immer engeren Zusammenschlusses der Völker andererseits.[19]

Die gewachsene Zahl der Mitgliedstaaten hat die ökonomischen, sozialen, politischen und gesellschaftlichen Grundlagen der Gemeinschaft stetig differenziert. Konnte man in den ersten 18 Jahren der Gemeinschaftsexistenz identische Interessen der sechs Mitgliedstaaten mit dem Gemeinschaftsinteresse gleichsetzen, so besitzen dieselben sechs Staaten gegenwärtig nicht einmal mehr eine qualifizierte Mehrheit innerhalb der Gemeinschaft. Dies erklärt, weswegen trotz objektiv gewachsener gemeinsamer Interessen, die Gemeinschaft immer stärker vor der Notwendigkeit steht, von besonderen Bedürfnissen einzelner Staaten Kenntnis zu nehmen. Für eine derartige Berücksichtigung boten schon die anfangs geltenden Verträge Ansatzpunkte.[20] Auch im abgeleiteten Recht finden sich zahlreiche Sonderregelungen für einzelne Staaten. So sieht eine jüngere Verordnung aus dem Bereich des Kartellrechts vor:

---

18 Vgl. z.B. Art. 6, II EWGV.

19 Vgl. Präambel, EWGV.

20 z.B. Art. 36, 224 EWGV; Schutzklauseln gemäß Art. 108, 103, 115 EWGV.

„Diese Verordnung steht Gesetzen und Verwaltungsmaßnahmen der Mitgliedstaaten, mit denen diese im Hinblick auf besondere Verhältnisse einzelner wettbewerbsbeschränkender Verpflichtungen einer nach dieser Verordnung freigestellten Vereinbarung verbieten, oder ihnen den Rechtsschutz versagen, nicht entgegen.“[21]

Insgesamt besitzt das gemeinschaftliche Rechtssystem eine bemerkenswerte Flexibilität,[22] die mit dem Begriff „abgestufte Integration“ nur unzureichend erfasst wird. Die Flexibilität resultiert vor allem daraus, dass die Beziehungen zwischen staatlichem Recht und Gemeinschaftsrecht nicht materiell, sondern nur prozedural definiert sind.

Die drei zentralen Verfahrenskategorien für das Verhältnis beider Rechtsebenen sind das Prinzip des Vorrangs des Gemeinschaftsrechts vor staatlichem Recht, die Verdrängung staatlicher Rechtsetzungszuständigkeit, soweit der Gemeinschaftsgesetzgeber tätig geworden ist, und die Möglichkeit der Rückübertragung von Gesetzgebungszuständigkeiten auf die Staaten.

Die Besonderheit der Einheitlichen Europäischen Akte besteht darin, einerseits das Ziel der Europäischen Union deutlicher denn je vertraglich festgelegt und andererseits die Flexibilität des Gemeinschaftsrechts erhöht zu haben. So dürfte es den Mitgliedstaaten nicht schwerfallen, mit Hilfe der neuen Artikel 8c; 100a, Abs. 4; 118a, Abs. 3; 130t EWGV Sonderinteressen im Rahmen der Einführung des Binnenmarktes zu wahren. Freilich unterliegen die Gründe der Durchsetzung staatlicher Sonderinteressen einer Prüfung durch die Gemeinschaftsinstitutionen. Bezieht man das erstmals durch die EEA ausdrücklich in die EG-Verträge aufgenommene Prinzip der Subsidiarität für das Tätigwerden der EG[23] in die Betrachtung mit ein, so zeigt sich, dass die Gemeinschaft durch Binnenmarkt und Europäische Union zwar an Homogenität gewinnen kann, dass aber gleichzeitig das Potential zur Differenzierung im Interesse einzelner Staaten in der EG wächst.

Damit verdeutlicht die EEA eine Eigenart des europäischen Einigungsprozesses, die darin besteht, dass die Chancen einer Berücksichtigung der

---

21 VO Nr. 123/85 über die Anwendung von Art. 85, Abs. 3 auf Gruppen von Betriebs- und Kundendienstvereinbarungen über Kraftfahrzeuge, ABl. L 15/ 1985, 16 Präambel, Ziff. 29.

22 Grundlegend dazu die Studie von *C. D. Ehlermann*, How flexible is Community Law? in: Michigan Law Review Association (ed.) The Art of Governance, Festschrift für Eric Stein, 2. Aufl. Baden-Baden 1987, 136 -155.

23 Vgl. Art. 130r, Abs. IV EWGV.

Interessen jedes Betroffenen parallel mit der Anzahl der Mitglieder der Gemeinschaft wächst.

D. IV. Kooperation und Konflikt – Elemente einer Theorie des internen Organisationsrechts der EG*

1. Einleitung

Frühzeitig hat *Christoph Sasse* darauf hingewiesen, dass eine übergeordnete Koordination der Zusammenarbeit der EG-Institutionen nicht erfolgt.[1] Unmittelbar wäre dies nur mithilfe eines besonderen, aus den Institutionen ausgegliederten Gremiums möglich, das derzeit jedoch nicht existiert. Einen Ansatz bot das im EGKS-Vertrag ursprünglich vorgesehene Gremium der Präsidenten der Institutionen.[2] Rat, Kommission, Parlament sowie Wirtschafts- und Sozialausschuss als die für die politische Planung, Legitimation und Einführung der EG-Beschlüsse verantwortlichen Gremien werden auch nicht durch para-institutionelle Kräfte (politische Parteien und Fraktionen) verbunden, die auf staatlicher Ebene derartige Koordinierungsfunktionen erfüllen.

Können die Institutionen der EG auch ohne derartige Koordinations-Mechanismen effizient agieren oder bedürfen sie möglicherweise besonderer, bisher nur rudimentär vorhandener und noch systematisch zu entwickelnder und zu legitimierender Verfahren, um eine Balance ihrer verschiedenartigen Legitimationen als Element der Entscheidungsbildung einsetzen zu können?

Auf Kommission und Rat bezogen hat *Christoph Sasse* die Antwort bereits gegeben: „Rivalen oder funktionale Partner«[3] nennt er die mögliche Alternative. Obwohl er vor der Errichtung einer gemeinschaftlichen Superplanungsbehörde warnt, unterstützt er sehr nachdrücklich die informelle Zusammenarbeit der Institutionen, also die Partnerschaft.[4]

---

* Zuerst veröffentlicht in: Bieber/Bleckmann/Capotorti u.a. (Hrsg.), Das Europa der zweiten Generation, Gedächtnisschrift für Christoph Sasse, Bd. 1, Baden-Baden 1981, 327 – 347.

1 In: Regierungen – Parlamente – Ministerrat, Bonn 1975, 134 ff.

2 Art. 78 alte Fassung, seit der Revision der Haushaltsbestimmungen vom 22. April 1970 abgeschafft. Vgl. dazu *Donner*, Der Einstimmigkeitsgrundsatz in dem nach Art. 78 des EGKS – Vertrags gebildeten Ausschuss der Präsidenten, Festschrift Riese, 1964.

3 *Sasse*, Kommission und Rat – konstitutionelle Rivalen oder funktionelle Partner? EuR 1972, 341ff.

4 In: Regierungen – Parlamente – Ministerrat, Bonn 1975, 136.

Lässt sich diese Art der Zusammenarbeit vertraglich begründen und als eigenständiges Prinzip für das Verhältnis aller Institutionen nutzbar machen? Ausgehend von neuen Entwicklungen der Praxis, an denen vor allem das Europäische Parlament beteiligt ist, soll hierauf eine Antwort versucht werden.

2. Zur Kategorie des „Internes Organisationsrechts“

Eine Antwort erscheint möglich aufgrund einer Prüfung von Umfang und Qualität des internen Organisationsrechts der Europäischen Gemeinschaften.

Unter »internem Organisationsrecht« sei hier das Normengefüge verstanden, das die Beziehungen zwischen den *Institutionen* einer Organisation regelt. Das Verhältnis zwischen Organisation *und ihren Mitgliedern* bleibt hier außer Betracht, obwohl es häufig ebenfalls dem internen Organisationsrecht zugerechnet wird.[5] Da für die Beziehungen zwischen einer Organisation und ihren Mitgliedern andere Prinzipien und Normen gelten, wird vorgeschlagen, für diese Rechtsmasse den allgemeineren Terminus *Organisationsrecht* zu verwenden.

Umfang und Rechtsqualität des *internen* Organisationsrechts – jedenfalls zwischenstaatlicher – Organisationen wird herkömmlich anhand der Summe der den jeweiligen Institutionen zugewiesenen Befugnisse bemessen.[6] Diese Methode mag für einfach strukturierte »klassische« internationale Organisationen ausreichen. Zur Erklärung, Einordnung und Abgrenzung der Vorgänge in komplexen internationalen Organisationen vor-staatlicher Struktur vom Typ der EG reicht sie jedoch nicht aus. Deutlich wird dies an dem Dilemma, die nicht vertraglich festgelegte Vielfalt der Wechselbeziehungen zwischen den Institutionen der EG mit Rechtsbegriffen zu erfassen. Häufig wird hierzu das Gegensatzpaar Gewohnheitsrecht/unverbindliche politische Erklärung herangezogen,[7] oder der Vorgang aus der Optik einer

---

5 *Jacqué,* Eléments pour une théorie de l'acte juridique en droit international public. Paris 1972, 292 ff.

6 Vgl. *Bernhardt/ Miehsler,* Qualifikation und Anwendungsbereich des internen Rechts internationaler Organisationen, Berichte der Deutschen Gesellschaft für Völkerrecht 12 (1973); *Seidl-Hohenveldern,* Das Recht der internationalen Organisationen, 3. Aufl. Köln 1979, 227 ff.

7 *Foighel/Hagel-Sorensen;* EF-Ret, Almindelig Del, Kopenhagen 1977, 114 ff., *Läufer,* Das Europäische Parlament nach der Direktwahl, Positionsstärkung durch intrakonstitutionellen Wandel?, EuR 1979, 261 ff. (S. 271 ff).

Übertragung bzw. Delegation von Befugnissen analysiert.[8] Auch lässt sich daran denken, das den Institutionen (in unterschiedlichem Ausmaß) eingeräumte Selbstorganisationsrecht gebündelt als Rechtsgrundlage der interinstitutionellen Beziehungen zu begreifen.[9]

Besonders die beiden zuerst genannten Modelle erwecken den Anschein, als bestünde zwischen den Institutionen ein rechtsfreier Raum, der mit Hilfe übereinstimmenden Rechtsbindungswillens und -praxis in Rechtsbeziehungen umgewandelt werden könnte. Aber auch das Modell des verbundenen Selbstorganisationsrechts lässt nicht mit hinreichender Deutlichkeit erkennen, ob und wieweit zwischen den Institutionen von vornherein Rechtsbeziehungen bestehen, die möglicherweise nur der Aktualisierung bedürfen.

Dass eine Kategorisierung der Beziehungen zwischen den Institutionen, zumindest für die EG, nicht nur von theoretischem Interesse ist, ergibt sich aus der bemerkenswerten Vielfalt der Absprachen, Erklärungen, Briefwechsel etc.,[10] und der erheblichen Widersprüche in den Äußerungen und der Praxis der EG-Institutionen zu deren Bindungswirkung.[11]

Diese Gegensätze sind im übrigen Ausdruck eines übergreifenden Widerspruchs im Verhalten der Institutionen zueinander: Den vielfältigen Kooperationsformen stehen häufige und grundsätzliche Konflikte gegenüber. Beispiele dafür waren in der Frühphase der EG das Verhältnis zwischen Rat und Kommission, kanalisiert im *Luxemburger Kompromiß* vom 29. Januar 1966. Gegenwärtig polarisiert sich der Konflikt häufig zwischen Europäischem Parlament einerseits sowie Rat und Kommission andererseits. Bemerkenswerte Beispiele hierfür sind die Ablehnung des Haushaltsplans

---

8 Bericht *Vedel,* Bull. EG, Beil. 4/72, 37 ff.

9 Dieser Gedanke wird bei *Beutler/ Bieber/Pipkorn, Streil,* Die Europäische Gemeinschaft, Rechtsordnung und Politik, Baden-Baden 1979, 94/96 zugrunde gelegt.

10 Besonders aufschlussreich hierzu ist die vom Generalsekretariat des Rates verfasste »Zusammenstellung der Texte betreffend die Beziehungen zwischen dem Europäischen Parlament und dem Rat.«. Einige der Absprachen wurden veröffentlicht in: Das Europäische Parlament, Sonderdruck des Handbuchs für Europäische Wirtschaft, Baden-Baden 1980, 6 ff. Siehe auch *Bieber.* Organe der erweiterten Europäischen Gemeinschaften: Das Parlament, Baden-Baden 1974, 185 ff., *Grabitz/ Läufer.* Das Europäische Parlament, Bonn 1980, 635 ff. Absprachen zwischen Rat und Kommission bei *Sasse* (s. o. Fn. 1), 269 ff.

11 Vgl. Stellungnahme des Ratsvorsitzenden *Lynch* vor dem Europäischen Parlament am 18. Juli 1979, ABI. EG, Anh. Nr. 244, 28 f.; Antwort des Rates auf die sehr. Anfragen Nr. 128/77 und 169/77, ABl. EG C 259/1977, 4; Antwort der Kommission, schr. Anfrage 170/77, ABI. EG C 180/1977, 18; Entschl. des EP zur ersten Konzertierung mit dem Rat v. 13. Dezember 1977, ABI. EG C 6/ 1978, 20 (insbes. Ziff. 14).

für 1980 am 13. Dezember 1979 und der erste Rechtsstreit, in dem das Europäische Parlament (als Streithelfer eines privaten Klägers) dem Rat (unterstützt von der Kommission) gegenüberstand.[12]

Das Verhalten der Institutionen pendelt vorläufig noch einigermaßen unberechenbar zwischen diesen Polen der Kooperation und des Konflikts. Darin äußert sich der geringe Verfestigungsgrad - die Dynamik - der institutionellen Struktur der EG.[13]

Von besonderer Bedeutung ist dabei der Umstand, dass gerade bei den auf scheinbar gesicherter vertraglicher Grundlage ausbrechenden Konflikten zur Lösung häufig informelle Absprachen erforderlich sind, während umgekehrt für originäre Absprachen erst nachträglich eine juristischen Fundierung gesucht wird. Diese Beobachtung der Praxis verdeutlicht die Dialektik der EG-Institutionen. Ausgangspunkt des Versuchs einer rechtlichen Zuordnung dieser Dialektik soll die These sein, dass im Verhältnis der EG-Institutionen - allgemein aber auch aller anderen Institutionen innerhalb einer Organisation - kein rechtsfreier Raum besteht, da die Institutionen stets nur als Instrumente zur Verwirklichung der jeweils allgemein vorgegebenen Vertragsziele geschaffen sind.

Diese Ausgangslage unterscheidet das Verhältnis von Institutionen einer Organisation untereinander prinzipiell vom Verhältnis unverbundener Rechtssubjekte, auch vom Verhältnis zwischen einer Organisation und ihren Mitgliedern.

Andererseits ist dieses organisationsinterne Verhältnis selten abschließend und umfassend durch das jeweilige Organisationsstatut - sei es auch nur mit Hilfe von Generalklauseln - geregelt. Mithin stellt sich das Problem, welche Art von Rechtsqualität der im potentiellen Handlungsbereich der Institutionen liegende Raum, der nicht durch Vertragsnormen allgemeiner oder besonderer Art konkretisiert ist, aufweist und welche Bedeutung insoweit den Willensäußerungen der Institutionen zukommt.

3. *Die Beziehungen zwischen den Institutionen einer Organisation*

Die Theorie zur Rechtsnatur der Beziehungen zwischen Rechtssubjekten haben sich entwickelt aus der Analyse des Verhältnisses *autonomer* Rechtssubjekte. Die Institutionen einer staatlichen oder internationalen Organi-

---

12 Dazu unten, 4 a).

13 Zu dieser »tension inter-institutionelle« vgl. *Dewost*, in: *Waelbroeck* u. a. Le droit de la communauté économique européenne, Bd. 3, Brüssel 1979, 5.

sation sind aber derartige autonome Rechtssubjekte nicht. Sie leiten ihre Existenz aus dem jeweiligen staatlichen oder internationalen Verband ab, können außerhalb der Existenz und Handlungsfähigkeit des Verbandes keinerlei Rechtswirkung entfalten. Dies bewirkt zweierlei:

Zunächst rechnet es alle Institutionen einer Organisation dieser Ausgangslage zu, schafft also eine fundamentale Gemeinsamkeit zwischen ihnen. Weiterhin gebietet es den Institutionen, soweit zu Optimierung der jeweiligen Aufgabenerfüllung erforderlich, einen Konsens mit den übrigen Institutionen über die jeweils als Hauptaufgabe vorgegebene Verwirklichung des Organisationszwecks herbeizuführen. Dies gilt vor allem für Organisationen, die gewaltenteilend – und damit dialektisch – strukturiert sind.

Im normalen Verkehr zwischen Rechtssubjekten im Völkerrecht wie im innerstaatlichen Recht werden derartige Kooperationspflichten bisher nur ausnahmsweise angenommen, obwohl die Pflicht zur *friedlichen* Streitbeilegung zwischen den UN-Mitgliedern[14] bereits einen Minimalstand errichtet. Über diesem Minimalstandard liegen mehrere Verdichtungsebenen: Das Verhältnis vertraglich verbundener Rechtssubjekte, das Verhältnis von Rechtssubjekten innerhalb eines integrierten Verbandes, das Verhältnis zwischen Rechtssubjekten die Mitglieder eines integrierten Verbandes sind und dem Verband selbst. Daraus folgt, dass Methoden der Ermittlung des geltenden Rechts zwischen Institutionen innerhalb einer Organisation den besonderen Verdichtungsgrad berücksichtigen müssen.

Methoden, die vom Verhältnis unverbundener Rechtssubjekte ausgehen, also eine prinzipiell unbeschränkte Handlungsautonomie voraussetzen, können daher im Regelfall nicht herangezogen werden. So setzt z. B. die Bildung von Gewohnheitsrecht die Fähigkeit der Beteiligten voraus, allein durch ihr Verhalten und mit Hilfe ihres Rechtsbindungswillens Rechtsbeziehungen neu zu schaffen. In Bezug auf das Zusammenwirken zwischen Institutionen zur Verwirklichung der Ziele einer Organisation besteht aber eine derartige Handlungsfreiheit nicht: Die vielfältigen Wechselbeziehungen, mitunter auch ausdrücklich statuierte Kooperationspflichten, belegen, dass die Institutionen jeder Organisation insgesamt ein *Institutionengefüge*, einen Raum, bilden, dessen Eckpunkte d. h. die Rechtspflichten der jeweiligen Institution durch die tatsächliche Wahrnehmung der zugewiesenen Funktionen *und* die Kooperation zur Erleichterung eben dieser Funktions-

---

14 Vgl. Art. 2, Ziff. 3 UN – Charta.

wahrnehmung vielfältig, aber stets innerhalb dieses Raumes, verbunden sind.

Alle Handlungen einer Institution, die sich auf die Zusammenarbeit mit anderen Institutionen, derselben Organisation beziehen, stellen somit nichts anderes als Konkretisierungen der Rechtspflicht zur Kooperation dar. In einem solcherart rechtlich vorgeprägten Raum ist kein Platz für die Option zwischen rechtlich unverbindlichen Äußerungen gegenüber einer anderen Institution und einem Rechtsbindungswillen. Da das Willenselement bereits durch den jeweiligen Organisationsakt potentiell vorgegeben ist, kommt es im Verkehr zwischen Institutionen allein auf das tatsächliche Verhalten an, wenn Inhalt und Grad von Rechtsbindungen ermittelt werden soll. Die Kriterien des Gewohnheitsrechts sind dagegen – in Aufgabe früher hierzu geäußerter Meinungen[15] und entgegen den Stellungnahmen der Literatur[16] nicht anwendbar. Dies gilt jedenfalls dann, wenn, wie in der EG, eine übergreifende Verpflichtung zur institutionellen Kooperation existiert, so dass gemeinsame organisationsrechtliche Beschlüsse der Institutionen als Konkretisierungen dieser Kooperationspflicht anzusehen sind. Eine andere Frage ist freilich, ob ein Gewohnheitsrecht zwischen den Mitgliedern der Gemeinschaft und der Gemeinschaft selbst möglich ist. Dies wird man bejahen können.

4. Die Inter-Organbeziehungen der EG

Im Einzelnen ergibt sich in Bezug auf die Institutionen der EG folgendes Bild: Die EG-Verträge enthalten kein abschließendes Organisationsstatut der Gemeinschaft. Auch wenn und soweit die Befugnisse jeder Institutionen vertraglich fest gelegt sind und Art. 4 EWGV betont »jedes Organ handelt nach Maßnahme der ihm in diesem Vertrag zugewiesenen Befugnisse«, ergeben sich zahlreiche Felder innerhalb der allgemeinen Zuständigkeiten der Gemeinschaften; die nicht im Detail der einen oder anderen Institution zur Bearbeitung in einer vertraglich vorfixierten Weise zugewiesen sind. Bereits die den Institutionen – in unterschiedlichem Ausmaß – eingeräumte Geschäftsordnungsautonomie[17] und die nach überwiegender Meinung auch im institutionellen Bereich anwendbare Vorschrift des Art. 235

15 *Bieber,* Organe der erweiterten EG: Das Parlament, Baden-Baden 1974, 49.

16 S. o. Fn. 7.

17 EP: Art. 142, Abs. I EWGV, Rat: Art. 5, FusV; Kommission: Art. 16 FusV; EuGH: Art. 188, Abs. II EWGV; WSA: Art. 196, Abs. II EWGV.

EWGV[18] deuten auf die relative Offenheit der institutionellen Strukturen *innerhalb* des Vertragsrahmens. Auch die vertraglich vorgeprägten Entwicklungsmöglichkeiten (Wahl des EP[19] Übertragung von Durchführungsbefugnissen von Rat auf Kommission[20]) zeigen, dass die einzelnen Institutionen und ihr Verhältnis zueinander weder abschließend noch umfassend durch die Vertragstexte fixiert sind. Änderungen auf der Grundlage von Art. 236 EWGV und in Einzelfällen Art. 237 Abs. II EWGV[21] bleiben möglich.

Der grundsätzlichen Offenheit in der Entwicklung der EG entspricht daher eine relative Offenheit im institutionellen System. Diese Verknüpfung wird bestätigt durch die beiden Erklärungen der Staats- und Regierungschefs vom 20. Oktober 1972[22] und vom 9./10. Dezember 1974.[23] Begreift man die vertraglich definierte Stellung der EG-Institutionen als Eckpunkte und Verbindungslinien in einem vorgegebenen Raum, so wird deutlich, dass »Offenheit« innerhalb dieses Systems unter anderem die Verpflichtung umschreibt leere Felder auf der Grundlage politischer Wertentscheidungen im Interesse effizienter Entscheidungen in rechtlich zulässiger Weise zu füllen.[24] Eine Offenheit im äußeren, also auf neuen Handlungsbereichen der EG wäre institutionell in ähnlicher Weise auszugestalten.

Als wesentliche politische Wertentscheidungen im Hinblick auf die Institutionen wird die Schaffung einer autonomen und unmittelbaren Legitimation des Europäischen Parlaments durch seine Direktwahl, die Ableitung der Legitimation des Rates in seiner gesetzgeberischen und impulsgebenden Rolle aus der jeweils höchstens Regierungsautorität der Mitgliedstaaten (»Europäischer Rat«) und die Beschränkung der Funktion der Kommission durch fehlende Mehrheitsbeschlüsse und mangelnde Bereitschaft des Rates zur Übertragung von Durchführungsbefugnissen hier vorausgesetzt. Die nachfolgenden Überlegungen beschränken sich auf die Aspekte der Effizi-

18 Dazu jüngst *Priebe,* Entscheidungsbefugnisse vertragsfremder Einrichtungen im Europäischen Gemeinschaftsrecht, Baden-Baden 1979, 108 ff. m. w. N.

19 Art. 138, Abs. 3 EWGV; Art. 7 Akt vom 20. September 1976.

20 Art. 155, 4. Teilstrich, EWGV.

21 Allerdings ist überaus zweifelhaft, ob in diesen Fällen die speziellen Verfahren für Vertragsänderungen außer Kraft gesetzt werden dürfen – dies aber ist z. B. durch Art. 23 des Beitrittsvertrags mit Griechenland vom 28. Mai 1979 (ABl. L 291/1979, 17 ff.) geschehen.

22 6. GB der Kommission, 1972, 7, insbesondere Ziff. 15.

23 8. GB der Kommission, 1974, 337, insbesondere Ziff. 3–12.

24 In seinem Bericht zur Europäischen Union nennt *Tindemans* als Kriterien der Arbeitsweise der zukünftigen EG-Institutionen: Autorität, Leistungsfähigkeit, Legitimität und Kohärenz, Bull. EG, Beil. 1/76, Kap. V.

enz und der rechtlichen Fundierung von Beschlüssen der Gemeinschaftsinstitutionen zur Füllung offener Handlungsräume[25] in folgenden praktisch relevanten Bereichen:

- Auf welche Weise sind Krisen zu lösen, die dadurch entstehen, dass Institutionen sich unter Ausnutzung vertraglicher Handlungsmittel *wechselseitig blockieren?*
- Welches sind die Möglichkeiten und *Grenzen der wechselseitigen Einbeziehung* der Institutionen in die jeweils vertraglich zugewiesenen Funktionen?
- Welches sind die Möglichkeiten und *Grenzen autonomer Maßnahmen* in Fällen, in denen vertraglich nur eine teilweise Autonomie vorgesehen ist?

Die praktische Relevanz und Problematik wird besonders deutlich bei Vorgängen, an denen das Europäische Parlament beteiligt ist. Denn nur in wenigen Ausnahmefällen ist die Passiv- bzw. Aktivlegitimation des Parlaments für Klagen vor dem EuGH gegeben,[26] so dass der außergerichtlichen Streitbeilegung bzw. der Kooperation im Vorfeld von Auseinandersetzungen besonderes Gewicht beikommt.[27]

a) Wechselseitige Blockierung der Institutionen

Dieser Fall ist grundsätzlich immer dann möglich, wenn eine Institution befugt ist, ein Einspruchsrecht (im weitesten Sinne) auszuüben, ohne jedoch selbst die damit entstehende Lücke in der Rechtsetzung schließen zu können.

Dies ist die charakteristische Ausgangslage des Europäischen Parlaments in Bezug auf die Zusammensetzung der Kommission und im Haushaltsbereich, aber auch im Rechtsetzungsprozess der EG. So kann das Europäische Parlament zwar mit Hilfe eines Misstrauensvotums gemäß Art. 144 EWGV die Kommission zum Rücktritt zwingen, es verfügt jedoch über keine Möglichkeiten, um unmittelbar auf die Zusammensetzung der neu von den

25 Der Begriff » Lücke« erscheint hier nicht angebracht, da er die unzutreffende Assoziation eines nur ausnahmsweise unvollständigen Systems weckt.

26 Passivlegitimation: Art. 38 EGKSV. Aktivlegitimation: Art. 175 EWGV; Art. 148 EAGV.

27 Vgl. Antwort des Rates auf die mündliche Anfrage *O'Leary* vom 26. September 1979, Vhdlg. EP ABl. Ang. Nr. 245, 221, sowie Antwort des Rates auf die schriftliche Anfrage *O'Hagan*, ABl.Nr. C 27/1980.

Regierungen zu ernennenden Kommission Einfluss zu nehmen.[28] Da die Regierungen theoretisch eine zum Rücktritt gezwungene Kommission wieder einsetzen können, das Parlament andererseits ein Misstrauensvotum wiederholen könnte, ist die Blockierung einer EG-Institution denkbar, ohne dass einer der Beteiligten in der Lage wäre, diese Blockierung autonom zu beseitigen.

Auch wenn dieser Fall bisher noch nicht eingetreten ist, erklärt doch allein seine Möglichkeit, weswegen das Parlament so beharrlich auf einer Mitwirkung bei der Ernennung der Kommission, also auf einer Vermeidung des Konflikts durch ein Kooperationsmodell besteht.[29]

Trotz formalisierter Ansätze zu einer Kooperation zwischen Rat und Parlament im Haushaltsbereich[30] sind in diesem Bereich drei bedeutende Krisen im Verhältnis beider Institutionen ausgebrochen.

Am 14. Dezember 1978 stellte der Präsident des Europäischen Parlaments gemäß Art. 203, Ziff. 7 EWGV den Haushaltsplan fest, obwohl nicht zweifelsfrei feststand, ob die vom Parlament angenommenen Erhöhungen der (nicht-obligatorischen) Ausgaben die – wegen ihres Umfangs – erforderliche Zustimmung des Rates besaßen.[31]

Wenn auch einige Mitgliedstaaten an der Rechtsgültigkeit des so zustande gekommenen Haushaltsplans zweifelten und die Überweisung ihrer Leistungen an die EG zeitweilig zurückhielten, wurde dieser Streit schließlich durch einen Kompromiss beigelegt.[32]

Doch die damit dokumentierte Kooperationswilligkeit der Institutionen reichte nicht weit. Der Rat nahm den Vorgang zum Anlass, um mit Hilfe einer Entschließung, die zu Tage getretene Unklarheit des Art. 203 einseitig

28 Vgl. *Bieber,* Das parlamentarische Mißtrauensvotum in der EG, NJW 1973, 405 ff.

29 Zuletzt in Entschließung vom 17. April 1980, ABl. EG Nr. C 117/1980, 53, dazu Bericht Rey, Dok. 1-71/80.

30 Entschließung des Rates über die Zusammenarbeit zwischen dem Rat und dem Europäischen Parlament im Rahmen des Haushaltsverfahrens (aufgenommen in das Protokoll der Ratstagung vom 22. April 1970): »Im Einvernehmen zwischen dem Rat und dem Europäischen Parlament müssen die nötigen Maßnahmen getroffen werden, damit auf allen Ebenen eine enge Zusammenarbeit zwischen den beiden Organen in bezug auf das Haushaltsverfahren gewährleistet ist, insbesondere durch die Anwesenheit des amtierenden Präsidenten oder eines anderen Mitglieds des Rates bei der Erörterung des Entwurfs des Haushaltsplans im Europäischen Parlament«. Konkretisiert wurde diese Entschließung durch eine Absprache der Institutionen vom 18. November 1971, Vhdlg. EP ABl. EG, Anh. Nr. 143/S. 189 f.

31 Dazu *Grabitz/Läufer,* Das Europäische Parlament, Bonn 1980, 145 ff. m. w. N.

32 In Gestalt des Nachtrags- und Berichtigungshaushalts Nr. 1/1979, ABl. EG Nr. L 124/1979.

zu interpretieren.[33] Der bedeutsamste Beispielsfall wechselseitiger Blockierung ist jedoch die Ablehnung des EG-Haushaltsentwurfs für 1980 durch das Europäische Parlament am 13. Dezember 1979. Grund der Ablehnung war die Nichterfüllung der Forderung des EP, eine Umschichtung der Ausgabenstruktur im Agrarteil des Haushalts vorzunehmen. Damit beanspruchte das Parlament das Recht, mit Hilfe seiner Haushaltsbefugnisse legislative Entscheidungen herbeizuführen bzw. zu ändern, die vom Rat in letzter Instanz zu treffen waren.[34]

Das Europäische Parlament hat bei dem weiteren Verfahren jedoch die Weiterverfolgung dieser Konfrontationsstrategie mit dem Rat aufgegeben. So hat es zunächst hingenommen, dass ihm ein neuer Haushaltsentwurf vertragswidrig[35] erst am 22. Juni 1980 unterbreitet wurde und es hat weiterhin am 27. Juni 1980 den neuen Haushaltsentwurf für 1980 gebilligt, obwohl er die gleichen strukturellen Schwächen wie der zuerst abgelehnte Entwurf aufweist.[36]

Der im Dezember 1980 erfolgreiche Versuch des EP, anlässlich der Verabschiedung eines Nachtragshaushaltsplans diese Situation für 1980 nachträglich (zumindest im Bereich der nichtobligatorischen Ausgaben) zu verbessern und gleichzeitig seinen Spielraum für den Haushalt 1981 zu erweitern, führte zu neuen Konflikten mit dem Rat, zur erneuten Zurückhaltung von Leistungen durch einzelne Mitgliedstaaten und zur Klage dieser Staaten vor dem EuGH.

Zuvor war in einer seltenen Konstellation zur gerichtlichen Klärung von Möglichkeiten und Grenzen einer Blockierung zwischen Rat und Europäischem Parlament erstmals im Herbst 1980 eine Entscheidung des EuGH ergangen.[37] Ausgangspunkt dafür waren die Klagen von zwei Unternehmen

---

33 Siehe dazu Entschließungsantrag des EP-Haushaltsausschusses vom 12. März 1979, Dok. EP 682/ 1978, ABI. EG Nr. C 97/1979, 68.

34 Siehe hierzu die Erklärungen des Abgeordneten *Dankert* einerseits und des Vorsitzenden des Rates andererseits vom 13. Dezember 1979 vor dem Europäischen Parlament, Vhdlg. EP, ABI. Anh. Nr. 249/1979, 215 ff.

35 Die Entschließung vom 14. März 1980 (ABI. Nr. C 85/1980, 89) betont ausschließlich die Kooperation zwischen den Institutionen und vermeidet Rechtsaussagen, z. B. die Ankündigung einer Untätigkeitsklage, letztere war parlamentsintern erwogen worden, vgl. VWD- Europa v. 20. Mai 1980.

36 Entschließung vom 27. Juni 1980, ABI. EG Nr. C 187 /1980, 33 siehe auch Vhdlg. EP ABI. Anh.Nr. 258/1980.

37 Rs. C-138/79 *(Roquette)*, ECLI:EU:C:1980:249 und Rs. C-139/79 *(Maizena)*, ECLI: EU:C:1980:250.

gegen die am 25. Juni 1979 vom Rat beschlossene Verordnung Nr. 1293/79,[38] denen das Europäische Parlament gemäß Art. 37 der Satzung des EuGH beigetreten war.

Die VO diente zur Festlegung von Produktionsquoten bei der Isoglucose-Erzeugung[39] für das Zuckerwirtschaftsjahr 1979/80 und sollte einer vorangehenden Entscheidung des EuGH zu der Grundverordnung Nr. 1111/77[40] Rechnung tragen. Da die VO auf Art. 43 EWGV beruhte, war die Anhörung des Europäischen Parlaments verpflichtet geboten. Der Rat hatte die Anhörung auch eingeleitet, eine Stellungnahme des EP jedoch nicht abgewartet (ebensowenig wie eine Äußerung des ebenfalls zur Stellungnahme aufgeforderten WSA) und die VO am 25. Juni 1979 mit ungewöhnlichen Einleitungsformulierungen[41] und einer knappen Rechtfertigung unter Hinweis auf die Dringlichkeit der Angelegenheit verabschiedet.[42] Damit hat er zweifellos das Anhörungsrecht[43] des Europäischen Parlaments missachtet. Fraglich könnte höchstens sein, ob die fehlende Äußerung innerhalb der zur Verfügung stehenden Zeit (Absendung des Konsultationsersuchens durch den Rat: 19. März 1979) oder sonstige Umstände (besondere Dringlichkeit, Ausführung des Urteils des EuGH) eine Abweichung von wesentlichen Formvorschriften i. S. von Art. 173 EWGV durch den Rat zu rechtfertigen vermögen.

Angesichts des Schweigens der Verträge ist schon überaus zweifelhaft, ob die Verletzung wesentlicher Formvorschriften überhaupt unter Berufung auf höherrangige Rechtsnormen oder -prinzipien gerechtfertigt werden kann. Vollends wird aber aus Art. 139, Abs. II EWGV deutlich, dass im

38 ABl. EG L 162/1979, 10.

39 Isoglucose ist ein neuartiger Süßstoff in flüssiger Form. Sie wird aus Stärke hergestellt, die aus Mais, Weizen oder Kartoffeln gewonnen werden kann. Verwendung findet sich insbesondere bei der Nahrungsmittelherstellung.

40 EuGH, verb. Rs. C-103/77 *(Royal Scholten)*, C-145/77 *(Tunnel)*, ECLI:EU:C:1978:186, dazu *Zuleeg* in EuR 1979, 192 ff. Siehe auch Conseil Constitutionnel (Frankreich) Entscheidungen vom 30. Dezember 1977, J.O. vom 31.12.1977, 6385 f. Deutsche Fassung in EuR 1978, 363 ff. mit Anm. *Bieber*, dazu auch *Fuß*, oben 171 ff.

41 Nur für den Kundigen wird aus dem Hinweis »nach Konsultation des Europäischen Parlaments« deutlich, dass eine Stellungnahme des EP gar nicht abgegeben worden war. Der Hinweis auf die (in Wahrheit nicht vorliegende) Stellungnahme des WSA, der erst im Wege einer formellen Berichtigung beseitigt werden musste – ABl. L 176/1979, 37 – wirft ein Schlaglicht auf die Sorgfalt der EG-Gesetzgebungsarbeit.

42 Zu den Einzelheiten siehe EP-Bericht *Ferri*, Dok. EP 1–478/79.

43 Zum Inhalt dieses Rechts vgl. *Schaub*, Die Anhörung des Europäischen Parlaments im Rechtsetzungsverfahren der EWG, Berlin 1971; *Bieber*, Organe der erweiterten EG: Das Parlament, Baden Baden, 1974, 59 ff.; *Grabitz/Läufer*, Das Europäische Parlament, Bonn 1980, 123 ff.

Verhältnis zwischen Rat und Parlament auch in Ausnahmefällen keine Substitution der jeweiligen Funktionen durch eine andere Institution, sondern *Kooperation* das tragende Prinzip der Verträge ist. Als absehbar wurde, dass auf der letzten Plenarsitzung des Parlaments (im Mai 1979) vor dem geplanten Beschlussfassungstermin des Rats keine Stellungnahme angenommen werden würde, hätte der Rat das Europäische Parlament zu einer Sondersitzung auffordern können. Dieses vertragliche Instrument der Einflussnahme auf die Planung der parlamentarischen Arbeit ist in der Praxis noch verfeinert. Das Parlament räumt dem Rat die Möglichkeit zur Teilnahme an den Arbeiten des Präsidiums (das als um die Fraktionsvorsitzenden erweitertes Gremium über die Tagesordnung einer Plenarsitzung befindet) und der Ausschüsse ein.

Nutzt eine Institution die vertraglich vorgesehenen und praktisch weiter entwickelten Kooperationsformen nicht, dann ist die Berufung auf eine Ausnahmelage zumindest insoweit rechtsmissbräuchlich, als diese Ausnahmelage nicht gerade die Kooperation verhindert hat. Dies trifft aber im Fall Isoglucose nicht zu.

Dass im Übrigen der Rat selbst noch kein kohärentes Selbstverständnis zur rechtlich fundierten Zusammenarbeit mit dem Europäischen Parlament besitzt, zeigt die Praxis des Rates, gelegentlich die Rechtsgrundlage eines Verordnungsentwurfs auszutauschen oder unerwähnt zu lassen, um auf diese Weise zu verschleiern, dass materiell zwar eine Konsultation des Europäischen Parlaments verpflichtend geboten war, diese aber vor der Beschlussfassung nicht eingeholt oder nicht abgewartet worden war.[44]

So wurde z. 8. die Verordnung Nr. 3023/79[45] (Fischerei vor der Küste Guyanas) als Entwurf dem Parlament auf der Grundlage von Art. 43 EWGV am 3. Dezember 1979 zur obligatorischen Stellungnahme übermittelt. Bevor jedoch das Parlament eine Stellungnahme abgeben konnte, beschloss der Rat am 20. Dezember 1979 die Verordnung und ließ die Bezugnahme auf Art. 43 EWGV entfallen. Ähnliches geschah bei der Beschlussfassung über die Verordnung Nr. 2377/79[46] (Erzeugergemeinschaften Olivenöl). Der Rat hatte das Parlament zwar am 26. September 1979 gemäß Art. 43 EWGV konsultiert, hielt sich aber wegen des sonst entstehenden »Rechtsvakuums« für ermächtigt, am 28. Oktober 1979 die Verordnung ohne Stellungnahme des Parlaments zu beschließen.

---

44 Siehe EP-Bericht *Schmidt* „über die Rechtsgrundlagen der gemeinsamen Fischereipolitik«, Dok EP 80/1978–79.

45 ABl. L 340/1979.

46 ABI. L 274/1979.

Neben den grundsätzlich dadurch aufgeworfenen Rechtsproblemen unterstreichen diese Fälle auch die bereits von *Sasse* beanstandete mangelhafte Terminplanung bei der gesetzgeberischen Tätigkeit der EG-Institutionen.[47]

Vor allem aber wird an den zuletzt genannten drei Fällen deutlich, auf welche Abwege eine Institution – hier der Rat – gerät, wenn sie versucht, vermeintliche Blockierungsmaßnahmen des Parlaments zu unterlaufen anstatt sie mit dem allein vertragsgemäßem Mittel institutioneller Kooperation aufzulösen.

b) Möglichkeiten und Grenzen wechselseitiger Einbeziehung der Institutionen in die jeweils vertraglich zugewiesenen Funktionen

Während im ersten Teil der aus negativen Grenzfällen resultierende Bedarf an institutioneller Kooperation erläutert wurde, soll hier die – in der Praxis parallel verlaufende – Intensivierung der wechselseitigen Teilhabe an vertraglichen Funktionen geprüft werden.

Die Bestimmung des Art. 95, Abs. 2 EGKSV (Anpassungen der Vorschriften über die Hohe Behörde »dürfen weder die Bestimmungen der Art. 2, 3 und 4 *noch das Verhältnis zwischen den der Hohen Behörde und den anderen Organen der Gemeinschaft zugewiesenen Befugnisse beeinträchtigen«,)* und des Art. 4, Abs. 1, S. 2 EWGV: *(»Jedes Organ handelt nach Maßgabe der ihm in diesem Vertrag zu gewiesenen Befugnisse.«)* werden in der Literatur im allgemeinen als Beleg für die innerhalb der Verträge bestehende grundsätzliche Unveränderlichkeit des institutionellen Systems interpretiert das nur durch die Delegationsmöglichkeit von Rat auf Kommission gemäß Art. 155 Teilstr. 4 EWGV eine Durchbrechung erfährt.[48] Daraus wird dann die Schlussfolgerung gezogen, es sei untersagt, »daß ein Organ sich zugunsten eines anderen Organs Kompetenzbeschränkungen auferlegt, die auf eine Verlagerung der Verantwortung auf das andere Organ hinauslaufen würde“.[49] Dieser Ausgangspunkt ist richtig, doch bleibt die Schlussfolgerung undeutlich, wenn nicht mit Hilfe des hier vertretenen Konzepts der institutionellen Kooperation dargestellt wird, dass zulässig all diejenigen Maßnahmen sind, die dem Ziel der optimalen Funktionenwahrnehmung möglichst vieler Institutionen dienen.

47 Regierungen – Parlamente – Ministerrat, 151 ff.

48 *Priebe,* Entscheidungsbefugnisse vertragsfremder Einrichtungen im Europäischen Gemeinschaftsrecht, 77; m. w. N.

49 Bericht der ad hoc Gruppe für die Prüfung der Frage einer Erweiterung der Befugnisse des Europäischen Parlaments (»*Bericht Vedel*«) Bull. EG Beil. 4/72, 84.

Die Institutionen der EG werden durch die Verträge vielfältig aufeinander bezogen und miteinander verschränkt.[50] Ein „institutioneller Individualismus“ ist dem von »checks and balances« geprägten System der EG-Institutionen fern. Deutlich wird dies im Haushaltsbereich, wo Rat und Parlament gemeinsam die Haushaltsbehörde bilden (Art. 203 EWGV und bezüglich der Entlastung für die Ausführung des Haushaltsplans: Art. 206 b EWGV), bei der Gestaltung der Handelspolitik (Zusammenwirken zwischen Rat und Kommission gemäß Art. 113 EWGV)[51] bei der Nutzung des vertraglichen Initiativrechts durch die Kommission, das über Art. 152 EWGV vom Rat wesentlich beeinflusst werden kann und schließlich bei der Genehmigungsbedürftigkeit der Verfahrensordnung des EuGH und der Geschäftsordnung des WSA durch den Rat (Art. 188 bzw. 196 EWGV).

Doch bilden die vertraglich vorgenommenen Zuordnungen nur eine Mindeststruktur. Dürfen z.B. Vertreter des Parlaments an Sitzungen des Rates (als Beobachter mit oder ohne Rederecht) teilnehmen? Dürfen Vertreter des Parlaments an der Aushandlung internationaler Abkommen der EG mitwirken? Darf die Kommission Fragen von Abgeordneten des Parlaments dem Rat zur Stellungnahme zuleiten? Darf die Kommission gegenüber dem Parlament erklären, sie werde stets Entwürfe für Rechtsakte der Gemeinschaft, die vom Europäischen Parlament ausgearbeitet wurden, dem Rat als eigene Entwürfe zuleiten, sofern nicht im Einzelfall rechtliche Bedenken bestünden? Darf der Rat Abkommen mit Dritten Staaten unter dem Vorbehalt schließen, dass das Parlament nicht innerhalb einer bestimmten Frist substantiierte Vorbehalte geäußert hat? Kann das Parlament verlangen, dass bei Rechtsakten von »allgemeiner Tragweite, die ins Gewicht fallende finanzielle Auswirkungen haben und deren Erlass nicht schon aufgrund früherer Rechtsakte geboten ist“;[52] eine Konzertierung mit dem Rat stattfindet bevor der Rat beschließt?

---

50 Eine Analyse dieser Verschränkung bei *Annette Matthias,* Integrationsrechtliche Probleme im Recht der Europäischen Gemeinschaften, das Problem der Willensverschränkung im Recht der Europäischen Gemeinschaften, Berlin 1979. Allerdings werden dort nur Teile der Verschränkung erörtert.

51 Zur Praxis und Verteilung der Gewichte: *Carl,* Die Kompetenzverschiebungen zwischen Kommission und Rat der EWG auf dem Gebiet der Außenbeziehungen, 1976.

52 Gemeinsame Erklärung von EP/Rat/Kommission vom 4. März 1975, ABl. EG C 89/1975. Gemäß Art. 13 des Akts über die Direktwahl vom 20. 9. 1976 und Anhang III zu diesem Akt findet das Konzertierungsverfahren auch bei dem Erlass ergänzender Bestimmungen zur Direktwahl Anwendung. Siehe dazu insbesondere *Foreman,* The Conciliation Procedure, CMLR 1979, 77 ff.; *Grabitz/ Läufer,* Das Europäische Parlament, 161 ff.

Diese Beispiele zeigen, dass der durch die Errichtung der Institutionen geschaffene Beziehungsraum längst nicht abschließend durch vertragliche Regelungen ausgefüllt ist. Der Hinweis auf Art. 4 EWGV erweist sich zur Füllung dieses Raumes nur im negativen Sinne als brauchbar. Er erinnert daran, dass sich die Institutionen der ihnen zugewiesenen Funktionen nicht entledigen können, soweit dies ihnen nicht ausdrücklich gestattet ist. Über die *Art der Wahrnehmung* der Funktionen enthält Art. 4 EWGV keine Aussage. Da die Stellung jeder Institution im Vertragsgefüge erst aus ihrer Zusammensetzung, Legitimation und Funktion ersichtlich wird, kann nur anhand einer umfassenden Betrachtungsweise ermittelt werden, ob eine Beziehung zwischen Institutionen, die nicht ausdrücklich vorgesehen ist, mit den Vertragsprinzipien übereinstimmt.

Dabei gilt für alle EG-Institutionen das in den oben erwähnten Einzelbestimmungen über die notwendige Zusammenarbeit für das Verhältnis Rat/Kommission positiv normierte Prinzip der einverständlichen Kooperation (Art. 15 FusV), das aber auch in Bezug auf diese beiden Institutionen nur deklaratorisch, nicht jedoch konstitutiv wirkt.[53] Als übergeordnetes Prinzip jeder Zusammenarbeit gilt weiterhin das Ziel der optimalen Interessenwahrnehmung der EG.[54]

Kriterien einer zulässigen Zusammenarbeit zwischen den EG-Institutionen sind demnach:

- Die Zusammenarbeit muss einverständlich erfolgen,
- sie muss den Interessen der EG (d. h. den Vertragszielen) dienen,
- sie muss auf ausdrücklich zugewiesene Funktionen zurückführbar sein und darf nicht zu einer Aufgabe dieser Funktionen führen.

Genügt eine Zusammenarbeit diesen Anforderungen, dann ist sie als vertragsmäßig, d. h. als Handlung anzusehen, deren Grund und Zweck sich aus den EG-Verträgen ableitet und die damit *Rechtsqualität* besitzt. Da die Institutionen grundsätzlich über das Selbstorganisationsrecht verfügen, kann man derartige Vereinbarungen ihrer Rechtsnatur nach dem – in diesem Fall verbundenen – Selbstorganisationsrecht der Institutionen zuordnen. Das jeweilige Geschäftsordnungsrecht der Institutionen bildet einen

---

53 Übereinstimmend *Amphoux* in *Mègret/Waelbroeck* u. a., Le droit de la Communauté Economique Européenne, Bd. 9, Brüssel 1979, Anm. zu Art. 15 FusV.

54 Vgl. EuGH Rs. C-22/70 (AETR), ECLI:EU:C:1971:32, Ziff. 90. Die Kooperationspflichten zwischen der Gemeinschaft und den Mitgliedern hat der EuGH wiederholt bekräftigt: u. a. in Rs. C-61/77 (Seefischerei), ECLI:EU:C:1978:29 = EuR 1978, 259 mit Anm. *Beutler.*

Ausschnitt dieser umfassenden Rechtsmasse. Aus allgemeinen Überlegungen zur Entstehung von Gewohnheitsrecht zwischen Rechtssubjekten lässt sich im Fall des internen Organisationsrechts, *soweit es das Verhältnis der Institutionen untereinander betrifft,* nichts entnehmen, da bei dieser Denkfigur die rechtliche Vorprägung der Beziehungen außer acht bleibt.

Auf die eingangs erwähnten Fragestellungen angewandt, würde dies bedeuten: Alle Mechanismen, die eine Erhöhung des unmittelbar erreichbaren *Informationsstandes* einer Institution bewirken, dienen der Effizienz der jeweiligen Institution. Jede Institution ist befugt, sich autonom Wissen zu verschaffen. Bei Zustimmung der betroffenen Institutionen ist daher die Anwesenheit von Beobachtern des EP im Rat oder in Verhandlungsdelegationen der Kommission zu internationalen Abkommen zulässig und ipso facto gemeinschaftsrechtlich sanktioniert.

Gleiches gilt auch für die Einholung von Stellungnahmen des Rates zu Fragen, die an die Kommission gerichtet wurden. Solange die Kommission gegenüber dem Parlament die Verantwortung für die Beantwortung einer Frage übernimmt, dient die Befragung anderer Institutionen der Erhöhung ihres eigenen Informationsstandes.

Problematischer ist die Übernahme parlamentarischer Initiativen durch die Kommission. In der Praxis wird der Fall kaum auftreten, zumindest wäre das Parlament gut beraten, wenn es sich nur ausnahmsweise auf die Vorlage eines durchformulierten Verordnungsentwurfs einließe, umso häufiger aber anhand präziser politischer Leitlinien von der Kommission die Ausarbeitung des Entwurfs eines entsprechenden Rechtsakt forderte. Immerhin fände tatsächlich eine Schmälerung des Initiativrechts der Kommission statt, wenn sie verpflichtet wäre, einen Text des Parlaments als eigenen dem Rat vorzulegen. Wenn man aber, wie eingangs geschehen, diesen Bereich auf Fälle beschränkt, in denen die Kommission keine rechtlichen Einwände geltend macht, dann bleibt nur die Beeinträchtigung der Befugnis, die politische Opportunität einer Vorlage zu bestimmen. Angesichts der bereits bestehenden politischen Verantwortlichkeit der Kommission vor dem Europäischen Parlament und der seit der Wahl selbständigen Legitimation des Europäischen Parlaments, entspräche aber eine derartige Möglichkeit den Vertragszielen.

Auch die Frage nach der Zulässigkeit eines Vorbehalts des Rates bei Abschluss internationaler Abkommen zugunsten einer Zustimmung des Parlaments lässt sich auf dem Hintergrund der eingangs genannten Kriterien eindeutig beantworten: Durch einen derartigen Vorbehalt wird die Kompetenz des Rates nicht verlagert. Nur er kann gemäß Art. 228 EWGV den Vertrag schließen. Wenn er aber von dieser Kompetenz in einer Weise Gebrauch macht, die der inhaltlichen Berücksichtigung von Äußerungen einer Institution dient, die zur Aggregation und Artikulation politischer Wertentscheidungen auf der Ebene der EG geschaffen wurde, so halten sich einschlägige Absprachen und Verhaltensweisen ohne weiteres im Rahmen des vertraglich Zulässigen und Gebotenen.

Das abschließend genannte Beispiel der Forderung nach »Konzertierung« zwischen Rat und Parlament in bestimmten Bereichen der gesetzgeberischen Tätigkeit erinnert an den bisher am weitesten gediehenen Versuch, die Beziehungen zwischen Rat, Kommission und Parlament über den Text des Vertrages hinaus formell zu strukturieren. Doch hat die damit beabsichtigte stärkere Einbeziehung des Parlaments in den materiellen Rechtsetzungsprozess bisher nicht die Ausgangserwartungen erfüllt.[55]

Das Verfahren soll dazu dienen, bei bestimmten Gesetzgebungsvorhaben eine Annäherung der Standpunkte von Parlament und Rat herbeizuführen. Zu diesem Zweck verpflichtete sich der Rat, einen Rechtsakt nicht zu beschließen, bevor nicht innerhalb von längstens 3 Monaten Einvernehmen zwischen Parlament und Rat erreicht wurde. Die Einleitung einer Konzertierung kann vom Parlament oder Rat gefordert werden.

Seit Einführung des Verfahrens am 4. März 1975 bis zum Juli 1980 wurde die Einleitung von insgesamt 12 Konzertierungen gefordert. Davon wurden nur *drei Verfahren* durchgeführt.[56] *Fünf Konzertierungsverfahren* sind nicht abgeschlossen,[57] *drei Konzertierungen* wurden trotz Forderung des Parlaments vom Rat nicht eröffnet,[58] *vier Konzertierungen* wurden vom Rat verweigert.[59]

Wie ist dieser geringe Erfolg zu erklären? Es scheint, als hätten sich hier zwei Elemente kumuliert. Auf der einen Seite die deutliche Unwilligkeit des Rates, das Verfahren anzuwenden und auf der anderen Seite die Unfä-

---

55 Zum Vergleich: Im 8. Deutschen Bundestag (1976–80) wurde der Vermittlungsausschuss in 72 Fällen angerufen.

56 Änderung der Haushaltsordnung, ABI. EG Nr. L 356/1977, l; Anleihetätigkeit der EG, ABI. L 298/1978, 9; Regionalpolitik, ABI. L 35/1979.

57 Anwendung der Rechnungseinheit auf Rechtsakte der EG (Stellungnahmen des EP: 11. 3. 1977); Finanzprotokolle mit den Mittelmeergebieten (EP *v.* 8. 7. 1977); Finanzprotokolle mit Griechenland, der Türkei, Portugal (EP: 12. 5. 1978); Hilfe an nichtassoziierte Entwicklungsländer (EP: 19. 9. 1978); Änderung der Haushaltsordnung (EP: 10. 10. 1978).

58 Haushaltsprobleme (EP: 17. 3. 1978) vgl. hierzu Antwort der Kommission auf die schriftl. Anfrage *Dondelinger.* ABI. Nr. C 227 /1978, 12; Kohlenwasserstoffe (EP: 9. Mai 1978); Nahrungsmittelhilfe (EP: 29. Juni 1978).

59 U. a. Zinsvergütungen ABI. Nr. L 200/1979.

higkeit des Parlaments, mit dem neu geschaffenen Instrument umzugehen. Obwohl die Konzertierung das zentrale Scharnier im Verhältnis EP-Rat darstellen könnte, hat sich das Parlament bis jetzt noch keine Strukturen gegeben, um systematisch und kohärent die mit Konzertierungen zusammenhängenden Probleme prüfen und weiterverfolgen zu können.

Da sich die praktischen Schwächen nicht nur innerhalb der Institutionen beheben lassen, kommt der Rechtsqualität, ja der Justiziabilität der Erklärung zur Konzertierung besonders Bedeutung zu.

Ausgehend von der Grundannahme, dass innerhalb einer Organisation alle Absprachen zwischen Institutionen Rechtscharakter aufweisen, soweit sie das Verhalten der Institutionen bei der Erfüllung ihrer vertraglich zugewiesenen Aufgaben regeln und dass Institutionen zur Kooperation verpflichtet sind, bindet die gemeinsame Erklärung Rat, Kommission und Europäisches Parlament untereinander.

Da nach ganz herrschender Meinung Klagen gemäß Art. 175 EWGV (wegen Untätigkeit) nicht nur auf Vertragsverletzungen im engen Sinne, sondern auch auf Verletzungen sekundären Gemeinschaftsrechts gestützt werden können, soweit diese eindeutige Verpflichtungen auferlegen, käme bei Verweigerung der Konzertierung eine Untätigkeitsklage des Parlaments gegen den Rat in Betracht.[60] Entsprechend ist daher auch die eingangs gestellte Frage zu beantworten.

Der Konzertierungsausschuss entspricht erprobten Vorbildern des institutionellen Spannungsausgleiches innerhalb von gewaltenteilig organisierten Systemen,[61] man kann im Interesse der Legitimation – und damit der Durchsetzbarkeit der EG Entscheidungen nur hoffen, dass der Ausschuss eine diesen Vorbildern entsprechende Rolle erlangt. Die Modelle aus etablierten politischen Systemen zeigen auch die Allgemeingültigkeit des Prinzips der institutionellen Kooperation. In diesen Staaten wurde bereits erkannt, daß es durchaus verfassungsgerecht ist, wenn zwei Institutionen, die im Stande sind sich wechselseitig zu blockieren, die Gefahren einer Blockierung für das Gesamtinteresse mit Hilfe von Kooperationsmechanismen verhindern. Aus dieser Optik verstärkt sich die jeweilige Position durch

60 A. A. *Läufer*, EuR 1979, 276; eine Aussage zur Justizibilität der Konzertierungsverfahrens hätte der EuGH erstmals in der Rs. C- 64/80 *(Giuffrida* und *Campogrande)*, ECLI:EU:C:1981:58 treffen können. Die Klage wurde jedoch als unzulässig abgewiesen.

61 Z. B. dem Vermittlungsausschuss im Deutschen Bundestag (Art. 77, Abs. 2 GG) oder dem „Committee of the Whole House«, das zur Vermittlung zwischen Senat und Repräsentantenhaus im US Kongress dient und gelegentlich als »3. Kammer« apostrophiert wird.

entsprechende Kooperationsprozeduren, sie liegen daher im wohlverstandenen Eigeninteresse jeder Institution.

Eine Grenze der Kooperation wäre freilich erreicht, wenn die förmliche Delegation an ihre Stelle treten würde. Bei Untätigkeit des Rates könnte also unter der gegenwärtigen Rechtslage das Parlament nicht automatisch gesetzgeberische Kompetenzen erlangen.[62]

c) Möglichkeiten und Grenzen autonomer Maßnahmen

Selbst dort, wo nach den Verträgen ein autonomes Handeln der Institutionen zu lässig oder zumindest möglich wäre, führte die vollständige Ausnutzung dieses Rechts, wenn sie unkoordiniert mit anderen Institutionen erfolgte, zu vertragswidrigen Ergebnissen. In der Praxis findet eine derartige Koordinierung auch häufig statt, sei es in der Form, dass eine Institution die Interessen der anderen informell zu ermitteln sucht, sei es, dass Institutionen es unterlassen, Möglichkeiten zur Verhinderung einseitiger Maßnahmen wahrzunehmen. Derartige Vorgänge lassen sich punktuell auf politische Motive zurückführen; sie verdeutlichen aber darüber hinaus ein Verhalten, dass sich an einer den Institutionen gemeinsamen Zielvorgabe orientiert.

Dazu drei Beispielsfälle:

> Als einen der ersten Beschlüsse nach seiner Wahl genehmigte das Europäische Parlament am 19. Juli 1979 aus seinem eigenen Haushalt eine Hilfe für die Flüchtlinge aus Kambodscha in Höhe von ca. 2,5 Mio. DM.[63] Das Geld wurde wenige Tage später dem UN-Flüchtlingskommissar zu geeigneter Verwendung ausgehändigt. Die politisch-moralische Qualität der Entscheidung verdeckt allerdings nicht ganz einige juristische Tücken:
> Gemäß Art. 2 I der Haushaltsordnung der EG[64] dürfen Mittel nur aus bestehenden Kapiteln des Haushalts entnommen werden. Gegebenenfalls können Mittel aus der Reserve auf eine bestehende Haushaltslinie übertragen werden. Nun besteht im Haushalt des Parlaments keine

62 Missverständlich daher: Programm der EVP zur ersten Wahl des Europäischen Parlaments, vom 7. März 1978, Ziff. 2.1 (abgedruckt bei *Bangemann/Bieber/Klepsch/Seefeld*, Programme für Europa, Bonn 1978).

63 Entschließung EP, ABl. C 203/1979, 27 f.

64 ABl. L 356/1977.

Haushaltslinie »Flüchtlingshilfe« oder ähnliches. Der Haushalt des EP, wie auch die Haushalte von Rat und EuGH sind rein administrative Haushalte, während die Mittel zur Ausführung der Gemeinschaftspolitik im Haushalt der Kommission ausgewiesen sind. Zwar besteht im Haushalt des EP ein Kapitel 149 (Sonstige soziale Maßnahmen), doch ist die Verwendung dieser Mittel auf Mitglieder bzw. Bedienstete der Institution beschränkt. Das Parlament hat daher mit dem genannten Beschluss die Grenzen seiner Haushaltsautonomie[65] im haushaltsrechtlichen Sinne überschritten. Man hätte höchstens daran denken können, den Mitgliedern eine besondere Zuwendung aus Mitteln des Europäischen Parlaments zu machen und anschließend den Mitgliedern die Möglichkeit geben können, diese Mittel für den genannten Zweck zu spenden.

Interessant ist nun, dass formell keine Institution Schritte gegen das Parlament unternommen hat, um entweder im Wege einer Klage gemäß Art. 38 EGKSV oder im Wege einer nachträglichen Übertragung der ausgegebenen Mittel auf den Haushalt der Kommission eine Klärung der Rechtslage herbeizuführen. Insoweit lässt sich eine stillschweigende Kooperation feststellen.

Ein weiteres Beispiel der Grenznutzung institutioneller Autonomie bildet die Vertretung der Gemeinschaft durch die Institutionen. Während Art. 211 EWGV und Art. 185 EAGV der Kommission die alleinige Vertretungsbefugnis einräumen, sind gemäß Art. 6 EGKSV alle Organe »im Rahmen ihrer Befugnisse« zur Vertretung der Gemeinschaft befugt. Da die im EGKSV statuierten Befugnisse der Organe gemäß Art. 232 EWGV fortbestehen, entsteht in der Praxis die eigentümliche Situation, dass gerade dort, wo eine Vertretung der Gemeinschaft durch andere Organe als die Kommission nur relevant sein kann, nämlich in Angelegenheiten, die dem jeweiligen Selbstorganisationsrecht unterliegen,[66] eine Trennung in Tätigkeiten nach dem EGKSV und den übrigen Verträgen ausgeschlossen ist. Also wird man insoweit für alle Organe Vertretungsbefugnisse anzunehmen haben, was komplementär aus Art. 6 EGKSV und Art. 205 EWGV i. V. m. Art. 18, Abs. 2 der Haushaltsordnung vom 21. Dezember 1977 zu begründen wäre. Dabei kann die Begründung aus Art. 205 EWGV den Umstand nicht verdecken, dass es sich immer um eine – allerdings auf Dauer – *abgeleitete* Kompetenz handelt. Die Problematik

65 Art. 18, Abs. 2, Haushaltsordnung.

66 Z. B. Erwerb von Material für das Funktionieren des Organs.

dieser Rechtslage zeigt sich unter anderem bei der Miete von Gebäuden durch die Organe. Insbesondere dann, wenn das Mietobjekt größer als der Eigenbedarf ist oder wenn durch die Miete Prioritäten bezüglich des faktischen Arbeitsorts des Organs gesetzt werden. Auch in diesen Fällen führt besonders die Dynamik des Europäischen Parlaments in den Grenzbereich der autonomen Wahrnehmung von Rechten, wenn es z.B. in den Hauptstädten der Mitgliedstaaten in größerem Umfang eigene Gebäude anmietet oder an den Arbeitsorten (Straßburg, Luxemburg, Brüssel) Gebäude in Größenordnungen und mit Zweckbestimmungen mietet, die die delikate Balance zwischen den drei Orten zu verändern geeignet sind.[67] Gerade in diesem letzten Bereich ist die Oszillation zwischen Selbstüberschätzung und Kleinmut einer Institution – mit allen Risiken für das geordnete Zusammenwirken der Organe – besonders auffällig. Auch wenn in Bezug auf den Sitz die Lage noch zusätzlich durch fortbestehende Zuständigkeiten der Regierungen kompliziert ist (Art. 216 EWGV), liegt auch hier der Schlüssel zur optimalen Wahrnehmung der jeweiligen Befugnisse in der Kooperation der Institutionen.[68]

Als Ergebnis bleibt festzuhalten, dass selbst im Bereich relativer institutioneller Autonomie die Gefahr von Konflikten besteht, für die die vertraglichen Schlichtungssysteme nicht wirken. Das Gebot des Bemühens um effiziente Entscheidungsfindung – dessen Spezialfall der wirtschaftlichen Haushaltsführung ausdrücklich vertraglich normiert ist[69] – erfordert auch hier ein Bemühen um Kooperation. Dafür hat der Rat selbst ein Modell gesetzt:

In einer Entschließung über die Automatisierung der Rechtsdokumentation (ein Bereich, der nicht von vornherein *einer* Institution zugewiesen ist) vom 26. 11. 1974[70] erklärte er:

»Hält es für notwendig, daß *die Gemeinschaftsorgane gemeinsam schrittweise ein interinstitutionelles System* für die automatisierte Dokumenta-

67 Hierzu *Bieber*, Die Gemeinschaft ohne Hauptstadt, Rechtsfolgen eines Provisoriums, EuR 1974, 168 ff., hier wieder abgedruckt oben, 333 ff..

68 Zumal der Rat bei der Errichtung nachgeordneter Behörden selbst die Befugnis zur Festlegung des Sitzes beansprucht, vgl. Art. 1, Abs. 3 der VO zur Errichtung des Europäischen Zentrums für die Förderung der Berufsbildung, ABI. L 39/1975, und Art. 4, Abs. 2 der Europäischen Stiftung für die Verbesserung der Lebens- und Arbeitsbedingungen, ABI. L. 139/1975.

69 Art. 206a, Ziff. 2 EWGV.

70 ABl. Nr. C 20/1975, 2.

tion des Gemeinschaftsrechts erstellen, und zwar im Rahmen der Haushaltsmittel, die für diese Aufgabe ausgewiesen werden.«

Tatsächlich erfolgt der Aufbau dieses Systems gemeinsam durch die Institutionen. Die Verbindlichkeit der dazu getroffenen Maßnahmen steht nicht in Frage.

5. Zusammenfassung

Die Errichtung eines Institutionsgefüges zur Verwirklichung der Ziele einer Organisation verpflichtet die Institutionen auf die jeweiligen Ziele der Organisation. Insofern besteht jeweils eine gemeinsame Rechtsgrundlage und eine gemeinsame Finalität, auch wenn den Institutionen unterschiedliche Funktionen zugewiesen sind.

Soweit die jeweiligen Organisationsnormen dies nicht ausdrücklich gestatten, ist die Aufgabe oder Übertragung von Funktionen innerhalb eines Systems unzulässig.

Andererseits sind aber die Institutionen regelmäßig vielfach aufeinander bezogen. Diese Beziehung wirkt als Gebot zur Kooperation über ausdrückliche Normen zur Regelung des Zusammenwirkens hinaus.

Für die EG wird in Art. 5 EWGV zwar eine ausdrückliche Pflicht zur Kooperation zwischen Mitgliedstaaten und Gemeinschaft statuiert, eine entsprechende allgemeine Norm für das Verhältnis der Organe besteht nur in Bezug auf Rat und Kommission in Art. 15 FuSV. Aus allgemeinen Grundsätzen des institutionellen Rechts einer Organisation und aus den zahlreichen speziellen Vorschriften über die Zusammenarbeit der Organe lässt sich jedoch entnehmen, dass eine entsprechende Verpflichtung zwischen sämtlichen Organen und Institutionen der EG besteht.

Das Gebot zur Zusammenarbeit, gewissermaßen ein dauerndes internes »*pactum de contrahendo*« bildet die Grundlage zahlreicher Absprachen, die in unterschiedlicher Form zwischen den Institutionen der EG abgeschlossen wurden.

Die Tätigkeit der Institutionen, soweit sie zur Erfüllung der Vertragsziele erfolgt, weist stets eine rechtliche Qualität auf, wobei der Grad der Bindungswirkung und der Kreis der Verpflichteten und Berechtigten je nach Rechtsakt variiert. Wegen dieser rechtlichen Vorprägung des Verhältnisses der Institutionen untereinander ist für die Entwicklung eines Gewohnheitsrechts kein Raum.

Äußerungen einer Institution oder gemeinsame Erklärungen, Vereinbarungen etc. mehrerer Institutionen zur näheren Ausgestaltung der Zusammenarbeit entfalten stets Rechtswirkungen insofern, als die jeweiligen Institutionen zur Einhaltung ihrer Erklärungen verpflichtet sind.

Soweit die sonstigen Voraussetzungen einer Klage bestehen, sind diese Verpflichtungen zwischen den Institutionen auch justiziabel.

Ein Bedarf zum Abschluss derartiger Vereinbarungen besteht grundsätzlich zwischen allen Institutionen. Praktisch relevant werden sie vor allem im Verhältnis zwischen Rat und Parlament, da wegen der Unterschiedlichkeit und Konkurrenz der Legitimationen und auch dem Gefälle der Befugnisse ein grundsätzliches Spannungsverhältnis besteht.

Es ist im Sinne der Vertragsziele legitim – und es entspricht im Übrigen Vorbildern aus innerstaatlichen institutionellen Systemen -, wenn beide Institutionen Methoden schaffen, die zur gemeinsamen Entscheidungsfindung bzw. -erleichterung dienen, sofern dadurch keine grundlegende dauerhafte Verlagerung der Kompetenzen erfolgt.[71]

Erfolgt eine derartige Kooperation nicht, so muss im institutionellen Gefüge mit unkontrollierter Oszillation zwischen wechselseitigen Blockierungsversuchen und Desinteresse am Inhalt zu treffender Entscheidungen gerechnet werden. Beides entspricht nicht den Vertragszielen, für deren Verwirklichung Institutionen nicht weniger – aber auch nicht mehr – als notwendige Instrumente sind.

Die aus gegensätzlichen Positionen heraus dialektisch notwendige Kooperation der Institutionen verliert ihre strukturelle Besonderheit nicht dadurch, dass sie von Seiten des Europäischen Parlaments mitunter dem Begriff »Erweiterung der Befugnisse« subsumiert wird. Tatsächlich verstärkt Kooperation im allgemeinen die Resonanz- und Einflussmöglichkeiten aller Beteiligten und führt in diesem Sinne insgesamt zu einer Erweiterung der Handlungsmöglichkeiten.

---

71 So auch *Frowein,* Zur Institutionellen Fortentwicklung der Gemeinschaft in: KSE Bd. 22 (1973), 83 ff. (95).

D. V. Democratic Control of international Relations of the European Union*

1. *Introduction*

a) Summary and definitions

Although the European Union has been conceived as a genuine system for the preparation, implementation and scrutiny of policies, its mechanisms and procedures are strongly influenced by national experiences and stereotypes. In the field of foreign policy too, institutional and procedural similarities with national constitutional practices result less from functional requirements, than from a transfer of traditional patterns of policy making to the EU.

The prevailing national "Leitbild" of an only limited public control of international relations is amplified in a negative sense on the European level by the generally weak constitutional position of the European Parliament. On the other hand, the obviously unfinished constitutional setting of the EU, combined with the European Parliament's struggle for an overall improvement of its constitutional position, generate pressure for an increase of parliamentary influence over foreign policy decisions in the EU. The results of this ongoing process cannot yet be foreseen.

The term "international relations of the EU" is used here in its broad meaning, comprising notably:

- the negotiation, conclusion, termination and implementation of international legal instruments by the EU and/or the EC,
- the activities of the EC or EU in international organizations,
- unilateral legal or other acts, intended to produce an effect on other international actors.

"Democracy" is understood here as a set of procedures and institutions, enabling individuals affected by decisions of an organization to participate in those decisions. The most prominent institutionalized form of participation being parliamentary representation. Forms of direct democracy and

---

* Zuerst veröffentlicht in: *Cannizzaro* (Hg.), The European Union as an Actor in International Relations, Dordrecht 2002, 105 – 115.

the role of other actors, capable of aggregating legitimacy, should however also be taken into account.

The notion "control" is also used in a broad sense, covering normally information, participation, scrutiny and review of all internationally relevant activities of the EC and the EU. Judicial control is, however, not examined here. The most important mechanisms for the parliamentary control in the field of foreign relations can be divided into three groups: "traditional" instruments of assent and consultation within the scope of the EC-Treaty, formal information procedures within the scope of the EU-Treaty, new formal and informal methods of parliamentary control within the scope of both EU and EC-Treaty.

b) Democracy and International Relations

The present role of parliaments in shaping and implementing relations with the environment of a given entity reflects a paradox: democracy as a concept is increasingly confirmed – or even required – in international instruments, whilst these instruments – and foreign policy in general – are to a limited extent only, the result of a genuine democratic process, but bear all characteristics of acts of the executive branch of government.

The internationalization of the principle of democracy, is illustrated by Articles 11 TEU ("The objectives [of the common foreign and security policy] shall be:(...)- to develop and consolidate democracy... "),[1] and 177, para. 2, ECT ("Community policy in this area shall contribute to the general objective of developing and consolidating democracy... "). One could also mention EC-Regulation 975/1999 on conditions for measures to promote democracy, the Declaration on democracy adopted at the Conference for Security and Cooperation in Europe (CSCE) held in Paris in 1990[2] and the American Convention on Human Rights.[3]

On the other hand, the limited democratic foundation of foreign policy can be observed throughout Europe, both on the level of individual states and on the level of the European Union. It still reflects the European constitutional theory of eighteenth and nineteenth century. The power to

1 OJ L 120/1999, 1.

2 "Charter of Paris" of 21 November 1990, EU-Bulletin n° 11/1990.

3 Cf. *V. Schnably*, "Constitutionalism and Democratic Government in the Inter-American System" in Fox and Roth (eds), Democratic Governance and International Law, Cambridge University Press, Cambridge, 2000, 155.

conduct foreign policy was regarded as belonging to the executive power to be exercised by the monarch.[4] Despite the model of the of combined action of the Senate and President developed by *Hamilton* and *Jay* for the United States Constitution, European national constitutions were slow to involve parliaments in the shaping of foreign policy.

The structures of democratic control of international relations established by the EC and the EU do not fundamentally differ from those in democratic states, in as much as the most important role in respect of democratic control is assigned to a directly elected Parliament. However, due to the still unfinished nature of the EU and its unprecedented transnational structure, the quality of control differs from democratic control exercised on a national level in four dimensions:

- neither the Union nor the EC are autonomous actors. They depend from their Member States. As a result, international relations and their control overlap with national policies and procedures. This may lead to a strengthening of democratic control, but may as well in certain cases weaken its efficiency.
- The evolutionary quality of the EU/EC created a variety of procedures, which are not always consistent. One example being the different foreign relations procedures in the EU-Treaty on the one hand and in the EC-Treaty on the other.
- Foreign relations in the EU are not entrusted to an executive being responsible to a Parliament. Political majorities in the European Parliament do not necessarily correspond to majorities in the Commission or the Council and both institutions do not depend from Parliament. The potential in formulating differing options in international relations among the EU institutions is therefore considerably higher than in the EU member states.
- The public involvement in international relations of the EU/EC is relatively small. This is true, both for possibilities of direct participation *(e.g.* referenda) and for the information about European policy options.

4 See, *e.g., F. Hegel*, "Seine Richtung nach außen hat der Staat darin, daß er ein individuelles Subjekt ist. Sein Verhältnis zu anderen fällt daher in die fürstliche Gewalt, der es deswegen allein und unmittelbar zukommt, die bewaffnete Macht zu befehligen, die Verhältnisse mit anderen Staaten durch Gesandte usw. zu unterhalten, Krieg und Frieden und andere Traktate zu schließen" in *F. Hegel*, Grundlinien der Philosophie des Rechts, 1849, 329.

Under those circumstances a democratic control of European foreign relations adds a dimension of complication. Would an increase in democratic control be worth this price?

2. Why democratic control of EU foreign relations

International relations represent the external authority of a state or of an organization. At the same time they voice the internal values of that entity. They form a necessary part of the expression and the preservation of the identity of any international actor.

Both for their close relationship with the fundamentals of the internal legal system and with the exercise of power, foreign relations cannot, in any system of democratic representation, be exempt of the consent of the represented people; this consent providing the necessary legitimacy for any act adopted by the institutions of a state or of an international organization. Hence, foreign policy of a state or of an international organization – at least conceptionally – has to be based on the same procedures that legitimate internal acts, such as parliamentary scrutiny, transparent discussion of options and final approval of any relevant act by the Parliament or by the electorate.

One of the building blocks of democratic systems is the institutional guarantee for alternative action and thought. As regards domestic policy, this is institutionally enshrined in the constitutions of democratic European states (the possibility of amending draft legislation, regular elections etc.). The more a political system allows for institutionalized formulation of varying options for the conduct of foreign policy, the more precisely can the importance of specific measures and attitudes be gauged, so that the range of variation itself becomes a factor in foreign policy which enhances its reliability and thus its overall authority.

It is true that at first sight the participation of various institutions in the formulation and enunciation of foreign policy positions appears to constitute an obstacle to the clarity and feasibility, in other words, the efficiency, of foreign policy. Complex systems can, however, formulate permanent objectives only if the complexity of the situation is accounted for and incorporated in the decision-making process by means of a correspondingly specialized institutional system.

Furthermore, in foreign policy matters, political consistency is often merely a fiction, therefore, the scope for change in foreign policy drawn up in legal instruments or formulated at political level is one of the built-in factors in every political act.

The example of the combined role of the US President and the Senate in foreign affairs demonstrates that it is perfectly possible to conceive adequate parliamentary participation in the shaping of foreign policy even in a non-parliamentary based political system of government. The efficiency of the conduct of foreign policy does not seem to be appreciably lessened provided that mechanisms exist which clearly determine the importance of the action of each institution for the organization as a whole and, in particular, enable coordination of the action of the various institutions when creating legally binding acts.

The specific capacity of action of institutions varies, however, on the basis of objectively operating conditions, for example, the number of members. If these differences are taken into account when conferring powers on the institutions, each institution can represent – even in foreign affairs – an intrinsic value within the respective constitutional system. A parliament's main contribution to the shaping of foreign policy should therefore not be in matters requiring finesse, for example the negotiation of treaties. Nevertheless, it would be premature to deny a parliament as a matter of principle the power to negotiate treaties or to take other foreign policy measures. A Parliament could as well delegate such tasks to a small group of members or even an external body, answerable to Parliament. In some constitutional systems, the foreign policy activities of governments can be regarded as an institutionalized specialization of this kind.

The specific contribution of parliaments to the control and supervision of foreign policy consists in the formulation of principles, the definition and discussion of alternative policies, the approval or rejection of the outcome of negotiations, and the monitoring of the activities of the executive.

The gradual consolidation of the European Union Foreign Policy and the still provisional constitutional role of the European Parliament create a unique laboratory for testing new forms of parliamentary control on foreign policy. Unfortunately, the willingness of governments to share their traditional prerogatives with new actors is very limited in this area.

3. The effects of the evolving role of the European Parliament in EU/EC foreign relations

A constant factor in the institutional evolution of the EC and EU is the growing role of the European Parliament. The latest example with regard to international relations of the EC is the amendment to Article 300 ECT by the Treaty of Nice (2001), which confers to the Parliament the power to request an opinion from the ECJ on the compatibility of an envisaged agreement with the provisions of the Treaty.

Parliament has also (recently) consolidated its relationship with the Commission on the conduct of negotiations preparing international agreements.[5]

Furthermore, European Parliament's – by definition – international composition and its role as symbol of the European Union renders the Parliament more sensitive to issues with an international connotation and to "foreign affairs" in general. An important part of its debates and resolutions aims at influencing the conduct of EU/EC foreign policy.[6]

Not being hampered by traditions whilst not yet being moulded in a notable form of European parliamentarism reflecting the requirements of 21th century, obliges the Parliament to reconsider again and again its own role and to convince the other actors, both on EC and national level of the justification of its requests.[7] This situation leads to a higher quality of constitutional arguments and renders experiments easier. Until present, the legal effects of this unique situation in foreign affairs are less visible than the political presence of the European Parliament in EU/EC foreign relations.

4. The present legal situation

For the time being, foreign relations in the context of the European Union have to be divided into two-interrelated-categories:

- general matter of Foreign and Security policy, traditionally dealt with in the form of European Political Cooperation (EPC), Treaty based since the Single European Act (1986)[8] and incorporated in the Treaties founding the European Union since 1993 as "Common Foreign and Security Policy" (CFSP).[9]

5 Cf. Framework agreement Commission/European Parliament of 5 July 2000, OJ C 121/2001, Annexe II, 128.

6 Cf. the summary of its CFSP resolutions in the annual report of the Commission (2000), 4 18.

7 Cf. Resolutions on the Intergovernmental Conference (2000) of 18 November 1999, OJ C 189/2000, 222 and of April 2000, OJ C 40/2001, 200.

8 Article 30 Single European Act.

9 Articles 11–28 TEU as amended by the Nizza Treaty.

- the more specific aspects of foreign relations, resulting from the implementation of the three founding treaties (EC, ECSC, Euratom), but including also the external dimensions of cooperation in the field of criminal law and police (Art. 38 TEU).

The European Parliament exercises a different role in the two areas largely, though not exclusively, due to the fact that the former mostly consists of non-contractual foreign policy whilst the latter covers first of all the contractual and the formalized unilateral actions of the European Community.

a) European Parliament's role in CFSP matters

The European Parliament is free to set its agenda. It has the power to discuss any matter and to adopt resolutions.[10] This power has been widely used in the area of CFSP.

The European Parliament's activities in the sphere of general international politics provides the most striking example of a parliament's modern role in this field. Without any powers to compel the member states' governments - let aside powers to impose its views on third countries - the European Parliament has developed a strong international consciousness. The responsibility of European people in world affairs and the need to voice diverging views on common values found a unique forum in the European Parliament. No national parliament so frequently debates events of other parts of the world, denounces violations of human rights, peace and freedom. Correspondingly statesmen from all over the world seek the opportunity to address via the European deputies, the European peoples. Furthermore, the Parliament not only holds debates, but it also adopts texts which derive their authority from the Parliament's representative character. Minorities or oppressed individuals from all over the world hope that the European Parliament will take up their case.

The Parliament's role as an international forum may amplify the common values of western civilization and hence renders them effective either by influencing governments of Member States and third nations or by directly strengthening them as parameters of the international order. The international effect of Parliament's role as a forum is based on an internal function which only the Parliament can fulfill: the capacity to aggregate the internal support of the European peoples for those basic values.

---

10 Case C-230/81 *Luxembourg v. European Parliament*, ECLI:EU:C:1983:32, para. 39.

Independently from any powers to adopt binding acts in foreign relations, the European Parliament can therefore very well adopt guidelines which establish the frame of the European Union's international action.

The philosophy of article 21 of the Treaty on European Union, which describes the European Parliament's role in CFSP matters,[11] does not yet reflect the unique forum function as described above. Obviously, the authors of the Union Treaty wanted to keep Parliament as much as possible away from the management of international diplomacy. The Parliament is only to be heard and its views are *"duly taken into consideration* ".[12]

On the other hand, this text neither prevents the Parliament from adopting foreign policy guidelines which it considers binding for itself (eg. when approving subsequent treaties) nor the Council from observing those guidelines.[13] In its Rules of Procedure the European Parliament has laid down detailed rules on how to best exploit the potential of Art. 21 TEU.[14] They provide inter alia for a close cooperation with the "High Representative for CFSP".[15] As an example for Parliaments close scrutiny of EU foreign policy one could mention its resolution of 5 September 2000 on a common diplomacy structure.[16]

It should also be noted that the integration of CFSP into (certain) EC-Treaty procedures, as operated by Article 28, para. 2, TEU, submits administrative expenses in this area to parliamentary approval. The operational expenses may also be incorporated into the Community's budget, thus enabling the Parliament to decide, via an approval or rejection of

11 "The Presidency shall consult the European Parliament on the main aspects and the basic choices of the common foreign and security policy and shall ensure that the views of the European Parliament are duly taken into consideration. The European Parliament shall be kept regularly informed by the Presidency and the Commission of the development of the Union's Foreign and Security Policy.
The European Parliament may ask questions of the Council or make recommendations to it. It shall hold an annual debate on progress in implementing the common foreign and security policy."

12 This formula has not been changed since 1986 (Article 30, para. 4, of the Single European Act).

13 The increasing number of agreements concluded by the EC with third states which establish an obligation to observe fundamental rights, the rule of law and democracy reflect the success of Parliament's corresponding requests (*e.g.* Art. 9, 5th ACP-Agreement of 23 June 2000, OJ L 317/2000, 3).

14 Art. 99–104 European Parliament – Rules of Procedure.

15 Art. 99–101, European Parliament – Rules of Procedure.

16 OJ C 135/2001, 69.

the expenses, on the substance of a given policy.[17] The inter-institutional agreement on budgetary discipline of6 May 1999 (n° 39, 40) establishes a specific procedure for finding an agreement between Council and Parliament on those expenses.[18] Although traditionally not perceived as foreign policy, enlargement of the European Union represents a major issue concerning the international setting of the Union. According to Article 49 TEU any enlargement requires the assent both of the European Parliament and the national parliaments. Whilst the European Parliament decides on the application for membership, the national parliaments have to approve the enlargement agreement as part of the ratification procedure.

Since the precise moment of the European Parliament's assent to the application has not been spelled out in Art. 49 TEU, the European Parliament has fixed this moment at the conclusion of the negotiations but before the signature of the agreement. Therefore, Parliament can closely follow the negotiations and can exercise pressure on Council and Commission but also on the Applicant State to obtain all relevant information.[19]

b) The Parliaments role under the EC-Treaty

The European Parliament's formal powers in foreign relations as far as they result from the EC-Treaty are much more developed. To a large extent they correspond to the role exercised by national parliaments for what concerns the approval of international agreements. Accordingly they lack the same kind of active and direct responsibility towards international manifestations of the Community. As a general rule, Article 300, para. 3, ECT establishes a Parliament's right of consultation before the conclusion of any treaty except for commercial agreements based on Article 133 ECT where no consultation is necessary (but possible). Several categories of agreements require, however, a more intense form of parliamentary approval.

An assent procedure, which enables the Parliament to oppose its veto to the ratification is established by Article 300, para. 3, subparagraph 2, for the following:

---

17 Cf. European Parliament Resolution of 18 December 1992 on European Foreign Policy, OJ C 21/1993, 503, recital 29.

18 OJ C 172/1999, 1.

19 Art. 96 European Parliament Rules of Procedure.

- association agreements (Art. 310 ECT),
- other agreements of major significance which establish institutional links with third countries,
- agreements with important financial implications and
- agreements which require modifications of internal acts that had been adopted according to the co-decision procedure (Art. 251 ECT).

The precise scope of this procedure needs further clarification. In Case C-189/97,[20] the Court had to interpret the notion of "important financial implications" in the context of the fisheries agreement with Mauritania.[21]

The agreement provided for payments of 266,8 million ECU, spread over a period of five years. The annual amount to be paid represented 0,07 % of the EC budget. According to the Council this percentage could not be considered as "important". The European Parliament had suggested to examine the agreement in the light of the global amount envisaged, to compare the annual amount with the amount authorized for the corresponding budgetary item and to take into consideration any substantial increase compared to previous agreements. The Court did not accept either parties parameters.

Following its Advocate General – and not excluding other criteria – it evaluated the financial importance of the agreement by a comparison to the total expenditure in chapter B 7 of the EC's annual budget (external relations). Since the expenditure provided for in the agreement represented only 1 % of the payment appropriations for external relations, they did, according to the Court, not amount to an "important financial implication". The case was therefore dismissed.

The Court did not give any precise indication on which amount could represent the threshold for the application of the assent procedure. Further judicial clarification is therefore likely to be requested by the European Parliament, unless the institutions settle this question on the basis of an inter-institutional agreement.

In practice, the assent as such is not the most important instrument for Parliament's control over EC-based foreign relations, because the Council and Commission will take great care in avoiding a situation where the Parliament would be wanting to refuse the assent to an agreement, negotiated and concluded with one or several states. Therefore, the Parliament is associated to the negotiations at an early stage thus enabling it to influence

20 Case C-189/97 *European Parliament v. Council* ECLI:EU:C:1999:366.

21 Regulation 408/97 of 24 February 1997, OJ L 62/1997, 1.

the substance of the agreement. The Parliament's budgetary powers provide an additional instrument to that end. It should, however, be noted that the EC and EU Treaties still establish the simple consultation as the ordinary form of parliamentary involvement. A consistent form of parliamentary control over agreements is still lacking. It could be modelled after the Dutch Constitution, which provides the parliamentary approval as the rule (Art. 60).

Such a presumption in favour of parliamentary assent would have been particularly desirable in the light of another lacuna which can be noted, that is to say the settlement of conflicts between the institutions about the procedure to follow for a given agreement. It will, for example, remain most likely a contentious matter whether an agreement may be concluded on the basis of Article 133 ECT (without Parliament's participation), or whether other legal basis with a more intense parliamentary involvement will be appropriate.

The potential for a further increase of the European Parliament's participation in international relations of the EC is not limited to these examples. One can very well imagine a stronger role of the Parliament in the conduct of negotiations (by appointing MEP's members of the various delegations and, for example, of the Committee established by Article 133 ECT).[22] Also a systematic involvement of the Parliament in the implementation of agreements is feasible. Until now only very few agreements provide for a particular parliamentary body which supervises the agreement's implementation.[23] More frequent use could be made of this type of institutionalized participation; but of course, a systematic follow-up of agreements after their conclusion may be decided and handled by the Parliament already under the existing provisions.

Finally, the termination and the suspension of agreements (Art. 301 ECT) should follow the same procedure as the conclusion. Suspension is a particularly sensitive act which should not be decided without Parliamentary approval.

22 Cf. Framework agreement Commission/EP of 5 July 2000, note above.

23 Examples: article 17, ACP Agreement of 23 June 2000; article 95, EEA Agreement. To the latter cf. *R. Bieber*, "EWR-Abkommen und Parlamentarische Zusammenarbeit (Art. 95), in O. Jacot-Guillarmod (ed.), EEA-Agreement Comments and reflexions (Schulthess, Zürich, 1992), 783 – 790.

5. Concluding remarks

From this overview we note that the European Parliament after the Treaty establishing the European Union is capable of exercising a substantial control over a major part of formalized international relations of the EC. It is also able to voice foreign policy principles and preferences independently from the other EU-Institutions and from national governments and to represent those principles *vis-a-vis* non member countries.

This reveals a special feature of the Union's institutional system: the foreign policy activities are not uniformly moulded by the political forces holding the majority in the institutions at any given time. The composition of the various institutions bears little relation to the majorities in the European Parliament. As a result, different foreign policy principles may be expressed in the Council and – to a lesser extent – in the Commission. Its distance to the foreign policy shaping authority in the Council enables the European Parliament to develop and to put forward its own independent foreign policy attitude which, despite its limited feasibility in formal terms, is becoming an important factor in the formulation of foreign policy by the other institutions.[24]

A particularly striking example is Parliament's role in the promotion of Human Rights.[25]

The autonomy of the institutions induces the *transparency* of the formulation of foreign policy objectives in as much it renders different options more visible and more legitimate. It is thus an element which promotes democracy far beyond what is possible in national constitutional systems.

What is, however, lacking, is a system of transmission and coordination of foreign policy options between the European Parliament and the national parliaments.

Globalization restricts the impact of decisions made within a national framework. If democracy shall continue to be effective, it can no longer be referred to as a concept, exclusively bound to the nation state. Transnational democracy is necessary and possible. Simultaneously, international relations become increasingly complex, they no longer are confined to "diplomacy or war". They concern communication among people, the choice of preferences. Contrary to the traditional perception, the shaping

24 Cf. Art. 49 EP-Rule of Procedure.

25 Cf. *R. Rack* and *S. Lausegger*, "The Role of the European Parliament: Past and Future" in P. Alston (ed.), The EU and Human Rights, Oxford University Press, New York, 1999, 801.

and implementations of foreign policy cannot be isolated from democratic institutions and procedures. The evolution of democratic control over foreign relations of the European Union provides an example of the variety of new forms of international relations and of their transnational democratic control.

Although not yet in a definitive form, the European Union offers a genuine model of "post-westphalian" international relations, based on democratic institutions and procedures. The European Parliament increasingly acquires a central role in this model not yet perfect, but developing in a reasonable direction.

D. VI. Der neue institutionelle Rahmen – Die Europäische Union nach dem Reformvertrag von Lissabon –*

1. Vorbemerkung: Allgemeine Merkmale des institutionellen Systems der EU

Die Europäische Union und ihre Vorgängerorganisation sollen bestimmte politische, wirtschaftliche und soziale Ziele erreichen. Zu diesem Zweck wurden eigenständige und auf Dauer angelegte Organe und sonstige Einrichtungen geschaffen. „Organe" im Sinne der Verträge sind bisher (laut Art. 7 EGV) das Europäische Parlament, der Rat, die Kommission, der Gerichtshof und der Rechnungshof.

Im zwischenstaatlichen Raum gab es bei der Gründung der EGKS (1951) kein Vorbild. Ihre institutionelle Struktur spiegelt das in der 2. Hälfte des 20. Jahrhunderts in Europa für die Ausübung staatlicher Hoheitsgewalt herrschende Demokratieverständnis und den Entwicklungsstand des Rechtsstaatsprinzips. Entsprechend orientierte sich das erste und bis heute fortdauernde institutionelle Konzept an den Prinzipien der Gewaltenteilung, der repräsentativen Demokratie, der Legitimation und der gerichtlichen Kontrolle hoheitlichen Handelns.

Zwei Besonderheiten kennzeichnen das institutionelle System der Union bis in die Gegenwart

- die Relativierung seiner Autonomie sowie
- seine immanente Tendenz zur Entwicklung und Differenzierung bei gleichzeitiger Stabilität seiner Grundstruktur.

Beeinflusst vom Modell traditioneller internationaler Zusammenarbeit und von den Erfahrungen mit föderalen Verfassungen innerhalb Europas sind die Institutionen der EU eng mit den Organen der Mitgliedstaaten, speziell den Regierungen, verzahnt. Diese Verzahnung erfolgt je nach Institution auf besondere Weise, teils durch personelle Verflechtung (Rat, ursprünglich auch das EP), teils durch die Möglichkeit bevorrechtigter Einflussnahme auf die Zusammensetzung (Kommission, EuGH). Zu Parlamenten und Gerichten der Mitgliedstaaten bestehen ebenfalls strukturierte Beziehungen.

---

* Zuerst veröffentlicht in: *Fastenrath/Nowak* (Hg.), Der Lissabonner Reformvertrag, Berlin 2009, 47 – 63.

Die weitere Besonderheit liegt darin, dass der Union schon bei ihrer Vorläuferorganisation eine institutionelle Grundstruktur beigegeben wurde, die dem kleinsten gemeinsamen Nenner der Verfassungsordnungen ihrer Mitgliedstaaten entsprach, doch bewusst unfertig und entwicklungsoffen konzipiert war. Dazu erklärte Jean Monnet, einer der Ideengeber für die EGKS, bei der ersten Sitzung der von ihm präsidierten Hohen Behörde (der späteren Kommission) am 10. August 1952: „Alle Organe können im Lichte der Erfahrungen geändert und verbessert werden".[1]

Der Vertrag von Lissabon vom 13. Dezember 2007 bildet die jüngste, doch mit Sicherheit nicht die letzte dieser Änderungen und Verbesserungen. Denn angesichts der Einzigartigkeit der Europäischen Union bleibt die institutionelle Struktur ein Experiment, das im Lichte neuer Aufgaben, neuer Mitgliedstaaten, neuer Erfahrungen und der inhärenten Spannungsverhältnisse zwischen den Organen immer neu ausbalanciert werden muss.

Insbesondere die Organe selbst, allen voran das Europäische Parlament haben seit Anfang der 60er Jahre Impulse für institutionelle Reformen ausgelöst. Doch was in einem staatlichen Verfassungssystem als hinreichende Legitimation für Verfassungsreformen gelten darf, reicht im Rahmen der EU längst nicht aus, um institutionelle (und sonstige) Änderungen durchzusetzen. Das Verfahren zur Vertragsänderung (bisher und zukünftig Art. 48 EUV) erfordert die Rücksichtnahme auf jeden einzelnen Mitgliedstaat und gebiert dadurch stets aufs Neue Kompromisse, die zu unfertigen oder gar widersprüchlichen Ergebnissen führen.

So bildet der Vertrag von Lissabon ganz offensichtlich einen Kompromiss, der so geschlossen wurde, um ihn für alle Mitgliedstaten akzeptabel zu machen. Als „ideales Modell" wurden seine institutionellen Bestimmungen nirgends bezeichnet. Man denke nur an die unklare Funktionenzuordnung zwischen den Präsidenten des Europäischen Rates und der Kommission sowie des „Hohen Vertreters der Union für Außen- und Sicherheitspolitik", um eine Vorstellung von dem fortbestehenden Potential für künftige Vertragsänderungen zu erlangen. Drei, teilweise widersprüchliche, Faktoren dominierten die im Vertrag von Lissabon enthaltenen institutionellen Reformen :

1 Protokoll der Feierlichen Eröffnungssitzung der Hohen Behörde der EGKS v. 10. August 1952. Abgedruckt bei *Charles Zorgbibe*, L`histoire de la construction européenne, Paris 1993, 40 (Übersetzung des Verfassers).

- Das Beharrungsvermögen der vorhandenen institutionellen Struktur,
- Das Bemühen der Regierungen und der EU – Institutionen um größere Effizienz und gesteigerte Akzeptanz bei den Bürgern,
- Ängste vor einer Preisgabe des echten oder vermeintlichen Einflusses staatlicher Regierungen auf die Beschlüsse der EU – Institutionen.

2. Die Reformziele

Die im Vertrag von Lissabon enthaltenen institutionellen Reformen dürfen daher nicht als isolierte Ereignisse missverstanden werden. Sie ordnen sich ein in einen über mehrere Jahre verlaufenden Prozess, der von vielfältigen, teilweise gegenläufigen Interessen in Gang gehalten wurde.

Der Vertrag von Nizza vom 26. Februar 2001 war mit dem Ziel abgeschlossen worden, "den mit dem Vertrag von Amsterdam (1997) begonnenen Prozess der Vorbereitung der EU – Organe auf die Wahrnehmung ihrer Aufgaben in einer erweiterten Union zu vollenden".[2] Doch bekannten sich die Staats – und Regierungschefs seinerzeit gleichzeitig zu einer „eingehenderen und breiter angelegten Diskussion über die künftige Entwicklung der Union". Die Staats – und Regierungschefs bestätigten, „dass die demokratische Legitimation und die Transparenz der Union und ihrer Organe verbessert und dauerhaft gesichert werden müssen".[3]

Damit waren die Stichworte für eine Diskussion über institutionelle Reformen von nahezu unbegrenzter Tragweite geliefert. Sie wurden bekräftigt in der *Erklärung von Laeken* des Europäischen Rates vom 14./ 15. Dezember 2001. Danach muss die Union „demokratischer, transparenter und effizienter" werden.[4]

Man sollte andererseits die Reichweite der damit eröffneten Reformperspektive nicht überschätzen. Stets waren nur Korrekturen, Entwicklungen oder Ergänzungen des vorhandenen institutionellen Systems geplant. Eine grundlegende Neukonzipierung anhand einer abstrakten Bewertung der auszuübenden Funktionen wurde von allen Institutionen und auch im nachfolgenden Verfassungskonvent vermieden. Das durchaus reformfreudige Europäische Parlament betonte in seinem Kommentar zu den Arbeiten

---

2 Vertrag von Nizza, Präambel, ABl. EU Nr. C 80/ 2001, 1.

3 Erklärung Nr. 23 zur Zukunft der Union, Schlussakte zum Vertrag von Nizza, ABl. EU Nr. C 80/ 2001, 85.

4 Europäischer Rat v. 14./ 15. Dezember 2001 (Laeken), Schlussfolgerungen des Vorsitzes, Anlage I, Abschnitt II.

des Konvents ausdrücklich, „das institutionelle Gleichgewicht und die Gemeinschaftsmethode (müssen) gewahrt bleiben: die Kommission schlägt vor, Parlament und Rat beschließen, der Gerichtshof garantiert die Umsetzung der angenommenen Texte“.[5]

Das Mandat des Europäischen Rates für die Gestaltung des Vertrags von Lissabon vom 22. Juni 2007 greift auf die bereits im Jahre 2001 genannten Leitbilder der Reform zurück: Der Reformvertrag soll „Effizienz und demokratische Legitimität“ der erweiterten Union erhöhen.[6] Zugleich sollen die 2004 (in der Verfassung) vereinbarten institutionellen Änderungen in den EUV und in den Vertrag über die Arbeitsweise der Union (der umgearbeitete EG – Vertrag)[7] eingearbeitet werden.

Damit waren Ziel und Grenzen der im Vertrag von Lissabon zu vereinbarenden institutionellen Reformen bezeichnet. Von dem Gehalt der Verfassung sollte nach Möglichkeit nicht abgewichen werden. Insofern bleiben die Arbeiten des Konvents aus dem Jahre 2003 von Nutzen für das Verständnis des 2007 beschlossenen Texts.

Die jüngsten institutionellen Reformen wurden allerdings nicht nur von den offiziell erklärten Zielen geprägt. Die Grundlagentexte eines politischen Gemeinwesens gehen nur selten aus einem linear verlaufenden Prozess hervor. Die verschiedenen Akteure, vor allem die Regierungen und einzelne Institutionen verfolgen in unterschiedlich offener Weise Partikularinteressen oder auch abweichende institutionelle Gesamtkonzepte. Dahinter stehen vielfach Rivalitäten der Institutionen um die Maximierung des jeweiligen Einflusses. Auch die Regierungen versuchen ihren jeweiligen Einfluss zu verstärken oder zumindest zu erhalten. Mitunter führt auch die Symbolik eines „erfolgreichen Verhandelns in Brüssel" zu unerwarteten Ergebnissen. Beispiele bilden die Wünsche Italiens nach einem zusätzlichen Mandat im Europäischen Parlament oder die Forderung Polens nach stärkerem Einfluss auf die Entscheidungen im Rat und eine verstärkte Berücksichtigung bei der Zusammensetzung des Gerichtshofs.[8]

---

5 Europäisches Parlament, Bericht des Ausschusses für konstitutionelle Fragen über den Vertrag über eine Verfassung für Europa, Dok. A 6 – 0070/2004 v. 9. Dezember 2004, 25. Zur Entwicklung abstrakter Kriterien für die Gestaltung des institutionellen Systems s. *Roland Bieber*, Verfassungsfrage und institutionelle Reform in: *Bruha/Hesse/Nowak* (Hg.), Welche Verfassung für Europa?, Baden – Baden 2001, 111 – 123 (118 f.).

6 Europäischer Rat v. 22. Juni 2007, Schlussfolgerungen des Vorsitzes, Anhang I, Ziff. 12, 13.

7 Nachfolgend abgekürzt AEUV.

8 Vgl. die Erklärungen Nr. 4, 7, 10, 38 zur Schlussakte der Regierungskonferenz v. 13. Dezember 2007, ABl. EU Nr. C 115/ 2008, 337 ff.

Der bedeutsamste Faktor bei dem Bemühen um Veränderungen des institutionellen Systems bleibt der *status quo*. Jede Änderung der Verträge erfordert die Zustimmung der Regierungen aller 27 Mitgliedstaaten. Noch der objektiv beste oder notwendige Reformvorschlag hat keine Aussicht auf Annahme, wenn auch nur ein Staat sich ihm entschlossen widersetzt und sich auch durch Konzessionen auf anderen Gebieten nicht davon abbringen lässt. Dann dauert der institutionelle „*acquis*" auch bei offensichtlicher Unzulänglichkeit fort.

3. *Die institutionellen Neuerungen des Vertrags von Lissabon*

a) Überblick

Vor diesem Hintergrund erstaunt es nicht, dass der Vertrag von Lissabon die überkommene institutionelle Grundstruktur im Wesentlichen beibehält. Gleichzeitig sind in Einzelfragen bedeutsame Änderungen zu verzeichnen, deren Auswirkung auf das Gesamtsystem noch nicht voll ermessen werden kann. Weiterhin wurden, von punktuellen Ausnahmen abgesehen, die im Verfassungsvertrag von 2004 enthaltenen Neuerungen übernommen.

Die bedeutsamsten Änderungen betreffen die Stellung des Europäischen Rates und seine Präsidentschaft, die Regeln über die Mehrheitsabstimmungen im Rat, die Zusammensetzung der Kommission und die Befugnisse des Europäischen Parlaments.

Erstmals hatte die Verfassung die Gesamtheit der Funktionen des institutionellen Systems in einer Bestimmung zusammengefasst (Art. 19). Im Vergleich zu dem bisher einschlägigen minimalistischen Art. 7 EGV war eine wesentlich gehaltvollere Bestimmung entstanden. Darin wurde den Organen der EU nicht nur die der EG zugewiesenen Aufgaben übertragen.

In viel umfassenderer Weise sollten sie auch den Werten der Union Geltung verschaffen sowie den Interessen der Union, der Bürger und denen der Mitgliedstaaten dienen.

Diese Formulierungen wurden nunmehr in Art. 13 I EUV übernommen. Darüber hinaus verdeutlicht der Vertrag von Lissabon, dass die Pflichten nicht nur für die einzeln handelnden Organe, sondern für ihre Gesamtheit gelten, die im Vertrag als „institutioneller Rahmen" bezeichnet wird.

Auf die Verwendung dieses Begriffes hätte verzichtet werden können, um stattdessen allein von „Institutionen" zu sprechen. Denn die Bezeichnung

„Rahmen" lässt inhaltliche Unschärfen entstehen, die bei einem Vergleich der verschiedenen Sprachfassungen noch deutlicher hervortreten. So stehen in der deutschen Fassung der Überschrift zu Titel III und in Art. 13 I EUV die Begriffe „Organe" und „institutioneller Rahmen" unverbunden nebeneinander. Man kann nur erraten, dass mit „institutionellem Rahmen" die Gesamtheit der EU – Einrichtungen gemeint ist. Der Begriff „Organe" bezieht sich daher wohl nur auf die in Abs. 1 bezeichneten Einrichtungen. Dieser Auslegung widerspricht allerdings die Überschrift von Teil VI des Vertrags über die Arbeitsweise der Union (Art. 223 – 334), denn diese lautet „Vorschriften über die Organe", obwohl in diesem Teil auch die Bestimmungen über den Wirtschafts- und Sozialausschuss und den Ausschuss der Regionen enthalten sind.[9]

Neu ist vor allem die volle rechtliche Eingliederung des Europäischen Rates in das institutionelle System der EU. Er wird neben dem Rat zum zweiten Organ, in dem die Regierungen der Mitgliedstaaten unmittelbar auf das Handeln der Union Einfluss nehmen. Man mag darin eine Stärkung der staatlichen Komponente im Entscheidungssystem der EU sehen. Jedoch ist zu bedenken, dass die Integration des Europäischen Rates eine längst etablierte Praxis konsolidiert. Überdies bringt sie den Gewinn einer Unterwerfung des Europäischen Rates unter die Gerichtsbarkeit des EuGH.[10]

Wie schon in der Verfassung (Art. 29) vorgesehen, erfasst die Bezeichnung „Gerichtshof der Europäischen Union" in Zukunft nicht nur den eigentlichen Gerichtshof sondern die Gesamtheit der gerichtlichen Einrichtungen der EU, also neben dem EuGH auch das Gericht erster Instanz und die Fachgerichte (Art. 19 EUV)[11]. Diese besitzen nunmehr ebenfalls Organ(teil)qualität.

Deutlicher als in der Verfassung ist nunmehr die Rechtsstellung des Rechnungshofs und der EZB beschrieben. Beide sind gemäß Art. 13 Abs. 1 EUV Organe der EU. Die Verfassung hatte insofern für Verwirrung gesorgt als bei der Aufzählung der „Organe" in Art. 19 weder Rechnungshof noch EZB genannt waren obwohl diese in Art. 30 als „Organe" bezeichnet wurden. Gegenüber der bestehenden Rechtslage ändert sich für den Rechnungshof nichts. Die EZB erlangt nur scheinbar einen neuen Status, denn

9 Art. 300 – 307 AEUV.

10 Vgl. Art. 263 AEUV.

11 Die Bezeichnung „Fachgerichte" ersetzt die bisher in Art. 220, 225a EGV verwandte Bezeichnung „Gerichtliche Kammern". Sie beseitigt damit die terminologische Überschneidung zu den „Kammern" innerhalb der verschiedenen Gerichte (vgl. Art. 220 und 221 EGV).

dieser war durch die Rechtsprechung des EuGH bereits vorgegeben. Der EuGH qualifizierte die besondere Rechtspersönlichkeit der EZB – die fortdauert – wiederholt nur als funktional, d.h. zur Erfüllung ihrer speziellen Aufgaben *im Rahmen der Verträge bestehend.*

Ein richtiges Konzept des Verhältnisses der Organe – das allerdings nicht konsequent ausgeführt wurde – steht hinter der Erwähnung der Pflicht der Organe zu *wechselseitiger Loyalität* in Art. 13 Abs. 2 EUV. Damit wird eine entsprechende Judikatur konsolidiert.[12] Eine praktische Ausgestaltung dieses Prinzips enthält Art. 295 AEUV. Die dort bezeichnete inter – institutionelle Kooperation wird jedoch grundlos nur auf Kommission, Rat und Parlament bezogen, obwohl es durchaus angebracht gewesen wäre, auch die EZB und den Rechnungshof in diese Kooperation einzubeziehen.[13]

b) Die Neuerungen im Einzelnen

aa) Befugnisse der Organe

Die markanteste Entwicklung des institutionellen Reifeprozesses zeigt sich an zwei übereinstimmenden, in Art. 14 und 16 EUV enthaltenen Sätzen :

> „Das (Europäische Parlament) / (Der Rat) wird gemeinsam mit dem (Rat) / (Europäischen Parlament) als Gesetzgeber tätig und übt gemeinsam mit ihm die Haushaltsbefugnisse aus".

Bisher war da EP gemäß Art. 192 EGV lediglich „an dem Prozess, der zur Annahme der Gemeinschaftsakte führt .... beteiligt". Der Vertrag von Lissabon übernimmt hier wörtlich die entsprechende Formulierung aus Art. 20 und 23 der Verfassung.

Die gleichberechtigte Legitimation von Parlament erfährt damit erstmals ausdrückliche Anerkennung mit entsprechenden Konsequenzen im zentralen Bereich der Befugnisse.

Näheres bestimmt Art. 294 AEUV. Von Einzelheiten abgesehen entspricht dieser dem Art. 251 EGV. Der Anwendungsbereich dieses Verfahrens wurde ganz erheblich ausgeweitet, ohne dass allerdings sämtlich Sonder-

---

12 Vgl. EuGH, Rs. C-204/86 (Griechenland/ Rat), ECLI:EU:C:1988:450, Rn.16; Rs. C – 65/93 (EP/Rat), ECLI:EU:C:1995:91, Rn. 23. Dazu *Roland Bieber*, Das Verfahrensrecht von Verfassungsorganen, Baden – Baden 1992, 107 ff.

13 Art. 248 Abs. 3 a.E. EGV bezeichnet ausdrücklich einen Fall notwendiger Kooperation zwischen diesen beiden Organen.

verfahren ersetzt worden wären. Darin bleibt zumeist ein Übergewicht des Rates erhalten.

Die erweiterten Rechte des Parlaments zeigen sich insbesondere im Bereich der justiziellen und polizeilichen Zusammenarbeit in Strafsachen (bisher Art. 29 – 42 EUV (alt), zukünftig Art. 82 ff. AEUV). Bisher bestand dort nur ein einfaches Anhörungsrecht des EP (Art. 39 EUV (alt)).

Eine Stärkung erfährt das EP auch im Bereich der Kontrolle über die Ausführung des EU – Rechts. So kann das EP gemäß Art. 290 AEUV (ebenso wie der Rat) eine Ausführungsbefugnis der Kommission zurücknehmen. Daneben entscheidet das EP erstmals mit dem Rat gemeinsam über die Modalitäten der Übertragung von Ausführungsbefugnissen (Art. 291 AEUV, bisher einfache Anhörung nach Art. 202 EGV).

Die politischen Kontrollrechte und die Beratungsrechte des EP erfahren erstmals ausdrücklich und in allgemeiner Form Anerkennung (Art. 14 EUV, entsprechend bereits Art.20 I Verfassung). Im Lichte der – erstmaligen – Festlegung der Union auf das Prinzip der repräsentativen Demokratie (Art. 10 Abs. 1 EUV) dienen diese Reformen ohne Zweifel der Demokratisierung der EU.

Die allgemeine Aufzählung der grundlegenden Parlamentsbefugnisse ist allerdings im Verhältnis zu den tatsächlich vertraglich eingeräumten Rechten – wie schon in der Verfassung – seltsam unvollständig. So fehlt eine Erwähnung der bedeutenden Entscheidungsrechte bei dem Abschluss internationaler Abkommen der EU (Art. 218 Abs. 6 AEUV, bisher Art. 300 EGV). Noch immer hat sich offenbar keine klare Vorstellung von den außenpolitischen Funktionen des EP herausgebildet. Einem veralteten Parlamentsmodell folgend, werden sie einstweilen nur als isolierte Befugnisse wahrgenommen.[14]

Auch die neuerdings gewichtigen verfassungsrechtlichen Befugnisse des EP fehlen in der Aufzählung des Art. 14 EUV. So wirkt das EP nunmehr bei Vertragsrevisionen gemäß Art. 48 EUV und bei der Zustimmung zu der Regelung des Ausscheidens eines Mitgliedstaates mit (Art. 50 EUV). Auch ein Beitritt bedarf – wie schon bisher – der Zustimmung des EP (Art. 49 EUV).

---

14 Hierzu *Roland Bieber*, Democratic Control of International Relations of the European Union in: Enzo Cannizzaro (Hg.), The European Union as an Actor in International Relations, The Hague/ London/ New York 2002, 105 – 115. Hier wieder abgedruckt oben, 383 ff.

Die Wahlfunktion des Parlaments wird zwar im Bezug auf den Präsidenten der Kommission bei der allgemeinen Beschreibung seiner Stellung im Institutionengefüge in Art. 14 I EUV erwähnt, doch verdeckt diese Erwähnung die Entscheidungsrechte des EP über die Ernennung der gesamten Kommission (Art. 17 Abs. 6 EUV). Unfreiwillig offenbart die Formulierung des Art. 14 Abs. 1 EUV das noch unklare Konzept einer parlamentarischen Legitimation von Personalentscheidungen in der EU.[15]

Neu sind die zahlreichen förmlichen Befugnisse des Europäischen Rates.[16]

Der Rat scheint nach der Beschreibung in Art. 16 I EUV Funktionen auszuüben, die jenen des Parlaments entsprechen. Gewichtige Unterschiede dauern jedoch fort. So ist dem Rat die *Festlegung* der EU – Politik zugewiesen, während das EP die *politische Kontrolle* ausübt.

Die problematische Doppelfunktion des Rates als Gesetzgebungs- und Exekutivorgan (vgl. Art. 202 EGV) scheint nach dem Wortlaut des Art. 16 I EUV beseitigt worden zu sein. Doch ermöglicht Art. 291 II VAEU auch weiterhin die Erfüllung von Exekutivfunktionen durch den Rat.

Die Befugnisse der Kommission erfahren in Art. 17 EUV eine erfreuliche Klarstellung. Zwar gehen sie in den Einzelheiten nicht über den geltenden Bestand hinaus, doch werden nunmehr die *allgemeinen Interessen der Union* als zentraler Maßstab ihres Handelns hervorgehoben und es wird ihr aufgegeben, zu diesem Zweck „geeignete Initiativen“ zu ergreifen. Damit wird ein Konzept artikuliert, das dem schon fast vergessenen „Motor der Integration“[17] neuen Kraftstoff zuführen könnte.[18]

Darüber hinaus wird die Kommission von ihrer in Art. 211 EGV enthaltenen engen Verpflichtung auf die Gewährleistung des ordnungsgemäßen Funktionierens und der Entwicklung des Gemeinsamen Marktes befreit. Auch erfahren ihre Koordinierungs-, Exekutiv- und Verwaltungsfunktionen eine ausdrückliche Bekräftigung. Schließlich wird verdeutlicht, dass die Kommission, soweit nicht ausdrücklich Abweichendes in den Verträgen festgelegt ist (so im Bereich der GASP), die Vertretung der Union nach außen wahrnimmt.

---

15 Zu ersten Spuren eines Einflusses auf die Zusammensetzung des EuGH s. Art. 255 AEUV. Bei der Ernennung der Mitglieder des Rechnungshofs verfügt das EP über ein Anhörungsrecht (Art. 286 Abs. 2 AEUV).

16 Dazu oben, Abschnitt III. 1 und Anm. 9, 10.

17 Vgl. *Walter Hallstein*, Der unvollendete Bundesstaat, Düsseldorf/ Wien 1969, 56.

18 Dazu *Epping* in: *Vedder/ Heintschel von Heinegg* (Hg.), Europäischer Verfassungsvertrag, Handkommentar, Baden – Baden 2007, Anm. 3 ff. zu Art. 26.

Im Lichte konkurrierender Aufgaben des Präsidenten des Europäischen Rates (Art. 15 VI EUV) und des Hohen Vertreters für Außen- und Sicherheitspolitik (Art. 27 II EUV) bildet dies eine bedeutsame Sicherung ihrer Stellung gegenüber dem Europäischen Rat und dem Rat.

Der Vertrag von Lissabon lässt die Befugnisse der übrigen Organe in ihren wesentlichen Elementen unverändert.

bb) Zusammensetzung der Organe

Die Zusammensetzung der Organe wurde nicht grundsätzlich verändert. Gleichwohl ergeben sich für einzelne Organe bedeutsame Neuerungen.

Die Zusammensetzung des Europäischen Rates ändert sich gegenüber der derzeitigen Lage (Art. 4 EUV) insofern, als sein Vorsitz nicht mehr nach dem Muster der rotierenden Präsidentschaft des Rates für eine begrenzte Zeit durch den Staats- bzw. Regierungschef jeweils eines Staates ausgeübt wird. Vielmehr besteht das Amt des Präsidenten in Zukunft selbständig neben der Mitgliedschaft der z.Zt. 27 Staats – und Regierungschefs und des dem Europäischen Rat weiterhin als Mitglied angehörenden Präsidenten der Kommission (Art. 15 Abs. 2 EUV). Nicht länger wirken die Außenminister unterstützend an den Tagungen des Europäischen Rates mit. Sie werden durch den Hohen Vertreter der Union für Außen- und Sicherheitspolitik ersetzt.

Der Präsident des Europäischen Rates wird von den Staats – und Regierungschefs und dem Präsidenten der Kommission mit (qualifizierter) Mehrheit gewählt. Seine Amtsdauer beträgt zweieinhalb Jahre, also die halbe Mandatszeit von Europäischem Parlament und Kommission.

Er kann einmal wiedergewählt werden (Art. 15 Abs. 4 EUV(L)). Wählbarkeitskriterien nennt der Vertrag nicht. Lediglich die Unvereinbarkeit des Amtes mit einer staatlichen Funktion wurde festgelegt. Anders als bisher kann also ein Staats – bzw. Regierungschef nicht gleichzeitig das Amt des Präsidenten ausüben. Für den Präsidenten der Kommission als Mitglied des Europäischen Rates gilt keine derartige Unvereinbarkeit. Er könnte also gleichzeitig beide Institutionen präsidieren. Die Konsequenzen dieser Neuerung sind noch nicht voll absehbar. Zunächst bricht die Schaffung eines Wahlamtes mit der Tradition einer formal gleichberechtigten Stellung aller Staaten in Rat und Europäischem Rat. Denn der Präsident wirkt mit gleichen Rechten an Entscheidungen mit. Damit wird ein bedeutendes unitarisches Symbol geschaffen. Allerdings erhöht die Vermehrung von Ämtern mit Leitungs- und Repräsentativfunktionen das Risiko von Kompetenzkonflikten. Das gilt speziell für die drei Ämter des Präsidenten der Kommission, des Europäischen Rates und des Hohen Vertreters für die Außen- und Sicherheitspolitik. Ob sich derartige Konflikte allein mit dem Gebot zu wechselseitige Loyalität lösen lassen (Art. 13 Abs. 2 EUV(L)) ist zweifelhaft, zumal die Funktionen des Präsidenten des Europäischen Rates und jene des Präsidenten der Kommission nicht eindeutig voneinander abgegrenzt oder in eine klare Hierarchie gebracht worden sind.[19] Eine Möglichkeit zur Vermeidung derartiger Konflikte besteht darin, den Kommissionspräsidenten gleichzeitig zum Präsidenten des Europäischen Rates zu wählen. Doch ist es wenig wahrscheinlich, dass die Staats- bzw. Regierungschefs eine derartige Machtkonzentration zulassen. Auch bietet die Vergabe derartige Ämter Gelegenheit zum Interessenausgleich zwischen den Ambitionen einzelner Regierungen.

Problematisch an dieser Reform des Europäischen Rates ist weiterhin die fehlende Verzahnung mit der Ausübung der Präsidentschaft in den „einfachen" Ratsformationen.

Lediglich der Rat „Auswärtige Angelegenheiten" wird in Zukunft für die Dauer von fünf Jahren (seiner Mandatsdauer als Mitglied der Kommission) von dem Hohen Vertreter für die Außen- und Sicherheitspolitik präsidiert. Für die übrigen Räte gilt weiterhin das Prinzip der für die Dauer von sechs Monaten rotierenden Präsidentschaft. Bei delikaten politischen Mehrheitsverhältnissen innerhalb der Regierung eines Mitgliedstaates sind Komplikationen nicht auszuschließen, wenn z. B. ein einfaches Regierungsmitglied eines Staates als Präsident des Rates in Erscheinung tritt, während weder Regierungschef noch Außenminister entsprechende Präsidentschaftsfunktionen ausüben können. Derartige Probleme bilden typische Begleiterscheinungen der Transformation eines internationalen zu einem föderalen Entscheidungssystem, doch sollte man die möglichen Komplikationen für einen so kleinen und fragilen Staat wie Belgien nicht unterschätzen. Auf die Dauer wird die Ausdehnung des Prinzips der gewählten Präsidentschaft für sämtliche EU – Institutionen unvermeidlich. Dass dennoch eine Austarierung staatlicher und politischer Gewichte möglich ist, belegt die subti-

19 Dazu *Kietz/Maurer*, Bilanz und Zukunft der Präsidentschaft im System des Rates der Europäischen Union, integration 2008, 21 – 36.

le Balance der verschiedenen Präsidentschaftsfunktionen (Präsidium und Vorsitz der Ausschüsse) im Europäischen Parlament.[20]

Bei der Zusammensetzung des Rates findet die bisher in der Geschäftsordnung verankerte Praxis der horizontalen Differenzierung in spezialisierte Ratsformationen nunmehr eine vertragliche Konsolidierung.[21] Gemäß Art. 16, Abs. 6 EUV(L) ist zwischen einem Rat „Allgemeine Angelegenheiten" und dem Rat „Auswärtige Angelegenheiten" zu unterscheiden. Erster erfüllt Koordinierungsfunktionen im Ratssystem und zum Europäischen Rat. Weitere Ratsformationen legt der Europäische Rat fest (Art. 16, Abs.6 EUV(L) und Art. 236 AEUV. Der Vorsitz in diesen Formationen wird weiterhin nach dem Rotationsprinzip wahrgenommen. Eine Ausnahme gilt für den Rat „Auswärtige Angelegenheiten", der vom jeweils amtierenden Hohen Vertreter für die Außen- und Sicherheitspolitik präsidiert wird (Art. 18, Abs. 3 EUV(L). In der Praxis bedeutet dies eine stabile Präsidentschaft für jeweils fünf Jahre. Der Entwurf eines Beschlusses gemäß Art. 236 AEUV wurde der Schlussakte der Regierungskonferenz vom 13. Dezember 2007 als Erklärung Nr. 9 beigefügt.[22] Danach werden jeweils Gruppen von drei Staaten gebildet, die abwechselnd jeweils für die Dauer von sechs Monaten den Vorsitz ausüben.

Erstmalig findet auch die spezielle Einrichtung der Euro-Gruppe eine förmliche Anerkennung im Primärrecht. Das dem EUV(L) und dem AEUV beigefügte Protokoll Nr. 14 sieht vor, dass die Minister der Mitgliedstaaten, deren Währung der Euro ist, zu informellen Sitzungen zusammentreffen. Die Minister wählen einen Präsidenten für die Dauer von zweieinhalb Jahren.

Interessante, längst überfällige, Veränderungen ergeben sich ab 2014 bei der Zusammensetzung der Kommission. Von diesem Zeitpunkt an wird eindeutig festgelegt, in welchem Verhältnis die Größe und Zusammensetzung der Kommission zur Anzahl der Mitgliedstaaten liegt. Bis 2009 entspricht die Größe der Kommission genau der Anzahl der Mitgliedstaaten. Jeder Staat schlug einen Kommissar vor (derzeit also 27 Mitglieder, vgl. Art. 4, Abs. 1, Protokoll Nr. 10 zu EUV und EGV). Unabhängig vom Inkrafttreten des Vertrages von Lissabon wird die im Jahre 2009 zu bestimmende Kommission kleiner sein (vgl. Art 213, Abs. 1 EGV). Die genaue Größe ist vom Rat festzulegen. Nur bei Inkrafttreten des Vertrags von Lissabon

20 Vgl. Art. 12 Abs. 2 und 177 GO – EP v. Juli 2004 i.d.F. 1. Februar 2006, ABl. C 287 E/ 2006, 254.

21 GO des Rates v. 15. September 2006, ABl. L 285 v. 16.10.2006, 61, Anhang I.

22 ABl.EU Nr. C 115 v. 9.5.2008, 341.

wird das bis 2009 geltende System noch bis 2014 verlängert (Art. 17, Abs. 4 EUV(L)). Es war also ein Irrtum, wenn Gegner des Vertrages von Lissabon meinten, sie könnten mit Hilfe einer Ablehnung des Vertrages die Mitgliedschaft irischer Bürger in der Kommission zementieren. Die Neuerung des Vertrags von Lissabon besteht nicht in der Beseitigung des Rechts jedes Mitgliedstaates, in jeder Kommission durch einen seiner Bürger vertreten zu sein, denn dieses Recht endet ohne den Vertrag von Lissabon in jedem Fall ab 2009. Dagegen wird die Anzahl der Kommissionsmitglieder durch den neuen Vertrag stärker an den Erfordernissen effizienter Aufgabenerfüllung orientiert sein, auch wenn dabei erneut in schematischer Weise vorgegangen wird. Die Kommission wird dann auf eine Mitgliederzahl beschränkt, die zwei Dritteln der Anzahl der Mitgliedstaaten entspricht. Bei 27 Mitgliedstaaten umfasst die Kommission also 18 Personen. Die Einzelheiten des Systems der Auswahl der zukünftigen Mitglieder sind vom Europäischen Rat festzulegen (Art. 17, Abs. 5 EUV(L). Dabei ist eine Rotation zwischen den Staatsangehörigkeiten der Mitgliedstaaten zu wahren. Auch soll das „demografische und geografische Spektrum" der Gesamtheit der Mitgliedstaaten zum Ausdruck kommen (244 AEUV).

Diese neue Art der Zusammensetzung wird zu einem wichtigen Test für die Reife des institutionellen Systems der EU werden. An der Akzeptanz der verkleinerten Kommission wird sich ermessen lassen, ob die Regierungen und Völker gelernt haben und bereit sind, hinreichendes Vertrauen in eine gemeinsame Institution auch dann zu entwickeln, wenn darin zu einem bestimmten Zeitpunkt keine Angehörigen des eigenen Staates vertreten sind.

In der Erklärung Nr. 10 zur Schlussakte der Regierungskonferenz v. 13. Dezember 2007 wird die Kommission aufgefordert, besondere Anstrengungen zur Aufrechterhaltung enger Beziehungen zu jenen Mitgliedstaaten zu unternehmen, von denen kein Bürger der Kommission angehört.

Eine gänzlich neuartige Stellung zwischen Rat und Kommission wird in Zukunft der Hohe Vertreter der Union für die Außen- und Sicherheitspolitik erhalten. Dieses Amt bedingt in Zukunft die gleichzeitige Mitgliedschaft in der Kommission und im Rat „Auswärtige Angelegenheiten". Das Amt des Hohen Vertreters ist keine eigenständige Institution der EU. Schon bisher besteht unter nahezu identischem Titel das Amt des Hohen Vertreters für die Gemeinsame Außen- und Sicherheitspolitik (Art: 18, Abs. 3 EUV; Art. 207, Abs. 2 EGV). Allerdings wird diese Funktion dem Generalsekretär des Rates zugeordnet, unterliegt also den Weisungen des Rates und ist nicht mit der Kommission verbunden. Der neue „Hohe Vertreter" erfährt eine erhebliche Aufwertung, auch wenn ihm der in der Verfassung von 2004 vorgesehene Titel „Außenminister der Union“ (Art. I-28 der Verfassung) vorenthalten wird. Er wird gleichzeitig Vorsitzender des Rates „Auswärtige Angelegenheiten“ und Vizepräsident der Kommission sein. Ihm unterstehen die Vertretungen der EU in Drittstaaten (Art. 221, Abs. 2 AEUV). Im Idealfall kann diese Doppelfunktion zu einer besseren Koordinierung der außenpolitisch relevanten Aktivitäten von Rat und Kommission führen. Doch ist nicht auszuschließen, dass die Verknüpfung strukturell gegensätzlicher Loyalitäten in einer Person zu einer Schwächung der politischen Verantwortlichkeit führt. Die undurchsichtige Legitimation des Hohen Vertreters wird schon an dem Ernennungsverfahren deutlich. So beschließt einerseits der Europäische Rat mit Zustimmung des Präsidenten über die Vergabe des Amtes (Art. 18, Abs. 1 EUV(L)), doch ist andererseits der Hohe Vertreter dem Zustimmungsverfahren für die Mitglieder der Kommission unterworfen. Es ist daher denkbar, dass ein vom Europäischen Rat bereits ernannter Hoher Vertreter nachträglich bei den der parlamentarischen Zustimmung zur Gesamtkommission vorausgehenden Anhörungen im EP kein positives Votum erhält (Art. 17, Abs. 7 EUV(L). Unter diesen Umständen ist zu erwarten, dass über die Besetzung der höchsten Ämter in der EU Absprachen getroffen werden, um unerwarteten Ergebnissen der offiziellen Verfahren vorzubeugen.

Änderungen ergeben sich auch bei der Zusammensetzung des Europäischen Parlaments. Aus diesem Grund sind die Regierungen bemüht, die Ratifizierungsverfahren so rechtzeitig abzuschließen, dass der Vertrag von Lissabon vor den nächsten Wahlen zum EP im Juni 2009 in Kraft treten und die Abgeordneten gemäß der veränderten Mandatsverteilung gewählt werden können. Dies gelang bekanntlich nicht.

Eine konzeptionell stimmige Änderung der Repräsentativfunktion des EP bezeichnet Art. 14 Abs. 2 EU i.d.F. LV. Danach vertreten die Abgeordneten nicht länger „die Völker der in der Gemeinschaft zusammengeschlossenen Staaten“ (Art. 189 EG), sondern handeln als „Vertreter der Unionsbürger und Unionsbürgerinnen“.[23] Die Höchstzahl der Mandate wird auf 750 +1 festgelegt. Bisher umfasst das EP regulär höchstens 736 Sitze (Art. 189 EGV, vorübergehend war davon abgewichen worden, um dem Beitritt Bulgariens und Rumäniens nach der letzten Wahl Rechnung tragen zu können). Für die Aufteilung der Sitze zwischen den Staaten bestimmt der Vertrag nunmehr ein qualitatives Kriterium und eine Höchst – und

23 Entsprechend Art. 10 Abs. 2 EU i.d.F. LV.

Mindestzahl der jedem Staat zustehenden Mandate.[24] Für Deutschland resultiert daraus eine Verminderung der Sitzzahl um drei Mandate.

Die Einzelheiten sind auf Vorschlag des Europäischen Parlaments in einem einstimmig zu fassenden Beschluss des Europäischen Rates festzulegen.

Für die zukünftige Zusammensetzung des Europäischen Gerichtshofs sind zwei für zukünftige Entwicklungen bedeutsamen Änderungen vorgesehen. Als erster Schritt zu einer Objektivierung des Verfahrens der Auswahl der Richter und Generalanwälte und zur Mitwirkung des Europäischen Parlaments ist vor der Ernennung gemäß Art. 255 AEUV ein unabhängiger Ausschuss von Experten anzuhören, der sich zur Eignung der Kandidaten äußern soll. Eines der sieben Mitglieder dieses Gremiums ist vom Europäischen Parlament vorzuschlagen. Außerdem ist eine Erhöhung der Zahl der Generalanwälte auf insgesamt 13 geplant, wobei Polen einen ständigen Posten erhalten wird.[25]

cc) Abstimmungsregeln

Die Abstimmungsregeln von Europäischem Parlament (Art. 231 AEUV) und Kommission (Art. 250 AEUV) bleiben unverändert. Neu werden erstmals Abstimmungsregeln für den Europäischen Rat festgelegt. Dieser entscheidet im Regelfall „im Konsens", sofern die Verträge nichts Abweichendes bestimmen (Art. 15, Abs. 4 EUV(L)). Derartige Abweichungen sehen entweder einfache Mehrheit[26], Einstimmigkeit[27] oder qualifizierte Mehrheit[28] vor. Die qualifizierte Mehrheit wird nach den für den Rat anwendbaren Regeln gemessen. In diesem Fall nehmen der Präsident des Rates und der Kommissionspräsident nicht an der Abstimmung teil (Art. 235, Abs. 1 AEUV).

---

24 Art. 14 Abs. 2 EU i.d.F. LV: „Die Bürgerinnen und Bürger sind im Europäischen Parlament degressiv proportional, mindestens jedoch mit 6 Mitgliedern je Mitgliedstaat vertreten. Kein Mitgliedstaat erhält mehr als 96 Sitze".

25 Erklärung Nr. 38 zur Schlussakte der Regierungskonferenz v. 13. Dezember 2007, ABl. EU Nr. C v. 9.5. 2008, 350.

26 Z.B. Art. 48 Abs. 3 EU i.d.F. LV (Befassung eines Konvents mit geplanten Vertragsänderungen); Art. 235 Abs. 3 AEUV (Verfahrensbeschlüsse).

27 Z.B. Art. 22, 35 EU i.d.F. LV (außenpolitische Grundsatzbeschlüsse); Art. 14 Abs. 2 EU i.d.F. LV (Zusammensetzung des EP).

28 Z.B. Art. 15 Abs. 5 EU i.d.F. LV (Wahl des Präsidenten); Art. 18 Abs. 1 EU i.d.F. LV (Ernennung des Hohen Vertreters für die Außen- und Sicherheitspolitik); Art. 236 AEUV (Beschlüsse über die Ratsformationen und ihre Präsidentschaft).

Erhebliche Kontroversen begleiteten die Umgestaltung der Abstimmungsregeln im Rat.

An ihnen lässt sich am deutlichsten der formale Einfluss einer Regierung auf EU – Entscheidungen ablesen. Sie sind daher von besonderer politischer und symbolischer Bedeutung. Die Ausnahmefälle der Abstimmung mit einfacher Mehrheit und mit Einstimmigkeit (bisher Art. 205, Abs.1 und 3 EGV) bleiben erhalten (nunmehr Art. 238, Abs. 1 und 4 AEUV), doch begründet der Vertrag in Art. 48, Abs. 7 EUV(L) in Zukunft ein vereinfachtes Verfahren zum Übergang von einstimmiger Beschlussfassung zur qualifizierten Mehrheit. Dieses Verfahren ist anwendbar für Teil V des EUV(L), d.h. die außenpolitische Zuständigkeit und für den gesamten vom Vertrag über die Arbeitsweise der Union erfassten Bereich.

Geändert werden die Kriterien zur Bestimmung der qualifizierten Mehrheit (bisher Art. 205, Abs.2 EGV, nunmehr Art. 16, Abs. 3 und 4 EUV(L) sowie Art. 238, Abs. 2 AEUV). Diese wird nunmehr als Regelfall bezeichnet (Art. 16, Abs. 3 EUV(L)).

Zur Überwindung der Einwände einzelner Staaten wird das neue System in drei Etappen eingeführt.[29] Die erste Etappe beginnt mit dem Inkrafttreten des Vertrags von Lissabon und endet am 31. Oktober 2014. Während dieser Zeit wird die derzeit geltende Berechnungsmethode beibehalten. Bei der gegenwärtigen Mitgliederzahl beträgt die qualifizierte Mehrheit 255 Stimmen. Zusätzlich kann verlangt werden, dass festgestellt wird, ob die diese Mehrheit bildenden Staaten 62 % der Gesamtbevölkerung der Union repräsentieren (Art. 205, Abs. 2 und 4 EGV = Art. 3, Abs. 3 des Protokolls Nr. 36 zum Vertrag von Lissabon). Die zweite Etappe umfasst den Zeitraum vom 1. November 2014 bis zum 31. März 2017. Dann gilt bereits das in Art. 16, Abs. 4 EUV(L) festgelegte definitive Verfahren zur Ermittlung der qualifizierten Mehrheit, doch kann während dieses Zeitraums der Vertreter eines Mitgliedstaates verlangen, dass die qualifizierte Mehrheit weiterhin nach dem bis 2014 geltenden Verfahren ermittelt wird. Außerdem wird auf dem Weg über einen Durchführungsbeschluss zu Art. 16, Abs. 4 EUV(L) eine erleichterte Blockademöglichkeit für eine Minderheit von Staaten geschaffen. Diese kommt dann zustande, wenn sie drei Viertel der Einwohnerzahl oder der Zahl der Mitgliedstaaten umfasst, welche für eine Blockade im definitiven System gemäß Art. 16, Abs.4 erforderlich ist, um

29 Vgl. Art. 16 Abs. 5 EU i.d.F. LV sowie Art. 3 des Protokolls (Nr. 36) über die Übergangsbestimmungen, ABl. EU Nr. C 115 v. 9.5. 2008, 322.

einen Rechtsakt zu verhindern.[30] Dieser Durchführungsbeschluss kann nur nach Befassung des Europäischen Rates geändert werden.[31]

Die dritte Etappe beginnt am 1. April 2017. Ab diesem Zeitpunkt ist das neue System ohne Ausnahme anwendbar. Es verzichtet auf die Gewichtung der Stimmenzahl der einzelnen Staaten. Stattdessen wird bestimmt, dass die qualifizierte Mehrheit mindestens 55 % der Mitglieder des Rates, mindestens 15 Staaten und mindestens 65 % der Bevölkerung der Union umfassen muss (sog. „doppelte Mehrheit"). Eine „Blockademinderheit" muss mindestens vier Staaten umfassen. Die erleichterte Blockademöglichkeit wird über 2017 hinaus anwendbar sein.[32] Soweit ein Beschluss des Rates ausnahmsweise nicht auf einem Vorschlag der Kommission beruht, gelten gemäß Art. 238, Abs. 2 AEUV strengere Mehrheitsanforderungen. Sonderregeln gelten außerdem gemäß Art. 238, Abs. 3 AEUV für die Berechnung der qualifizierten Mehrheit in Fällen, in denen nicht alle Mitglieder an der Abstimmung teilnehmen dürfen (z.B. bei Austritt eines Mitgliedstaates (Art. 50 EUV(L)) oder bei Beschlüssen über die verstärkte Zusammenarbeit (Art. 330 AEUV)).

4. Schlussbemerkung

Der Vertrag von Lissabon bewirkt erhebliche Änderungen am institutionellen System der EU. Diese Änderungen waren im Wesentlichen bereits in der Verfassung von 2004 enthalten. Die praktische Tragweite aller Neuerungen lässt sich noch nicht eindeutig bestimmen. Ohne Zweifel bewirken sie eine Klärung, vielfach auch eine Rationalisierung der Arbeitsweise der Institutionen. Ob daraus jedoch ein stabiles neues Verhältnis (mitunter wird irreführend von institutionellem „Gleichgewicht" gesprochen) zwischen den Institutionen erwachsen wird, ist ungewiss.

Gemessen an dem hochabstrakten Ziel einer Steigerung von Effizienz und Demokratie sind ohne Zweifel Verbesserungen erreicht worden. Ob aber z. B. die neuen Abstimmungsregeln im Rat die Beschlussfassung tat-

---

30 Vgl. Erklärung Nr. 7 zur Schlussakte der Regierungskonferenz v. 13. Dezember 2007, ABl. EU Nr. C 115 v. 9.5.2008, 322.

31 Protokoll Nr. 9 über den Beschluss des Rates über die Anwendung des Artikels 16 Absatz 4 des Vertrags über die Europäische Union und des Artikels 238 Absatz 2 des Vertrags über die Arbeitsweise der Europäischen Union zwischen dem 1. November 2014 und dem 31. März 2017 einerseits und ab dem 1. April 2017 andererseits, ABl. EU Nr. C 115 v. 9. 5. 2008, 274.

32 Art. 4 des Beschlusses, s. oben, Anm. 30.

sächlich erleichtern werden, also die Effizienz dieses Organs vergrößern werden, muss sich erst in der Praxis zeigen.

Die institutionelle Ausgestaltung jedes politischen Systems bildet das Ergebnis von Tradition und Erneuerungsdruck, wobei sich in diesem Erneuerungsdruck widerstreitende Kräfte und Interessen bündeln. In der Europäischen Union wirkt insoweit nicht nur die natürliche im System der Gewaltenteilung angelegte Konkurrenz der Institutionen, sondern zusätzlich das Bemühen der einzeln oder gemeinsam agierenden Mitgliedstaaten, Einfluss auf das Handeln der Institutionen zu erlangen. Doch selbst in dieser Teilkraft kommen gegensätzliche Tendenzen zum Ausdruck, da es in Einzelfällen den Interessen der Mitgliedstaaten auch entspricht, den Einfluss anderer Staaten auf die EU-Institutionen dadurch zu neutralisieren, dass die Unabhängigkeit der Institutionen gestärkt wird.

Der Vertrag von Lissabon spiegelt das Resultat des Zusammentreffens dieser Faktoren in einem bestimmten historischen Moment. Entsprechend werden die Ergebnisse der zahlreichen institutionellen Reformen trotz aller Qualitäten und wegen aller Widersprüche und Unvollkommenheiten ihrerseits zu Antriebskräften neuer Veränderungen werden.[33]

Man denke nur an die unklare Funktionenzuordnung zwischen den Präsidenten des Europäischen Rates und der Kommission sowie des „Hohen Vertreters der Union für Außen- und Sicherheitspolitik", um eine Vorstellung von dem fortbestehenden Potenzial für künftige Vertragsänderungen zu erlangen.

Diese Abläufe sind charakteristisch für lebendige politische Systeme, die im Stande sind, sich fortwährend zu wandeln und an veränderte Situationen anzupassen. Anders als in der Präambel des Vertrags von Lissabon formuliert, ist daher nicht zu erwarten, dass „der Prozess, mit dem die Effizienz und die demokratische Legitimität der Union erhöht und die Kohärenz ihres Handelns verbessert werden sollen, abzuschließen" ist. Die andauernde – relative – Unvollkommenheit des institutionellen Systems der Europäischen Union sollte dennoch nicht als Schwäche, sondern als Qualität angesehen werden.

33 So *auch Hofmann/Wessels,* Der Vertrag von Lissabon – eine tragfähige und abschließende Antwort auf konstitutionelle Grundfragen?, integration 2008, 3–20.

D. VII. Unfolding the interaction between the European Parliament and the European Court of Justice and its function for the consolidation of the rule of law within the European Union*

1. Introduction

The European Parliament has become a regular actor before the European Court of Justice (ECJ).[1] In 2021 the Parliament was involved in 40 procedures at the Court and in 51 procedures at the General Court. It participated in five preliminary reference proceedings in accordance with Article 23 of the ECJ Statute. Some of the recent cases are quite spectacular for reasons of their substance, less for procedural reasons:

- Two cases for failure to act against the Commission (one concerning the implementation of Regulation 2018/1806 on visa requirements of third country nationals,[2] the other concerning the implementation of a general regime of conditionality for the protection of the Union budget[3]).
- A Request for an Opinion pursuant to Article 218 paragraph 11 TFEU (concerning, in particular, the choice of the legal basis for the EU accession to the Convention on preventing and combating violence against women and domestic violence [Istanbul Convention]).[4]
- Of particular interest for the Parliament's role as defendant and for judicial control of its internal procedure for the adoption of a resolution, is the Case C- 650/18 (Hungary v European Parliament), concerning Parliament's resolution on a proposal calling on the Council to determine

* Zuerst veröffentlicht in: *Epiney/Progin – Theuerkauf u.a.* (Hg.), Schweizerisches Jahrbuch für Europarecht 2021/2022, Bern/Zürich 2022, 369 – 390.

1 Save as otherwise mentioned, the term ECJ is used here to include both the General Court and the Court of Justice, see Article 19 (1) TEU.

2 ECJ, C-137/21 (European Parliament v Commission), ECLI:EU:C:2023:625.

3 ECJ, C-657/21, OJ 2022 C 11, 18 (European Parliament v Commission).

4 ECJ, Opinion 1/19 of 6 October 2021 (Istanbul Convention). The admissibility of the request in the particular circumstances was questioned by the Council and several Member States, see paragraphs 74 and 192–228. Except for one question the Court declared the request admissible. See also Opinion of AG Hogan, ECLI:EU:C:2021:198, par. 33–59.

the existence of a clear risk of a serious breach of the values on which the European Union is founded and concerning the Rules for counting votes in the Parliament.[5]

In most cases the Parliament acted as a defendant alongside the Council in proceedings brought pursuant to Article 263 TFEU, seeking a review by the Court of the legality of legislative acts jointly adopted by the Parliament and the Council or of acts which it adopted alone. Under the same provision, the Parliament may also act as applicant and seek a review of acts adopted by either the Council, the Commission, the European Central Bank, the European Council or "bodies, offices or agencies of the Union".

Besides Article 263 proceedings the TFEU and the Statute of the Court mention other forms of possible relations between the European Parliament and the Court. They may result either from initiatives by the Parliament,[6] from actions brought by third parties against Parliament[7] or may result from initiatives taken by the Court itself.[8]

Like the position of the European Parliament in general, this regime has developed over time. The explicit definition of the Parliament's standing before the Court in particular is relatively new in the constitutional law of the European Union. For many years, the European Parliament was not much more than a distant observer of the Court of Justice. It was unaware of the potential benefits for its institutional position were it to exercise an active role in judicial proceedings. Moreover, it found itself, as regards judicial proceedings, confronted with a fragmentary and controversial Treaty foundation, whilst there was no doubt that the Council was

5 ECJ, C-650/18, ECLI:EU:C:2021:426 (Hungary v European Parliament), See also cases ECJ, C-156/21, ECLI:EU:C:2022:97 (Hungary v European Parliament and Council); ECJ, C- 157/21, ECLI:EU:C:2022:98 (Poland v European Parliament and Council).

6 Action for failure to act (Article 265 TFEU); Staff cases (Article 270 TFEU); Action resulting from an arbitration clause contained in a contract (Article 272 TFEU); Interventions in cases brought by other parties to the Court (Article 40 ECJ Statute); participation in preliminary reference proceedings instituted by a national court pursuant Article 267 TFEU (Article 23 ECJ Statute); request for an opinion on the compatibility with the Treaties of an international agreement that is envisaged (Article 218 [11] TFEU); third-party proceedings (Article 42 ECJ Statute); application for the interpretation of a judgment (Article 43 ECJ Statute); appeal against decisions of the General Court (Article 56 ECJ Statute).

7 Staff cases (Article 270 TFEU); disputes relating to compensation for damage (Article 268 TFEU) and on the basis of an arbitration clause contained in a contract (Article 272 TFEU).

8 Request for the supply of information which the Court considers necessary for any proceedings (Article 24 ECJ Statute).

entitled and willing to bring cases to the Court or bound to act as a defendant. The Commission's role was, from the outset, even more precisely circumscribed. It is true that Article 38 of the ECSC Treaty of 1952 explicitly mentioned the European Parliament (then called the "Assembly") as an author of acts that the Court could declare void.[9] That provision stood, however, as much in the shadows as the non-elected Parliament itself and was relied upon for the first time in 1981 and again in 1983, thirty years after the Treaty had been drafted.[10]

Although the European Parliament's present role before the Court formally developed within a time-span of fifty-five years, between the entry into force of the Treaty establishing the European Coal and Steel Community (1952) and the coming into force of the Treaty of Nice in 2003, and was confirmed by the Treaty of Lisbon (2009), the milestones marking that evolution covered a much shorter period: the ten years following the EP's direct elections in 1979 up to the drafting of the Maastricht Treaty in 1991. It is interesting to note that none of those milestones consisted of Treaty amendments and the new status of the Parliament did not come as a "big bang". It grew exclusively from institutional practice. The Treaty of Maastricht did no more than acknowledge institutional practice, primarily the case-law of the ECJ. The evolution of the European Parliament over time has become a topic of recent historical research. In 2019 *Adrienne Héritier* and co-authors published a collection of essays on "Parliamentary Strategies of Self- Empowerment in the EU"[11] and in 2021 The *Journal of European Integration History* devoted an entire issue to an analysis of the rise of the European Parliament.[12] Yet neither publication pays attention to the unfolding interaction between the European Court of Justice and the European Parliament. It is true that, before the coming into force of the Maastricht Treaty in 1993, the topic had been intensively discussed from a legal point of view.[13] However, after the consolidation of the ECJ's case-law

9 "The Court may, on application by a Member State or the High Authority, declare an act of the European Parliament or of the Council to be void."

10 ECJ, C-230/81, ECLI:EU:C:1983:32 (Luxembourg v European Parliament). For details of this case see *infra* B.III.2.

11 *Adrienne Héritier et al.*, European Parliament Ascendant, 2019.

12 Journal of European Integration History, Vol. 27, N° 1/2021 with contributions by *Warlouzet, Roos, Meyer, Kaiser, Salm, Tulli* and *Dinan.*

13 See in particular *J.-V.Louis/D. Waelbroeck* (eds.), Le Parlement européen dans l'évolution institutionnelle, 1988, with contributions by *Manfred Zuleeg, Christopher Prout, Pierre Pescatore, Louis Favoreu, Koen Lenaerts, Denis Waelbroeck, Marie-Claude Vayssade, Joseph H.H. Weiler.*

on Parliament's status in Court proceedings in the written constitution, legal academics seem to have lost interest in the topic.[14] Now, at a greater distance from the events, it might be useful to look afresh at them, taking into account the evolution since Maastricht. Moreover, some historians have recently suggested "de-emphasizing 1979" (i.e. the impact of the first direct elections to the European Parliament).[15] It therefore seems to be a good time to contribute to this debate with a differing view. It is argued here that an examination of the evolution of the European Parliament's status in judicial proceedings brings to the fore the importance of Parliament/Court interaction in a mature constitutional system based on democracy and the rule of law. Moreover, it is argued that the constitutional position of the European Parliament fundamentally changed precisely because of its transformation into a directly elected institution, even though no formal increase in the Parliament's powers had been linked to the elections during the first ten years.

The following text comprises three parts:

- The evolution of the European Parliament's status before the ECJ until 1990 (B).
- The consolidation of the jurisprudence and the institutional practice after 1991 (C).
- Comments on some factors influencing the evolution of the Parliament's role in legal proceedings (D).

2. *The evolution of the European Parliament's status before the ECJ until 1990*

a) The ECSC Treaty: no more than a starting point

Under the regime of the ECSC the foundation for the involvement of Parliament in legal proceedings was fragile: The European Parliament could not, on its own initiative, bring cases to the Court. It is true that Article 38 of the ECSC Treaty mentioned Parliament as a potential defendant

14 For a general overview, which includes the judicial aspects, see *Richard Corbett et al.*, The European Parliament, 2016.

15 *Kiran Klaus Patel/Christian Salm*, The European Parliament During the 1970s and 1980s: An Institution on the Rise? – Introduction, Journal of European Integration History 1/2021, 5, 8.

in applications brought by a Member State or the Commission, yet no proceedings on that basis were introduced against it before 1981. Parliament first interacted with the Court in legal proceedings in the context of disputes with (former) staff. Parliament acted as defendant in three cases,[16] in none of which was Parliament's standing as defendant challenged. In the *Kergall* case the Court simply stated: "The Court rules that the present application is admissible". This statement was not grounded in Article 38 but in Article 42 ECSC Treaty, which established the Court's jurisdiction over contracts concluded "by or on behalf of the Community". Without further consideration, Parliament was regarded as acting in staff matters "on behalf of the Community". That view of Parliament's role in staff cases has remained the same and is uncontroversial.[17] Now Article 270 TFEU establishes a distinct power of the Court to hear staff cases but does not explicitly mention Parliament. Those cases are generally considered to be a separate form of administrative jurisdiction.[18]

When the admissibility of the first constitutional cases was in issue,[19] no staff case-law was relied upon as a precedent. Accordingly, it is not considered here in the context of the "evolution" of Parliament's role.

b) The first case concerning Parliament's institutional position, an initiative by the Court

In 1964, on an initiative by the Court of Justice (!), the European Parliament had to act for the first time in legal proceedings other than staff matters. In a preliminary ruling procedure (today Article 267 TFEU) the Court had to interpret the Protocol on the Privileges and Immunities of the

---

16 ECJ, C-1/55, ECLI:EU:C:1955:9 (Kergall v Common Assembly); ECJ, C-7/56, ECLI:EU:C:1957:7 (Algera v Common Assembly); ECJ, C- 25/68, ECLI:EU:C:1977:158 (Schertzer v European Parliament).

17 In 1962 an explicit legal foundation for such situations was established by EEC Regulation No 31, the European Union's Staff Regulation (Regulation No 31 of 14 June 1962, OJ 1962 L 45, 1385, last amendment OJ 2021 C 501, 11). Article 91 provides: "The Court of Justice of the European Union shall have jurisdiction in any dispute between the Union and any person to whom these Staff Regulations apply regarding the legality of an act affecting such person adversely within the meaning of Article 90(2)."

18 See *Koen Lenaerts et al.*, Procedural Law of the European Union, 2014, Chap. IV, 18.

19 See *infra* B.III.

(then) European Communities[20], in particular its (then) Article 9 (today Article 10), which establishes the immunity of Members of the European Parliament during its "sessions".[21] The case arose from a conflict before a Luxembourg court which involved two Members of the European Parliament. At the time Article 23 of the Court's Statute did not yet provide for the possibility of Parliament submitting statements of case or written observations to the Court on its own initiative.[22] On the basis of Article 21 of its Statute[23] the Court asked the European Parliament to answer two questions of direct concern to the Parliament. The Parliament responded in writing. The interpretation subsequently given by the Court of the term "session" corresponded to the Parliament's reply and is still applicable.

However, in 1986 that interpretation was challenged before a French court in defamation proceedings against a Member of the European Parliament. That court asked for a preliminary ruling on the interpretation of Article 10 of the above-mentioned Protocol.[24] As in Case C-101/63, the Court invited the Parliament to provide information.[25] The Court upheld its previous interpretation.

c) The "judicial awakening" of Parliament between 1980 and 1990 in four Acts

The first direct elections to the European Parliament in 1979 marked the beginning of an ever-closer relationship between the European Parliament and the European Court of Justice. It grew from the foundation of the existing Treaties without their prior amendment and culminated in the famous decision of 22 May 1990 declaring actions for annulment by the Parliament admissible.[26]

The ten-year period between 1979 and 1990 saw an evolution of Parliament's institutional position by judicial means in four acts. Their common

20 Protocol (No 7) to the TFEU on the privileges and immunities of the European Union, OJ 2012 C 326, 1.

21 ECJ, C-101/63, ECLI:EU:C:1964:28 (Wagner v Fohrmann and Krier).

22 See *infra* C.III.

23 "The Court may also require the Member States and institutions not being parties to the case to supply all information which the Court considers necessary for the proceedings."

24 ECJ, C-149/85, ECLI:EU:C:1986:310 (Wybot v Faure et al.).

25 ECJ, C-149/85, ECLI:EU:C:1986:310 (Wybot v Faure et al.), par. 10.

26 See *infra* B.III.4.

denominator was the systematic opposition of the Council to any increased role of Parliament in Court proceedings.[27]

cc) Act I: Awakening – two lessons on initiative from the ECJ

(1) Confirmation of the EP's right to intervene in ECJ cases and its rights in legislative procedures, the Isoglucose cases (C-138/79[28] and C-139/79[29])

In the context of its first direct elections (June 1979), Parliament was particularly sensitive when it came to respect for its prerogatives. That particular situation gave rise to two Court decisions which imposed obligations on the Council in its relations with Parliament and brought to light a hitherto unused instrument for defending Parliament's interests before the Court. As Parliament had not adopted a (mandatory) opinion within a time-limit set by the Council, the Council adopted the act without waiting for the opinion – an indication of the Council's condescension when it came to cooperation with the Parliament in legislation. The attitude of the Council certainly contributed to the sudden willingness of Parliament to begin a judicial fight with the Council. When two private applicants, who were directly affected by the legislation, challenged it in Court, Parliament saw an opportunity to develop its powers in the framework of judicial proceedings and decided – not without hesitation, because of its implicit support for the economic interests of the applicants – to intervene in both cases and to seek the annulment of the regulation for infringement of an essential procedural requirement.[30]

The Council objected that the intervention by the Parliament was inadmissible. It suggested that the right to intervene should be interpreted restrictively, in the light of Article 173 EEC Treaty. In the Council's view, entitlement to intervene had to be equated with a right of action which

27 This evolution has been commented on in annual reports on "Legal Developments in the European Parliament", in: *Barav/Wyatt* (eds.), Yearbook of European Law, from 1982 to 1986 by *Roland Bieber*, from 1987 to 1988 by *Roland Bieber* and *Kieran St. Clair Bradley* and subsequently by *Kieran St. Clair Bradley* alone.

28 ECJ, C-138/79, ECLI:EU:C:1980:249 (Roquette v Council).

29 ECJ, C-139/79, ECLI:EU:C:1980:250 (Maizena v Council).

30 Already in 1972, the enlarged Bureau of the Parliament had declared its willingness to intervene in cases pending before the Court on behalf of the applicant or the defendant. EP-Bulletin No 8/72 of 28 April 1972, 3. See *Roland Bieber*, Organe der erweiterten Europäischen Gemeinschaften: Das Parlament, 1974, 104.

the Parliament did not have. In that respect it observed that Article 173 of the Treaty did not mention the Parliament among the institutions entitled to seek a declaration that a measure is void and that Article 20 of the Statute of the Court did not mention it among the institutions invited to lodge observations pursuant to the procedure under (then) Article 177 for a preliminary ruling. The Court rejected that objection and admitted the intervention: it was not possible to restrict the exercise of the right to intervene by one of the institutions without adversely affecting its institutional position as intended by the Treaty and, in particular, by (then) Article 4 (1).[31] Subsequently, the Parliament intervened occasionally in pending cases on the side of the Commission[32] without facing challenges as to the admissibility of its interventions.

The broad interpretation of the term "institution" which is used in various provisions of the Treaties established a valuable precedent in favor of Parliament's rights, notably to bring actions for failure to act under (then) Article 175 EEC Treaty.[33]

Moreover, those cases brought clarification of even greater practical importance for the exercise of Parliament's rights in the legislative process. According to the Court, "due consultation of the Parliament in the cases provided for by the Treaty constitutes an essential formality disregard of which means that the measure concerned is void."

The Court pointed out that observance of that requirement implies that the Parliament must have expressed its opinion. "It is impossible to take the view that the requirement is already satisfied by the Council's simply asking for the opinion."[34] In later cases, the Court weighed up Parliament's rights in the legislative process in the light of its autonomy on the one hand and, on the other, its duty of sincere cooperation" (with the Council).[35]

---

31 ECJ, C-139/79, ECLI:EU:C:1980:250 (Maizena v Council), par. 17–19.

32 E.g. in ECJ, C-16/88, ECLI:EU:C:1989:397 (Commission v Council) and ECJ, C-300/89, ECLI:EU:C:1991:244 (Commission v Council).

33 See *infra* B.III.3.a.

34 ECJ, C-139/79, ECLI:EU:C:1980:250 (Maizena v Council), par. 34 and 35.

35 ECJ, C-65/93, ECLI:EU:C:1995:91 (European Parliament v Council), par. 21.

(2) Evolution of Parliament's "institutional independence" by means of ECJ questions (Case C-208/80, Lord Bruce of Donington)[36]

In another preliminary ruling procedure, instituted by the British Income Tax Commissioners, the Court had to decide on the legal implications of Parliament's power to autonomously adopt its Rules of Procedure. At issue was whether any taxation by the British authorities of allowances and other payments made by the European Parliament to its Members to cover their expenses in the exercise of their mandate was compatible with EU law, in particular with (then) Article 142 of the EEC Treaty (today Article 232 TFEU) and (then) Article 8 (today Article 9) of the Protocol on the Privileges and Immunities of the European Communities.

For the second time in a preliminary ruling procedure,[37] the Court took the initiative and asked Parliament a certain number of questions, inviting the representative of the Parliament to make a statement and answer questions from the Court in the oral hearing on the basis of Article 21(2) of its Statute (now Article 24).

In its answer, the Parliament stressed its competence to issue rules on the payment of allowances, derived from the first paragraph of Article 142 of the EEC Treaty, the first paragraph of Article 112 of the EAEC Treaty and the first paragraph of Article 25 of the ECSC Treaty, and reflecting the principle of the organizational independence of the Parliament. Those provisions did not relate solely to procedure in the narrow sense of the term but to all matters inherent in the accomplishment of the tasks of the institution. Under Article 5 of the EEC Treaty (now Article 4 [3]), the Member States are obliged to respect this institutional independence. It was a fundamental principle of the functioning of the institutions of an international organization, in contrast to the case of an international conference, that those institutions themselves make arrangements to cover the administrative aspects of the performance of the mandate of their members. The Court endorsed this position, which resulted in the confirmation of Parliament's broad, yet not unlimited autonomy by the Court.[38]

---

36 ECJ, C-208/80, ECLI:EU:C:1981:194 (Lord Bruce of Donington).

37 The first occurred in 1964 in ECJ, C-101/63, ECLI:EU:C:1964:28 (Wagner v Fohrmann and Krier), see *supra* B.2.

38 ECJ, C-208/80, ECLI:EU:C:1981:194 (Lord Bruce of Donington), par. 19: " It is clear from the foregoing that the national authorities are bound to respect the decision taken by the European Parliament to refund travel and subsistence expenses to its Members on a lump - sum basis. A review carried out in this area by the national

The precedent established in Case C-208/80 of the Court's addressing questions to the European Parliament was later followed by the Court in Case C-20/85 (*Roviello*)[39].

dd) Act II: Discovering Parliament's accountability to the Court

(1) "Seat" Cases 230/81[40] and C-108/83[41] (Luxembourg v European Parliament)

Shortly before the Court's ruling in the Lord Bruce case was given (15 September 1981), in a Resolution of 7 July 1981 "on the seat of the institutions of the European Community and in particular of the European Parliament"[42] the Parliament tested the limits of its autonomy by asserting a right to meet and work in the place of its choice. Such a statement seemed to touch upon the prerogatives of the Governments of the Member States. Parliament was, however, cautious enough not to adopt a formal decision on its seat which would call into question the Governments' existing provisional decision of 1967.[43] It called instead "on the Governments of the Member States to comply with their obligation under the Treaties and at long last fix a single seat for the institutions of the Community" and asked "for a conciliation procedure to be opened in good time on this matter".

---

revenue authorities, such as the one provided for by the United Kingdom legislation, constitutes an interference in the internal functioning of the Parliament resulting in a substitution by the national authorities of their appraisal of the system of allowances for the one undertaken by the Parliament in the exercise of its powers. It would therefore be likely to impair the effectiveness of the action of the Parliament and be incompatible with its autonomy." Bold added. On this case see *Roland Bieber*, The role of the European Parliament in the context of Article 177 of the EEC Treaty, in: Schermers et al. (eds.), Article 177: Experiences and Problems, 1987, 317 - 323. On the limits of that autonomy see infra, b).

39 ECJ, C-20/85, ECLI:EU:C:1988:283 (Roviello).

40 ECJ, C- 230/81, ECLI:EU:C:1983:32 (Luxembourg v European Parliament).

41 ECJ, C- 108/83, ECLI:EU:C:1984:156 (Luxembourg v European Parliament).

42 OJ 1981 C 234, 22.

43 Decision of the Governments of the Member States of 1 July 1967, according to which "Luxembourg, Brussels and Strasbourg shall remain the provisional places of work of the institutions of the Communities", OJ 1967 C 152, 18. This text has been laid out in a more detailed manner as far as the Parliament was concerned, after1997. It has subsequently been annexed to the TEU by the Lisbon Treaty, see Article 341 TFEU and Protocol No 6 annexed to the TEU.

Moreover, it decided to abandon the practice of holding plenary sittings in Luxembourg, which it had begun on its own initiative. The Court confirmed Parliament's right, which followed from its power to determine its own internal organization, to adopt appropriate measures to ensure the due functioning and conduct of its proceedings. However, in accordance with mutual duties of sincere cooperation, the decisions of the Parliament had in turn to respect the power of the Governments of the Member States to determine the seat of the institutions and to provisional decisions taken in the meantime.

Nevertheless, the powers of the Governments of the Member States in the matter did not affect the Parliament's inherent right to discuss any question concerning the Communities, to adopt resolutions on such questions and to invite the Governments to act.

The Parliament was therefore entitled to abandon the practice of plenary meetings in Luxembourg. In conclusion, the request by Luxembourg to declare the Resolution in question void was rejected.

In Case C-108/83 the Court did, however, declare void a subsequent Resolution, adopted by Parliament on 20 May 1983 "on the consequences to be drawn" from the European Parliament's adoption of the Resolution which the Court had upheld in Case C-230/81. The Court found that the Resolution of 1983, announcing a transfer of its staff from Luxembourg to Strasbourg and Brussels, exceeded the limits of its powers because it was in the nature of a decision. Such a step would interfere with the prerogatives of the Member States' Governments.

The "seat" regime for the institutions was set out in greater detail and elevated to Treaty level in the form of Protocol N° 6 to the TFEU.[44] Needless to say, the ensuing split of working places is particularly cumbersome for the European Parliament. The issue therefore remained controversial and led to further legal proceedings, brought by either France[45] or Luxem-

44 Protocol (No 6) to the TFEU on the Location of the Seats of the Institutions and of certain. Bodies, Offices, Agencies and Departments of the European Union, OJ 2016 C 202, 265.

45 ECJ, C-358/85 and C-51/86, ECLI:EU:C:1988:431 (France v European Parliament), see also the more recent ECJ Cases C-73/17 and C-92/18, ECLI:EU:C:2018:787 (France v European Parliament) and ECJ, C-92/18, ECLI:EU:C:2020:506 (France v European Parliament).

bourg[46] against the Parliament. These were aimed (in most cases unsuccessfully) at delimiting restrictively Parliament's prerogatives in the area.

As far as the status of the European Parliament in legal proceedings is concerned, the significance of Case C-230/81 lies in the Court's affirmation of the accountability of the Parliament for its actions before the Court. The Parliament had contested the admissibility of the case on the basis that only Article 38 of the ECSC Treaty envisaged the possibility of an act of Parliament being declared void, whilst the two other Treaties contained no similar provision. The Court rejected this narrow interpretation of Parliament's accountability: "Since the Parliament is an institution common to the three Communities it necessarily acts in the field of the three Treaties including that of the ECSC Treaty when it adopts a resolution relating to its operation as an institution and the organization of its Secretariat. It follows that the jurisdiction of the Court and the proceedings provided by the first paragraph of Article 38 of the Treaty are applicable to measures such as the con- tested resolution which relate simultaneously and indivisibly to the spheres of the three Treaties".[47]

(2) The real test of Parliament's accountability: Cases C-294/83 (Parti écologiste 'Les Verts' v European Parliament)[48] and C-34/86 (Council v European Parliament)[49]

Case C-294/83 arose from a conflict over the legality of a decision adopted by Parliament in 1982 concerning the financing of expenses incurred by political groupings that had taken part in the 1984 European elections. It concerned all political groupings even though the treatment they were meant to receive differed according to whether or not they were represented in the European Parliament elected in 1979.[50] The applicants were a French non-profit making association. The case is of major interest for the institutional position of the European Parliament, since the Court had, for the first

46 ECJ, Joined Cases C-213/88 and C-39/89, ECLI:EU:C:1991:449 (Luxembourg v European Parliament).

47 ECJ, C-230/81, ECLI:EU:C:1983:32 (Luxembourg v European Parliament), par. 19.

48 ECJ, C-294/83, ECLI:EU:C:1986:166 (Parti écologiste 'Les Verts' v European Parliament).

49 ECJ, C- 34/86, ECLI:EU:C:1986:291 (Council v European Parliament).

50 For details of the facts of the case see Opinion of Advocate General *Mancini*, ECLI:EU:C:1985:483.

time, to rule on an application brought against a decision of the Parliament on the basis of Article 173 of the EEC Treaty alone.

Since the European Parliament was not mentioned in this provision as a potential defendant, the stumbling block of this case was the admissibility of the application. The Court therefore had to decide whether it had jurisdiction to hear cases brought under Article 173 of the Treaty against a measure adopted by the European Parliament. The Court stated: "the European Economic Community is a Community based on the rule of law, inasmuch as neither its Member States nor its institutions can avoid a review of the question whether the measures adopted by them are in conformity with the basic constitutional charter, the Treaty. In particular, in Articles 173 and 184, on the one hand, and in Article 177, on the other, the Treaty established a complete system of legal remedies and procedures designed to permit the Court of Justice to review the legality of measures adopted by the institutions".[51] "An interpretation of Article 173 of the Treaty which excluded measures adopted by the European Parliament from those which could be contested would lead to a result contrary both to the spirit of the Treaty as expressed in Article 164 and to its system. Measures adopted by the European Parliament in the context of the EEC Treaty could encroach on the powers of the Member States or of the other institutions, or exceed the limits which have been set to the Parliament's powers, without its being possible to refer them for review by the Court. It must therefore be concluded that an action for annulment may lie against measures adopted by the European Parliament intended to have legal effects *vis-à-vis* third parties".[52]

The outcome of the case followed from that consideration, the Court declaring the application admissible and the contested act void.

In a similar vein, Advocate General *Mancini* had suggested that Article 173 be read in a way which accords with the more broadly drafted Article 175.[53] He drew attention to the European Parliament's ambivalent position on admissibility in the case ("it should be said in the first place that the defendant has not assisted the Court in finding the correct solution, even though it did not raise a formal objection of inadmissibility"). Initially, Parliament had argued that Article 173 should be interpreted broadly, that

51 ECJ, C-294/83, ECLI:EU:C:1986:166 (Parti écologiste 'Les Verts' v European Parliament), par. 23.

52 ECJ, C-294/83, ECLI:EU:C:1986:166 (Parti écologiste 'Les Verts' v European Parliament), par. 25.

53 Opinion of Advocate General *Mancini*, ECLI:EU:C:1985:483, par. 8.

is to say, as including the Parliament among the institutions whose acts may be contested. According to *Mancini* "the Parliament dissociated itself more and more clearly from that argument as the case proceeded".[54] At a given moment, by starting to object to admissibility, Parliament seems to have privileged a potential short-term victory over the advantages it might gain from accepting a broad interpretation of Article 173 EEC Treaty by the Court.

The Court stressed the (legal) responsibility of the European Parliament as a consequence of being part of the Union's institutional system. That conclusion, based on a principle, the rule of law, and the "spirit of the Treaty", rather than the wording of the article in question, paved the way for subsequent decisions dealing with the Parliament's own right to bring a case to the Court for review against other institutions.

Yet, when, in 1986, the Council brought an application against the European Parliament relating to the legality of the general budget for the financial year 1986 (Case C-34/86)[55], despite the Court's statement in Case C-294/83, the Parliament again raised an objection of inadmissibility and disputed the Council's standing to contest the legality of acts of the Parliament by means of an action brought pursuant to Article 173 of the Treaty, since that article did not provide expressly or by implication for such a review of legality *vis-à-vis* the Parliament. Referring to its judgment in Case C-294/83, the Court rejected the submissions put forward by the Parliament against admissibility in their entirety.[56]

The Court reiterated that finding when the European Parliament, during the same period, again contested the admissibility of an action brought under Article 173 EEC Treaty. This time, the applicant was a political group within the Parliament.[57] The Court added, however, that measures which related only to the internal organization of the work of the Parliament could not be challenged in an action for annulment,[58] whilst actions challenging

54 Opinion of Advocate General *Mancini*, ECLI:EU:C:1985:483, par. 6. A possible explanation is given in section D.

55 ECJ, C-34/86, ECLI:EU:C:1986:291 (Council v European Parliament).

56 ECJ, C-34/86, ECLI:EU:C:1986:291 (Council v European Parliament), par. 5, 14.

57 ECJ, C-78/85, ECLI:EU:C:1986:227 (Group of the European Right v European Parliament), par. 10.

58 ECJ, C-78/85, ECLI:EU:C:1986:227 (Group of the European Right v European Parliament), par. 11; ECJ, C- 68/90, ECLI:EU:C:1990:222 (Yvan Blot and Front National v European Parliament), par. 12.

the category of measures which deployed their effects beyond the internal organization fulfilled the criteria for admissibility.[59]

ee) Act III: Removing the ambiguity of Parliament's role as applicant before the ECJ

(1) Consolidating Parliament's status as applicant against the Commission and Council in an action for failure to act (then Article 175 EEC Treaty)

Until the Treaty of Maastricht, the legal foundation for parliamentary initiatives to bring institutional conflicts before the Court was not on safe ground. Under both the ECSC regime and the more recent EEC Treaty, the provisions concerning applications for annulment or a declaration of failure to act, today Articles 263 and 265 TFEU (then Articles 173 and 175 EEC Treaty), appeared to be contradictory: Article 173 listed possible applicants in an apparently exhaustive manner and the Parliament was not among them.[60] On the other hand, the corresponding Article 175 (actions for failure to act) used the generic term "institutions" instead of listing possible applicants individually.[61] One could therefore interpret Article 175 in the light of the limited list of applicants under Article 173 and exclude Parliament from having *locus standi* under both provisions or, conversely, interpret Article 173 in an extensive manner and grant Parliament the right to submit applications for annulment independently of the wording of that Article.

Either way, in the early days, Parliament's right to bring cases to the ECJ under Article 175 EEC Treaty was not generally accepted.[62] In his book on the judicial control of the European Communities, *Gerhard Bebr*, advisor

59 ECJ, C-314/91, ECLI:EU:C:1993:109 (Weber v European Parliament), par. 10, 11.

60 "The Court of Justice shall review the legality of acts of the Council and the Commission other than recommendations or opinions. It shall for this purpose have jurisdiction in actions brought by a Member State, the Council or the Commission on grounds of lack of competence, infringement of an essential procedural requirement, infringement of this Treaty or of any rule of law relating to its application, or misuse of powers. [...]".

61 "Should the Council or the Commission, in infringement of this Treaty, fail to act, the Member States and **the other institutions** of the Community may bring an action the Court of Justice to have the infringement established. [...]". Bold added.

62 See the references to legal doctrine at the time in: *Jean Paul Jacqué/Vlad Constantinesco/Roland Bieber/Dietmar Nickel*, Le Parlement Européen, 1984, 244, footnote 45.

in the Legal Service of the Commission, wrote in 1981: "As to the European Parliament, such a right, based on such a vague wording appears doubtful, if not controversial."[63]

Other authors interpreted Article 175 in a manner more favorable to the European Parliament.

Under such conditions, it is not surprising, that the European Parliament hesitated to bring a case to the Court on the seemingly solely available legal foundation of Article 175 EEC and run the risk of a defeat which would block further evolution. Eventually, the overriding concern to safeguard its own interests became the mobilizing factor, in 1969, for a first, timid, Article 175 application: the initiative was taken in order to convince the Council to decide on a parliamentary proposal for the introduction of direct election of its Members. However, Parliament's approach reflected its hesitations about submitting such a conflict to the Court. Instead of formally "inviting" the Council, as the relevant Article 175 requires, the Parliament simply "[drew] the Council's attention to Article 175 EEC Treaty".

Only thirteen years later, on 16 September 1982, Parliament, for the first time, launched a serious procedure against the Council with the aim of obtaining a declaration from the Court of failure to adopt a common transport policy.[64] Since the Council did not reply in a satisfactory manner, the Parliament submitted the case to the Court.[65]

In its defense, the Council contested the admissibility of the case by challenging from the outset Parliament's capacity to bring proceedings before the Court under Article 175 EEC Treaty. It pointed to the wording of Article 173 of that Treaty which clearly gave no right to the Parliament to seek a review of the legality of measures of the Commission and the Council. It would therefore be illogical to allow it a right of action in the case of unlawful failure to act on the part of one of those institutions. The Council also raised the question whether the effect of recognizing the Parliament as

---

63 *Gerhard Bebr*, Development of Judicial Control of the European Communities, 1981, 163.

64 EP Resolution of 16 September 1982, OJ 1982 C 267, 62: "1. Instructs its President to bring an action before the Court of Justice of the European Communities against the Council of the European Communities pursuant to Article 175 of the EEC Treaty; 2. Instructs its President, in this connection, first of all forthwith to call upon the Council to act in the terms of the accompanying draft, in accordance with the second paragraph of Article 175 of the EEC Treaty; 3. Instructs its President, if the Council does not reply within the period of two months laid down in the EEC Treaty, to bring an action before the Court of Justice of the European Communities within the further period of two months laid down by the Treaty for this purpose".

65 ECJ, C-13/83, ECLI:EU:C:1985:220 (European Parliament v Council).

having a right to bring an action under Article 175 "would not be to extend the powers conferred on it by the Treaty and to invest it with powers of review which the Treaty did not contemplate."

In examining arguments presented by the Parliament and the Commission, the Court emphasized that the first paragraph of Article 175 expressly gave a right of action for failure to act against the Council and Commission to, among others, "the other institutions of the Community". It thus gave the same right of action to all the Community institutions. "It is not possible to restrict the exercise of that right by one of them without adversely affecting its status as an institution under the Treaty, in particular Article 4(1)". (That interpretation was generally accepted in legal doctrine.[66])

The objection of inadmissibility raised against the Parliaments application was accordingly rejected.

Because the Court, at the Parliament's request, also confirmed the Council's failure to adopt certain measures in the area of transport, this case is frequently cited as the beginning of a common transport policy. Yet, from an institutional point of view, the importance of the decision lies in the fact that it was the starting point of a process leading to the full recognition of a status equal to that of the Council in ECJ proceedings.

(2) Requesting the right to bring actions for annulment against other institutions to the Court – Part One (Case C-302/87 (European Parliament v Council)

Ever since the European Parliament had become aware of the potential of Court proceedings to increase its powers of control over the Council and Commission, it had strived for the right to bring actions for annulment under (then) Article 173 EEC Treaty. At the time this could only be achieved either by an amendment to the Treaties or by an extensive interpretation by the Court of Parliament's standing. Parliament would certainly have preferred an amendment to the Treaty. In its proposal on the substance of the preliminary draft Treaty establishing the European Union of 14 September 1983,[67] Parliament suggested an amendment to the existing Treaties, providing for "equality of access and of review of their acts before the Court of Justice for all the institutions."

66 E.g. *Henry G. Schermers/Denis Waelbroeck*, Judicial Protection in the European Communities, 1987, 228.

67 OJ 1983 C 277, 95.

That proposal was not, however, followed up in the subsequent intergovernmental conference that led to the adoption of the Single European Act of 1986.[68]

Hence, the Parliament had to rely on an extensive interpretation of Article 173 by the Court if it sought the annulment of an act adopted by either the Council or the Commission.

In October 1987 Parliament lodged its first application for annulment before the Court under (then) Article 173 EEC Treaty. It sought the annulment of a Council decision on the procedures for the exercise of implementing powers conferred on the Commission. The Parliament considered the decision to be contrary to the meaning of the empowering Treaty provision and argued that this would have an impact on its supervisory powers over the Commission. On the substance, the Parliament was aiming at increased participation in implementing legislation, but at the core of the case was the question of admissibility.

The Council objected to the extensive interpretation sought by the Parliament and accordingly contested the admissibility of the application. It argued that Article 173 of the Treaty did not expressly provide that the European Parliament could bring an action for annulment. Nor could the Parliament be recognized as having that capacity on the basis of reasoning founded on the need to ensure the coherence of legal remedies. Intervention and an action for failure to act, which were available to the Parliament, as the Court had held in its previous judgments, were wholly separate from the action for annulment.[69] In his Opinion, Advocate General *Darmon* supported the Parliament's view. He stated that "as a participant in the Community legislative process, the European Parliament must be able to ensure that its own prerogatives are respected". He therefore proposed "that the Court should reject the objection of inadmissibility raised by Council and hold that the European Parliament has the capacity to bring an action for annulment under Article 173 of the Treaty where rights or powers of its own are adversely affected".[70]

The Court did not follow its Advocate General. It applied the wording of Article 173 narrowly. Moreover, it did not accept the European Parliament's assertion that, because it was entitled to have a failure to act established and to intervene in proceedings before the Court, the Parliament had to be

68 OJ 1987 L 169, 1.
69 ECJ, C-302/87, ECLI:EU:C:1988:461 (European Parliament v Council), par. 4.
70 Opinion, AG *Darmon*, ECLI:EU:C:1988:263, par. 33, 36.

recognized as being entitled to bring actions for annulment as well.[71] The Court also rejected the argument that there was a necessary link between the action for annulment and the action for failure to act. That was said to follow from the fact that the action for failure to act enabled the European Parliament to induce the adoption of measures which could not in all cases be the subject of an action for annulment.[72] In conclusion the Court declared the application inadmissible.

ff) Final act: The reversal of the ECJ judgment in Case C-302/87 by the judgment in Case C-70/88[73] and its aftermath

The Parliament did not consider that that judgment ended the discussion of its right to bring actions under Article 173 EEC Treaty. It felt encouraged by the Opinion of AG Darmon to submit another application in order to give the Court an opportunity to review its decision in a situation in which the Parliament's rights were more obviously in question.

The occasion was found after the adoption by the Council of Regulation (Euratom) N° 3954/87 laying down maximum permitted levels of radioactive contamination of foodstuffs and of feeding stuffs following a nuclear accident or any other case of radiological emergency.[74] The Parliament challenged the choice of legal basis for that Regulation (Article 31, Euratom Treaty). According to the Parliament, a correct choice would have been Article 100a EU Treaty, which would have given the Parliament a stronger right to participate in the legislative process (cooperation procedure instead of simple consultation). It therefore requested the annulment of the Regulation for infringement of its rights (Case C-70/88 "*Tchernobyl*"). In its judgment of 22 May 1990, the Court declared: "an action for annulment brought by the Parliament against an act of the Council or the Commission is admissible provided that the action seeks only to safeguard its prerogatives and that it is founded only on submissions alleging their infringement".[75]

71 ECJ, C-302/87, ECLI:EU:C:1988:461 (European Parliament v Council), par. 15.
72 ECJ, C-302/87, ECLI:EU:C:1988:461 (European Parliament v Council), par. 16.
73 ECJ, C-70/88, ECLI:EU:C:1990:217 (European Parliament v Council).
74 OJ 1987 L 371, 11.
75 ECJ, C-70/88, ECLI:EU:C:1990:217 (European Parliament v Council), par. 27.

In so doing, the Court followed its Advocate General[76] and the Commission. It departed, however, from:

- the wording of the relevant Treaty provision (Article 173 EEC Treaty);
- its own case-law dating from less than two years earlier (Case C-302/87);[77] and
- strong objections by the Council.

The Court dissociated itself from its reasoning in Case C-302/87 with the following argument:

- "In the judgment in Case 302/87 [...] the Court pointed out that various legal remedies were available to ensure that the Parliament's prerogatives were defended."[78]
- "[...] the existence of those various legal remedies is not sufficient to guarantee, with certainty and in all circumstances, that a measure adopted by the Council or the Commission in disregard of the Parliament's prerogatives will be reviewed.
  Those prerogatives are one of the elements of the institutional balance created by the Treaties. The Treaties set up a system for distributing powers among the different Community institutions, assigning to each institution its own role in the institutional structure of the Community and the accomplishment of the tasks entrusted to the Community.
  Observance of the institutional balance means that each of the institutions must exercise its powers with due regard for the powers of the other institutions. It also requires that it should be possible to penalize any breach of that rule which may occur.
  The Court, which under the Treaties has the task of ensuring that in the interpretation and application of the Treaties the law is observed, must therefore be able to maintain the institutional balance and, consequently, review the observance of the Parliament's prerogatives when called upon to do so by the Parliament, by means of a legal remedy which is suited to the purpose which the Parliament seeks to achieve".

One may have doubts as to whether "institutional balance" is anything more than a description of the respective role assigned to each institution

76 Opinion of Advocate General *van Gerven*, ECLI:EU:C:1991:270.
77 ECJ, C-302/87, ECLI:EU:C:1988:461 (European Parliament v Council).
78 ECJ, C-302/87, ECLI:EU:C:1988:461 (European Parliament v Council), par. 15.

by the Treaties.[79] Yet by relying on a notion that is not mentioned in the Treaties as the guiding principle of its decision, the Court was able to distance itself from the wording of Article 173 EC and from its previous judgment.[80]

3. The consolidation of the jurisprudence and the institutional practice after 1991

a) A reluctant acceptance of Parliament's standing in (then) Article 173 TEU proceedings by the Treaty of Maastricht (1991)

Only a few months after the Court had delivered its judgment in Case C-77/88, the Parliament, in its Resolution of 22 November 1990 on the Intergovernmental Conference, requested *inter alia* that "the European Parliament" be added after "the Council" in Article 173, thus establishing equal status before the Court for both institutions.[81] The Commission supported that suggestion.[82] The conference agreed to the proposal and incorporated the key terms of Case C-70/88 into the Maastricht Treaty, thus establishing a firm basis for the legal prerogatives of the European Parliament and thereby elevating Parliament to the status of a (nearly) equal player among the EU institutions.

The following passage was inserted into Article (then) 173 TEU (now Article 263 TFEU): "The Court of Justice shall have jurisdiction under the same conditions in actions brought by the European Parliament and by the ECB, for the purpose of protecting their prerogatives."[83]

There are, however, still limits to the Parliament's own full accountability, because actions under Article 263 TFEU against the Parliament

79 See *Roland Bieber/Astrid Epiney/Marcel Haag/Markus Kotzur*, Die Europäische Union, 2021, § 4 n° 16.

80 The judgment was widely commented upon, see among others *Gerhard Bebr*, The Standing of the European Parliament in the Community System of Legal Remedies: A thorny jurisprudential development, Yearbook of European Law 1990, 170–207.

81 OJ 1990 C 324, 219.

82 See its "Contributions to the Intergovernmental Conference", EC Bulletin, Supplement 2/91, 46.

83 For a detailed analysis of Article 173 following its amendment by the Maastricht Treaty, see *Dominique Ritleng*, in: Constantinesco/Kovar/Simon (éds.), Traité sur l'Union Européenne, Commentaire article par article, 1995, Commentaire de l'article 173 TCE.

are admissible only insofar as they are directed against acts: "intended to produce legal effects vis-à-vis third parties".

According to the ECJ, that category of acts is to be determined as follows: "it is necessary to examine the substance of that act and to assess those effects in the light of objective criteria, such as the content of that act, taking into account, as appropriate, the context in which it was adopted and the powers of the institution which adopted the act".[84]

b) Institutional practice after the entering into force of the Maastricht Treaty: Testing the limits of admissibility: Case C-65/90,[85] Joined Cases C-181/91 and C-248/91[86], Cases C-316/91[87], C-156/93[88] and C-303/94[89].

Since first the Court and, subsequently, the amended Article 173 made admissibility contingent on the safeguarding of Parliament's prerogatives, room was left for interpretation, which the institutions tested in five subsequent cases. The Council, in particular, did not easily give up its objections to the Parliament having a right of action under that provision and continued to insist on a restrictive interpretation of the new condition of admissibility:

In Case C-65/90, "*Cabotage*", the Parliament had alleged an infringement of its right to participate in the Community legislative process as a result of the Council's failure to consult it a second time before the adoption of the contested regulation. The Council tried to restrict the scope of the Court's judgment in Case C-70/88. According to the Council, the Parliament's right of action under Article 173 of the Treaty could be exercised only exceptionally in cases where the balance of the Treaty system risked being disturbed or if a substantial infringement of the Parliament's basic prerogatives would result.

84 ECJ, C-650/18, ECLI:EU:C:2021:426 (Hungary v European Parliament), par. 38.

85 ECJ, C-65/90, ECLI:EU:C:1992:325 (European Parliament v Council). Its substance con- cerned a regulation which laid down the conditions under which non-resident carriers may operate national road haul age services within a Member State (Regulation No 4059/89, OJ 1989 L 390, 3).

86 ECJ, Joined Cases C-181/91 and C-248/91, ECLI:EU:C:1993:271 (European Parliament v Council), (European Parliament v Commission).

87 ECJ, C-316/91, ECLI:EU:C:1994:76 (European Parliament v Council).

88 ECJ, C-156/93, ECLI:EU:C:1995:238 (European Parliament v Commission).

89 ECJ, C-303/94, ECLI:EU:C:1996:238 (European Parliament v Council).

The Court did not follow this attempt to introduce the qualifications of "exceptional" exercise and "substantial infringement" to the new right of action of the Parliament. It rejected the objection, referring simply to the wording of its judgment in Case C-70/88. The action was seeking to safeguard the Parliament's prerogatives and was founded only on submissions alleging their infringement. In later cases, the Court declared actions admissible on condition that the Parliament "[indicate] in an appropriate manner the substance of the prerogative to be safeguarded and how that prerogative [was] allegedly infringed".[90] Insofar as an action was founded on the infringement of a provision of general character (*in casu* [then] Article 190 TEC [now Article 296 TFEU, i.e. the obligation to state the reasons for legislation]), the Parliament had failed to indicate in an appropriate manner how that infringement would be such as to impair its prerogatives and the action had been declared inadmissible.[91]

4. The second and third Treaty amendments (Nice and Lisbon)

In its Resolution of 13 April 2000 containing proposals for the Intergovernmental Conference, which was to result in the Treaty of Nice, the European Parliament proposed deletion of the condition subject to which it could bring an action ("for the purpose of protecting their prerogatives") from (now) Article 263 TFEU.[92]

The Governments accepted this proposal and in the Treaty of Nice, as from 2003, the restriction on Parliament's role as applicant was removed by elevating it in (then) Article 230, (now Article 263 paragraph 2 TFEU) to the same category of applicants as the Council and Commission.[93] In addition, this Treaty introduced a right of Parliament to request an opinion of the ECJ as to whether an agreement envisaged by the Union is compatible with the provisions of the EU-Treaties.[94]

---

90 ECJ, C-303/94, ECLI:EU:C:1996:238 (European Parliament v Council), par. 17.

91 ECJ, C-156/93, ECLI:EU:C:1995:238 (European Parliament v Commission), par. 11.

92 Resolution, point 22: "proposes that Articles 230 and 232 of the EC Treaty should be amended to accord Parliament the right to bring an action in the Court of Justice on grounds of lack of competence, infringement of an essential procedural requirement, infringement of this Treaty or of any rule of law relating to its application, misuse of powers or failure to act", OJ 2001 C 40, 409.

93 OJ 2001 C 80, 25.

94 Amendment to the (then) Article 300 TEC (now Article 218 [11] TFEU), OJ 2001 C 80, 28.

Moreover, Parliament's role in preliminary proceedings (Article 267 TFEU) was strengthened by enabling Parliament to submit statements of case or written observations to the Court in case the act the validity or interpretation of which is in dispute was adopted jointly by Parliament and Council (Article 23 ECJ Statute of 26 February 2001).[95]

The Treaty of Lisbon brought a further change to the latter provision by extending Parliament's right to submit statements of case or written observations in any preliminary proceeding concerning the validity or interpretation of an act it had adopted.

The Parliament has introduced into its Rules of Procedure a specific procedure for organizing its relations with the ECJ.[96] Moreover, since 1985, it has had an administrative unit, the "Legal Service", whose tasks include representing Parliament in Court proceedings. Since its inception it has grown considerably in size. In 2022 it comprises 70 lawyers.

5. *Some comments on factors influencing the evolution of the Parliament's role in legal proceedings*

The above-described evolution of the Parliament's role in legal proceedings has been influenced by multiple factors. Without being exhaustive, the following list mentions the most important ones.

- **Events**: Apart from amendments to the Treaties, the single most important factor for the evolution of Parliament's position within the institutional system since 1979 was the change in the mode of designation of its Members by direct elections, coupled with a substantial increase of the

95 OJ 2001 C 80, 53.

96 European Parliament, Rules of Procedure of 2019 (OJ 2019 L 302, 1), Article 149: "Proceedings before the Court of Justice of the European Union 1. Parliament shall, within the time limits specified, by the Treaties and the Statute of the Court of Justice of the European Union, for action by the institutions of the Union and by natural or legal persons, examine Union legislation and its implementation in order to ensure that the Treaties have been fully complied with, in particular where Parliament's rights are concerned. 2. If it suspects a breach of Union law, the committee responsible for legal affairs shall report to Parliament, orally if necessary. Where appropriate, the committee responsible for legal affairs may hear the views of the committee responsible for the subject matter. 3. The President shall bring an action on behalf of Parliament in accordance with the recommendation of the committee responsible for legal affairs. [...]".

number of Members.[97] This new situation created a dynamic of its own. The increase in human resources was amplified by the fact that Members no longer had to simultaneously fulfil a mandate in their national parliament. Moreover, Members were confronted with the expectations of an electorate to whom they were answerable in subsequent elections. Those factors stimulated Members to search eagerly for ways of influencing EU legislation and exercising a power of control over the other institutions. To that end Members tried to exploit all means which the Treaties appeared to offer.

- **Different Constitutional Concepts**: Since Members came from different constitutional backgrounds, intense internal debates took place over the implications of the Rule of Law for the status of the European Parliament (e.g. the British concept of "sovereignty of Parliament" as opposed to the modern continental concepts of parliamentary accountability and legal control of government by Parliament[98]).
- **Ambiguities in the wording of the Treaty**: The two principal Treaty provisions which established standing as applicant or defendant in cases before the ECJ (then) Articles 173 and 175 TEC, now Articles 263 and 265 TFEU, at the time used different words when describing the parties. In Article 173 they were individually mentioned (Commission, Council), whilst in Article 175 they were described in a generic term ("institutions"). A textual interpretation led to different results in respect of standing and therefore of the Parliament's rights. Systematic interpretation, aiming for consistency between the two provisions, could have led either to a restrictive interpretation of Article 175 or to an extensive interpretation of Article 173. Initially the textual interpretation prevailed. Only after the Court invented an unwritten notion for the interpretation of the Treaties ("institutional balance") did it dare on that basis to give an extensive interpretation to Article 173, thus increasing Parliament's power of control over the other institutions.
- **Strategies:** The Parliament did not initially formulate methods, or a strategy, as to how to achieve its general goals for an increase in its legislative and budgetary powers. It usually requested amendments to the Treaties. Similarly, when, in 1983, Parliament proposed "equality of

97 Before elections: 198 Members, after 1979: 410 Members. See Article 2, Direct Elections Act of 20 September 1976.

98 E.g. Article 93 (1), n° 1, German Grundgesetz: "The Federal Constitutional Court shall rule:1. on the interpretation of this Basic Law in the event of disputes concerning the extent of the rights and duties of a supreme federal body [...]".

access and of review of their acts before the Court of Justice for all the institutions", this was understood as an aim to be achieved under a new Treaty.[99] Only in the mid-eighties was there a growing sense that the Parliament should employ a more systematic and strategic approach by availing itself of the possibilities presented by ECJ proceedings. Eventually, in October 1986 the European Parliament claimed "the right to bring actions" under Article 173 EEC Treaty.[100]

- The Council consistently suggested a restrictive interpretation of Parliament's rights in ECJ proceedings. It argued on the basis of systematic considerations, even where the Treaty was relatively clear (Parliament comprised within the meaning of the term "institution" in Article 175). In that respect the Council was following a strategy, but a strategy that risked backfiring once the Court confirmed the existence of certain parliamentary rights in Court proceedings. Parliament could reverse the argument – as it did – and ask that consistency between the provisions that determined its position should be achieved by an extensive interpretation of Article 173 in its favor.
- **The role of individuals.** Two examples illustrate the influence that individuals can have in the development of institutional positions or case-law:
- Parliament: As AG *Mancini* noticed, the position taken by the European Parliament on the admissibility of the application in Case C-294/83 had changed during the proceedings. No official explanation for this change exists. The proceedings did, however, coincide with a change of the Parliament's presidency, from *Pieter Dankert* to *Pierre Pflimlin* in July 1984. Whilst the former had fully approved the initial strategy, the new President held a different opinion, which can be deducted from his appointing additional agents for the defence of the Parliament.
- In the Court of Justice, a significant change of judges took place between the judgments in Cases C-302/87 and C-70/88. Of the 13 judges who had signed the 1987 judgment, only six participated in the decision in Case C- 70/88. Moreover, a new judge, *Manfred Zuleeg*, a law professor, had in 1987, shortly before assuming his new office, argued in favor of the

---

99 See *supra*, footnote 65.

100 Resolution of 9 October 1986 on the position of the European Parliament in the context of actions for annulment brought before the Court of Justice under Article 173 of the EEC Treaty, OJ 1986 C 283, 85.

Parliament having a right to bring cases under (then) Article 173.[101] The recently appointed Judge *Mancini*, had, in a similar vein, in his former role of Advocate General at the Court, argued in favor of an extensive interpretation of (then) Article 173.[102] One may assume that the position of both judges had a considerable influence on the revision of the Court's previous decision.

6. *Summary*

During the period between the first direct elections in 1979 and the coming into effect of the Maastricht Treaty, the increasing participation of the European Parliament in proceedings before the European Court of Justice was extremely beneficial for the maturing of the European Union's constitutional setting in general, for the development of the European Parliament's powers within the legislative process and with regard to the scope of its autonomy. Moreover, it offers an insight where a comprehensive inter-institutional judicial control can be exercised and where the parliament is accountable for its actions.

By way of a broad interpretation of (then) Article 5 EEC Treaty (now Article 4[3] TEU), the Court gave substance to and at the same time consolidated the autonomous status of the Parliament in its relations with the Member States. In a similar vein, the Parliament received support from the Court for an extensive, yet not unlimited, use of its powers in the legislative process. By way of an extensive interpretation of the notion "consultation" the Court enabled Parliament to be heard effectively (instead of simply being asked). As a result of the strengthening of its procedural rights by the Court, Parliament reached a bargaining position with the Commission and Council which made it possible to influence the substance of legislation before Treaty amendments formally increased Parliament's legislative powers. During this period, by way of interpretation in favor of the Parliament, the Court enabled the latter to seek judicial review of acts (or of failure to act) of the Council and Commission. At the same time it confirmed Parliament's own accountability.

Although not envisaged by the founding EU-Treaties and controversial between the institutions and in legal doctrine during many years, recent

101 *Manfred Zuleeg*, Le Parlement face à la Cour in : Louis/Waelbroeck (éds.), Le Parlement eu- ropéen dans l'évolution institutionnelle, 1988, 177, 186.

102 ECJ, C-294/83, Opinion of AG *Mancini*, ECLI:EU:C:1985:483, par. 7.

case law of the European Court of Justice illustrates the importance of a systematic Parliament/Court interaction in a mature constitutional system based on democracy and the rule of law.

D. VIII. Enlargement as a lever for institutional reforms in the European Union*

1. Introduction

"Any European State [...] may apply to become a member of the Union" (Article 49 Treaty on European Union). This provision has already been used several times for accession to the Union. Thus, the initial group of six Member States has increased to the present number of 27.[1] Further states wish to join. At present, 9 applications for membership are pending before the institutions of the Union.[2] The accession procedures usually require a period of several years before they are concluded.[3] The Russian attack on Ukraine and the ensuing threat to the security of Europe led to a growing willingness among Member States to give high priority to dealing with those applications. For example, French President *Macron* and German Chancellor *Scholz*, in a common statement, declared: "*Wir streben schnelle und konkrete Fortschritte im EU-Erweiterungsprozess an*".[4]

Once those negotiations have been successfully concluded, transformed into accession treaties and ratified "by all the contracting States in accordance with their respective constitutional requirements" (Article 49), the Union will comprise about 600 million inhabitants. A fundamentally changed organization will be the result. In fact, accession not only expands

---

* Zuerst veröffentlicht in: *Epiney/Progin – Theuerkauf* u.a. (Hg.), Schweizerisches Jahrbuch für Europarecht 2022/2023, Bern/Zürich 2023, 359 – 376.

1 Before the United Kingdom left in 2020, the Union comprised 28 members.

2 Albania, Bosnia-Herzegovina, Georgia, Kosovo, Moldova, Montenegro, North Macedonia, Serbia, Ukraine. Of these, only Kosovo does not yet have official candidate status. On preparation of the candidate states: Communication from the Commission to the European Parliament, the Council, the European Economic and Social Committee and the Committee of the Regions of 12 October 2022, 2022 Communication on EU Enlargement Policy, COM(2022) 528 final. For more on the special case of Turkey, on other applications for accession and on preliminary stages of accession: *Roland Bieber/Astrid Epiney/Marcel Haag/Markus Kotzur* (eds.), Die Europäische Union, 2023, § 1, Nos. 35 – 40 and § 39, Nos. 17 – 20.

3 The accession of Montenegro has been under negotiation since 26 June 2012, see EU Council, Press release, Doc. 11690/12.

4 *Emmanuel Macron/Olaf Scholz*, Sieben Ziele zur Stärkung der EU, Frankfurter Allgemeine Zeitung of 21 January 2023, 10.

the Union geographically, but requires internal amendments to its constitutional foundations, concerning both structure and procedures. Some of those amendments result from the requirement to integrate citizens of the new Member States in the institutions and the ensuing growth in size of the latter. Those changes cannot, however, be limited to arithmetical measures, because such a far-reaching enlargement has noticeable, albeit different, effects on the functioning of the institutions. Enlargements of the Union therefore require an overall review of the institutional system in respect of its capacity for optimal fulfilment of its tasks under different/changed conditions. For such reasons, the Treaty of Nice (2001), the Treaty establishing a Constitution for Europe (2004) and, after its failure, the Treaty of Lisbon were also designed to adapt the institutional system to the parallel accessions of a total of 13 states.[5]

From the Union's perspective, every enlargement raises similar institutional issues.[6] Nevertheless, a substantive increase in the number of Member States changes the quality of the Union in a way that is more significant the greater the number of members becomes. In order to maintain the proper functioning of the institutions, accession requires, in addition, the taking into account of political and constitutional particularities (e.g. those of Bosnia-Herzegovina). Although it cannot be excluded that negotiations with candidate states might not be concluded at the same time, it is more likely that, despite the specificities of each candidate state, a comprehensive approach to the institutional system applicable after accession will be chosen. This will certainly be based on the existing system as set out in Article 13 TEU. This system needs, however, to be revised, not only in order to take account of nine more Member States, but also in order to overcome notable deficiencies of the present system. To that end, it may be useful to

---

5 See Preamble to the Treaty of Nice ("DESIRING to complete the process started by the Treaty of Amsterdam of preparing the institutions of the European Union to function in an enlarged Union"). See also *Roland Bieber*, Der institutionelle Rahmen, in: Fastenrath/Nowak (eds.), Der Lissabonner Reformvertrag, 2009, 47–63.

6 See Communication from the EC Commission to the Council of 24 April 1978, The Transitional Period and the Institutional Implications of Enlargement, COM(78) 190 final, EC Bulletin, Supplement 2/78; European Parliament, Resolution of 13 December 2006 on the institutional aspects of the European Union's capacity to integrate new Member States, ABl. 2006 C 317, E/485. From legal literature: *Etienne Cerexhe,* Rapport sur l'avenir institutionnel des Communautés européennes dans la perspective d'un élargissement, 1982; *Roland Bieber/Florian Bieber,* Institutionelle Voraussetzungen der Osterweiterung der Europäischen Union, in: Weidenfeld (ed.), Europa öffnen, 1997, 101–155; *Renaud Dehousse* (ed.), An Ever Larger Union?, 1998.

recall proposals which had already been agreed upon (but not ratified by all Member States) in the Treaty establishing a Constitution for Europe.[7]

The central criteria for institutional changes remain democracy and efficiency.[8] However, the institutional system is marked by compromises between the representation of all Member States and majorities of EU citizens and the protection of minorities of citizens and states. Because of overlapping power interests, those compromises are inherently unstable. Moreover, institutions symbolize the organization.[9] The present difficulties regarding implementation of the simplifications to the decision-making procedures which are provided for in Article 48(7) TEU or reducing the size of the Commission to that envisaged in Article 17(5) TEU illustrate the deadlock which comes about when individual interests and petrified symbols prevail over considerations aimed at serving the common interest, i.e. democracy and efficiency. The structure and procedure of the European Central Bank illustrate, however, that it is possible to find a workable balance between the representation of state interests and an efficient structure, capable of acting efficiently in the common interest.

Under those conditions, it is not surprising that plans for institutional and procedural reforms are always subject to forces that pull in different directions, accelerating or impeding reforms. Accordingly, one might assume that the combination of enlargement **and** institutional reform would add up to insurmountable obstacles to both, when no agreement exists between governments on either issue. The opposite conclusion could, however, also apply: if enlargement is considered by all governments as being the prevailing interest, institutional changes that could not be achieved if envisaged as separate projects may find support as part of a package deal on enlargement. This might even include institutional reforms which are not indispensable for enlargement. The approach of regarding enlargement as a vehicle for institutional reforms may be seen to be advantageous if the applicable procedures are taken into account. Except for the procedure applicable to reforms already envisaged in the TEU (Article 48(6)), ordinary Treaty reforms based on Article 48(2)-(5) TEU are extremely cumbersome.

7 Treaty establishing a Constitution for Europe, OJ 2004 C 310, 1. For a commentary on each article see *Christoph Vedder/Wolff Heintschel von Heinegg* (eds.), Europäischer Verfassungsvertrag – Handkommentar, 2007.

8 See recital 7 of the Preamble to the TEU ("DESIRING to enhance further the democratic and efficient functioning of the institutions").

9 See *Florian Bieber/Roland Bieber*, Negotiating Unity and Diversity in the European Union, 2021, 131–157.

It is true that any accession needs unanimous approval by the Council and the approval of a majority of EP members, and the ensuing treaty must be ratified by all Member States (Article 49 TEU); however, this procedure is simpler than the procedure that has to be followed for ordinary Treaty reforms and it can bring about results more easily, if an overarching interest in enlargement is guiding the Member States. Such an overarching interest may consist of a package of political, strategic and economic considerations, compared to which the interest in institutional reforms may appear marginal, and a package can therefore be adopted more easily. Thus, it cannot be excluded that, under the umbrella of negotiations on enlargement, institutional reforms which could not be introduced in isolation will be approved as part of a treaty of accession. It may well be that, subsequent to the convocation of a Convention, requested by the European Parliament in accordance with Article 48(3) TEU,[10] aimed at amending the TEU and the TFEU, negotiations on the conditions for enlargement pursuant to Article 49 TEU and on Treaty amendments will be held in parallel. However, amendments requested by the European Parliament cover a much larger field than institutions and procedures. Their discussion is likely to require more time (e.g. amendments to Article 122 TFEU). Therefore, there may be an interest in settling certain institutional issues in the context of negotiations on enlargement rather than as part of general Treaty reforms. On the other hand, linking institutional reforms to enlargement may serve as an argument to postpone amendments to the existing Treaties which are considered urgent. Moreover, such a link would imply that any reform would have to be negotiated by a substantially increased number of actors (36 instead of 27). It would therefore appear to settle at least the most urgent institutional (and other) matters by a reform of the present system separately before any negotiations on enlargement will take place.

The following text sets out the requirements of institutional and procedural reform that follow from the admission of further states to the Union 2 b) und c). This part also incorporates reforms which, irrespective of enlargement, are considered urgent in order to enhance the efficiency and democracy of the EU system and which might be examined "on the occasion" of enlargement. Such reforms were requested by the European Parliament some years ago but acquire additional weight in the present situation. Subsequently possible limits to institutional reforms in the context of Article 49 TEU are discussed (3.).

10 European Parliament, Resolution of 9 June 2022, OJ 2022 C 493, 130.

2. Institutional and procedural modifications aimed at increasing democracy and efficiency and resulting from enlargement and the shortcomings of the present system

a) Preliminary remarks: Problems of amending the EU Treaty provisions on institutions and procedures

In parallel with the evolution of the Union, its institutional structure has been changed and at the same time consolidated. Nevertheless, owing to new tasks and enduring inter-institutional conflicts,[11] the structure remains in a status of permanent tension, which in turn has led to demands for further reforms.[12] Formal changes in the institutional setting – in other words, amendments to the EU Treaty - are, however, difficult to achieve, despite the fact that the relevant provision, Article 48 TEU, provides for several mechanisms and includes a simplified procedure (Article 48(6), (7) TEU). Their common denominator is, however, a decision of the European Council to be adopted by unanimity. In order to obtain unanimity among the Heads of State or Government, each individual position has to be taken into consideration. As a result, only compromises have a chance of being adopted. Since compromises never bring about an "ideal" solution or correspond to the initial proposal, sometimes they are even contradictory: they bear the mark of conflict and of further requests for reform. The history of the Lisbon Treaty offers an illustration of this traditional phenomenon of EU negotiations: Whilst its predecessor, the Treaty establishing a Constitution for Europe of 2004,[13] which offered a rare example of a coherent institutional system, failed, the less ambitious project, marked by compromises and safeguards for national interests, which adversely affected the efficiency of the institutional system, came into force.

Hitherto, one founding principle of the institutional system has been the representation of citizens from all Member States in all institutions. Pursuing this principle leads automatically to the numerical growth of each institution in case of enlargement. A growth in size may increase

11 For example: The conflict between the European Parliament and the Council/European Council over the discharge in respect of implementation of the budget (Article 319 TFEU). See European Parliament, Resolution of 18 October 2022, OJ 2023 L 45, 3.

12 European Parliament, Resolution of 16 February 2017 on possible evolutions of and adjustments to the current institutional set-up of the European Union, OJ 2018 C 252, 201.

13 See footnote 7.

or adversely affect efficiency.[14] Especially where an enlargement of 9 new Member States is envisaged, its impact on the capacity of the institutions to fulfil their tasks efficiently has to be weighed against the advantages of the principle. Moreover, the increase of diversity within a Union of 36 Member States is likely to considerably complicate the decision - making process. Certainly, the membership of Ukraine would add to the group of four states with the largest number of inhabitants, which represent a total of half of the EU population.[15] At the same time, the number of very small Member States (with fewer than 2 million inhabitants) would increase to 8.[16] The number of languages spoken in the Union would also increase considerably.[17] Enlargement is therefore likely to increase the inherent tension between the protection of minorities, organized as states, and the representation of majorities of EU citizens.

b) The necessary amendments in detail

aa) European Parliament

(1) Composition

"The European Parliament shall be composed of representatives of the Union's citizens [...]" (Article 14(2) TEU). Until now, representation has been calculated on the basis of states with a minimum threshold (of 6 seats) and a maximum of 96 seats and weighted according to the number of inhabitants but without strict proportionality.[18] The maximum number is 751. For the electoral period 2019/2024 the Parliament comprises 705 members. If the present system of distribution of seats were applied to the candidate states, the maximum number of seats would considerably exceed

---

14 Example of positive effects: In order to cope with the increased workload of the General Court, the number of judges was doubled subsequent to an amendment to Article 48 of the ECJ Statute, fully applicable since 2019.

15 Number of inhabitants of candidate states (in millions): Albania (2.8); Bosnia-Herzegovina (3.3); Georgia (3.7); Kosovo (2.0); Moldova (2.6); Montenegro (0.621); North Macedonia (1.8); Serbian(6.9); Ukraine (44.1).

16 Malta, Luxembourg, Cyprus, Estonia, Latvia, Montenegro, North Macedonia, Kosovo.

17 See below, 2.

18 For details, see Article 1 of the European Council Decision 2018/937 of 28 June 2018 establishing the composition of the European Parliament, OJ 2018 L I 165, 1.

the maximum number fixed in Article 14(2) TEU.[19] Therefore such an enlargement would necessitate either amendment of the maximum number of EP members or amendment of the method of distribution of seats between the states. In any case the number of seats for the larger states would diminish, thus reducing the impact of the differences in size of the Member States on the institutional system. The weighting of votes in the Council could compensate for this consequence, but the representative function of the European Parliament would be seriously impaired. In contrast, the introduction of constituencies extending over borders or of a Union-wide constituency could promote the representativity of the EP. The necessary amendment to the existing texts could be achieved either by way of a decision pursuant to Article 223(1) TFEU[20] or through Treaty amendment.

(2) Rules governing languages

Regardless of the distribution of seats, enlargement will considerably affect the working methods of the European Parliament. The multilingual nature of its proceedings is fundamental for its role as the representative institution of citizens. At present, the TFEU provides in Article 342: "The rules governing the languages of the institutions of the Union shall, without prejudice to the provisions contained in the Statute of the Court of Justice of the European Union, be determined by the Council acting unanimously by means of regulations". The corresponding legislative act establishes 24 official languages and working languages of the institutions of the Union.[21] Until now, each enlargement has increased the number of official and working languages. With the envisaged enlargement of nine new states, at least four, perhaps six, new languages will have to be added to the already impressive list: Albanian (for Kosovo and Albania), Macedonian, Georgian and Ukrainian. Moreover, Bosnian, Serbian and Montenegrin can either be regarded as separate languages or treated together with Croatian, their most significant difference being use of the Cyrillic alphabet in Serbia (and interchangeably in Montenegro). In Moldova, the Romanian language has

19 Already Ukraine with approx. 44 million inhabitants would have as many seats (52) as Poland with approx. 37.6 million inhabitants.

20 Procedure: Initiative by European Parliament, unanimous decision by the Council, approval by the Member States in accordance with their respective constitutional requirements.

21 Regulation No. 1, last amended by Regulation No. 517/2013, OJ 2013 L 158, 1, 71.

recently been introduced as the official language. The Parliament, in its Rules of Procedure, has decided, that "all Members shall have the right to speak in Parliament in the official language of their choice. Speeches delivered in one of the official languages shall be simultaneously interpreted into the other official languages and into any other language that the Bureau may consider to be necessary".[22] Just from a technical point of view, interpretation into and from 29 languages would lead to "Tower of Babel-style" language confusion. It would therefore appear necessary to abandon the present principle of equal status of all official languages and introduce more flexibility at least into this regime. In any event, in order to maintain direct links with citizens, it may be indispensable to authorize Members of Parliament to use, for debates in the plenary, the official language which they prefer.

(3) Place of work

The institutions of the Union are geographically dislocated.[23] This situation has been petrified by Protocol No. 6 annexed to the TEU and the TFEU. Independently of enlargements, this situation creates difficulties for the functioning of the institutions. For reasons imposed by considerations other than the requirements of optimal functioning, the European Parliament is obliged to fulfil its tasks in three different cities, in three different countries. The resulting burden for individual members and staff, and the negative effects on the institution's efficiency and the EU budget, can hardly be justified. Given their location, on the periphery, of candidate states on the one hand and the poor transport links with Strasbourg and Luxembourg on the other, the attendance of MEPs in plenary sittings in Strasbourg and contacts with the staff, established in Luxembourg, will be seriously hampered. It is true that similar problems occur for members from other distant places. Yet enlargement brings them to the fore again and it offers an opportunity to remind Member States' governments of this untenable situation and to envisage adopting a more rational decision. The unsatisfac-

22 Article 167(2) Rules of Procedure of the European Parliament of 11 July 2022, available at: <https://www.europarl.europa.eu/doceo/document/RULES-9-2022-07-11-RULE-167_EN.html> (last access 22.05.2022).

23 Brussels, Luxembourg, Strasbourg and Frankfurt, see Protocol No. 6 to the TEU and TFEU.

tory present situation is illustrated by no less than 8 Court proceedings on this issue, the latest being Case C-92/18 (*France v European Parliament*).[24] In its Resolution of 16 February 2017, the European Parliament reiterated its call for a single seat for itself.[25] Amendments to the Protocol have to follow the same procedure as ordinary Treaty amendments. This, however, is an example of an adjustment to the Treaties that could be decided in the context of the accession procedure of Article 49 TEU.[26] The problem mainly results simply from regional economic interests, amplified by symbolic considerations. Its settlement might require compensatory measures, but these could be more easily inserted into a comprehensive package connected to an accession.

bb) European Council/Council

Institutionalized representation of all Member States' governments in the EU system exists in two separate formations: the European Council (Article 15(2) TEU) and the Council (Article 16(2) TEU), the former consisting "of the Heads of State or Government of the Member States, together with its President and the President of the Commission", the latter consisting of "a representative of each Member State at ministerial level". The accession of new Member States therefore automatically increases the size of those bodies and hence increases the difficulties involved in adopting decisions, because the European Council as a general rule acts by consensus (Article 15(4) TEU), or adopts decisions by unanimity, e.g. suspension of a Member State's rights (Article 7(2) TEU), or using the "*passerelle*" to introduce majority decisions (Article 48(7) TEU). Although the Council in most cases decides by (qualified) majority (Article 16(3), (4) TEU), in important areas like taxation (Article 113 TFEU) unanimity is required as well.

In an institution which has been established to adopt decisions on behalf of an organization, both consensus and unanimity presuppose a fundamental agreement on the common interest of its members. If there is no shared understanding of a common interest, it is very difficult to take decisions and the institution is transformed into an intergovernmental conference which may, or may not, reach agreements. The more diversity is represent-

24 CJEU, C-92/18, ECLI:EU:C:2020:506 (France/Parliament).

25 OJ 2018 C 252, 201, Nos 52, 53.

26 See section C. below.

ed in an organization, the greater the difficulty in identifying the common interest. It is true that the European Union has established a variety of mechanisms to accommodate diversity.[27] Their capacity is likely, however, to be diminished when the number of actors grows and the common interest is diluted.

Those adverse effects of an enlargement can – and must – be compensated for by amendments to the decision-making system, e.g. a generalised introduction of majority voting.[28]

A further necessary amendment is rationalization of the Council's structure. At present only the "Foreign Affairs Council" has a presidency, which normally lasts for 5 years. It is presided over by the High Representative, who is one of the Vice- Presidents of the Commission. Therefore, this Council's presidency is synchronized with the period of office of the Commission (Article 18(3), (4) TEU). All other Council configurations are presided over by the Member States' representatives in the Council on the basis of equal rotation (Article 16(9) TEU), which at present is fixed for a 6-month period.[29] Any modification of that short period could be achieved by an amendment to the Decision of 2009. Not least in the interest of transparency, it would seem advisable to introduce this measure by an amendment to Article 16(9) TEU.[30]

Moreover, the presidency of the European Council should be merged with the presidency of the European Commission. Although that possibility is not excluded under the present wording of the relevant Treaty provision (Article 15(5), (6) TEU), it has never been implemented. A joint presidency of the European Council and the Commission could avoid frictions over external representation of the Union, and it would guarantee the respect of mutual competences, namely in the area of legislation. Mandatory chairing of the European Council by the Commission president would also help to identify and to defend the "common interest". After all, "the Commission shall promote the general interest of the Union and take appropriate initiatives to that end" (Article 17(1) TEU).

---

27 For details, see *Florian Bieber/Roland Bieber*, Negotiating Unity and Diversity in the European Union, 2021.

28 See below, B.II.7.

29 Article 1 of the European Council Decision 2009/881 of 1 December 2009 on the exercise of the Presidency of the Council, OJ 2009 L 315, 50.

30 See European Parliament, Resolution of 16 February 2017 on possible evolutions of and adjustments to the current institutional set-up of the European Union, OJ 2018 C 252, 201, paragraph 55.

cc) Commission

Following a decision by the European Council, the Commission comprises at present a number of members which corresponds to the number of Member States.[31] Under that decision, an accession of 9 states would increase the size of the Commission to 36 members. From a functional perspective, this number is much too high for an institution exercising executive functions. Moreover, it would consolidate the misleading concept of the members of the Commission being regarded as representatives of their state of origin – which they clearly are not (Article 17(3) TEU). If the already existing EU Treaty provision of Article 17(5) were to apply, after the accession of 9 states, the number of Commissioners would be considerably lower (24). Albeit smaller than the present number of 27, from a functional point of view that is still too big. Therefore Article 17(5) TEU should be amended with a view to reducing the total number of members from two-thirds of the Member States to about 18. This number should not, however, be expressed as a function of the number of Member States, but as a free-standing figure (similar to the maximal number of EP members[32]), thus avoiding claims from Member States to guaranteed representation in the Commission. Such an amendment would have to be entrenched by suppression of the European Council's power to alter that number.[33]

A less fundamental change would be to establish a more stringent hierarchy within the Commission and to introduce, for example, a system of ordinary and deputy members. This would, however, run counter to the concept of the Commission as a "collegiate body" (Article 17(6)(b) TEU). A similar risk may come with the EP's proposal that there should be greater specialization within the Commission.[34]

If the total number of 36 members of the Commission after enlargement could not be reduced, inspiration for a more radical alternative to the present composition of the Commission could be drawn from the institutional structure of the European Central Bank. That would consist

31 European Council Decision 2013/272 of 22 May 2013 concerning the number of members of the European Commission, OJ 2013 L 168, 98.

32 See above, B.II.1.a.

33 Suppression of the words "unless the European Council, acting unanimously, decides to alter this number" in Article 17(5) TEU and repeal of Decision 2013/272 (footnote 31).

34 E.g. introduction of an "EU Finance Minister", see European Parliament, Resolution of 16 February 2017 (footnote 30), paragraph 25.

of establishing an inner circle of commissioners, entrusted with the current executive tasks. The model for this "inner circle" would be the ECB Executive Board of 6 members (Article 283(2) TFEU). Together with the other members of the Commission, it would be similar to the full Governing Council of the ECB (Article 12 ECB Statute).[35]

dd) Court of Justice

Contrary to what has been said regarding the Council and the Commission, nine more Member States would not automatically risk affecting the efficiency of the European Court of Justice (i.e. the Court of Justice and the General Court). It is true that the Court's Members, the Advocates General and its staff have to become acquainted with the legal systems of the new Member States. In this case the mandatory representation of each Member State (Article 19(2) TEU), combined with the qualitative criteria for the appointment of judges (Articles 253 and 255 TFEU), seems to offer a sound foundation for continuing to work under circumstances that will have changed. Moreover, an increase in the number of Member States does not have an automatic impact on the conditions under which the Court deliberates, since both the Court and the General Court in most cases sit in chambers (Articles 16 and 50 Statute of the Court).

It was already suggested some years ago that a new judicial or quasi-judicial body should be established. This would be composed of national judges and Members of the ECJ. Its aim would be the settlement of conflicts between the interpretation of (certain) national Constitutions and EU law.[36] The idea has its origin in differences between the German Constitutional Court and the ECJ which have been followed in the Polish Constitutional Court. Although not connected to enlargement, this idea could re-surface in the context of a broader discussion on amendments to the Treaties. The preliminary ruling procedure that already exists (Article 267 TFEU) does offer a mechanism for the settlement of conflicts between national courts and the ECJ. It presupposes, however, a willingness on the part of national

35 Article 129 TFEU and Article 12 Statute of the European System of Central Banks and of the European Central Bank (i.e. Protocol No. 4 annexed to the TEU and the TFEU).

36 E.g. *Joseph Weiler*, The Constitution of Europe, 1999, 322 ("Constitutional Council") and recently *Christian Calliess*, Vorrang des Unionsrechts und Kompetenzkontrolle im europäischen Verfassungsgerichtsverbund, Neue Juristische Wochenschrift 2021, 2845, 2851 ("Europäische Richterplattform").

courts of whatever instance to comply with the obligations following from the Treaties and their interpretation by the ECJ. It is doubtful whether a new institution could increase such compliance without affecting the authority of the ECJ.

ee) Court of Auditors

Until now, there has been no direct link between functional requirements and the size of the Court of Auditors (Article 285 TFEU: "It shall consist of one national of each Member State"). Therefore, enlargements automatically entail a growth of the Court of Auditors. However, like the Commission, the Court of Auditors' tasks do not require any relationship of its members to particular Member States. Quite the contrary, Article 285 stresses: "Its Members shall be completely independent in the performance of their duties, in the Union's general interest".

The Union's task of audit is in practice prepared in Chambers, assisted by the Secretariat of the Court (which is of considerable size), and is adopted by a majority of its members. Under those conditions, no increase in size appears to be necessary for the performance of the Court of Auditors' tasks. One might even ask whether the present number of members (27) is optimal to this end. If the size of the Commission after enlargement were to be limited to 18, an equivalent move towards decoupling of its composition from the number of Member States would appear useful for the Court of Auditors as well.

ff) European Economic and Social Committee and Committee of Regions

For both advisory institutions, the Economic and Social Committee and the Committee of Regions, the TFEU fixes a maximum number of 350 members (Articles 301 and 305). Their composition is to be decided by the Council, acting unanimously. The present number of each committee consists of 329 members.[37] After the accession of 9 more states, however, the maximum number would be exceeded. Any reduction of the number of seats allocated to each state aimed at respecting the maximum total number would risk impeding the representativity of both institutions. This would be

37 Council Decision 2019/853 of 21 May 2019 determining the composition of the European Economic and Social Committee, OJ 2019 L 139, 15.

tantamount to reducing their capacity to exercise their functions properly, the principal task of both institutions consisting of representing the social and regional diversity within the Union (Article 300 TFEU). In order to maintain this task in an enlarged Union, it would appear necessary to apply the present method of allocating seats to new Member States and to increase the maximum number of seats fixed in Articles 301 and 305 TFEU accordingly.

gg) Decision-making procedures

(1) General observations

As was pointed out when the European Council and the Council were discussed above, there would be an increasing risk of blockages in the decision-making process resulting from the combined effects of the principles of unanimity or the practice of consensus and the fact that every enlargement increases the number of actors. Were the present decision-making system to be maintained even after another enlargement, it might become only too apparent that Member States have become caught in a trap by transferring competences from the Member States to the Union, but at the same time preventing the Union from exercising such competences.[38]

That risk could be reduced for some of the decisions which at present have to be adopted by unanimity, but which could be transformed into majority decisions by way of the "*passerelle*" clause (Article 48(7) TEU). However, such a transformation requires unanimity within the European Council as well. An indispensable and high-priority amendment to the EU Treaty would therefore be needed to substitute the unanimity provision in Article 48(7) with a qualified majority. Moreover, the Treaty contains several cases of "double unanimity" which would need to be abandoned in order to rationalize the procedures. An example of this "over- shooting" unanimity is the decision on own resources (Article 311 TFEU). Not only does it require a decision to be adopted by the Council acting unanimously, but it can come into effect only after having also been approved by all the Member States in accordance with their respective constitutional requirements.

38 On the notion of "*Politikverflechtungsfalle*" see *Fritz Scharpf*, Die Politikverflechtungs-Falle: Europäische Integration und deutscher Föderalismus im Vergleich, Politische Vierteljahreschrift 1985, 323–356.

Quite rightly the Conference on the Future of Europe[39] proposed in 2022: "Re- assessing decision-making and voting rules in the EU institutions, focusing on the issue of unanimous voting, which makes it very difficult to reach agreement, while ensuring a fair calculation of voting 'weights' so that small countries' interests are protected; All issues decided by way of unanimity should be decided by way of a qualified majority. The only exceptions should be the admission of new member- ship to the EU and changes to the fundamental principles of the EU as stated in Art. 2 TEU and the Charter of Fundamental Rights of the European Union".[40] In its resolution on the follow-up to the conference, of 4 May 2022, the European Parliament endorsed the "abolition of unanimity in the Council".[41] In any event, it appears indispensable to reduce the number of cases in which unanimity is maintained to a few exceptional situations of constitutional importance, or at least to reach a decision on mechanisms that would enable decisions to be taken in the absence of unanimity. Inspiration could be drawn, for example, from the notion of constructive abstention in Article 31(1) TEU[42] or a veto power granted only to a group of Member States which represent a minimum number of inhabitants of the Union.[43] Introducing those mechanisms would require amendments to the Treaties. Yet, they constitute the central and most urgent item of institutional reform.

(2) Legislation

Apart from the voting requirements in the Council, the legislative procedures are not affected by enlargements and do not need major changes in this context. The ordinary legislative procedure, established by Article 289 TFEU, consists of the joint adoption of acts by the European Parliament and the Council on an initiative of the Commission. This procedure has

39 https://futureu.europa.eu/en/ (last access 22.05.2023).
40 Conference on the Future of Europe, Report on the final outcome, May 2022, 83 ("Proposal 39: EU decision-making process").
41 European Parliament, Resolution of 4 May 2022 on the follow-up to the conclusions of the Conference on the Future of Europe, OJ 2022 C 465, 109, No. 11.
42 "When abstaining in a vote, any member of the Council may qualify its abstention by making a formal declaration under the present subparagraph. In that case, it shall not be obliged to apply the decision, but shall accept that the decision commits the Union."
43 E.g. Article 31(1) TEU: "at least one third of the Member States comprising at least one third of the population of the Union".

shown its usefulness. Problematic from the point of view of transparency is, however, a trend on the part of the Parliament and Council to abbreviate the procedure with the help of informal agreements ("Trilogue") and the tendency of the European Council to intervene in the process of legislation.[44]

Unconnected to enlargement, yet desirable for the purpose of rationalizing the multiplicity of procedures, would be the transformation, already envisaged by Article 48(7) TEU, of the "special legislative procedure", applicable to certain important issues into an ordinary legislative procedure. Moreover, procedures which require only consultation of the European Parliament should be brought under the ordinary legislative procedure as well.[45]

The power of initiating legislative procedures is exclusively and for good reason entrusted to the Commission (Article 17(2) TEU). The aim is to protect the general interest of the Union. Moreover, the legislative quality and consistency of EU legislation are likely to benefit from this approach. Nevertheless, guarantees for the protection of the common interest could also be found for initiatives emanating from the European Parliament, e.g. through a requirement of a qualified majority (majority of its members). The Parliament has in fact asked for such a right to be established for itself and for the Council.[46] It is true that the Parliament may already "request the Commission to submit any appropriate proposal on matters on which it considers that a Union act is required for the purpose of implementing the Trea- ties" (Article 225 TFEU). The Commission is not, however, obliged to introduce any corresponding legislation. Moreover, even a scarcely-used formal right of initiative would increase the authority of the European Parliament. Moreover, it would in addition, compensate for the increasing influence of the European Council over the exercise of the Commission's "monopoly" of initiative.

Independently of any enlargement, the Conference on the Future of Europe proposes to create an EU-wide referendum, to be triggered by

44 See European Parliament, Resolution of 18 October 2022, OJ 2023 L 45, 3, paragraph 9.

45 E.g. Article 113 TFEU (harmonisation of legislation concerning turnover taxes).

46 European Parliament, Resolution of 16 February 2017 (footnote 30), No. 62. Similar but without such a right for the Council: Conference on the Future of Europe (footnote 40), 81, "Proposal 38" paragraph 4. See *Jean Paul Jacqué*, The European Parliament's institutional proposals following the Conference on the Future of Europe, CMLR 2022 Special Issue, 129–143.

the European Parliament, in exceptional cases on matters particularly important to all European citizens.[47] In a democratic divided-power system, referenda are two-edged instruments.[48] Against the background of quite different traditions in the Member States, their introduction would be an experiment with unpredictable effects on the legitimacy of ensuing acts. It is true, EU-wide referenda could bring about more substantial public awareness of sharing a common destiny. This would, however, require more detailed discussion before being incorporated in the Treaties.

(3) Amendments to the Treaties and expulsion from the Union

Further enlargement will make it more difficult to amend the EU Treaties, which as a general rule requires approval by all Member States (Article 48(4) TEU). However, amending the Treaties should be rendered easier, in order to avoid petrification of the ongoing process of European Integration. Therefore, special qualified majorities should be sufficient for introducing amendments deemed necessary for pursuing the aims set out in Article 3 TEU. To this end the European Parliament proposed a qualified majority of four-fifths of the Member States and then assent of the European Parliament.[49] This proposal is aimed at providing substance to the hitherto somewhat clumsy provision of Article 48(5) TEU, which states that after ratification of an amendment by four fifths of the Member States, the matter is to be referred to the European Council, but without any further legal consequences.

Finally, experience of the exit clause of Article 50 TEU should not only lead to more precise wording of this provision but also provide an opportunity to rectify a mistake made in the early days of the European Community and maintained ever since: it should be made possible to exclude a Member State from the Union. The present wording of Article 50 is unbalanced, since it offers any Member State the possibility of deciding unilaterally no longer to be bound by commitment to the Treaties, whilst

---

47 Conference on the Future of Europe (footnote 40), 81, "Proposal 38" paragraph 2. Similarly,
European Parliament, Resolution of 16 February 2017 (footnote 30), No. 46.

48 For a detailed discussion see *Andreas Auer/Jean-Francois Flauss* (eds.), Le Référendum Européen, 1997; *Stefan Kadelbach* (ed.), Europäische Verfassung und direkte Demokratie, 2006.

49 European Parliament, Resolution of 16 February 2017 (footnote 30), No. 82.

the Union is prevented from expelling a state which no longer respects the fundamental principles and rules of the Treaty. This lacuna is the more surprising as the Statute of the Council of Europe – which was drafted before the first European Community Treaty (ECSC) – contains such a clause (which in 2022 was implemented against Russia). It is therefore suggested that a provision similar to Article 8 of the Statute of the Council of Europe be introduced into the TEU.[50]

3. *Possibilities and limits of institutional reforms in the context of enlargement*

As a general rule, amendments to the EU Treaties have to be made in accordance with the procedures laid down in Article 48 TEU. Depending on the subject-matter of the modifications envisaged, different procedures apply. Their common denominator is the mandatory cooperation of the institutions of the Union and of the Member States and the approval of all Member States. The procedure to be followed for enlargement (Article 49 TEU) represents a specific case of the various purposes and forms of amendment which are laid out in Article 48 TEU. Although its basic features are the same as those of Article 48, it provides for a simplified procedure for amendments to the Treaties (referred to in Article 49 as "adjustments"). In the light of the difficulties of bringing together the conditions for amendment under Article 48 TEU, it is interesting to explore the potential and limits of the accession procedure for introducing Treaty amendments.

Adjustments to the Treaties are determined within the framework of the accession negotiations between the Member States and the applicant state. They always, however, require ratification by all contracting parties. Member States may have quite different perceptions of the importance of accession on the one hand and the importance of amendments to the Treaties outside that context on the other. Moreover, the simplified procedure, as compared with Article 48, may render the use of Article 49 attractive as a vehicle for Treaty amendments, which, without a connection to the

50 "Any Member of the Council of Europe, which has seriously violated Article 3, may be suspended from its rights of representation and requested by the Committee of Ministers to withdraw under Article 7. If such Member does not comply with this request, the Committee may decide that it has ceased to be a Member of the Council as from such date as the Committee may determine."

prevailing objective of enlargement, would be less likely to be accepted. In short, a combination of Treaty amendments and enlargement offers greater scope for balancing interests and for concluding package deals. However, the wording of Article 49 may set limits to any intention of introducing amendments ("The conditions of admission and the adjustments to the Treaties on which the Union is founded, which such admission entails, shall be the subject of an agreement between the Member States and the applicant State"). Only at first glance does it appear easy to define the category of "admission-entailed adjustments". First, it is uncertain whether any other amendment is excluded in this context. Secondly, the term "entail" may mean the absolutely indispensable, or it may, in a broader sense, refer to changes "related to enlargement". In order to gain a better understanding of the meaning (and limits) of the term "admission-entailed adjustments", it is possible to distinguish between four different categories of amendments or adjustments:

- Amendments intended to synchronize the wording of the Treaties with the facts resulting from enlargement (e.g. Article 52 TEU: territorial scope of the Treaties);
- Amendments intended to compensate for unintended side-effects of enlargement (e.g. impairments to the functioning of the institutions resulting from the increased number of members);
- Amendments that are deemed necessary in order to strengthen the coherence of the Union against the increased diversity intrinsic to enlargement (e. g. introduction of transnational constituencies);
- Amendments aimed at adjustments to the wording of Treaties on grounds other than that of enlargement (e.g. updating the text of outdated Treaty provisions such as Article 355 TFEU after Brexit).

On the scope of Article 49 TEU, two opinions can be found in legal writing. They do not, however, differentiate in the way suggested here. According to one position, amendments to the Treaties can be adopted, in the context of enlargement, that are not necessarily required by accession but merely take place on the occasion of accession.[51] A narrower interpretation regards as admissible only amendments that are "technically necessary".[52]

According to the first view, all categories of amendments mentioned above could be introduced on the occasion of an accession. The most recent accession Treaty (with Croatia) was limited to the first group of amendments.[53] In view of the Treaty of Lisbon, which had entered into force shortly before, no further amendments to the Treaties were deemed necessary at that time. The ECJ has not yet given an interpretation of the term "adjustments" in Article 49 TEU. It has, though, interpreted the term "adaptation" used in an Act of Accession. From the specific context (enabling derogations of legislative procedures) the Court concluded that the notion had to be interpreted restrictively.[54]

A precise answer to the question of the scope of Article 49 TEU was given by the Commission as early as 1978: "From the legal angle there is no reason why the concept of adjustment [...] should not be interpreted more broadly than in the past, as long as there is a definite causal link between the adjustments to the Treaties and the enlargement of the Community and as long as it is borne in mind that any change in the fundamental principles of the Treaties can be made only by the special procedure laid down for that purpose".[55]

Considering that every enlargement occurs in a unique context, it seems useless if not impossible to offer an abstract definition of "adjustments entailed". The different terminology used in Articles 48 ("amendment") and 49 ("adjustment") suggests, however, that a difference exists between them, the latter describing a narrower scope of the authorized Treaty modi-

---

51 *Hans-Holger Herrnfeld*, Art. 49 EUV, in: Becker/Hatje/Schoo/Schwarze (eds.), EU-Kommentar, 2019, No. 12; similar, but restricted to cases when no Convention has to be convened: *Christoph Ohler*, Art. 48 EUV, in: Grabitz/Hilf/Nettesheim (eds.), Das Recht der Europäischen Union, 2017, No. 51.

52 *Werner Meng*, Art. 49 EUV, in: von der Groeben/Schwarze/Hatje (eds.), Europäisches Unionsrecht, 2015, No. 45; similarly *Matthias Pechstein*, § 21 Mitgliedschaftsordnung der Europäischen Union, in: Hatje/Müller-Graff (eds.), Europäisches Organisations- und Verfassungsrecht Bd. 1, 2022, No. 14.

53 Act concerning the conditions of accession of the Republic of Croatia and the adjustments to the Treaty on European Union, the Treaty on the Functioning of the European Union and to the Treaty establishing the European Atomic Energy Community, OJ 2012 L 112, 21.

54 CJEU, C-273/04, ECLI:EU:C:2007:622 (Poland/Council), paragraph 46.

55 Communication from the EC Commission to the Council of 24 April 1978, The Transitional Period and the Institutional Implications of Enlargement, COM(78) 190 final, EC Bulletin, Supplement 2/78, paragraph 18.

fication. On the other hand, an enlargement of the envisaged size will have a profound impact on the structure, the institutions and the procedures of the European Union. Therefore, all four categories of amendments appear not only possible but also indispensable and therefore admissible under Article 49 TEU.

In any event, the last word on this question will be with the actors involved, the applicant state, the Member States and the European Parliament. Their agreement is necessary for the conclusion of an accession treaty. It is true that under such conditions the Article 49 procedure could be used to circumvent the ordinary amendment procedure established in Article 48(2)-(5) TEU, in particular dispensing with the convening of a Convention. However, since the possibility of deciding not to convene a Convention is expressly provided for (Article 48(3) TEU), their agreement is also sufficient to introduce amendments, irrespective of their scope, for reasons of procedural simplification, on the basis of an act of accession. This would mean in practice combined use of Articles 49 and 48 TEU.

According to the view taken here, which coincides with that expressed already by the Commission in 1978, amendments to the Treaties in the context of a further enlargement could therefore not only be used for schematic changes to the institutions, but also include amendments resulting from an overall assessment of the requirements of a decision-making system founded on the criteria of democracy, the rule of law and efficiency and aimed at promoting "an ever closer union among the peoples of Europe" (Article 1 TEU).

On 9 June 2022, the European Parliament called for a Convention for the revision of the Treaties.[56] Among other issues it asked for "reforming [of] voting procedures, including allowing decisions in the Council by qualified majority voting instead of unanimity in relevant areas, such as the adoption of sanctions and so- called "*passerelle*" clauses, and in the event of an emergency." It is therefore possible that – as with the Treaty of Lisbon – substantial amendments to the Treaties will be decided separately from a future act of accession. Nevertheless, the need for institutional reform and the possibility of achieving it more easily if combined with the proceedings of a further enlargement may render attractive the use of the Article 49 procedure to this end. This should, however, not deviate attention from the urgency of an amendment to the EU – Treaties aiming at abandoning or

56 European Parliament, Resolution of 9 June 2022, OJ 2022 C 493, 130.

at least substantially reducing the cases of unanimity voting in the Council and in the European Council before any enlargement.

4. Final remark

As mentioned above, French President *Macron* and German Chancellor *Scholz* declared on 21 January 2023: "*Wir streben schnelle und konkrete Fortschritte im EU- Erweiterungsprozess an*". They continued: "*Gleichzeitig müssen wir sicherstellen, dass eine erweiterte Europäische Union handlungsfähig bleibt, mit effizienten Institutionen und schnelleren Entscheidungsprozessen, insbesondere durch die Ausweitung qualifizierter Mehrheitsentscheidungen im Rat*".[57]

If they had added that the procedures for enlargement of the European Union and for institutional reforms should mutually facilitate each other and also emphasized democracy and the rule of law as further determinants of the Union's institutional system, then the framework for the envisaged enlargement of the European Union to 36 states would have been set out with greater clarity.

57 *Emmanuel Macron/Olaf Scholz*, Sieben Ziele zur Stärkung der EU, Frankfurter Allgemeine Zeitung of 21 January 2023, 10. Translation: "We aim to make rapid and concrete progress in the EU enlargement process"; "**At the same time**, we must ensure that an enlarged European Union remains capable of action, with efficient institutions and faster decision-making procedures, in particular by extending qualified majority decisions in the Council". Author's emphasis.

D. IX. Rechtswirkung und Kontrolle des EG – Haushaltsplans*

1. Einleitung

Der Haushaltsplan der Europäischen Gemeinschaften (EG) nimmt im Gefüge der in den EG-Verträgen vorgesehenen Rechtshandlungen eine bisher wenig beachtete Sonderstellung ein.[1] Dies gilt sowohl hinsichtlich des Verfahrens für sein Zustandekommen und seine Verkündung als auch in Bezug auf seine Rechtsnatur. Die Besonderheit des Verfahrens beruht vor allem auf dem seit 1975 in die Verträge eingeführten Mitentscheidungsrecht des Europäischen Parlaments (EP) und der Verkündung des Haushaltsplans als eines Anhangs zu einem Beschluss des EP-Präsidenten.[2] Die Besonderheit der Rechtsnatur ergibt sie daraus, dass die in Art. 189 EWGV bezeichneten Handlungsformen der EG weder Beschlüsse des EP-Präsidenten noch den

* Zuerst veröffentlicht in: Deutsches Verwaltungsblatt (DVBl) 19/1986, 961 – 968.

1 Die Literatur lässt sich in drei Kategorien ordnen:
Weder als Rechtsakt eigener Art im Rahmen des Haushaltsverfahrens *noch unter den allgemeinen Rechtshandlungen* der EG erwähnt bei: *Jean Boulois,* Droit institutionnel des Communautés Européennes, Paris 1984; *Leontin Jean Constantinesco,* Das Recht der Europäischen Gemeinschaften I, Baden-Baden 1977; Kommission der EG (Hrsg.), Dreißig Jahre Gemeinschaftsrecht, Luxemburg 1983; *Lasok/Bridge,* Introduction to the Law and Institutions of the European Communities, 2. Aufl. 1982; *Schweitzer/Hummer,* Europarecht, 2. Aufl. 1985.
Ohne nähere Qualifikation der Rechtswirkung als »*Akt sui generis*« bzw. »*Organisationshandlung*« bezeichnet bei *Albert Bleckmann,* Europarecht, 4. Aufl., Köln 1985, 79; *Hans Peter Ipsen,* Europäisches Gemeinschaftsrecht Tübingen 1972, 477; *Mégrét/Waelbroeck/Louis/Vignes* u. a., Le Droit de la Communauté économique européenne Bd. 10/1, Brüssel 1983, 497 (nuancierter allerdings *Sacchettini* in Bd. 11 des gleichen Werkes, Brüssel 1982, 63).
Als *Rechtsakt eigener Art mit Rechtswirkungen* gegenüber den Organen und gegenüber den Mitgliedstaaten dargestellt in: *Beutler/Bieber/Pipkorn/Streil,* Die Europäische Gemeinschaft, Rechtsordnung und Politik, 2. Aufl., Baden Baden 1983, 155, 183; *Daig* und *Heck,* in: Groeben/Boeckh/Thiesing/Ehlermann (Hrsg.), EWG-Vertrag, Kommentar, 3. Aufl., Bd. II, Baden-Baden 1983, Anm. 73 zu Art. 189 und Anm. 26 zu Art. 203; *Guy Isaac,* Droit communautaire général, Paris 1983, 135; *Magiera,* in: Grabitz (Hrsg.), Kommentar zum EWG-Vertrag, München 1983, Anm. 16 zu Art. 203. Allgemein für Internationale Organisationen: *Henri Schermers,* International Institutional Law, 2. Aufl., Alphen 1980, 536.

2 Art. 203 Abs. 7 EWGV. i. V. mit Art. 9 Haushaltsordnung (HO) vom 21.12.1977, ABI. EG Nr. L 356/1977, 1.

Haushaltsplan erwähnen. Eindeutige vertragliche Grundsätze hinsichtlich der Adressaten und der Rechtswirkung des Haushaltsbeschlusses bzw. des Feststellungsbeschlusses fehlen somit.

Die fehlende Präzisierung durch den Gesetzgeber und die unzureichende dogmatische Durchdringung des EG-Rechts konnten erst in jüngster Zeit durch Entscheidungen des EuGH ausgeglichen werden.

Das Urteil vom 3.7.1986[3] bildet den Höhepunkt der Rechtsprechung zum Haushaltsverfassungsrecht der Gemeinschaft. Von diesem Urteil sind nachhaltige Auswirkungen auf das gesamte institutionelle System zu erwarten.

Auf Klage des Rates gegen das EP hob der Gerichtshof den Beschluss des EP-Präsidenten[4] zur Feststellung des EG-Haushaltsplans 1986 auf. Als unmittelbare Rechtsfolge gemäß Art. 174 I EWGV verlor der EG-Haushalt 1986 seine Rechtswirkung. Die an der Beschlussfassung beteiligten Organe (Rat, EP, Kommission) mussten das nach Feststellung des Gerichtshofes nicht ordnungsgemäß zu Ende geführte Haushaltsverfahren wiederaufnehmen.[5] Dabei gelang unter dem Druck der finanziellen Verpflichtungen der EG eine überraschend schnelle Einigung: Bereits am Tage der Urteilsverkündung unterbreitete die Kommission dem Rat und dem Parlament ein »Berichtigungsschreiben« zu dem nach dem Urteil weiterbestehenden *Entwurf* des Haushaltsplans 1986.[6] Der Rat beschloss darüber am 8.7.1986, und nachdem zwischen Rat und Parlament Einvernehmen erzielt worden war, verabschiedeten beide Organe am 9. bzw. 10.7.1986 übereinstimmend ein neues Zahlenwerk für 1986, das am 10.7.1986 vom EP-Präsidenten festgestellt wurde.[7]

Die Bedeutung des Urteils erschöpft sich bei weitem nicht darin, die Behebung eines Verfahrensfehlers im EG Haushalt veranlasst zu haben. Tatsächlich ging es in dem Prozess um Grundsatzfragen des EG-Verfassungsrechts, die sich in ähnlicher Form auch im staatlichen Recht stellen. Diese betreffen zum einen die Rolle des Gerichtshofes in verfassungsrechtlichen Auseinandersetzungen zwischen den Organen. So enthält das Urteil bedeutsame Aussagen zu Legitimation und Grenzen einer gerichtlichen Kontrolle von Maßnahmen des Gesetzgebers. Zum anderen bildet das Urteil die erste umfassende verbindliche Auslegung des Haushaltsrechts

---

3 Rs. C-34/86 (Rat/EP), ECLI:EU:C:1986/291.

4 Vom 18.12.1985, ABl. EG Nr. L 358/1985,1. Der Haushaltsplan ist als Anhang zu dem Beschluss veröffentlicht.

5 Art. 176 EWGV.

6 Veröffentlicht im EP-Bulletin, Sonderausgabe vom 7. 7. 1986; Rechtsgrundlage: Art. 11 Ziff. 6 der EG-Haushaltsordnung (HO).

7 ABl. EG Nr. L 214/1986.

der EG. Da die Verträge (Art. 199 ff. EWGV und die gleichlautenden Bestimmungen von EAGV und EGKSV) diesen Bereich nur unvollkommen regeln, bedarf insbesondere die Praxis des Haushaltsverfahrens einer Neubewertung im Lichte des Urteils. Dabei kommt nicht nur dem Urteil selbst, sondern auch dem Schlussantrag des Generalanwalts *Mancini* vom 2.6. 1986 erhebliche Bedeutung zu. Rechtliche Bindungswirkung entfalten die Schlussanträge nicht. Die Ausführungen von *Mancini* enthalten jedoch eine detaillierte Bewertung des EG – Haushaltsverfahrens. Sie stimmen überdies im Ergebnis mit dem Urteil überein und können daher zu dessen Auslegung herangezogen werden.

2. Die Vorgeschichte des EuGH-Urteils vom 3.7.1986

Das Haushaltsrecht bietet in vielen gewaltenteilig strukturierten Rechtssystemen Anlass für Auseinandersetzungen zwischen den an der Beschlussfassung beteiligten Organen. In der EG führen jedoch Besonderheiten dazu, dass seit einigen Jahren kaum ein Haushaltsplan ohne größere Konflikte, bis hin zu der bereits zweimal erfolgten Totalablehnung, angenommen werden konnte:

- Die Folgen der Agrarpreisbeschlüsse des EG- (Landwirtschafts-)Ministerrates lassen die Ausgaben immer rascher anwachsen.
- Die Einnahmen der EG sind begrenzt und nur in einem komplizierten Verfahren zu steigern.[8]
- Politische, gesetzgeberische und haushaltsrechtliche Entscheidungen kommen in der EG in unterschiedlichen Verfahren und zwischen unterschiedlichen Beteiligten zustande. Die zum Ausgleich allfälliger Widersprüche notwendigen Methoden der Synchronisierung sind bisher nur unzureichend entwickelt.

Erste Versuche, diese Konflikte zu »verrechtlichen«[9] konnten noch durch »politische« Lösungen in Gestalt »Gemeinsamer Erklärungen« zum Haus-

8 Dazu im Einzelnen: *Roland Bieber,* Die Erschließung neuer Finanzmittel, in: Magiera (Hrsg.) Entwicklungsperspektiven der Europäischen Gemeinschaften, Schriftenreihe der Hochschule Speyer, Bd. 100, Berlin 1985, 37 – 61.

9 Z.B. durch die Klagen der Bundesrepublik gegen die Kommission (Rs. C- 48/81) und des Rates gegen Kommission und Parlaments (Rs. C- 72/82 und C – 73/82), ABl. EG Nr. C- 54/1981, 5 und ABl. EG Nr. C 72/1982, 7.

haltsverfahren[10] bzw. die (einseitige) Erklärung des Rates zur Haushaltsdisziplin[11] aufgefangen werden. Auch schien die Erhöhung des EG-Anteils an den Mehrwertsteuereinnahmen eine Entlastung zu bringen.[12] Doch die in der Vergangenheit eingegangenen Verpflichtungen der EG führten im Verbund mit den finanziellen Konsequenzen des Beitritts von Spanien und Portugal zur EG zu einem wesentlich höheren Mittelbedarf für 1986. Die Meinungsverschiedenheiten über die Notwendigkeit und Verfahren zur Bereitstellung dieser Mittel schienen mit politischen Mitteln nicht mehr auflösbar: Der Rat war zunächst nicht bereit, die erforderlichen Ausgaben gemäß den Vorschlägen der Kommission in den Entwurf für 1986 aufzunehmen. Er erklärte sich jedoch bereit, bei der zweiten Lesung die Mittel für den Regional- und Sozialfonds zu überprüfen. Auf Drängen des Parlaments korrigierte der Rat tatsächlich seinen ursprünglichen Entwurf erheblich, doch hielt das Parlament die vom Rat in zweiter Lesung am 27.11.1985 beschlossenen Zahlen noch immer nicht für ausreichend, um die vorhersehbaren Ausgaben zu decken. Mit Beschluss vom 12. 12. 1985 setzte es gegen den Widerspruch des Rates in der abschließenden Lesung die für erforderlich gehaltenen Beträge in den Haushalt ein. Als Folge davon wuchsen die sogenannten »Nichtobligatorischen Ausgaben«[13] für Zahlungen im Jahre 1986 auf 29,1 % gegenüber dem Vorjahr. Der Rat war dagegen in seinem letzten Kompromissangebot vom 12. 12. 1985 nur mit einem Steigerungssatz von 24 % einverstanden.[14]

Aus der Diskrepanz von 5,1 % erwuchs der Rechtsstreit: Nach dem Wortlaut von Art. 203 Ziff. 9 EWGV wird »für alle Ausgaben, die sich nicht zwingend aus dem Vertrag oder den aufgrund des Vertrages erlassenen

---

10 Gemeinsame Erklärung des Europäischen Parlaments, des Rates und der Kommission über verschiedene Maßnahmen zur Gewährleistung einer besseren Abwicklung des Haushaltsverfahrens, ABI. EG Nr. C 194/1982, 1. Diese Erklärung veranlasste den Rat, die Klagen C-72/82 und C-73/82 zurückzuziehen. Dazu *Dewost/Lepoivre,* La déclaration commune, Revue de Marche Commun 1982, 514; *Pieter Dankert,* The joint declaration, Common Market Law Review 1983, 701; *Sacchettini,* in: Mégrét/Louis/Waelbroeck u. a., Le droit de la Communauté économique européenne, Bd. 11 (dispositions financières), Brüssel 1982, 271.

11 Erklärung des Rates vom 4.12.1984, Bull. EG Nr. 12/1984, 25; dazu Orstrom Moller, Financing European Integration, in: Bieber/Jacqué/Weiler (Hrsg.), An ever closer Union, Brüssel/Luxemburg 1985, 73 ff (82 ff.).

12 Beschluss des Rates vom 7.5.1985, ABl. L 128/1985, 15, in Kraft seit 1.1. 1986.

13 Vgl. Art. 203 Ziff. 9 Abs. 1 EWGV, dazu unten IV 2.

14 Erklärung von Ratspräsident *Juncker* vor dem EP, Verhandlungen des EP, Ausführliche Sitzungsberichte, ABI. EG, Anhang Nr. 2–333 (Sitzung vom 9. bis 13. 12. 1985), 228.

Rechtsakten ergeben ... jedes Jahr ein Höchstsatz festgelegt«. Da beide Organe eine Überschreitung des nach formalen Kriterien von der Kommission für 1986 festgestellten Höchstsatzes von 7,1 % für erforderlich hielten, wäre gemäß Art. 203 Ziff. 9 a. E. ein neuer Höchstsatz »in Übereinstimmung« zwischen Rat und Parlament zu beschließen gewesen. Das Parlament vertrat jedoch die Ansicht, dass die Ausgaben zugunsten Spaniens und Portugals kein Äquivalent im vorherigen Haushalt fänden, so dass das Prinzip des Höchstsatzes auf diese Ausgaben nicht angewandt werden könne. Folglich sei auch keine Übereinstimmung der Organe in Bezug auf den Höchstumfang dieser Ausgaben erforderlich.[15] Dieser Auffassung folgend stellte der Präsident des EP gemäß Art. 203 Ziff. 7 EWGV am 18.12.1985 den Haushaltsplan fest.

Der Rat beschloss am 20.12.1985, eine Klage gegen das EP einzureichen. Die Kommission beschloss, den Haushalt als rechtmäßig anzusehen und ihn auszuführen, solange der EuGH nicht über die Rechtmäßigkeit des Verfahrens entschieden habe.[16]

In der Folgezeit reichten der Rat[17] sowie Luxemburg, die Niederlande, Frankreich, Großbritannien und die Bundesrepublik Deutschland[18] Klagen gegen das Europäische Parlament ein.

Die im Wesentlichen übereinstimmend begründeten Klagen richteten sich gegen die Feststellung des Haushaltsplans durch den EP-Präsidenten und gegen die Haushaltsbeschlüsse des EP vom 12.12.1985. Einige Klagen zielten auf die Beibehaltung des Haushaltsplans in der vom Rat verabschiedeten Fassung, beantragten also eine Teilnichtigkeit des Haushalts.[19]

Auf Antrag Großbritanniens erließ der Präsident des EuGH am 17.3.1986 eine einstweilige Anordnung, in der der Kommission aufgegeben wurde, den Haushalt nur im Rahmen des vom Rat in zweiter Lesung aufgestellten Haushaltsplanentwurfs auszuführen und von den Mitgliedstaaten nur Mittel in dieser Höhe einzufordern.[20]

Nachdem der Gerichtshof beschlossen hatte, vordringlich über die Klage des Rates zu entscheiden, traten die Bundesrepublik Deutschland, Frankreich und das Vereinigte Königreich diesem Verfahren als Streithelfer des Rates bei.

---

15 Entschließung des EP vom 12.12.1985, ABl. EG Nr. C 352/1986, 94.

16 Zu den Einzelheiten vgl. 19. Gesamtbericht der EG-Kommission (1985), 69–72.

17 Rs. C-34/86, ABl. EG Nr. C 63/1986, 6.

18 Rs. C -15/86, C-17/86, C-18/86, C-19/86, C-23/86, ABl. EG Nr. 109/1986, 4 ff.

19 So die Klagen Frankreichs (C-18/86), der Bundesrepublik Deutschland (C-19/86, Großbritanniens (C-23/86) und des Rates (C-34/86).

20 ABl. EG Nr. C 109/1986, 4.

Bemerkenswert an dem Verfahren ist die völlige Abwesenheit der Kommission, die sich nicht zu einem Streitbeitritt auf Seiten des Parlaments oder des Rates entscheiden konnte.

3. *Der EG-Haushaltsplan als Rechtsakt*

a) Umfang der Rechtswirkung

Anders als im staatlichen Recht[21] wird der Haushalt der EG nicht durch einen – jedenfalls im formellen Sinne – abstrakt-generellen Rechtsakt des Gesetzgebers beschlossen. Die EG-Verträge bezeichnen in Art. 203 EWGV ein konkretes Sonderverfahren der Beschlußfassung über den Haushaltsplan und sehen am Ende des Verfahrens die Feststellung des EP-Präsidenten vor, »daß der Haushaltsplan endgültig festgestellt ist« (Art. 203 Ziff. 7 EWGV).

Diese eigentümliche Ausgestaltung des EG-Haushaltsverfahrens in Art. 203 EWGV schließt aus, einen ordnungsgemäß verabschiedeten Haushaltsplan unter die Handlungsformen des Art. 189 EWGV zu subsumieren und ihn z.B. als »Verordnung« zu qualifizieren. Damit ist immerhin eine Übertragung der klassischen Streitfrage des deutschen Finanzverfassungsrechts, ob der Haushaltsplan Gesetz im formellen oder materiellen Sinne sei,[22] auf die EG ausgeschlossen. Die Rechtswirkung des EG-Haushaltsplans und der dazu führenden Verfahrensbeschlüsse kann nur aus einer Zusammenschau verschiedener, in den Verträgen und dem Sekundärrecht enthaltener Elemente gewonnen werden.

Die EG-Haushaltsordnung beschränkt sich in Art. 1 auf die Feststellung: »Durch den Haushaltsplan ... werden die voraussichtlichen Einnahmen und Ausgaben der Gemeinschaften für jedes Jahr veranschlagt und im voraus bewilligt.«

Die Rechtswirkung eines ordnungsgemäß festgestellten Haushaltsplans der EG besteht daher vor allem in der Ermächtigung der Organe, die im

21 Vgl. *Bundesrepublik:* Art. 110 Abs. 2 GG; *Frankreich:* Art. 2, ordonnance du 2. 1. 1959 »portant loi organique aux,Lois de finances<«: »La loi de finances de l'année prévoit et autorise, pour chaque année civile, l'ensemble des ressources et des charges de l'Etat«; *Italien:* Art. 81 der Verfassung »legge di approvazione del bilancio«. Umfassende rechtsvergleichende Hinweise in: Inter-Parliamentary Union (Hrsg.), Parliaments of the World, 2. Aufl., Bd. 2, Aldershot 1986, 1040–1066.

22 Dazu eingehend *Reinhard Mußgnug,* Der Haushaltsplan als Gesetz, Göttingen 1976.

Haushaltsplan vorgesehenen Ausgaben zu tätigen. Nach Art. 205 EWGV ist die Kommission mit der Haushaltsausführung betraut. Durch die Haushaltsordnung (Art. 18 Abs. 2) wurde jedoch den Organen die Ausführung ihres jeweiligen Haushaltsplans übertragen. Ob der ordnungsgemäß festgestellte Haushaltsplan ohne zusätzliche Rechtsgrundlagen auch eine *Verpflichtung* zur Ausführung enthält, war lange Zeit zwischen den Institutionen umstritten.[23] Nach der Gemeinsamen Erklärung vom 30. 6. 1982[24] dürfte weitgehende Übereinstimmung dahin gehend bestehen, daß der Haushaltsplan eine *notwendige,* jedoch nur in Ausnahmefällen eine *ausreichende* Grundlage für Ausgaben der EG darstellt.[25]

Grundsätzlich ist die Rechtswirkung eines Haushaltsplans gemäß Art. 199 und 203 EWGV auf die Dauer eines Jahres begrenzt. Doch entfaltet der Plan *Vorwirkungen* in Gestalt der vertraglich den Organen auferlegten Verpflichtung zur Mitwirkung an der Aufstellung des Haushaltsplans (Art. 203 EWGV). Eine *Nachwirkung* geht stets von einem Haushaltsplan insofern aus, als der jeweilige Haushaltsplan die Bezugsgröße für Steigerungen der nicht-obligatorischen Ausgaben im Folgejahr darstellt (Art. 203 Abs. 9). Weitere Nachwirkungen können dann entstehen, wenn am Beginn eines Jahres ein Haushaltsplan noch nicht festgestellt ist. In diesem Fall bildet der Haushalt des vergangenen Jahres gemäß Art. 204 EWGV den Maßstab für die monatlich höchstzulässigen Ausgaben und gemäß Art. 3 des Beschlusses vom 7.6.1985 über die eigenen Einnahmen den Maßstab für die von allen Mitgliedstaaten abzuführende Mehrwertsteuer.[26]

Anders als im staatlichen Recht entfaltet der EG-Haushaltsplan seine Wirkung nicht nur in dem »organschaftlichen Rechtskreis«.[27] Denn Art. 3 Abs. 2 des erwähnten Beschlusses über die eigenen Einnahmen der EG

23 Vgl. hierzu *Ehlermann/Minch,* Conflicts between Community Institutions within the Budgetary Procedure, EuR 1981, 23–42; *Roland Bieber,* Die Ausgaben der Europäischen Gemeinschaften, EuR 1982, 115–132; *Magiera,* in: Grabitz, EWG-Kommentar, Anm. 2, 3 zu Art. 205.

24 Siehe oben Fn. 10.

25 Für das deutsche Recht bezeichnet *Mußgnug,* op. cit., 353, diese Wirkung des rechtskräftigen Haushaltsplans als »Unterordnung unter die Normen des außerbudgetären Rechts.«.

26 Beschluss des Rates vom 7. 5. 1985, ABl. EG Nr. L 128/1985, 15. Allerdings ist diese Nachwirkung nicht ganz eindeutig geregelt, denn gemäß Art. 10 Abs. 2 a. E. der VO Nr. 2891/77, ABl. EG Nr. L 336/1977, 1, soll in diesen Fällen der Entwurf des Haushaltsplans der vorläufige Maßstab sein. Der Widerspruch dürfte mit Hilfe des höheren Ranges des Eigenmittelbeschlusses zu lösen sein.

27 So BVerfG 20, 56, 90 f. zum deutschen Haushaltsrecht.

bestimmt, dass der Prozentsatz des von den Mitgliedstaaten abzuführenden Mehrwertsteueranteils *im Rahmen des Haushaltsverfahrens* festgesetzt wird. Erst die jährlichen Haushaltsbeschlüsse der EG-Organe begründen die jeweilige Leistungspflicht der Mitgliedstaaten und einen entsprechenden Anspruch der Gemeinschaft[28] gegenüber den Mitgliedstaaten. Insoweit besitzt der Haushaltsplan »Außenwirkung«.[29] Diese Wirkung überschreitet jedoch nicht den Kreis der EG-Organe und der Mitgliedstaaten. Zwar fehlt im EG-Recht ein dem § 3 Abs. 2 BHO[30] vergleichbarer Passus, doch hat der EuGH in mehreren Beschlüssen vom 26. 9. 1984 dem Haushaltsplan eine unmittelbare Rechtswirkung außerhalb des Kreises der qualifizierten Berechtigten und Verpflichteten abgesprochen:

> »Das Verfahren der Verabschiedung des Haushaltsplans führt lediglich zu einer Ermächtigung, Mittel zu binden. Eine natürliche oder juristische Person kann somit von den Rechtsakten, die Teil dieses Verfahrens sind, keinesfalls unmittelbar betroffen sein. Allenfalls könnte sie unmittelbar betroffen sein von den Maßnahmen zur Durchführung des Haushaltsplans«.[31]

Nicht ganz zutreffend ist die Äußerung des EuGH, wonach der Haushaltsplan *»lediglich«* zu einer Mittelbindungsermächtigung führt. Hier wurden die obenerwähnte Verpflichtungswirkung gegenüber den Mitgliedstaaten sowie die sonstigen Vor- und Nachwirkungen außer acht gelassen. Auf diese kam es allerdings *in concreto* nicht an.

Die Rechtsprechung zur fehlenden Rechtswirkung des Haushalts gegenüber Privaten wurde bekräftigt in einer Entscheidung vom 11.7.1985.[32] Darin erklärte der EuGH, daß Bemerkungen der Haushaltsbehörde zu einzelnen Haushaltszeilen keine Rechte von Privaten begründen können.

Das Verdienst des Urteils vom 3. 7. 1986 besteht darin, die Quellen und Grenzen der Rechtswirkung des EG Haushaltsplans verdeutlicht und den Haushaltsplan damit endgültig in den Kreis der EG-Rechtsakte aufgenommen zu haben.

---

28 Vgl. Art. 14 HO. Zumindest missverständlich sind daher die Qualifikationen des EG-Haushaltsplans durch die oben Fn. 1 Buchst. b genannten Autoren.

29 Ebenso die oben Fn. 1 Buchst. c zitierten Autoren.

30 »Durch den Haushaltsplan werden ... Ansprüche oder Verbindlichkeiten weder begründet noch aufgehoben.«

31 Rs. C-216/83, C-295/83, C-296/83, C-297/83 (»Les Verts« / Kommission; »Les Verts« / EP; »Les Verts« / Rat); ECLI:EU:C:1984:291; ECLI:EU:C:1984:292 usw.

32 Rs. C-87/77, C-130/77 (Salerno u. a./ Kommission), ECLI:EU:C:1985:318.

b) Erwerb der Rechtswirkung

Das Urteil brachte auch eine Klärung der zweiten in diesem Zusammenhang bisher offenen Frage, auf welche Weise der EG-Haushaltsplan seine Rechtswirkung erlangt. Die Unklarheit beruhte auf dem Verfahren des Art. 203, das sowohl dem Parlament als auch dem Rat Mitentscheidungsrechte über den Haushalt einräumt. Art. 203 Ziff. 6 und 7 unterscheidet überdies zwischen einer Feststellung bzw. endgültigen Feststellung des Haushaltsplans durch das Parlament und der Feststellung durch den EP-Präsidenten, »daß der Haushaltsplan endgültig festgestellt ist«. Das EP hatte in dem Prozess die Ansicht vertreten, die Feststellung des EP-Präsidenten sei nur deklaratorischer Natur. Der Haushaltsplan erwerbe seine Qualität bereits aufgrund der zweiten Lesung des Parlaments. Das Parlament bezog damit eine Linie, die es bereits eingenommen hatte, bevor die entsprechende Vertragsbestimmung eingeführt worden war.[33] Der Gerichtshof folgte jedoch der vom Generalanwalt mit historischen und systematischen Argumenten begründeten Auffassung (die auch vom Rat geteilt wurde), wonach der Feststellungsbeschluss des EP Präsidenten konstitutiver Natur sei. Tatsächlich setzt eine »Feststellung« des Abschlusses eines Verfahrens notwendigerweise eigene Prüfung voraus, ob alle vertraglich vorgesehenen Verfahrenselemente tatsächlich vorhanden sind. Insoweit ist eine rein deklaratorische Wirkung ausgeschlossen. Ohne diesen Feststellungsbeschluss vermag ein Haushaltsplan keine Rechtswirkung zu entfalten.

Von dem Beschluss des Präsidenten geht zwar eine rechtsbegründende Wirkung aus, doch erlangt der EP Präsident damit – wie der EuGH ausdrücklich betont[34] keine autonome Stellung im institutionellen System der EG-Verträge. Der Feststellungsbeschluss des Präsidenten weist damit eine eigentümliche Ambivalenz auf: Einerseits handelt der Präsident *als Organ des Parlaments,* andererseits erlässt er mit der Feststellung des Haushalts einen *eigenständigen Rechtsakt,* der dem Haushalt erst seine Rechtsqualität verleiht.

Das Parlament sah die Funktion seines Präsidenten bisher vor allem in der Wahrnehmung seiner Organstellung[35], so dass es schwer vorstellbar erschien, der Präsident könne einen eigenständigen Feststellungsbeschluss

33 Vgl. Vertrag vom 22.4.1970 zur Änderung bestimmter Haushaltsvorschriften. Dazu Dok. EP 42/1970–71, Bericht *Spenale,* Ziff. 46–48.

34 Urteilsgründe, Rn. 8.

35 Vgl. Art. 19 Ziff. 4 GO EP: »Der Präsident vertritt das Parlament ... «.

treffen, der z. B. einem ausdrücklich formulierten Beschluss des Plenums entgegensteht.

Nach Auffassung des EuGH bewirkt im Haushaltsverfahren die Organstellung des Präsidenten nur, dass Maßnahmen des Präsidenten grundsätzlich dem Parlament als Ganzes zugerechnet werden. Vor allem unter prozessualen Gesichtspunkten ist von Bedeutung, dass der Präsident nach außen hin keine eigenständige Institution bildet. In *verfahrensmäßiger* Hinsicht muss das Parlament für die Handlungen seines Präsidenten einstehen.

Unter inhaltlichem Aspekt erlässt der Präsident mit der Feststellung des Haushalts dagegen einen eigenständigen Rechtsakt, der sich von dem übrigen parlamentarischen Haushaltsverfahren unterscheidet. Der Gerichtshof überträgt damit dem EP-Präsidenten eine eigenständige Prüfungskompetenz hinsichtlich der Voraussetzungen für die Feststellung des Abschlusses des Haushaltsverfahrens. Die Prüfungsbefugnis des EP-Präsidenten erstreckt sich auf alle Etappen des Haushaltsverfahrens, also nicht nur auf das Entscheidungsverfahren des Parlaments. Im Regelfall dürfte der Präsident sich mit der Feststellung einer formellen Vertragskonformität begnügen. Es ist aber nicht ausgeschlossen, dass der EP-Präsident nunmehr in die Lage gerät, darüber entscheiden zu müssen, ob er z.B. einen offensichtlich unterbudgetisierten Haushalt oder einen Haushalt, der nicht ausgeglichen ist, feststellt. Gerade aus den allgemeinen Haushaltsgrundsätzen des Art. 199 können insoweit zahlreiche institutionelle Konflikte entstehen. Als Konsequenz dieser neuartigen Konstruktion wird die Stellung des EP-Präsidenten gegenüber dem Plenum und die Stellung des Plenums gegenüber dem Rat ganz erheblich gestärkt.

Von der Frage der Rechtswirkung des Haushaltsplans und der Feststellung des Präsidenten ist schließlich das Problem zu unterscheiden, ob die einzelnen Abschnitte des Haushaltsverfahrens Rechtswirkungen zu entfalten geeignet sind. Nur scheinbar schließt das Urteil derartige Wirkungen aus, wenn es dem Haushaltsplan erst mit dem Beschluss des Präsidenten eine Rechtswirkung zuerkennt. Tatsächlich handelt es sich dabei um die dem Haushaltsplan spezifische Wirkung. Rechte und Pflichten der Organe untereinander können jedoch unmittelbar aus den das Haushaltsverfahren regelnden Bestimmungen, also unmittelbar aus dem Vertrag oder der Haushaltsordnung, abzuleiten sein. Soweit die übrigen prozessualen Voraussetzungen erfüllt sind, erscheint es durchaus möglich, die Einhaltung dieser haushaltsrechtlichen Verfahrensbestimmungen zwischen den Organen mithilfe des Gerichtshofes durchzusetzen.

c) Die gerichtliche Prüfung des Haushaltsplans

aa) Passivlegitimation des Europäischen Parlaments

Die Notwendigkeit einer gerichtlichen Kontrolle von Handlungen des Gesetzgebers gewinnt in den Verfassungssystemen Westeuropas wachsende Anerkennung.[36] Nur scheinbar wird diese Kontrolle durch Demokratieprinzip und Gewaltentrennung ausgeschlossen. Zutreffend formuliert *Cappelletti:* »Constitutional justice, far from being inherently antidemocratic and antimajoritarian, emerges as a pivotal instrument for shielding the democratic and majoritarian principles from the risk of corruption.«[37]

Das Verfassungssystem der EG entspricht nicht dem klassischen Gewaltenteilungsmuster.[38] Auch begründen die Verträge verfassungsgerichtliche Funktionen des EuGH, die sich sowohl auf den Rat als Gesetzgeber als auch ausdrücklich oder implizit auf das Parlament, die »Vertretung der Völker der in der Gemeinschaft zusammengeschlossenen Staaten« (Art. 137 EWGV) beziehen.[39] Dennoch hat das Parlament erst relativ spät eine eindeutige Position zu der Frage bezogen, ob es sich einer umfassenden Kontrolle durch den EuGH unterwerfen will. In Art. 43 seines Entwurfs für einen Vertrag zur Gründung der Europäischen Union forderte es »gleiches Beschwerderecht und Gleichbehandlung aller Institutionen vor dem Gerichtshof«.[40] In einem Bericht, der im September 1986 zur Beratung ansteht, wird diese Konzeption (insbesondere die Forderung nach einer Aktivlegitimation für Klagen gemäß Art. 173 EWGV) vertieft.[41]

In dem Rechtsstreit über den Haushalt hatte das Parlament die Zulässigkeit der Klage allerdings noch mit der Begründung verneint, die in Art. 173 EWGV vorgesehene Nichtigkeitsklage könne nicht gegen das Parlament erhoben werden. Außerdem bilde die Feststellung des Haushaltsplans durch den EP-Präsidenten keinen anfechtbaren Akt.

---

36 Rechtsvergleichend dazu jüngst Louis *Favoreu* / J.-A. *Jolowicz* (Hrsg.), Le Contrôle juridictionnel des Lois, Paris/Aix 1985, darin insbesondere der Generalbericht von *Mauro Cappelletti,* 301 ff., und der Bericht über Westeuropa von *Favoreu,* 17 ff.

37 *Mauro Cappelletti,* Repudiating Montesquieu? The expansion and legitimacy of »constitutional justice«, Catholic University Law Review, Vol. 35, Nr. 1 (1985), 1–32 (28).

38 Dazu *Hugo Hahn,* Funktionenteilung im Verfassungsrecht Europäischer Organisationen, Baden-Baden 1977, und *Roland Bieber,* in: Groeben/Boeckh/Thiesing/Ehlermann, Kommentar zum EWG-Vertrag, Bd. I, Baden-Baden 1985, Anm. zu Art. 4.

39 Vgl. Art. 38 EGKSV; Art. 177 EWGV.

40 Entschließung vom 14. 2. 1984, ABl. EG Nr. C 77/1984, 33.

41 EP Dok. A 2–71/86, Verfasser: Mme. Marie-Claude *Vayssade.*

Bereits in der Vergangenheit hat das Problem der Passivlegitimation sowohl in der Doktrin[42] als auch in der Praxis erhebliche Unsicherheit verursacht. Die erste Klage, die mit Mängeln des Haushaltsverfahrens begründet wurde, richtete sich noch gegen die EG-Kommission als dem für die *Haushaltsausführung* verantwortlichen Organ.[43] Das Parlament als Hauptbetroffener trat dem Verfahren bei. Der Prozess erledigte sich ohne Urteil durch Klagerücknahme. Bereits ein Jahr später erhob der Rat Klage wegen Mängeln des Haushaltsverfahrens, doch richtete er die Klagen außer an die Kommission[44] auch unmittelbar gegen das für die behaupteten Verfahrensverstöße verantwortliche Parlament.[45] Auch diese Verfahren erledigten sich durch Klagerücknahme. Doch die Grundlagen einer gerichtlichen Kontrolle des Haushaltsverfahrens konsolidierten sich zusehends: In einem Urteil vom 10.2.1983 ließ der EuGH ausdrücklich die Frage offen, »ob die Grundsätze der Wahrung der Rechtmäßigkeit und der vom Gerichtshof zu diesem Zweck ausgeübten Kontrolle, wie sie in den Artikeln 164 EWG-Vertrag und 136 EAG-Vertrag niedergelegt sind, eine Auslegung der Artikel 173 EWG-Vertrag und 146 EAG-Vertrag dahin verlangen, daß das Parlament bei Rechtsstreitigkeiten vor dem Gerichtshof Partei sein kann«.[46]

Ein Hinweis für die weitere Entwicklung der Rechtsprechung in Bezug auf die Passivlegitimation des EP war schließlich die Begründung des Beschlusses, mit dem der EuGH im September 1984 eine gegen das Parlament gerichtete und auf Art. 173 EWGV gestützte Klage Privater nicht etwa wegen fehlender Passivlegitimation des EP abgewiesen hat. Vielmehr erging die Abweisung mit der Begründung, die Kläger seien von den angefochtenen Rechtsakten nicht unmittelbar betroffen und „deshalb" sei die Klage unzulässig.[47]

In einem von den gleichen Klägern wegen anderer Maßnahmen gegen das Europäische Parlament angestrengten Verfahren bestätigte der EuGH schließlich die allgemeine Passivlegitimation des Parlaments für Klagen gemäß Art. 173 EWGV. Er begründete dies insbesondere mit dem Bedarf nach

42 Vgl. *Magiera* (s. oben Fußn. 1 Buchst. c), und die Nachw. in dem Bericht des EP, s. oben Anm. 41.
43 Rs. C-48/81 (Bundesrepublik/ Kommission), ABl. EG Nr. C 54/1981, 5.
44 Rs. C-73/82 (Rat/Kommission), ABl. EG Nr. C 73/1982, 7.
45 Rs. C-72/82 (Rat/EP) ABl. EG Nr. C 72/1982, 7.
46 Rs. C-230/81 (Luxemburg/ EP), EuGH, ECLI:EU:C:1983:32.
47 Rs. C-295/83 (»Les Verts«/ EP), EuGH, ECLI:EU:C:1984:292.

Rechtsschutz gegenüber Maßnahmen, die dazu bestimmt sind, »Rechtswirkungen gegenüber Dritten zu entfalten".[48]

Damit war noch nicht geklärt, ob auch die Feststellung des Haushaltsplans ein derartiger vom Gerichtshof über prüfbarer Akt ist, doch war nunmehr der Weg für eine allgemeine gerichtliche Kontrolle der dem Parlament zurechenbaren Maßnahmen geebnet.

Mit der Anerkennung der Rechtsqualität des Haushaltsplans im Verhältnis zwischen den Organen und den Mitgliedstaaten und der Feststellung, dass die Rechtswirkung aus einem dem Parlament zurechenbaren Beschluss resultiert, ergab sich ohne Weiteres die Konsequenz, den Feststellungsbeschluss des Präsidenten daraufhin gerichtlich zu überprüfen, ob er nicht unter Verstoß gegen wesentliche Verfahrensvorschriften zustande gekommen war.

Die Passivlegitimation des EP für Klagen gemäß Art. 173 EWGV führt dazu, dass dem Rat und der Kommission über den ausdrücklichen Wortlaut des Vertrages hinaus Kontrollrechte über das Parlament eingeräumt werden (durch die Möglichkeit einer Klageerhebung). Das Parlament hat daher bereits in dem Prozess »Les Verts« / EP hervorgehoben, dass die Möglichkeit, Klagen gegen das Parlament gemäß Art. 173 EWGV zu erheben, notwendigerweise auch das Recht für das Parlament einschließen müsse, selbst Verfahren gegen andere Institutionen einzuleiten. Nur auf diese Weise könne eine Verzerrung im Kräfteverhältnis der Institutionen vermieden werden. Generalanwalt *Mancini* hat in seinen Schlussanträgen in der Rs. C-294/83 vom 4. 12. 1985 diese Konzeption des Parlaments gebilligt.

Der Gerichtshof hat zu der Forderung nach Parallelität von Aktiv- und Passivlegitimation bisher nicht ausdrücklich Stellung genommen. Das Haushaltsurteil eröffnet insoweit aber beachtliche verfassungspolitische Entwicklungsmöglichkeiten: In Ziff. 12 des Urteils betont der Gerichtshof in ganz allgemeinen Formulierungen die Notwendigkeit, die Rechte der verschiedenen am Haushaltsverfahren beteiligten Institutionen zu wahren. Daraus lässt sich eine Bereitschaft des EuGH ableiten, soweit erforderlich auch die Rechte des Parlaments vor Verletzungen durch andere Organe zu schützen, also dem Parlament ein Klagerecht einzuräumen.

---

48 Rs. C-294/83 (»Les Verts«/EP), EuGH, ECLI:EU:C:1986:166,Rn. 25.

bb) Die Reichweite gerichtlicher Kontrolle über das Verhalten der Organe

In dem Urteil wird ein Spannungsverhältnis deutlich zwischen einer extensiven Haltung des EuGH, die Klage für zulässig zu erklären, und einer restriktiven Haltung gegenüber den von ihm für gerichtlich überprüfbar gehaltenen Sachverhalten. Ausdrücklich nimmt der Gerichtshof bestimmte Abschnitte des Haushaltsverfahrens von einer gerichtlichen Kontrolle aus und verweist auf die Zuständigkeiten der anderen Organe. Mit dieser – ungewohnt deutlichen – Abstinenz vor »politischen Fragen« folgt der EuGH einer insbesondere von dem US Supreme Court[49] geübten und auch vom BVerfG betonten[50] Praxis.

Nach Auffassung des Gerichtshofs sind einer gerichtlichen Kontrolle folgende Fragen entzogen:

- Art der Berücksichtigung von Sondersituationen (Erweiterung, »Altlasten«) bei der Aufstellung des Haushaltsplans (Ziff. 38);
- der Inhalt der Verhandlungen zwischen Rat und Parlament über einen neuen Höchstsatz (Ziff. 42);
- Gründe, die das Zustandekommen einer Vereinbarung über einen neuen Höchstsatz verhindert haben (Ziff. 45).

Es scheint auch, als würde der Gerichtshof die Unterscheidung zwischen obligatorischen (OA) und nicht-obligatorischen Ausgaben (NOA) als nicht justitiabel ansehen. Jedenfalls verweist er insoweit auf das von den Institutionen zuerst einzuhaltende Schlichtungssystem der Gemeinsamen Erklärung vom 30.6.1982.

Der Gerichtshof betont damit eine Orientierung, die bereits von Generalanwalt *Mancini* am Ende seiner Schlussanträge gegeben worden war, als er auf die Notwendigkeit der Vereinbarungen zwischen den Institutionen hinwies. Es erscheint allerdings verfrüht, wegen dieser Zurückhaltung des Gerichtshofes gegenüber politischen Entscheidungen bereits anzunehmen, dass in Art. 203 angelegte Verfahrensprobleme grundsätzlich nicht vom EuGH beantwortet werden könnten oder würden. Die Feststellungen des EuGH beziehen sich auf die Umstände des konkreten Falles. Dieser aber konnte z. B. auch ohne Stellungnahme zu den Abgrenzungskriterien von

49 Dazu *Fritz-Wilhelm Scharpf*, Grenzen der richterlichen Verantwortung. Die political-question-Doktrin in der Rechtsprechung des amerikanischen Supreme Court, Karlsruhe 1965.

50 Z.B. BVerfG 36/1 (14), Näheres bei *Klaus Schlaich*, Das Bundesverfassungsgericht, München 1985, 219 ff.

obligatorischen und nicht-obligatorischen Ausgaben entschieden werden. Der Gerichtshof betont mehrfach, dass es ihm obliege, auf die Einhaltung der Zuständigkeiten der verschiedenen Organe im Rahmen des Haushaltsverfahrens zu achten (Ziff. 12, 42). Soweit also einzelne Vertragsbestimmungen die Zuständigkeiten der Organe umschreiben – und das ist z. B. bei dem Begriff der OA der Fall -, kann auch für die Zukunft davon ausgegangen werden, dass der Gerichtshof von seinem Recht der Vertragsauslegung Gebrauch machen wird.

4. Die Verpflichtung der Institutionen zur Zusammenarbeit im Haushaltsverfahren

a) Grundsätze

Die Begründetheit der Klage in der Rs. C-34/86 hing davon ab, ob die Übereinstimmung der Organe hinsichtlich eines neuen Höchstsatzes der nicht-obligatorischen Ausgaben zwingend geboten war, ob sie sich auf alle NOA erstreckte und ob nicht in außergewöhnlichen Fällen davon abgewichen werden dürfte. Die Antwort auf diese Fragen fiel bemerkenswert eindeutig zugunsten der beiderseitigen Verpflichtung aus, unbedingt eine Übereinstimmung herbeizuführen.

Hier zeichnet sich ein von den übrigen Organen bisher nur undeutlich wahrgenommenes Konzept der notwendigen institutionellen Kooperation ab, das – angesichts getrennter Legitimationsstränge und verschränkter Befugnisse – in der EG größere praktische Bedeutung besitzt als im Verhältnis der meisten staatlichen Organe.

Die Verträge enthalten an einzelnen Stellen ausdrückliche Hinweise darauf, dass zwischen den Organen eine *Verpflichtung* zur einvernehmlichen Zusammenarbeit besteht.[51] Die Gemeinsame Erklärung vom 30.6.1982 über das Haushaltsverfahren schließt das EP in die interinstitutionelle Zusammenarbeit mit ein.[52]

---

51 Art. 15 Fusions-Vertrag: »Der Rat und die Kommission ziehen einander zu Rate und regeln einvernehmlich die Art und Weise ihrer Zusammenarbeit.«

52 Präambel: »Das ordnungsgemäße Funktionieren der Gemeinschaften erfordert eine ausgewogene Zusammenarbeit zwischen den Organen.«

Über die Art der vom Gerichtshof den Organen auferlegte Zusammenarbeit enthält das Urteil deutliche Hinweise:

So muss die Einigung (z. B. über die Steigerung des Höchstsatzes gem. Art. 203 Abs. 9) stets *ausdrücklich* erfolgen. Die nur vermutete Zustimmung einer Institution genügt nicht (Ziff. 34).

Eine Einigung zwischen den Organen ist dazu bestimmt, einen gültigen Haushalt herbeizuführen (Ziff. 42). Diesem Ziel ist das Verhalten der Organe untergeordnet. Dabei müssen sich die Organe nicht nur dort, wo dies ausdrücklich vorgeschrieben ist (Art. 203 Abs. 9), sondern ganz allgemein darüber verständigen, auf welche Weise Sonderprobleme des Haushalts zu lösen sind (Ziff. 38). Dadurch, dass der Gerichtshof sich weigert, Rechtfertigungsgründe für ein einseitiges Vorgehen des Parlaments auch nur zu prüfen, wird die Bedeutung der einvernehmlichen Lösung derartiger Fragen noch unterstrichen.

Der Gerichtshof äußert sich nicht zu der Frage, wie im Einzelfall das Einvernehmen zwischen den Organen erreicht werden soll. In dieser Hinsicht sind die Ausführungen von Generalanwalt *Mancini* aufschlussreich. *Mancini* kritisiert das Verhalten des Rates am Schluss des Haushaltsverfahrens, als dieser dem Parlament ein Angebot unterbreitete mit der Aufforderung, dieses Angebot anzunehmen, andernfalls werde es vollständig zurückgezogen. *Mancini* unterstreicht für beide Seiten die Notwendigkeit, zu einem Kompromiss bereit zu sein.

Das aus dieser Sicht zwischen den Institutionen bestehende Verhältnis kann man am ehesten mit der aus den staatlichen Recht, aber auch aus dem Völkerrecht bekannten Rechtsfigur des »*pactum de negotiando*« vergleichen. Dabei handelt es sich um einen Vertrag, der nur zu Gegenstand hat, beide Parteien zu Verhandlungen und zu Kompromissen zu veranlassen. Derartige Vereinbarungen werden nur dann erfüllt, *wenn beide Parteien sich aktiv bemühen, unterschiedliche Meinungen auszugleichen und einen Kompromiss zu suchen.* Allerdings ist stets zu beachten, dass die Pflicht zur Kooperation nur einen Teil der Verpflichtungen eines Organs im institutionellen System umschreibt. Der andere Teil besteht aus der Pflicht, die jeweils übertragenen Aufgaben wahrzunehmen, also die Identität des Organs zu erhalten. Diese beiden Pole – Kooperation und Erhaltung der Identität – markieren die Eckpunkte der für alle Institutionen übereinstimmende Pflichten. Um dieses Spannungsverhältnis effizient aufzulösen, müssen allerdings noch geeignete Mechanismen in der EG geschaffen werden.

b) Die Feststellung der Unterscheidung zwischen obligatorischen und nicht-obligatorischen Ausgaben

Weder der EuGH noch sein Generalanwalt nehmen inhaltlich zu der Behauptung des Rates Stellung, das EP habe bestimmte Ausgaben unzutreffend als NOA eingeordnet und wegen dieses Fehlens noch abgeändert, obwohl wegen ihres Charakters als OA eine Abänderung unzulässig gewesen sei.

Es ist jedoch auffällig, dass der Gerichtshof sich zu der Frage der Abgrenzung beider Ausgabenarten äußert, obwohl er feststellt, dass die Frage in diesem Prozess ohne Bedeutung ist. Offenbar soll mit Hilfe eines *obiter dictum* ein Signal an Rat und Parlament gegeben werden. Der Gerichtshof betont (Rn. 50), dass die Abgrenzung beider Ausgabenarten Gegenstand der Gemeinsamen Erklärung vom 30.6.1982 ist. Probleme der Abgrenzung könnten im Rahmen dieser Erklärung gelöst werden. Damit schließt der EuGH zwar für die Zukunft nicht generell eine gerichtliche Überprüfung der Abgrenzung beider Ausgabenkategorien aus, er verweist die Parteien aber zunächst auf die einvernehmlich durch Verhandlung zu findende Lösung von Problemen. Um der ihr vom EuGH zugewiesenen Bedeutung gerecht zu werden, bedürfen die Mechanismen der Gemeinsamen Erklärung möglicherweise der Verstärkung. Dem Nebensatz kann man weiterhin entnehmen, dass der Gerichtshof der Gemeinsamen Erklärung eine rechtliche Anerkennung nicht prinzipiell verweigern wird. Dies ist insofern von Bedeutung, als das Parlament auf dieser Grundlage mit größerem Nachdruck vom Rat die Einhaltung der Erklärung verlangen kann.

c) Die Bedeutung des Höchstsatzes der Steigerung der NO

Das Urteil bekräftigt, dass es alternativ nur zwei Arten von Höchstsätzen für die Steigerung der NOA gibt:

> den von der Kommission anhand objektiver Kriterien *festgestellten* Höchstsatz *oder* den von Rat und Parlament gemeinsam *vereinbarten* Höchstsatz.

Die für den Prozessausgang entscheidende Feststellung des EuGH besteht in der Auslegung, die er dem in Art. 2 Abs. 9 enthaltenen Begriff »gleichzeitigen Ausgaben des laufenden Haushaltsjahres« gibt. Auf diese nicht-obligatorischen Ausgaben bezieht sich der jährliche Steigerungssatz.

Das EP hatte in seiner Entschließung vom 12.12.1985 (Ziff. 2) die Ansicht vertreten, dass außergewöhnliche Ausgaben, die im Haushaltsplan des laufenden Jahres keine Entsprechung finden, nicht den Vertragsbestimmungen über die Festsetzung des Höchstsatzes unterliegen. Dagegen entnehmen sowohl der Generalanwalt als auch der EuGH (Rn. 38) bereits dem Wortlaut von Art. 203 Abs. 9, dass *sämtliche* NOA dem Höchstsatz unterliegen.

Die Formulierung »gleichartige Ausgaben« bezieht sich also nicht etwa auf einzelne Haushaltskapitel oder Haushaltszeilen, sondern auf »alle Ausgaben, die sich nicht zwingend aus dem Vertrag ... ergeben«. Die Aufnahme neuer Ausgabenarten gegenüber dem laufenden Haushaltsjahr bewirkt also nicht, dass diese von dem global geltenden Höchstsatz befreit wären. Eine Befreiung von dem Höchstsatz tritt auch nicht deswegen ein, weil der Rat die Bereitstellung ausreichender Mittel unterlassen hat.

d) Verfahren der Vereinbarung eines neuen Höchstsatzes

Der EuGH weist darauf hin, dass der Vertrag keine Maßstäbe für die Art und Weise enthält, wie ein neuer Höchstsatz zu vereinbaren ist (Rn. 34). Daraus (und aus der Bedeutung einer solchen Vereinbarung) leitet der EuGH das Verbot ab, eine derartige Vereinbarung mit Hilfe einer bloßen Vermutung zu begründen.

Somit muss der neue Höchstsatz aus *zwei* eindeutigen, übereinstimmenden Willensbekundungen von Parlament und Rat hervorgehen. Für diese Willensäußerungen sind in Art. 203 Abs. 9 am Ende besondere qualifizierte Mehrheiten vorgesehen. Dabei handelt es sich im Parlament um dieselben Mehrheiten, die für die Annahme von Abänderungen gemäß Art. 203 Abs. 6 erforderlich sind. In der Praxis – so im Dezember 1985 – fällt daher der Beschluss des Parlaments über einen neuen Höchstsatz zusammen mit der Annahme entsprechender Abänderungen. Wenn das EP durch Abänderungen einen neuen Höchstsatz entstehen lässt, so bedarf dieser Satz der Zustimmung des Rates.

Dieses Vorgehen ist allerdings nicht zwingend geboten. Theoretisch könnte das Parlament auch getrennt über einen dem Rat vorzuschlagenden neuen Höchstsatz beschließen. Denkbar wäre auch, dass das Parlament zunächst nur einen Orientierungsrahmen für Verhandlungen mit dem Rat beschließt und erst nach Abschluss der Verhandlungen formell über den zwischen beiden Seiten ausgehandelten Höchstsatz abgestimmt wird.

Bedeutsam ist nur, dass Parlament und Rat sich auf den neuen Satz *einigen* müssen und dass der endgültige Satz die vorgeschriebene qualifizierte Mehrheit in beiden Organen erlangt hat.

5. *Zusammenfassung*

Der EG – Haushaltsplan bildet einen Rechtsakt, der seine Rechtsqualität durch die Feststellung des EP – Präsidenten am Ende des Haushaltsverfahrens erlangt. Der Parlamentspräsident besitzt eine Prüfungsbefugnis der Legalität des Haushaltsverfahrens. Rechtswirkungen entfaltet der ordnungsgemäß festgestellte Haushaltsplan gegenüber den Organen der EG und gegenüber den Mitgliedstaaten. Im Hinblick auf das Verfahren seiner Entstehung entfaltet ein Haushaltsplan auch *vor* Feststellung bereits Rechtswirkungen. Nach Ablauf seiner zeitlich befristeten Geltung entfaltet der Haushaltsplan noch Wirkungen als Bezugsgröße für bestimmte Ausgaben und Einnahmen.

Rechtswirkungen gegenüber Privaten entfaltet der Haushaltsplan nicht.

Der Feststellungsbeschluss zum Haushaltsplan kann von den betroffenen Organen und von den Mitgliedstaaten im Wege einer Klage gegen das Europäische Parlament gemäß Art. 173 EWGV gerichtlich angefochten werden. Darüber hinaus erscheint es auch möglich, dass die am Verfahren der Beschlussfassung über den Haushalt Beteiligten die Verletzung von Verfahrensrechten unmittelbar rügen.

Der Gerichtshof hält Teile des Haushaltsverfahrens für nicht justiziabel, allerdings sind die Grenzen dieses justizfreien Raumes nicht eindeutig bestimmt.

Das Haushaltsverfahren erlegt den Organen eine Verpflichtung zur Zusammenarbeit auf. Soweit Übereinstimmung gefordert ist, muss diese ausdrücklich erfolgen. Befreiungen von dem Gebot der Übereinstimmung aufgrund außergewöhnlicher Umstände erkennt der EuGH nicht an.

Als Folge des EuGH-Urteils vom 3.7.1986 und der Einstweiligen Anordnung des EuGH-Präsidenten vom 17.3.1986 waren im Haushaltsjahr 1986 vier verschiedene Haushaltspläne anwendbar:

- Vom 1.1.1986 bis zum 17.3.1986 galt der Haushaltsplan in der vom EP-Präsidenten am 18.12.1985 festgestellten Fassung;
- Vom 18.3.1986 bis zum 2.7.1986 galt der Haushaltsplan in der vom Rat in zweiter Lesung am 27.11.1985 angenommenen Fassung;

- Vom 3.7.1986 bis zum 10.7.1986 galt gemäß Art. 204 EWGV der Haushaltsplan des Vorjahres (»vorläufige Zwölftel«);
- Ab 11.7.1986 galt der vom EP-Präsidenten am 10.7.1986 festgestellte definitive Haushaltsplan für 1986.

Diese Abfolge belegt exemplarisch, dass der EG-Haushaltsplan trotz seiner Einbettung in ein vom staatlichen Recht abweichendes institutionelles System und daraus folgender abweichender Rechtsnatur die rechtliche und politische Eigenart staatlicher Haushaltspläne insoweit widerspiegelt, als er prinzipiell verschiedenartige institutionelle Positionen verknüpft und formalisiert.[53] Selbst nach der Klärung einzelner wesentlicher Rechtsfragen durch den EuGH kann daher auch für die Zukunft nicht ausgeschlossen werden, dass sich gegensätzliche Positionen der EG-Organe und Regierungen als juristische Konflikte artikulieren.

53 Zu der Funktionsverschränkung im deutschen Haushaltsrecht vgl. BVerfGE 45, 1 und *Wolfgang Graf Vitzthum,* Parlament und Planung, Baden-Baden 1978, 242 ff., 312 ff.

D. X. „Les finances sont le nerf de la Republique"*[1] Zu den neuen Finanzbeschlüssen der Europäischen Union (2021)

1. Einleitung

Mit den im Dezember 2020 gefassten Beschlüssen, in den nächsten Jahren im Rahmen des EU – Haushalts die nie zuvor auch nur annähernd erreichte Summe von 1,8 Billionen Euro zu mobilisieren, um die Erholung von der COVID-19-Krise zu unterstützen und um die Programme der Union zu finanzieren, erreicht die Europäische Union eine neue Qualität. Dieses Ergebnis erwuchs aus dem Zusammentreffen der Krise mit einer ohnehin notwendigen, mehrere Facetten umfassenden Revision des Finanzwesens der Union. Wie bedeutsam finanzielle Mittel für die Existenz eines Gemeinwesens sind, hatte bereits *Jean Bodin* erkannt, der in Anlehnung an *Cicero*[2] das im Titel zitierte Prinzip formulierte. Im Verständnis seiner Zeit, der Renaissance, bildeten finanzielle Mittel vor allem eine Voraussetzung für die Fähigkeit eines Herrschers, durch Kriegführung seine Macht über ein Territorium zu konsolidieren. In der Moderne betrifft es über die Existenzsicherung hinaus vor allem den Zusammenhalt eines Gemeinwesens mit friedlichen Mitteln. Ohne finanzielle Mittel kann auch die Europäische Union ihre Aufgaben nicht erfüllen, die unter anderem darin bestehen, die Lebensbedingungen ihrer Bürger zu verbessern, Forschung und Landwirtschaft, sozialpolitische Maßnahmen, strukturschwacher Regionen und auch die Sicherung der Außengrenzen zu unterstützen. Die COVID – 19 – Pandemie illustriert dramatisch die Bedeutung der Verfügbarkeit und der Art des Einsatzes finanzieller Mittel, um die öffentliche Gesundheit zu gewährleisten. Die neuartige und durchaus überraschende Qualität der jüngsten Haushalts- und Finanzbeschlüsse der Europäischen Union ist nur durch die Bedeutung der Krise für den Bestand der Union erklärbar. Sie

* Zuerst veröffentlicht in : *Epiney/Zlatescu* (Hg.), Schweizerisches Jahrbuch für Europarecht 2020/2021, Bern/Zürich 2021, 449 – 466.

1 *Jean Bodin*, Les six livres de la république, livre sixième, chap. II, deuxième éd., Paris 1583 (Neudruck Aalen 1977), 855.

2 *Marcus Tullius Cicero*, de imperio Cn. Pompei 17 („Nervi rei publicae").

konkretisiert die von den Mitgliedstaaten bekundete Einsicht, „dass die Förderung des wirtschaftlichen, sozialen und territorialen Zusammenhalts für die umfassende Entwicklung und den dauerhaften Erfolg der Union wesentlich ist"[3] und allgemein das in Art. 3 Abs. 1 EUV formulierte Ziel der Union, das Wohlergehen ihrer Völker zu fördern. „Förderung" bedeutet in diesem Zusammenhang insbesondere finanzielle Unterstützung schwächerer Staaten, Regionen und Wirtschaftszweige.

Die Finanztätigkeit der Union beruht auf der Funktionsfähigkeit von drei Nervensträngen:

- der fortdauernden Gemeinsamkeit von Ziel und Handeln der Mitgliedstaaten,
- dem Zusammenspiel der Institutionen sowie
- der Fähigkeit des Systems, auf Krisen zu reagieren.

Sie wird im Wesentlichen von zwei jeweils zeitlich begrenzten Instrumenten bestimmt, dem Beschluss über die *Eigenmittel* (Art. 311 AEUV, nachfolgend EMB) und dem *Mehrjährigen Finanzrahmens* (Art. 312 AEUV, nachfolgend MFR).[4] Im Regelfall sind beide alle sieben Jahre zu erneuern. Eine Neubestimmung beider stand für das Jahr 2020 an.

Die nachfolgende Betrachtung gilt den wichtigsten Elementen der in diesem Zusammenhang getroffenen Maßnahmen.

2. Vorgeschichte

Die Aktualisierung der finanziellen Grundlagen der Europäischen Union konnte sich nicht auf eine Fortschreibung des Bestands beschränken, sondern machte eine Gesamtüberprüfung des Finanzsystems und der in dessen Rahmen einsetzbaren Instrumente nötig, erforderte doch der Austritt des Vereinigten Königreichs aus der Union eine Neugestaltung der EU-Einnahmen. Da aber der Haushalt der Union Ausgaben nur im Rahmen der verfügbaren Einnahmen zulässt, mussten gleichzeitig die Ausgaben umfassend überprüft werden. Schließlich galt es Mechanismen zur Befriedigung

---

3 Protokoll Nr. 28 zum EUV über den wirtschaftlichen, sozialen und territorialen Zusammenhalt, Erwägungsgrund Nr. 6, ABl. 2008 C 115, 310.

4 Ausführlich zum Haushaltsrecht der EU: *Kommission der Europäischen Union*, European Union Public Finance, 5th ed., Luxembourg 2014. S.a. *Roland Bieber*, Erläuterungen zu Art. 310 – 324 AEUV in: Groeben/Schwarze u.a. (Hrsg.), Europäisches Unionsrecht, Kommentar, 8. Aufl. 2025 (i.E.).

der Sonderwünsche einzelner Staaten zu finden, um deren Zustimmung zum Gesamtpaket zu erreichen. Damit erstreckte sich die Beschlussfassung nicht nur auf die erwähnten Rechtsakte sondern umfasste auch die wesentlichen Programme der Union.[5] Eine Neugewichtung der Ausgaben wurde überdies erforderlich, um die zur Ausführung des 2019 angekündigten Klimaschutzpakets nötigen Maßnahmen zu finanzieren.[6] Schließlich wurden die Haushaltsberatungen von dem bis zuletzt umstrittenen Plan überlagert, Leistungen aus dem EU-Haushalt an die Wahrung der Rechtsstaatlichkeit in den Mitgliedstaaten zu binden (sog. „Konditionalität").[7] Die Verknüpfung verschiedener Themen und Instrumente führte nicht von vornherein zu einer Erschwerung der Entscheidungsfindung. Denn in einem umfangreichen Verhandlungspaket lassen sich leichter Elemente für Kompromisse finden.

Die Vorbereitungen für die 2020 zu treffenden Beschlüsse verliefen zunächst nach traditionellem Muster. Bereits 2014 war eine Sachverständigengruppe damit beauftragt worden, das Finanzierungssystem der EU insgesamt zu überprüfen. Auf der Grundlage ihres Berichts[8] unterbreitete die Kommission 2017 ein „Reflexionspapier über die Zukunft der EU-Finanzen".[9] Darauf folgten im Jahre 2018 eine Mitteilung der Kommission „Ein moderner Haushalt für eine Union, die schützt, stärkt und verteidigt"[10], gefolgt von förmlichen Vorschlägen für die erforderlichen Gesetzgebungsakte. Sie galten einem neuen Einnahmensystem[11], dem mehrjährigen Finanzrahmen (MFR),[12] einer Verfahrensregelung zur Gestaltung der interinstitutionellen Zusammenarbeit im Bereich des Haushalts[13] sowie einem neuen Instrument zum Schutz des Haushalts der Union bei Verletzungen des Rechtsstaatsprinzips in den Mitgliedstaaten.[14] Parallel dazu waren die zur

5 S. insbesondere die Änderung der FondsVO Nr. 1303/2013 durch die VO 2020/2221, ABl. 2020 L 437/30. Weitere Gesetzgebung ist für 2021 in Vorbereitung.

6 Mitteilung der Kommission „Der europäische Grüne Deal", Ziff. 2.2.1, COM (2019) 640 v. 11. Dezember 2019.

7 Dazu nachfolgend E.

8 *High Level Group on Own Ressources*, Final report and recommendations, Brüssel 2017 (https://ec.europa.eu/info/sites/info/files/about_the_european_commission/eu_budget/future-financing-hlgor-final-report_2016_en.pdf (zuletzt besucht am 5. März 2021).

9 COM(2017) 358 v. 28. Juni 2017.

10 COM(2018) 321 v. 2. Mai 2018.

11 COM (2018) 325 v. 2. Mai 2018.

12 COM (2018) 322 v. 15. Mai 2018.

13 COM (2018) 323 v. 2. Mai 2018.

14 COM (2018) 324 v. 2. Mai 2018.

Aufstellung und Ausführung des EU – Haushaltsplans wesentlichen Regeln in einer neuen Haushaltsordnung zusammengefasst und modernisiert worden.[15]

Bis zum Beginn des Jahres 2020 wurden diese Vorschläge im üblichen Rahmen der Institutionen und der Mitgliedstaaten beraten.[16] Wie stark das Thema auch ohne COVID-19-Krise „le nerf de la République" berührte, zeigte die aktive Beteiligung des Europäischen Rates an der Entscheidungsfindung. Denn diese ist nach den in Art. 311 und 312 AEUV festgelegten Verfahren nicht vorgesehen. Gleichwohl ging eine eigens einberufene Sondersitzung des Europäischen Rates vom 20./21. Februar 2020 ohne Ergebnis auseinander. Der Präsident des Europäischen Rates erklärte:

> „Wir sind uns dessen bewusst, dass dieser europäische Haushalt ein sehr komplexes Thema ist und dass die Verhandlungen, insbesondere nach dem Brexit und der Lücke von 60 bis 75 Milliarden €, sehr schwierig sind.
> Wir haben sehr hart daran gearbeitet, die unterschiedlichen Anliegen, die unterschiedlichen Interessen und die unterschiedlichen Auffassungen miteinander in Einklang zu bringen. Aber wir brauchen mehr Zeit. Das bedeutet, dass wir künftig schauen werden, wie dieses Thema erfolgreich angegangen werden kann, um im Rat zu einer Einigung, zur erforderlichen Einstimmigkeit zu gelangen".[17]

Der Ausbruch der COVID-Pandemie und die absehbaren wirtschaftlichen Schäden änderte schlagartig die Verhandlungsgrundlagen. Sehr schnell wurde deutlich, dass die traditionellen Instrumente der Union bei weitem nicht ausreichen würden, um substantielle finanzielle Unterstützung zur Bekämpfung der Pandemie-Folgen zu leisten und gleichzeitig war die Dringlichkeit des Handelns offensichtlich. Das Zusammentreffen von Krise, Schlussphase der Entscheidung über die Einnahmen und Ausgaben für die nächsten sieben Jahre und schneller Initiative der Kommission lieferte den entscheidenden Impuls, um kurzfristig ein neues Hilfsinstrument von

---

15 VO 2018/1046, ABl. 2018 L 193, 1.

16 Dazu ausführlich *Peter Becker*, Die Verhandlungen über den Haushalt der Europäischen Union – zwischen Kontinuität und Pandemie – Zäsur, in: integration 2020, Nr. 4, 257 – 277.

17 Europäischer Rat, Pressemitteilung des Präsidenten vom 20./21. Februar 2020, https://www.consilium.europa.eu/de/press/press-releases/2020/02/21/remarks-by-president-charles-michel-after-the-special-meeting-of-the-european-council-on-20-21-february-2020/ (zuletzt besucht am 5. März 2021).

erheblichem Umfang zu konzipieren und der EU ebenso neuartige wie umfangreiche zusätzliche Einnahmen zu verschaffen: Ende Mai 2020 schlug die Kommission im Rahmen eines „Europäischen Aufbauplans“[18] ein „Aufbauinstrument der Europäischen Union zur Unterstützung der Erholung nach der COVID-19-Pandemie“ vor[19] und änderte ihre ursprünglichen Vorschläge zum Haushaltspaket.[20] Zu dem Paket vorgeschlagener Maßnahmen gehörte auch der Entwurf des Jahreshaushaltsplans für das Jahr 2021.[21]

Die Kommission hatte sofort deutlich gemacht, dass die Verwirklichung des Aufbauplans eine Erhöhung der Einnahmen der Union erfordern würde, die weit über den Rahmen der bisher der Union zugestandenen Mittel hinausreichte. So mussten die festgelegten Grenzen der Eigenmittel wesentlich erhöht und außerdem die Union ermächtigt werden, Mittel an den Kapitalmärkten aufzunehmen, die aus dem EU-Haushalt zu tilgen sind. Mit diesem Vorschlag rührte die Kommission an ein politisches tabu der EU-Finanzierung. Bisher galt, dass eine Schuldenfinanzierung des Haushalts ausgeschlossen ist.[22] Doch sie fand bei Staatspräsident *Macron* und Bundeskanzlerin *Merkel* im Mai 2020 Unterstützung:

> „Angesichts der außergewöhnlichen Herausforderungen, die die COVID-19-Pandemie für Volkswirtschaften in der gesamten EU mit sich bringt, schlagen Frankreich und Deutschland vor, der Europäischen Kommission zu gestatten, eine solche Unterstützung der wirtschaftlichen Erholung mittels Aufnahme von Mitteln an den Märkten im Namen der EU zu finanzieren, und zwar unter der Voraussetzung einer rechtlichen Grundlage, die den EU-Vertrag und Haushaltsrahmen ebenso uneingeschränkt achtet wie die Rechte der nationalen Parlamente“.[23]

Auch wenn die Rechtsgrundlagen in den EU-Verträgen vorhanden waren,[24] hätte der Vorschlag ohne diese ausdrückliche Unterstützung bei den nach-

---

18 Mitteilungen der Kommission „Der EU-Haushalt als Motor für den Europäischen Aufbauplan“, COM(2020) 442 und „Die Stunde Europas – Schäden beheben und Perspektiven für die nächste Generation eröffnen“ COM (2020) 456 beide v. 27. Mai 2020.

19 COM (2020) 441 v. 28. Mai 2020.

20 COM (2020) 443 (mehrjähriger Finanzrahmen); COM (2020) 444 (Interinstitutionelle Vereinbarung); COM (2020) 445 (Eigenmittel), alle v. 28. Mai 2020.

21 COM (2020) 300 v. 27. Juli 2020.

22 Dazu nachfolgend C.

23 Deutsch-französische Initiative v. 18. Mai 2020, Presse- und Informationsamt der Bundesregierung, Nr. 173.

24 Dazu nachfolgend C.III.

folgenden Beratungen des Europäischen Rates kaum Chancen gehabt. Doch gelang bei der außerordentlichen Tagung vom 17. – 21. Juli 2020 eine Einigung über das Gesamtpaket.[25] Diese Einigung zwischen den Staats- und Regierungschefs wurde allerdings voreilig als „Ergebnis" präsentiert, stand sie doch unter dem Vorbehalt einer gemäß Art. 312 Abs. 2 AEUV erforderlichen Zustimmung des Europäischen Parlaments zum MFR, einem wesentlichen Teil des Pakets. Das Parlament machte umgehend deutlich, dass es seine Zustimmung an die Erfüllung von Forderungen knüpfen würde, die sich auf andere Elemente des Pakets bezogen.[26] In Einzelheiten wurden die Orientierungen des Europäischen Rates daher in nachfolgenden Verhandlungen zwischen Rat, Kommission und Europäischem Parlament noch geändert. In der Schlussphase der Beratungen, d.h. im November 2020, drohten Ungarn und Polen mit einem Veto gegen die Verabschiedung des Pakets, um die darin enthaltene Konditionalitätsregelung zu verhindern.[27] Schließlich konnte der EU-Gesetzgeber am Ende des Jahres 2020 ein 5 Kernkomponenten und Ergänzungen umfassendes Maßnahmenpaket verabschieden, das die Haushalts- und Finanztätigkeit der Union auch ohne Änderung der vertraglichen Grundlagen nachhaltig verändert:

- VO 2020/2094 zur Schaffung eines **Aufbauinstruments** der Europäischen Union zur Unterstützung der Erholung nach der COVID-19-Krise,[28]
- Beschluss 2020/253 über das **Eigenmittelsystem** (nachfolgend EMB),[29]
- VO 2020/2093 zur Festlegung des **mehrjährigen Finanzrahmens 2021 – 2027** (nachfolgend MFR),[30]

25 Schlussfolgerungen des Europäischen Rates v. 21. Juli 2020, https://www.consilium.europa.eu/media/45136/210720-euco-final-conclusions-de.pdf (zuletzt besucht am 5. März 2021).

26 S. dazu Entschließung des Europäischen Parlaments v. 23. Juli 2020, P9_TA(2020)0206. Zu der nachfolgenden Einigung mit dem Rat s. Entschließung des Parlaments v. 16. September, P9_TA(2020)0220.

27 https://www.consilium.europa.eu/de/press/press-releases/2020/11/19/remarks-by-president-charles-michel-after-the-video-conference-of-the-members-of-the-european-council-on-19-november-2020/: „Some Member States have indicated that they are not able to support the majority" (zuletzt besucht am 3. März 2021).

28 ABl. 2020 LI 433, 23, dazu nachfolgend 3.

29 ABl. 2020 Nr. L 424, 1, dazu nachfolgend 4.

30 ABl. 2020 Nr. 433, 11, dazu nachfolgend 5.

- VO 2020/2092 über eine **allgemeine Konditionalitätsregelung** zum Schutz des Haushalts der Union,[31]
- Beschluss über den **Gesamthaushaltsplan** der Europäischen Union für 2021.[32]

Ergänzt wurden diese Rechtsakte durch eine neue **interinstitutionelle Vereinbarung** zwischen dem Europäischen Parlament, dem Rat und der Kommission v. 16. Dezember 2020 über die Haushaltsdisziplin, die Zusammenarbeit im Haushaltsbereich und die wirtschaftliche Haushaltsführung sowie über neue Eigenmittel, einschließlich eines Fahrplans im Hinblick auf die Einführung neuer Eigenmittel[33] sowie durch eine **Gemeinsame Erklärung** zur Synchronisation von Gesetzgebungs- und Haushaltsverfahren bei der Annahme von Rechtsakten, die auf Art. 122 AEUV gestützt werden.[34]

3. *Das Aufbauinstrument*

Der AEUV ermöglicht der Union die Leistung von „finanziellem Beistand" an Mitgliedstaaten, wenn diese „von Schwierigkeiten betroffen oder von gravierenden Schwierigkeiten ernstlich bedroht sind" (Art. 122 Abs. 2). Diese Bestimmung erlangte während der Staatsschuldenkrise der Jahre 2009/2010 erstmals praktische Bedeutung. Sie diente als Grundlage für die Errichtung des Europäischen Finanzstabilisierungsmechanismus (EFSM).[35] Dieser sah die Gewährung von Darlehen an die betroffenen Mitgliedstaaten vor. Der Umfang derartiger Leistungen ist allerdings durch die im Haushalt der Union verfügbaren Mittel und die jeweiligen Obergrenzen der verfügbaren Einnahmen begrenzt. Zur Bekämpfung großer Krisen während einer laufenden Haushaltsperiode hat dieses Instrument nur begrenzte Tauglichkeit. Entsprechend vereinbarten die Mitgliedstaaten im Jahre 2010 und 2012 gesonderte Hilfsinstrumente außerhalb des Rahmens der EU – Verträge.[36]

---

31 ABl. 2020 Nr. LI 433, 1, dazu nachfolgend 8.

32 ABl. 2021 L 93, 1, dazu nachfolgend 9.

33 ABl. 2020 LI 433, 28, dazu nachfolgend 10.

34 ABl. 2020 CI 444, 5.

35 VO 407/2010, ABl 2010 L 118, 1.

36 Europäische Finanzstabilisierungsfazilität (EFSF), die später zum Europäischen Stabilitätsmechanismus (ESM) fortentwickelt wurde. Dazu EuGH, Rs. C-370/12, ECLI: EU:C:2012:756 (Pringle). S.a. *Bieber/Haag*, § 24, Rn. 12, 13 in: Bieber/Epiney/Haag/Kotzur, Die Europäische Union, 14. Aufl. 2020.

Das neue Aufbauinstrument ist ebenfalls auf Art. 122 AEUV gestützt (eine von der Sache her gebotene Bezugnahme auf Abs. 2 fehlt allerdings).[37] Seine Besonderheit gegenüber früheren Finanzhilfen der Union besteht zum einen in seinem beträchtlichen Umfang (750 Mrd. EUR)[38] und zum anderen in seiner vollen Eingliederung in den EU-Haushalt, insbesondere seiner unmittelbaren Verknüpfung mit einer besonderen, eigens zum Zweck der Finanzierung des Instruments geschaffenen Einnahme der Union. Das zeitliche Zusammentreffen von dringendem Hilfsbedarf mit den Beratungen über ein neues Einnahmesystem der EU begünstigte die Beschlussfassung in diesem Rahmen und setzte ein markantes Zeichen der Solidarität im Rahmen der Union.

Die Unterstützung im Rahmen des Instruments dient unter anderem der Finanzierung von Maßnahmen zur Wiederherstellung der Beschäftigung und zur Schaffung neuer Arbeitsplätze, zur Krisenvorsorge (u.a. zur Bevorratung grundlegender Güter) (VO 2020/2094, Art. 1 Abs. 2). Gemäß Art. 2 Abs. 2 der VO kann die Unterstützung eine von drei möglichen Formen annehmen, für die jeweils Höchstbeträgen festgelegt wurden: nicht rückzahlbare Zuwendungen (384,4 Mrd. EUR), Darlehen (360 Mrd. EUR) oder Haushaltsgarantien (5,6 Mrd. EUR). Einzelheiten der Durchführung enthält die VO 2021/241 „zur Errichtung der Aufbau- und Resilienzfazilität".[39] Das neue Instrument tritt neben die im Rahmen des regelmäßigen Haushaltsverfahrens zu finanzierenden Maßnahmen der Union.

Der außerordentliche Charakter der auf Art. 122 AEUV gestützten Maßnahmen wird durch die vom ordentlichen Gesetzgebungsverfahren der EU markant abweichende und anachronistisch anmutende Verfahrensgestaltung unterstrichen: Zwar bildet auch in diesem Fall ein Vorschlag der Kommission die unerlässliche Voraussetzung für den Erlass eines Rechtsakts, doch kann der Rat einen Beschluss ohne Beteiligung des Parlaments treffen. Lediglich eine nachträgliche Information ist geboten. Ein vom Rat ohne Rücksicht auf das Parlament als dem anderen Teil der Haushaltsbehörde getroffener Beschluss mit finanziellen Konsequenzen für den EU – Haushalt enthielte erhebliches Konfliktpotential. Das Parlament könnte mit Hilfe seiner Haushaltsrechte das Projekt blockieren oder trotz fehlender (Mit-) Gesetzgebungsbefugnisse Änderungen verlangen. Unter den beson-

---

37 VO 2020/204 „zur Schaffung eines Aufbauinstruments der Europäischen Union zur Unterstützung der Erholung nach der COVID-19-Krise", ABl. 2020 LI 433, 23.

38 Zum Vergleich: Der gesamte EU Haushalt des Jahres 2020 belief sich auf ca. 164 Mrd. Euro.

39 ABl. 2021 L 57, 17.

deren Bedingungen des Jahres 2020 war ein Ausgleich möglich dank des Zusammentreffens dieser Maßnahme mit dem laufenden Haushaltsverfahren und wegen Verpflichtungen des Rates zu einer zukünftigen Zusammenarbeit mit dem Europäischen Parlament bei weiteren auf Art. 122 AEUV zu stützenden Beschlüssen (dazu unten 9).

4. Die neuen Finanzmittel der Union

a) Überblick

Seit 1970 waren bereits acht aufeinander folgende, sich jeweils ersetzende besondere Rechtsakte zur Definition und zur Bemessung der Eigenmittel der Union ergangen. Der jüngste, am 14. Dezember 2020 verabschiedete, Eigenmittelbeschluss führte die Grundkonzeption der vorherigen Rechtsakte fort, war aber geprägt von den Bemühungen, der Europäischen Union größere finanzielle Möglichkeiten zu verschaffen, um insbesondere die wirtschaftlichen Folgen der COVID-19- Krise zu mindern. Auch sollte er die neue klima- und umweltschützende Ausrichtung der Union unterstützen.[40]

Er gilt ab dem 1. Januar 2021, tritt aber erst in Kraft, nachdem alle Mitgliedstaaten den Abschluss ihrer verfassungsrechtlich gebotenen Zustimmungsverfahren mitgeteilt haben (Art. 311 Abs. 2 AEUV und Art. 12 EMB 2020).[41]

Danach verfügt die Europäische Union ab 2021 neben den schon bisher erhobenen 3 Kategorien von Eigenmitteln (Zöllen aus dem Handel mit Drittstaaten = sog. „traditionelle Eigenmittel"; auf der Grundlage der Mehrwertsteuereinnahmen berechnete Einnahmen sowie anhand des jeweiligen BNE berechnete Einnahmen) über zwei neue Kategorien von Eigenmitteln:

- eine Abgabe auf nicht recycelte Verpackungsabfälle aus Kunststoff[42] sowie
- eine außerordentliche auf den Kapitalmärkten aufgenommene Einnahme[43].

---

40 BRat 2020/2053, ABl. 2020 L 424, 1.

41 In Deutschland ist gemäß § 3 Abs. 1 des Integrationsverantwortungsgesetzes (BGBl. I S. 3022) ein Gesetz nach Art. 23 Abs. 1 GG erforderlich.

42 Dazu nachfolgend b.

43 Dazu nachfolgend c.

Ab dem Jahr 2023 sollen außerdem hinzukommen: Einnahmen aus einer „CO2-Ausgleichsregelung“ und einer Digitalabgabe sowie ein überarbeitetes Emissionshandelssystem, das möglicherweise auf den Luft- und Seeverkehr ausgeweitet wird.[44] Geplant ist auch, die bereits 2011 vorgeschlagene Finanztransaktionssteuer zur Finanzierung des EU-Haushalts heranzuziehen.[45] Insgesamt erfahren die Einnahmen der Union eine deutliche Diversifizierung und tendenziell eine Verknüpfung mit den politischen Zielen der Union. Die damit verbundene Ausweitung erfolgt gleichwohl in normativ fixierten Grenzen (dazu nachfolgend C.IV).

b) Die neuen eigenen Mittel: Die Abgabe auf Kunststoffabfälle

Neu sieht der EMB 2020 in Art. 2 Abs. 1 Buchst. d) Einnahmen vor, die sich aus der Anwendung eines einheitlichen Abrufsatzes auf das Gewicht der in den einzelnen Mitgliedstaaten angefallenen nicht recycelten Verpackungsabfälle aus Kunststoff ergeben. Das Gewicht der maßgeblichen Abfälle wird berechnet als die Differenz zwischen dem Gewicht der in einem Mitgliedstaat in einem bestimmten Jahr angefallenen Verpackungsabfälle dieser Kategorie und der nach der RL 94/62 in demselben Jahr recycelten entsprechenden Verpackungsabfälle (Art. 2 Abs. 2 EMB 2020). Die zur Berechnung herangezogenen Arten von Abfällen bestimmen sich anhand der in dieser Bestimmung genannten Rechtsakte.[46]

Der einheitliche Abrufsatz beträgt 0,80 EUR pro Kilogramm. Die Kommission schätzte den jährlichen Umfang der auf diese Weise errechneten Abgabe auf ca. 7 Mrd. Euro.[47] Allerdings steht dieser Betrag nicht in vollem Umfang zur Verfügung, da der EMB 17 Mitgliedstaaten eine jährliche pauschale Ermäßigung einräumt (Art. 2 Abs. 2 Unterabs. 3). Diese wird in unterschiedlicher Höhe für die einzelnen Staaten beziffert. Der geringste Betrag in Höhe von 1,4 Mio. gilt für Malta, der höchste (für Italien) 184 Mio. Euro. Sie errechnet sich aus der Abfallmenge von 3,8 kg multipli-

44 EMB 2020, Erwägungsgründe, Ziff. 8, unter Verweis auf entsprechende Äußerungen des Europäischen Rates in den Schlussfolgerungen der Tagung v. 17. – 21. 7. 2020, Ziff. A.29.

45 Vorschlag für eine Richtlinie über das gemeinsame Finanztransaktionssteuersystem KOM(2011)594, v. 28. September 2011, Ziff. 1.2.

46 VO 1907/2006, ABl. 2006 L 396, 1, Art. 3, Ziff. 5; RL 94/62, ABl. 1994 L 365, 10, Art. 3 Ziff. 2, 2c; B 2005/270, ABl. 2005, L 86, 6.

47 Vorschlag für das Eigenmittelsystem COM(2018)325 v. 2. Mai 2018, Ziff. 3.3.

ziert mit der Bevölkerungszahl des betreffenden Mitgliedstaats und gilt für Mitgliedstaaten, die 2017 ein pro-Kopf-BNE unterhalb des BNE-Durchschnitts aufwiesen.[48]

Die Festlegung derartiger Details in dem im Vergleich zu einfachen Gesetzgebungsakten höherrangigen EMB, insbesondere der Kriterien dieser Einnahme schränkt den Spielraum des Gesetzgebers erheblich ein. Faktisch bleibt ihm insoweit nur noch Raum für den Vollzug der im EMB 2020 enthaltenen Regelung. Dies bildet eine nicht unproblematische Verschiebung der Gesetzgebungskompetenz – im konkreten Fall der umweltrechtlichen Zuständigkeit gemäß Art. 192 AEUV. Auch entzieht der ausdrückliche Bezug auf einzelne Bestimmungen verschiedener Rechtsakte der einfachen Gesetzgebung diese faktisch der Möglichkeit von Änderungen im Verfahren der ordentlichen Gesetzgebung.

c) Außerordentliche Einnahmen zur Finanzierung des Aufbauinstruments, Anleihen

Das unter Ziff. 3 beschriebene neue „Aufbauinstrument" konnte zwar auf der Grundlage des Art. 122 AEUV eingeführt werden, doch musste zur Beschaffung der entsprechenden Einnahmen gleichzeitig das in 311 AEUV für Beschlüsse über Eigenmittel vorgesehene Verfahren eingehalten werden. Das ohnehin laufende Verfahren für einen ab 2021 geltenden neuen EMB schuf günstige Voraussetzungen für eine kreative Lösung: Zur Bewältigung der COVID-19-Krise enthält der EMB 2020 als neues kurzfristig eingeführtes Instrument die Ermächtigung der Union, an den Kapitalmärkten vorübergehend Mittel in Höhe von bis zu 750 Mrd. EUR aufzunehmen und die Rückzahlung über den Haushalt der EU abzuwickeln (Art. 5). Diese Ermächtigung verändert grundlegend das traditionelle Finanzierungssystem der EU. Denn im Gegensatz zum EGKS-Vertrag (Art. 49 EGKSV) und zum EAG-Vertrag (Art. 172 Abs. 4) enthalten die Finanzbestimmungen des AEUV keine ausdrückliche Vorschrift über die Aufnahme von Anleihen durch die Union. Da aber Art. 311 Abs. 3 AEUV die Einführung neuer Kategorien von Eigenmitteln nach dem dort vorgesehenen besonderen Verfahren (Einstimmigkeit im Rat und Zustimmung gemäß den staatlich vorgeschriebenen Verfahren) ohne thematische Einschränkung gestattet,

48 EMB 2020, Erwägungsgründe, Ziff. 7.

ist die Aufnahme von Anleihen als allgemeines Deckungsmittel für den Haushalt nicht grundsätzlich ausgeschlossen.[49]

Der EMB 2020 betont, dass die Ermächtigung zur Kapitalaufnahme „ausnahmsweise" erfolgt.[50] Das Instrument soll also nicht als Präzedenzfall für die Finanzierung des EU- Haushalts über Anleihen dienen. Die Einzelheiten der Verwendung dieser Mittel legt die VO 2020/2094 „zur Schaffung eines Aufbauinstruments der Europäischen Union zur Unterstützung der Erholung nach der COVID-19-Krise" fest.[51] Ein Teilbetrag von 390 Mrd. EUR gilt danach als externe zweckgebundene Einnahmen im Sinne von Art. 21 Abs. 5 der Haushaltsordnung, die für spezifische Ausgaben im Rahmen des Haushaltsplans zu verwenden sind.[52] Ein weiterer Teilbetrag ist für Darlehen an die Mitgliedstaaten vorgesehen (Art. 2, Abs. 2 lit. b)).

5. „Korrekturen" und Ermäßigungen der Einnahmen zugunsten einzelner Mitgliedstaaten, „Erhebungskosten"

Der EMB 2020 sieht ein Bündel verschiedener Arten von Kürzungen der Zahlungen vor, die von einzelnen Staaten auf der Grundlage des Eigenmittelbeschlusses an die Union zu leisten wären. Die Rechtfertigung dieser Sonderregeln ist fragwürdig.

So behalten alle Mitgliedstaaten 25 % der Einnahmen aus den Abschöpfungen, Zöllen und der Zuckerabgabe für Erhebungskosten ein (Art. 9 Abs. 2 EMB 2020). Bildet die Regelung an sich schon eine – der Haushaltsklarheit nicht förderliche – Ausnahme von dem haushaltsrechtlichen Bruttoprinzip, so lässt sich die Steigerung gegenüber dem EMB 2014 (Art. 2 Abs. 2: 20 %) sachlich nicht rechtfertigen. Es ist zweifelhaft, ob diesem hohen Betrag entsprechende reale Aufwendungen der Mitgliedstaaten gegenüberstehen. Frühere Eigenmittelbeschlüsse sahen demgegenüber eine *Erstattung* an die Mitgliedstaaten (allerdings in gleicher Höhe) vor.[53]

---

49 *Roland Scheibe*, Die Anleihekompetenzen der Gemeinschaftsorgane nach dem EWG-Vertrag, 1988, 220 ff., 235 ff. Zustimmend *Häde* in: Pechstein/Nowak/Häde (Hrsg.), Frankfurter Kommentar EUV/GRC/AEUV, Art. 311 Rn. 69; A.A. *Magiera* in: G/H/N, Art. 311 Rn. 23 (2017).

50 EMB 2020, Erwägungsgründe, Ziff. 14, 15.

51 VO 2020/2094, ABl. 2020 L 433I, 23, dazu oben B.

52 Art. 3, Abs. 1 VO 2020/2094.

53 Art. 3 Abs. 1 des Eigenmittelbeschlusses von 1970; Art. 5 des Eigenmittelbeschlusses von 1985; vgl. auch den Bericht der Kommission an den Rat und das EP über die Finanzierung des Gemeinschaftshaushalts vom 3. März 1987, KOM (87) 101, in dem

Weiterhin werden in Art. 2, Abs. 2 und Abs. 4 für insgesamt 22 Mitgliedstaaten zahlenmäßig definierte Kürzungen festgelegt. Sie beziehen sich auf die Verpackungsabfälle-Abgabe und auf den BNE-Beitrag. Im Ergebnis leisten damit nur 5 Staaten die regulär berechneten vollen Beträge.[54] Ein Präzedenzfall bestand lange Zeit in dem 1984 zugunsten des Vereinigten Königreichs eingeführten „Korrekturmechanismus", der zuletzt im EMB 2014 bestätigt wurde (Art. 4). Zwar entfällt diese Anomalie mit dem Austritt Großbritanniens aus der Union, doch hat sich die Praxis verfestigt, Sonderregeln für einzelne Staaten zu schaffen.

Der EMB 2020 bezeichnet keine objektiven Kriterien für die Erhebungskosten und für die verschiedenen Kürzungen der Einnahmen.[55] Immerhin enthält Erwägungsgrund 7 des EMB 2020 eine Angabe zur Art der Berechnung der Ermäßigungen auf die Verpackungsabgabe.

Die Kommission hatte in ihrer Mitteilung 2018 genau das gegenteilige Vorgehen vorgeschlagen. Danach sollten alle Korrekturen auf der Einnahmenseite gestrichen werden. Insbesondere sollten die von den Mitgliedstaaten aus den traditionellen Eigenmitteln einbehaltenen Erhebungskosten auf das ursprüngliche Niveau von 10 % abgesenkt werden.[56]

Die Problematik des EMB 2020 besteht nicht in den Korrekturen der zu leistenden Zahlungen an sich, sondern in dem Fehlen jeglicher Art von Maßstab oder Begründung. Die insoweit bestehende mangelnde Transparenz fördert Zweifel an deren sachlicher Rechtfertigung. Die Kürzungen scheinen auf Kompromissen zu beruhen, die im Europäischen Rat bzw. im Rat ausgehandelt wurden, um die erforderlichen Mehrheiten/Einstimmigkeit für das Gesamtpaket der Finanzregeln für 2021 – 2027 zu erreichen.[57]

6. Die Begrenzung der Einnahmen

Die Ausgaben der Europäischen Union müssen zwingend innerhalb eines Rahmens der verfügbaren Einnahmen liegen, der durch eine dreifache Schranke und eine besondere Verfahrensgestaltung bestimmt wird: Zum

---

unter Ziff. 4.6.2. die Einstellung der Erstattung der Erhebungskosten vorgeschlagen wurde.

54 Belgien, Finnland, Frankreich, Irland, Luxemburg.

55 Art. 2, Abs. 3, Uabs. 3 EMB 2020.

56 Mitteilung der Kommission COM (2018) 321 v. 2. Mai 2018, Ziff. 5.

57 Dazu *Peter Becker*, Die Verhandlungen über den Haushalt der Europäischen Union, in: integration 4/2020, 257 – 277 (S. 276: „Die Rabattregelungen bleiben weiterhin das Instrument zur Ausbalancierung des fehlenden Reformwillens ....").

einen ist der Haushalt – von Besonderheiten abgesehen – „vollständig" aus Eigenmitteln zu finanzieren. Des Weiteren werden die zulässigen Eigenmittel gemäß Art. 311 AEUV in einem besonderen Beschluss abschließend festgelegt. Schließlich bezeichnet dieser Beschluss eine Obergrenze der jährlich verfügbaren Eigenmittel.

Die normative Begrenzung der eigenen Einnahmen gehört zu den wesentlichen Merkmalen der EU – Finanzverfassung. Dabei erfolgt die Begrenzung nicht nur mittelbar aus den konkreten Auswirkungen der Einnahme – Beschlüsse. Wie schon die früheren EMB wurden zunächst die MwSt. – Einnahmen und später die gesamten Einnahmen unmittelbar durch einen festen Prozentsatz des BNE der Mitgliedstaaten begrenzt. Die Ausgaben mussten sich in dem dadurch gesetzten Rahmen halten.

Art. 3 Abs. 1 EMB 2020 legt als Obergrenze des Gesamtbetrags der Eigenmittel für Mittel für Zahlungen in einem Haushaltsjahr 1,40 % der Summe der BNE aller Mitgliedstaaten fest. Allerdings hätte der Beschluss zur Schaffung eines Aufbauinstruments[58] und dessen Abwicklung über den Haushalt der Union nicht innerhalb dieser Grenzen ausgeführt werden können. Daher sieht Art. 6 EMB 2020 eine vorübergehende Erhöhung der Obergrenzen um 0,6 % vor. Diese spezifische Erhöhung dauert an, bis alle aus dem Aufbauinstrument erwachsenen Verbindlichkeiten der Union getilgt sind, längstens bis zum 31. Dezember 2058. Die Anhebung darf zwar nicht für die Deckung sonstiger Verbindlichkeiten der Union genutzt werden, im Ergebnis führt sie zu einer wesentlichen Erweiterung des EU – Haushalts der nächsten Jahre.

7. Der mehrjährige Finanzrahmen

Den Mechanismen zur Begrenzung der Einnahmen entsprechend sieht der AEUV in Art. 312 eine Begrenzung der jährlichen Ausgaben durch einen mindestens alle fünf Jahre festzulegenden „mehrjährigen Finanzrahmen" (MFR) vor. Der MFR wird in der Form einer Verordnung, also mit verbindlicher Wirkung für die Organe erlassen. Bei der Aufstellung des jährlichen Haushaltsplans sind die Vorgaben des MFR zwingend einzuhalten. Wegen des Ablaufs des letzten, 2013 beschlossenen MFR, gehörte zum Paket der 2020 zu verabschiedenden Maßnahmen auch dessen Ersetzung. Der Finanzrahmen 2021–2027 umfasst für diesen Zeitraum Mittel in Höhe

58 Dazu oben 4.

von insgesamt 1.074 Mrd. Euro.[59] Er ordnet diese Ausgaben in Anhang I sieben Ausgabenkategorien: Binnenmarkt Innovation, Digitales; Zusammenhalt, Resilienz und Werte; Natürliche Ressourcen und Umwelt; Migration und Grenzmanagement; Sicherheit und Verteidigung; Nachbarschaft und die Welt; Europäische öffentliche Verwaltung. Erst in Verbindungen mit den Erläuterungen wird allerdings deutlich, welche Ausgaben tatsächlich gemeint sind. So erscheinen die praktisch bedeutsamsten Ausgaben für Agrar- und Fischereipolitik nur unter den abstrakten (und damit irreführenden) Kategorien „natürliche Ressourcen und Umwelt". Der MFR enthält eine Reihe besonderer Instrumente (Art. 8 – 12), die innerhalb des Gesamtrahmens eine gewisse Flexibilität für die jährlichen Haushaltspläne gewährleisten. Diese werden ergänzt durch die entsprechenden Verfahrensregeln in der Interinstitutionellen Vereinbarung v. 16. Dezember 2020.[60] Überdies kann der MFR bei unvorhergesehenen Umständen sowie in den in Art. 14 – 17 der VO 2020/2093 bezeichneten Fällen einer Revision unterzogen werden.

8. *Konditionalität*

Zu den besonders umstrittenen Teilen des 2020 beschlossenen Finanzpakets der EU gehört die „allgemeine Konditionalitätsregelung zum Schutz des Haushalts der Union".[61] Sie ermöglicht unter anderem die Aussetzung von Zahlungen aus dem EU – Haushalt bei festgestellten Verstößen gegen die Grundsätze der Rechtsstaatlichkeit in einem Mitgliedstaat.[62] Schon bisher gehört die Aussetzung von Zahlungen zu den erprobten Mechanismen, um die Rechtmäßigkeit von Zahlungen aus dem EU – Haushalt zu gewährleisten. Dies galt bisher in Fällen spezifischer Pflichtverletzungen oder der Nichterfüllung bestimmter Auflagen, z.B. im Falle von „Unregelmäßigkeiten" (Art. 131 HO) oder wenn ein Mitgliedstaat den Aufforderungen der Kommission zu bestimmten wirtschaftspolitischen Maßnahmen keine Folge leistet (Art. 23, VO 1303/2013[63]). Die 2020 beschlossene „Konditionalitätsregelung zum Schutz des Haushalts der Union" ist breiter angelegt. Sie steht im Zusammenhang mit der wachsenden Kritik an der

59 VO 2020/2093, ABl. 2020 LI 433, 11.
60 Interinstitutionelle Vereinbarung v. 16. Dezember 2020, Teil I, ABl 2020 LI 433, 28.
61 VO 2020/2092, ABl. 2020 LI 433/1.
62 VO 2020/2092, ABl. 2020 LI 433, 1, Art. 5 und Art. 4 Abs. 1.
63 ABl. 2013 L 347, 320.

Verletzung rechtsstaatlicher Prinzipien in einzelnen Mitgliedstaaten.[64] Sie betont, dass ein „eindeutiger Zusammenhang zwischen der Achtung der Rechtsstaatlichkeit und der effizienten Ausführung des Haushaltsplans der Union" im Einklang mit dem in Art. 317 AEUV enthaltenen Grundsatz der Wirtschaftlichkeit der Haushaltsführung besteht[65] und errichtet in Art. 6 der VO 2020/2092 ein besonderes Prüfungsverfahren, wenn gemäß Art. 4 festgestellt wird, „dass Verstöße gegen die Grundsätze der Rechtsstaatlichkeit in einem Mitgliedstaat die wirtschaftliche Führung des Haushalts der Union oder den Schutz ihrer finanziellen Interessen hinreichend unmittelbar beeinträchtigen oder ernsthaft zu beeinträchtigen drohen". Das in Art. 6 bezeichnete Verfahren erfordert ein stufenweises Vorgehen mit umfassenden Anhörungen und sieht eine mögliche Beteiligung des Europäischen Parlaments vor (Ziff. 2). Es wird abgeschlossen mit einem Durchführungsbeschluss des Rates (Ziff. 10, 11). Vor einer Anwendung des Beschlusses kann der betroffene Mitgliedstaat den Europäischen Rat befassen. Bis zu einer Erörterung im Europäischen Rat „sollte keine Entscheidung über Maßnahmen getroffen werden".[66]

Angesichts seiner außergewöhnlichen – und gewollten – Komplexität wird die Bedeutung dieses Verfahrens weniger in seiner praktischen Anwendung als vielmehr in seiner vorbeugenden disziplinierenden Wirkung und als Druckmittel bestehen. Die heftige Reaktion der Regierungen der beiden in erster Linie gemeinten Staaten (Polen, Ungarn) im Vorfeld der Beschlussfassung zeigt, dass die mögliche Infragestellung finanzieller Leistungen einen Nerv der Beziehungen dieser Staaten zur Union trifft.

Die auf Art. 322 AEUV (Erlass von Haushaltsvorschriften) gestützte VO ist eingebettet in umfassende Bemühungen der EU – Organe, die Einhaltung der in Art. 2 EUV bezeichneten Werte, insbesondere der Rechtsstaatlichkeit, mit Hilfe von Sanktionen gegenüber Mitgliedstaaten zu gewährleisten.[67] Daher stellt sich die Frage nach dem Verhältnis von Art. 322 zu der

---

64 Dazu u.a. *Laurent Pech/Kim Lane Scheppele*, Illiberalism Within: Rule of Law Backsliding in the EU, in: Cambridge Yearbook of European Legal Studies 2017, Nr. 19, 3 – 47; *Sonja Priebus/Lisa H. Anders*, Rechtliche Lösungen für politische Konflikte? Rechtsstaatsbezogene Vertragsverletzungsverfahren gegen Ungarn, in: integration 2020 Nr. 2, 121 – 135; *Armin von Bogdandy*, Tyrannei der Werte? Herausforderungen und Grundlagen einer europäischen Dogmatik systemischer Defizite, in: ZaöRV 2019, Nr.3, 503 – 552.

65 VO 2020/2092, ABl. 2020 LI 433, 1, Erwägungsgründe, Ziff. 13.

66 VO 2020/2092, Erwägungsgründe, Ziff. 26.

67 Entschließung des Europäischen Parlaments v. 25. Oktober 2016 zu einem EU – Mechanismus für Demokratie, Rechtsstaatlichkeit und die Grundrechte, Ziff. 20,

in Art. 7 EUV enthaltenen Sanktionsregelung. Gemäß Art. 1 EUV ist dieser Vertrag mit dem AEUV gleichrangig. Da Art. 7 EUV die Frage möglicher Sanktionen gegen Mitgliedstaaten nicht abschließend regelt und der EUV mit dem AEUV gleichrangig ist (Art. 1 EUV), sind Normenkonflikte nach dem Grundsatz der Spezialität zu lösen. Für Sanktionen, die sich primär auf den Schutz des Haushalts der Union beziehen, bildet Art. 322 AEUV die spezieller aber nicht exklusive Vorschrift. Daher können Maßnahmen nach Art. 7 neben jenen nach Art. 322 ergriffen werden.

9. Der Haushalt des Jahres 2021

Gegenüber den vorgenannten Maßnahmen von grundsätzlicher und längere Zeiträume umfassenden Bedeutung tritt der – ebenfalls im Dezember 2020 getroffene – Beschluss über die Verabschiedung des Haushaltsplans für 2021 in den Hintergrund.[68]

Er umfasst 166 Mrd. Euro und liegt damit um 1,2 % über dem Haushalt des Jahres 2020. Doch wird die massive, durch das Aufbauinstrument ausgelöste Veränderung der Ausgaben – und Einnahmestruktur (oben C.) gegenüber den Vorjahren bereits im Jahre 2021 sichtbar: Die wichtigsten Programme der Union werden über den Umfang des regulären Haushalts hinaus um einen Betrag von insgesamt 211 Mrd. Euro aufgestockt. Die erforderlichen zusätzlichen (aus Anleihen finanzierten) Einnahmen werden im Haushaltsplan als zweckgebundene Einnahme ausgewiesen. Ein weiterer Betrag in Höhe von bis zu 133 Mrd. Euro kann in Form von Darlehen an die Mitgliedstaaten vergeben werden. Sichtbar werden neue Akzente bei den Ausgaben. So soll u.a. ein neuer Fonds „Für einen gerechten Übergang" zur Bewältigung der gesellschaftlichen und wirtschaftlichen Auswirkungen des Übergangs zu einer grünen und klimaneutralen Wirtschaft beitragen.[69] In den Schlussverhandlungen konnte das Europäische Parlament die Erhöhung der Ausgaben für vorrangig eingestufte Ausgaben durchsetzen (u.a. Humanitäre Hilfe, Verkehr, Digitales).[70]

ABl. 2018 C 215, 162. Dazu *Malte Symann*, Schutz der Rechtsstaatlichkeit durch europäisches Haushaltsrecht, 2021.

68 ABl. 2021 L 93/2021.

69 COM(2020)22 v. 14. Januar 2020, geändert durch COM(2020)460 v. 28. Mai 2020.

70 Vgl. Entschließung des Europäischen Parlaments, P9_TA(2020)0385 v. 18. Dezember 2020, Ziff. 4.

10. Schlussbemerkung: Die Finanzen als Antrieb für Gewichtsverschiebungen im Machtgefüge der EU

Die beschriebenen Entscheidungen entstanden in einem außerordentlichen, durch interne Spannungen und externe Krisenfaktoren geprägten Umfeld. Das Ausscheiden Großbritanniens und das insbesondere in Polen und Ungarn offen in Frage gestellte gemeinsame Verständnis von Demokratie und Rechtsstaatlichkeit hätten für sich genommen die Handlungsfähigkeit der Union geschwächt. Die COVID-19-Pandemie entfachte jedoch eine unerwartete und weitgehend konstruktive Dynamik im EU-System. Diese weist über solidarische Finanzbeschlüsse im engeren Sinne hinaus und gilt neuen, auf Zusammenarbeit der Institutionen und Regierungen angelegten Entscheidungsverfahren.

So fällt an dem Finanzpaket auf, dass es von einem ganzen Bündel gemeinsamer Erklärungen und Vereinbarungen zur zukünftigen Zusammenarbeit von EP, Kommission und Rat begleitet wird. Diese beziehen sich insbesondere auf die Einführung weiterer Eigenmittel, auf die Verwaltung des Aufbauinstruments sowie den Mittelfristigen Finanzrahmens und die Haushaltsdisziplin.[71] Zur Vermeidung möglicher zukünftiger Konflikte zwischen Gesetzgebungs- und Haushaltsbefugnissen, die aus auf Art. 122 AEUV gestützten Gesetzgebungsakten resultieren weil das EP in diesem Fall kein Mitentscheidungsrecht besitzt (wie z.B. bei Erlass des Aufbauinstruments) haben Rat, Europäisches Parlament und Kommission ein besonderes Verfahren vereinbart, das in Zukunft zwischen Parlament und Rat ein gemeinsames „Verständnis bezüglich der Auswirkungen des geplanten Rechtsakts auf den Haushalt" ermöglichen soll.[72] Sechs weitere „Gemeinsame Erklärungen" betreffen einzelne Aspekte der Ausführung des Haushaltsplans[73] sowie die Ausgabe von Anleihen für das Aufbauinstrument.[74]

Als weiterer Beleg für die Intensivierung der interinstitutionellen Zusammenarbeit sei die zunehmende Formalisierung des „Trilogs" der drei

71 Interinstitutionelle Vereinbarung v. 16. Dezember 2020, ABl. 2020, LI 433, 28.

72 Gemeinsame Erklärung v. 16. Dezember 2020, Ziff. 5, ABl. 2020, CI 444, 5. Diese Erklärung ist nicht zu verwechseln mit der Interinstitutionellen Vereinbarung vom selben Tag (s. nachfolgend, Anm. 73).

73 ABl. 2020, CI 444, 1,2,3,4, 6.

74 Gemeinsame Erklärung, ABl 2021, CI 58, 1.

Präsidenten von EP, Rat und Kommission erwähnt. Er wird zu einem wesentlichen Element der Kompromissfindung im Haushaltsverfahren.[75]

Nicht absehbar ist die Wirkung des Konditionalitätsmechanismus. Denkbar ist, dass der Mechanismus die gewünschte disziplinierende Wirkung entfaltet. Es ist aber auch möglich, dass er auf mittlere Frist Ungarn und Polen deutlich den übrigen Mitgliedstaaten entfremdet und in den Institutionen der Union isoliert. Dies kann langfristig zu einer zunehmenden Nutzung alternativer Formen gemeinsamen Handels der übrigen Staaten führen. Im Kontext des Haushaltspakets von 2020 verschob diese Situation die Gewichte zwischen den Regierungen und den EU-Institutionen. Denn um die erforderliche Einstimmigkeit im Rat für den Eigenmittelbeschluss zu finden, waren aufgrund der Veto-Drohungen von Polen und Ungarn Kompromisse zu diesem Mechanismus nötig, die nur auf der Ebene der Staats- und Regierungschefs gefunden werden konnten. Der Europäische Rat griff zu diesem Zweck massiv in die Befugnisse der Kommission ein, indem er ihr den Erlass von „Leitlinien" für die Durchführung vorschrieb.[76] Angesichts der Risiken eines Scheiterns des gesamten Finanzpakets erstaunt es nicht, dass die Kritik des Parlaments an diesem Vorgehen verhalten blieb.[77]

Die Finanzbeschlüsse des Jahres 2020 legten damit die widersprüchlich verlaufenden Nervenbahnen der Europäischen Union offen. Gleichzeitig ordneten sie diese zu einem neuen Kraftfeld zwischen Europäischem Parlament und Europäischem Rat.

75 Interinstitutionelle Vereinbarung (s.o. Anm. 71), Anhang I sowie VO 2020/2093 (MFR, s.o. Anm. 59), Art. 19, Abs. 4.

76 Europäischer Rat, Schlussfolgerungen v. 11. Dezember 2020, Teil I, Ziff. 2 lit. c), EUCO 22/20.

77 Entschließung des Europäischen Parlaments v. 17. Dezember 2020, P9_TA(2020)0360. Kritisch *Alberto Alemanno/Merijn Chamon*, To Save the Rule of Law you Must Apparently Break It, VerfBlog, 2020/12/11, https://verfassungsblog.de/to-save-the-rule-of-law-you-must-apparently-break-it/, DOI: 10.17176/20201212-060201-0. (zuletzt besucht am 7. März 2021).

E.
Exemplarische Entwicklungsfelder der Union: Wirtschaftsverfassung, Strafrecht, Schweiz/EU

E. I. Einführung

1. Überblick

In diesem Abschnitt werden Beiträge abgedruckt, von denen zwei exemplarisch stehen für die Dynamik der Entwicklung des Rechts der Union, die aus der Überlagerung von Zuständigkeiten von Union und Mitgliedstaaten in der Wirtschaftspolitik und bei der Zusammenarbeit in Strafsachen erwachsen. Der dritte Text bezieht sich auf Rechtsentwicklungen im Verhältnis zwischen Union und der Schweiz. Auch hier lassen sich Probleme der Überlagerung der Rechtsordnungen konstatieren, die aus der besonderen Bedeutung dieses Staates als Transitstaat zwischen verschiedenen Teilen des EU – Gebiets und der Wirkung des Rechts der Union auf diesen Nachbarstaat einerseits und dem besonderen Gewicht des Selbstverständnisses der Schweiz als eines unabhängigen Akteurs andererseits erwachsen.

Seit der Abfassung der Beiträge haben diese Ausgangssituationen nichts von ihrer jeweils spezifischen inhärenten Dynamik eingebüßt. Insbesondere zur WWU förderte der Wille zur Selbsterhaltung durch Solidarität die Entwicklung neuartiger Instrumente, mit deren Hilfe Mängel der Vertragsgrundlagen ausgeglichen werden konnten. Im Verhältnis EU – Schweiz ließ sich der geschilderte Plan eines Rahmenabkommens nicht verwirklichen. Stattdessen wurde jüngst ein Bündel sektorieller Abkommen vereinbart, das die bestehenden Verträge ergänzen und zum Teil ändern soll.

2. Rückblick auf die Beiträge in diesem Abschnitt

a) „new economic governance“

Der Beitrag über die „new economic governance“ (*E.2*) galt den Maßnahmen zur Bekämpfung der Krisenerscheinungen, die im Gefolge der internationalen Finanzkrise das Funktionieren der Wirtschafts- und Währungsunion in Frage stellten. Die damals nur als Vorschläge bekannten Pläne zur Ergänzung der vertraglichen und gesetzlichen Regelungen über die WWU wurden im Wesentlichen wie geplant verabschiedet und durch weitere Maßnahmen ergänzt. Die dazu geäußerte Kritik hat insofern weiterhin Bestand, als die Mängel des Vertragswortlauts nicht beseitigt wurden. Nicht vorhergesehen wurde jedoch die sich entfaltende Wirkung des Solidaritätsprinzips in der WWU- und damit verbunden – der Selbsterhaltung der Union. Im Ergebnis bewirkten die seither erlassenen Maßnahmen eine Transformation der Unionsverfassung.[1]

So ist das im Vertrag von Maastricht festgelegte Ziel einer gemeinsamen Währung (Art. 3 Abs. 4 EUV) zwar für eine große Zahl von Mitgliedstaaten verwirklicht, doch gelten auch 25 Jahre nach deren Einführung aus verschiedenen Gründen (zu der Ausnahme für Schweden oben *A.5*) noch in sieben Mitgliedstaaten nationale Währungen. Sie sind daher von der Anwendung der besonderen Regeln für den Euroraum (Art. 136 – 138 AEUV) ausgenommen. Auch dauern die unklaren Zuständigkeitsverteilungen fort: Nach wie vor liegt die Zuständigkeit für die Wirtschaftspolitik bei den Mitgliedstaaten (Art. 120, 121 AEUV), während die Währungspolitik – jedenfalls für den Euroraum – von den Institutionen der Union gestaltet wird (Art. 129 AEUV). Trotz aller Vorkehrungen und Bemühungen um Konvergenz müssen die einschlägigen Rechtsakte immer wieder angepasst werden, um Auseinanderentwicklungen der öffentlichen Haushalte der Mitgliedstaaten entgegenzuwirken. Für die Wirtschaftspolitik geschah dies zuletzt in Gestalt der 2024 verabschiedeten Verordnung 2024/1263 „über die wirksame Koordinierung der Wirtschaftspolitik und über die multilate-

---

1 Dazu jüngst *Ioannidis*, Die makroökonomische Verfassung, in: Bast/von Bogdandy (Hg.), Unionsverfassungsrecht, Baden – Baden 2025, 443 – 498; Beukers/de Witte/Kilpatrick (Hg.), Constitutional Change through Euro – Crisis Law, Cambridge 2017. Zu den fortdauernden Mängeln im Bereich der Währungspolitik *Van Malleghem*, Struggling over Risk, Solidarity and Responsibility in the Eurosystem, CMLR 2025, 373 - 408.

rale haushaltspolitische Überwachung“ sowie die VO 2024/1264 zur Änderung der VO 1467/97 und der RL 2024/1265 zur Änderung der RL 2011/87.[2]

Zu den Folgemaßnahmen der Finanzkrise des Jahres 2010 gehörte die Schaffung neuer Instrumente, die Hilfen an Mitgliedstaaten in finanziellen Schwierigkeiten ermöglichen sollten. So wurde ein auf Art. 122 AEUV gestützter „Finanzstabilisierungsmechanismus“[3] errichtet und Art. 136 AEUV mit dem Ziel der Errichtung eines „Europäischen Stabilitätsmechanismus“ geändert. Beide sollen die Leistung von finanziellem Beistand an einen Mitgliedstaat ermöglichen. Die Zulässigkeit einer derartigen Regelung war wegen des Haftungsverbots der EU in Art. 125 AEUV umstritten, wurde aber vom EuGH zustimmend beantwortet.[4]

Neuartig waren weiterhin das Instrument zur (finanziellen) Bewältigung der COVID – 19 Krise, das „Aufbauinstrument“[5] und dessen Finanzierung durch die Aufnahme von Anleihen über den Haushalt der Union (dazu *D.10*).[6]

Auch für die kritisierten Verfahrensmängel dieses Bereichs, insbesondere die fehlenden Mitentscheidungsrechte des EP an Rechtsakten, die auf Art. 122 AEUV gestützt sind (wie z.B. bei Erlass des Aufbauinstruments), haben Rat, Europäisches Parlament und Kommission eine der hier bereits beschriebenen (*D.1.1*) Hilfslösungen (inter-institutionelle Vereinbarung) im Vorfeld von Vertragsänderungen gefunden: In Zukunft soll ein Verfahren gelten, das zwischen Parlament und Rat ein gemeinsames „Verständnis bezüglich der Auswirkungen des geplanten Rechtsakts auf den Haushalt“ ermöglichen soll.[7]

---

2 ABl. L, 2024/1263, 2024/1264 und 2024/1265 v. 30.4.2024. Dazu und zum aktuellen Stand der WWU *Bieber/Epiney/Haag/Kotzur*, Die Europäische Union, 16. Aufl, 2024, 566 – 581. S.a. *Larch*, Reform der europäischen Fiskalregeln: Stabilität und Wachstum endlich vereint?, integration 2025, Nr. 5, 66 – 74. Zur Praxis: EP-Entschließung v. 13. 3. 2024 „Europäisches Semester für die wirtschaftspolitische Koordinierung 2024“, ABl. C/2024/6554.

3 VO 407/2010, ABl. L 118/2010, 1.

4 EuGH, Rs. C-370/12 (Pringle), ECLI:EU:2012:756, Rn. 56. Als weitere Krisenmaßnahmen sind zu erwähnen: Vertrag über Stabilität, Koordinierung und Steuerung in der Wirtschafts- und Währungsunion v. 2.3. 2012, BGBl. II, 1008 sowie die Beschlüsse der EZB zum Ankauf von Staatsanleihen, dazu BVerfG 134, 136 und EuGH, Rs. C- 62/14 (Gauweiler), ECLI:EU:C:2015:400, Rn. 93 ff.

5 VO 2020/2094, ABl. LI 433/2020, 23 sowie der Eigenmittelbeschluss B 2020/2053, ABl. L 424/2020, 1, dazu im Einzelnen BVerfG 164, 193, Rn. 147 ff.

6 Kritisch: *Heinemann*, Die Schuldenfinanzierung von NextGenerationEU: Gekommen um zu bleiben?, integration Nr. 4/2024, 294 – 312.

7 Gemeinsame Erklärung v. 16. Dezember 2020, Ziff. 5, ABl. 2020, CI 444, 5.

Auch wenn diese Maßnahmen jedenfalls zum Teil aus den in dem Beitrag kritisierten Unzulänglichkeiten des AEUV resultieren, so belegen sie doch die bereits wiederholt hervorgehobene Flexibilität des Gesamtsystems, das fähig ist, neuartige Instrumente und Verfahren zu schaffen und damit trotz unzulänglicher Vertragstexte auch in unvorhergesehenen Situationen handlungsfähig zu bleiben und sich damit selbst zu erhalten.

b) Zusammenarbeit in Strafsachen

Unspektakulärer, doch ebenfalls mit einer beachtlichen Dynamik verlief die vertraglich vorgesehene Zusammenarbeit in Strafsachen (Art. 82ff. AEUV, dazu *E. III.*).

Obwohl traditionell eine genuin staatliche Aufgabe, gehört das *Strafrecht* seit dem Vertrag von Lissabon als ein Bestandteil des „Raums der Freiheit, der Sicherheit und des Rechts“ zu den zwischen Union und Mitgliedstaaten geteilten Zuständigkeiten (Art. 4 Abs. 2 lit. j AEUV). Drei Schwerpunkte charakterisieren die Tätigkeit der Union: Die Bekämpfung der schweren Kriminalität mit grenzüberschreitender Dimension, die Erleichterung der grenzüberschreitenden Durchsetzung von Urteilen und die Förderung der grenzüberschreitenden polizeilichen Zusammenarbeit. Insoweit ist es vor allem erforderlich, dass sich die Mitgliedstaaten im Rahmen der Union über strafbare Tatbestände, Verfahrensgarantien und Sanktionen verständigen. Bisher erfuhren in diesem Bereich zum einen die Instrumente zum Schutz des Haushalts der Union (Art. 325 AEUV) Verstärkung,[8] zum anderen entwickelte sich eine umfangreiche Gesetzgebung auf der Grundlage der vertraglichen Ermächtigung zum Erlass von Mindestvorschriften (Art. 82 Abs. 2 AEUV).[9] Insoweit ist es vor allem erforderlich, dass sich die Mitgliedstaaten im Rahmen der Union über strafbare Tatbestände, Verfahrensgarantien und Sanktionen verständigen. Der in dem Beitrag erwähnte Vorschlag einer Richtlinie zum Schutz der finanziellen Interessen der Union wurde 2017 angenommen. Er legt Mindestvorschriften für die Definition von Straftatbeständen (u.a. Betrug) und Strafen fest.[10]

---

8 Beispiel: Errichtung der Europäischen Staatsanwaltschaft, Art. 86 AEUV und VO 2017/1939, ABl. L 283/2017, 1.

9 Nachweise bei Böse (Hg.), Europäisches Strafrecht, 2. Aufl., Baden – Baden 2021.

10 RL 2017/1371, ABl. L 198/2017, 29.

Einen Schwerpunkt der Rechtsprechung bildet die Auslegung des Rahmenbeschlusses über den Europäischen Haftbefehl[11] im Lichte der Europäischen Grundrechtecharta.[12] Viele Urteile gelten der Frage, unter welchen Voraussetzungen eine Auslieferung verweigert werden darf. Problematisch an dieser Rechtsprechung ist das in nahezu jedem einschlägigen Urteil wiederholte Postulat, das EU – Recht enthalte einen „Grundsatz des gegenseitigen Vertrauens". Danach müsse jeder Mitgliedstaat, „abgesehen von außergewöhnlichen Umständen, davon ausgeh(en), dass alle anderen Mitgliedstaaten das Unionsrecht und insbesondere die dort anerkannten Grundrechte beachten".[13] Angesichts der Formulierung des Art. 82 Abs. 1 AEUV („Die justizielle Zusammenarbeit in Strafsachen (...) beruht auf dem Grundsatz der gegenseitigen Anerkennung gerichtlicher Urteile und Entscheidungen" liegt es näher, bei der Ermittlung der den staatlichen Behörden in diesem Zusammenhang obliegenden Pflichten unmittelbar bei der vertraglichen Kategorie der „Anerkennung" anzusetzen statt einen Rechtsbegriff mit unbestimmtem Inhalt neu zu erfinden *(B.VII.)*.

Weiterhin zu trifft die Schlussfolgerung des Beitrags, wonach die Aktivitäten der Union auf diesem Gebiet nicht zu einer „Zentralisierung" des Strafrechts führt, sondern allenfalls zur Entwicklung eines Sockels gemeinsamer strafrechtlicher Grundsätze, verbunden mit einer Stärkung des Schutzes der Bürger und einer Stärkung der „Rechtsgewissheit" in der Union.

c) Beziehungen Schweiz/EU

Ein in seiner Art einzigartiges Beispiel für die sich intensivierende Ausstrahlung des Rechts der Union nach außen bieten die Beziehungen zwischen der Schweiz und der Union. Das Verhältnis zwischen der Schweiz und der sie vollständig umgebenden Union wird vor allem von der Ambivalenz von enger rechtlicher, wirtschaftlicher und kultureller Verbindung einerseits und dem Willen der Schweizer Bürger zur Bewahrung der Sym-

11 Rahmenbeschluss 2002/584, ABl. L 190/2002, 1.

12 Beispiel aus der jüngsten Rechtsprechung: EuGH, Rs. C- 562/21 und C-563/21(X, Y), ECLI:EU:C:2022:100, Rn. 40 ff.

13 Ständige Rspr., z.B. EuGH, Rs. C-392/22 (X), ECLI:EU:C:2024:195, Rn. 44.

bole ihrer Unabhängigkeit geprägt. Die Suche nach den dafür geeigneten Formen bestimmt bis in die Gegenwart die gegenseitigen Beziehungen.[14]

Sie oszillieren auf der einen Seite zwischen der Ablehnung des Beitritts der Schweiz zu dem Vertrag über den Europäischen Wirtschaftsraum im Jahre 1992, der Rücknahme eines im selben Jahr gestellten Beitrittsantrags zur Union im Jahre 2016 sowie dem von Schweizer Seite im Jahre 2021 erklärten Abbruch der Verhandlungen über den Abschluss eines Rahmenvertrages.

Die in dem Beitrag skizzierte Möglichkeit eines Rahmenabkommens, das gemeinsame Grundsätze für die geltenden Abkommen festlegt, wurde dadurch auf absehbare Zeit ausgeschlossen.

Stattdessen übernimmt die Schweiz weiterhin einseitig einzelne Teile des EU - Rechts in die eigene Rechtsordnung ("autonomer Nachvollzug") und verfolgt den Weg der sektoriellen Abkommen. So wurde 2025 ein Paket von Abkommen vereinbart, das neben die zwischen 1999 und 2007 vereinbarten 16 Abkommen mit der Union (und z.T. ihren Mitgliedstaaten) treten soll das die bestehenden bilateralen Verträge ergänzen und z.T. ändern soll. Darin werden u.a. die Zusammenarbeit im Bereich der Forschung und die Lieferung von Elektrizität geregelt.[15] Mehrere dieser Abkommen sehen einen Mechanismus zur Streitbeilegung vor, der sich auf Streitigkeiten aus den jeweiligen Abkommen bezieht Auch diese Abkommen werden in der Schweiz kontrovers diskutiert und die Entscheidung über ihr Inkrafttreten ist noch nicht absehbar.

Die Kommission hat vorgeschlagen, ein Abkommen über die Teilnahme der Schweiz an verschiedenen Programmen der Union aus dem Paket herauszulösen und bereits vorläufig anzuwenden.[16]

---

14 Dazu *Oesch*, Schweiz – Europäische Union, Grundlagen, Bilaterale Abkommen, autonomer Nachvollzug, 2. Aufl., Zürich 2025; *Maiani/Bieber*, Précis de droit européen, 4. Aufl., Bern 2024, 411 – 443; Maresceau/Tobler (Hg.), Switzerland and the EU: A challenging relationship, Leiden 2023; *Mazille*, L'institutionnalisation de la relation entre l'Union européenne et la Suisse, Paris/Genf/Zürich 2018.

15 Vorschlag für einen Beschluss des Rates über die Unterzeichnung - im Namen der Europäischen Union - eines umfangreichen Pakets von Abkommen zur Konsolidierung, Vertiefung und Ausweitung der bilateralen Beziehungen zur Schweizerischen Eidgenossenschaft, COM (2025) 308 und 309, v. 13.6. 2025; *Oesch* (oben, Anm. 14), 83 ff.

16 Empfehlung v. 9.4.2025, COM(2025) 159.

E. II. Kritik der „new economic governance“ für die Europäische Union*

1. Einleitung

Parallel zu Maßnahmen zur Unterstützung Griechenlands und Irlands setzte in der EU im Jahre 2010 unter dem Begriff „new economic governance“ eine Diskussion über Änderungen und Ergänzungen des Rechts der Wirtschafts- und Währungsunion ein. Im Zentrum stehen dabei zum einen die Absicht des Europäischen Rates zu einer punktuellen Änderung des Art. 136 AEUV, zum anderen ein Paket von sechs geplanten Rechtsakten zur Änderung bezw. Ergänzung wirtschaftpolitischer Bestimmungen des auf der Grundlage der Verträge erlassenen Rechts sowie ein (unverbindlicher) „Euro-Plus Pakt“ der Staats- und Regierungschefs des Euro - Raumes und 6 weiterer Staaten. Es handelt sich dabei nicht um Reformen, die auf einer konzeptionellen Neubewertung der Grundlagen der WuW nach der Erfahrung von 10 Jahren beruhen. Vielmehr sind diese Vorschläge geprägt von den Finanzkrisen Griechenlands, Irlands und anderer Staaten. Sie tragen alle Zeichen einer reaktiven Politik. Es bestehen Zweifel an ihrer nachhaltigen Wirkung, insbesondere an ihrer Eignung, die gemeinsame Verantwortung der Mitgliedstaaten in die Form bindender Politikgestaltung zu bringen und Legitimationsmängel der WuW zu beheben. Auf mittlere Frist erscheint eine grundlegende Überarbeitung der wirtschaftspolitischen Bestimmungen des AEUV geboten.

Die nachfolgenden Bemerkungen beziehen sich zum einen auf die zwischen September und Dezember des Jahres 2010 veröffentlichten Vorschläge, zum anderen auf die Massnahmen, die im Rahmen der EU-Wirtschaftspolitik gegenüber Griechenland und Irland getroffen wurden.

* Zuerst veröffentlicht in: *Müller-Graff/Schmahl/Skouris* (Hg.), Europäisches Recht zwischen Bewährung und Wandel, Festschrift für Dieter H. Scheuing, Baden-Baden 2011, 493 - 508.

2. Der Kontext: Strukturprobleme der EU – Wirtschaftspolitik

a) Wirtschaftspolitik und Haushaltskrisen

Am 8. Juni 2010 erging ein an Griechenland gerichteter Beschluß des Rates der EU, wonach Griechenland das derzeitige übermässige Defizit „beendet" und unter anderem „folgende Maßnahmen trifft":

- Kürzungen von Pensionen (Art. 2 Abs. 1, lit.e));
- Kürzung des Oster-, Urlaubs- und Weihnachtsgelds (Art. 2 Abs. 1, lit. f));
- Erzielung von Einnahmen aus der Vergabe von Glücksspiellizenzen (Art. 2 Abs. 2, lit.a));
- Ersetzung von lediglich 20 % der in den Ruhestand tretenden Bediensteten des öffentlichen Sektors (Art. 2 Abs. 2, lit. e));
- Einführung eines einheitlichen gesetzlichen Renteneintrittsalters von 65 Jahren (Art. 2 Abs. 2, lit. b));
- Erlass eines Gesetzes zur Reform des Tarifverhandlungssystems (Art. 2 Abs. 3, lit c));
- Erlass eines Mindestlohngesetzes (Art. 2 Abs. 3, lit. d)).[1]

Zur Durchführung der insgesamt 45 Maßnahmen werden Griechenland gestufte Fristen gesetzt, die letzte läuft im Dezember 2011 ab.

Rechtsgrundlagen dieses Beschlusses sind Art. 126 Abs. 9 und Art. 136 AEUV. Der Beschluss erging auf Empfehlung der Kommission. Andere Institutionen, z. B. das Europäische Parlament waren an dem Verfahren zur Verabschiedung dieses Rechtsakts nicht beteiligt. Gemäss Art. 288 AEUV sind Beschlüsse für ihren Adressaten verbindlich.

Parallel zu diesem Beschluß erging die Verordnung 407/2010 „zur Einführung eines europäischen Finanzstabilisierungsmechanismus".[2] Darin wird die Möglichkeit geschaffen, jedem der Mitgliedstaaten der Union – also auch den Staaten, die den Euro eingeführt haben – einen finanziellen Beistand der Union zu gewähren. Der Beistand kann geleistet werden, wenn der betreffende Staat aufgrund außergewöhnlicher Ereignisse, die sich seiner Kontrolle entziehen, von gravierenden wirtschaftlichen oder finanziellen Störungen betroffen ist (Art. 1). Rechtsgrundlage dieser Verordnung ist Art. 122 Abs. 2 AEUV.

---

1 Beschluss Nr. 2010/320, ABl. L 145/2010, 6, geändert durch Beschluss Nr. 2010/486, ABl. L 241/2010, 12.

2 VO Nr. 407/2010, ABl. L 118/2010, 1.

Die Höhe der internationalen Verschuldung Griechenlands und die davon ausgehenden Gefahren für die Stabilität der gemeinsamen Währung erklären das Vorgehen des Rates im Jahre 2010. Ob die vertraglichen Grundlagen dafür ausreichen, ist allerdings umstritten. Die Mitwirkung Deutschlands an den Beschlüssen ist Gegenstand anhängiger Verfahren vor dem deutschen Bundesverfassungsgericht.[3]

Die Gesamtheit der Maßnahmen, die Griechenland verbindlich auferlegt wurden, bilden den am weitesten reichenden Eingriff in die Wirtschafts- und Sozialpolitik eines Mitgliedstaates, der jemals von der Europäischen Union beschlossen wurde.

Noch ein Jahr zuvor (Juni 2009) hatte man ganz anderes gelesen: Im Rahmen der regelmäßig auf der Grundlage von Art. 121 Abs. 2 AEUV an die Mitgliedstaaten gerichteten „Empfehlungen zur Wirtschaftspolitik", dem zentralen Instrument zur Gestaltung einer gemeinsamen Wirtschaftspolitik als Teil der Wirtschafts- und Währungsunion *empfahl* der Rat der EU Griechenland, „die mittelfristige Haushaltskonsolidierung fortzusetzen und die Primärausgaben effizienter einzusetzen, die begonnenen Reformen in der Finanzverwaltung und im Haushaltsverfahren zu beschleunigen, die am BIP gemessene Schuldenquote zu verringern und so rasch wie möglich mit der Rentenreform fortzufahren…".[4]

Der erstaunliche Sprung von der freundlichen Ermahnung zum barschen Kommando illustriert die Pole der wirtschaftspolitischen Zuständigkeit der EU und weist gleichzeitig auf deren Schwächen, die insbesondere in einem erschreckenden Mangel an differenziertem Instrumentarium besteht. In einem grösseren Zusammenhang verstärkt dieser Vorgang die Zweifel an der Eignung der vertraglichen Regeln zur Gestaltung der Wirtschafts- und Währungsunion. Noch allgemeiner ist zu fragen, ob derartig gravierende Eingriffe in den Zuständigkeitsbereich eines Mitgliedstaates durch den EU – Rat (und die dahinterstehenden Regierungen) nicht mit erheblichen Legitimationsmängeln behaftet sind. Schließlich lenkt der Vorgang die Aufmerksamkeit auf die Problematik *einer gemeinsamen* Wirtschaftspolitik in der Union bei gleichzeitig und voraussichtlich langfristig fortbestehenden unterschiedlichen Währungen in ihrem Inneren.

3 Dazu BVerfG 2 BvR 1099/10, Beschl. v. 9. Juni 2010 sowie das noch anhängige Verfahren in der Hauptsache.

4 Empfehlung Nr. 2009/531 v. 25. Juni 2009, ABl. L 183/2009, 1, Anhang. Siehe auch Empfehlung Nr. 2010/410 v. 13. Juli 2010, ABl. L 191/2010, 28.

b) Die Ambivalenz der Instrumente einer Wirtschaftspolitik der Europäischen Union

Als Folge gegensätzlicher Vorstellungen über die Funktionsbedingungen einer Wirtschafts- und Währungsunion der EU regelten die Mitgliedstaaten (als Autoren der Verträge) die wirtschaftspolitischen Zuständigkeiten der EU undeutlich und widersprüchlich.[5]

Zuständigkeiten und Instrumente sind geprägt von dem Versuch, *gleichzeitig* die Autonomie der Mitgliedstaaten zu wahren *und* gemeinsam definierte Ziele zu erreichen.[6] Dies fällt noch deutlicher auf, seit mit dem Vertrag von Lissabon ein spezieller Vertragsabschnitt zur Klärung der Zuständigkeitsabgrenzung eingefügt wurde. Grundsätzlich wird danach die Zuständigkeit für die Wirtschaftspolitik zwischen der EU und ihren Mitgliedstaaten geteilt (Art. 4 Abs. 1 AEUV). Doch vermeidet der AEUV eine eindeutige Formulierung über die Art dieser Aufteilung. Aus Art. 2 Abs. 3 und 5 Abs. 1 AEUV scheint sich zu ergeben, dass die EU im Bereich der Wirtschaftspolitik über eine Zuständigkeit *sui generis* verfügt, die gerade nicht zur Kategorie der „geteilten" Zuständigkeiten gehört. Jedoch wird nicht präzisiert, worin diese Besonderheit bestehen soll. Nur indirekt lässt sich aus der Gesamtheit der vertraglichen Regeln entnehmen, dass eine Inanspruchnahme der wirtschaftspolitischen Zuständigkeit durch die EU keine Verdrängungswirkung gegenüber der mitgliedstaatlichen Handlungsbefugnis bewirkt. Bei dieser Lesart der Verträge kann die Union keine wirtschaftspolitischen Massnahmen an Stelle der Mitgliedstaaten treffen. Vielmehr muss sie sich auf den Erlass von „Rahmenregeln" und „Grundzügen" beschränken (Art. 119 Abs. 1 AEUV : „Koordinierung" und „Festlegung gemeinsamer Ziele"). Sie darf allerdings Sanktionen beschliessen, wenn in einem Staat ein „übermäßiges öffentliches Defizit" entstanden ist (Art. 126 AEUV). Die Ergebnisse dieser vertraglichen Ausgangslage sind vorhersehbar: Die Mitgliedstaaten nutzen weiterhin ihre wirtschaftspolitische Handlungsfreiheit und die Empfehlungen führen allenfalls zufällig zu einer „gemeinsamen" Wirtschaftspolitik. Erst in Krisen wird nachträglich nach gemeinsamen Lösungen gesucht. Diese „Lösungen" bestehen primär aus Strafmaßnahmen, die tendenziell die Krise verschärfen.

---

5 Vgl. *Häde*, Die Wirtschafts – und Währungsunion im Vertrag von Lissabon, EuR 2009, Nr. 2, 200 – 218.

6 Dazu m.w.N. *Schulze – Steinen*, Rechtsfragen zur Wirtschaftsunion, Baden-Baden 1997/1998.

Der Spannung zwischen Autonomie (neuerdings gern wieder als „Souveränität" reklamiert[7]) und Integration versuchten die Vertragsautoren dadurch zu entkommen, dass sie der EU für aussergewöhnliche Situationen auffallend unpräzise Handlungsbefunisse zuwiesen.

So können in aussergewöhnlichen Lagen, insbesondere bei Versorgungsschwierigkeiten nicht näher spezifizierte „angemessene Maßnahmen" – also auch verbindliche Rechtsakte – beschlossen werden. Ebenso kann der Rat gemäß Art. 126 Abs. 9 AEUV verbindliche Beschlüsse fassen, mit denen ein Mitgliedstaat im Falle andauernder übermässiger Defizite der öffentlichen Haushalte dazu verpflichtet wird, innerhalb einer bestimmten Frist Maßnahmen zur Haushaltssanierung zu ergreifen. Der Vertrag enthält keine näheren Angaben zur Art und zur Dichte derartiger EU-Regelungen.

Mit dem Beschluss des Rates vom 8. Juni 2010 wurde ein Präzedenzfall für die Inanspruchnahme einer Zuständigkeit der EU zu tief greifenden und detaillierten Anforderungen an das Verhalten in bisher von den Mitgliedstaaten reklamierten Bereichen der Wirtschaftspolitik geschaffen. Entsprechende Maßnahmen gegenüber Irland und Portugal folgten wenig später.

Ein Vergleich zwischen der Empfehlung, die der Rat gemäß Art. 121 Abs. 2 AEUV gegenüber Griechenland für den Zeitraum 2008 – 2010 verabschiedet hat und dem genannten Beschluß von 2010 zeigt die fehlende Kohärenz zwischen den Gestaltungsformen wirtschaftspolitischen Handelns der EU. Es fehlt ein Übergang zwischen der unverbindlichen Empfehlung und dem massiven korrigierenden Eingriff bezw. der Sanktion. Das für die Öffentlichkeit sichtbare Handeln der Union besteht allein in einer „polizeilichen" Tätigkeit.

Die mangelnde funktionale Effizienz und die politischen Risiken der geltenden vertraglichen Regelungen und des sog. „Stabilitäts- und Wachstumspakts"[8] wird im Übrigen auch daran deutlich, dass im Jahre 2010

7 So z.B. BVerfGE 123, 267. Dazu kritisch u.a. *Häberle*, Das retrospektive Lissabon-Urteil als versteinernde Maastricht II Entscheidung, JöR 58 (2010), 317 -336. Speziell zur irrigen Verwendung des Begriffs „Souveränität" im Rahmen der Europäischen Union: *Bieber*, „An Association of Sovereign States", European Constitutional Law Review 2009 Vol. 5 Nr. 3, 391 – 406, hier wieder abgedruckt, oben, 243 ff.

8 Entschließung des Europäischen Rates v. 17. Juni 1997, ABl. C 236/1997, 1; VO Nr. 1466/97 und Nr.1467/97, ABl. L 209/ 1997, 1 und 6 (i.d.F. der Änderungen v. 2005). Dazu *Louis*, L'Union européenne et sa monnaie (= Commentaire Mégret, 3. Aufl.), Bruxelles 2009, 108 ff.; *Chang*, Monetary Integration in the European Union, Basingstoke/New York 2009, 123 ff. (133 f.).

Defizitverfahren gemäss Art. 126 AEUV gegen mehr als 20 Mitgliedstaaten durchgeführt werden mussten.[9]

c) Die unzureichende Legitimation der wirtschaftspolitischen Instrumente

Der Unterschied zwischen den „guten Ratschlägen" des Jahres 2009 und den Anweisungen des Jahres gemäss Art. 126 Abs. 9 AEUV im Jahre 2010 erlangt zusätzliche Brisanz durch eine weitere strukturelle Fehlkonzeption der wirtschaftspolitischen Bestimmungen des AEUV. Das Europäische Parlament ist an der Entscheidungsfindung nicht beteiligt. Es wird über die vom Rat gemäß Art. 121 Abs. 2 und 4, 122 und 126 Abs. 9 und 11 verabschiedeten Empfehlungen und Beschlüssen nur *nachträglich* unterrichtet. Es ist schlechterdings nicht nachvollziehbar, wie die Autoren der einschlägigen Vertragsbestimmungen in den Ministerien der Mitgliedstaaten glauben konnten, zentrale wirtschafts- und sozialpolitische Entscheidungen ließen sich allein als Entscheidungen der Exekutiven ohne jede parlamentarische Legitimation auf der Ebene der EU den Völkern auferlegen. Der Widerspruch zu dem in Art. 2 EUV als Wert der EU postulierten Prinzip der Demokratie ist offenkundig. Der Ausschluß des zur Vertretung der Bürger berufenen Gremiums (Art. 10 Abs. 2 EUV) mindert die Legitimation derartiger Maßnahmen erheblich. Die Berufung auf europäische Solidarität wird überhaupt erst dann glaubhaft, wenn sie auf ein parlamentarisches Votum gestützt werden kann.

Die Dringlichkeit des Handelns der Union rechtfertigt den Verzicht auf eine parlamentarische Beratung nicht. In einer Situation von solcher Tragweite für einzelne Völker ist das Europäische Parlament imstande, kurzfristig zu einer Sondersitzung zusammenzutreten (vgl. Art. 229 AEUV).

Die im AEUV bisher vorgezeichnete, jedoch nicht zwingend gebotene[10] Umgehung des Europäischen Parlaments kann sich als äusserst gefährlich für die Legitimation der Union erweisen, wenn sich die die Bevölkerung eines Mitgliedstaates massiv gegen die Eingriffe der Union wehrt und daraus innenpolitische Krisen mit unabsehbaren Folgen erwachsen.

9 Zuletzt ABl. L 125/2010, 32 – 48; L 186/2010, 30; L 189/2010, 15, 17; L 196/2010, 24; L 199, 26.

10 Weil durch fakultative Konsultation des EP zumindest ansatzweise auszugleichend.

d) Die Problematik der unvollendeten Währungsunion

Die strukturelle Disparität der wirtschaftspolitischen Bestimmungen erfährt schließlich Akzentuierung durch die unterschiedliche Anwendung der Vertragsbestimmungen auf die Mitgliedstaaten. Gemäß Art. 139 AEUV, Abs. 2 Buchst. a) und b) sowie Abs. 4 ist bei den nach Art. 121 Abs. 2 zu beschließenden Grundzügen der Wirtschaftspolitik zwischen dem Euro – Währungsgebiet und den übrigen Mitgliedstaaten zu unterscheiden. Ebenso sind die Zwangsmittel zum Abbau eines übermäßigen Defizits (Art. 129 Abs. 9 und 11 AEUV) nur innerhalb des Euro-Währungsgebiets anwendbar. Zusätzliche Besonderheiten gelten gemäß Protokoll Nr. 15 zum EUV für das Vereinigte Königreich.

In der Aufbauphase der Währungsunion mit zunächst 12 Mitgliedstaaten, war absehbar, daß nicht alle Mitglieder gleichzeitig die Voraussetzungen für die Einführung des Euro würden erfüllen können. Deswegen wurden für die Nachzügler Übergangsbestimmungen eingeführt. Daß sie noch im Jahre 2011 von 10 Staaten beansprucht und auf unabsehbare Zeit erforderlich sein würden, die WuW also dauerhaft nach unterschiedlichen Regeln funktionieren würde, war nicht beabsichtigt. Inzwischen ist dieser Zustand zur Selbstverständlichkeit geworden, die kaum hinterfragt wird. Als Folge gerät das Ziel einer gemeinsamen Politik völlig aus dem Blickfeld. Die Umsetzung des Vertrages zerfällt in eine Verwirklichung von Partikularinteressen. Das führt zu einer völlig intransparenten Rechtslage und zu einer Desolidarisierung der Völker.

Diese Lage ist auch deswegen problematisch, weil zwischen den Mitgliedstaaten, die nicht dem Euro- Raum angehören, eine unterschiedliche Haltung zum Währungsraum eingenommen wird. Zum einen sind nicht alle dieser Staaten am Europäischen Wechselkursmechanismus (*EWS 2*)[11] beteiligt, zum anderen, weil einige Staaten zwar aus ökonomischen Gründen den Euro noch nicht einführen *konnten*, sie jedoch auf einen Beitritt zur Eurozone hinarbeiten, während andere (UK, Dänemark, Schweden) einen Beitritt *nicht verfolgen*. Nur für die erste Gruppe (ab 2011 sieben Staaten) sind die Art. 139 und 140 AEUV konzipiert.[12]

Die als vertraglicher Normalzustand vorgesehene allgemeine Wirkung der Beschlüsse zur Wirtschaftspolitik wird weiterhin dadurch relativiert,

11 Abkommen v. 16. März 2006, ABl.C 73/2006, S. 1; letzte Änderung v. 8. Dezember 2008, ABl. C 16/2009, 10.

12 Vgl. *De Grauwe*, Economics of monetary union, 8. Aufl., Oxford 2009, 153 ff.

daß seit dem Vertrag von Lissabon nicht nur Ausnahmeregeln für die Staaten außerhalb der Eurozone vorgesehen sind, sondern daß in Gestalt von Art. 136 AEUV nunmehr eine spezielle Handlungsbefugnis der EU geschaffen wurde, deren Wirkung auf die Staaten der Eurozone beschränkt ist. Diese neue Rechtsgrundlage erlaubt eine Verstärkung der Koordinierung und Überwachung der Haushaltsdisziplin und die eigenständige Festlegung wirtschaftpolitischer Grundzüge für den Euro-Raum. Ob dadurch die Erreichung des im Vertrag postulierten Ziels der Währungsunion für alle Mitgliedstaaten (Art. 3 Abs. 4 EUV) erleichtert wird ist zweifelhaft.[13]

e) Zwischenergebnis

Im System der vertraglichen Regeln zur Gestaltung der Wirtschafts- und Währungsunion wird damit ein latenter Bruch deutlich, der zu widersprüchlichem Handeln, zu rechtlichen Ungewissheiten und zu einer Gefährdung der Legitimation von EU und Mitgliedstaaten führt. Er kann nur um den Preis massiver Konflikte durch oberflächliche Korrekturen verdeckt werden. Eine stabile Lösung würde erfordern, den Widerspruch zwischen der schwach ausgeprägten Befugnis zur Politik*gestaltung* und der starken Befugnis zur Politik*sanktion* aufzuheben oder wenigstens zu mildern, also den Akzent der Tätigkeit der Union vorzuverlagern und dadurch das nachträgliche Eingreifen mit Hilfe von Sanktionen zu vermeiden.

Auf mittlere Frist wird es unumgänglich, der Union Befugnisse zur verbindlichen Entscheidung über die Grundzüge einer gemeinsamen Wirtschaftspolitik einzuräumen und parallel dazu das Entscheidungssystems mit dem Ziel einer demokratischen Legitimation wirtschafts- und sozialpolitischer Maßnahmen umzugestalten. Diese Umgestaltung müsste über den bisher bestimmenden binären Ansatz einer wirtschaftspolitischen Verantwortlichkeit *entweder* der Union *oder* der Mitgliedstaaten hinausweisen. Gleichzeitig erscheint es erforderlich, die vertraglichen Regeln zur Währungsunion mit jenen der Wirtschafts"union" wieder zu synchronisieren. Zu diesem Zweck ist zu erwägen, den gesamten Bereich in die Form einer „verstärkten Zusammenarbeit" gemäß Art. 20 EUV zu überführen.

---

13 Ausführlich dazu *Louis*, EMU and enhanced cooperation, in: Diederichs/Faber/Tekin/Umbach (Hg.), Europe Reloaded, Baden - Baden 2011, 303 - 330.

Dazu werden Vertragsänderungen erforderlich, die erheblich über den Beschluß des Europäischen Rates vom 25. März 2011 hinausgehen müssen und die auch nicht in kurzer Frist zu verwirklichen sind.[14]

3. *Die Reformvorschläge zur „economic governance" der Europäischen Union (2010/2011)*

Im Jahre 2010 setzte eine intensive Diskussion über das der EU verfügbare wirtschaftspolitische Instrumentarium ein. Seit September 2010 zeichnen sich die Umrisse möglicher Reformen ab. Korrekturen am Wortlaut des AEUV wurden im Dezember 2010 vom Europäischen Rat formuliert[15] und im März 2011 beschlossen.[16] Sie bedürfen der Zustimmung aller EU-Mitgliedstaaten. Daneben hat die Kommission am 29. September 2010 ein Bündel von Vorschlägen zur Konsolidierung der öffentlichen Finanzen der Mitgliedstaaten und zur Erlangung eines makro-ökonomischen Gleichgewichts vorgelegt.[17] Das Europäische Parlament[18] sowie eine vom Europäischen Rat eingesetzte Expertengruppe[19] unterbreiteten ebenfalls Diskussionsbeiträge. Schliesslich verabredeten die Staats- und Regierungschefs des Euro-Währungsgebietes im März 2011 einen „Euro-Plus-Pakt" zur wirtschaftspolitischen Koordinierung. 6 weitere EU-Mitgliedstaaten traten diesem Pakt bei.[20]

Die Reformvorschläge werden unter dem Titel „economic governance" diskutiert. Diese Bezeichnung gehört nicht zur Terminologie der EU-Verträge. Sie hat den Vorteil, daß sie die gemeinsame Verantwortung von Union und Mitgliedstaaten für das wirtschaftspolitische Regieren in der Union umgreift, ohne dabei die verpönte Assoziation der EU – Institutionen mit einer Regierung zu wecken. Allerdings belegen diese Vorschläge eine bedenkliche Tendenz zur Gestaltung zentraler wirtschafts- und sozial-

---

14 Dazu nachfolgend 3 *a)*.

15 Schlussfolgerungen des Europäischen Rates v. 29. Oktober 2010 (EUCO 25/10) und vom 17. Dezember 2010 (EUCO 30/10).

16 Beschluss des Europäischen Rates zur Änderung von Art. 136 AEUV, ABl. L 91/2011, 1.

17 Vorschläge KOM (2010) 522 – 527.

18 Entschließung v. 7. Juli 2010 (P 7 – TA (2010) 0277 und v. 20. Oktober 2010 „Verbesserung der Economic Governance und des Stabilitätsrahmens in der Union" (P 7 -TA (2010) 0377).

19 Europäischer Rat v. 29. Oktober 2010, Schlußfolgerungen, Anhang.

20 Schlussfolgerungen des Europäischen Rates v. 24./25. März 2011 (EUCO 10/11) Anlage 1.

politischer Fragen auf der Ebene der Exekutive und außerhalb des institutionellen Rahmens der Union. Bei derartigem Vorgehen werden gemeinsame Verantwortung, Legitimation und Kontrolle – und damit letztlich die Effizienz der Maßnahmen – von vornherein geschwächt.

a) Der Beschluß des Europäischen Rates zur Vertragsänderung

aa) Die beabsichtigte Reform

Der Europäische Rat ist dem Drängen Deutschlands nach einer Änderung des AEUV gefolgt.

Er beabsichtigte ursprünglich, Art. 122 AEUV in dem Sinne zu ergänzen, dass auch finanzielle Krisen eines Mitgliedstaates Hilfsmaßnahmen der EU rechtfertigen.

Diese Absicht war schon deswegen überraschend, weil die Hilfen zugunsten Griechenlands vom Mai 2010 bereits auf Art. 122 AEUV gestützt waren.[21] Wenn Art. 122 AEUV dafür eine hinreichende Rechtsgrundlage bildete, dann ist eine Vertragsänderung weder erforderlich noch gerechtfertigt. Im Dezember 2010 beschloß der Europäische Rat, diesen Weg aufzugeben und stattdessen dem Art. 136 AEUV einen neuen Abs. 3 mit folgendem Wortlaut anzufügen:

> „Die Mitgliedstaaten, deren Währung der Euro ist, können einen Stabilitätsmechanismus einrichten, der aktiviert wird, wenn dies unabdingbar ist, um die Stabilität des Euro-Währungsgebiets insgesamt zu wahren. Die Gewährung der erforderlichen Finanzhilfen im Rahmen des Mechanismus wird strengen Auflagen unterliegen."

Während der im Jahre 2010 beschlossene Stabilisierungsmechanismus im Rahmen der Union als Verordnung des Rates angenommen wurde[22], soll das Nachfolgeinstrument außerhalb des rechtlichen Rahmens der Union bleiben. In sich folgerichtig wird der Mechanismus mit Hilfe eines Vertrages der Euro – Staaten eingeführt werden. Die geplante Vertragsänderung bewirkt damit eine beachtliche Verlagerung von Zuständigkeiten der Union zurück zu den Mitgliedstaaten.

---

21 Zu den Zweifeln an der Tragfähigkeit dieser Rechtsgrundlage *Seidel*, Aktuelle Probleme der europäischen Währungsunion, integration Nr. 4/2010, 334 – 349.

22 Verordnung Nr. 407/2010, ABl. L 118/2010, 1.

Als Folge verlieren die politischen und gerichtlichen Kontrollmöglichkeiten im Rahmen der EU ihre Wirkung. Daß es sich tatsächlich um eine *Verlagerung* handelt, folgt aus der währungspolitischen Zielsetzung der geplanten Vertragsänderung („Finanzstabilität des gesamten Euro-Währungsgebiets"). Für die „Währungspolitik der Mitgliedstaaten, deren Währung der Euro ist", besitzt die Union gemäß Art. 3 Abs. 1 lit. c) AEUV eine *ausschließliche* Zuständigkeit. In diese Zuständigkeit greift der Vorschlag ein. Das ist zwar nicht grundsätzlich unzulässig, erfordert aber die Einhaltung strenger Verfahrensregeln, schließt also eine vereinfachte Beschlußfassung nach Art. 48 Abs. 6 EUV aus.

bb) Das für die vorgeschlagene Änderung von Art. 136 AEUV einzuhaltende Verfahren

Wenn Art. 122 AEUV zunächst eine ausreichende Rechtsgrundlage für Hilfsmaßnahmen bei übermäßigem Haushaltsdefizit bildete – wofür angesichts der offensichtlich von den Vertragsautoren nicht bedachten außergewöhnlichen Lage einiges spricht – dann führt die geplante Änderung von Art. 136 AEUV zu einer Reduzierung des Anwendungsbereichs von Art. 122 AEUV und mithin zu einer Verringerung der Zuständigkeiten der Europäischen Union. Damit wird das aufwändige Verfahren zur ordentlichen Vertragsänderung gemäß Art. 48 Abs. 2 EUV erforderlich.

Der Europäische Rat vertritt dagegen die Ansicht, die vorgeschlagene Vertragsänderung könne im Wege des „vereinfachten Verfahrens" nach Art. 48 Abs. 6 EUV erfolgen, weil „sie nicht zu einer Ausdehnung der der Union im Rahmen der Verträge übertragenen Zuständigkeiten" führe[23]. Diese Begründung genügt nicht, um die Anwendung des vereinfachten Verfahrens zu rechtfertigen. Denn gemäß Art. 48 Abs. 2 EUV erfordert eine „Verringerung" der Zuständigkeiten der Union – ebenso wie die Ausdehnung – die Befolgung des Verfahrens der ordentlichen Vertragsänderung. Die in Art. 48 Abs. 6 Unterabsatz 1 EUV vorgesehene Möglichkeit der Änderung im vereinfachten Verfahren erwähnt im Unterschied zu Art. 48 Abs.1 EUV diesen umfangreicheren Gehalt der Änderung gerade nicht. Gerade daraus erklärt sich überhaupt die Einführung des vereinfachten Änderungsverfahrens.

---

23 Erwägungsgründe des Vorschlags des Europäischen Rates v. 16./17. Dezember 2010, (EUCO 30/10) Ziff. 6.

Da der Europäische Rat gleichwohl nach Art. 48 Abs. 6 EUV verfahren ist, könnte eine durch den Vertrag von Lissabon modifizierte Bestimmung Bedeutung erlangen: Das Europäische Parlament ist befugt, den Europäischen Gerichtshof mit einer Klage gegen den Europäischen Rat zu befassen (Art. 263 Abs. 1 AEUV). Der EuGH kann daraufhin einen entsprechenden Beschluß des Europäischen Rates wegen Verletzung des Vertrags für nichtig erklären (Art. 264 AEUV). Trotz seiner Kritik am Vorgehen des Europäischen Rates[24] scheint das Europäische Parlament eine derartige Klage jedoch nicht zu beabsichtigen.

Zeitweilig wurde erwogen, eine die geplante Vertragsänderung in zeitlicher Verbindung mit dem für 2011 geplanten Verfahren zum Beitritt Kroatiens gemäß Art. 49 EUV einzuleiten. Beide Ziele können jedoch nur auf getrennten Wegen erreicht werden. Denn Änderungen von Art. 136 AEUV bilden keine „durch eine Aufnahme erforderlich werdenden Anpassungen der Verträge“ (Art. 49 Abs. 2 EUV).

Angesichts der Notwendigkeit, die Zustimmung aller Mitgliedstaaten gemäß ihren verfassungsrechtlichen Vorschriften einzuholen, ist keineswegs sicher, dass diese geplante Vertragsänderung auf dem geplanten Weg in Kraft treten kann. Wenn dann der langwierige Weg des Art. 48 Abs. 2 EUV doch begangen werden muß, dann sollte die Gelegenheit genutzt werden, um über das für erforderlich gehaltene Minimum hinaus ein übersichtliches Paket in sich schlüssiger Vertragsänderungen zu vereinbaren, das auch im Hinblick auf seine Verständlichkeit für die Bürger zu formulieren ist.

Sollte nur die bisher bekannte minimale und in ihrer Tragweite zweifelhafte Ergänzung von Art. 136 AEUV beschlossen werden, dann würde die Chance vertan, die in den geltenden Verträgen angelegten strukturellen Mängel des wirtschaftspolitischen Entscheidungsverfahrens zu beseitigen oder auch nur zu mildern.

cc) Ein Stabilitätsfonds ohne Vertragsänderung?

Die Ereignisse des Jahres und das Projekt einer Vertragsänderung zeigen, daß der Stabilitätsfonds – oder ein ähnlicher Mechanismus – erforderlich ist, um das reibungslose Funktionieren der Wirtschafts- und Währungsunion zu gewährleisten. Als Alternative zu der nunmehr auf den Weg gebrach-

---

24 Legislative Entschliessung v. 23. März 2011, Ziff. 9 und 19. Bezeichnenderweise stützte das EP seine Stellungnahme gleichzeitig auf Art. 48 Abs. 2 und Abs. 6 EUV.

ten Vertragsänderung oder zur erneuten Nutzung von Art. 122 AEUV erscheint eine Nutzung der in Art. 352 enthaltenen „Vertragsergänzungsklausel" angebracht.[25] Diese würde es erlauben, mit Hilfe eines einstimmigen Beschlusses des Rates und nach Zustimmung durch das Europäische Parlament die entsprechenden Regelungen einzuführen. Eine Vertragsänderung ware dann entbehrlich. Allerdings müsste der Stabilitätsfonds dann als „Tätigkeit der Union" und nicht – wie vorgesehen – als ein Handeln der Mitgliedstaaten konzipiert werden.

dd) Das notwendige Minimum einer Vertragsänderung

In jedem Fall erfordert eine Änderung von Art. 136 oder von Art. 122 AEUV als verfahrensrechtliches Minimum die Einführung des ordentlichen Gesetzgebungsverfahrens – also ein Mitentscheidungsrecht des Europäischen Parlaments. Dies ist schon deswegen erforderlich, weil Maßnahmen gemäß Art. 122 AEUV in aller Regel zu erheblichen Ausgaben für den EU-Haushalt führen und damit dem Zustimmungsrecht des EP im Haushaltsverfahren gemäß Art. 314 AEUV unterliegen.[26]

Auch sollte der Widerspruch zwischen der schwach ausgeprägten Befugnis zur Politik*gestaltung* und der starken Befugnis zur Politik*sanktion* aufgehoben oder wenigstens gemildert werden. Der Akzent der Tätigkeit der Union müßte vorverlagert werden, um das Eingreifen mit Hilfe von Sanktionen *nach* Eintritt eines Schadens zu vermeiden. Dies könnte dadurch geschehen, daß in Art. 121 Abs. 2 die Grundzüge der Wirtschaftspolitik nicht länger in der Form unverbindlicher Empfehlungen zu verabschieden wären, sondern als verbindliche Richtlinien gemäß Art. 288 AEUV zu beschlossen werden könnten. Damit verbliebe das Recht zur Wahl der Mittel weiterhin bei den Mitgliedstaaten, dagegen wären sie zur Erreichung der genannten Ziele verpflichtet. Auch könnten dafür Fristen festgesetzt werden.

Dem gleichen Ziel einer *konstruktiven Politikgestaltung* würde es dienen, nach dem Vorbild der Regelung für die EU-Sozialpolitik (Art. 153 Abs. 2 lit. b) AEUV) einzelne Bereiche der Wirtschaftspolitik zu bezeichnen, in denen die EU durch Richtlinien Mindestvorschriften erlassen kann.

---

25 S. Entschließung des Europäischen Parlaments v. 23. März 2011 (P7 – TA(2011)0103), Ziff. 9.

26 S. Entschließung des Europäischen Parlaments v. 7. Juli 2010 (P7 – TA(2010)0277), Ziff. 17.

Unabhängig von dieser Erweiterung der gestaltenden Rechte der EU bedürfen beide Teilaspekte des politischen Handelns bereits im Rahmen der bestehenden Zuständigkeiten einer demokratischen Legitimation. Daher wären in jedem Fall die Entscheidungsverfahren in den Art. 121, 122 und 126 Abs. 9 und 11 AEUV durch das ordentliche Gesetzgebungsverfahren zu ersetzen, also insbesondere durch ein Mitentscheidungsrecht des Europäischen Parlaments zu ergänzen. Das Europäische Parlament selbst spricht nur ganz zaghaft und wenig präzise davon, „daß sich die Organe auf die etwaige Notwendigkeit einer Änderung der Verträge vorbereiten müssen".[27]

Nur der spezielle Aspekt der fehlenden Beteiligung des EP an den Entscheidungsverfahren könnte alternativ dadurch behoben werden, dass der Rat sich verpflichtet, vor der Verabschiedung von Maßnahmen gemäß Art. 122 und 126 Abs. 9 und 11 das Europäische Parlament zu konsultieren und von dessen Stellungnahme nur aus wichtigen Gründen abzuweichen.

b) Änderungen und Ergänzungen des abgeleiteten Rechts

aa) Die Vorschläge der Kommission vom 29. September 2010

Die Kommission legte ein beispiellos umfangreiches Bündel von insgesamt sechs Rechtsakten zur wirtschaftspolitischen Steuerung vor. Es enthält zum einen zwei Vorschläge[28] zur Änderung der VO 1466/97 und 1467/97, des sog. „Stabilitäts - und Wachstumspakts".[29] Beide Akte gelten für alle Mitgliedstaaten, wobei jeweils Besonderheiten für die Staaten außerhalb des Euro-Raumes vorgesehen sind. Im Juni 2011 befinden sich diese Vorschläge noch im Gesetzgebungsverfahren, ihre Verabschiedung ist für den Sommer 2011 geplant.

Die weiteren Vorschläge für den Erlaß neuer Rechtsakte umfassen eine Richtlinie und drei Verordnungen. Davon sind zwei auf Art. 121 Abs. 6 bezw. Art. 126 Abs. 14 AEUV gestützt und betreffen alle Mitgliedstaaten.[30]

---

27 Entschließung des Europäischen Parlaments v. 20.Oktober 2010, P 7 – TA(2010) 0377, Punkt Z. AL.

28 KOM (2010) 522 endg. und 526 endg.; Rechtsgrundlagen Art. 121 Abs. 6 bzw. Art. 126 Abs. 14 AEUV.

29 VO Nr. 1466/97 und Nr. 1467/97, ABl. L 209/ 1997, 1, 6 i.d.F. der Änderungen v. 2005.

30 KOM (2010) 523 endg. und 527 endg.

Zwei weitere Vorschläge richten sich speziell an die Staaten des Euro – Raumes. Sie sind auf Art. 136 AEUV gestützt.[31]

Die Vorschläge unterscheiden zwischen „präventiven“ und „korrektiven“ Maßnahmen. Erstere beziehen sich auf das System der multilateralen Überwachung der staatlichen Wirtschaftspolitik gemäß Art. 121 AEUV, letztere auf das Verfahren zur Kontrolle übermäßiger Haushaltsdefizite der Mitgliedstaaten.

Unmittelbare und allgemeine Gestaltungswirkung für das öffentliche Haushaltswesen aller Mitgliedstaaten soll von dem Vorschlag einer Richtlinie zur Schaffung eines gemeinsamen „haushaltspolitischen Rahmens“ ausgehen.[32] Darin werden die Mitgliedstaaten unter anderem zu einer transparenten Finanzplanung verpflichtet, die auf vergleichbaren Kriterien, auf realistischen makroökonomischen Prognosen und auf mehrjährigen Perspektiven beruhen soll (Art. 3 – 9). Auch soll damit sichergestellt werden, daß sämtliche öffentlichen Ausgaben erfasst werden. Besondere Erwähnung erfahren insoweit die substaatlichen Teilsektoren Länder, Gemeinden und Sozialversicherung sowie Transaktionen ausserbudgetärer Fonds und sonstiger außerbudgetärer Einheiten (Art. 10 – 13).

In dem Vorschlag einer neuen Verordnung „zur Vermeidung und Korrektur makroökonomischer Ungleichgewichte“[33] ist ein Bündel von Maßnahmen vorgesehen, das die frühzeitige Erkennung anhand ökonomischer Indikatoren definierter „wirtschaftspolitischer Fehlentwicklungen“ in den Mitgliedstaaten ermöglichen soll. Wird nach Prüfung durch die Union bei einem Staat ein „übermäßiges Ungleichgewicht“ festgestellt, dann ist er verpflichtet, einen „Korrekturmaßnahmeplan“ vorzulegen. Dessen Ausführung wird überwacht und bewertet. Mögliche Sanktionen bei Ausbleiben geeigneter staatlicher Maßnahmen liegen für Staaten außerhalb des Euro -Raums in den Grenzen des Art. 121 AEUV. Ihre Einhaltung kann also nicht erzwungen werden.

Innerhalb des Euro – Raumes soll dagegen ein den geforderten Korrekturmaßnahmen entsprechendes Verhalten der Mitgliedstaaten mit Hilfe einer gesonderten Verordnung über „Durchsetzungsmaßnahmen"erzwungen werden.[34] Darin ist die Möglichkeit der Verhängung von Geldbußen vorgesehen, die sich auf einen jährlichen Betrag von 0,1 % des betreffenden Bruttosozialprodukts (BIP) belaufen.

31 KOM (2010) 524 endg. und 525 endg.
32 KOM (2010) 523 endg.
33 KOM (2010) 527 endg.
34 KOM (2010) 525 endg.

Besondere Regeln sollen die Wahrung gesunder öffentlicher Finanzen erzwingen. Zu diesem Zweck schlägt die Kommission vor, die VO Nr. 1466/97 und Nr. 1467/97 durch die Einführung einer neuen Verpflichtung zur Einhaltung einer „vorsichtigen Haushaltspolitik" zu ergänzen.[35]

Zu deren Definition werden verschiedene Parameter sowie Ausnahmen aufgestellt.

Soweit Verstöße von Mitgliedstaaten ausgehen, die nicht dem Euro -Raum angehören, kann die EU allerdings nur im Rahmen der in Art. 121 Abs. 4 genannten Möglichkeiten („Verwarnung", „Veröffentlichung") reagieren.

Für die Mitgliedstaaten des Euro -Raumes soll die Einhaltung einer „vorsichtigen Haushaltspolitik" mit Hilfe besonderer Sanktionen erzwungen werden. Zu diesem Zweck sieht ein gesonderter VO – Vorschlag eine Verpflichtung vor, wonach Mitgliedstaaten, bei denen eine anhaltende oder besonders ernsthafte Abweichung festgestellt wird, eine *verzinsliche* Einlage von 0,2 % ihres BIP zu hinterlegen haben.[36] Diese wird nach Ende der Abweichung zurückgezahlt. Wird ein übermäßiges Defizit gemäß Art. 126 Abs. 6 AEUV festgestellt, dann ist eine unverzinsliche in entsprechender Höhe zu hinterlegen. Diese verfällt, wenn die vom Rat geforderten Maßnahmen nicht innerhalb der vorgegebenen Frist durchgeführt werden.[37]

Der Vorschlag zur Änderung der VO 1467/97 gilt dem Verfahren zur Ermittlung eines übermäßigen Defizits. Danach soll bei der Bewertung der Haushaltslage in Zukunft der Schuldenstand der Mitgliedstaaten stärker berücksichtigt werden.[38] Außerdem sollen für Mitgliedstaaten des Euro-Raumes bei übermäßigem Defizit in Zukunft als Sanktion regelmäßig die in Art. 126 Abs. 11 vorgesehenen Geldbußen verhängt werden.[39]

---

35 KOM (2010) 526 endg.

36 KOM (2010) 524 endg., Art. 3.

37 KOM (2010) 524 endg., Art. 4, 5.

38 KOM (2010) 522 endg., Art. 1 Ziff. 2 lit b) (= VO 1467/97, Art. 2 Abs. 1 a (neu)).

39 KOM (2010) 522 endg., Art. 1 Ziff.1 (= VO 1467/97, Art. 11 (neu)).

bb) Die Vorschläge der vom Europäischen Rat eingesetzten „Task Force“ v. 21. Oktober 2010

Die parallel zu den Arbeiten der Kommission vorgelegten Empfehlungen der vom Europäischen Rat eingesetzten Expertengruppe[40] entsprechen im wesentlichen den Vorschlägen der Kommission. Sie sind weniger detailliert, greifen aber zwei Themen auf, die von der Kommission nicht formell behandelt wurden. Zum einen wird die Frage der Aussetzung von Stimmrechten von Mitgliedern des Rates als mögliche Sanktion bei Verstößen gegen Verpflichtungen aus dem Stabilitäts- und Wachstumspakt aufgeworfen.[41] Eine abwägende Erörterung dieses im Lichte der grundlegenden Verfassungsprinzipien der EU äusserst problematischen Konzepts erfolgt jedoch nicht.

Die „Task Force“ schlägt weiterhin allgemein vor, finanzielle Leistungen der Union an die Mitgliedstaaten an die Bedingung zu knüpfen, daß die Verpflichtungen des SWP eingehalten werden.[42]

cc) Anmerkungen

Die Vorschläge von Kommission und „Task Force“ bleiben im Rahmen der geltenden Verträge. Allenfalls der Entzug des Stimmrechts im Rat dürfte nicht von der kombinierten Ermächtigung der Art. 136 und 126 Abs. 11 AEUV gedeckt sein und daher eine Vertragsänderung erfordern.

Im Hinblick auf eine Stärkung der gemeinsamen wirtschaftspolitischen Gestaltung (der sog."präventiven Maßnahmen“) enthalten die Vorschläge bedeutsame Fortschritte. Insbesondere der Richtlinienentwurf zur Schaffung eines gemeinsamen haushaltspolitischen Rahmens und die geplante Einführung der Verpflichtung der Mitgliedstaaten auf eine „vorsichtige Haushaltspolitik“ in die VO Nr. 1466/97 schaffen die Voraussetzungen für eine gemeinsame wirtschaftspolitische Verantwortung.

Auf der anderen Seite erscheint der vorgeschlagene massive Einsatz finanzieller Sanktionen gegenüber Mitgliedstaaten des Euro-Raumes als eine verfehlte Akzentsetzung vor allem symbolischer Natur. Möglicherweise sol-

---

40 Schlussfolgerungen des Europäischen Rates v. 29. Oktober 2010 (EUCO 25/ 10), Anhang.

41 Abschlussbericht der vom Europäischen Rat im März 2010 eingesetzten Arbeitsgruppe für den Europäischen Rat vom 21. Oktober 2010, 15302/10, Ziff. 56.

42 Abschlussbericht, s.o. Anm. 41, Ziff. 18.

len damit Signale nach aussen gesetzt werden, um das Ansehen des Euro zu festigen. Allgemein besteht gegen Sanktionen als Instrument der Wirtschafts- und Haushaltspolitik der Einwand, daß dieses Mittel in schweren Krisensituationen keine konstruktive Wirkung entfaltet, sondern die Krise noch verschärft. Wenn die Finanzen eines Staates erst einmal zerrüttet sind, dann werden Strafzahlungen (und auch der Entzug von Stimmrechten) nichts ändern und den Willen zur Korrektur nicht entscheidend beeinflussen. Insoweit stellen sich derartige Vorschläge nicht der Aufgabe, Fehlentwicklungen bereits im Ansatz *gemeinsam* zu korrigieren. Gerade innerhalb einer Wirtschaftsunion und speziell innerhalb des Euro – Raumes sollte das Augenmerk darauf gerichtet sein, die mit so gravierenden Sanktionen belegten Situationen bereits im Ansatz zu vermeiden.

Nicht unproblematisch ist auch die Verstärkung des Unterschieds der Rechtslage von Staaten des Euro-Raumes und den sonstigen Mitgliedstaaten. Es ist zwar richtig, dass die Stabilität des Euro besondere Aufmerksamkeit verdient, doch erfordert die Verwirklichung der WuW gerade von den Mitgliedstaaten, für die eine Ausnahmeregelung gilt gemäß Art 140 Abs. 1 AEUV die Herbeiführung einer „tragbaren Finanzlage der öffentlichen Hand". Entsprechend sollte das auf dieses Ergebnis zielende Recht der EU für alle Mitgliedstaaten gelten.[43]

4. *Schlußbemerkung*

Die Europäische Union verdankt ihre fortdauernde Anziehungskraft und ihren Erfolg nicht zuletzt einer einzigartigen Voraussetzung ihrer Existenz: Sie beruht auf freiwilliger Zugehörigkeit, auf gemeinsam beschlossenen Zielen und auf freiwilliger Befolgung ihrer Normen innerhalb eines demokratischen und nach rechtsstaatlichen Grundsätzen aufgebauten institutionellen Systems. In ihrer Grundkonzeption ist die Union mit den Staaten nicht durch Weisung, Hierarchie und Sanktion verbunden. Die Mittel zur Wahrung ihrer Existenz und zur Erreichung ihrer Ziele erfordern zunächst die permanente Suche nach Konsens und Ausgleich. Allerdings muss der Konsens schließlich in für alle verbindliche Normen münden und darf sich nicht in unverbindlichen Empfehlungen erschöpfen. Nur auf diese Weise kann die für eine Legitimation des Handelns der Union nötige Kohärenz und Autorität gefunden werden.

---

43 Die aus dem Protokoll Nr. 15 zum EUV folgende Besonderheit für das Vereinigte Königreich bleibt hier außer Betracht.

Wesentliche Teile der jüngsten Vorschläge zur „economic governance" versuchen, strukturelle Schwächen der Vertragsbestimmungen zur Wirtschafts- und Währungsunion durch feierliche Absichtserklärungen außerhalb der vertraglichen Regeln oder dadurch zu überspielen, daß sie die Mitgliedstaaten durch massive Sanktionen zu einem zielkonformen Verhalten zu zwingen suchen, ohne im Vorfeld den Erlass verbindlicher Regeln und die Erlangung der erforderlichen Legitimation zu gewährleisten.

Diese Maßnahmen wurden offensichtlich unter dem Eindruck der jüngsten Krise formuliert. Sie kommen jedoch zu spät, um zur Lösung der aktuellen Krise beizutragen und sie greifen zu kurz, um an den strukturellen Problemen der Wirtschafts - und Währungsunion Entscheidendes zu ändern. Angesichts der Konsequenzen der Wirtschaftspolitik jedes einzelnen Mitgliedstaates für die Funktionsfähigkeit und die Stabilität der gesamten Wirtschafts- und Währungsunion führt kein Weg an verbindlichen wirtschaftspolitischen Beschlüssen vorbei, die im Rahmen der Union getroffen werden. Insofern bilden die jüngsten Beispiele der Eingriffe in die Wirtschaftspolitik Griechenlands, Irlands und Portugals Präzedenzfälle für die Notwendigkeit und Möglichkeit wirtschaftspolitischen Regierens im Rahmen der EU.

E. III. Strafrechtliche Sanktionen zur Durchsetzung des Europarechts*

1. Einleitung

Seit 2007 hat sich der rechtlich mögliche und praktisch wahrgenommene Einfluss des Rechts der Europäischen Union auf das Strafrecht ihrer Mitgliedstaaten erheblich verstärkt. Insbesondere haben die Staaten mit dem Vertrag von Lissabon die strafrechtliche Flankierung des Rechts der Union ausdrücklich ermöglicht und eine Harmonisierung von Straftatbeständen und Strafen durch Gesetzgebung der Union vorgesehen. Gegenüber der bis 2009 geltenden Rechtslage ist damit eine neue Situation entstanden. Danach wird die EU in Einzelbereichen (Verhütung und Bekämpfung von Betrügereien, die sich gegen die finanziellen Interessen der Union richten) ermächtigt, „die erforderlichen Massnahmen" zu ergreifen, also auch einen eigenständigen europäischen Straftatbestand zu begründen und zu definieren (Art. 325 IV AEUV, dazu unten II.3).

Die damit einhergehende Herausbildung eines strafrechtlichen Selbstverständnisses der Union wirkt auch nach aussen, unter anderem auf die Schweiz zurück. In den Abkommen über die Assoziierung der Schweiz an den Schengen-Besitzstand[1] und über die Zusammenarbeit bei der Betrugsbekämpfung vom 26. Oktober 2004[2] erfuhr diese Wirkung eine Strukturierung[3].

In dem nachfolgenden Beitrag zu Ehren von *Martin Killias* soll die Orientierung der jüngsten Rechtspraxis der Union skizziert und im Lichte von Warnungen des Jubilars bewertet werden.

Wegen ihrer grundsätzlichen und praktischen Bedeutung stehen dabei strafrechtliche Sanktionen im Vordergrund.

---

* Zuerst veröffentlicht in: *Kuhn u.a.* (Hg.), Kriminologie, Kriminalpolitik und Strafrecht aus internationaler Perspektive, Festschrift für Martin Killias, Bern 2013, 823 – 837.

1 Abkommen v. 26. Oktober 2004, ABl. EU L 53/2008, 52.

2 Abkommen v. 26. Oktober 2004, ABl. EU L 46/2009, 8.

3 Vgl. z.B. Art. 54 des Schengen-Durchführungsabkommens (Verbot der Doppelbestrafung) in Verbindung mit Art. 8 des Assoziierungsabkommens („möglichst einheitliche Anwendung und Auslegung") sowie Art. 2 des Abkommens über die Betrugsbekämpfung (Definition des Anwendungsbereichs).

2. *Grundlagen und Grenzen strafrechtlicher Sanktionen der Europäischen Union*

a) Die Union als „Raum der Freiheit der Sicherheit und des Rechts“

Strafrechtspflege und polizeiliche Tätigkeit bilden traditionell die wesentlichen Ausprägungen des staatlichen Gewaltmonopols. Nur scheinbar bleibt dieser Kernbereich staatlicher Funktionen unberührt von der Existenz der Union: Das in den EU-Gründungsverträgen angelegte aber nur unvollkommen geregelte Zusammenspiel des staatlichen Rechts mit dem Recht der Union gebietet auch für das staatliche Strafrecht eine Klärung von dessen Wirkung in den vom EU-Recht erfassten Bereichen.

Schon frühzeitig hat der EuGH betont, dass aus dem Recht der Union für die Mitgliedstaaten Grenzen einer Verhängung strafrechtlicher Sanktionen erwachsen können. Danach darf der staatliche Strafanspruch nur geltend gemacht werden, wenn keine Regeln des Rechts der Union entgegenstehen, soweit die staatlichen Regeln nicht unverhältnismässig sind und so weit die Wirkung des Rechts der Union nicht behindert wird.[4] Auf der anderen Seite sind die Mitgliedstaaten verpflichtet, strafrechtliche Sanktionen einzuführen oder anzuwenden, wenn dies erforderlich ist, um die Durchführung von Regeln des Rechts der Union zu gewährleisten.[5]

Parallel dazu verbreitete sich im Zusammenhang mit der Verwirklichung des Grundsatzes der Freizügigkeit der EU-Bürger (Art. 3 II EUV; Art. 18 I AEUV) in den europäischen Staaten während der letzten 20 Jahre die Erkenntnis, dass eine rein nationale Konzeption die Wirkung von Kriminalitätsprävention und -bekämpfung erheblich beeinträchtigt. Auch wuchs in dieser Zeit die Sensibilität der Bürger gegenüber echten oder vermeintlichen Bedrohungen ihrer Sicherheit. Überdies wurden Lücken im strafrechtlichen Schutz der Werte und Interessen der Union spürbar. Nach einer Erprobungsphase im Rahmen des Vertrags von Maastricht konsolidiert der

4 EuGH Rs. C-50/76 (Amsterdam Bulb), ECLI:EU:C:1977:13 Rn. 32f.; Rs. C-210/91 (Kommission/Griechenland), ECLI:EU:C:1992:525 Rn. 19 f.; Rs. C-193/94 (Skanavi u.a.), ECLI:EU:C:1996:70 Rn. 36; Rs. C – 387/02, C – 391/02, C – 403/02 (Berlusconi u.a.), ECLI:EU:C:2005:270 Rn. 65. Dazu *René Milas*, „Au Nom de l'Europe“, La sanction dans l'ordre juridique communautaire, Maastricht 1988; *Maiténa Poelemans*, La sanction dans l'ordre juridique communautaire, Bruxelles/Paris 2004.

5 EuGH Rs. C-68 /88 (Kommission/Griechenland), ECLI:EU:C:1989:339, Rn. 23 ff.; Rs. C – 262/99 (Louloudakis), ECLI:EU:C:2001:407, Rn. 67; Rs. C – 430/05 (Ntionik und Pikoulas), ECLI:EU:C:2007:410, Rn. 53.

Vertrag von Lissabon ein neues Konzept der zwischen Union und Mitgliedstaaten geteilten Zuständigkeit in den vom AEUV erfassten Bereiche des Strafrechts (Art. 4 II lit. j) AEUV).[6] Der als Ziel der Union in Art. 3 EUV postulierte „Raum der Freiheit, der Sicherheit und des Rechts" umfasst unter anderem Maßnahmen zur „Verhütung und Bekämpfung der Kriminalität". Die Einzelheiten ergeben sich aus Art. 67 – 76, 82 – 89 und 325 AEUV.[7]

Die neuen strafrechtlichen Zuständigkeiten sollen zum einen zur Steigerung der Wirksamkeit des Strafrechts der Mitgliedstaaten beitragen. Zu diesem Zweck kann die Union insbesondere Mindestvorschriften für einzelne Bereiche des Strafrechts (schwere Kriminalität) erlassen (Art. 83 AEUV, dazu unten II.1). Zum anderen dienen die Zuständigkeiten der Union der Durchsetzung des von ihr selbst in den anderen Vertragsgebieten gesetzten Rechts (Art. 83 II AEUV, dazu unten II.2) und zum Schutz ihrer finanziellen Interessen (Art. 325 IV AEUV, dazu unten II.3).

Der politische Wille zur Nutzung der neuen Instrumente wurde vom Europäischen Rat im Jahre 2010 in dem „Stockholmer Programm" bekräftigt. Danach soll ein „Sockel gemeinsamer Mindestnormen" geschaffen werden.[8] Erste Konkretisierung erfuhren diese Absichten in einem Aktions-

6 Umfassend dargestellt u.a. bei *Kai Ambos* (Hg.), Europäisches Strafrecht post – Lissabon, Göttingen 2011; *Bernd Hecker*, Europäisches Strafrecht, 4. Aufl., Heidelberg/Dordrecht, 2012; *Ursula Nelles/Kathrin Lauchstädt/Cristina Tinkl,* Strafrecht in: Schulze/Zuleeg/Kadelbach (Hg.), Europarecht, Handbuch für die deutsche Rechtspraxis, 2. Aufl. Baden-Baden 2010, 2294 – 2376; *Helmut Satzger*, Internationales und Europäisches Strafrecht, 5. Aufl., Baden-Baden 2011; *Joachim Vogel,* Erläuterungen zu Art. 82 – 86 AEUV, in: Grabitz/Hilf/Nettesheim (Hg.), Das Recht der Europäischen Union, Loseblatt-Kommentar, München 2012. Zur Rechtslage vor Inkrafttreten des Vertrags von Lissabon *Philippe Vladimir Boss,* Le droit pénal à l'aide de l'efficacité du droit européen – l'exemple du droit pénal européen de l'environnement, thèse, Université de Lausanne, Genève/Bâle/Zurich 2008; *Laurent Moreillon/Aline Willi-Jayet*, Coopération judiciaire pénale dans l'Union europénne, Genève/Bâle/Munich 2005.

7 Zu den Zuständigkeiten im Bereich der Kriminalprävention sowie der polizeilichen Zusammenarbeit, der Aus- und Weiterbildung und zur Errichtung einer Europäischen Staatsanwaltschaft vgl. Art. 84 – 88 AEUV. Dazu *Roland Bieber/Astrid Epiney/Marcel Haag*, Die Europäische Union, 10. Aufl., Baden – Baden 2012, 445 – 453.

8 Europäischer Rat, „Das Stockholmer Programm – ein offenes und sicheres Europa zum Schutze der Bürger", ABl. C 115/2010, 1, Ziff. 3.3.

programm der Kommission[9] und in Stellungnahmen von Europäischem Parlament[10] und des Wirtschafts- und Sozialausschusses der EU.[11]

b) Zum Spannungsverhältnis zwischen staatlicher Identität und strafrechtlichem Schutz des gemeinsamen Rechts

Strafrechtliche Sanktionen im Recht der Europäischen Union sind in einer Weise mit dem Recht der Mitgliedstaaten verschränkt, die der Verschränkung des Verfassungsrechts der beiden Ebenen entspricht.[12] Beide sind Ausdruck staatlicher Wertentscheidungen und damit Erscheinungsformen staatlicher Identität. Gleichzeitig gewährleisten sie als Instrumente den Schutz und die Durchsetzung der transnationalen Ordnung. In dieser Funktion geraten sie in ein Spannungsverhältnis zu den Wertentscheidungen des Rechts der Union. Auf der verfassungsrechtlichen Ebene können diese Spannungen durch die Verfassungsorgane, also Parlamente, Regierungen und oberste Gerichte im Rahmen elastischer verfassungsrechtlicher Verfahren ausgeglichen werden. Das System strafrechtlicher Sanktionen ist dagegen auf eine formal möglichst gleichförmige Behandlung – also unelastisch – angelegt. Daher erfordert ein geordnetes Zusammenspiel der Rechtsordnungen auf diesem Gebiet eine eindeutige Zuweisung der Sanktionszuständigkeit. Dabei muss gewährleistet werden, dass die auf der Ebene der Union für die Bürger aller Staaten geltenden Grundrechte und allgemeinen Rechtsgrundsätze von allen Mitgliedstaaten beachtet werden, also die Einheit der Rechtsordnung gewahrt bleibt. So müssen die Mitgliedstaaten bei der Durchführung des Rechts der Union unter anderem die Charta der Grundrechte der Union[13] beachten (Art. 51, Charta). Die Zulässigkeit staatlicher strafrechtlicher Sanktionen ist dann zunächst nach dem Massstab der Charta zu beurteilen. Das gilt z. B. für das Verbot einer

9 Europäische Kommission, Mitteilung „Auf dem Weg zu einer europäischen Strafrechtspolitik: Gewährleistung der wirksamen Durchführung der EU-Politik durch Strafrecht", KOM(2011)573 v. 20. September 2011.

10 Europäisches Parlament, Entschliessung v. 22. Mai 2012, Dok. A7 -- 0144/2012, Buchst. G und Ziff. 7.

11 Wirtschafts- und Sozialausschuss der Europäischen Union, Stellungnahme v. 26. April 2012, ABl. C 191/2012, 97.

12 *Kimmo Nuotio*, European Criminal Law Under the Developing Constitutional Setting of the European Union in: Neil Walker/Jo Shaw/Stephen Tierney (Hg.), Europe's Constitutional Mosaic, Oxford/Portland 2011, 311 – 337.

13 ABl. C 83/2010, 389.

Doppelbestrafung gemäss Art. 50 der Charta.[14] Erforderlich ist es auch, eine übereinstimmende Auslegung strafrechtlicher Rechtsbegriffe (z.B. „Beihilfe", „Versuch") zu gewährleisten.

Art. 67 I AEUV umschreibt dieses Spannungsverhältnis zwischen staatlichen und europäischen Wertentscheidungen, wenn er einerseits den von der Union gebildeten „Raum der Freiheit, der Sicherheit und des Rechts" hervorhebt, doch andererseits betont, dass darin „die Grundrechte und die verschiedenen Rechtsordnungen und -traditionen der Mitgliedstaaten geachtet werden". Zudem gibt Art. 4 I EUV der Union auf, „die jeweilige nationale Identität" der Mitgliedstaaten zu achten. Konkretisiert werden diese Vorgaben durch ausdrückliche vertragliche Beschränkungen des Handelns der Union, insbesondere die Prinzipien der begrenzten Einzelermächtigung, der Subsidiarität und der Verhältnismässigkeit (Art. 5 I EUV). Darüber hinaus enthält Art. 83 III AEUV für strafrechtsbezogene Handlungen der Union eine spezielle verfahrensrechtliche Vorkehrung zur Sicherung der staatlichen Identität: Der Vertreter der Regierung eines Mitgliedstaates kann im Rat gegen den Entwurf eines Rechtsakts einwenden, dieser berühre „grundlegende Aspekte seiner Strafrechtsordnung" und mit dieser Begründung eine Befassung des Europäischen Rates verlangen. Daraufhin wird das ordentliche Gesetzgebungsverfahren ausgesetzt. Kommt es im Europäischen Rat nicht zu einer Einigung, kann der geplante Rechtsakt allenfalls zwischen den interessierten Mitgliedstaaten in Kraft gesetzt werden. Einer „Zentralisierung" des Strafrechts der Union wird dadurch gleich mehrfach vorgebeugt.

Andererseits gehören die „Gleichheit der Mitgliedstaaten vor den Verträgen" (Art. 4 II EUV) und damit die Gleichartigkeit der Wirkung und Durchsetzung des Rechts der Union zu den existenziellen Voraussetzungen der gemeinsamen Rechtsordnung. Wenn daher Regeln zur Harmonisierung des staatlichen Strafrechts auf der Ebene der Union beschlossen werden, dann stehen dahinter nicht notwendigerweise Tendenzen der Zentralisierung. Stets handelt es sich um gemeinsame Regeln, die dank eines komplexen institutionellen Mechanismus die Beteiligung und Zustimmung jeweils breiter Mehrheiten unter den Vertretern der Regierungen und der gewählten Abgeordneten erfordern. Nicht zufällig sind daher bisher Einwände erfolglos geblieben, die mit der Behauptung einer Verletzung des Subsidiaritätsprinzips gegen einzelne Massnahmen der Rechtsetzung erho-

14 Schlussanträge GA Kokott v. 15. Dezember 2011, Rs. C – 489/10 (Prokurator Generalny/Bonda), ECLI:EU:C:2011:845, Rn. 11 – 20. In seinem Urteil v. 5. Juni 2012 in dieser Rs. hat der EuGH zu der Frage nicht Stellung genommen.

ben worden waren. Unbestritten ist auch seit Langem, dass die Union zur Einhaltung der Regeln des Vertrages und des von ihr gesetzten Rechts Sanktionen einsetzen darf. Diese wurden in der Vergangenheit generell als „verwaltungsrechtliche Sanktionen“ qualifiziert. Doch bestehen insoweit noch immer Unklarheiten:

c) Zur Abgrenzung strafrechtlicher und verwaltungsrechtlicher Sanktionen

Die Union besitzt Sanktionsbefugnisse gegenüber natürlichen und juristischen Personen: Seit Errichtung der Europäischen Gemeinschaft im Jahre 1958 ist die Union ausdrücklich dazu ermächtigt, Verstösse gegen die vertraglich festgelegten Verbote im Bereich des Wettbewerbsrechts zu ahnden und die dazu erforderlichen gesetzlichen Vorschriften zu erlassen.[15] Sie hat diese Ermächtigungen genutzt, um bei Verstössen Geldbussen und Zwangsgelder aufzuerlegen.[16] Ungeklärt ist allerdings bis in die Gegenwart, ob es sich dabei um strafrechtliche Sanktionen handelt und inwieweit strafrechtliche Grundprinzipien (u.a. *ne bis in idem*) anwendbar sind.

Die im Bereich des Wettbewerbsrechts zur Ausführung von Art. 103 AEUV erlassene VO Nr. 1/2003 betont in Art. 23 V apodiktisch, dass die Verhängung derartiger Geldbussen „keinen strafrechtlichen Charakter“ habe.

Die VO Nr. 2988/95 „über den Schutz der finanziellen Interessen der Europäischen Gemeinschaften“[17] enthält eine Liste von Sanktionen, die bei vorsätzlich oder fahrlässig begangenen Verstössen gegen das Recht der Union angeordnet werden können. Sie werden ausdrücklich als „verwaltungsrechtliche“ Sanktionen bezeichnet, „die nicht einer strafrechtlichen Sanktion gleichgestellt werden können“ (Art. 5 II VO 2988/95). Angesichts der unterschiedlichen Arten dieser „Sanktionen“ und ihrer je nach Sachgebiet verschiedenartigen Zielsetzungen lässt sich diese pauschale Qualifizierung jedoch nicht rechtfertigen. Vielmehr muss für jede Art von Sanktion in ihrem jeweiligen Sachzusammenhang ermittelt werden, ob sie verwaltungsrechtlicher oder strafrechtlicher Natur ist.

---

15 Mit identischem Wortlaut ursprünglich Art. 87 II lit. a) EWGV, später Art. 83 II lit. a) EGV, nunmehr Art. 103 II lit. a) AEUV. Ausgeführt durch VO Nr. 1/2003, ABl. L 1/2003, 1.

16 Art. 23 und 24, VO Nr. 1/2003, ABl. L 1/2003, 1.

17 ABl. L 312/1995, 1.

Der EGMR hat zur Unterscheidung zwischen strafrechtlichen und sonstigen Sanktionen detaillierte Kriterien entwickelt, die insbesondere an den Zweck der Sanktion anknüpfen.[18] Dagegen bildet die Qualifizierung der Sanktion in der jeweiligen nationalen Rechtsordnung für die Auslegung der EMRK kein entscheidendes Kriterium. Diese Maßstäbe sind auch im Rahmen der EU anwendbar.

Der EuGH hat hierzu festgestellt, dass jedenfalls die im Agrarrecht der EU üblichen Sanktionen, z.B. Geldbussen als Folge falscher Angaben bei Anträgen auf Ausfuhrerstattungen keinen strafrechtlichen Charakter hätten, da sie Bestandteil dieser Erstattungsregelung seien.[19] In einer Entscheidung aus jüngster Zeit hat der EuGH im Bezug auf die Sanktionen im Bereich der Agrarsubventionen seine Qualifizierung dieser Maßnahmen als verwaltungsrechtlicher Natur bekräftigt und ausführlich unter Berücksichtigung der vom EGMR aufgestellten Kriterien begründet.[20] Eine staatliche strafrechtliche Verfolgung des betreffenden Handelns bleibt danach zulässig.

Nicht eindeutig geklärt ist allerdings, ob diese Beurteilung auch auf die im Wettbewerbsrecht möglichen Geldbußen anzuwenden ist. Anders als im Agrarrecht bilden diese Geldbußen keinen Teil eines Systems finanzieller Leistungen der Union, ist der Adressatenkreis der wettbewerbsrechtlichen Regeln umfassend und die Sanktionsmöglichkeiten reichen erheblich weiter. Gleichwohl schloss der EuGH die Anwendung von Grundsätzen des Strafverfahrens insoweit aus. Er begründete dies in wenig überzeugender Weise mit der Unterscheidung zwischen „Zuwiderhandlungen wirtschaftlicher Art, insbesondere auf dem Gebiet des Wettbewerbsrechts“ und der Behandlung von Straftaten „im Rahmen eines Strafverfahrens“.[21] Andererseits sieht der EuGH den Zweck der Geldbußen in Wettbewerbssachen „darin, unerlaubte Handlungsweisen zu ahnden, wie ihre Wiederholung zu vermeiden“.[22] Diese Charakterisierung gehört aber zu dem zentralen Teil des vom EGMR in der Rs. *Engel/Niederlande* aufgestellten zweiten

---

18 Europäischer Gerichtshof für Menschenrechte zu Art. 4 I, Protokoll Nr. 7 EMRK, Urteil Engel u.a./Niederlande v. 8. Juni 1976 (Nr. 5100/71 u.a., Serie A 22, §§ 80 – 82).

19 EuGH Rs. C – 210/00 (Käserei Champignon Hofmeister), ECLI:EU:C:2002:440, Rn. 43. Bestätigt in Rs. C – 489/10 (Prokurator Generalny/Bonda), ECLI:EU:C:2012:319, Rn. 28 – 44. Eine detaillierte Untersuchung dazu enthalten die Schlussanträge von GA Kokott in dieser Rs. v. 15. Dezember 2011, Rn. 35 – 71.

20 EuGH Rs. C -489/10 (Prokurator Generalny/Bonda), ECLI:EU:C:2012:319, Rn. 28 – 44.

21 EuGH Rs. C-374/87 (Orkem), ECLI:EU:C:1989:387, Rn. 29.

22 EuGH Rs. C-41/69 (Chemiefarma), ECLI:EU:C:1970:71, Rn. 173/176. S.a. EuGH Rs. C – 289/04P (Showa Denko), ECLI:EU:C:2006:431, Rn.61.

Kriteriums zur Auslegung des Begriffs „strafrechtliches Verfahren“ in Art. 4 I Protokoll Nr. 7 zur EMRK. Unter diesen Umständen können die im EU-Wettbewerbsrecht vorgesehenen Geldbussen trotz ihrer anders lautenden Qualifizierung als strafrechtliche Sanktionen angesehen werden.[23]

Entsprechendes gilt auch für die finanziellen Sanktionen[24], die von der Kommission bei Verstößen gegen die Regeln zur Überwachung von Human- und Tierarzneimitteln[25] verhängt werden können. Anders als im Wettbewerbsrecht werden die Geldbussen in dem betreffenden Rechtsakt nicht näher qualifiziert.

Die Qualifizierung der jeweiligen Sanktion ist vor allem für die Anwendung des – in der Union inzwischen als Grundrecht garantierten[26] – Verbots der Doppelbestrafung von Bedeutung. Im Rahmen der Union geht es dabei häufig um die Frage, ob im Rahmen des staatlichen Rechts noch ein Strafverfahren durchgeführt werden darf, nachdem bereits wegen des betreffenden Sachverhalts eine der genannten Sanktionen auf der Ebene der EU ausgesprochen wurden.

Nationale strafrechtliche Sanktionen für ein bereits im Rahmen der EU sanktioniertes wettbewerbswidriges Verhalten oder einen Verstoss gegen die aus der VO Nr. 726/2004 erwachsenden Verpflichtungen im Zusammenhang mit der Zulassung von Medikamenten sind nach der hier vertretenen Meinung unzulässig.

Am Beispiel der Abgrenzung verwaltungsrechtlicher von strafrechtlichen Sanktionen im Rahmen des Rechts der Union lässt sich die enge funktionale Verzahnung des Rechts der EU mit dem staatlichen Strafrecht zeigen. Es geht dabei nicht um Fragen der „Standardisierung und Zentralisierung“,

---

23 Ausführlich dazu *Wouter Wils*, Efficiency and Justice in European Antitrust Enforcement, Oxford/Portland 2008, 155 ff.; wie hier *Helmut Satzger*, Internationales und Europäisches Strafrecht, 5. Aufl., Baden-Baden 2011, 94 („Strafrechtliche Sanktionen im weiteren Sinne“); *Vincent Martenet/Andreas Heinemann*, Droit de la concurrence, Genève/Zurich/Bale 2012, 170; *Michel Waelbroeck/Aldo Frignani*, Concurrence (= Commentaire J.Megret, Le Droit de la CE), 2. Aufl,, Bruxelles 1997, 419. A.A. *Helmuth Schröter*, Anm. 28 zu Art. 83 EG in: v.d. Groeben/Schwarze (Hg.), Vertrag über die Europäische Union und Vertrag zur Gründung der Europäischen Gemeinschaft, Kommentar, 6. Aufl., Baden-Baden 2003, Bd. 2.

24 VO Nr. 658/2007 „Über finanzielle Sanktionen bei Verstössen gegen bestimmte Verpflichtungen im Zusammenhang mit Zulassungen gemäss der VO Nr. 726/2004“, ABl. L 155/2007, 10 (Art. 16 ff.).

25 VO Nr.726/2004 (Gemeinschaftsverfahren für die Genehmigung und Überwachung von Human- und Tierarzneimitteln und zur Errichtung einer Europäischen Arzneimittel-Agentur), ABl. L 136/2004, 1.

26 Art. 50 Charta der Grundrechte der Europäischen Union.

sondern um die Art und Weise, um die Modalitäten der wechselseitigen Zuordnung.

3. Kompetenzen, Praxis und Probleme im Rahmen der Anwendung des Vertrags von Lissabon

Seit dem Vertrag von Lissabon verfügt die Europäische Union über zwei Gruppen von Gesetzgebungskompetenzen im Bereich des materiellen Strafrechts. Sie betreffen zum einen besonders schwere Fälle grenzüberschreitender Kriminalität, zum anderen Sanktionen zur Stärkung der Wirksamkeit bestimmter von der Union erlassener Rechtsakte. Diese Kompetenzen können allerdings jeweils nur innerhalb von Grenzen ausgeübt werden, die eine Wahrung einzelstaatlicher Besonderheiten gewährleisten. Nur in dem besonderen Fall der Bekämpfung von Betrügereien zu Lasten der Interessen der Europäischen Union lässt sich von einer „Zentralisierung der Strafrechtspflege" sprechen.[27]

a) Erlass von Mindestvorschriften in Bereichen besonders schwerer Kriminalität

- Gemäß Art. 83 I AEUV kann die Union „Mindestvorschriften zur Festlegung von Straftaten und Strafen in Bereichen besonders schwerer Kriminalität" erlassen, sofern diese eine grenzüberschreitende Dimension aufweisen. Art. 83 I AEUV enthält eine Liste derartiger Straftaten (u.a. Terrorismus, Menschenhandel, Geldwäsche, Korruption). Diese Liste kann um andere Kriminalitätsbereiche erweitert werden, sofern diese die gleichen Kriterien erfüllen. Doch gebieten derartige Erweiterungen die Einhaltung eines besonderen Verfahrens, das einstimmige Beschlussfassung im Rat und eine Zustimmung des Europäischen Parlaments erfordert.
- Die Ermächtigung umfasst die Festlegung von Tatbestandsmerkmalen („Straftaten") und von strafrechtlichen Sanktionen („Strafen"). Weiterhin können allgemeine Vorschriften (z.B. zur Beteiligung, zum Versuch) auf dieser Grundlage festgelegt werden.

27 *Bernd Hecker*, Europäisches Strafrecht post – Lissabon, in: Ambos (Hg.), Europäisches Strafrecht post – Lissabon, Göttingen 2011, 21 – 28 (27).

- Diese Kompetenz ist selbst in den im Vertrag ausdrücklich genannten Bereichen nicht auf eine „Zentralisierung" angelegt: Zunächst bleibt die Kompetenz der Union auf den Erlass von Mindestvorschriften beschränkt. Der strafrechtlichen Gesetzgebung der Mitgliedstaaten verbleiben also erhebliche Freiräume. Voraussetzung einer Gesetzgebung der Union auf dieser Grundlage ist weiterhin neben der oben (Abschnitt I.2) genannten Gewährleistung der Subsidiarität u.a., gemäß Art. 67 III AEUV, dass die betreffende Maßnahme zur Verhütung und Bekämpfung von Kriminalität erforderlich ist. Dabei ist vor allem zu prüfen, ob gegen die betreffende inkriminierte Handlung nicht mit weniger strengen Maßnahmen (z. B. verwaltungsrechtliche Sanktionen) vorgegangen werden kann.[28] Insoweit besteht eine besonders weit reichende und gegebenenfalls gerichtlich nachprüfbare Begründungspflicht des Gesetzgebers.

Einschliesslich der bereits vor dem Vertrag von Lissabon (gemäss dem zuvor geltenden Art. 31 I EUV) erlassenen Rechtsakte wurden bisher gemeinsame Straftatbestände in zehn Bereichen beschlossen. Bis auf die noch nicht genutzte Ermächtigung zur Festlegung von Mindestvorschriften zum illegalen Waffenhandel wurde damit das gesamte Spektrum des Art. 83 I AEUV für eine Rechtsetzung der Union beansprucht:

- Geldfälschung (2000)[29] und Fälschung von Kreditkarten (2001)[30];
- Geldwäsche (2001)[31];
- Terrorismusbekämpfung (2002)[32];
- unerlaubte Ein- und Ausreise (2002)[33];
- Bestechung im privaten Sektor (2003)[34];
- Drogenhandel (2004)[35];
- sexuelle Ausbeutung von Kindern (2004)[36];

---

28 Vgl. den Entwurf der Schlussfolgerungen des Rates über „Leitlinien für zukünftige strafrechtliche Bestimmungen im EU-Recht" v. 23. November 2009, Ratsdokument N° 16542/09. S.a. Mitteilung der Kommission „Auf dem Weg zu einer europäischen Strafrechtspolitik" v. 20. September 2011 (s. oben Anm. 9), Ziff. 2.2.1.

29 Rahmenbeschluss 2000/383, ABl. L 140/2000, 1.

30 Rahmenbeschluss 2001/413, ABl. L 149/2001, 1.

31 Rahmenbeschluss 2001/500, ABl. L 182/2001, 1.

32 Rahmenbeschluss 2002/475, ABl. L 164/2002, 3.

33 Rahmenbeschluss 2002/946, ABl. 328/2002, 1. Dieser Rahmenbeschluss fällt seit dem Vertrag von Lissabon in den Anwendungsbereich von Art. 79 II lit.c). AEUV.

34 Rahmenbeschluss 2003/568, ABl. L 192/2003, 1.

35 Rahmenbeschluss 2004/757, ABl. L 335/2004, 8.

36 Richtlinie 2011/93, ABl. L335/2011, 1.

- Angriff auf Informationssysteme (2005)[37];
- organisierte Kriminalität (2008)[38];
- Menschenhandel (2011)[39].

Die Rechtsakte sind nach einem übereinstimmenden Muster aufgebaut. Zunächst wird der jeweilige Tatbestand definiert. Danach wird vielfach festgelegt, dass Anstiftung, Beihilfe und Versuch ebenfalls Straftaten bilden. Anschließend sind Mindeststrafen bezeichnet. Schließlich enthalten die meisten Rechtsakte Aussagen zur Verantwortlichkeit und zu Sanktionen gegen juristische Personen.[40]

Es fällt auf, dass trotz eines erleichterten Entscheidungsverfahrens[41] seit dem Inkrafttreten des Vertrags von Lissabon nur ein weiterer Rechtsakt auf der Grundlage des Art. 83 I AEUV beschlossen wurde.[42] Eine generelle auf das Strafrecht bezogene Tendenz zur Zentralisierung im Rahmen der Union lässt sich aus der Nutzung dieser Ermächtigungen jedenfalls nicht ableiten. Vielmehr werden auch insoweit lediglich die Nebenfolgen der Schaffung eines „Raumes ohne Binnengrenzen“ (Art. 26 II AEUV) sichtbar.

b) Rechtsetzung zur Gewährleistung einer wirksamen Durchführung des Rechts der Union

Eine ganz anders gelagerte Ermächtigung zur Festlegung strafrechtlicher Sanktionen durch die Union enthält Art. 83 II AEUV. Abweichend von Art. 83 I AEUV bezieht sie sich nicht auf einzelne ausdrücklich bezeichnete Tatbestände, sondern bildet eine inhaltlich unbestimmte Folge der allgemeinen materiellen Handlungszuständigkeiten der Union. Hat der Gesetzgeber der Union von einer der zahlreichen Ermächtigungen zur Harmonisierung des Rechts der Mitgliedstaaten, z.B. im Bereich des Binnenmarktes, Gebrauch gemacht, dann kann er zur wirksamen Durchsetzung der entsprechenden Bestimmungen Mindestvorschriften für die Festlegung von Straftaten und Strafen für Zuwiderhandlungen aufnehmen und dadurch die

37 Rahmenbeschluss 2005/222, ABl. L 69/2005, 67.

38 Rahmenbeschluss 2008/841, ABl. L 300/2008, 42.

39 RL 2011/36, ABl. L 101/2011, 1.

40 Vgl. Art. 2 – 6, RL 2011/36 (s.o., Anm. 39).

41 Anwendung des ordentlichen Gesetzgebungsverfahrens gemäss Art. 294 AEUV mit qualifizierter Mehrheit im Rat anstelle der Einstimmigkeit gemäss dem zuvor geltenden Art. 34 EUV (alt).

42 RL 2011/36, s. o., Anm. 39.

Wirkung des betreffenden Rechtsakts wesentlich steigern. Voraussetzung eines Handelns der Union ist ein – zumindest gleichzeitig[43] – angenommener Rechtsakt des materiellen Rechts, zu dessen Durchführung die strafrechtliche Massnahme dienen soll. Zutreffend wird diese Kompetenz daher mitunter als „Annexkompetenz" bezeichnet.[44]

Die Voraussetzungen für den EU-weiten Erlass strafrechtlicher Sanktionen sind nur scheinbar weiter als in den Fällen des Handelns gemäss Art. 83 I AEUV.[45] Bei der Rechtsetzung nach Art. 83 II AEUV kommt es nur darauf an, dass eine strafrechtliche Sanktion „unerlässlich" für die wirksame Durchführung der Politik der Union ist. Dieses Erfordernis dürfte mit dem in Art. 83 I AEUV genannten Kriterium der „besonderen Notwendigkeit" gleich zu setzen sein. Auch müssen die Voraussetzungen der Subsidiarität und der Verhältnismässigkeit in beiden Fällen erfüllt sein.

Vor ihrer ausdrücklichen Erwähnung im AEUV war diese Kompetenz der Union umstritten[46], der EuGH hatte allerdings eine entsprechende Befugnis bejaht.[47] Danach konnten z.B. Maßnahmen zur Harmonisierung Umwelt schützender Straftatbestände auf (alt) Art. 175 EGV gestützt werden. Seither wurden drei RL erlassen. Zwei davon betreffen den Schutz der Umwelt.[48] Die dritte sieht für bestimmte Formen illegaler Beschäftigung von Drittstaatsangehörigen strafrechtliche Sanktionen vor.[49]

Mit grosser Zurückhaltung und wenig systematisch beginnt der Gesetzgeber der Union, die Ermächtigung des Art. 83 II AEUV zu nutzen. Erste

---

43 A.A. *Satzger*, (s. oben, Anm. 7), 121. Der Wortlaut von Art. 82 II AEUV setzt das Bestehen einer Harmonisierungsmassnahme voraus. Das schliesst aber die Zulässigkeit paralleler Gesetzgebung nicht aus. Denn der Zweck der Vorschrift besteht allein darin, zu verhindern, dass eine Angleichung des Strafrechts losgelöst von einer Angleichung des materiellen Rechts erfolgt. Dies ist aber auch bei paralleler Rechtsetzung gewährleistet. Die Praxis geht zutreffend von einer möglichen Parallelität von materiellem Rechtsakt und entsprechender strafrechtlicher Harmonisierung aus (vgl. die geplante Gesetzgebung zu Insider-Geschäften und Marktmanipulation, COM (2012) 420 final und COM (2012) 421 final, beide vom 25. Juli 2012).

44 *Joachim Vogel*, Anm. 76 zu Art. 83 AEUV in : Grabitz/Hilf/Nettesheim (Hg.), Das Recht der Europäischen Union, München 2011.

45 S.o. Abschnitt II.1.

46 Je nach Beurteilung der Existenz einer entsprechenden Kompetenz der Union, auch ohne ausdrückliche vertragliche Ermächtigung strafrechtliche Bestimmungen vorzusehen wird Art. 83 II AEUV entweder als deklaratorisch (so *Hecker*, a.a. O., oben Anm. 27) oder als konstitutiv (so *Satzger*, a. a. O., oben, Anm. 7, 120) angesehen.

47 EuGH Rs. C – 176/03 (Kommission/ Rat), ECLI:EU:C:2005:542 und Rs. C – 440/05 (Kommission/Rat), ECLI:EU:C:2007:625.

48 RL 2008/99, ABl. L 328/2008, 28; RL 2009/123, ABl. L 280/2009, 52.

49 Art. 9, 10, RL 2009/52, ABl. L 168/ 2009, 24.

Gesetzgebungsvorschläge betreffen den Bereich strafrechtlicher Sanktionen für Insidergeschäfte und Marktmanipulationen.[50] Allgemein erwägt die Kommission, strafrechtliche Sanktionen und Mindestvorschriften zur Bestimmung von Straftaten und Strafen zur Gewährleistung einer wirksamen Umsetzung der EU-Finanzdienstleistungsvorschriften vorzuschlagen.[51]

In ihrer Mitteilung vom 20. September 2011 unter dem Titel: „Auf dem Weg zu einer europäischen Strafrechtspolitik: Gewährleistung der wirksamen Durchführung der EU-Politik durch das Strafrecht“ hat die Kommission erstmals ein Gesamtkonzept zur Einführung eines kohärenten Systems strafrechtlicher Sanktionen im Rahmen der Union skizziert.[52] Darin werden die Grundsätze einer EU-Gesetzgebung einschliesslich des Regelungsgehalts strafrechtlicher Mindestvorschriften definiert und es werden Bereiche genannt, für die strafrechtliche Massnahmen angebracht erscheinen.[53] Dabei wird deutlich, dass aus dem weiten Feld der Rechtsetzungszuständigkeit nur ein Teil überhaupt einer Harmonisierung des materiellen Rechts durch die Union zugänglich ist und darin wiederum nur für wenige Bereiche strafrechtliche Sanktionen überhaupt in Betracht kommen. Weiterhin erinnert die Kommission zutreffend daran, dass strafrechtliche Sanktionen nur als *ultima ratio* zur Durchsetzung des Rechts der Union heranzuziehen sind. Häufig würden Verwaltungssanktionen ausreichen, um das angestrebte Ziel zu erreichen.

c) Massnahmen zur Bekämpfung und Verhütung von Straftaten, die gegen die finanziellen Interessen der Union gerichtet sind

Als ein Sonderfall strafrechtlicher Sanktionsbefugnisse der Union zur Sicherung der EU-Rechtsordnung verpflichtet Art. 310 AEUV die Union und die Mitgliedstaaten, „Betrügereien und sonstige gegen die finanziellen Interessen der Union gerichteten rechtswidrigen Handlungen“ zu bekämpfen.

---

50 COM(2012) 420 final v. 25. Juli 2012. Zu der bisher gültigen Richtlinie 2003/6 in der keine strafrechtlichen Sanktionen vorgesehen sind vgl. EuGH Rs. C – 45/08 (Spector Group, van Raemdonck), ECLI:EU:C:2009:806.

51 Mitteilung der Kommission „Stärkung des Sanktionsregelungen im Finanzdienstleistungssektor“, KOM(2010)716 endg. v. 8. 12. 2010, 16.

52 Mitteilung der Kommission „Auf dem Weg zu einer europäischen Strafrechtspolitik“, KOM(2011)573 endg. v. 20. September. 2011, Ziff. 3.

53 Strassenverkehr, Datenschutz, Zollbestimmungen, Umweltschutz, Fischreipolitik, Binnenmarktpolitik (z.B. Nachahmung und Fälschung, Korruption, öffentliches Auftragswesen).

Eine Ausführungsermächtigung dazu enthält Art. 325 AEUV. Diese Befugnis steht zu der in Art. 83 II AEUV enthaltenen Ermächtigung in einem Verhältnis der Spezialität. Ebenso wie die im Rahmen von Art. 83 AEUV zu beschließenden Rechtsakte ist im Regelfall das ordentliche Gesetzgebungsverfahren anwendbar. Doch können gegen Gesetzgebungsvorhaben auf dieser Grundlage nicht die nach Art. 83 III AEUV möglichen Vorbehalte erhoben werden. Die bisher dazu erlassenen Bestimmungen ergingen vor Inkrafttreten des Art. 325 AEUV. Sie umfassen zwei Übereinkommen der Mitgliedstaaten und eine Verordnung. In den Abkommen werden jeweils Tatbestände festgelegt (u.a. vorsätzliche Handlungen oder Unterlassungen, die dazu führen, das Mittel der EU unrechtmässig erlangt oder Einnahmen der EU unrechtmässig vermindert werden[54] bzw. aktive oder passive Bestechung von Beamten der EU[55]) und die Strafbarkeit durch die Mitgliedstaaten bestimmt. Ergänzend dazu enthält die Verordnung „über den Schutz der finanziellen Interessen der Europäischen Gemeinschaften" eine Rahmenregelung „für verwaltungsrechtliche Maßnahmen und Sanktionen".[56] Darin ist u.a. vorgesehen, dass vorsätzlich oder fahrlässig begangene „Unregelmäßigkeiten" zulasten des Haushalts der Union eine Rückzahlungspflicht auslösen und außerdem zur Auferlegung „verwaltungsrechtlicher Sanktionen" (u.a. Geldbußen) führen können. Diese stehen neben möglichen (staatlichen) strafrechtlichen Maßnahmen (Art. 6 VO Nr. 2988/95).

Ein gleichwertiger Schutz der finanziellen Interessen der EU ist auf diesen Grundlagen jedoch nicht entstanden, da die entsprechenden staatlichen Regelungen erheblich voneinander abweichen. So bestehen z.B. im Bereich des Steuer-Strafrechts große Differenzen zwischen den in den Mitgliedstaaten geltenden Sanktionen. Diese reichen von der Wahl zwischen Freiheitsstrafen von 14 Tagen bis zu 12 Jahren und Geldstrafen zwischen 500 Euro und 750.000 Euro.[57] Die Kommission hat daher im Jahre 2012 den Entwurf einer auf Art. 325 IV AEUV gestützten Richtlinie „über die strafrechtliche Bekämpfung von gegen die finanziellen Interessen der Europäischen Union

---

54 Übereinkommen v. 26. Juli 1995 über den Schutz der finanziellen Interessen der Europäischen Gemeinschaften, ABl. C 316/1995, 49.

55 Übereinkommen über die Bekämpfung der Bestechung, an der Beamte der EU oder der Mitgliedstaaten beteiligt sind, ABl. C 195/1997, 2.

56 VO Nr. 2988/95, ABl. L 312/1995, 1.

57 Vgl. die Übersicht in dem Vorschlag einer RL „über die strafrechtliche Bekämpfung von gegen die finanziellen Interessen der Union gerichteten Betrug", COM (2012) 363 final v. 17. Juli 2012, 3 – 4.

gerichtetem Betrug“ vorgelegt.[58] Sie soll an die Stelle des Abkommens über den Schutz der finanziellen Interessen treten. In dem Entwurf werden die Begriffe „finanzielle Interessen“ sowie „Betrug“, „betrugsähnliche Straftaten“ und „Korruption“ definiert (Art. 2 – 4) und es wird vorgesehen, dass die Mitgliedstaaten bestimmte strafrechtliche Mindestsanktionen festlegen müssen (Art. 7 – 9). Auch bestimmte Formen der Vorbereitung und Mitwirkung werden unter Strafe gestellt (Art. 5). Insoweit kristallisiert sich der Kern eines sachlich beschränkten, jedoch deutlich eigenständigen gemeinsamen Strafrechts heraus.

d) Sonstige Befugnisse

Mitunter wird die Auffassung vertreten, dass im AEUV neben den in Art. 83 und 325 AEUV genannten Ermächtigungen weitere Kompetenzen der Union zu strafrechtlicher Gesetzgebung enthalten sind. Als Beispiele werden Art. 79 II und Art. 86 II und Art. 33 AEUV genannt.[59] Seit den Änderungen durch den Vertrag von Lissabon bilden Art. 83 und 325 AEUV jedoch materiell und verfahrensmässig umfassende und spezielle und damit ausschließliche Ermächtigungen zur Gesetzgebung auf dem Gebiet des Strafrechts. Eine strafrechtliche Gesetzgebung der EU kann daher nicht auf andere Ermächtigungen gestützt werden, die nicht ausdrücklich zur Ergänzung von Art. 83 oder 325 AEUV bestimmt sind.

4. Schlussbemerkung

Die Betrachtung der Rechtsgrundlagen und der Praxis der Europäischen Union seit dem Vertrag von Lissabon ergibt keine Hinweise auf eine Zentralisierung des Strafrechts im Rahmen der Europäischen Union, die über die allgemeine Tendenz der Staaten zur grenzüberschreitenden Kooperation bei der Verbrechensbekämpfung, über die Stärkung der Autorität des gemeinsamen Rechts der Union entsprechend dem Niveau der staatlichen Rechtsdurchsetzung sowie über gemeinsame Bewertungen der Strafwürdigkeit bestimmter, im Rahmen der Union gemeinsam definierter Verhaltensweisen hinaus ginge. Die neuen Zuständigkeiten der Union eröff-

58 KOM (2012) 363 final v. 11. Juli 2012.

59 *Satzger*, (s. oben, Anm. 7), S. 100. Dazu *Joachim Vogel*, Anm. 48 f. zu Art. 86 AEUV in: Grabitz/Hilf/Nettesheim (Hg.), Das Recht der Europäischen Union, München 2011.

nen vielmehr die Möglichkeit der kritischen Überprüfung überkommener staatlicher Strafrechtsregeln. Der von den Mitgliedstaaten gewollte „Raum der Freiheit der Sicherheit und des Rechts“ führt damit zur Entwicklung eines Sockels gemeinsamer strafrechtlicher Grundsätze, einer Stärkung des Schutzes der Bürger und einer Stärkung der „Rechtsgewissheit“ in der Europäischen Union.

> „European criminal law is a story about developing transnational law that has not cut its ties with the Member States' legal orders; quite the contrary. It is about reorganising, about borrowing, about referring back, about seeking to recognise law as it is“.[60]

60 *Kimmo Nuotio*, op. cit. (oben Anm. 12), 337.

E. IV. »La Suisse en Europe – une désintégration équilibrée?«*

1. Introduction

Les rapports entre la Suisse et l'Union européenne se caractérisent par le paradoxe d'une distance formelle et d'une proximité matérielle. Malgré cette contradiction, ces rapports n'ont – dans le passé – pas suscités de problèmes majeurs. Or, en 2018/2019 cette stabilité apparente risque d'être compromise des deux cotés, à la fois par les négociations d'un accord destiné à encadrer les rapports entre l'Union et la Suisse et par plusieurs referenda qui seront votés en Suisse et visent une ré-définition de la position suisse vis-à-vis de ses obligations internationales.

D'un point de vue suisse, l'Union est le seul et « omniprésent » voisin, à la fois fascinant et dominant, qui nécessite une attention constante. La Suisse est marqué par l'effet de gravitation du grand marché intérieur de l'Union et de l'autorité dont bénéficie un ordre juridique qui englobe 27 États européens. Dans ces conditions, la Suisse se positionne sans cesse vis-à-vis de l'Union et essaie de balancer autonomie et adaptation par rapport à son seul voisin. Il en résulte une combinaison unique conjuguant, d'une part, un nombre considérable d'accords bilatéraux ponctuels et, d'autre part, une approche unilatérale, qui vise à établir l'homogénéité du droit suisse avec le droit européen.

Pour l'Union, en revanche, la situation se présente de manière différente : la Suisse est certes un état voisin mais ce statut est loin d'être exclusif. De plus, contrairement à d'autres États voisins, le projet d'intégration ne suscite en Suisse pas d'enthousiasme particulier, bien au contraire. De ce fait, l'Union ne manifeste pas un intérêt spécifique pour la Suisse parmi d'autres États tiers.

La doctrine est mal à l'aise lorsqu'il s'agit de résumer l'actuelle position de la Suisse à l'égard de l'Union. On parle d'« integration without member-

* Zuerst veröffentlicht in: *Kämmerer/Kotzur/Ziller* (Hg.), Integration und Desintegration in Europa, Baden -Baden 2019, 177 – 195.

ship »[1] ou « d'état membre passive », d'un « satellite de l'Union »[2] ou d'un « partenariat de fait »[3].

Aucun autre état n'est caractérisé de cette manière. Pour une bonne partie, la spécificité revendiquée par la Suisse remonte au congrès de Vienne de 1815, quand les « Grandes puissances » ont déclaré formellement :

> « l'intérêt général réclame en faveur du Corps Helvétique l'avantage d'une neutralité perpétuelle ».[4]

Depuis, la notion de neutralité est devenue emblématique d'une auto – perception spéciale de la Suisse parmi les états européens. Or, devant la diversité générale des états européens et le succès du modèle d'une gouvernance en commun, le besoin externe et la justification interne d'un « cas spécifique Suisse » s'efface. En même temps, les failles juridiques et politiques inhérent à la situation actuelle, sont en train d'aboutir à une ré-définition des rapports entre l'Union et la Suisse, dont l'orientation consiste pour l'essentiel en un alignement avec un modèle généralisé d'association à l'Union. Il n'est dès lors pas surprenant de constater que des notions comme « désintégration » et « équilibre » ne figurent pas au dictionnaire de relations Suisse/Union.

La première partie de cette contribution portera sur la portée de la notion d'intégration dans relations entre l'Union et la Suisse.

Dans une deuxième partie seront esquissées les grandes lignes des rapports actuels entre la Suisse et l'Union européenne et abordées quelques problématiques qui en résultent.

Dans la troisième partie les éléments controversés de l'actuelle re-définition de ces rapports seront présentés.

---

1 *Marius Vahl/Nina Grolimund*, Integration without Membership, Bruxelles, Centre for European Policy Studies, 2006.

2 cf. *Matthias Oesch*, Switzerland and the European Union, Zürich/Baden-Baden, 2018, 15.

3 *Cécile Rapoport*, Les partenariats entre l'Union européenne et les Etats tiers européens, Bruxelles 2011, 193.

4 Déclaration des Puissances sur les affaires de la Confédération Helvétique du 20 mars 1815, annexée à l'Acte final du Congrès de Vienne. (http://gallica.bnf.fr/ark:/12148/bpt6k91227n/f272.image.langFR). Confirmé par le Conseil de la Société des Nations le 13 février 1920 (»Déclaration de Londres sur la neutralité de la Suisse »).

2. « Désintégration »?

La portée et les limites de la notion « d'intégration » dans les relations Suisse /UE

La Suisse ne représente pas un modèle économique, politique ou sociale fondamentalement différent de celui de ses voisins « européens ». Aussi, de par sa proximité géographique, son imbrication historique, culturelle, économique et sociale, les liens que la Suisse entretient avec ses états voisins sont particulièrement étroits. En effet, la prospérité même de la Suisse est étroitement liée à cette imbrication.

On notera que, d'un point de vue économique, l'Union européenne est le principal partenaire commercial de la Suisse, tandis que la Suisse compte parmi les trois principaux partenaires commerciaux de l'UE, avec les Etats-Unis et la Chine. En effet 54 % des exportations suisses sont destinées à l'Union et 72 % des importations suisses en proviennent (2016).

Cette proximité a été modulée par l'expérience historique et l'attachement à des symboles de cette expérience :

- Afin consolider son identité face aux grands états européens l'entourant, la Suisse a déjà dans le passé marqué ses distances par rapport à ses voisins de Paris, Milan et Berlin. Toutefois, ces « marqueurs de distance » relèvent plus du symbolique que du réel et en tout état de cause ne consistent pas en des obstacles juridiques insurmontables. Or, les symboles résistent au changement, plus que la réalité. C'est notamment le cas de la neutralité, de la démocratie directe et du refus de se soumettre à une juridiction internationale (appelée toujours d'une manière péjorative « le juge étranger »). Reste que les symboles ne sont pas immuables, en atteste, notamment, la mort de la vache longtemps sacrée du « secret bancaire ».
- Au vingtième siècle au moins une différence de taille s'est creusée entre la Suisse et ses voisins: La Suisse n'était partie belligérante ni à la première ni à la deuxième guerre mondiale. Elle a ainsi été épargnée des cicatrices, mais surtout des enseignements tirés de ces guerres dont les conséquences ont été gravées dans la mémoire collectif des peuples concernés.

Ces faits très spécifiques reflètent une auto-perception du peuple Suisse qui consiste à se considérer comme un cas à part, « einen Sonderfall » parmi les nations européennes justifiant une voie autonome, « einen Sonderweg ».

Ce mélange entre proximité et distance contiendrait-il un élément d'« intégration »?

Dans le contexte du droit européen, la notion d'intégration décrit un ensemble d'interactions politiques et sociales entre les états et les peuples concernés qui visent – sur une base volontaire – la poursuite d'objectifs communs à travers un système de gouvernance commune. Les particularités de ce système consistent notamment en le respect des principes de l'état de droit, l'acceptation des normes transnationales, adoptés à la majorité par des institutions communes sur une base de compromis, fondés sur des valeurs communes, notamment le respect des minorités et la non-discrimination.[5]

Lorsqu'on applique cette définition aux relations entre l'Union et la Suisse, force est de constater que d'importants éléments d'une « intégration » en font défaut : La Suisse n'est pas membre de l'Union et guère encline à envisager une adhésion. Avec les États membres de l'Union elle ne poursuit pas d'objectifs communs à travers une gouvernance commune et des institutions communes. Elle n'est non plus disposée à reconnaître le monopole de l'interprétation de la Cour de justice de l'Union dont cette dernière est investie pour le droit de l'Union.

Il suffit à cet égard de comparer le préambule du Traité de l'Union[6] avec les préambules des accords entre la Suisse et l'Union afin de constater le clivage entre les États membres de l'Union et la Suisse. Certes, en 1972 encore la Suisse avait déclaré dans le préambule de l'accord de libre échange vouloir « contribuer à l'œuvre de la construction européenne »[7] aux côtés de l'Union. En revanche, dans le préambule de l'accord sur la libre circulation des personnes de 1999 le changement de paradigme opère déjà mentionnant de manière laconique le « développement harmonieux de leurs relations ».[8] La différence entre les objectifs poursuivis par les États membres de l'Union et ceux poursuivis par la Suisse est évidente.

Si en 1999 le gouvernement suisse a décrit l'accord sur le transport aérien comme un « accord d'intégration partiel » du fait de son reproduction textuelle de dispositions du droit aérien et du droit de la concurrence de

5 *Roland Bieber*, Das Recht der europäischen Integration, 2. Aufl., Bern 2018, 4 – 28.

6 Traité sur l'Union européenne du 7 février 1992 amendé par le Traité de Lisbon du 13 Décembre 2007, version consolidée J.O. C 202/2016, 13.

7 Préambule, Accord de libre échange du 22 juillet 1972, J.O. L 300/1972, 189.

8 Accord sur la libre circulation des personnes du 21 juin 1999, J.O. L 114/2002, 6.

l'Union[9], il reste à souligner que cet accord aussi n'incorpore pas la Suisse dans le système de gouvernance commun puisque l'autonomie législative de la Suisse en la matière[10] est maintenue.

Partant, l'utilisation de la notion d' « intégration » dans le contexte des relations entre la Suisse et l'Union ne semble pas adéquat ni celle, par ricochet, de « désintégration ».

Déjà l'adhésion à la Communauté économique européenne se heurta, selon le gouvernement Suisse de l'époque (1960), à l'existence « d'un obstacle insurmontable », incompatible avec sa neutralité, la démocratie directe, le fédéralisme et avec les intérêts du pays[11].

Bien que le gouvernement suisse ait signé en 1992 l'Accord établissant l'Espace Économique Européen (EEE)[12] suite à la mise en œuvre du marché intérieur par l'Union et la chute du « rideau de fer » en Europe et ait déposé simultanément une demande d'adhésion à l'Union, cet accord fut rejeté par référendum en Suisse en 1992. Par la suite, la notion « d'intégration » est devenue taboue dans le discours public en Suisse. Ainsi, le gouvernement n'a jamais plus cherché à joindre l'Espace Économique Européen et a retiré formellement la demande d'adhésion en 2016.

Néanmoins, parler d'un éloignement réciproque dans les relations bilatérales Suisse – Union serait hâtif, même erronée : Non seulement la Suisse est le pays avec lequel l'Union a conclu depuis 1992 le plus grand nombre d'accords (env. 120) (infra 2.a)[13], mais aussi par son action unilatérale, la Suisse, plus que tout autre état tiers, s'est rapprochée au droit de l'Union (infra 2.b).

9 Conseil fédéral suisse, Message du 23 juin 1999 relatif à l'approbation des accords sectoriels entre la Suisse et la CE, Feuille Fédérale 1999, 5440 (5468). Voir aussi Astrid Epiney/Florence Rivière (éds.), Interprétation et application des « traités d'intégration », Zurich/Basel 2006.

10 Accord sur le transport aérien du 21 juin 1999, J.O. L 114/2002, 73, articles 23 para. 1 et 29.

11 Message du Conseil fédéral sur la participation de la Suisse à l'Association européenne de libre – échange, Feuille Fédéral 1960, 869 (881, 888).

12 Accord du 2 mai 1992, J.O. L 1/1994, 3.

13 Un *inventaire* des accords a été publiée par le Département fédéral des Affaires étrangères suisse: www.eda.admin.ch/dam/dea/fr/documents/publikationen_dea/accords-liste_fr.pdf. Les textes des plus importants accords figurent au recueil édité par *Francesco Maiani/Véronique Boillet*, Relations Suisse – UE, Textes choisis, Bâle 2017.

Actuellement, le gouvernement suisse envisage avec l'Union des « relations de partenariat contractuelles, susceptibles d'évoluer grâce à la consolidation et au renouvellement de la voie bilatérale«.[14]

Il en résulte une proximité de fait de l'ordre juridique Suisse avec l'ordre juridique de l'Union.[15]

Reste néanmoins que d'importants courants politiques conservateurs adoptent un discours (populiste) érigeant la Suisse championne d'une souveraineté idéalisée remettant en cause les principes de fonctionnement des actuelles relations contractuelles avec l'Union, et, plus spécifiquement, l'accord sur la libre circulation des personnes encourant ainsi délibérément la conséquence de la résiliation des six autres accords conclus simultanément.[16] En 2014, l'initiative prévoyant l'intégration d'un nouvel article 121 a disposant que « la Suisse gère de manière autonome l'immigration des étrangers » à la Constitution suisse a été accepté.

Cette disposition fût assortie d'un article 197, ch. 9[17] qui prévoit que

> « Les traités internationaux contraires à l'art. 121 a doivent être renégociés et adaptés dans un délai de trois ans à compter de l'acceptation dudit article par le peuple et les cantons ».

L'initiative populaire à l'origine de cet amendement constitutionnel visait directement l'accord sur la libre circulation. Cependant, une renégociation de cet accord n'a pas eu lieu puisque le Parlement suisse considère que le mécanisme qui octroie l'accès au marché de travail prioritairement aux per-

---

14 »Stratégie de la politique étrangère de la Suisse 2016 – 2019«, https://www.eda.admin.ch/eda/fr/dfae/dfae/mise-oeuvre-politique-exterieure/strategie-politique-etrangere-2016-2019.html.

15 Sur l'ensemble des relations Suisse – UE cf. *Francesco Maiani*, La Suisse et l'Union européenne, in: Maiani/Bieber, Précis de droit européen, 3è. éd. Berne 2016, 379 – 407; *Clémentine Mazille*, L'institutionnalisation de la relation entre l'Union européenne et la Suisse, Genève/Zurich 2018; *Matthias Oesch* (supra, note 2). Voir aussi *René Schwok*, Suisse – Union européenne, 3è éd., Genève 2015; Astrid Epiney/Lena Hehemann (éds.), Annuaire suisse de droit européen, Zurich/Berne 2017 (annuel depuis 2003); *Christine Kaddous*, Die Zusammenarbeit zwischen der EU und der Schweiz, in : Hatje/Müller- Graff (Hg.), Europäisches Organisations – und Verfassungsrecht, Baden-Baden 2014, § 20, 937 – 983.

16 Au sujet du régime particulier de l'accord sur la coopération scientifique cf. infra, note 30.

17 Dispositions transitoire ad art. 121 a (Gestion de l'immigration).

sonnes sans emploi et résidant en Suisse (citoyens Suisses et de l'Union)[18] comme étant conforme à cette nouvelle disposition constitutionnelle. Le risque d'un conflit constitutionnel concernant la portée interne des engagements internationaux de la Suisse et, partant, des liens que la Suisse entretient avec l'Union, reste néanmoins réel :

Le 25 novembre 2018 d'autres amendements à la Constitution suisse seront soumis au vote populaire. Ainsi, l'initiative du 12 août 2016 intitulée « le droit suisse au lieu de juges étrangers (initiative pour l'autodétermination) » envisage, notamment, de consacrer la primauté du droit constitutionnel sur le droit international. Certes, l'initiative vise surtout la Convention Européenne des Droits de l'homme, aussi le Parlement et le Conseil fédéral ont-ils recommandé de rejeter l'initiative, toutefois, en cas d'acceptation, des conflits portant sur le respect des accords conclus avec l'Union risquent de se manifester. De plus, une politique suisse qui s'opposerait à toute sorte de participation à un système juridictionnel commun – fut-elle partielle et limitée à la protection des droits fondamentaux – aura des conséquences pour des négociations d'un futur accord cadre (infra 3.b).

Force est de constater qu'une « autonomie » telle que poursuivie par la Suisse et une « intégration » telle que envisagée et mise en œuvre, notamment par les articles 1 à 19 TUE, sont incompatibles.

Ceci dit, il n'est pas complètement injustifié de se référer à la Suisse lorsque les thèmes d'intégration et de désintégration sont évoqués, puisque les tentatives helvétiques de se positionner par rapport au processus d'intégration qui se déroule dans son environnement immédiat fournissent un exemple des possibilités, des limites mais aussi des conséquences d'une voie alternative à l'intégration « classique ».

18 A ce sujet notamment *Matthias Oesch* (*supra* note 2), 162; *Peter Uebersax*, Erläuterungen zu Art. 121 a und 197 Ziff. 11 in: Waldmann/Belser/Epiney (Hrsg.), Basler Kommentar zur Bundesverfassung, Basel 2015.

3. *La particularité des liens actuels entre la Suisse et l'Union européenne : une combinaison d'accords bilatéraux avec une adaptation autonome*

a) Les accords bilatéraux

Hormis quelques rares conventions[19], l'instrument privilégié des relations suisse-Union européenne est celui de l'accord bilatéral[20], instrument auquel il est fait recours de manière systématiquement depuis le rejet en 1992 du peuple suisse d'adhérer à l'Espace Économique Européen. Par la suite, le Conseil fédéral suisse adopta un « programme » dans lequel il préconisait d'approfondir les relations avec l'Union à travers cet instrument.[21] En conséquence, la Suisse est liée à une importante partie des activités de l'Union. Le dernier accord associant la suisse à une activité de l'Union concerne la participation financière de la Suisse au Fonds pour la sécurité intérieure.[22]

aa) La substance juridique des accords

La plupart des accords envisage un rapprochement de la Suisse à l'ordre juridique de l'Union par le biais des méthodes classiques de droit international, c'est dire, par la définition de droits et d'obligations réciproques entre les parties contractantes.

A titre d'exemple, peut être mentionné l'accord de libre-échange de 1972 qui précise à son article 3 qu' « aucun nouveau droit de douane à l'importation n'est introduit dans les échanges entre la Communauté et la Suisse ». Les problèmes juridiques qui se présentent dans ce contexte portent notamment sur l'interprétation de ces obligations.[23]

---

19 Accord de libre échange (cf. *supra*, note 7), Accord concernant l'assurance directe autre que l'assurance sur la vie du 10 octobre 1989, J.O. L 205/1991, 3. Pour un inventaire complét voir la liste publiée par le Département fédéral des Affaires étrangères suisse (*supra*, note 13).

20 Selon le domaine et la nature de la compétence de l'Union, entre l'Union et la Suisse et/ou avec la participation des États membres de l'Union.

21 Cf. *supra*, note 9.

22 Accord établissant des règles complémentaires relatives à l'instrument de soutien financier dans le domaine des frontières extérieures et des visas, dans le cadre du Fonds pour la sécurité intérieure, pour la période 2014–2020, J.O L 165/2018, 3.

23 Exemple: la différence entre les parties sur l'applicabilité de l'article 23 al. 1 de l'accord libre échange à certains impôts cantonales („ Sont incompatibles avec le

D'autres accords reflètent l'effet de gravitation de l'ordre juridique de l'Union sur la Suisse et contiennent des particularités que l'on retrouve habituellement uniquement dans le cadre d'accords d'adhésion à l'Union. Ce constat vaut surtout pour deux catégories d'accords:

Dans certains accords, la Suisse s'engage à appliquer des dispositions du droit de l'Union énumérées ou reproduites textuellement.

A titre d'illustration de ce type d'accord on cite l'art. 2 (1) de l'Accord Schengen :

> « les dispositions de l'acquis de Schengen (...) sont mises en œuvre et appliquées par la Suisse ».[24]

Une autre catégorie d'accords vise la reprise de l'acquis de l'Union par l'adoption « des régimes équivalents » par la Suisse. Tel est le cas, par exemple, de l'accord sur le transport terrestre (art. 7 (1)[25] et de l'accord sur la libre circulation des personnes.[26] Ce dernier stipule en son article 16 :

> « Pour atteindre les objectifs visés par le présent accord, les parties contractantes prendront toutes les mesures nécessaires pour que les droits et obligations équivalant à ceux contenus dans les actes juridiques de la Communauté européenne auxquels il est fait référence trouvent application dans leurs relations. »

L'application des deux catégories d'accords pose un certain nombre de problèmes juridiques spécifiques qui sont aggravés par l'absence d'une instance qui pourrait assurer l'homogénéité de l'interprétation (infra section 3).

bb) la connexité des accords

Les matières abordées dans les différents accords correspondent soit aux demandes de la Suisse, soit à celles de l'Union. Cependant, deux groupes

---

présent accord: i).....ii)...iii) toute aide publique qui fausse ou menace de fausser la concurrence en favorisant certains entreprises ou certaines productions«). Voir à ce sujet la décision de la Commission du 13 février 2007, (http://europa.eu/rapid/press-release_IP-07-176_fr.htm) et le Message du Conseil fédéral suisse du 5 juin 2015, Feuille Fédéral 2015, 4626 – 4628. Voir aussi *Oesch* (note 2), 96/97.

24 Accord sur l'association de la Confédération suisse à la mise en oeuvre, à l'application et au développement de l'acquis de Schengen du 26 octobre 2004, J.O. L 53/2008, 52.

25 Accord sur le transport de marchandises et de voyageurs par rail et par route, du 21 juin 1999, J.O. L 114/2002, 91.

26 Cf. *supra*, note 8.

résultent d'un « package deal » spécifique, qui vise à balancer les intérêts (différents) des deux parties. Puisqu'aucun « toit commun » général n'existe pour ces multiples accords, des liens horizontaux formels ont été créés entre ces deux groupes afin de protéger l'équilibre des concessions réciproques. Il s'agit de 6 des 7 accords, conclus en 1999 (« bilatéraux I », parmi eux l'accord sur la libre circulation de personnes) et l'accord sur l'application du « régime de Dublin » en matière d'asile[27] et l'accord sur la reprise de « l'acquis Schengen » ainsi que le tout récent accord sur la participation de la Suisse au Fonds pour la sécurité intérieure[28]. Ces liens horizontaux se formalisent par une « clause guillotine ».[29] Si l'un des accords devait être dénoncé par une des parties, les autres accords liés au « package deal » deviendraient caducs[30].

La mise en œuvre de l'amendement à la Constitution adopté en Suisse en 2014[31] visant à limiter l'immigration était susceptible de constituer une violation de l'accord sur la libre circulation des personnes et, de ce fait, risquait de déclencher la clause. Toutefois, jusqu'à 2018 les institutions de l'Union ne l'ont pas invoquée.

b) L'adaptation unilatérale du droit suisse

Hormis l'instrument traditionnel de l'accord international, la Suisse se sert d'une deuxième méthode afin de s'approcher de l'Union:

En 1993, le Conseil fédéral suisse avait déclaré la compatibilité du droit suisse avec le droit de l'Union un « principe fondamental » de sa politique législative.[32] Cette position a été nuancée par la suite en faveur d'une compatibilité lorsque celle- ci est « dans l'intérêt de la Suisse ».

---

27 Accord relatif aux critères et aux mécanismes permettant de déterminer l'État responsable de l'examen d'une demande d'asile introduite dans un État membre ou en Suisse, du 26 octobre 2004, J.O. L 53/2008, 5.

28 Du 15 mars 2018, J.O. L 165/2018, 3.

29 Exemples: Art. 25 (4), Accord sur la libre circulation des personnes du 21 juin 1999 (*supra*, note 8) et Art. 17 (2), Accord sur l'association à l'acquis de Schengen du 26 octobre 2004 (*supra*, note 24).

30 Le sixième accord sur la coopération scientifique qui était conclu pour une période limitée seulement, fût prorogé avec une clause de résiliation automatique qui se réfère à l'accord sur la libre circulation des personnes uniquement, cf. art. 13, al. 4 de l'accord du 5 décembre 2014, J.O. L 370/2014, 3.

31 *Supra*, section 1.

32 Message du Conseil Fédéral sur le programme consécutif au rejet de l'EEE, Feuille Fédérale 1993 I 757, ch. 142.

La recherche de cette compatibilité se manifeste à travers plusieurs méthodes législatives.[33] Parfois le législateur suisse s'inspire d'un modèle législatif du droit de l'Union (par exemple le marché intérieur)[34], parfois il reproduit mot par mot un texte juridique, parfois il le fait de manière approximative seulement. En tout état de cause, la loi sur l'Assemblée fédérale oblige le Conseil fédéral de faire le point dans l'exposé de motifs d'un projet d'acte législatif sur « ses relations avec le droit européen ».[35]

Les problèmes liés à cette orientation législative « eurocompatible » se manifestent au niveau de l'interprétation, notamment, lorsque le législateur suisse s'est servi d'une terminologie identique au droit européen. D'une manière générale, le Tribunal Fédéral tient compte des intentions du législateur et si ce dernier a cherché à atteindre l' « eurocompatibilité », le Tribunal déclara en 2003 que « le droit interne adapté doit, en cas de doute, être interprété conformément au droit européen ».[36]

A première vue, on est tenté de croire que la technique de l'adaptation autonome repose sur la volonté exclusive du législateur suisse. Cependant, cette technique traduit en réalité les forces de gravitation du droit de l'Union rendant cette prétendue « autonomie » largement fictive. En effet, la Suisse, afin de faciliter l'accès de ses opérateurs économiques au marché intérieur de l'Union, doit soumettre ses opérateurs à un régime analogue à celui de l'Union si elle veut éviter un refus de l'accès au marché ou l'application des procédures lourdes de homologation. Cette observation devient davantage visible dans le domaine du droit boursier et bancaire ou encore en matière de la protection des données : En vertu du droit de l'Union, la Commission, doit se prononcer préalablement sur l'équivalence du droit de cet état avec le droit de l'Union avant d'autoriser des transactions menés par le biais des bourses étrangères. Ce faisant, elle a examiné l'équivalence du droit boursier suisse avec les règles en vigueur dans l'Union et a conclu que

> „ que le cadre juridique et le dispositif de surveillance applicables aux bourses reprises à l'annexe de la présente décision et exploitées en Suisse sous la surveillance de la FINMA respectent les quatre conditions relatives au cadre juridique et au dispositif de surveillance et devraient donc

---

33 Cf. *Francesco Maiani*, La Suisse et l'Union européenne in: *Maiani/ Bieber*, Précis de droit européen, 3è éd., Berne 2016, 379 – 407 (405); *Oesch* (*supra* note 2), 139 – 153.

34 Exemple: Loi fédérale sur le marché intérieur du 6 octobre 1995, RS 943.02.

35 Art. 141 paragraphe 2, lit. a), Loi sur l'Assemblée fédérale du 13 décembre 2002.

36 ATF 129 III 335, cons. 6. Sur les modulations de cette jurisprudence cf. *Maiani*, op. cit. (*supra*, note 33), 407.

être considérés comme un système équivalent aux exigences applicables aux plates-formes de négociation prévues par la directive 2014/65/UE, le règlement (UE) n° 600/2014, le règlement (UE) n° 596/2014 et la directive 2004/109/CE«.[37]

Dans ce cas, la Commission s'est servi de l'intérêt évident qu'a la Suisse à voir l'équivalence confirmée en limitant l'effet de cette décision à 12 mois. Parallèlement, elle a soumise la prorogation à une condition qui n'est pas directement liée à la matière :

»La présente décision prend également en considération les conclusions du Conseil du 28 février 2017, selon lesquelles la mise en place d'un cadre institutionnel commun pour les accords existants et futurs permettant à la Suisse de participer au marché unique de l'UE constitue un préalable au développement de l'approche sectorielle avec la Suisse. Afin de garantir l'intégrité des marchés financiers de l'Union, la présente décision devrait expirer le 31 décembre 2018, à moins d'être prorogée par la Commission avant cette date. Pour décider s'il y a lieu d'étendre la durée d'application de la présente décision, la Commission devrait en particulier examiner les progrès accomplis en vue de la signature d'un accord établissant le cadre institutionnel commun«.[38]

De même, la législation de l'Union en matière de protection des données donne mandat à la Commission d'évaluer le « caractère adéquat du niveau de protection » dans un pays tiers, avant d'autoriser un échange de données avec ce pays. A cet effet, la Commission doit notamment tenir compte de la législation pertinente de cet État.[39] La Commission conclut son évaluation par l'adoption d'un acte formel.[40]

Ainsi, le législateur suisse, même lorsqu'il agit d'une manière formellement « autonome », peut être amené à se conformer à la législation de l'Union, afin d'assurer l'échange de données et de tenir compte des intérêts économiques des opérateurs suisses. Au surplus, l'Union dans certains cas

---

37 Décision 2017/2441 de la Commission du 21 décembre 2017 relative à l'équivalence du cadre juridique et du dispositif de surveillance applicables aux bourses en Suisse conformément à la directive 2014/65, J.O. L 344/2017, 52, n° 25.

38 N° 30 de la décision précitée. Au sujet des conclusions du Conseil auxquelles est fait référence, voir infra, section 4.

39 Règlement 2016/679 et Directive 2016/680, J.O. L 119/2016, p. 1 et 89, Articles 45 et 36 respectivement.

40 Cf. Décision 2000/518, J.O. L 215/2000, p. 1, modifiée en dernier lieu par le Règlement 2016/2295, J.O. L 344/2016, 83.

est en mesure d'exiger des concessions à travers une utilisation de l'instrument de la reconnaissance d'équivalence « hors domaine ».

4. Quelques problèmes juridiques et leurs solutions envisagées

a) L'adaptation

D'une manière générale, un grand nombre d'accords cherche à établir une homogénéité entre le droit de l'Union et le droit suisse dans le domaine couvert par l'accord bilatéral en opérant un renvoi aux dispositions du droit européen. Cependant, l'activité législative, mais aussi la jurisprudence des institutions de l'Union postérieures à l'entrée en vigueur de l'accord peuvent, à tout moment, entraîner des divergences entre le droit statique résultant de l'accord et le droit – dynamique cette fois – provenant de l'Union. Le risque d'une évolution divergente du droit dans le domaine de l'accord pourrait être évité, si un mécanisme y était inséré. Mais de par l'autonomie revendiquée par la Suisse à ce sujet, les accords ne prévoient aucune obligation d'adaptation. En règle générale, une telle adaptation exige une révision de l'accord et doit, de ce fait, suivre la lourde procédure d'amendement. Certes, certains accords prévoient des procédures d'adaptation simplifiées pour l'ensemble ou une partie des dispositions provenant du droit européen (p. ex. l'Accord sur la libre circulation des personnes, art. 18 : adaptation des annexes II et III de l'accord par le comité mixte). Deux accords (Schengen et Dublin) incitent la Suisse à l'adaptation par le biais d'une clause de cessation automatique en cas de non – adaptation (sauf consensus contraire des parties).[41]

Même si jusqu'à présent il n'y a pas de problèmes majeurs qui se sont produits en pratique, l'Union souhaite d'introduire un mécanisme garantissant l'homogénéité du droit couvert par un accord, aussi après modifications des actes auquel il se réfère. Pour les accords qui portent sur l'accès au marché intérieur, ce mécanisme devrait s'inspirer du principe de dénonciation/cessation automatique qui est une solution de dernier recours, prévue par les accords « Schengen » et « Dublin » en cas de refus de la Suisse de

41 Accord »Schengen«: Art. 7 para. 4; Accord »Dublin«: Art. 4 para. 7. Voir aussi le mécanisme prévu à cet effet par les art. 22, paragraphe 4 et 29, paragraphe 2 de l'accord relatif à la facilitation des contrôles et des formalités lors du transport des marchandises ainsi qu'aux mesures douanières de sécurité, du 25 juin 2009, J.O. L 199/2009, 24.

reprendre un acte juridique nouveau issu des accords. En contrepartie, la Suisse pourrait obtenir le droit d'intervenir dans le processus d'adoption de la législation en la matière (decision shaping).

L'adaptation de dispositions du droit de l'Union auxquelles le projet d'accord avec le Royaume Uni[42] fait référence et qui sont modifiés ultérieurement par l'Union, est décidée par le comité mixte (art. 31). Ce comité peut adopter des décisions contraignantes (art. 159).

L'accord sur l'Espace Économique Européen[43] prévoit à cet égard une solution similaire : Les adaptations nécessaires sont décidées par le comité mixte (art. 102) et, en l'absence d'accord, une suspension provisoire des dispositions concernées est possible (art. 102, para. 5).

b) L'interprétation homogène

Même sans modification formelle du droit de l'Union auquel se réfère un accord bilatéral, l'homogénéité d'une situation juridique recherchée dans un domaine donné peut être compromise suite à des interprétations divergentes de ce droit par les institutions de l'Union, et notamment sa Cour de justice, d'une part, et les institutions suisse, d'autre part. Or, aucune instance commune n'existe qui pourrait assurer une l'interprétation contraignante et, partant, l'homogénéité de l'application de ces accords. Quelques accords prévoient la prise en compte « de la jurisprudence pertinente de la Cour de justice (...) antérieure à la date de sa signature ».[44] Pour la jurisprudence postérieure, le Tribunal fédéral suisse considère qu'elle doit être prise en compte, même si elle ne le lie pas et qu'elle peut être écartée seulement « en présence de motif sérieux ». Toutefois, la situation actuelle ne fournit pas une sécurité juridique.

Le projet d'accord avec le Royaume Uni prévoit à ce sujet que l'interprétation de ses dispositions doit avoir lieu en conformité avec la jurisprudence de la Cour de justice de l'Union antérieure à la fin de la période de transition (art. 4 para. 4); (solution accord EEE : similaire, art. 6); la

42 « Draft Agreement on the withdrawal of the United Kingdom of Great Britain and Northern Ireland from the European Union and the Atomic Energy Community » du 15 mars 2018, ec.europa.eu/commission/sites/beta-political/files/negotiation-agreements-atom-energy-15mar_en.pdf.

43 *Supra*, note 12.

44 Article 16, paragraphe 2 de l'accord sur la libre circulation des personnes (supra, note 8); plus élaboré: Accords »Schengen« (art. 8 – 10) et »Dublin (art. 5 – 7). Mise en italiques par l'auteur.

jurisprudence postérieure à cette date doit être prise en compte (art. 4 para. 5).

Dans le cadre des actuelles négociations sur l'accord « institutionnel » plusieurs modèles sont en discussion, par exemple, celui d'introduire une obligation générale des parties de « tenir compte » de la jurisprudence de la Cour lors de l'interprétation des différents accords. Les divergences entre la Suisse et l'Union à ce sujet se situent autour du respect du monopole d'interprétation en dernière instance de la Cour de justice de l'Union et du refus de la Suisse de se soumettre à un « juge étranger ».

c) Le règlement des différends

En règle générale, les accords entre la Suisse et l'Union prévoient un mécanisme classique de droit international pour le règlement des différends entre les parties relatif à son interprétation ou à son application : Ainsi, le comité mixte, instauré par la plupart des accords, « peut régler le différend ».[45] Des mécanismes spécifiques ont été établis dans un certain nombre d'accords : ainsi, l'accord sur le transport aérien prévoit une compétence restreinte de la Cour de justice de l'Union[46], alors que les accords Europol,[47] l'accord relatif aux contrôles et des formalités lors du transport des marchandises[48] et l'accord concernant l'assurance directe[49] envisagent la possibilité d'initier une procédure d'arbitrage.

L'Union souhaite l'introduction d'une solution juridictionnelle des différends. On pourrait s'inspirer à cet effet de l'article 111 para. 3 de l'accord EEE qui prévoit qu'en cas de différend entre les parties au sein du comité mixte sur l'interprétation de dispositions de l'accord EEE qui sont en substance identiques aux règles correspondantes du droit de l'Union, les parties contractantes peuvent saisir la Cour de justice de l'Union afin d'obtenir une interprétation (contraignante) des règles pertinentes.

Certes, cette solution demanderait à la Suisse d'accepter de se soumettre pour ce cas de figure à l'autorité de la Cour. Toutefois, cette soumission

---

45 Article 19, paragraphe 2 de l'accord sur la libre circulation des personnes (supra note 8).

46 Article 29, Accord sur le transport aérien, du 21 juin 1999, J.O. L 114/2002, 73.

47 Article 17, Accord entre la Confédération suisse et l'Office européen de police, du 24 septembre 2004, Feuille Fédéral suisse 2005, 895.

48 Article 29, paragraphe 3, Accord relatif à la facilitations des contrôles et des formalités lors du transport des marchandises (...), (*supra*, note 41).

49 Article 38, Accord concernant l'assurance directe (...), (*supra*, note 19).

paraît « contrôlable », puisque chaque saisine de la Cour devrait être décidé d'un commun accord au sein du comité mixte et exigerait de ce fait l'accord de la Suisse. En l'absence d'un accord sur la saisine, une suspension provisoire des dispositions de l'accord constitue une alternative, prévue par l'accord EEE (Art. 111 para. 3).

La Suisse semble préférer une autre solution, inspirée de l'accord d'association conclu par l'Union avec l'Ukraine en 2014.[50] Cet accord prévoit la possibilité de constituer un « groupe spécial d'arbitrage » (art. 306), composé de personnes indépendantes, qui doit demander à la Cour de justice de se prononcer sur une question concernant l'interprétation d'une disposition du droit de l'Union, soulevé par un différend entre les parties à l'accord. L'arrêt de la Cour de justice lie le groupe spécial d'arbitrage (art. 322 para. 2).

Le règlement des différends dans le projet d'accord avec le Royaume-Uni revient dans un premier temps au comité mixte. Celui-ci peut saisir d'un commun accord la Cour de justice de l'Union qui statue d'une manière contraignante (art. 162); au surplus, l'Union ou le Royaume-Uni peut saisir la Cour, si le comité mixte n'a pas introduit un recours (art. 162 para. 4).

d) La surveillance d'application

L'Union avait initialement souhaité établir un mécanisme indépendant de surveillance de l'application des accords bilatéraux avec la Suisse.

Un tel mécanisme aurait pu s'inspirer des articles 108 à 110 de l'accord EEE par lesquels une « autorité de surveillance » indépendante a été instaurée. Elle a comme mandat de veiller au respect des obligations découlant de cet accord. A cet effet elle exerce des fonctions similaires à celles exercés par la Commission dans le cadre de l'Union. Or, suite au refus de la Suisse d'entrer en matière, cette intention fût abandonnée pour l'instant.

Par contre, selon le projet d'accord avec le Royaume-Uni, la surveillance de l'application de l'accord est assurée par une autorité indépendante, instauré par le Royaume-Uni (art. 152).

---

50 Accord du 21 mars 2014, J.O. L 161/2014, 3. Cf. *Marco Muser/Christa Tobler*, Schiedsgerichte in den Aussenverträgen der EU, https://jusletter.weblaw.ch, 28 mai 2018.

5. Vers l'application à la Suisse d'un modèle généralisé « d'association privilégiée » à l'Union

En dépit des failles juridiques, la Suisse souhaite poursuivre la « voie bilatérale » pour y inclure d'autres domaines (p. ex. l'accès au marché d'électricité). L'Union, en revanche, souhaite – depuis 2008 déjà – conclure préalablement un accord-cadre général définissant plus clairement les liens l'unissant à son voisin et, surtout, pour remédier aux risques de divergences qui résulteraient d'une interprétation « autonome », propre à chacune des parties. Ce cadre permettrait d'aligner les relations entre l'Union européenne et la Suisse sur le modèle juridique que l'Union entretient avec ses voisins. Du point de vue de l'Union un tel modèle est inhérent à la notion « des accords spécifiques » prévues à l'article 8 du Traité sur l'Union et destinés au développement « avec les pays de son voisinage des relations privilégiées, en vue d'établir un espace de prospérité et de bon voisinage ».

Ainsi le Conseil de l'Union donna en 2014 mandat à la Commission à négocier un tel accord cadre avec la Suisse. Ce mandat a été confirmé en 2017 dans les termes suivants :

> « 5. Le Conseil constate que la Suisse a réaffirmé son attachement à l'approche sectorielle. Toutefois, le Conseil rappelle que, comme préalable au développement d'une approche sectorielle, il faut toujours mettre en place un cadre institutionnel commun pour les accords existants et futurs permettant à la Suisse de participer au marché unique de l'UE, afin d'assurer l'homogénéité et la sécurité juridique dans l'intérêt tant des citoyens que des entreprises ».[51]

Or, pour la Suisse aussi bien la forme (un instrument de caractère général) que la substance d'un tel accord (renforcement des institutions communes) remettraient sa position traditionnelle en cause. En 2018, les négociations n'ont pas encore été achevées. Deux thèmes sont particulièrement controverses :

51 Conclusions du Conseil sur les relations de l'UE avec la Confédération suisse du 28 février 2017, http://www.consilium.europa.eu/fr/press/press-releases/2017/02/28/conclusions-eu-swiss-confederation/.

- l'adaptation des accords aux évolutions de l'acquis de l'Union et
- l'interprétation homogène des accords par le biais d'un mécanisme juridictionnel.[52]

Un troisième thème, surveillance de l'application correcte des accords, a été écarté pour le moment en raison de l'opposition suisse.

Du point de vue de l'Union, ces thèmes doivent être clarifiés à partir du moment où un Etat souhaite faciliter l'accès au marché intérieur de l'Union à ses citoyens et à ses opérateurs économiques sans vouloir ou pouvoir y adhérer (ou ayant quitté l'Union). Dès lors les objets de négociation d'un futur accord de consolidation ne sont pas propres aux relations entre l'Union et la Suisse et ils se retrouvent dans les accords envisagés avec les micro-états européens.[53] Aussi le projet d'accord concernant le retrait du Royaume Uni du 15 mars 2018 (ainsi que projet d'accord sur les relations ultérieures du mois de juillet[54]) contient les mêmes indications. Ainsi commence à se dégager un modèle « d'association privilégié » que l'Union propose d'entretenir avec un groupe particulier d'états voisins, modèle qui s'inspire de l'accord sur l'Espace Économique Européen de 1992.[55]

6. *Conclusions: L'abandon de l'illusion des relations « équilibrés » en faveur d'une l'adhésion*

La position de la Suisse à l'égard de l'intégration européenne est unique. Elle repose sur l'hypothèse – voire l'illusion – que la Suisse puisse négocier sur un pied d'égalité ses relations avec l'Union, composé de 27 ou de 28 États européens, et participer à leur projet commun sans toutefois en accepter la philosophie de base, la gouvernance commune et l'intégration. Cette

---

52 Voir à ce sujet notamment *Christa Tobler/Jacques Beglinger*, Brevier zum institutionellen Abkommen Schweiz – EU, 2018, *Christa Tobler*, One of many challenges after ›Brexit‹ – The Institutional Framework of an Alternative Agreement – Lessons from Switzerland and Elsewhere?, 23 Maastricht Journal 4 (2016), 575 – 594. Voir aussi *Matthias Oesch* (supra note 2), p. 46, 166; *Matthias Oesch/Gabriel Speck*, Das geplante institutionelle Abkommen Schweiz – EU und der EuGH, Annuaire suisse de droit européen 2016/2017, Berne/Zurich 2017, 257 – 274.

53 *Francesco Maiani*, Unique, yet archetypal: small – sized States and the European Union in: Gstöhl/ Phinnemore (eds.), The European Union, its Neighbours, and the Proliferation of »Privileged Partnership«, Abingdon, Routledge 2018.

54 Voir au sujet de ce dernier: Livre Blanc »The future relationship between the United Kingdom and the European Union«, London 2018, (sur les institutions cf. châpitre 4).

55 Accord du 2 mai 1992, J.O. L 1/1994, 3.

approche s'explique au moins partiellement par des facteurs géographiques et historiques de cet État qui se situe au cœur de l'Europe, notamment, par l'impact très réduit de la Deuxième Guerre Mondiale.

Aussi l'échec de la tentative, entreprise en 1992 dans un moment courageux – presqu'euphorique – d'adhérer à l'Espace Économique Européen et de déposer une demande d'adhésion à l'Union, marque jusqu'à ce jour la politique européenne de la Suisse.

Cette politique accorde une importance sans égale à la symbolique de l'autonomie, au risque d'en payer le prix fort, c'est dire de renoncer définitivement à une participation active à la création d'un ordre juridique commun européen. Il s'agit notamment de la peur de se soumettre aux contraintes d'une législation commune ou même à un « juge étranger ». Cependant, vis-à-vis du droit de l'Union, l'autonomie suisse reste dans une large mesure purement formelle, car afin de pouvoir bénéficier de l'accès au marché unique, fondamental pour ce pays, la Suisse aligne son droit sur celui de l'Union de sa propre initiative ou en appliquant des accords spécifiques avec l'Union.

Il reste que la somme des multiples accords bilatéraux combinée avec une adaptation unilatérale ne produit pas un modèle cohérent « d'intégration sui generis », susceptible d'établir une concordance entre le système constitutionnel suisse et celui de l'Union.[56]

Bien au contraire, cette approche atteint les limites de la praticabilité, d'une part, parce que les mythes de l'autonomie juridique et de la démocratie directe se heurtent à la réalité des engagements internationaux et d'autre part, parce que l'Union hésite de plus en plus à répondre aux demandes de la Suisse concernant l'accès à d'autres domaines du marché intérieur sans précision préalable du rôle de la Cour de l'Union.

Ainsi la non – participation aux institutions décisionnelles de l'Union remet en question le rôle des institutions suisses qui se contentent bien souvent à endosser une fonction d'enregistrement.

De ce fait, les négociations actuelles entre la Suisse et l'Union ne peuvent pas être considérées comme signes d'« intégration » ou d'une « désintégration ». Dans la meilleure des hypothèses elles aboutiront à une « association privilégiée » à travers un accord-cadre, susceptible de stabiliser la proximité dans la distance.

56 Cf. *Dieter Freiburghaus*, Die Schweiz vor der Quadratur des europapolitischen Zirkels, Cahiers fribourgeois de droit européen n° 24 (2018), 51 – 66, voir aussi *Clémentine Mazille*, op. cit. (*supra* note 15), 679 ss.

Toutefois,

- un tel accord ne résoudra pas le conflit potentiel entre l'obligation de la Suisse de respecter les engagements internationaux et les règles internes de la démocratie directe et
- il n'assurera pas une participation de la Suisse à pied égal aux processus décisionnel de l'Union.

La Suisse ne peut pas échapper aux conséquences de l'effet de gravitation d'un l'ordre juridique commun à 27 Etats européens et son imbrication de fait avec l'Union. En conséquence même une forme d'association telle qu'envisagée actuellement entre l'Union et la Suisse restera fragile.

Seul un affrontement direct du dilemme de sa situation actuelle à travers une résolution du paradoxe de la distance formelle et la proximité matérielle par le biais d'une adhésion intégrale, permettra à la Suisse de trouver une position équilibrée et stable dans le processus d'intégration européenne. A l'heure actuelle une telle idée peut paraître utopiste, cependant, les multiples crises des systèmes de gouvernance qu'on constate actuellement en Europe et dans le monde entier, sont susceptibles de déclencher rapidement, comme ce fut le cas pour la période après 1989 une dynamique inattendue en ce sens.

F.
Verzeichnis der Beiträge in der Reihenfolge ihrer ursprünglichen Veröffentlichung

1. Die Gemeinschaft ohne Hauptstadt – Rechtsfolgen eines Provisoriums (1974)
2. Kooperation und Konflikt – Elemente einer Theorie des internen Organisationsrechts der EG (1981)
3. Rechtswirkung und gerichtliche Kontrolle des EG – Haushalts (1986).
4. Zur Bedeutung der Einheitlichen Europäischen Akte für Rechtsentwicklung und Integrationskonzept der Europäischen Gemeinschaft (1988, Auszug)
5. Wandel und Unveränderlichkeit als Strukturmerkmale des Europarechts (1993)
6. Verfassungsgebung und Verfassungsänderung in der Europäischen Union (1995)
7. Subsidiarität im Sinne des Vertrags über die Europäische Union (1997)
8. Föderalismus in Europa (1999)
9. Der Verfassungsstaat im Gefüge europäischer und insbesondere supranationaler Ordnungsstrukturen (2001)
10. Democratic Control of International Relations of the European Union (2002)
11. Krisenmanagement einer europäischen Verfassungsgebung (2005)
12. Zur Ko – Existenz von Referenden und parlamentarischer Demokratie (2006)
13. Der neue institutionelle Rahmen (2009)
14. „An Association of Sovereign States“ (2009)
15. Auf dem Stier zu den Sternen – zur politischen Symbolik der Europäischen Union (2009)
16. Kritik der „new economic governance“ für die Europäische Union (2011)
17. Strafrechtliche Sanktionen zur Durchsetzung des Europarechts (2013)
18. Balancing Difference and Equality of Political Rights in the European Union – a Paradigm of Constitutional Pluralism (2013)
19. La perception allemande de la notion de souveraineté (2013)

20. „Gegenseitiges Vertrauen“ zwischen den Mitgliedstaaten – ein normatives Prinzip der Europäischen Union? (2015)
21. „In Vielfalt geeint“ – Das Experiment Europäische Union (2018)
22. La Suisse en Europe – une désintégration équilibrée? (2019)
23. Zur Entwicklung des Rechtsbegriffs der Solidarität (2020)
24. Wechselseitige Verantwortung der Mitgliedstaaten – ein Rechtsprinzip der Europäischen Union? (2021)
25. „Les finances sont le nerf de la Republique » – zu den neuen Finanzbeschlüssen der Europäischen Union (2021)
26. Unfolding the interaction between the European Parliament and the European Court of Justice and its function for the consolidation of the rule of law within the European Union (2022)
27. Enlargement as a lever for institutional reforms in the European Union (2023)
28. « Back from the Future? » – Zur Zulässigkeit von Rückschritten im Europarecht (2025)

Biographische Angaben

Professor Dr. iur. Roland Bieber

Studium in Frankfurt/M. und Genf, Promotion (1972) Universität Frankfurt/M., Habilitation (1991) Universität Saarbrücken. Bis 1991 Rechtsberater des Europäischen Parlaments, danach bis zur Emeritierung 2007 ordentlicher Professor und Direktor des Centre de droit comparé, européen et international, Universität Lausanne/Schweiz.

Stichwortverzeichnis